Maria Tekülve

Abschied von Wiesken

agenda

Maria Tekülve

Abschied von Wiesken

Vier Generationen einer Münsterländer Bauernfamilie 1850 – 2020

Roman

agenda Verlag
Münster
2023

Der Druck dieses Buches wurde mit freundlicher Unterstützung der Stadt Borken sowie des Landschaftsverbands Westfalen Lippe ermöglicht.

LWL

Für die Menschen.
Für Westfalen-Lippe.

Bibliografische Information der Deutschen Nationalbibliothek
Die Deutsche Nationalbibliothek verzeichnet diese Publikation in der Deutschen Nationalbibliografie; detaillierte bibliografische Daten sind im Internet über http://dnb.dnb.de abrufbar.

Der Roman *Abschied von Wiesken* ist eine fiktionale Geschichte, die sich an Familienerzählungen sowie Erinnerungen der Autorin orientiert. Er ist angelehnt an historisch verbürgte Ereignisse und bedient sich zahlreicher weiterer schriftlicher und mündlicher Quellen, die im Anhang vermerkt sind. Personen, Namen und viele Orte sind frei erfunden oder anonymisiert, sofern es sich nicht um öffentliche Personen oder allseits bekannte und zugängliche Informationen handelt. Die Fotos stammen aus dem Privatbesitz der Autorin, mit Ausnahme entsprechend gekennzeichneter Aufnahmen.

2. vollständig überarbeitete Auflage

Drubbel 4, D-48143 Münster
Tel. +49-(0)251-799610
info@agenda-verlag.de, www.agenda-verlag.de

Druck und Bindung: TOTEM, Inowroclaw, Polen

ISBN 978-3-89688-769-6

Meinen Eltern.

Der Lehrerin, die mir zu Karneval einen roten Punkt auf die Nase malte, und dem Lehrer, der einen Stapel Reclam-Heftchen in unsere Stube brachte.

Den Nachbarinnen und Tanten, die mir Süßes an den Palmzweig hängten, und der Nachbarin, die uns an einem Sonntagnachmittag in ihrem Wagen nach Essen fuhr.

Den Düsseldorfer Tanten und Onkeln für die Debatten, und der Patentante, die mir mein erstes eigenes Buch schenkte.

Inhalt

Teil II: Horizonte

Teil I: Deepen Grund

Prolog, oder: Vaters Erzählungen

47 Enn Enn

Dass unser Hof, Deepen Grund – wie man ihn zu Bessvaaders, das heißt Urgroßvaters und Bessmooders, das heißt Urgroßmutters, Zeiten nannte – siebenundvierzig Meter über Enn Enn liegt, das wusste ich, bevor ich so weit zählen konnte. Vater hat es mir erklärt, während Nelly und ich, aufmerksam nach vorne schauend, neben ihm auf dem kleinen Bänkchen des Treckers saßen, mit dem wir zu dritt über die Äcker und Wiesen schaukelten. Er zog eine Landkarte aus dem Kasten unter unserem Sitz hervor, dort, wo auch ein paar Werkzeuge, ein Heft mit einem Faden und Bleistift daran, ein Kännchen Öl und ein verschmierter Lappen lagen, weshalb alles, was sich in dem Kasten befand, mit einem feinkörnigen Fettfilm überzogen war. Dann faltete Vater, während wir langsam weitertuckerten, auf dem großen runden Lenkrad die Karte auseinander und zeigte mit seinem schwarzumrandeten Fingernagel genau auf die Stelle, wo wir waren: „Sühst du, siebenundvierzig." Wir schauten.

Irgendwo weit unter uns, erklärte Vater, sei einmal ein riesiges Meer gewesen. Was ein Meer und was Fische waren, wusste ich aus dem Bibelbuch. Denn dort waren Bilder, wie Moses mit seinem Stab einen breiten Weg durch welliges Wasser schlug. Wegen des gewellten Grundes zeigte die grüne Treckerschnauze mal nach oben und mal nach unten, wobei wir, genau genommen, nur über frische Maulwurfshügel und grasbewachsene Kuhfladen fuhren. Alles, was Vater sagte, stimmte, denn Vater wusste alles. Siebenundvierzig Meter über dem Meer erklärte außerdem, warum unsere Adresse Wiesken Nummer siebenundvierzig war. Und auf manchen Kuverts, mit ganz alter Schrift, stand einfach nur Deepen Grund.

Auch vom Krieg und dass Vater da gewesen war, wusste ich von klein an. Denn während der Treckerfahrten hatte ich Zeit, jeden Winkel seines Äußeren zu betrachten. So zum Beispiel den schräg abstehenden rechten kleinen Finger, an dem eine breite lila Narbe vom Nagelrest bis zum Handgelenk hinunterlief. Vater reichte mir die Hand zur genaueren Betrachtung herüber, während er weiter über die Wiese ruckelte. Eine Granate sei das gewesen, so etwas wie eine große Wunderkerze. Ich verzog mein Gesicht: „Das hat bestimmt weh getan!" Nein, sagte er, nur ein bisschen, der Finger sei ja noch dran, anders als bei Onkel Ramäker, wo der halbe Arm weg war. Seine schwarzen Bartstoppeln beobachtete ich täglich beim Wachsen, bis er sie mit dem kleinen Apparat vor dem Spiegel in der aufgestellten Klappbox abrasierte. Manchmal durfte ich mich bei den Treckerfahrten auf seinen Schoß setzen und auf die schwarzen Punkte seiner Nase drücken, bis er mich plötzlich mit seiner großen Hand wegscheuchte: „Jetzt ist genug!“ Ich kletterte auf mein Bänkchen zurück und hoffte auf ein Pfefferminz zum Trost. In der linken Kitteltasche hatte Vater stets eine Rolle Drops, in der rechten drei glänzende, glatte, dunkle Rosskastanien, weil sie gut gegen sein Rheuma waren.

Auch mein kleiner Finger hat eine leichte Krümmung, worauf ich sehr stolz war, denn ich bin die einzige von uns Vieren, die dieses Merkmal vorzuweisen hat. Vater sagte, dass das die Vererbung sei, das hieße, dass Eltern und Kinder immer etwas an der gleichen Stelle hätten, damit man sich immer, auch im Dunkeln, wiederfinden könne. Mutter, zum Beispiel, hat ein großes braunes Muttermal an der hinteren Wade, genau wie Helga. Und Edeltraud bekam Mutters geschwungene, rote Lippen. Franz hat drei Wirbel auf dem Kopf, zwei vorne an der Stirn, wie zwei kleine Hörnchen, und einen am Nacken, an derselben Stelle wie Vater und im Übrigen auch ich, wobei ich vorn nur ein Hörnchen, nicht zwei, habe. Manchmal, erklärte Vater, sei mehr Vater, manchmal mehr Mutter drin, oft auch noch Oma und Opa, oder sogar Bessvaader oder Bessmooder. Weshalb wir, von der kleinen Bessmooder einmal abgesehen, alle so groß und knochig seien, außerdem auch alle schlau und lieb. Aber die roten Haare von Bessvaader hat keiner von uns. Bezüglich des Wiederfindens im Dunkeln wandte ich besorgt ein, dass man den braunen Fleck und die roten Lippen ohne Licht nicht erkennen könne. Doch Vater behauptete, dass er Mutter blind mit verbundenen Augen fände, zwickte in meine Wange und richtete, nun ein Liedchen pfeifend, seinen Blick wieder nach vorn. Wenn ich genug alte Brotkrusten essen würde, würde auch ich bald so pfeifen können – flöten nannten wir das.

Nicht weit von 47 NN entfernt stand 100 NN, der Lünsberg, der höchste unserer Heimat. Als wir das erste Auto bekamen, den Ford 12 M, machten wir den Maiausflug dorthin, und Vater versprach, dass wir von dort unsere Kühe auf der Weide sehen und bei günstigem Wind Großmutter in der Küche singen hören könnten. Bei strahlend blauem Himmel rannten wir gespannt den Sandberg hoch, kniffen oben die Augen zusammen und hielten die Hände hinter die Ohren. Doch die Sicht muss schlecht gewesen sein, und der Wind blies kräftig von hinten. Was ich sah, war flaches, grünes Land, dazwischen dunkle Felder, Wald, ein paar Dörfer, Höfe und krumme Hecken. Vater streckte Arm und Zeigefinger aus. „Kiek! Da läuft Oma!“ Nur Helga, die Älteste und Gescheiteste von uns, konnte sie erkennen, sogar Nelly neben ihr. Da hatten wir noch keinen Fotoapparat, sonst hätte Vater bestimmt ein Bild geknipst. Aber die Agfa, ein Zwölferfilm für ein Jahr, kaufte Vater erst später.

„Woher weißt du, welchen Weg wir nehmen müssen?“, fragte ich. „Meine Nase“, sagte er, „meine schlaue Nase“, und schob mit dem Zeigfinger seine

Nasenspitze nach oben. „Die zeigt immer in die richtige Richtung." Ich wollte auch so eine Nase haben. „Wenn du groß bist", versprach er, „bekommst du sie auch."

Aber manchmal wollte ich weder seinen kleinen Finger noch seine Nase noch sonst etwas von ihm haben. Das war, wenn er mir die Ohrläppchen so fest nach unten auf die Schultern zog, bis ich weinen musste. Wenn ich frech zu Mutter gewesen war oder zu nah an der Becke gespielt hatte. Manchmal hatte ich sogar Angst vor ihm. Das war, wenn aus der Timmerkaamer, wo es hämmerte und klopfte, plötzlich ein lautes „Verdummde Dritte! Verdammt!" zu hören war. Oder viel schlimmer, wenn er mit einem Stock oder sogar der Grepe auf einen der angeketteten Bullen schlug und dabei „Du Düwel! Du verfluchter Satan!" rief. Dann waren wir alle mucksmäuschenstill, Großmutter bekreuzigte sich und Mutter schlug die Hand vor den Mund. Das war meist an Tagen, wenn Vater mit krummem Rücken lief. Onkel Gerd und Onkel Anton, Vaters Brüder, und auch Tante Thea und Tante Luzi, seine Schwestern, sagten, das habe er aus Russland mitgebracht. An solchen Tagen machte ich einen großen Bogen um ihn und lief zum Draii, wo ich an der Weide auf Onkel Peters, den Postboten, wartete. Jeden Vormittag brachte er die Zeitung, und manchmal nahm er mich ein Stück auf seinem Moped mit. Vater, Mutter und Großmutter warteten bereits beim Tienührken auf ihn. Vater nahm den vorderen Teil, Mutter den mittleren und Großmutter den hinteren.

Meistens aber gefiel mir Vaters Nase und auch sein Pfeifen. Und vor allem seine Geschichten. Denn er war ein begnadeter Erzähler, das fanden auch andere, mit einer klaren, warmen und ruhigen Stimme. Kein Hitzkopf, wie es einige gab, trotzdem nicht auf den Mund und, schon gar, nicht auf den Kopf gefallen.

Geschichte(n)

„Papa, vertäll uss van früher!", bettelten wir Kinder.

Sonntags beim Mittagessen zögerten wir das Dankgebet hinaus, denn er hatte uns zu einer seiner Erinnerungen mitgenommen. Die langen Sommerabende in der Gartenlaube waren zu kurz, das Windlicht brannte zu schnell nieder, wenn er Geschichten erzählte. Es begann mit einem Lächeln auf dem offenen Gesicht, in dem die Augen meist glänzten, von den Tabletten oder vor Freude, manchmal auch wegen der Tränen. Aber dann stand er schnell auf und ging hinaus auf den Hof.

Während wir gemeinsam, auf den Knien liegend, zum Vereinzeln der Rüben im Frühjahr oder Kartoffellesen im Herbst, übers Feld krochen, vergaßen wir die endlos vor uns liegenden Reihen, denn unsere Ohren hingen an seinem Mund. Je nach Länge des Feldes verkürzte oder verlängerte Vater die Geschichte. Etwa die, wie Bessvaader mit seinem weißen Hund auf Brautschau war. Pünktlich zum Abschluss eines Kapitels gelangten wir an das Kopfende. Wir richteten uns auf, reckten und streckten die gebeugten Rücken. „Gott sei Dank!“, fasste Vater mit munterem Blick zusammen, „wägen, stellt u vöör, Bessvaader wass no Amerika hegon! Dann wärn wi no nich in dat schöne Wiesken! Un we wätt, off ik dann uhne Mamma troffen hätt!“* Das war ganz und gar nicht vorstellbar! Bessvaaders alter Stock steckte stets an der Traktorseite. Auch zeigte Vater uns die Stellen, wo Bessvaader im Gras seine Nickerchen gehalten hatte. So kam es, dass unser Urgroßvater, der lange vor meiner Geburt starb, ein mir vertrautes Familienmitglied war. „Und Bessmooder?“, fragte jemand. „Ach, Bessmooder“, seufzte Vater, „das war eine fromme und stille Frau“, womit die Geschichte bereits zu Ende war. Und Bessvaader ihr wieder mit einer seiner Anekdoten, wie die mit dem rosa Ferkel hinter dem Ofen, die Show stahl. Dafür standen Bessmooders Spinnrad und ihre Hochzeitstruhe, letztere übrigens bis heute, prominent in der Eingangsdiele und Bessmooder empfing, somit quasi bildlich, jeden Besucher als Erste.

„Kommt! Nicht trödeln! Müssen heute noch fertig werden!“, rief Mutter, und erneut gruben wir die Knie in die Erde und der kleine Menschenschwarm, Vater, Mutter und die vier Kinder, setzte sich langsam wieder in Bewegung, vor uns die endlos langen Reihen. „Papa, vertäll wiedder!“

Abends nach dem Pannekooken zog Vater aus dem Stubenfach, dem Bookschapp, seine Kladden oder Karten hervor. „Kiekt! Ik zeich u wo ik öwwerral wär!“** Unter der Schirmlampe steckten wir die Köpfe über den Papieren zusammen, so eng, dass wir uns gegenseitig das Licht wegnahmen. Vater strich die Seite glatt und fuhr mit seinem Finger darüber. Von Wiesken nach Hamm, zur Zugspitze, nach Paris und dann auf die andere Seite Richtung Russland. Er lachte bei der Zugspitze und grinste bei Paris. Doch bevor er nach Russland fuhr, hob Mutter den Kopf von ihrem Stopfkasten auf: „Hört auf! Ist schon spät!“, und Vater begann zu gähnen und klappte alles wieder zu. Zwischen den Jahren, wenn auf dem Hof alles ruhig war und er Bilanz zog, öffnete er die Truhe und holte noch mehr Papiere und Rollen und Kästchen hervor.

Auch Großmutter konnte gut erzählen, etwa, wenn wir im Sommer gemeinsam Brombeeren pflücken gingen. Oder wenn wir mit dem Rad, ich bei ihr auf dem Gepäckträger, zu ihrem Elternhaus fuhren und sie an immer derselben

---

* Weil, stellt euch vor, Urgroßvater wäre nach Amerika gegangen! Dann wären wir jetzt nicht im schönen Wiesken. Und wer weiß, ob ich dann eure Mama getroffen hätte!
** Schaut! Ich zeige euch, wo ich schon überall war.

Abzweigung hielt: „Kiek. Hier ist uns damals beim Brautwagen der Schnaps ausgegangen“, und dabei richtig lachte, was sie sonst eher selten tat. Oder sonntagmorgens, wenn alle im Hochamt waren, und ich Großmutter beim Kochen half. Auf der glänzenden Kokkmaschine rührte sie einen dicken Grießbrei mit Butter, Muskat und Ei an, und ich durfte danach die Klößchen zwischen meinen Händen rollen. Es war mein erstes Rezept. Da war Großvater, den ich noch vom Hoppe-Hoppe-Reiter-Spiel kannte, schon oben im Himmel und aß dort weißen Reis mit Zimt und Zucker. Sein Bild hing eingerahmt in der Stube, neben dem von Onkel Franz, der im Krieg gefallen war.

Sogar die alte Tante Joseffi, obwohl sie einen Klumpfuß hatte und deshalb nicht heiraten konnte und daher oft bei uns wohnte -, sogar Tante Joseffi wusste viel. In der Stube half ich ihr beim Einfädeln oder Knöpfe-Suchen, wenn sie von Kaisers Geburtstag schwärmte: „Da haben wir uns schön angezogen und Lieder gesungen.“ Ihre Schwester, Tante Magda, kam gelegentlich zu Besuch und flüsterte mir Geschichten von Viehhändler Abraham, dem Juden, zu, aber nur, wenn wir beide alleine waren. Bis sie einmal Krach mit Vater hatte, und danach nichts mehr erzählte.

Auf den zahlreichen Visiten – Namenstage, Kommunion und Allerheiligen und wer weiß, was noch – ging es immer hoch her. Das Gelächter, die Debatten und das Geschnatter hallten durch Haus und Hof, sobald die Onkel und Tanten, die Kölner in Mercedes und BMW, und kurz darauf die Bottroper und Leidener in Volkswagen und Fiat, angefahren kamen. Es begann mit einem Rundgang über den Hof und einen Blick in den Hook, wer neu gebaut hatte, wer den Hof aufgegeben oder gar verkauft hatte. Beim Essen am langen Stubentisch stand zu Suppe und Tafelspitz dann das Thema plötzliche Verlobungen, Hochzeiten und Todesfälle an. Beim Sauerbraten kam die von Mutter gefürchtete „Politik“ mit Erhard, Schiller, oder am schlimmsten, mit Brandt dran. Das alles war nur Geplänkel im Vergleich zu dem, was dann kam. Wenn nämlich Onkel Ede wieder anfing, über die dicken Bauern in ihren dicken Dieseln zu schimpfen – was alles noch zivil ausging –, bis dann aber Onkel Albert, der zweite Sozi in der Runde, partout die Sache mit Großvater, der Partei und dem Krieg wieder aufwärmen musste. Und nur Mutter, nämlich wenn sie die Herrencreme auf den Tisch stellte, alles einigermaßen wieder ins Lot bringen konnte: „Mein Jott, Martha, wat hasse dir für Arbeet jemacht!“, riefen die Tanten im Chor.

Da war dann auch Zeit für das Fotoalbum. Die ersten Seiten mit ein paar vergilbten, dafür am Rand schön gezackten Schwarz-Weiß-Fotos; aber ab der Agfa wurde es bunt, drei vollbeklebte Seiten pro Jahr. Mein Liebling war die Aufnahme mit Mutter und den vier Tanten, ihren Schwägerinnen, alle in ihren besten Kleidern, Tante Eva mit hohen roten Stöckelschuhen und Mutter in dem grünen Seidenkleid. „Alle wie die Loreen“, seufzte einer der Onkel, und spätestens mit Blick auf ihre Frauen waren sie alle wieder versöhnt. Dass aber Mutter die schönste von allen war, konnte jeder auf den ersten Blick erkennen.

Eigentlich konnten alle gut erzählen. Die Einzige, die behauptete, sie habe kein Talent dazu, war Mutter. Aber das stimmte gar nicht, was wir erst viel später bemerkten. Richtig ist, dass sie immer im Stall, auf dem Feld oder im Garten war, und selbst wenn sie tatsächlich neben uns saß, ihre Gedanken anderswo kreisten, nämlich schon bei der nächsten Arbeit, etwa den Hühnermist wegfahren. Erst als Seniorin hatte sie für ihre Erzählungen den Kopf, und auch ihr kesses Lächeln, manchmal ihr volles Lachen, das zwischenzeitlich verloren schien, das kam später zurück.

„Was hat euch Papa denn da für einen Quatsch erzählt?“, empörte sich Tante Luzi, als ich auf einer der Visiten, kurz nach der Jahrtausendwende, eine meiner ersten Geschichten vorlas. „Das ist doch gar nicht wahr! Das war doch ganz anders! Und ihr Männer habt doch sowieso keine Ahnung!“ Doch Tante Thea lächelte nur, und Onkel Gerd und Onkel Anton hoben die Brauen: „Da hat jeder eine andere Sicht auf die Dinge und ein anderes Gedächtnis.“

Erneut achtzehn Jahre später, auf der Vierzig-Jahre-Abifeier, erzählte ich von meinem Vorhaben, ein Buch über vier Generationen einer Bauernfamilie zu schreiben. „Ha! Bei euch auf dem Land, da ist doch nix passiert!“, meinte Tom, damals Zugezogener aus Frankfurt und auch jetzt wieder dort. Dass seine Meinung echter Quatsch war, wusste ich von Anfang an. „Gibt doch gar keine Bauern mehr“, sagte eine andere, „ist doch alles nur noch Industrie.“ Niederschmetternd war natürlich der letzte Kommentar: „Wen interessieren die alten Kamellen heute noch?“

Westmünsterland mittendrin

Die Region, um die es hier geht, mögen auch andere sagen, ist fern vom Rest der Welt. Doch das ist falsch. Denn das Westmünsterland, wie es heute heißt, der östliche Zipfel des früher geläufigeren niederländisch-deutschen Hamalands, geschichtsreicher Natur-, Wirtschafts- und Kulturraum, war immer Teil nicht nur der weiten Welt, sondern auch ein Zentrum für sich. So wie auch Wiesken, der Floiterhook und der Deepen Grund, irgendwo zwischen Münster und Essen, Wesel und Hamm, unweit der Issel, Rhein und Ruhr.

Flache Urmeere, Eiszeiten und Urwälder, ein Wechsel aus Warm- und Kaltzeiten schufen die westfälische Tieflandbucht mit einem geringen Relief, in dem seltene Höhen von hundert Metern wie der Lünsberg schon als besondere Geländepunkte gelten. Auf den nährstoffarmen Sanden, vereinzelt auch Lehmen, dunklen Böden und Mooren, herrschten einmal mächtige Saurier und starke Bären. Viele Jahrmillionen später, nun eine waldreiche Urlandschaft, verwendeten sammelnde und jagende Neandertaler bereits Faustkeile und scharfkantige Feuersteine, von denen wir viele braun glänzende, scharfe Exemplare auf unseren Feldern fanden. Wieder viele Jahrhundertausende später, um viertausend vor unserer Zeitrechnung, rodeten die ersten sesshaften Bauern Lichtungen in die großen Eichen- und Buchenwälder für ihre Gehöfte, Weiden und Äcker. Ihre Toten bestatteten sie in großen Steingräbern und Grabkammern, die sie aus den Findlingen der Eiszeit errichteten, so wie wir sie heute noch nahe des Lünsberges sehen können. Wobei die wahre Geschichte ist, dass der Teufel, mit einem Sack voller Steine auf dem Rücken, sie dort einmal erschöpft und zornig abwarf. Denn er war mit der schweren Last auf dem Weg zum Kölner Dom, um ihn zu zerstören, was ihm, wie bekannt, nicht gelang.

Die Römer, auch so viel ist bekannt, hat es hier gefröstelt. Und doch schien sie das maritime Klima nahe der Nordsee, sonnenarm, mit häufig tiefhängenden Wolken und hartnäckigem Landregen, einem launigen Frühling, kurzen Sommern, dichtem Herbstnebel und grauen Wintern nicht abzuschrecken. Im Gegenteil: Sie errichteten große Lager nahe Rhein und Lippe und unternahmen weitere Versuche gen Osten, wo sie schließlich im Teutoburger Wald gegen Hermann den Cherusker kläglich scheiterten. Den Legionären haben wir den Römersee, in dem wir schwimmen lernten, zu verdanken. Denn auf ihrem Rückzug rasteten die überlebenden Soldaten im Wald, wo die Tränen ihres Kummers und der Schweiß der Pferde so reichlich flossen, dass sich damit mehrere Tümpel füllten. Nach ihrem kläglichen Abzug siedelte sich dort, rund um die Issel, der germanische Stamm der Chamaven, ab achthundert unserer Zeitrechnung beherrscht von den Grafen von Hamaland, an. Die Chamaven verehrten germanische Gottheiten, etwa Wotan, wie einer unserer Bullen hieß, oder Freya. Diesen Aberglauben konnten die christlichen Mönche, Missionare und Herrscher so nicht stehen lassen, weshalb sie Kirchen und Klöster bauten, Landbesitz ergriffen und Steuern aus den Bauern und Handwerkern herausquetschten, um damit noch größere Klöster und Kirchen zu bauen, und wo rundherum Jahrmärkte und Städte entstanden. Kiepenkerle wanderten mit großen Körben, wie viele Jahrhunderte später auch Bessvaader sie noch trug, durch die Lande und sorgten für Austausch von Waren und Neuigkeiten. Der Spanisch-Niederländische und der Dreißigjährige Krieg brachten auch hier viel Gewalt, Krieg und Elend. Viele Frauen schleppten sie auf Scheiterhaufen, sogar nahe des Deepen Grunds, am Draii, wo damals noch drei Eichen standen, mehrere Hexen in Flammen aufgingen und eine, wie Bessmooder es Tante Magda erzählt hatte, von ihnen auf einem Besenstiel lachend zum Mond flog.

Erst mit dem Westfälischen Frieden von 1648 wurde es sicherer im Hamaland. Aber die Querelen zwischen den Herren der östlichen und westlichen

Seite des Hamalandes gingen weiter, bis man 1765 endlich die Grenze festlegte: zwischen der calvinistischen, niederländischen Provinz Gelderland und dem katholischen Fürstbistum Münster, das zum Heiligen Römischen Reich deutscher Nation zählte. Worunter sich ein weiterer herrschaftlicher Flickenteppich in Form von Kirchspielen, Klöstern, Gütern, kleinen Fürstenhäusern, Burgen und Wasserschlössern – viele Schmuckstücke der Region bis heute – entwickelte.

„Hier ist Kiebitzland, dort das Froschgequake, Kickfösse“, sagte Vater einmal auf einem Ausflug, Hamaland-Tour, als wir an der Issel Halt machten. „Hier die Katholiken, da drüben die Evangelischen, Lutherske, sagte man früher.“

Es ist anzunehmen, dass die Kleinstaaterei, ob weltliche oder geistliche Herren, dem niederen Volk, den Kolonen, Bauern, Köttern, Handwerkern, Knechten und Mägden, so sehr auch ihnen Tribute in unterschiedlicher Form abverlangt wurden – dass dieses Klein-Klein ihnen lieber war als die großen, weit entfernten Monarchien Preußens und Frankreichs, von denen viele nur, wenn überhaupt, ein verschwommenes Bild hatten.

Das sollte sich schon wenige Jahre später ändern. Von der französischen Revolution erfuhren viele Bewohnerinnen und Bewohner der Region erst über die Flüchtlinge, die als Vorboten einer unruhigen Zeit als Bettler und Schutzsuchende in ihre Hööke kamen. Vor den Häschern, zuerst der Franzosen, dann der Preußen, versteckten sich die Frauen und Männer in den Wäldern, um auf den napoleonischen Schlachtfeldern nicht geschändet und zermalmt zu werden. Wenigstens sorgte Napoleon für neue Chausseen und Troittors, wie Großmutter noch zu Straßen und Gehsteigen sagte, aber an ihren Stiefeln schleppten sie hartnäckiges Franzosenkraut ein, das wir als Kinder mühsam jäten mussten. Mit Beginn der preußischen Herrschaft 1815 im Münsterland nahm das bisher verschwommene Bild über die noch unbekannte preußische Monarchie mit der Provinz Westfalen immer deutlichere Konturen in Form einer straffen Verwaltung und vielen Neuerungen in Stadt und Land an. Bald schienen auch die großen Hungersnöte, die in den Jahrhunderten zuvor die Menschen geplagt hatten und noch immer drohten, der Vergangenheit anzugehören. Es waren die preußischen Herrscher, die dafür sorgten, dass die Kartoffel im Münsterland Keime und Wurzeln schlug. Was fortgesetzte Armut und Elend in manchen Häusern und Hütten nicht ausschloss.

Während die Herrschaften, erstgeborene Bauern und Handwerker in der Heimat, eine solide, obgleich oft bescheidene Zukunft hatten, mussten die anderen sehen, wo sie blieben, in den wachsenden und schmutzigen Städten, in lärmenden Fabriken, engen und stickigen Zechen und Schächten und feuchten Wohnungen. Oder in Übersee. Viele der Nachgeborenen, Heuerlinge, Knechte und Mägde, an Freiheit unter Gottes Himmel gewohnt, so bescheiden sie gewesen sein mag, schifften sich daher in Rotterdam in die weite Welt ein. Von den Vanwoldts entschieden sich nicht wenige für Amerika, wo sie gar neue Dörfer gründeten, während anderen, im fernen Indien, vielmehr Indonesien, weniger Glück beschieden war. Doch viele blieben im Hamaland, wo sie sich ebenfalls auf beiden Seiten der Issel weit verzweigten.

Der Stellmacher (1850 – 1914)

Wandle vor Gott und sei fromm

Gottvater thronte inmitten der Heiligen Dreifaltigkeit über Himmel und Erde und dem nächtlich funkelnden Firmament. Unterstützt von der barmherzigen Muttergottes, der Heiligen Jungfrau Maria, allen anderen Heiligen, den Engeln und weiterem Gefolge. Der Teufel, Satan oder Luzifer, war der Herrscher der Hölle, des dortigen Feuers und der Qualen, sein mächtiger, aber letztlich nie siegender Gegenspieler. Unterstützt von düsteren Knechten, Schlangen und Versuchungen. Im Fegefeuer prüften Gott und Richter, ob die Seele nach dem Ableben aus der irdischen Welt in den Himmel oder die Hölle auf- oder absteigen würde. Manche blieben sehr lange dort. Hexen, Feen und Kauze geisterten irgendwo zwischen ihnen, mal auf der einen, mal auf der anderen Seite, die Verstorbenen im Himmel und manchmal der Hölle. Gott hatte vor langer Zeit die Welt in sechs Tagen geschaffen. Den siebten Tag, während er sich für sein Werk ehren ließ, ruhte er. Nicht immer war er mit dem Ergebnis zufrieden. Die Menschen erfuhren seinen unerbittlichen Zorn und seine unermessliche Gnade. Gottes Vertreter auf Erden waren der Dechant und Pastor von Sankt Raphael in Saande und die anderen Geistlichen. Unter ihrer Obhut wandelten alle anderen, natürlich auch die Bewohnerinnen und Bewohner des Deepen Grund.

Deepen Grund

Stine

Das Mädchen saß in der nachmittäglichen Sonne auf dem Stuhl neben dem halb geöffneten Dälentor, ein kleiner dunkler Hund eingerollt unter ihr. Auf dem Schoß hielt sie Schütte* und Schüssel und döppte** Bohnen. Die Spitzen ihrer nackten Füße reichten gerade bis in den grauen Sand, manchmal spielte sie mit ihnen und ließ den Hund ihre Zehen lecken. Nach einer Weile stand sie sorgsam auf und trug Schütte und Schüssel ins Haus hinein, der Hund folgte ihr. Kurz darauf kam sie wieder hinaus, ging zu dem großen Haufen Flachs, der in dem offenen Schuppen lag und brachte einen großen Arm, das heißt, soviel wie sie fassen konnte, ins Haus. Das wiederholte sie wohl ein Dutzend

* flacher, länglicher Weidenkorb, um Gemüse zu putzen
** puhlen

Mal. Nur einmal unterbrach sie ihren Gang, um dem Hund, der freudig kläffend nach oben sprang, einen Knochen oder ein Stöckchen hinten aufs Gras zu werfen. Die Hühner stoben gackernd und kreischend auseinander. Nach einer kurzen Weile erschien sie mit einem Korb am Arm, lief den schmalen Weg bis zu den drei Eichen und sammelte dort die Eicheln vom Boden auf. Der Hund hob am dicksten Stamm ein Bein. Auf dem Rückweg zum Haus stellte sie den Korb neben dem Gatter ab, nahm die beiden Schafe, die dort grasten, vom Pflock und steckte ihn ein paar Meter weiter wieder ein. Sie schaute zu den drei Eichen, wo der Hund noch immer schnüffelte und rief: „Wulle, komm! Wulle!“ Der Hund unterbrach augenblicklich sein Geschäft und raste auf sie zu.

Die früheren Eigentümer, Maismanns, vormals Köther – mit „th“, also nicht wie der Hund, Köter – hatten das Land am Deepen Grund in den 1830er Jahren von Fürst Salm-Salm für mehrere tausend Taler gekauft und eine Zusage für jahrelange Hand- und Spanndienste gegeben. Ein Einzelhof, gelegen in einer kleinen Mulde, unter Eichen geduckt, feuchte Weiden rundherum, die nächsten Höfe ein paar hundert Schritt über ausgetretene Pfade entfernt. Der Sohn – Maismanns ältester – erbte hohe Schulden, trotz der ganzen Plackerei. Noch vor Kaisers Zeiten verkaufte er den nassen Kotten wieder. Seine Frau nähte das Geld in ihren Unterrock und packte ein paar Körbe und Kisten, mit denen sie einen Leiterwagen nach Wesel bestiegen. Von dort aus ging es weiter nach Rotterdam, wo sie schließlich ein Schiff nach Amerika bestiegen.

Den neuen Eigentümern, den jung vermählten Eheleuten Ignatius und Ziska Bülten, genannt Kräsken, war zunächst mehr Erfolg beschieden. Er war Sohn mittlerer Bauern, in der Kunst des Schnitzens noch immer begabt, trotz des Auges, das er auf dem Sedaner Schlachtfeld achtzehnsiebzig verlor, von dort dekorierter Veteran, seither mit einer schwarzen Augenklappe. Sie war eine ehemals kräftige, heute an Schwindsucht leidende Tochter eines Müllers. Eigenhändig rodeten sie ein Stück Wald, zogen Gräben und legten feuchte Weiden trocken. Sie schafften sich einen Stier zum Pflügen und eine Kuh zum Melken an. Was ausblieb, war der erhoffte Kindersegen. Ihre Gebete blieben unerhört. Sie waren nicht mehr die Jüngsten, als sie schließlich, mehr aus Einsicht denn aus Kinderliebe, eines der vielen Mädchen aus Ziskas Familie an Kindes statt annahmen.

Die kleine Christine war ein dünnes und stilles Mädchen, darüber hinaus folgsam in allem, was die Zieheltern, die sie bald Vaader und Mooder nannte, ihr auftrugen. Einen Welpen, Spitz Wulle, hatten die leiblichen Eltern ihr zum Abschied mitgegeben. Bültens behandelten sie wie ihre eigene Tochter, auf jeden Fall milder als die meisten Väter ihre eigenen Kinder, schlugen sie nur selten – es gab kaum einen Grund dazu, und Bültens spürten kein Verlangen danach –, stopften ein warmes Bett aus Daunen für sie und sorgten dann und wann für neue Kleider. Dafür erwarteten sie harte Arbeit, Gehorsam und Disziplin. Im Winter schickten sie das Kind zur Schule, im Sommer war Wichtigeres zu tun. Am Ende konnte Christine kaum mehr als ihren eigenen Namen schreiben und das Notwendigste für den Markt mit den Fingern rechnen – nicht besser und nicht schlechter als die anderen –, aus der Bibel ein paar Geschichten erinnern und aus den Schätzen der Kirche und des Volkes mehrere Lieder singen. Diese summte sie des Sommers auf Feld und Wiese, wo sie mit Hacken und Körben zu finden war, des Winters auch im Holz, wo sie Äste und Reisig auf Schulter und Rücken nach Hause trug. Darüber hinaus war sie täglich morgens, mittags und abends im Stall, saß nach dem letzten Essen und Rosenkranz am Spinnrad und lief freitags wie sonntags, mit den Frauleuten des Hookes, bei Wind und Wetter zur Saander Kirche.

Vielleicht lag es an der harten Arbeit, dass Christine, trotz der guten Kost, die Mooder immer kochte – Eintopf mit Wurst und abends Pannekooken, wonach sich andere umsonst die Finger leckten –, dass sie trotzdem, abgesehen von den starken Armen und großen Händen, ein blasses und zierliches Mädchen blieb. Mit einem kleinen, mondrunden Kopf und schmalen Lippen zwischen abstehenden Ohren, zwei dünnen braunen Zöpfen nach hinten gebunden. Gewiss keine Schönheit, aber darauf kam es nicht an. Hätte man sie nicht als junge Frau allein mit großen Schritten, wobei die langen weiten Röcke nur so flogen, Stier und Pflug steuern sehen, man hätte die kleine Person für zart und schwach gehalten. Doch keine der Ackerfurchen im Hook waren tiefer und gerader als ihre. Stine war zäh. In der Küche über dem Spinnrad hing ihr kostbarstes Stück: der kleine Glasschrank mit dem gerollten Leinen, dazwischen geweihte Wachsstöcke und ein fingerlanges silbernes Kreuz.

An heiratswilligen Burschen mangelte es ihr nicht. Der alte Bülten erhielt viel Besuch, mal aus dem Hook, mal aus Wiesken und sogar aus Saande. Die meisten kamen nur bis zum Gatter. Manche schafften es in den Stall, wo der Alte sie eingehend befragte und musterte, nur wenige lud er ans Feuer, wo er Christine Schnaps und Pfeife bringen ließ. Die schielte rüber, sagte artig „Gooden Dach“ mit einem Knicks. Manchmal legte sie Holz auf dem Feuer nach – so war das Zeichen vereinbart, wenn ihr einer gefiel. Aber dem Alten wollte so richtig keiner passen; auch Ziska, die bei diesen Gelegenheiten schweigsam hüstelnd am Spinnrad saß, nicht. Bald besaßen Bültens den Ruf, allzu wählerisch zu sein. „Was bilden sich die kinderlosen kleinen Leute ein? Nicht einmal um Ziskas Gesundheit steht es zum Besten“, hörte man die Nachbarn reden. Die alte Frau hütete mehr das Bett als den Herd. „Wen sie da am Ende wohl nehmen?“ Stines Hochzeitstruhe, vom Ziehvater selbst mit Schnitzereien verziert, war beinahe gefüllt.

Nätken

Bernhard, auch Nätken oder Natz, kam im Frühjahr 1859 als drittgeborener Sohn auf einem kleinen Kotten und damit ohne Aussicht auf ein Erbe auf die Welt. Das war in einem Weiler nahe Leiden, bestehend aus ein paar locker verstreuten Höfen und Katen, umgeben von Weiden, Wäldern und Äckern. Arbeit und Gebet, auch gesellige Feste, in manchen Jahren Krankheit, Not und Tod, prägten ein bescheidenes, an irdischen Gütern armes, an Entbehrungen reiches Leben.

Der Älteste der bekannten Vorfahren – genannt De Woldt, Van Woold oder te Woldt, so genau wusste das keiner – hatte nahe Arnheim gelebt. Erst seit napoleonischer Administration ist der Name Vanwoldt aktenkundlich erwähnt. Die Mitglieder der stetig wachsenden Familie waren bekannt als tüchtige Bauern und Handwerker, vor allem Stellmacher und Schreiner, manche von ihnen durchaus erfolgreiche Händler, die sich mit ihren Wagen und Waren mühelos in der Region, einige bis nach Rotterdam, bewegten. Der Großteil lebte in Gelderland. Dort wurde es einem aufmüpfigen Sohn unter dem calvinistischen Regime seines Vaters zu eng, so dass er sich jenseits der Grenze im katholischen Münsterland umsah. Und sich dort so heftig in ein Mädchen aus Oeding verliebte, dass er nicht nur zum Katholizismus konvertierte, sondern mit ihr auch sieben Nachkommen zeugte, von denen sich wiederum einer, Nätkens Vater, in Leiden niederließ. So kam es, dass außer dem alten Vanwoldtschen, calvinistischen Baum in Holland nun auch ein neuer, katholischer Zweig im Münsterland auswuchs. Wie ihre Nachbarn waren sie fromm und gottesfürchtig, manche dem Aberglauben zugetan, sittsam und aufrecht, manche sagten stur, in jedem Fall redlich und fleißig, auch sparsam, manche sagten geizig, dabei fröhlicher Geselligkeit und Festen nicht abgeneigt.

Alles, was seine Eltern Nätken sechzehn Jahre nach seiner Geburt für die Zukunft mitgeben konnten, war eine Adresse in Oeding, wo einer seiner Onkel eine gut gehende Ziegelei und ein anderer eine Stellmacherei betrieb. Darüber hinaus gaben sie ihm den Rat, sich eine Frau mit Hof zu suchen, denn ein Handwerker allein, ohne Haus, Vieh und Grund, was war der schon wert? „Ansonsten“, sagte sein Vater, „geh‘ zu deinem Bruder nach Amerika“ und drückte ihm einen Umschlag mit ein paar Adressen zu: „Dort, jenseits des großen Ozeans, wohnen bereits Verwandte, darunter einer deiner Brüder. Oder du gehst in die Stadt, in die neuen Webereien, immerhin besser als ein Schacht. Alles kaum besser als Knecht auf einem Hof zu sein, aber überlege es dir gut, wenigstens verdienst du dort dein eigenes Geld.“ Nätken nickte und schaute zu seiner Mutter hinüber. Die gab ihm einen Beutel mit einem neuen Leinenhemd, einem wollenen Leibchen und einem Rosenkranz. Vom Vater erhielt er noch zehn Mark. Als Wegzehrung gab es Brot und Speck sowie ein Kreuz aus Weihwasser auf die Stirn: „Wandle vor Gott und sei fromm!“

Nätken folgte dem Rat seiner Eltern. Er ging bei dem Onkel in Stellung, begann als Maurer, wo er als Lehrling Steine und Mörtel schleppte und im Winter lernte, Schnaps gegen die Kälte zu trinken. Er kaufte sich Stift und Heft, in das er alles Wichtige notierte: Namen und Orte, Maße und Gewichte, Trinkgelder, die er bekam, auch die Ausgaben und Schulden, letztere, um einen neuen Mantel zu erstehen. Den Umschlag aus Amerika legte er sorgfältig in eine Kiste neben seiner Strohmatratze.

Meister Anton war Nätken wohlgesonnen, hielt jedoch auf Genauigkeit und Disziplin. Nur selten schlug der Meister mit der Wasserwaage gegen seine Rippen. Meistens zog er ihm nur die Ohren und den Kopf bis runter auf die Hobelbank, etwa, wenn er den Umfang eines Rades falsch berechnet hatte: „Du dummen Kerl. Ik sall die helpen bis du richtig rääken kass!“* Nätken war zufrieden. Die Werkstatt, deren Wände mit allerlei Rädern, Brettern, Speichen, Stöcken, Zangen, Sägen, Hämmern und Schlüsseln behangen waren, hatte Licht und roch nach frischem Holz – der ganze Raum getüncht in helle warme Farben. Gern pustete er den Staub von einem weich geschmirgelten Stück, das unter seinen groben Fingern weich wie Samt geworden war. Ein fertiges Rad schaute er zufrieden an und rollte es zum Beschlagen zum Schmied nach nebenan.

Im Sommer standen Tür und Fenster der Werkstatt offen und ließen Licht und Luft vom weiten Hof herein. Der war bestellt mit einer alten Eichengruppe. Neben einem Findling stand eine breite Bank, bei der tagsüber die Kleinsten spielten, abends gehörte der Platz den Erwachsenen. Im Winter brachte der kleine Ofen hinterm Mäuerchen ein wenig Wärme, die nachts, zumindest die ersten Stunden, auch auf sein Lager strahlte. Von der Witwe nebenan erhielt er Daunen, als Gegenleistung grub er ihren Acker um. Jeden Mittag kochte die Frau des Meisters warmes Essen und man aß zu-

* Ich werde dir helfen bis du richtig rechnen kannst!

sammen in der großen Küche. Sogar das wöchentliche Kreisblatt, das Meister Anton abonnierte, konnte er studieren. Einmal im Monat bekam er samstags und sonntags frei, auch an den Feiertagen. Dann zog er los und pfiff dabei ein fröhlich Lied: „Wem Gott will rechte Gunst erweisen, den schickt Er in die weite Welt, weite Welt, tamtam, dem will Er seine Wunder weisen, in Berg und Tal und Strom und Feld, tamtam."

Bald kaufte er sich eine Mundharmonika, die er, wann immer ihm danach war, und das war oft auf den langen Wanderungen, aus einer der großen Kitteltaschen zog, um dann das Liedchen abwechselnd zu singen und zu blasen. Knorrige dunkle Eichen, hohe silbrige Pappeln, elegante weiße Birken, ausladende Weiden, stolze Alleen und dornige Hecken, säumten Nätkens Wege, die mal schlammig und mal staubig waren. Er lief vorbei an kleinen und mittleren Höfen, niedrigen Katen und klapprigen Scheunen, gelegentlich einer Mühle, einem Herrenhaus oder einem Gut, durch dichtes Nadelholz, Lärche, Fichte oder Tanne, durch lichte Buchenhaine mit fellweichem Moos, vorbei an glucksenden, krummen Bächen, umsäumt von ausladenden Weiden und Erlen. Hier und da hielt er ein auf einen Schwatz mit den Bauersleuten, Knechten und Mägden, die Kartoffeln setzten oder Getreide schnitten, mit den jungen Burschen, die Schafe oder Kühe hüteten, oder er traf auf Gesellen seinesgleichen, und manchmal bot ihm ein Händler oder Bauer auch einen Platz hinten auf der Karre für eine Strecke des Weges an.

Im Frühjahr, wenn sich die tiefhängende Wolkendecke endlich lüftete und die Landschaft sich von grau zu grün verfärbte, begleiteten ihn weiße Wolken am klaren blauen Himmel. Schwalben, Drosseln, Finken und Kiebitze flitzten pfeilschnell durch die Luft, der Kuckuck rief, Pfauenaugen und Zitronenfalter turtelten vor seiner Nase. Bienen und fette Hummeln labten sich an duftenden Heckenrosen und surrten in den Blüten der Linden. Im weißen Morgengrauen und sonnenroten Abendglühen hoppelten die Hasen und Kaninchen, schlugen Haken. Manchmal sprang plötzlich eine Ricke mit ihrem Kitz auf, seltener auch ein Hirsch. In den Johanninächten schritt er durch glitzernde Wölkchen und versuchte die Glühwürmchen zu fangen.

Im Sommer strich der Wind über die Gräser und das Getreide, den hellblauen Flachs, den grünen und bald goldenen Roggen und Weizen. Aus den Kartoffeln, weiß-gelb blühend, stieg erdig-süßer Geruch. Eidechsen sonnten sich auf warmen Steinen und streckten das Köpflein nach oben, während Nätken in die Sonne blinzelte, sich den Bauch voll wilder Kirschen, Brom- und Blaubeeren schlug.

Gerne gönnte sich der junge Mann ein Nickerchen am Waldrand, ließ sich von den wehenden Halmen und Ameisen kitzeln, einem Wurm oder einer Mücke, schaute einem Salamander nach, wie er ins Gestrüpp kroch, bevor er sich, bereits dösend, seine Kappe aufs Gesicht legte. Oder er kniff die Augen zusammen, um einem Bussard, der mit seinem weiten Schwingen erhaben im Himmel schwebte, mit seinem Blick zu folgen, bis der Vogel nach unten stürzte und mit einer Maus oder Natter im Schnabel wieder nach oben stieg. Oder er begnügte sich mit den Wolken, formte Bilder und Geschichten daraus. Mal sah er einen Engel mit übergroßen Flügeln, mal einen Drachen mit langem Maul, mal einen riesigen Amboss mit Hammer.

In warmen Nächten schaute er in das funkelnde dunkle Firmament, ließ die Engel goldene Tränen regnen oder grüßte den alten Mann im Mond und die Frau mit dem Reisig auf dem Rücken. Bei Blitz und Donner floh er in eine Scheune, manchmal nass bis auf die Knochen und zitternd. Weniger vor Kälte, vielmehr wegen des Grolls, der von oben auf die Erde rollte, und wegen der Blitze, deren gleißendes Licht das Firmament entzweite. Bis alles zusammen knallend und zuckend auf die Erde stürzte und dabei sogar Eichen brach und nicht selten ganze Höfe in Flammen setzte. Natz bekreuzigte sich, manchmal fiel er auf die Knie, betete ein Vaterunser und Gegrüßet seist du Maria.

Im Herbst, wenn in schwelenden Feuern Kartoffeln schmorten, die Schwalben ihre Nester verließen und die Krunekraane, die Kraniche und Gänse wieder nach Süden zogen, färbten sich Blätter und Wiesen braun. Felder wurden dunkel, dichter weißgrauer Nebel hüllte Bäume und Höfe sanft in dumpfe Gebilde. Die Gesichter, Grimassen und Münder in den tiefen Rinden der alten Bäume begannen zu sprechen, manche lachten hämisch, andere weinten. Nur noch Spatzen fiepten, schwarze Dohlen und Elstern krächzten und zogen Würmer aus der Erde, die Eichhörnchen verscharrten ihre Beute unter Blättern, die Füchse sicherten ihren Bau.

Der Winter legte Ruhe und eine schwere Decke über das graue Land. Nur selten riss sie zu blauem Himmel und weißer Sonne auf. Schnee und Eis auf den Tümpeln nutzten die Kinder sofort, um Schneemänner zu bauen und auf Eisen zu rutschen. Das war die Zeit, in der Nätken mit anderen Burschen im Wirtshaus Karten kloppte. An den kalten Abenden blieb er auch gern in der warmen Küche – wenn der Meister die Gesellen dazu lud –, flocht Weidenkörbe und schnitzte Kästchen aus Überstücken, die er auf dem Markt verkaufte. Die Frau des Meisters betete den Rosenkranz, dann besprach man im Flammenschein des Feuers die Geschehnisse in naher und weiter Welt.

Sonntags ging Nätken mit den anderen frohgemut zur Kirche und vor den großen Festen gewissenhaft zur Beichte. Am dullen Faßlowend, Karneval, zog er mit anderen Burschen um die Nachbarschaft und holte Wurst und Schnaps zusammen. In der Osternacht entzündeten sie ein großes Feuer, im Sommer gab es allerorten Kirmes, Richt-, Kirch- und Hochzeitsfeste, wo er den Kunterdanz und auch die Polka nach einer Weile gut beherrschte. Später probierte er sogar die neue Eisenbahn und gönnte sich, auf dem Markt in Winterswijk, verschämt verschwenderisch, ein Stück Rosinenbrot mit Butter und Gouda. Doch von den „üblen Burschen", wie der Meister die frechen und forschen Jungen mit den schwarz-rot-goldenen Bändchen nannte, hielt er sich fern, auch von dem Lumpenpack und umherziehendem Gesindel, meist aus den Städten, das bettelnd und stehlend über die Lande zog. Gab es Raufereien – was nicht selten war – zwischen zwei besoffenen Burschen, meist wegen einer Lappalie, zum Beispiel eines tüchtigen Mädchens oder eines verschütteten Biers, dann griff er mutig ein, ohne jemals der Verursacher zu sein und war dabei klug genug, sich rechtzeitig zurückzuziehen.

Wilhelm

Das war zu einer Zeit, als auch die neue Kreisstadt Saande, noch mit feuchten Häusern entlang enger Gassen und stinkender Gossen, nachts beleuchtet von ein paar funzeligen Laternen, sich anschickte, mit der modernen Zeit zu gehen. Die Alten sprachen noch von Napoleon, eher mit Schaudern als mit Bewunderung, und von einem Kongress in Wien, den „Maires"*, die alles umgeworfen hatten – für die Mehrheit klar zum Besseren. Seither zählte neben den großen und kleinen, geistlichen und weltlichen Herren, Fürsten und Grafen auch das gemeine Volk, vor allem aber die Hohenzollern im mächtigen Preußen, zu dessen neu gegründeter Provinz Westfalen und auch der Kreis Saande zählte.

Die preußischen Beamten sorgten für die Aufteilung der Marken, führten einheitliche Zölle und Maße ein – leider auch neue Steuern – und ließen Moore trockenlegen. Schulen und Hospitäler wurden ausgebaut. Es entstanden landwirtschaftliche Vereine, die ihr jüngstes Wissen auf Treffen und in Zeitschriften kundgaben. Neue Methoden, Sorten und Geräte wurden erfolgreich eingeführt, es war der Anfang vom Ende der Dreifelderwirtschaft. Reger Handel herrschte auf den Saander Jahrmärkten, Kirmessen, monatlichen Vieh- und Krammärkten, wo Pferde, schweres Schlachtvieh, Bullen, Kühe, Schweine und Leinwand bester Qualität – so der Ruf – Käufer aus dem Bärske**, Wesel am Niederrhein, Winterswijk und sogar Amsterdam anzogen. Nicht nur im Bärske rauchten Schlote an Bergwerken und Fabriken.

In Bocholt lärmte bereits 1852 in einer Textilwerkstatt die erste Dampfmaschine, der in rasantem Tempo, bald auch in Saande, viele weitere folgten, um Baumwolle aus England, vielmehr dessen Kolonien, zu verarbeiten. Doch es sollte noch ein paar Jahrzehnte dauern bis, peu à peu, der Flachsanbau von

---

* Bürgermeister, Amt (franz. mairie)

** Bergisches Land oder später Ruhrgebiet

den Feldern verschwand, ebenso wie sich Spinnräder und Webstühle lange auf den Höfen hielten, an denen sich Frauen, Männer und viele Kinder im Winter plagten, um ein wenig Bares zu verdienen.

Da kamen die ehrgeizigen Pläne des jungen Buchdruckers Kiesberg und seiner Frau – Verlegertochter – gut zupass. Im Frühjahr 1867, an einem Samstag zwei Wochen vor Ostern, erschien die erste Ausgabe des Saander Kreisblattes. Gleich auf der ersten Seite verkündete es, an das Telegrafennetz von Berlin, Paris, London, Moskau, New York – und wie sie alle hießen – angebunden zu sein. Der Ruf, „Sensationell!", mit dem die Marktschreier in den ersten Tagen das Blatt in Saande und den umliegenden Gemeinden anpriesen, „Sensationell!", war daher wohl kaum übertrieben. „Für einen Preis von siebeneinhalb Groschen in Saande und neun Groschen auswärts, vierteljährlich. Die ganze Welt von einem Boten in ihre Stube gebracht!" Andere Wissbegierige, die sich das nicht leisten konnten, drückten sich an den Aushängen in den Kästen die Nase platt. Links die große Politik, in der Mitte die Region, zum Schluss die Anzeigen für Hochzeiten und Todesfälle, und für Artikel aus Orten, die gleichermaßen fremd waren: „Berliner Mode-Hüte in reicher Auswahl zu billigsten Preisen", stand da in großen fetten Lettern oder „Gewürz-Chocoladen sowie medizinische Weine und Scherries aus Madeira" oder „Tannen-Balsam-Seife für eine weiße, schöne und weiche Haut in kürzester Zeit". Aber auch Nützliches, befand man, war dabei, Einladungen zur Eröffnung neuer Gasthäuser und Kegelbahnen, viertelseitige Abdrucke der Kriegerfestprogramme, Hinweise auf endlich „verfügbare elegante und dauerhaft in Leder gebundene Gebetsbücher sowie auch die feinsten Pariser Einbände in Sammet und Schildplatt." Auch die Bauern rieben sich die Augen: Ankündigungen zum Eintreffen von Peru Guano, Tabellen mit aktuellen Preisen für Weizen, Buchweizen, Hafer, Kartoffeln und Erbsen in Neuß, Dorsten und Wesel, sogar die Wechselkurse der Prß. Frdsd, Carolin, Goldkronen, Dukaten, Kronth und Gulden umgerechnet in Taler, Groschen und Pfennige. Gleich die erste Ausgabe der Zeitung gab gutes Zeugnis über die große und kleine Politik sowie die Weltläufigkeit der Saander Bürger ab:

Saander Kreisblatt, 6. April 1867

Politische Wochenrundschau: Die Luxemburger Frage kann einen ernstlichen Ausgang nehmen, wenn nicht der Kaiser der Franzosen davon absteht, Luxemburg für Frankreich zu gewinnen.

Weiterhin ist es gegenwärtig die Pariser Industrie-Ausstellung, welche die allgemeine Aufmerksamkeit in Anspruch nimmt. Unsere Provinz ist dort vielfach vertreten, und ist es namentlich die Krupp'sche Gußstahlfabrik in Essen und die Bochumer Gußstahlfabrik, welche dort durch ihre Fabrikate Aufsehen erregen. Eine Saander Gruppe hat sich zusammengetan, um zunächst mit der Postkutsche nach Wesel, um von dort mit der Eisenbahn über Oberhausen und Köln nach Paris zu fahren.

„Gooddoori! Kiek an!“, staunte man, „jetzt fahren sie von hier aus schon nach Paris!“ Nicht lange mussten die Marktschreier und Boten für die neue Zeitung werben: Schon nach einem Jahr zählte Kiesberg fünfhundert Abonnenten und ebenso viele direkte Verkäufe, wobei viele Ältere des Lesens und Schreibens nicht mächtig waren, und daher andere, meist Jüngere, bemühten. Oder sich mit den ausgehängten Zeichnungen und Karikaturen in den Kästen begnügen mussten.

Die neuen Fabriken und Moden, der Fortschritt in der weiten und nahen Welt, waren eine Sache, der französisch-deutsche Kriegslärm, der in diesen Zeiten tönte, eine andere. In einigen Häusern herrschte nicht nur Feierlaune, sondern auch gedrückte Stimmung. Bald ritten wieder Boten mit Depeschen durch die Gemeinden und riefen zum Krieg. Groß war der Stolz, trotz der großen Verluste, als König Wilhelm mit der preußischen Armee 1870 einen furiosen Sieg in der Schlacht von Sedan über die kaiserliche Armee Napoleon III. errang. „Donnerwetter, die Preußen sind keine Dummen!“, hörte man allerorten, „und mit Elsass-Lothringen haben wir das Eisen für die Bahnen jetzt auch!“ Dem zurückkehrenden Saander Bataillon von mehreren hundert Mann bereitete man einen festlichen Empfang. In einer langen Prozession lief man zum Saander Ehrenmal, um den siebzig Soldaten, die ihr Leben auf dem Schlachtfeld ließen, den gebührenden Respekt für ihr großes Opfer zu erweisen. Unter den Rückkehrern lief ein Mann, den Kopf mit dickem Mull verbunden, namens Ignatius Bülten, und am Wegesrand stand unter den Winkenden ein zwölfjähriger Junge namens Bernhard Vanwoldt. Wobei zu diesem Zeitpunkt niemand ahnen konnte, wie nah sie sich einmal sein würden.

Wenige Monate später, im Januar 1871, befiel auch die wenigen, denen es bis dahin noch schwergefallen war, Untertan eines fernen preußischen Herrschers zu sein, großer Stolz. Eine deutsche Monarchie in der Mitte Europas, die den anderen Monarchien, von London bis Petersburg, Wien und Paris, in Kraft und Ruhm nicht mehr nachstehen würde. Kaiser Wilhelm der Erste an der Spitze einer neuen Großmacht, von der Nordsee bis zu den Alpen, von Königsberg bis Köln. Gekrönt in Versailles! Der Prunk war auf den Bildern im Saander Blatt für alle gut zu erkennen, und an diesen Tagen waren die Kästen so eng umstanden, dass Kiesberg weitere, auch in den umliegenden Gemeinden, aufstellen ließ. Schnittig sahen die Herrschaften aus: der Junker Bismarck mit dichtem grauen Schnurrbart, im dunklen Zwirn mit Schulterklappen, und die Thronfolger, schlank und adrett mit schmalen dunklen Streifen an den Hosen. Daneben große Frauen in langen hellen Kleidern, Spitzen und Perlen auf der Brust, federgeschmückte große Hüte auf dem Kopf – wie aus einer anderen Welt. Im neuen Modehaus Rosen waren bald alle Stoffe ausverkauft, und die Hutmacherin Anna Thebing musste zwei neue Mädchen einstellen, wonach in Sankt Raphael fortan die ausladenden Hüte der Damen in den ersten Reihen die Sicht auf den Herrgott für die niederen Frauen in ihren Hauben erschwerte.

Rund um Saande wurden aus den alten Landstraßen befestigte Chausseen – wobei sie bald wieder karrengroße Löcher hatten, weshalb die Wagen, jahreszeitlich wechselnd, entweder im nassen Schlamm oder im trockenen Sand stecken blieben, und den Einsatz starker Pferde erforderten, um die festgefahrenen Fuhrwerke aus den Löchern herauszuziehen. So waren die kleinen Wege und Pfade, die das ganze Gelände durchzogen, für Wanderer und Händler mit der Kiepe auf dem Rücken verlässlicher als so manche Postkutsche. Nätken nahm nie in einer Platz.

Bocholt zählte um 1850 als größte Stadt der Region kaum mehr als 7000 Einwohner, fünfzig Jahre später um die Jahrhundertwende waren es fünf Mal so viel, in Saande 3000, beziehungsweise 5000. Ab 1880 wurde die Eisenbahn ausgebaut, bei der sich mehrere Nord-Süd- und Ost-West-Linien in Saande kreuzten, so die Holland-Linie von Gelsenkirchen nach Winterswijk und der Heideexpress von Empel nach Münster, jeweils mit regem Personen- und Gütertransport – Getreide, Kartoffeln und Vieh, Werkzeuge, Stoffe und Töpfe. Eine neue landwirtschaftliche Winterschule auf Initiative und Kosten vom Vorsitzenden des landwirtschaftlichen Kreisvereins, Graf Dr. Max von Weelken, brachte die Söhne der Güter auf den Stand der Zeit.

Wen wunderte es? Die Landschaft veränderte ihr Bild: Brache und Ödland gingen zurück, Wälder wurden gelichtet, neue Häuser wuchsen auf den ehemaligen Feldern, Schornsteine in die Höhe. In den Städten herrschte Bauwut, Hand- und Spanndienste sowie Handwerk standen hoch im Kurs.

Damit nicht genug, und trotz des neuen deutschen Ruhmes: Auch die Ideen von Freiheit, Gleichheit und Brüderlichkeit fanden Widerhall. Man hörte von Handwerkern, Knechten und Tagelöhnern, die im Verbund mit jungen Männern aus den besseren Schichten – meist Gymnasiasten und Studenten mit schwarz-rot-golden geschmückten Kappen – in Wirtshäusern und auf Plätzen heiße Reden schwangen. Kleine Störfeuer nur, aber aus den Köpfen nicht herauszutreiben.

Die Welt erneuerte sich, war schnell und modern. Für manche Alten war sie aus den Fugen geraten, weshalb sie – aus Erfahrung, Gottesfurcht oder weil sie sture Köpfe waren – Böses unkten. Abgesehen von den jüngsten, kurzen und ruhmreich beendeten Kämpfen herrschte nun schon seit Jahrzehnten Frieden. Und als 1888 in Berlin ein junger Hohenzollern, der mit Nätken sein Geburtsjahr teilte – als Kaiser Wilhelm der Zweite das Schloss in Berlin bezog, da richtete Nätken seine Werkstatt am Deepen Grund ein.

Die Liste

Gegen Ende seiner Gesellenzeit war aus Nätken Natz geworden. Als gelernter Maurer und Stellmacher mit ein wenig Erspartem spitzte er die Ohren und legte in seinem braunen Heft eine Liste an. Es waren Namen von Höfen – möglicher Heiratspartien – die er tagsüber, wenn Meister Anton mit einem seiner Kunden plaudernd in der Werkstatt stand, heimlich sammelte.

„Häst du hall he hört, Anton?“*, fragte der Besucher den Meister, „Toewinkel und siene Öldste häbt Achterkamps Mittleren wär loopen loaten, wegen dat he eene Süpper was. Wat sächst du jetzt? Dobie hat den Pastuur die Ringe hall he sängt!“**

Meister Anton zog an seiner Pfeife: „Gooddoori!“ Und nach einer Weile Schweigen: „Recht häww se, wenn he no hall süpp, dann is dänn Hoff bolle wäch. Dann hälpt ook dänn Pastuur un de Herrgott nich mehr.“***

Ein anderes Mal kam der Schmied vorbei: „Stell dir vor: Der junge Doerken hat sich im Wald erhängt. Nun steht Alwine mit den Kindern und dem Alten da!“ Natz stand an der Hobelbank und zog Heft und Stift aus seiner Kitteltasche. Sorgfältig notierte er die Namen und Orte, daneben, je nach Fall: „Toewinkel, Oeding, grooten Hoff 40 Morgen Land, 20 Morgen Wald. Wählerisch, hat Verlobten laufen lassen“, oder „Doerken, ollen Hoff am Moor, fromme Leute, drei Kühe, nasser Acker, krakeelender Alter“, oder „Mümmken, Moosbarch, Südlohn. Moi Hoff und Schreinerei. Dulle Diarn“. Er zögerte. Letztere strich er wieder durch, Schreinerei hin oder her. Die anderen blieben.

Als die Hündin des Schmieds, eine schlanke Landrasse mit langen Beinen, struppigen Haaren, spitzem Maul und kurzen Ohren, wieder einmal Junge warf, suchte Natz sich einen weißen Rüden aus. Nur der Kopf war schwarz, um die kleine feuchte Schnauze auch ein wenig dunkelbraun, was sich zu einem kleinen glänzenden Dreieck bis zwischen die Augen zog. Pfoten und

---

* Hast du schon gehört, Anton?

** Toewinkel und seine Älteste haben Achterkamps Mittleren wieder laufen lassen, weil er ein Säufer war. Was sagst du nun? Dabei hatte der Pastor schon die Ringe gesegnet!

*** Was du nicht sagst! Recht hat sie, wenn er jetzt schon säuft, dann ist der Hof bald weg. Dann helfen auch der Pastor und Gott nicht mehr!

Schwanzende wieder schwarz, der warme kleine Hundebauch rosa mit grauen Flecken. Natz nannte ihn Witt.

Gern trug er den Welpen in seiner großen Kitteltasche, das dicke schwarze Köpfchen schaute fröhlich heraus. Aus der hohlen Hand gab er ihm Milch und hob jeden Knochen für ihn auf. Dann sprang Witt auf seinen Schoß und ließ sich den weichen Bauch und die samtenen Ohren kraulen. Als er seine ersten Bellversuche machte und vor Aufregung aus der Tasche sprang, durchzog Natz ein warmer Schmerz im Herzen, den er bis dahin nicht kannte. Er flocht ihm ein rotes Bändchen um den Hals, die Kinder steckten Gänseblümchen und gelben Löwenzahn dahinter. So sah man sie nebeneinander wandern gehen. Witt konnte auf Kommando Platz und Herrchen, gab auf „Pötken!“ anständig die rechte Pfote und spielte „dood!“, wobei er sich flach auf die Seite legte und solange kein Härchen rührte, nicht einmal die Ohren spitzte, bis sein Herr ihn mit einem „Good, is good, Witt“ erlöste. Als Jugendlicher begann Witt, in Löcher und Hecken zu stieben. Nicht selten brachte er einen Hasen oder Fasan heran, den er seinem Herrn artig vor die Füße legte. Dieser sah sich um und steckte das tote Tier rasch in seine große Kitteltasche. Gegen Abend briet er es in einer Kuhle und würzte es mit Salz, das er stets in einem kleinen Briefchen bei sich trug. Witt bekam einen guten Teil davon. Manchmal verkaufte er das Wild an einen verschwiegenen Metzger. Hätte Meister Anton das gesehen, hätte er ihm nicht nur die Ohren langgezogen.

An den freien Tagen sah sich Natz aus der Ferne die Höfe auf seiner Liste an, wobei er nicht selten auf Konkurrenten traf. „Was läufst du denn hier?“, fragte der eine den anderen. „Bloos kieken, den Herrgott einen guten Mann sein lassen“, sagte der andere. Oft lief er von früh bis spät, hungrig und müde, manchmal verschwitzt oder durchgefroren, manchmal mit einem nassen schweren Mantel, barfuß auf den schlammigen Wegen, während die blank gescheuerten Klumpen an einem Band um seine Schultern baumelten. Dann war ihm nicht nach einem Liedchen und auch die Mundharmonika, vom Regen taub, blieb in der Tasche. Bisher hatte ihn nichts überzeugt. Doch irgendwann, nach ein paar Jahren, war es so weit. Sein Meister belohnte ihn mit einer gut sortierten Handwerkskiste, ein paar hundert Mark und einem Zylinderhut. Vor allem aber mit einem Zettel, auf dem ein neuer Name gekritzelt stand: „Ignaz Bülten, vormals Kräsken, Deepen Grund, Wiesken. Früher Hof Maismann, Ackerbauer. Klein, aber anständige Leute. Kinderlos. Ziehtochter.“ Bülten war Meister Antons früherer Schulkamerad. Das Gehöft war nur eine Wanderstunde von Natz‘ Elternhaus entfernt.

An einem warmen Märztag schlich Natz an einem Waldrand durch das Gebüsch. Auf einem Baumstamm ließ er sich mit Witt nieder. Es dauerte eine Weile, bis Christine auf dem Hof erschien. In einer langen dunklen Schürze, mit Körben in jeder Hand, trat sie endlich durch das große Tor, schaute prüfend in den hellen Himmel, setzte sich breitbeinig auf einen Schemel und begann, die Kartoffeln vor sich zu sortieren. Natz glaubte ein Lied zu hören, Witt drehte den Kopf. Christine stand auf, lief ein paar Schritte in Richtung der angebundenen Sau und warf ihr ein paar Kartoffeln hin. Ein gebückter alter Mann erschien im Tor und rief ihr etwas zu, wonach sie alles stehen und liegen ließ und wieder im Haus verschwand.

„Watt düch die?", richtete sich Natz an Witt. Der nieste anerkennend und spitzte die Ohren. Natz zog seine Mundharmonika aus der Tasche und lief, an einer Eichengruppe vorbei, über einen schattigen Hohlweg zurück: „Wem Gott will rechte Gunst erweisen, den schickt Er in die weite Welt, tammtamm, dem will Er seine Wunder weisen…" Erschöpft und zuversichtlich trug Natz am Abend in seine Liste ein: „Bülten, Deepen Grund, Wiesken. Ollen Hoff, klein, liech deepe, aber moi. Hochnäsiger Alter, kranke Mooder. Christine klein, tüchtig, gut."

Meister Anton und Geselle Natz wählten den Pfingstsonntag 1885 aus. Mit der Jikse, der kleinen Kutsche, machten sie sich im Morgengrauen auf den weiten Weg von Oeding zu Sankt Raphael in Saande. Nach dem Hochamt klangen die Glocken noch laut über dem Platz, die Frauen standen in dunklen Trauben beieinander, kauften oder verkauften auf dem Markt, die Männer drängten schon Richtung Wirtschaft.

Da klopfte Meister Anton seinem alten Nachbarn Ignaz mit einem kräftigen Schlag und ebensolchem Lachen auf die Schulter: „Gooden Dach, Ignaz! Kennst du mich noch?" – „Gooddoori, Anton, wat dös du hier bie uss in Saande?" Die Männer plauderten über dies und das, wie es früher war und heute ging. Dann winkte der Meister Natz heran: „Dies ist ein guter Schwiegersohn, jung und arbeitsam, Stellmacher und dazu nicht auf den Kopf gefallen. Wohl ein bisschen eigensinnig, aber kein schlechter Kerl." Natz zog den Hut und verbeugte sich. Ignaz hielt die Hand entgegen: „Moi, moi." Während Anton und Ignaz in die Wirtschaft gingen, folgte Natz einer kleinen Jungfrauengruppe, die über den Marktplatz auf Bäcker Brömmel zulief. Den Hut vornehm lüftend, schritt er an ihnen vorbei, wobei er einen Augenblick einhielt und dabei auf Christine schaute, „Gooden Dach, junge Froun, moi Weär vandage, nich woahr? Natz Vanwoldt, uit Leiden, Stellmäkergesell*", so dass Stine errötete und die anderen kicherten. Witt, mit seinem roten Band geschmückt, kläffte frech die langen Frauenkleider an.

Ignaz Kräsken zog vier Kandidaten in die engere Wahl. Einen Seiler aus Oeding, einen verdienten Knecht aus dem Hook, einen Schmied aus Saande, einen Stellmacher aus Leiden, allesamt Bauernsöhne. Stine ließ sich bei den ersten beiden gar nicht blicken, bei dem dritten legte sie einen Scheit ins Feuer nach, bei dem Stellmacher zwei. Und Ziska, die in der Ecke klöppelte, lächelte: „Wenn der Herrgott es so will."

* Stellmachergeselle

Am Tag nach Jakobi machte sich Natz erneut auf den Weg. Er hatte viel Gutes in Erfahrung gebracht, aber auch Unkenrufe gehört. Der alte Bülten hieß ihn am Küchentisch Platz zu nehmen, Stine hatte er aufs Feld geschickt. Dann holte er eine Kiste mit Papieren hervor und breitete sie aus. „Sät die daale. Ik mutt di watt säägen"*, begann er seine lange Rede von den Maismanns und dem nassen Deepen Grund. Diesen habe er von seinem kargen Sold – dabei schob er die schwarze Augenklappe hoch, so dass ein vernarbtes Loch erschien – und nur mit Hypotheken kaufen können, und trotz täglich harter Arbeit und Gebet habe Gott sie nicht mit Kindern gesegnet, stattdessen seine Frau mit Schwindsucht und steter Pein. Es fiel ihm sichtlich schwer. Doch Stine sei ihnen wie die eigene Tochter ans Herz gewachsen. Natz hörte geduldig zu. „Wir sind redliche Leute," schob Bülten ihm jetzt alle Papiere zu, wobei es fast wie ein Bitten klang, „deshalb schenke ich dir die Wahrheit ein."

Natz kräuselte die Stirn und begann die Blätter, manche mit roter Banderole mit Sütterlinschrift, zu studieren, zog sein eigenes Heft und Stift hervor und schrieb und rechnete darauf. Es dauerte eine ganze Weile, bis er, die Stirne runzelnd, den Kopf wieder hob. „Was soll ich davon halten?", fragte Natz, und Bülten ging mit ihm durch ein paar Zeilen und erklärte so gut er konnte. Nach einer guten Stunde zog Natz freundlich den Hut, „Good goan! Werden wir weitersehen", und lief rasch zum Gatter, ohne Stines Gruß vom Feld zu erwidern. Jüngst hatte sein Bruder aus Amerika, Indiana, geschrieben:

> *Wir haben hier jetzt eine eigene Farm gekauft, 80 Acker und keine Abgaben, außer ein paar Thalern im Jahr. Das Land ist gut, ohne Quecken und anderem Unrat. Alles wächst, dass es eine Freude ist. Zum Dreschen haben wir Maschinen. Auch Vieh kann hier jeder halten wie er will, so weit das Land. Nur an guten Handwerkern fehlt es uns hier. Die werden wohl noch kommen. Die alten Nachbarn Blömer sind auch hier. Die essen vornehmer als die Vornehmsten in Saande. So geht es uns vergnüglich ohne Verlangen nach Deutschland.*

„Angeber!", hatte Natz damals gemurmelt. Aber vielleicht stimmte es ja doch. Und außerdem: „Drum prüfe wer sich ewig bindet, ob sich nicht doch etwas Besseres findet." Natz schlief einen unruhigen Schlaf, und tags darauf beriet er sich zuerst mit seinem Meister und dann mit seinem Vater, die beide einer

---

* Setz' dich. Ich muss dir etwas sagen.

Meinung waren: „Ein Stellmacher in dieser Zeit, mit einem Erbhof und einer Frau“, sagten sie, „flittig und met Gott sall dat wall goan!“*

Der Vertrag

Es sollte noch dauern, bis sich alle einig waren. Ein paar Tage nach Allerseelen 1886 traf man sich mittags feierlich am Deepen Grund. Im Vorderhaus erhellte warmer Feuerschein Raum und Gäste, die im Rund zusammenstanden und sich die Hände wärmten. Die Tür zum Bettkasten stand weit offen, Mooder Bülten saß, Haube und Tuch sorgsam umgelegt, aufrecht in den Federn und hüstelte. Eine kleine Gesellschaft hatte sich eingefunden. Es waren dies: zwei Vertreter des Königlich-Preußischen Amtsgerichts Saande in Westfalen, die Herren Rat Beck und Referendar Hausz, die sich an diesem trüben Novembermorgen zu Fuß aus Saande an den Deepen Grund begeben hatten – nicht ohne über den nassen Weg zu fluchen –, durchaus mit Aussicht auf einen Streifen Speck und ein paar Eier.

Der Rat, ein seriöser Mann, hatte es in diesem besonderen Fall, den Übertrag eines ganzen Kottens an einen zugezogenen jungen Mann und seine Braut, die ihrerseits kein leibliches Kind der Erblasser war, für notwendig befunden, das Anwesen persönlich in Augenschein zu nehmen. Wo es zudem noch um Schulden ging. Als Zeugen geladen waren daher auch die nächsten Nachbarn Ackermann Heinrich Natmäker und Ackermann Wilhelm Floiter. Ihre Ehefrauen Soffi und Mina waren mitgekommen, um Ziska, der kranken Nachbarin, bei Bedarf die Hand zu halten.

Weiterhin anwesend waren die Brautleute Bernhard Vanwoldt und Christine Kass. Christine legte Holz auf dem Feuer nach und schwenkte eine schwere Pfanne in die Mitte. Darin begann, vielversprechend duftend, das Schmalz zu sieden, denn zur Feier des Tages gab es gebratenes Huhn mit Kartoffeln.

„Sät U daale“, bat der alte Bülten die jungen Herrschaften, „Sät U daale!“ Das Dokument hatten die Herren Räte schon in fließender Schrift mit dunkelblauer Tinte und breiter Feder, welche manche Striche und vor allem die Zahlen betonte, ohne den kleinsten Klecks, auf dickem Papier vorab in Saande aufgesetzt. Manche Lettern sahen aus wie gemalt, eine harmonische Abfolge gerader Linien und schwungvoller Bögen, im Anhang Kästchen und Listen mit Zahlen. Alles in allem acht Seiten an sich schon eindrucksvolles Papier, dessen Bedeutung durch die rot-weiße-Kordel am Rand hervorgehoben wurde. Nur das Wachs war noch nicht darauf, aber die Räte hatten den Stempel schon auf den Tisch gestellt. „Lese ich vor, zu Wiesken, geschehen am dritten Novem-

* Fleißig und mit Gott wird das wohl gehen.

ber", begann der ältere der beiden, räusperte sich kurz und zog den Schnauzbart zurecht. Nur ein leichtes Knistern im Feuer war zu hören.

> *Übertragungsvertrag. Vor dem Amtsrichter zu Saande erschienen sind der Ackerer Ignatius Bülten, genannt Kräsken sowie die Brautleute Stellmacher Bernhard Heinrich Vanwoldt und Christine Maria Kass, zu schließen nachfolgenden Vertrag: Der Ackerer Ignatius Bülten überträgt sein gesamtes bewegliches und unbewegliches Vermögen, bekannt als Maismanns Deepen Grund, nahe Brook, Gemeinde Wiesken, an die angehenden Eheleute Bernhard Vanwoldt und Christine Kass. Für den Fall, dass die jetzigen Eigentümer, Ignatius Bülten und seine Ehefrau Franziska, noch leibliche Kinder haben werden, so würde in diesem Falle doch die gesetzliche Erbfolge ihr Bewenden nehmen.*

Der Rat hielt kurz ein, schaute zu Ziska, die jetzt furchtbar hustete, doch Ignaz nickte.

> *Setze ich fort. Das erbliche Eigentum wird übertragen und die Eintragung in das Grundbuch bewilligt. Die Eheleute Bülten behalten sich das Recht der lebenslangen Verwaltung und des Nießbrauchs vor. Auch darf ohne ihre Einwilligung eine Veräußerung oder Verpfändung der Grundstücke zu ihren Lebzeiten nicht erfolgen. Weiterhin erhalten die Eheleute Bülten zeitlebens das Recht für standesgemäße unentgeltliche Wohnung und Verpflegung, ohne die Verpflichtung zu arbeiten, dazu ein monatliches Taschengeld von fünf Mark seines jetzigen Wertes. Dafür verpflichten sich diese, Zeit ihres Lebens, soweit ihr Zustand es erlaubt, zum Besten der Hauswirtschaft beizutragen und mitzuarbeiten. Der Wert der übertragenen Grundstücke wird mit 4000 Mark angegeben. Die Übertragsnehmer verpflichten sich, die auf dem Vermögen lastenden Schulden und Hypotheken von zurzeit etwa 3000 Mark persönlich zu übernehmen.*

Der Rat räusperte sich. Nacheinander schaute er den Brautleuten in die Augen, zuerst Bernhard, dann Christine, wobei letztere nur den Kopf senkte. Es war plötzlich sehr still im Raum.

> *Der jetzige Eigentümer Ignatius Bülten erklärt, dass die Vermögensübertragung mit Rücksicht darauf erfolgt, dass Christine Kass den*

Eheleuten Bülten als Haushälterin am Deepen Grund seit vielen Jahren treue Dienste geleistet hat.

„Richtig“, sagte Ignaz und nickte. Jetzt kam der „Auszug aus der Mutterrolle“, wie der Rat erklärte. Einzeln las er jede der zwanzig Zeilen und dazugehörigen Spalten vor: Flur, Parzelle, Kulturart, Klasse, Fläche nach Acker, Weide, Wiese, Gemüsegarten, Holz. Dann schob er ein weiteres Papier, dickes Bütten, am Rand schon hellbraun vergilbt, auf den Tisch. Unter einem gekrönten Adler, der Zepter und Siegel in seinen Krallen hielt, stand in gedruckter Schrift: „Preußischer Hypothekenbrief“. Der Rat goss rotes Wachs darauf und drückte den Stempel hinein, gerade so, als bilde des Vogels Klaue das fette Siegel.

Nun war es für die Zuständigen soweit, alles mit ihren Unterschriften zu billigen. Auf dem mittigen Stuhl, wo vorher der Rat gesessen hatte, nahmen sie nacheinander Platz. Der Jüngere reichte allen nacheinander den abgetupften Federhalter, den jeder und jede, etwas ungelenk, doch feierlich, nacheinander zwischen die Finger nahm. Ignatius Bülten, Bernhard Vanwoldt, Christine Kass, Rat Beck, Referendar Hausz. Zum Schluss gab man der alten Bülten in ihrem Bettkasten das Papier, auf das sie drei Kreuzchen zeichnete. Ein leichtes Seufzen war zu vernehmen. Anschließend unterschrieben die Zeugen, Ackermann Natmäker und Ackermann Floiter.

Den Brautleuten gehörten danach: nach bisherigem Maße 22,75 Morgen, nach Metermaß 5,6875 Hektar Land, darunter elf Morgen Acker – meist dunkler Boden, der Rest Sand – sieben Morgen Weide und Wiese, vier Morgen Wald, dazu ein altes niedriges Haus aus Fachwerk mit Holz, Lehm und Stein, das Dach mit Stroh gedeckt, ein großer Garten und ein Dutzend Beerensträucher und Obstbäume.

Im Vorderhaus befand sich die große Küche, mit offenem Feuer, Sieben, Rastern und Schürhaken und allerlei weiterer Utensilien wie gusseiserne Töpfe und Kästen, darüber der breite Rauchfang, der Bosen, in dem ein Streifen Speck hing. In der Mitte ein großer Tisch mit Stühlen und einer Bank, in einer Ecke ein Spinnrad. Jeweils seitlich befanden sich zwei große Bettkästen, dahinter kleine Kammern mit einem Bodenloch, bestanden mit Steinkübeln für Kraut, Schmalz und Gepökeltes. Über eine halbhohe Mauer und offenes Fachwerk schaute man auf die Däle, mit jeweils seitlichen Plätzen für das größere und kleinere Vieh, darüber ein flacher Boden für Heu und Stroh. In einem Anbau fanden sich verschiedene Geräte, darunter ein Arsenal an Grepen, Forken und Hacken, sowie allerlei Werkzeug wie Sägen, Hämmer und Äxte, Drahtrollen, Klammern und Schrauben, daneben ein paar große Hühnerkörbe. Draußen auf dem Hof stand – in einem Rund angebracht – der gemauerte offene Brunnen mit Winde und Eimer daran, nicht weit davon entfernt der niedrige Puggenstall, ein kleines

Schöppken, darin der Pflug, die Egge sowie die große Sturzkarre, Reisig und Äste, der Spaltbock fürs Holz und zum Hühnerschlachten, eine Schubkarre und zwei Kiepen sowie am Rand des Schöppkens das Hüsken, der Abort.

An Vieh zählte man: zwei Stiere, eine Milchkuh, vier Schweine, eine trächtige Sau, drei Schafe für Wolle, eine Ziege sowie zwanzig Hühner und zwei Gänse. An Vorräten: ein paar Säcke, Körbe und Kisten mit Roggen und Weizen, Zwiebeln, Bohnen, Erbsen und Äpfeln, auf dem Boden Heu, Stroh und Flachs, in einem dunklen Verschlag ein Berg Kartoffeln, auch Kastanien und Eicheln. Alles in allem genug für den Winter, für Mensch und Vieh, dafür hatte Stine gesorgt.

Des Weiteren gehörte dem Paar: eine Last an Schulden sowie die Aussicht auf harte Arbeit und ein entbehrungsreiches Leben.

Doch Natz war am Ziel: Er besaß ein eigenes Haus und einen eigenen Hof, alles eingetragener Grund und Boden, Platz für eine Werkstatt, die freilich noch zu schaffen war, musste keine Pacht, Silberlinge, Schweine oder Hühner an Grafen und Fürsten zahlen, auch nicht als Knecht oder Heuerling seine Knochen für andere schinden und dabei auch noch das Maul geschlossen halten. Er war weder Hausierer und schon gar kein Bettler. Er war ganz sein eigener Herr mit einer fleißigen Braut.

Wiesken und der Floiterhook

Die Gemeinde Wiesken war ebenso unauffällig wie die anderen umliegenden Gemarkungen. In der flachen Landschaft fügten sie sich nahtlos aneinander, ohne erkennbare Grenze zu den Nachbargemeinden. In Ermangelung einer Kirche oder eines Amtes galt als Zentrum der Groote Steen – genaugenommen waren es drei Steine – mit einem mannshohen länglichen Findling in der Mitte, in dessen oberem Drittel ein Kreuz mit der Inschrift JNKJ sowie darunter eine kaum noch erkennbare Zahl, 1545 oder 1805, eingemeißelt war. Das Ganze von zwei mächtigen Rotbuchen überschattet. Hier, so hieß es, habe man früher Gerichte abgehalten, und Napoleon habe hier Rast gemacht und die Preußen den Platz später zum Mittelpunkt der Bauernschaft erklärt.

Die in der Nähe gelegene Schule, mehr eine Scheune als ein Haus, war dagegen unscheinbar. Ebenso die auf halbem Weg nach Leiden gelegene Schänke Kraane, wo mitunter der durch das morsche Dach tropfende Regen die Schnapsgläser der Männer schneller auffüllte als der Wirt. In einem Schuppen nebenan verkaufte Witwe Haas, sofern sie es vorrätig hatte, Tabak, Petroleum und Salz, manchmal auch Seife, Kandis und Korinthen. Der nächste Gendarm, den sowieso niemand brauchte, war in Leiden. Auf dem Weg dorthin lag auch eine halbverfallene, seit langem nur von Geistern bewohnte Burg des Bistums Münster.

Mit dem Posten des Bürgermeisters wechselten sich seit geraumer Zeit Gutsherr Groote Ridder und Schulze von Diek ab. Ersterer war Eigentümer mehrerer hundert Morgen Wald, Feld und Wiesen, einem Dreikanthof mit einem Gesindeflügel, der allein die Größe der meisten Bauernhäuser überschritt. In gebührlichem Abstand – was Entfernung, Größe und Ansehen betraf – folgte Schulzendiek und Buar Spökermann. Im Süden, schon auf Fürstenfeld zu, lag Schulte Temminghoff, versteckt in einem Mischwald aus Buchen und Eichen. An anderen Orten residierend, aber dennoch zu nennen ist Fürst Salm-Salm, dem einiges an Burgen, Höfen, Wald und Land im Kreis und somit auch in Wiesken gehörte. Sein Verwalter kam nur wenige Male im Jahr, um die Pacht zu kassieren und nach dem Rechten zu sehen.

Sankt Raphael in Saande und damit auch der Markt, auf dem man das wenige, was man erübrigen konnte, verkaufte, um das wenige, was man benötigte, zu erstehen – Sankt Raphael lag vom Grooten Steen anderthalb Stunden Fußmarsch entfernt. Die Schaufenster der neuen Geschäfte waren aus einer anderen und für eine andere Welt. Vom Hospital der Barmherzigen Schwestern hielt man sich möglichst fern, vertraute eher auf altbewährte Mittel, Kräuter und vor allem auf Gott, den Barmherzigen. Der Gang zum Amt, wenige Male im Leben, fiel nicht ins Gewicht. Somit fehlte es in Wiesken, freilich außer einer Kirche mit einem Friedhof und einem Markt, an nichts.

Die nördlich verlaufende Chaussee, die diesen Namen nicht verdiente, begrenzte im Norden die Gemeinde, im Süden war es ein Bach. Dazwischen verteilten sich an die zweihundert Höfe, größere, mittlere und kleine, auch die Katen der Heuerlinge, locker zwischen den Wäldern, Weiden und Feldern, der Abstand zum nächsten jeweils so bemessen, dass man sich jederzeit begegnen, vor allem aber in der Not Hilfe rufen konnte. Bereits ein Drubbel von zwei oder drei Höfen, durchaus noch getrennt durch einen Bach und ein paar hohe Eichen, galt als eng beieinander. Ein paar Drubbel oder ein Dutzend Einzelhöfe bildeten einen Hook, lebenslang in guten und schlechten Zeiten vereint. Die Vorstellung, in einem engen Dorf oder gar derselben Gasse der Kreisstadt zu leben, wo man sich gegenseitig in die Pötte kieken konnte, einmal abgesehen von dem Lärm und Gestank, löste bei ihnen allen verächtliches Schaudern, bestenfalls Mitleid aus, das auch die feinen Kleider und schon gar nicht die gestelzten Sitten der Stadtsken wettmachen konnten.

Weitere Erwähnung verdient der Gemeensbuss, der Gemeindewald im Südosten, der früher allen gehörte, von dem aber heute keiner mehr so genau wusste, wer der Besitzer war; ein Schulze, Graf oder Fürst hatte sich noch nie gemeldet. Der Forst war in seiner Mitte mit Eichen, Buchen und Lärchen bestanden, an den Rändern mit Erlen, Eschen und Holunder, manchmal Kastanien, sowie reichlich Gestrüpp, Ginster, Brombeeren und Hagebutte. Seit alters her war es Brauch und Sitte, die Bäume und Sträucher nicht zu fällen. Doch wer Bedarf hatte, was nur im Fall der kleinen Höfe zutraf, der konnte herabfallende Äste, Reisig, Eicheln, Eckern, Beeren und Pilze für Heim und Herd sammeln. Dafür konnten sich die großen Bauern Rehe und Hasen schießen, und drückten – meistens – ein Auge zu, wenn sich die kleinen im Winter mit der Schlinge einen Hasen holten. Niemand hatte ein Interesse daran, an diesen Gewohnheiten zu rütteln.

Für Stadtske, sofern sie sich aufs Land verirrten – was vorläufig noch selten war –, mochten die Unterschiede zwischen den Höfen, von den Gütern und Schulzen einmal abgesehen, kaum erkennbar sein. Doch wer genauer hinschaute, bemerkte das um zwei Meter breitere oder schmalere, höhere oder niedrigere, um fünf Meter längere oder kürzere Haus, den kleineren oder größeren Dreschplatz, und ob es einen Stall für die Pferde und eine Remise für die Kutsche gab oder nur ein Abdach mit Schweinekoben. Auch wieviel Volk und Gespanne auf dem Hof zu sehen und wie geschäftig es dort war, mit all den Frau- und Mannsleuten, der Zahl der Knechte und Mägde. Oder waren es nur die Bauern und Bäuerinnen selbst, die das Getreide schnitten, das anschließend magere Kinder, barfuß, zu Garben banden?

Wiesken umfasste ein knappes Dutzend Hööke, von denen der Floiterhook, mit seinen nur acht oder zehn Höfen – je nachdem ob man die Heuerlinge dazuzählte oder nicht – der kleinste war. Doch der Floiterhook hielt darauf, rund um den Grooten Steen zu liegen und damit Mittelpunkt zu sein. Es gab drei große, drei mittlere und zwei kleine Höfe. Die großen hatten um die hundert bis hundertfünfzig Morgen, darunter viel Wald, sechs bis acht Kühe, auch Stiere und Färsen, ein paar Dutzend Schweine und drei bis vier Pferde, mehrere Fuhrwerke und eine Kutsche dazu. Die mittleren fünfzig bis hundert Morgen mit entsprechend weniger Vieh; zwei von ihnen zahlten eine erträgliche Pacht an den Fürsten. Die kleinen unter fünfzig Morgen, ohne Pferd, nur mit einem Stier.

Jeder Hof war mindestens einem anderen, dem nächsten Nachbarn, und einer Kindsnachbarin, die bei Geburt und Tod half, zugewiesen. Es gab Freund und Feind, Freud und Leid, vor allem aber Rechte und Pflichten. Man hielt sich daran. Man kannte den anderen so gut wie sich selbst, welche Kuh zuletzt wie gekalbt hatte, welches Stückchen Land wem gehörte, wer was zu beichten hatte, wer ein Krakeeler, wer fromm wie ein Lamm war - oder nur so tat. Wo der Stock in jeder Ecke stand, wer ein Süpper oder Geizkragen war, wer dumm oder schlau oder faul oder fleißig oder sauber oder schmierig war. Sowieso kannte man alle Lebenden, viele der Verstorbenen, die zugezogenen Frauen und abgewanderten Tanten und Onkel. Neben dem eigenen Stammbaum auch den Stammbaum der anderen, und es gehörte sich, diese alle auf dem neuesten Stand zu halten.

„Hast du schon gehört?“, begann die erste. „Der Dritte von Steenerts, Jupp, freit jetzt mit der Jüngsten von Ramäker aus dem Kühlerhook, Hilde.“

„Ach! Die alte Ramäker ist ja die Cousine von Boesel, die Tante von Bennad Natmäker. Ihr Vater, damals, kam ja von Wissing aus Saande.“

„Ja, der Bessvader kam aus Barlo und war Melker beim Grafen, die Schwester war Magd bei Hennok Schulzendiek, dem Onkel von unserem in Wiesken.“

„Nein, das war nicht die Schwester, sondern die Cousine, die ist in die Mission nach China.“

„Ach! Nein, da vertauscht du etwas.“

Und so ging das endlos weiter, nicht selten drei oder vier Generationen zurück, was angesichts der gemeinsam verbrachten Jahrhunderte und der wenigen Zugezogenen letztlich kein Kunststück war, zumal diese, wenn sie nicht aus dem Floiterhook selbst oder Wiesken, so doch zumindest aus den benachbarten Gemeinden stammten. Manchmal ergab sich eine unerwartete Wendung, wenn etwa einer der Grooten eine Mittlere heiratete, was selten vorkam, oder umgekehrt, oder sich einer am Balken erhängte und damit die Linie unterbrach, oder eine Frau keine Kinder gebar, oder, was ähnlich schlimm war, nur Töchter. Weshalb am Ende doch alle Höfe eine bewegte Geschichte über mehrere Jahrhunderte hatten und mehrere Namen, die sich dank des regelmäßigen Austausches aber alle in das gemeinsame Gedächtnis eingeprägten.

Die drei Grooten im Floiterhook waren: Steenerts, genannt Veehdreewer; Groß-Thebing, genannt Puggenkamp, später Ross; Kleine Garwert, genannt Kerkhuus.

Die drei Mittleren waren: Grotendorst, genannt Floiter; Boesel, früher Gantefort; Bramkamps, genannt Natmäker.

Die zwei Kleineren: Doowe, genannt Klümper; Bülten, Kräsken, auch genannt Maismann, manche sagten noch Köther, jetzt Vanwoldt.

Dann waren da noch die Heuerlinge Kunz und Neffe, die Knechte und Mägde sowie die Dullen und Bössel, zum Stall ausmisten, von denen fast jeder Hof, groß oder klein, einen oder mehrere hatte.

Etwa gleichmäßig verteilt lagen die Höfe jenseits und diesseits der Saander Landstraße. Am Steen führte ein Hohlweg ins große Brook, wo sie alle einen Teil ihrer Felder und Wiesen hatten und sich daher häufig dort begegneten, vor allem am Draii, ein kleiner Platz, der mit drei Eichen bestanden war, und unter deren Dach alle gern eine Rast einlegten. Wer am Draii rechts abbog, gelangte nach nur zweihundert Schritt zum Deepen Grund. Seine Bewohner, jetzt Vanwoldts, und Natmäkers waren Nächste Nachbarn, Boesels Kindsnachbarn, so weit man denken konnte, was an den ausgetretenen Pfaden zwischen den Höfen leicht erkennbar war. Alle drei achteten darauf, die Beziehungen füreinander gedeihlich zu halten, und es war kein Fall bekannt, in denen dies nicht gelungen war. Was erbitterte, ebenso gepflegte Feindschaften mit anderen nicht ausschloss, auch nicht mit Vanwoldts. Denn manche Erinnerungen blieben lange wach. Und Zenta Klümper, die von allen am nächsten an Vanwoldts wohnte, gehörte zu denen, die ein sehr gutes Gedächtnis hatten.

Als einer der ihren aus dem Nachbarort Leiden, noch dazu ein Stellmacher, war Bernhard Vanwoldt, genannt Natz, als neuer Nachbar willkommen.

Nestbau

Bräutigam Natz besserte die morschen Dächer aus und richtete sich im Schöppken einen Verschlag als Werkstatt ein. Ein Anbau schuf zwei neue Seitenkammern. Zwischen Däle und Küche zog er die bisher nur halbhohe Mauer nach oben durch, „doamet de Höhner nich mehr in de Suppe schiiett". Auch reichte es für ein neues Dälentor, wobei es am Ende klein ausfiel, gerade hoch und weit genug, um mit einer beladenen Stierkarre durchzufahren. „Bie Vanwoldts goat se dör't Hohnerlock"*, spöttelte Zenta, die junge Frau Klümper, unter den Nachbarn. Dafür hatte sie rund um den Kamin keine Delfter Kacheln, die Natz und Stine von Meister Anton zur Hochzeit erhalten hatten. Der Ziehvater schenkte der Braut eine dunkle, mit hübschen Rosetten verzierte Eichentruhe. Innen war sie mit Stines Aussteuer bestückt, weißes und blaues Linnen, schwarze Tücher, wollene Leibchen und Socken sowie Spitzen und Borten, seitlich auch Schubladen mit Rollen und Papieren, dem gerade erst unterzeichneten Vertrag. Gegenüber hingen zwei eichene Regale, dicht bestückt mit blauem Geschirr, eine allseits bestaunte späte Mitgift von Stines Eltern. Diese schickten zudem ihre jüngste Tochter, die „dulle Jette", als Hilfe mit auf den Hof.

Die Hochzeit fand noch im November 1886 statt. Mit den Trauzeugen, den Brüdern des Paares, Gerhard Kass und Theodor Vanwoldt, gingen sie zuerst zum Amt und dann zum Saander Pastuur, der in der Sakristei Paar und Ringe segnete. Am Sonntagmorgen nach dem Hochamt erhielten sie das Sakrament der Ehe. Wilmken Floiter wartete mit seiner Sonntagskarre vor der Kirche und kutschierte das Paar zu ihrem Hof in Wiesken. Christine trug ein dunkelblaues Leinenkleid und eine weiße Spitzenhaube, Natz seinen Mantel und Zylinder.

Auf der Däle am Deepen Grund gab es für Nachbarn und Verwandte ein angemessenes Fest mit Kaffee und Rosinenstuten, Schnaps und Bier, am Mittag sogar ein paar Würste. An die hundert Gäste drängten sich auf der kleinen Däle und in der Küche: „Zum Feiern ist Platz in der kleinsten Hütte." Am Abend spielte der junge Natmäker Trecksack, einer von Christines Brüdern Mando-

* Bei Vanwoldts gehen sie durchs Hühnerloch.

line, beides wunderbar für den Kunterdanz. Witt sah man in den Rabatten, wie er sich eifrig mit Fiffi Floiter vergnügte.

Ziska starb kurz darauf, Ignaz lebte noch ein paar Jahre, beide am Ende zufrieden mit Gottes und ihrem Werk.

Anfangs war es ein kleiner Haushalt. Stine und Natz sah man gemeinsam auf den Feldern und Wiesen pflügen, hacken, säen und ernten, die dulle Jette neben und der schnüffelnde Witt irgendwo zwischen ihnen. Für die Frauen allein blieb das Vieh, der Garten und das Haus, für Natz der Wald und die Werkstatt. Dort konnte er anfangs nur Wagen und Karren reparieren, für eine richtige Stellmacherei fehlte noch das Geld und ein weiteres Mannsbild.

An den Sommerabenden saßen sie vorm Haus, Natz feilte an einer Felge oder genoss einfach nur seine Pfeife, Stine und Jette döppten Bohnen oder kämmten den Flachs. Im Winter saß man vor dem Feuer, die Frauleute am Spinnrand, Natz flocht Weidenkörbe. Beim faden Schein der Petroleumlampe aßen sie Pannekooken, Buchweizen, an Sonntagen hellen Weizen. Dann beteten sie den Rosenkranz, je nach Jahreszeit und Anlass den langen oder kurzen, gingen früh zu Bett. Mit dem letzten Gebet unter dem Wandkreuz schliefen sie ein.

Ewiger Vater, Du hast die Ehe im Paradiese gegründet.
Dein göttlicher Sohn hat sie zum Sakrament erhoben.
Dreieiniger Gott, Du hast uns verbunden.
Stärke uns, dass wir Hand in Hand auch durch Täler der Tränen gehen.
Lass uns, wenn Du uns mit Kindern segnest, diese nach Deinen heiligen Gesetzen erziehen.
Stärke uns, wenn die Ehekreuze kommen.
Der Mann so opferwillig wie Sankt Joseph.
Die Gattin so gehorsam wie Maria.
Amen. Amen.

Mit dem ersten Gebet unter dem Wandkreuz wachten sie am Morgen auf. Sonntags liefen sie zur Kirche, Stine mit den Frauleuten, Natz mit den Mannsleuten. Eine Jik hatten sie noch nicht, und sowieso musste man den Stier und die alte Berta zum Pflügen schonen. Nach der Messe gingen die Frauen auf den Markt, an hohen Feiertagen auch zu Boullion ins Café. Die Männer kloppten Karten nebenan.

Natz wurde es zu eng im Nest. Zwischen Jakobi, nachdem das Getreide eingeholt war, und vor Mariä Geburt, „do wött no den Nötten he luurt“*, hing

* Mariä Geburt wird nach den Nüssen gelauert.

er sich den alten Beutel mit einem Stück Speck um die Schulter und steckte Zollstock, Heft und Stift hinein. Es war die Zeit, in der Roggen und Flachs schon trocken auf dem Boden lagen, die Kühe friedlich auf den Weiden grasten, die Sau und ihre Ferkel sich genüsslich im Freien suhlten, die Sonne noch ein wenig wärmte und der Rest der Arbeit warten konnte. Ein Stellmacher musste nicht nur seine Kundschaft und deren Fuhrpark kennen, sondern auch Bäume und Hölzer für die Speichen und Felgen sichten. Mit Witt voraus zog er für ein paar Tage los. Sie liefen die alten Pfade, auch bis zu Meister Anton. Hier und dort kehrte er auf ein Schnäpsken ein, rauchte ein Piepken und sammelte kleine Aufträge ein. Vom Herbst bis zum Frühjahr verdiente er sich auf den vielen Baustellen als Maurer ein wenig dazu. Am Abend, manchmal erst nach ein paar Tagen oder einer Woche, kam er zurück. Witt wusste den Weg. Natz lief, von Zeit zu Zeit torkelnd, hinterher. Trotz allem: Für eine eigene Stellmacherei, eine Werkstatt mit schwerer Hobelbank, mehreren Zirkeln und Bohrern, einer ordentlichen Esse, einem Vorrat an trockenem Holz reichte es noch nicht. Er brauchte Geld.

„Geh‘ zur Witwe in Saande“, riet ihm Natmäker. Die Frau des verstorbenen Landgerichtsrates war bekannt dafür, Handwerkern zu angemessenen Zinsen auszuhelfen. Zwei Tage später saß Natz in ihrem Kontor, ein Buchhalter am Tisch. „Stellmäker Vanwoldt. Wall van hört. Diene Frou was eene Cousine twedden Grades van mienen verstorbenen Mann. Fromme Lö. Wat kann ik vör ümm doon?“*, empfing ihn die Witwe, und ermutigte ihn obendrein: „Wer nicht wagt, der nicht gewinnt.“ Man einigte sich auf 600 Mark bei halbjährlich zu zahlenden Raten und Zinsen, kaum mehr als die neue Kasse verlangen würde, natürlich nur gegen eine Sicherheit, was bei einem Stellmacher und Bauern wie ihm, mit Land, kein Problem sein dürfte. Zum Vertrag gehörte eine Hypothek auf Natz‘ Wald, mit einem Eintrag ins Grundbuch.

Seine jüngeren Brüder, Heinken und Fritze, halfen ihm dabei, den neuen Spieker zu bauen, die rechte Hälfte Puggenstall, die linke Timmerkaamer, in der Mitte ein Viehtopf mit einem Backofen darunter, alles ganz nach Stines Sinn, außen das Hüsken, sogar mit einem spitzen Dach und Herzchen in der Tür, eine neumodische Spielerei. Bald stand in der Timmerkaamer eine schwere neue Hobelbank, in deren seitlichen Löcher mehrere Hämmer, Zangen und Feilen hingen. Die zwei Wandschränke waren gut gefüllt mit Nägeln, Klammern und Schrauben, daneben hingen die großen Winkel, Bohrer und Sägen. Eine Tür führte nach draußen zur überdachten Esse. Im Schöppken gegenüber lagerten Holz und Eisen. War Natz ein schönes Stück gelungen – eine Speiche

* Stellmacher Vanwoldt. Schon von gehört. Deine Frau ist eine Cousine zweiten Grades von meinem verstorbenen Mann. Fromme Leute. Was kann ich für ihn tun?

oder Nabe oder das ganze Rad –, pustete er den Staub vom Holz, peilte seitlich mit den Augen, streichelte darüber, wobei er mit der Linken den verstaubten Bart ein wenig zur Seite hielt, und begann zu pfeifen. Singend fegte Natz jeden Abend die Sägewolle zusammen. Im Herbst stand der erste Wagen samt vier Rädern – ein Auftrag von Floiter – auf dem Hof. Auf der hinteren linken Planke und einer der Felgen war jeweils ein dunkles „BV“ eingebrannt: Bernhard Vanwoldt. Am Abend feierten die Brüder mit Boesels und Floiters. Fritze zog seine Mundharmonika hervor, Stine und Jette reichten Aufgesetzten und miteinander schwang man auf den Planken des Wagens das Tanzbein. Ein Jahr später lief Natz mit einem kleinen Bündel Geldscheine zum Saander Kreditverein, anschließend zur Witwe. Es war eine gute Zeit.

Und doch fehlte etwas auf dem Hof. Schon munkelten einige, ein böser Fluch belaste den Deepen Grund. Ein Verdacht, der sich bald erhärten sollte.

Heinken und Fritze

Heinken war Schuster, der mal hier und mal dort sein Lager aufschlug, um die Gegend mit Schuhen zu versorgen oder diese zu flicken. Die Bauern trugen an den Wochentagen Klumpen, doch zum Hochamt und zu den Festen gingen sie in Schuhen. Eines Tages war Heinken mit einem Wägelchen, darauf ein paar Habseligkeiten, auf den Deepen Grund gerollt: „Bruder, hast du ein Quartier für mich?“ Er brauchte nicht viel Platz für seinen Schusterkasten und die Truhe, in dem sich ein kleiner Amboss, ein paar Lederstücke, Bürsten, Bänder, Nadeln, Spangen, Feilen sowie mehrere Töpfchen mit Fett und Pech befanden. In der Timmerkaamer klopfte Heinken einen Haken an die Wand; Natz zimmerte ihm ein Bettgestell; Stine legte einen frischen Strohsack darauf. In dem ruhigen Haus war er willkommen.

Hämmernd und feilend sah man die Brüder fortan in der Timmerkaamer, oft flötend und plaudernd, manchmal lauthals fluchend. Am Abend kamen Hendok und Wilmken vorbei, manchmal Klümpers und Boesel dazu. Man hielt ein Prötken und rauchte ein Piekpen.

Immer zu Scherzen aufgelegt, halfen sie den Nachbarjungs dabei, Steinefletschen zu bauen, um damit Vögel zu schießen, Katzen und sonstige Opfer zu verschrecken. Klümpers namenlosem zotteligen Hund banden sie eine Büchse mit einem ölgetränkten Lappen an den Schwanz und zündeten die Lunte an. Im letzten Moment konnte sich das jaulend davonrasende Tier in einen nassen Graben retten und anschließend auf Klümpers Däle schleppen, wo Zenta ihn auf frischem Stroh bettete. Der Schwanz war nur noch ein Stummel. Witt dagegen brachten sie neue Kunststückchen bei; er konnte zur Mundharmonika zweibeinig tanzen und im Takt bellen – tamm, tamm, wau, wau! Gerne machten sie ihre Späße mit Frieder Jüdchen, dem Hausierer und Bettler, der mit wenigen Schnürsenkel, Ösen und Klebetuben in seinem weiten Mantel von Hof zu Hof zog. Den Floiterjungs gelang es einmal, dem kleinen Mann seinen hohen schwarzen Hut vom Kopf zu schießen, so dass sein dunkler Haardutt mit all den gedrehten Löckchen rundherum sichtbar wurde und der kurzsichtige Frieder im Graben nach der Kopfbedeckung suchen musste. Es war reiner Zufall, und ein Glück für Frieder, dass Viehhändler Abraham gerade des Weges kam und ihm helfen konnte. Während die Kinder vor Freude sangen und hüpften: „Jüdchen, mit dem Züpfchen, Jüdchen mit dem Züpfchen." Manchmal kam er bis an den Deepen Grund, und Natz und Heinken kauften ihm für ein paar Groschen etwas ab. Schnell kehrte Frieder ihnen wieder den Rücken zu. In Erwartung des nächsten Mals klebten Natz und Heinken einmal ein paar Münzen auf dem Boden fest. Wenige Wochen später stand Frieder erneut in der Tür:

„Gooden Dach, miene Herren. Häwwe se ei paar Groschen für eene arme Händler?" Da zeigten die Herren auf den Boden:

„Ja, ja, kiek! Musst sie nur aufnehmen. Dann gehören sie dir."

Frieder bückte sich, so dass der lange Bartzopf auf die Münzen hinunterfiel, und er versuchte sie aufzuheben. Doch die klebten fest. Ein paar Mal schob er mit den Händen hin und her, kratzte jetzt mit seinen langen Fingernägeln am Rand – als er die Horde plattgedrückter Kindernasen draußen hinter der Fensterscheibe sah, wo sie nun lauthals zu lachen begannen: „Fried Jüdchen, Fried Jüdchen, mit dem Züpfchen." Frieder griff nach einem Spachtel, und endlich gelang es ihm, einen Groschen und zwei Pfennige abzuschaben, wonach er auch das schwarzen Pech auf der Rückseite bemerkte.

„Für Geld muss man sich bücken", klatschten sich Natz und Heinken jetzt auf die Schenkel.

Frieder Jüdchen richtete sich auf, rückte seinen schwarzen hohen Hut zurecht. In der rechten geballten Faust hielt er das Geld, warf es den kurz verdutzten Herren ins Gesicht, von wo aus es zu Boden fiel.

„Du Pechschuster, kannst deine Pfennige behalten!" Er stürzte aus der Timmerkaamer auf das Gatter zu und ward im Floiterhook nie wieder gesehen. Noch lange hatten alle etwas zu erzählen. Doch Heinken sollte es bedauern, denn stets fehlten ihm nun Schnüre, Ösen und sogar Pech.

Nach ein paar Sommern zog Heinken weiter nach Fürstenfeld, wo er nicht weniger als Schuhmacher des Grafen wurde. Er verlobte sich mit der Köchin, Herta, die sich als gute Partie erwies, nicht nur, weil sie aus der Küche die Reste der von den Herrschaften nur nachlässig abgenagten Knochen mitnehmen durfte. Doch auch, weil beide unterm Dach freie Logis genossen und noch dazu einen halbjährlichen Lohn. An manchen Vormittagen sah man Herta und Heinken im gräflichen Zweispänner mit Kutscher durch Saande fahren, wo

Herta Delikatessen und Heinken Leder für die Herrschaften einkaufte. Als der Graf verstarb, vermachte er den frisch Vermählten eine ansehnliche Summe, die ausreichend für den Erwerb eines kleinen Kotten mit Haus und Grund von Auswanderern war. Mit nur ein paar Habseligkeiten auf dem Wagen brachte der Kutscher die Familie, mittlerweile mit einem Jungen namens Hinner und einem Mädchen namens Herta, in ihr neues Heim. Natz half dem Bruder, in Oeding sein eigenes Nest zu bauen.

An die Stelle von Bruder Heinken trat der jüngste von ihnen, Friedrich, genannt Fritze. Fritze hatte gerade erst die Schule hinter sich, war ein aufgeweckter Junge, der nicht nur gut messen und rechnen konnte, sondern sich auch plagen mochte, dabei stets mit einem Pfeifen oder Liedchen auf den Lippen. Anfangs noch ein schmächtiges Kerlchen, schoss er bald in die Höhe und bekam starke Arme. Natz' Räder aus der Timmerkaamer rollte er eigenmächtig bis zu den Kunden. Stines Kartoffeln, Äpfel und Eier zog er mit einer kleinen Karre auf den Saander Markt und ersparte ihr damit die mühsamen Wege mit schweren Körben am Arm. Doch auch für Fritze war nach ein paar Jahren die Zeit gekommen, eigene Wege zu gehen. Natz vermachte ihm die Karre, die Fritze fortan in Leiden von Hof zu Hof zog, um Kartoffeln, Äpfel und Eier aufzukaufen und sie dann in Bocholt auf den Markt zu bringen. Auf dem Rückweg lagen Dünger und neue Saatzwiebeln aus Holland darauf, alles nach wenigen Tagen in Wiesken und Leiden verkauft. Bald bestellte er bei Natz eine große Karre und kaufte sich auf dem Viehmarkt einen alten Gaul. Nicht nur wegen seiner roten Haare war er bald bekannt wie ein bunter Hund. „Kiek", sagten die Leute, „da fährt der junge Fritze jetzt schon mit Karre und Pferd. Aus dem wird noch einmal etwas!"

Natz und Witt waren wieder unter sich. Morgens wartete Witt mit gespitzten Ohren unter der Hobelbank, und manchmal, wenn Natz zu lange in den Federn lag, begann er zu bellen und zu jaulen, rannte schließlich so lange zwischen Kammerfenster und Timmerkaamer hin und her, bis sein Herr endlich kam. Zwischen Jakobi und Mariä Geburt zogen sie wieder für ein paar Tage los. Natz begutachtete vorbeiziehende Wagen und Karren, ging bis auf die Höfe und sprach mit den Bauern. „Da bricht dir bald die Speiche!", oder, „Wie wäre es mit einem neuen Leiterwagen?", fragte er ein wenig frech. Und hörte er irgendwo jemanden den Trecksack oder die Mandoline spielen oder sah einen Brautwagen vorüberfahren, stellte er sich dazu und trank ein Schnäpsken. Bald war er, wie sein jüngerer Bruder Fritze, in der ganzen Gegend bekannt.

„Kiek", sagten die Leute, wenn sie den großen Mann, oft mit einem Hund voraus, in den Alleen und Hohlwegen laufen sahen. „Kiek, doar löpp Nätken Vanwoldt, der Stellmacher vom Deepen Grund. Und hat einen im Timpen," schmunzelten sie. Sah er bei Regen einen seiner Wagen draußen stehen, schimpfte er mit den Leuten: „Was macht ihr da mit meinem schönen Wagen? Lasst ihn im Regen stehen! Der ist mit meinem Schweiß gemacht! Stellt ihn in die Schoppe!“ Unterwegs begutachtete er Bäume, mal eine biegsame Esche am Bach oder eine trockene Eiche am Weg, streichelte die Rinde und kratzte an der Borke, prüfte die Maserung und Dichte: „Du bist wohl die richtige – für die Nabe, Speiche oder Felge,“ murmelte er dabei. „Kiek“, sagten die Leute, „da läuft der Stellmacher Natz mit dem Hund und spricht mit den Bäumen.“

War er müde, legte er sich ins Gras, schaute den Wolken, der Sonne, dem Mond und den Sternen nach. In der Stille der Nacht knackte und raschelte es, manchmal war es ein Reh oder ein Fuchs, ein Dachs oder eine Ratte. Doch einmal, so wahr ihm Gott helfe, stieß ihn der Geist des alten Kräsken mit seinen weißen Füßen: „Warum schläfst du hier? Steh‘ auf! Geh zu meiner Tochter Stine, statt sie allein zu lassen!“ Rasch sprang er auf. Spät am Abend kehrte er mit Witt heim, mit kleinen Aufträgen im Heft, vielleicht einem Kaninchen in der Tasche, einmal mit einem neuen Taschentuch für Stine. Für ein halbes Jahr stellte er das Trinken ein, doch im Frühjahr, nach der Fastenzeit, fing er wieder damit an.

Eines Morgens fehlte Witt. Er wartete nicht unter der Hobelbank, lag nicht bei den Kühen und auch nicht am Herd. Es half kein Rufen und kein Pfeifen. Gegen Abend ging Natz ihn suchen, und am Rande des Gemeensbuss‘ hörte er ein leises Winseln. Witt lag flach auf der Seite, wie tot, doch schielte er, wie „dood“ zu seinem Herrn hinüber. Natz sagte: „Good, good.“ Witt schaffte ein zartes Schwanzwedeln, hob ein wenig den Kopf, in der Schnauze ein paar Fasanenfedern. Dann erst sah Natz das kleine Schussloch am Bauch des Hundes, unter ihm dunkles Blut. Er kniete sich zu dem leidenden Tier hinunter und kraulte ihm die Ohren. Einen Augenblick zögerte er. Dann stand er mit einem Ruck auf, bevor er es sich anders überlegen würde, griff nach einem Ast, und schlug damit, treffsicher, nur einmal, auf den Kopf. Witt zuckte. Kurz darauf hob Natz den kleinen weißen warmen Körper auf, schob das rote Band um den Hals zurecht und lief mit dem Bündel zurück zum Hof. Neben der Timmerkaamer, bei der Esse, hob er ein Loch mit dem Spaten aus. Er zögerte einen Augenblick, dann legte er den Körper hinein und warf die Grube wieder zu. Er fand lange keinen Ersatz für Witt.

Fluch und Segen

„Ora et labora“, hauchte der Pastuur durch die Gitter des Beichtstuhls hindurch zu Stine, die sich ihm anvertraute, „der Herrgott wird es bestimmen.“

In einer schwülen Sommernacht schlug ein schrecklicher Blitz in die mittlere der drei Eichen am Draii ein und brachte sofort drei mächtige Äste zu Fall, begleitet von einem bis dahin ungekannt lauten Knall und ebensolchem Knarzen, gefolgt von einem blendenden Licht und schließlich Feuer. So erinnerte sich Fritze, der damals noch am Deepen Grund wohnte, daran. Doch Veehdreewers Juffer war näher dran. Denn in dieser Nacht holte sie, unter Gefahr ihres eigenen Lebens, die einzige, trächtige Kuh von der Weide. Und schwor tags darauf, beim Allmächtigsten, eine rollende weiße Kugel um die Eichen herum gesehen zu haben, aus der dann drei Hexen in roten Gewändern entsprangen, um kurz auf dem Feuer zu tanzen, von wo aus sie auf ihren Stecken in den Himmel zum nächsten Blitz sausten. Das waren die Hexen, die hunderte Jahre zuvor dort verbrannt worden waren und seither immer wieder Rache nahmen!

Im Floiterhook versammelte man sich an den folgenden drei Abenden zum Gebet, die Männer hielten nachts abwechselnd Wache. Den Rest der Glut löschte der Kanonikus mit Weihwasser und der Macht des Heiligen Raphael aus. Ein eigens eingesetzter Rat beschloss, die Eichen zu fällen und das Holz nach Rotterdam zu verkaufen. Es gab gutes Geld dafür, das alle für ihre neuen Scheunen gebrauchen konnten. Im Herbst setzte Natz an selbiger Stelle mehrere Weidensträucher, woraus sich fortan alle Nachbarn und er selbst ihre Körbe und Kiepen flechten konnten. Rundherum zog er einen Graben und begrenzte alles mit mehreren Metern Buchsbaum.

Nie wieder sah man Blitze oder Hexen dort, nicht einmal Juffer Veehdreewer, die bald den Kopf noch höher trug.

Denn kurz darauf wölbte sich Stines Bauch, und im Frühjahr 1890 war es bei Vanwoldts endlich so weit. Natz holte die Kindsnachbarin, Mina Floiter, die ihrerseits Mine Boesel – selbst schon sechsfache Mutter und bekannt für ihre sauberen Schürzen und geschickten Hände – zur weiteren Hilfe holte. In ihrem Korb voll Tücher, Salben, Seifen und Besteck befand sich stets auch ein Fläschchen Weihwasser und sorgfältig in einem Beutel verwahrt ein Sterbekreuz.

Bei einer Erstgebärenden wie Stine war mit allem zu rechnen; die Frauen waren durchaus angespannt. Auch Natz, sonst nicht für Duselei bekannt, hatte aus eigenen Stücken vom letzten Kirchgang gesegnetes Wasser und Kerzen mitgebracht. Das alles lag auf dem Tisch bereit, neben dem kleinen Kreuzaltar, in dem beide Kerzen brannten. Die Dochte aller Lampen waren hochgedreht.

Im Morgengrauen tat ein kleiner Junge seinen ersten Schrei, etwas schwächlich, doch gesund, wie es schien. Natz tauchte zwei Finger in das Weihwasser ein und zeichnete damit zuerst dem Jungen, den er Bernhard Johannes Josef nannte, dann seiner Frau ein Kreuz auf die Stirn. Drei Tage später fuhren Natz und die Paten, den Kleinen in der Packe wiegend, zur Taufe in die große Kirche. Jetzt konnte der zarten Seele nicht mehr viel passieren. Die Nachbarinnen kamen mit Rosinenstuten, Kaffee und Kandis, sogar Anislikör zum Kroamen. Ihre Wangen wurden rot; sie hatten Spaß. Bernhard entwickelte sich gut und brachte ein helles Glucksen in das vorher so stille Haus. Natz flocht einen Weidenkorb für die Wiege und hängte oben ein Püppchen mit Schelle hinein. Doch schon im ersten Winter bekam der Junge hohes Fieber und starb nach wenigen Tagen an Stines kummervoller Brust, schon zu schwach, um noch daran zu saugen. „Du kannst noch viele bekommen. Der Herrgott nimmt und gibt. Du bist noch jung“, tröstete Mina – nicht ohne sich rasch zu bekreuzigen. Stumm zimmerte Natz den ersten Sarg in seinem Leben, für sein eigenes Kind. Der junge Hendok Natmäker ging bei den Nachbarn herum und sagte die Groowe* an. Bernhard Johannes bekam, neben den anderen Christuskindern, ein sonnenbeschienenes kleines Grab direkt neben der Kapelle.

Natz zog sich in seine Timmerkaamer zurück; es wurde wieder still am Deepen Grund, so still wie es noch nie gewesen war, nur Stine und Jette waren noch da. Nach dem Abendessen beteten sie zu dritt den Rosenkranz, dann zogen sich Natz und Stine in ihre Kammer zurück, wo sie vor dem Wandkreuz knieten: „Ewiger Vater, Du hast die Ehe im Paradies gegründet, segne uns mit Deinen Kindern.“

Natz begann wieder mit der Trinkerei. Witt fehlte ihm. Fritze schenkte ihm die hübsche Netti, die gleich beim ersten Wurf verblutete. Der nächste war Pinker, ein o-beiniger Rüde, ein „blöder Köter“, wie Natz ihn schimpfte, der vor Hasen den Schwanz einzog und irgendwann im Wald verschwand. Nachfolgerin Fetti, mit rosa Flecken auf weißem Fell, runden Ohren, hatte ständig Junge, die Natz von den Zitzen zog, noch bevor sie laufen konnten und in einen Graben warf. Sie glotzte ihn manchmal an wie ein Schwein. Er mochte sie alle nicht.

Dafür schien der Bann gebrochen. Schon wenige Wochen nach Bernhards Tod spürte Stine neues Leben unter ihrem Herzen – und alle sahen ein Lächeln auf ihren Lippen. Die Nachbarinnen mussten in den kommenden zwanzig Jahren noch zehnmal kommen, um bei der Geburt zu helfen, für sieben Mädchen und drei Jungen. Nach dem sechsten Balg beteten Natz und Stine weiter die Litanei, doch sie knieten dabei nicht mehr, sie schliefen liegend dabei ein. Nacheinander kamen die Kinder: Elisabeth, genannt Liesken, Alois, Gerhard, Maria, Franz-Josef, genannt Franz-Jupp, Gertrud, genannt Traude, Josefine, genannt Joseffi, Magdalena, genannt Magda, Theresa, genannt Threse und schließlich Adelaide, genannt Adele. Somit war Alois zwar nicht der Erstgeborene, aber der Älteste und der angehende Erbe.

Noch ein zweites Kind mussten sie früh zu Grabe tragen. Der winzige Gerhard flog als Engelchen direkt zu seinem Bruder in den Himmel, kurz nachdem das schlaffe Körperchen geboren und noch bevor Natz ihm die Nottaufe geben

---

* Beerdigung

konnte. „Gottes Entscheidungen sind unergründlich“, trösteten die Nachbarinnen. Tags darauf legte Natz das durchsichtige Körperchen, das die Nachbarinnen wuschen und in weißes Linnen wanden, in eine Kiste, die er zum Friedhof trug. Der Küster wies ihm einen Platz am Rand vor der Hecke zu. „Da liegt er bei den anderen Engeln“, sagte er, lüftete den Hut, schlug ein Kreuz und schob das Loch wieder zu. Ein drittes zu früh zu Grabe getragenes Kind sollte folgen, jedoch erst viele Jahre später. „Jedes Kind ein Vaterunser“, wussten die Nachbarinnen, „und eine Sorge mehr.“

Die Kleinen konnten ihrem Vater, wenn eines – was selten war – in seinen Armen oder der Wiege lag, durchaus ein Lächeln auf die Lippen zaubern. Er kitzelte ihr Bäuchlein, „Ei, Ei, Ei – wie fein“, reichte ihnen seinen Finger zum Umgreifen, erntete ein Glucksen und Strampeln und offene Äuglein ohne den Argwohn, den er von den Erwachsenen kannte. Saßen sie auf seinem Schoß, ließ er sie am Bart ziehen, manchmal sogar eine Weile hopsen, bis er die Geduld verlor und sie auf das Schaukelpferchen setzte. Der Rest war Wieverspöll.* Noch bevor sie in die Schule kamen, konnten die Kinder fließend das Vaterunser, das Ave Maria und den Rosenkranz herunterrasseln, ebenso die zehn Gebote. Sie wussten von den Qualen des Fegefeuers und der dunkelroten Hölle, wo Luzifer und die anderen Teufel herrschten. Und sie träumten vom hellen Himmel, mit Gott in seiner Dreifaltigkeit und den weißen Engeln, die auf Wolken schwebend Milchreis mit Zimt und Zucker aßen, während sie ein wachsames Auge auf die Kinder auf der Erde warfen. Denn überall lauerten Gefahren für sie. Davon wusste Natz ihnen im Sommer auf dem Feld oder im Winter am Feuer zu berichten.

Vom bösen Wolf, der nachts durch die Wälder strich und besonders kleinen Mädchen gern die Hand abriss. Von der dürren Grete, die unter Brücken hauste, dort mit ihren langen Haaren und knochigen Fingern nach Kindern griff und sie unter Wasser mit sich riss. Von grünen Teufelchen, die bei Gewitter aus den Spalten der glühenden Erdmitte krochen, um kleine Kinder mit zu sich in die untere heiße Schmelze zu nehmen. Natz hätte einmal beinahe eines am Schwanz gefangen. Richtig zu sehen war der Mann im Mond mit seiner alten Frau, die fernab der Welt Holz auf ihren Rücken nach Hause trugen. Natz zeigte ihnen dichte Spinnennester in den Scheunenecken, die in Wirklichkeit verwehte Haarknäuel alter Hexen waren, weshalb Stine und die Mädchen sie regelmäßig fegen mussten. Zu unterscheiden von den silberglitzernden Netzen, die im Morgengrauen zwischen den Sträuchern hingen, in Wahrheit Engelshaar, das die Feen nachts verloren hatten, so wie die Tropfen auf den Rosenblättern ihre Perlen waren. Auch von den Juden erzählte er ihnen, dass

* Weiberkram

manche nachts durch die Ställe schlichen und das Vieh verzauberten, damit sie weniger wiegen würden und ihre Viehhändler sie günstiger kaufen könnten. Vom Kauz, der jede Nacht von Haus zu Haus flog und um Mitternacht mit seinem Schrei verkündete, dass bald jemand sterben würde.

Später, als die Blagen größer wurden und sie es manchmal an Ordnung und Gehorsam fehlen ließen, oder Natz einfach in die Quere kamen, dann griff er zum Weidenzweig, der kleinen Pietske, von der immer ein Exemplar griffbereit in der Werkstatt und eines in der Küche stand. Beim Abendessen, zum Gebet, lag die Pietske stets auf dem Stuhl hinter ihm. Naschte jemand aus der Schüssel oder schlief während des Rosenkranzes ein, bevor die ganze Litanei zu Ende war, dann, „Zack!", gab es einen roten Striemen auf die Finger.

Nur selten griff Natz zum Stock, etwa wenn die Kinder mit Streichhölzern auf der Däle spielten oder sich zu weit über den Brunnenrand hängten, um ihr Spiegelbild zu sehen und danach mitten in ihr Konterfei hineinzuspucken. Dann gab es Schläge, „up dat bloode Gatt!"*, wobei die Jungen die Hose herunterziehen mussten, die Mädchen ihre Röcke anbehalten durften. Den Riemen nahm er nie. Stine beließ es mit einem Ziehen an den Ohren und drohte mit dem Fegefeuer. In anderen Häusern hielt man sich nicht lange mit Ohrenziehen und Pietske auf, sondern nahm gleich den Riemen oder Stock. Puggenkamp hatte seinem Ältesten, Bernhard, zwei krumme Finger an der rechten Hand geschlagen, weil er beim vierten Gebot gestottert hatte: „Du sollst deinen Vater und deine Mutter ehren! Du dumme Stötterbuxe!"

Die Jungs kamen nach Natz, groß und schlank, mit kantigen Schultern und einem ebensolchen Gesicht, darin wache blaue Augen, eine schmale Nase, das Haar brünett, einer ein Vössken**. Die Mädchen ähnelten der Mutter, klein mit runden Schultern und einem ebensolchen Gesicht mit kleinen Augen. Doch ihre Lippen waren voll, das Haar dunkelbraun, dicht und wellig, eines der wenigen äußeren Merkmale, die sie alle miteinander teilten. Ansonsten waren sie alle hager, die Jungen mit mehr Fleisch an den Knochen, die Mädchen, wie ihre Mutter, zierlich und minn. Es reichte gerade, um alle satt zu machen, aber nicht selten saß der Hunger mit am Tisch. Einmal im Jahr schlachteten sie ein Schwein. Speck, Schmalz und Fleisch kamen ins Pökelfass und irdene Krüge, einen Teil tauschte Stine gegen Zucker, Salz und Rosinen ein. Im großen Topf köchelte nur sonntags Fleisch, unter der Woche blieb es bei Kartoffeln oder Graupen mit Bohnen, Erbsen oder Kohl. Morgens und abends löffelten sie verdünnte Milch, dazu Brot mit Salz, an manchen Abenden Pannekooken, vielleicht mit Zwiebeln, manchmal süß mit Äpfeln, an Feiertagen ein gebrate-

---

* auf den nackten Hintern

** Füchschen

nes Huhn, Ostern gekochte Eier, auf Festen Stuten mit Rosinen und gedörrten Pflaumen oder Birnen, an Namenstagen Butter. Im Sommer naschten sie Pflaumen, Äpfel und Birnen, aber Stine brachte das Meiste auf den Markt. Hatten die Kinder zu viel Appetit, schickte Stine sie ins Brook, wo sie Pilze, Brombeeren, Kastanien und Bucheckern sammelten und abends knackten.

Die Mädchen konnten als Zehnjährige schon alleine melken und Hühner rupfen, sofern es welche zu Schlachten gab. Mit ihrer Mutter machten sie sich auf zum Saander Wochenmarkt, um einen Korb Eier, Äpfel oder Pflaumen zu verkaufen, manchmal hatten sie sonntags nach dem Hochamt Flachsgarn oder Wolle anzubieten. In dunklen, bodenlangen Röcken, mit Klumpen oder barfuß, bestaunten sie mit offenen Mündern die Auslagen in den neuen Bekleidungshäusern: Schals aus Straußenfedern über hellen Kleidern mit Pailletten, darunter spitze Schuhe mit Absätzen, die Unterschenkel fast bis zu den Waden frei, sogar weiße Handschuhe und Sonnenschirme.

Die Jungs wussten, wie man den Ochs anspannt und eine Speiche kürzt. Alois, nun der Älteste, konnte die Baumart sicher an der Maserung erkennen und wusste, welches Holz wie lange und wo trocknen musste und ob man es für eine Nabe, Speiche, Felge oder sonst etwas nutzen konnte. Er schob neue Karren zu den Kunden, sah sich die großen Pferde auf dem Viehmarkt an und vergaß die Welt um sich, wenn der Mann mit dem Kinematographen kam: „Die Einschiffung der deutschen Truppen nach China und der Krieg der Buren und Engländer in Transvaal.“ Mit seinem Vater ging er zur Schänke und lauschte, wenn die Männer über den Kaiser in Berlin, die Kolonien und die neue Bahn aus dem Industriegebiet bis nach Holland debattierten.

In der Schule feierten sie Kaisers Geburtstag und die Niederschlagung der Aufstände in den Kolonien. Nachmittags auf dem Deepen Grund spielten sie Kaiserhof. Kaiser Alois II schritt in Uniform – aus Bültens alter Kiste – die Parade ab. Boesels und Natmäkers standen, ein Schwert im Gürtel, Kinn nach oben, zweireihig im Spalier. Am Ende schlug der Kaiser die Hacken zusammen und ratterte los: „Memel, Weichsel, Oder, Elbe, Donau, Rhein, von der Maas bis an die Memel, von der Nordsee bis zu den Alpen, von Königsberg bis Köln. Togoland, Kamerun, Lüderitz, Ostafrika, Tanganjika, Papua.“ Kaiserin Traude trottete mit Fasanenfedern in den Zöpfen und Ziskas alter Schürze als Schleppe hinterher. Adjutant Hendok Natmäker dirigierte das Orchester, assistiert von Bernken Boesel: „Heil dir du Siegerkranz.“ Im Sommer, wenn Natz auf Wanderung war, spielten sie Platz-an-der-Sonne. Mit Strohröckchen über die Kleider gebunden tanzten die Mädchen im Kreis, warfen singend die Arme rauf und wieder runter, „Togo-Tanga-Panga“, wobei sie oben und unten klatschten, „Togo-Tanga-Panga!“ Auch die dreijährige Joseffi hüpfte eifrig mit, das Gesicht von Kohle geschwärzt; da trugen ihre Beinchen sie noch.

Hendok blies die Mundharmonika, Bernken schlug Topfdeckel zusammen, und die Mädchen holten sich Büchsen und Nägel als Rasseln aus der Timmerkaamer. Fertig war die Kapelle: „Tsching-darrassa-bumm! Tsching-darassa-bumm." Der alte Floiter sah dem Treiben amüsiert zu. „Was lernt ihr da in der Schule, bei dem neuen Magister?"

In dem alten einräumigen Schulhaus aus Lehm und Gras, noch aus napoleonischer Zeit, wischte der Regen durch das Dach die Kreide von der Tafel. Bis 1871 hatten dort mehrere Generationen von Hoffkreies und Ramäkers zusammen mit Saander Kanonikern ein paar Dutzend Jungen, weniger den Mädchen, im Winter das Lesen und Schreiben beigebracht und den Katechismus gelehrt. Danach hatte der Landrat verschiedene Magister und Hilfslehrer geschickt, die bereits nach wenigen Jahren ihre Versetzung beantragten. Mit dem neuen Jahrtausend war Magister Meis gekommen. Meis war gebürtiger Detmolder, im Schatten des Cherusker-Denkmals aufgewachsen, wie er gern auf die Frage nach seiner Herkunft antwortete. Nach dem Lehrerseminar hatte er das Abenteuer auf sich genommen, an eine deutsche Schule in Tanganjika, wo ein Onkel Vorarbeiter auf einer der Plantagen war, zu gehen. Auch Eingeborene, angehende Askaris, hatte er unterrichtet. Meis schwärmte vom deutschen Wesen und den weißen Palmenstränden dort, doch die unbekömmliche Hitze und eine schwere Malaria hatte ihn zurück in die Heimat gezwungen. Nur durch ein Versprechen auf eine Hauptlehrerstelle in einer neu zu bauenden Schule – die Pläne lagen bereits vor – hatte man den weltgewandten Mann in das abgelegene Wiesken locken können. Vorerst musste er mit zwei zugigen Klassenräumen in geflicktem Fachwerk Vorlieb nehmen und mit seiner kleinen Familie zwei Kammern auf Veehdreewers Dachboden beziehen. Die Bauern dankten es ihm mit nahrhaften Gaben, um das schmale Magistergehalt aufzubessern. Vielleicht aber waren es seine häufig verquollenen roten Augen gewesen, die ihn in das verschlafene Nest zwangen, denn ihm eilte der Ruf voraus, er habe in Ostafrika zu viel vom lokalen Palmschnaps gekostet. In Wiesken warteten die Kinder morgens manchmal vergebens auf ihn. Ansonsten war wenig gegen ihn einzuwenden; er hielt auf die Bibel, Ordnung und Disziplin, und die Kinder lernten rascher als früher Schreiben und Rechnen. Er trug sommers wie winters einen „Tropenhelm", so nannte er das, aus festem Bambus, im Winter mit Filz darüber. Er zog den Schirm so niedrig, dass die Augen meist im Schatten lagen, nur in der Klasse setzte er den Helm ab, wonach sein schütteres blondes Haar zum Vorschein kam. An guten Tagen trug er eine große, bauchige Ledertasche, wie sie sonst nur Doktoren hatten, und holte daraus allerlei Schätze hervor: Becher aus geschnitztem Elfenbein, rote Perlenketten, Schalen aus Kokosnuss, einen dicken Zopf aus krausem schwarzem Haar, sogar eine drei Meter lange Schlangenhaut. Auch die kurze Peitsche aus Nilpferdleder ließ er alle einmal befühlen, ein besonderes Exemplar, wie er erklärte, mit einem weichen Knauf, aus dem fünf fingerlange Riemen mit Knoten am Ende fielen. Er ließ alle einmal über das geschmeidige Leder fühlen. Die Kinder kamen mit schillernden Geschichten und leuchtenden Augen nach Hause. An schlechten Tagen nahm er die kurze Peitsche aus dem Lehrerpult, wog den Knauf in der rechten Hand und klatschte die noch eingerollten Riemen in die linke, und lief so langsam von den vorderen Reihen, wo die Grooten saßen, über die Mitte nach hinten, bis zu den Heuerlingen. Die Kinder hatten Furcht vor ihm.

Bei den Spielen nachmittags auf dem Deepen Grund knickte die kleine Joseffi immer häufiger ein. Gerade noch hatte sie kreischend den Hühnern hinterhergejagt, doch nun kam sie aus eigener Kraft nicht mehr auf die dürren Beinchen. Ihre Geschwister halfen der Weinenden auf, bis auch das nicht mehr ging. Eines frühen Morgens hob Natz das wimmernde Mädchen in eine Kiepe und lief damit nach Dorsten zum Knochendoktor, der nur ein paar Blicke brauchte: „Kinderlähmung!“ Joseffi bekam fortan Lebertran, konnte nicht mehr Hühner jagen, auch kein Unkraut jäten, musste dafür im Sommer auch keinen Roggen binden und im Winter kein schweres Wasser aus dem Brunnen holen. Joseffi durfte im Warmen sitzen und Kartoffeln schälen. Sie erhielt als erste vornehme Lederschuhe, von Onkel Heinken angepasst, wobei der linke Absatz dreimal so hoch wie der rechte war und beide Schuhe ihr oft die Tränen in die Augen drückten. Sie wuchs ja noch. „Humpeltrine, Humpeltrine“, riefen ihr die Kinder in der Schule nach, was noch der schönste Ausdruck war, im Vergleich zu dem, was sie später zu hören bekam: „Krüppel!“ Ein teures Kind, tuschelten die Nachbarn. Hatten sie nicht alle ihr eigenes Kreuz zu tragen?

Die artige Magda war mager und gesund, doch ihr sollte es nicht viel besser ergehen. Sie war keine sieben Jahre alt, als sie am Tag nach Ostern an der Hand ihrer Mutter zum Klooferhook lief. „Ihr habt doch so viele Mädchen“, hatte Stegger zu Natz gesagt, „und wir keine.“ Denn die Steggers hatten vier Jungs, aber niemanden, der seiner Frau beim Vieh und in der Küche half. In der anderen Hand hielt Stine einen Korb, darin ein Leibchen, Strümpfe, eine neue Schürze und zwei Schleifchen für die Zöpfe am Sonntag zur Kirche, obenauf ein gesegneter Rosenkranz und ein hölzernes Püppchen. „Sei brav und fromm!“, ermahnte Stine das stille Kind. „Geh ordentlich mit ihr um!“, bat sie die Steggerin, die im Gegenzug ein gutes Essen versprach. Das war das Einzige, was sie ihr gab; mit dem Essen hielt sie Wort. Gleich am ersten Morgen musste Magda mit der Bäuerin in den Stall, um Stunden später, mit einem Teller warmer Milch, Brot und einem Löffel Schmalz oder Butter im Bauch, müde in die Schule zu gehen. Der dortige Magister setzte das fremde Kind in die letzte Reihe und gab es zum Hänseln frei. Und doch war die Schule Magdas liebster Ort, weil sie dort spielen und singen durfte. Denn die Steggers sprachen nur beim Gebet und schickten sie nach Arbeit und Essen allein auf ihre Kammer über dem Ziegenstall. Sie wuchs jedes Jahr ein paar Daumen, doch war die Dümmste der Klasse.

Brief nach Amerika

Im ersten Sommer des neuen Jahrhunderts erhielt Natz Post von seinem Bruder aus Indiana, Amerika:

Niewe Venn, Pfingsten 1900

Lieber Bruder Bernhard,
wie lange ist es her, dass ich aus der Heimat weg bin. Oft denke ich an die Eltern, Gott habe sie selig und die lieben Geschwister. Die grünen Wiesen und Wälder habe ich vor Augen, doch Heimweh habe ich nicht. Hier in der Neuen Welt kann man ohne Schulden einen eigenen Hof aufbauen, genug Land ist da. Wir Deutschen tun uns hier zusammen. Wir arbeiten hart für uns selbst. Hier ehrt jeder Mann den anderen, mehr als es in der Heimat ist. Jeder kann Präsident werden. Mit meinem Schwager habe ich jetzt eine Landmaschinenfirma und vermiete die Geräte. Die neuen Dampfschiffe brauchen jetzt nur eine Woche. Helene und die vier Kinder sind wohlauf, unser ältester Sohn lernt bei einem Engländer Mechaniker. Gott möge seine Hand weiter über uns alle legen.
Es grüßt Euch alle, Josef

Natz schüttelte den Kopf: „Niewe Welt. Dazu brauche ich keinen Dampfer. Wir haben selber welche!" Ein halbes Jahr wartete er mit seiner Antwort. Dann kaufte er die erste und letzte Ansichtskarte seines Lebens. „Für meine Verwandten in Indiana", erklärte er im Geschäft in Saande. Man empfahl ihm ein koloriertes Foto, nach neuester Art, darauf Bilder vom neuen Krankenhaus, von der großen Kirche und den Fabriken mit rauchenden Schloten. Am Abend in der Küche diktierte er Alois den Text:

Wiesken, im Advent 1900

Lieber Josef,
beste Grüße und Wünsche sendet Euch Familie Bernhard und Christine Vanwoldt aus Wiesken zum Heiligen Fest und neuen Jahr. Hier ist alles in bester Ordnung. Machen viele Räder und Wagen,

komme kaum nach. Ernten soweit gut. In Saande viele neue Fabriken. In Wiesken bereits Anschluss an die Schienen. Du würdest alles nicht wiedererkennen. Für Dein Geschäft und die Familie Gottes Segen. Dein Besuch willkommen, dann Treffen am neuen Bahnhof. Dein Bruder Natz

Alois kräuselte die Stirn. „Ist das alles?“ Natz nickte: „Ja, kannst du so zur Post bringen.“

Neue Welten

Jahrhundertwende

Saander Kreisblatt, 3. Januar 1900

Rückblick und Ausblick. Wenn je ein Zeitpunkt dazu drängt, die Gedanken etwas weiter in die Vergangenheit und Zukunft zu lenken, dann ist es die Jahrhundertwende. Bei der großen wirtschaftlichen und sozialen Unzufriedenheit, die sich heute in den wichtigsten Erwerbsständen breitmacht und Missmut und Verzagtheit aufkommen lässt, ist ein Rückblick auf die verflossenen hundert Jahre ein recht nützlicher, denn es dürfte kaum ein Jahrhundert geben, welches an so weittragenden wirtschaftlichen und sozialen Fortschritten in Gesetzgebung und Praxis dem Verflossenen zur Seite zu stellen wäre.

Der deutsche Bauernstand befand sich zum Ausgang des vorigen Jahrhunderts noch in der bereits tausendjährigen wirtschaftlichen und sozialen Abhängigkeit. Die Bauern waren den Gutsherrn zu Leistungen verpflichtet. Da war die erste große Tat des 19. Jahrhunderts, die zuerst in Preußen (1807 – 1821), dann in den übrigen deutschen Staaten erfolgende Befreiung des Bauernstandes aus der Gutsuntertänigkeit und die Verleihung des vollen Eigentums an Grund und Boden an die bäuerliche Bevölkerung, wodurch sie gleichzeitig in die vollen staatsbürgerlichen Rechte eintrat.

Durch die neue Agrargesetzgebung erfuhr nun die ländliche Bevölkerung eine völlige Umwandlung. Intelligenz und Selbstvertrauen, bessere Betriebsweisen (Dreifelderwirtschaft, Fruchtwechsel, leistungsfähigere Nutztiere etc.) nahmen zu wie nie zuvor.

Allerdings hat das Niederreißen früherer Schranken Gefahren gebracht, z.B. die Erbrechtsverhältnisse, der neu entstehende Kreditbedarf oder neue Viehseuchen. Auch der Aufschwung der ländlichen Genossenschaften von 3.000 auf 13.000 innerhalb des letzten Jahrzehnts ist zu nennen. Die landwirtschaftliche Bevölkerung Deutschlands ist heute keineswegs trostlos, sondern voller Zuversicht.

Auch die Lage der meisten Handwerker hat seit den preußischen Edikten von 1810 mancherlei Wandlungen gebracht, durch Gewerbefreiheit, Arbeitsfleiß, Sparsamkeit und Umsatz der Waren. Freilich musste sich das Handwerk der Konkurrenz des emporsteigenden industriellen Großbetriebes immer mehr aussetzen. Doch eine vernünftige Innungsgesetzgebung macht es möglich: Die Handwerker sind selber ihres Glückes Schmied.

Wenn wir endlich auf die Lage der Industriearbeiter im 19. Jahrhundert zurückblicken wollen, so ist hier der Vergleich mit früheren Jahrhunderten nicht am Platz, weil diese erst das Kind des neuen Jahrhunderts sind. In dieser Zeit verbesserten sich ihre Arbeiterverhältnisse, doch Vieles bleibt zu tun.

Politische Nachrichten

Vom Kaiser erzählt eine Potsdamer Korrespondenz, er sei am Abend vor Weihnachten in den Straßen Potsdams als Weihnachtsmann aufgetreten und habe, verkleidet, eigenhändig an ihm fremde Personen Geldgeschenke ausgehändigt. Der Kaiser verübt diese Sitte schon seit Jahren im Park Sanssouci. Er hat die Kinder, die zufällig des Weges kamen, mit neuen blanken Zweimarkstücken bedacht.

Aus dem Kohlenrevier. Die Kohlennot und deren Folgen, als Stillstand vieler Betriebe und gezwungene Feierschichten der Arbeiter, veranlasste den Verein zur Wahrung der wirtschaftlichen Interessen im Rheinland und Westfalen, auch die Zustellung von Güterwagen an Sonntagen zu fordern.

Düsseldorf. Wegen internationalen Mädchenhandels wurde eine hiesige Gesindevermieterin nebens Ehemann verhaftet. Das saubere Paar hatte schon seit längerem auf Zeitungswege junge Mädchen angelockt und sie an verrufene Käufer ins Ausland geliefert.

Lokales

Saande: Dem jüngsten Viehmarkt waren zugetrieben: 87 Pferde, 235 Stück Rindvieh, 892 alte und junge Schweine. Die Preise stellen sich wie folgt: Pferde 150 – 750 M, Ochsen 200 – 350 M, Kühe 180 – 300 M, Rinder 90 – 150 M, alte Schweine 35 – 45 M, Ferkel pro Woche 1,50 – 2 M. Der Handel war mittelmäßig. Nächster Markt am 6. Februar.

Kaiserwetter

Weder in der Kreisstadt Saande noch in Wiesken ließ man die moderne Zeit an sich vorüberziehen. Die ehemals so behäbige und verschlafene Stadt Saande war längst aufgewacht und munter. Sie brummte und lärmte, putzte sich heraus und feierte, zumindest ein Teil von ihr. Der neue Bahnhof imponierte mit einem stattlichen Gebäude. Personenzüge und Güterwaggons, je nach Herkunft und Ziel, waren voll beladen mit Kohle, Getreide und Vieh, fuhren mehrmals täglich in alle Himmelsrichtungen zwischen dem Ruhrgebiet und Holland, in der Mitte Saande als Knotenpunkt.

Die Chausseen waren neu befestigt, stabiler als zuvor, manche Straßen erhielten neuen Schotter, wobei die Wege abseits oft schmale Pfade blieben, gerade breit genug für eine Pferdekarre oder Leiterwagen. Mitunter waren schwarz glänzende Landauer zu sehen, mit den Oberen der Stadt, bald sogar Zweiräder für die Jungen. In den neuen Fabriken, deren Gebäude und Schlote sich von Jahr zu Jahr vermehrten und dabei so manchem das Gemüse aus dem Garten bitter schmecken ließen, webten Arbeiter mit neuester Mechanik bestes Leinen und Kattun.

Die alten Gassen und Häuser, manche noch mit Ställen für das Vieh, wurden abgerissen und stattdessen helle Fluchten und luftige Plätze mit fröhlich plätschernden Brunnen errichtet. Am Marktplatz, umgeben von properen Giebelhäusern, entstand ein „neues bauliches Ensemble“. Bei herrlichem Kaiserwetter, in Anwesenheit des Regierungspräsidenten aus Münster, hielt der Bürgermeister eine ergreifende Ansprache anlässlich der Einweihung des Krieger-Denkmals – für die Gefallenen von 1864/1866, 1870/1871, 1898. Das Ganze entworfen von einem eigens dafür bestellten Künstler aus Berlin.

Im Zentrum der Stadt aber, über allem erhaben und von weithin sichtbar, thronte die große Sankt-Raphael-Kirche, „de Groote Kerke“, der Turm so hoch wie andernorts die Dome. Neue Seitenflügel boten Platz für die wachsende katholische Gemeinde. Die Wieskener bekamen an der Westseite ihre eigene Seitentür, das „Wieskener Tor“. Die gotisch schlanken Fenster erhielten neue

Glasmalereien, extra bestellt bei einer Innsbrucker Werkstatt, die von innen wie von außen in starkem Rot und Blau leuchteten.

Rund um Kirche und Kriegerdenkmal kam neues Pflaster und ersetzte die holprigen, verdreckten Plätze, wo man vorher mit den Klumpen oder gar feinsten Schuhen allzu häufig in Pferdeäpfel und Kuhmist trat. Die Gasbeleuchtung wurde modernisiert, so dass man auch des Nachts sicher von einem Ende der Stadt ins andere gelangen konnte, ohne in der Dunkelheit in ein Loch zu stürzen.

Die Fabrikanten, Geschäftsleute, Ärzte und Apotheker und andere Gelehrte, auch die Herren Geistlichen, Bürgermeister, Räte und weitere Obere erbauten prachtvolle Villen und Häuser, manche mit zwei Geschossen, Türmchen und Erkern, so wie man es bisher nur von den Schlössern und Gütern kannte, einige im Jugendstil, andere nach Schweizer Art, die Salons innen mit gläsernen Vitrinen, diese bestückt mit weißem Porzellan und buntem Kristall aus Sachsen und Paris. Stolz und staunend blieb die Saander Bürgerschaft vor dem kleinen Schlösschen des Unternehmers Feldmann stehen, ein Holzfabrikant mit Kontakten nach Amerika und in alle Welt.

Im Saander Wochenblatt drängten sich die Gesuche nach Mädchen, Zweitmädchen und Dienstmädchen, auch „junge tüchtige katholische Mädchen zwischen 15 und 17 Jahren zur Erlernung der Küche in bürgerlichem Haushalt", manche mit Familienanschluss und ohne Vergütung auf beiden Seiten, manche gegen gute Bezahlung. Auch der Bedarf an Mägden und zuverlässigen Gesellen war hoch, ebenso wie die Nachfrage nach tüchtigen Weberinnen und Bäckerlehrlingen.

Einzig das Trinkwasser und die stinkenden Abflussrinnen blieben noch lange ein Problem, so dass sich vor allem des Sommers Damen und Herren die Nase zukniffen. Dafür war ein Telefonnetz bald gelegt, eine städtische Sparkasse nebst vielen weiteren Vereinen, Krankenkassen und Genossenschaften gegründet, manche zum Wohle der Arbeiterschaft, dabei auch zum Verdruss mancher Fabrikanten und Geschäftsleute, die aus Berlin Vorschriften für feste Arbeitszeiten zu beachten hatten.

Das Saander Clementinenhospital fand unter Leitung der Barmherzigen Schwestern eine erhebliche Erweiterung. Auch neue Schulen und Anbauten sprossen wie Pilze aus dem Boden: eine private Töchterschule, eine Gewerbeschule, eine Rektoratsschule, eine israelitische Schule, und in Weelken sogar eine überörtliche Winterschule für die Landwirtschaft, mit Anschauungen auf Feldern und Höfen des Grafen. Die Bevölkerung wuchs stetig und starb. Sogar die Friedhöfe mussten neu geordnet werden. Die jüdische Gemeinde sparte auf eine neue Synagoge; die Pläne lagen bewilligt in der Lade. Das mehrstöckige neue Kreishaus empfing ab 1906 die Bürger mit einer zweiflügeligen Tür über einer kleinen Freitreppe.

Auch die Beschwerden nahmen zu, über rasende Autos, die den Damen Dreck an die Kleider und Schuhe spritzen, die neue Hetze und den Lärm. Aber die Saander Geschäftswelt jubelte. Die Auslagen in den Fenstern der Geschäfte am Marktplatz strotzten vor Eleganz und Moderne. Zur Kommunion pries der Schuhmeister Verhoeven Schnürstiefel und Spangenschuhe nur aus allerbesten Materialien an. Hausz empfahl aus modernen Stoffen elegante Anfertigung nach Maß, für die Kinder zu Weihnachten Puppenstuben und Schaukelpferde, für die Herren feine Wäsche und Krawatten, für die Damen Korsetts in großer Auswahl. Anna Thebing stellte „mit Kirschen garnierte Pariser Modellhüte" aus. Die Wein- und Delikatessenhandlung Schroeter empfahl Marzipan und Schokoladentorten, Südfrüchte, französische Cognacs und Champagner. Apotheker Seltmann empfahl Lahusens Jod-Eisen-Lebertran für schwächliche, blass aussehende Kinder zum Preis von zwei bis vier Mark und warnte vor minderwertigen Nachahmungen und Fälschungen.

Und man feierte. In der Festhalle Zollhuus an der Aa, dessen Odem an manchen Tagen in unschöner Weise zwischen die Bänke und Tische unter den Linden zog. Oder in der Villa Poss, wo die Bürgerschaft, die Damen mit Schirmchen und Federn in den Hüten, die Herren mit Bändern am Zylinder, sogar unter der Woche Torte und Kaffee genoss. Im Winter zelebrierte man den Geburtstag seiner Majestät des Kaisers und Königs – umrahmt von Märschen, Ouvertüren und Walzern aus Opern und Operetten, darunter japanische und finnländische Stücke. Im Sommer hielt man auf das Schützenfest, mehrere Tage von frühmorgens bis in die Nacht, mit Vogelschießen, Parade mit König und Königin, Festkonzert mit Blasmusik, Kriegermärschen, Krönungsball und Wiener Walzer bis zum Morgengrauen. Bescheidener, aber nicht weniger fröhlich ging es in anderen Kreisen zu. Der katholische Arbeiterverein lud gern zu Vorträgen und Tanz ein, an Ostern zu einer Aufführung der Oberammergauer Passionsfestspiele, ein Männergesangsverein zum Volksliederabend. Sogar Radfahrer-Vereine gab es. Columbia lud zu Straßenrennen auf der Chaussee Saande-Bocholt ein, mit anschließendem Militärkonzert in den Gartenanlagen am Zollhuus sowie einer Preisverleihung mit Festball, der Eintritt für Mitglieder 50 Pfennig, für die Damen 75 und für die Herren eine Mark. Durch das alte verschlafene Saande wehte ein Hauch von weiter Welt, auch der Gestank und Dreck von rauchenden Schloten.

„Ein tüchtiger Kerl, unser Kaiser! Und auch der Bürgermeister!", sagte Boesel, als sie bei Kraane Skat kloppten. Floiter und Natz nickten: „Stimmt wohl. Ehre, wem Ehre gebührt!", was Ausdruck ihrer höchsten Anerkennung war. Doch von den neuen Sitten hielten sie nichts: „Puder in de Hoar, Lüüse in de

Plodden. Ik bruuk keene Feärn upn Kopp, ik wätt sölwer, we ik bün"*, so Natmäkers Kommentar, woraufhin alle heftig auf den Tisch klopften.

Zu Villa Poss ging Natz nie, doch bei den Radrennen stand er am Rand. Er bestaunte die schmalen Räder, trank am Zollhuus ein Bier und lief nach Hause.

Der Bahnhof, oder: Anschluss

Die Wieskener hatten lange darauf gewartet. 1906 war es endlich so weit. Aus der alten Blockstation mit Güterverladung wurde ein richtiger Bahnhof mit Personenverkehr, einem ansehnlichen Gebäude mit allem Zick und Zack, solidem eichenem Fachwerk und weiß gekälktem Stein, ein Empfangsraum mit Schalter, eine Arbeitsstube samt Ofen für die Bahnbeamten und eine Wartehalle mit Bänken. Draußen ein Abort, sogar getrennt nach Männern und Frauen! An der Seite eine Handpumpe mit Rinnstein – alles vom Feinsten!

Liesken hatte am Vortag alle Klumpen blankgescheuert. Am Morgen ließ man am Deepen Grund, was noch nie geschehen war, Stier, Kuh und Sau allein und zog los. Natz mit Zylinder und Joppe, Stine in Haube und Taft, darunter, erneut, ein gewölbter Bauch. Das Wum-ta-ta der Blaskapelle war schon von Weitem zu hören.

„Nur dank des unermüdlichen Kampfes des Gemeinderates", lobte Gemeindevorsteher Schulzendiek sich selbst, „kommt der Fortschritt nun auch mit Siebenmeilenstiefeln in Wiesken an!"

Er stand auf einem kleinen Podest, das man extra für die Feierlichkeiten aufgebaut hatte, streckte Kopf und Nase nach oben, bevor er wieder Blickkontakt zu den Untenstehenden aufnahm:

„Großen Dank schulden wir der vorausschauenden und modernen Planung unseres großen deutschen Kaisers, der nicht nur das ganze Land, sondern auch den Kreis und sogar das kleine Wiesken", dabei lächelte er kokett, „jawohl, auch Wiesken endgültig in das neue Jahrhundert befördert hat."

Die Kapelle spielte einen Tusch, das Publikum klatschte.

„Das ist ja nur der Anfang!", setzte Schulzendiek fort. „Hier und heute darf ich verkünden, dass wir von der kaiserlichen Regierung auch die Genehmigung und den Zuschuss für ein neues Schulgebäude erhalten haben. Der Kaiser lebe hoch! Dreimal hoch! Hoch, hoch!"

Alles Weitere, was er zum Thema zu sagen hatte, ging im Trommelwirbel der Kapelle unter, gefolgt vom Jubel der Anwesenden und einem lauten, dumpfen Knall, womit Kraane ein neues Gebräu einführte: Fassbier. Auf einem schwe-

---

* Puder im Haar, Läuse in der Kleidung. Ich brauche keine Federn auf dem Kopf, ich weiß selber, wer ich bin.

ren Tisch standen zwei Holzfässer, wie man sie bisher eher von Essig und Öl kannte. Fräuleins in weißen Schürzen gingen mit irdenen Krügen, obenauf weißer Schaum, durch die Menge. Für die Frauen gab es Anisken mit Kandis. Sogar an die Kinder war gedacht; ein Korb voller Karamelle stand bereit, denn die Magister beider Schulen waren mit allen Zöglingen angerückt. Die Jugend sollte den Fortschritt leibhaftig miterleben.

„Nun wollen wir uns freuen und feiern!“, hörte man den Schulzen krächzen. Schon konnte man von Weitem die schwarze Rauchfahne näherkommen sehen, gefolgt von einem langen Pfeifen und dem längst wie Musik erscheinenden Geschiebe, „zuk-zuk, zuk-zuk, zuk-zuk“, bis die große schwarze Lok mit dem roten Schieber vom Festplatz aus sichtbar wurde. Zwanzig Schritt vor den Schranken hielt sie kurz ein, wohl nur, um die Spannung zu erhöhen, oder dem Reporter vom Saander Blatt eine Gelegenheit zur Fotografie zu geben. Dann schob sich das Getüm, „zuk-zuk, zuk-zuk, zuk-zuk“, wieder mit einem langen Pfeifen vor, zwischen die frisch gestrichenen und herabgelassenen rot-weißen Schranken, um dann – begleitet vom erneuten Trommelwirbel der Kapelle – den quergezogenen Zopf aus Tannengrün zu durchfahren und zielgenau an der neuen Plattform, mit tosendem Gequietsche, zum Stillstand zu kommen.

In dem ganzen Gewusel bemerkten nur wenige den Mann, der, etwas umständlich, in einfachem Anzug und einem flach hängenden Rucksack, mittelalt, mit einer Augenklappe, einem der hinteren Waggons entstieg, um dann langsam Richtung Festgesellschaft zu gehen. Ein steifes Bein zog er hinterher. Vor ihm waren zwei magere Jungs, nur mit Händen in den Taschen, behände hinausgesprungen, hatten sich kurz nach beiden Seiten umgesehen, um sofort im Gebüsch zu verschwinden. Mit großem „Wum-ta-ta“ brauste die Lokomotive weiter nach Saande und Holland. Wenige Minuten später hielt ein anderer Zug, nun Richtung Bärske. Am Bahnsteig machte sich, ebenso unbemerkt, eine kleine Gruppe, im Sonntagsstaat mit Koffern und Körben, zum Einstieg bereit. Es war Boesels junger Knecht Walter mit seiner Verlobten, Kerkhuus‘ junger Magd Mariechen, die im Bärske Arbeit gefunden hatten. Er im Schacht, sie in einer Wäscherei. Neben ihnen stand der gescheite Josef Denkert, vormals Buchhalter der Leidener Kasse, jetzt bei Krupp auf dem Kontor. Mit Gelächter stiegen die drei ein. Mariechen, ab heute ganz Madame, zog ihr weißes Spitzentaschentuch heraus und winkte einer weinenden Anderen auf dem Bahnsteig zu.

Kerkhuus stieß den neben ihm stehenden Veehdreewer an:

„Kiek! Warte ab!“, sagte er, „jetzt gehen uns die eigenen Leute laufen, und es kommt das Gesindel aus der Stadt.“

„Da magst du recht haben“, antwortete Veehdreewer und zog langsam an seiner Pfeife. Sein Knecht Bolle, ein pfiffiges Kerlchen, war ihm erst vor ein paar Monaten davongelaufen.

„Jetzt kriechen sie nicht mehr über, sondern unter der Erde. Ohne Licht und Luft!"

„Aber festen Lohn und sonntags frei", mischte sich ein junger Unbekannter von der Seite ein.

„Schöne Freiheit. Gestank und Krach? Kohlköpfe, die im Nebel wachsen!", höhnte jetzt Puggenkamp. „Und magere Kinder, dass du durch das Hemd die Rippen zählen kannst!"

„Ist schon einmal einer zurückgekommen?", legte der junge Unbekannte nach, und gab sich selbst die richtige Antwort, „Nein!" Er zog den Hut: „Guten Tag noch, meine Herren!"

Nach einer Stunde löste sich die Gesellschaft wieder auf. Veehdreewer lief langsam zu seiner Jick. Der Mann mit der Augenklappe saß auf einem Stein vor den Gespannen, ein Schild um den Hals: „Gelernter Melker. Suche Arbeit."

„Was kannst du? Woher kommst du?", fragte Veehdreewer. „Mikal Jelskioffwitsch, Schweizer aus Schlesien, bei Breslau. Sie können einfach Mikal sagen. Seit drei Jahren in Essen. Im Kohleschacht gab es einen Sprengunfall." Er zeigte auf sein Bein und die Augenklappe, von wo aus eine breite schwulstige Narbe bis in den abgewetzten, doch sauberen Kragen lief. „Bin ein ordentlicher Mann. Fromm, fleißig. Sie werden sehen, habe Zeugnisse."

Veehdreewer schaute in das gesunde, dunkelbraune Auge. „Komm mit. Wir können es probieren!" Zu zweit fuhren sie auf Veehdreewers Hof.

Derweil hatte sich Stine längst auf den Heimweg begeben, eingehakt bei Mine Boesel. In der Nacht wurde sie von einem weiteren Maiken, das sie Adelheid, Adelken, nannten, entbunden. Es sollte das letzte in der langen Reihe der nun neun lebenden Vanwoldtschen Kinder sein.

Der Bahnhof war nur der erste Streich. Die anderen, so schien es, kamen ganz von alleine.

Zenta, oder die neuen Klumpen

Zenta Klümper, geborene Floiter, witterte die Gunst der Stunde – noch am Abend von Adelkens Geburt. Und sie hielt nicht Wort.

Mit dem Wind vom Westen, der mal stärker und mal schwächer wehte, zog der Gestank von Klümpers Ziegenbock herüber, begleitet von seinem Meckern, übertönt von Zentas Geschrei, die auf dem Hof Kommandos und Tadel verteilte. „Is se wär ant krakeelen", warf Natz, seinerseits kein Leisetreter, einen verächtlichen Blick hinüber.

Bei Klümpers führte die junge Frau Zenta seit dem frühen Tod ihrer Schwiegereltern ein straffes Regiment, dem sich selbst ihr gelbgesichtiger Mann Albert und der alte Knecht Xaver zu fügen hatten. Eine Ausnahme machte sie nur für ihren Sohn, den kleinen Albi, den Zenta seit zwei Jahren stillte: „So lange will keen Kalw suugen“*, spottete Natz. Doch eines musste man Zenta lassen: Sie war noch arbeitsamer, zäher und genügsamer als alle anderen. Und im Übrigen war Albert nicht der Hellste; er konnte von Glück sagen, eine von Floiter bekommen zu haben. Im Morgengrauen oder der Abenddämmerung, wenn Zentas Profil gegen die Sonne stand, hielten Fremde sie für eine wandelnde Vogelscheuche. Was sie sahen war ein eckiger Kasten, aus dem seitlich lange Stöcke baumelten, das breite Kreuz durch ein Rohr mit einem kopftuchumschlungenen Kürbis verbunden – ein „Ploddenwiev“. Wobei diese Bezeichnung zu ihren freundlicheren Titeln gehörte, und Zenta niemals einfach nur stand.

„Ich kann eine Hilfe gebrauchen und ihr einen Esser weniger“, trug Zenta eines Sonntags Stine auf dem gemeinsamen Kirchgang ihr Anliegen vor. Zugleich zog sie eine Trockenpflaume aus ihrer Kitteltasche und hielt sie der nebenherlaufenden Traude vor den Mund: „Magst du die wohl?“, lächelte sie das Kind an. Doch Traude presste die Lippen aufeinander, schüttelte den Kopf und rannte fort. „Undankbares Kind!“, zischte Zenta hinterher. Stine erzählte alles Natz, und abends vor dem Gebet berieten sie darüber: „Gut, ein Esser weniger am Tisch. Aber, bei der alten Kneifzange?“, und beschlossen, ein Jahr zu warten, bis Traude das elfte Jahr erreicht habe. Doch Zenta stand schon am nächsten Vormittag auf dem Deepen Grund, was selten genug geschah, den kleinen Albi an der Hand. Sie zwinkerte Richtung Traude, die verschreckt in der Dälentür stand, dann zum kleinen Albi. „Wer weiß, welche Gaben unser Herrgott für fromme und fleißige Mädchen noch bereithält“, züngelte sie, und noch bevor Natz ihr die Entscheidung des Vorabends mitteilen konnte, setzte sie fort: „Ich gebe euch jeden Monat ein Dutzend Eier, die können eure mageren Jungs gut gebrauchen, und Traude bekommt im Winter neue Klumpen.“ Stines Hühner waren zur Hälfte einer Pest erlegen, den Rest hatte ein Fuchs oder Dachs geholt.

Eine Woche später nahm Stine wieder einen Korb mit Leibchen und Strümpfen in die eine Hand. An der anderen zog sie Traude hinterher, störrischer als Klümpers Ziegenbock. Mit bloßen Füßen stapfte das Kind über den Patt, der an diesem Oktobermorgen schon den ersten Raureif trug. Fortan sah man Traude mittags allein die Kühe melken, die Wäsche auf dem Waschbrett schrubben und mit dem Knecht auf dem Misthaufen stehen. Manchmal winkte sie kurz herüber, um gleich darauf den Kopf Richtung Zentas Geschrei zu wenden. Sonntagsnachmittags durfte sie zum Spielen auf den Deepen Grund; an den Füßen trug sie Zentas alte Klumpen, mit Papier und Stroh dick ausgelegt. Das

* So lange will kein Kalb saugen.

Kind konnte kaum laufen, schon gar nicht wegrennen darin. Mehrmals versteckte sich Traude abends im Schöppken, einmal sogar im Kartoffelkeller, und nur mittels einer gehörigen Portion Schimpfe und des Versprechens auf neue Klumpen konnte man sie wieder heraus und zu Klümpers bewegen: „Der Heilige Nikolaus wird dir welche bringen.“ Doch in Zentas Küche erschien nur Knecht Ruprecht. Als Natz Zenta zu Neujahr erinnerte, schüttelte sie nur mit dem Kopf: „Bald ist Frühling, da braucht sie sowieso keine mehr, das verwöhnte Kind.“

„Is se wär ant krakeelen?*“, richteten Natz und Stine sich im Märzen von der Arbeit auf und schauten zu Klümpers. Mit dem Gestank des Ziegenbocks wehte Zentas Gebrüll hinüber. „Ik sall die hälpen! Biest!“**, rief sie, „klauen und leegen du Düwel“, dann meckerte der Ziegenbock dazwischen, und man hörte einen Knall. Plötzlich war es still.

Den ganzen nächsten Tag war Traude nicht zu sehen, auch den übernächsten nicht. Zenta war allein im Brook auf dem Feld. Stine schlich rüber auf den Hof, wo sie Traude allein vorne auf der Däle beim Kohlschaben fand. Nur der alte namenlose Hund, lahm und grau, döste eingerollt neben ihr. Aus den geschwollenen Kinderaugen rannen Tränen, auf Händen und Unterarmen waren dunkelrote Striemen zu sehen, und als Traude sich aufrichten und der Mutter entgegenlaufen wollte, humpelte sie. Zenta hatte Stock und Riemen für den bloßen Hintern gebraucht.

„Das Kind hat seine Strafe schon gehabt!“, stand Zenta plötzlich in der Dälentür. „Sie hat sechs Eier aus dem Korb gestohlen.“ Stine schaute zu ihrem Kind. Traude presste die Lippen zusammen, schüttelte, kaum merklich, den gesenkten Kopf. „Und dann hat sie falsches Zeugnis abgegeben: Knecht Xaver wär's gewesen!“ Zenta reckte ihren dürren Hals nach vorn. Inzwischen stand Albert schweigend neben ihr. Knecht Xaver war zu einem Familienfest ins Bärske gefahren. Zu dritt schauten sie auf das Kind herab.

„Das wird ihr eine Lehre sein“, schloss Zenta mit großzügigem Blick, „das wird sie nicht noch einmal tun. Morgen werde ich mit ihr zur Beichte fahren, vor Gott! Dann wollen wir nicht mehr darüber sprechen“, und schickte sich an, in die Küche zu gehen.

„Nicht mehr darüber sprechen?!“, rief plötzlich Natz von hinten. „Du olle Harke. Der einzige Düwel hier – das bist du! Stehlen tun meine Kinder nicht! Die Einzige, die hier lügt und stiehlt, bist du! Und du machst gar nichts mehr mit meiner Tochter!“, und lief zum halb gefüllten Eierkorb hinüber. „Und die Eier, die hätten uns sowieso gehört!“ Mit der ganzen Hand griff er in den Korb

* Schreit sie wieder rum?

** Ich werde dir helfen!

hinein. Und warf, mit voller Wucht und so schnell, dass Zenta sich nicht mehr ducken konnte, eine Ladung Eier in ihr Kastengesicht: „Klauen und stehlen", brüllte er, „das tun meine Kinder nicht!" Erst jetzt hob der namenlose Hund den Kopf, versuchte ein Bellen, schaffte aber nur ein langgezogenes Knurren. „Und noch was!", jetzt griff Natz ein weiteres Mal in den Korb, „du Ploddenwiew, du kannst deine Eier behalten!"

Doch das letzte Wort – in dieser Angelegenheit – sollte Zenta haben. Natz hatte ihr schon den Rücken zugekehrt, und Zenta sich mit der Schürze das Eigelb aus dem Gesicht gewischt. Da rief sie ihm hinterher: „Du met diene groote Muule. Go trügge döar dien klein Hohnerlock!"* Natz hörte es.

Zu Ostern brachte Natz seiner Tochter neue Klumpen mit, obwohl der Sommer begann und die Kinder alle wieder barfuß liefen. Traude, soviel sei verraten, würde später die schönsten Schuhe von allen tragen.

Der neue Ort

Der zweite Streich, nach dem Bahnhof, folgte noch im selben Jahr. Der alte Kraane riss die alte Schänke ab und baute, fünfzig Schritt vom Bahnhof entfernt, eine ansehnliche Wirtschaft: „GASTHOF KRUNEKRAANE", stand in großen grünen Lettern über der bleigläsernen Flügeltür. „Ein Haus so fein wie ein Gut", prahlten die Wieskener, so als wäre es ihr aller Werk. Zwei Stockwerke hoch, ein mächtiger holländischer Giebel, oben die Wohnung der Herrschaften nebst drei Gästezimmern, jedes mit eigenem Waschtisch und Spiegel, unten zwei Gasträume und ein Saal, in der Mitte eine Theke mit Tresen, so groß wie eine Kammer, die Krüge, Gläser und Gerätschaften blinkten. Schon im ersten Herbst war so viel Betrieb in der Wirtschaft, dass das Zollhuus in Saande sich genötigt sah, besondere Angebote zum Frühschoppen am Sonntag zu machen: drei Doppelkorn zum Preis von zwei. Es half nicht. Die Wieskener Männer kloppten fortan Karten an Kraanes eichenen Tischen, selbstverständlich aus Wieskener Holz gemacht.

Der dritte Streich gelang Fritze Vanwoldt. Mittlerweile ein stattlicher junger Mann, amüsant und freundlich dazu, den roten Schnauzbart stets frisch gestutzt, vergrößerte er seinen Schuppen am Bahnhof. Über dem breiten Tor hing ein Schild „LANDHANDEL VANWOLDT". Seine Lagerhalle glich bald einem großen Arsenal von verschieden beschrifteten Säcken, Beuteln und Kisten, manche mit ziemlich fremden Worten darauf: Kali, Stickstoff, Phosphor, Guano. Auch: Saatgut „Beste aus Pommern", oder, „Frühe aus Geldern". Immer häufiger sah man Fritze in Mantel und Schuhen statt in Kittel und Klum-

* Du mit deinem großen Maul. Geh' zurück durch dein kleines Hühnerloch.

pen. Auf dem Bock seiner Karre saß er nur noch selten selbst; er bezahlte seinen Schulkameraden, Karlchen Koopmann, dafür.

Auch der junge Alois ging dem Onkel zur Hand. Gemeinsam fuhren sie mit der Bahn nach Essen oder Winterswijk. Anfangs prahlte Natz gern mit seinem Bruder: „Fritz Vanwoldt, jo, mein Bruder. Düftigen Kerl!“, und alle nickten. Zunehmend blitzte der Neid auf den Jüngeren durch: „Er trägt die Nase ein wenig zu weit oben“, sagte er dann und viele nickten. Doch da, stellte sich heraus, hatte Natz seinen Bruder kräftig unterschätzt. Denn Fritze baute bald eine eigene Werkstatt, viermal so groß wie Natz‘ kleine Timmerkaamer. Er stellte einen Meister und zwei Gesellen ein, die bald bekannt für ihre stabilen Räder und wendigen Wagen waren. Obendrein erhielten seine Kunden bei Verkaufsabschluss neben einem freundlichen Schulterklopfen einen Schnaps und eine Zigarre dazu.

Der vierte Streich gelang der Leidener Genossenschaft, bis dato als schläfrig bekannt. Bis man zwei Brüdern aus dem Pommerschen, der eine Melker, der andere Maschinist, zu Vorarbeitern der neuen „LEIDENER MOLKEREI – MILCH, BUTTER, KÄSE“ ernannte. Drei Fuhrmänner gaben in der ersten Woche die neuen, normierten leeren Kannen an vereinbarten Sammelstellen in Leiden und Wiesken aus. Und sammelten sie am nächsten Morgen in aller Frühe gefüllt wieder ein. Nach sechs Monaten musste die Molkerei fünf Fuhrmänner einstellen, und ein Jahr später waren es acht, die alle Landstraßen morgens mit ihren Gäulen und Milchwagen abklapperten. Stine zog ihr Kalb auf, statt es, wie sonst, an Viehhändler Nathan zu verkaufen. Im Frühjahr darauf melkte sie mit ihren Töchtern vier Kühe und schob jeden Morgen eine Kanne an den Steen, wo die Sammelstelle des Floiterhooks war.

Der Neubau der Wieskener Volksschule schien bei alledem eine Nebensache. Meis – was immer seine verquollenen Augen über ihn verraten mochten – nahm seine Sache ernst. Er führte penibel Buch, wann welches Kind, Junge und Mädchen, eingeschult und wieder entlassen wurde; wann es durch das morsche Dach regnete; wie viele Scheite er für den einzigen kleinen Ofen brauchte. Und wurde nicht müde, beim Saander Landrat auf die Dringlichkeit eines Neubaus hinzuweisen. Doch der Bedarf im Reich und im Kreis war groß, man kam kaum hinterher. Wer weiß, wie lange es noch gedauert hätte, wäre Groote Ridder nicht eines Tages mit einem ordentlichen Schinken zu höchster Stelle in Münster gefahren, um die Sache endlich voranzubringen. Als die Zusage kam, folgte in Wiesken eine kurze, obgleich denkwürdige Debatte, von der nur wenige ahnten, dass sie ein Saatkorn legen würde. Denn Kraane, unterstützt von Fritze Vanwoldt und zwei Heuerlingen, die einzigen Häuser rund um den Bahnhof, behaupteten, die Zukunft läge am Bahnhof, und forderten einen Neubau der Schuleneben Kraanes Wirtschaft. Sogar Groote Ridder kam kurz ins Wanken, besann sich dann aber doch auf seinen Stand. Auch für alle anderen Bauern sowie den Kanonikus und Magister Meis war klar: Die Mitte der Bauernschaft und Wieskens lag am Steen. „Abwarten, das werden wir noch sehen!“, schloss Kraane mit einem abschätzigen Lächeln. Es klang fast wie eine Drohung.

Am Ende waren alle hochzufrieden, als nahe der Mitte am Steen ein stattliches zweistöckiges Gebäude, sogar mit einer Turnhalle als Anbau, die Ziegel von der Wieskener Ziegelei extra blau gebrannt, mit zwei großen Klassenräumen, hohen Fenstern sowie zwei Lehrerwohnungen im Obergeschoss, stand. In den umliegenden Gemeinden suchte man einen derartig imposanten Schulbau vergebens. Magister Meis und Frau zogen mit einer Kiste voller Elfenbein und Kokosschalen um; die bauchige Ledertasche trug Meis selbst. Der Pausenhof rundherum war zwar noch nicht planiert, aber in seinem Umfang beachtlich. Ein Gemüsegarten mit neuen Pflanzen und Sorten war geplant. Zur feierlichen Einsegnung holten Groote Ridder und Veehdreewer den Saander Dechant und den Landrat höchstpersönlich in ihren zweispännigen Landauern ab. Unter freiem Himmel fand der Gottesdienst, der erste in dieser Art in Wiesken, auf dem Schulhof mit allem Pomp und Gloria statt. Meis wiederum hatte seit Wochen mit den Oberklassen Lieder einstudiert. In die erste Reihe holte er Maria Vanwoldt, mit der klarsten und höchsten Stimme, „Sopran“, nannte er das.

Wunderschön Prächtige,
Hohe und Mächtige,
Liebreichholdselige, himmlische Frau,
Der ich mich ewiglich,
Weihe herzinniglich,
Leib dir und Seele zu eigen vertrau;
Gut, Blut und Leben
Will ich dir geben,
Alles, was immer ich hab, was ich bin,
Geb ich mit Freuden, Maria, dir hin.

Der Dechant schaute mit einem zufriedenen Lächeln auf seine Schäfchen und ließ den Blick über die Mädchenriege schweifen: „Wer von euch will den reinsten aller Dienste machen? Wer will die Braut Jesu sein?“ Fast alle Arme flogen hoch, auch der von Maria Vanwoldt. Der Dechant legte seine Hand auf ihr Haupt, Maria errötete und machte einen Knicks. „Das Himmelreich wird euch allen offenstehen.“ Sogar dullen Fränzken Boesel, der auf einer seitlichen Bank zusammen mit ein paar anderen ausharrte, sprang jetzt auf und stolperte nach vorn: „Ik ook! Ik ook!“ Joseffi schob ihren Klumpfuß ein wenig zurück.

Derweil malte die junge Anna Hoffkreie, geborene Meis, frisch vermählt mit Hoffkreies Zweitem, Nachfolger des früheren Buchhalters Denkert an der Saander Kasse, an einem großen Schild: „WINKELWARE". Sie brachten es über dem Eingang ihres kleinen Häuschens an, seitlich hingen bereits Emailleplaketten, auf denen „Persil" und „Malzkaffee" zu lesen war. Im Flur stellte Anna ein paar Kisten und Regale auf, die sie mit ein Dutzend Paketen Zucker, Salz, Muckefuck, Soda, Essig, Kerzen und Streichhölzern auffüllte, nach und nach kamen auch Rosinen, Reis, Nudeln und Graupen dazu, an manchen Feiertagen wohlriechende Seife und Birkenwasser. Stine kaufte nur Salz und Zucker, und das auch nur im Tausch gegen Eier.

Die Gutsherren und Bauern, darunter Groote Ridder und Schulzendiek, aber auch Veehdreewer und Kerkhuus, probierten nicht nur die neuen Methoden des Ackerbaus und der Viehwirtschaft aus. Ihr Erfolg schlug sich, buchstäblich, in ihren neuen Häusern nieder. Einer nach dem anderen rissen sie das olle Huus aus Fachwerk ab. Auf den weitläufigen Gehöften standen bald mehrere neue, breite Häuser und Scheunen, überschattet von weitarmigen Eichen und Weiden. An der Einfahrt grüßten Jasmin und Heckenrosen, in der Mitte wachte ein Jaghund im schmiedeeisernen Zwinger. Manche bauten geräumige zweigeschossige Vorderhäuser aus rotem Backstein mit weiß umrahmten Fensterfronten und gediegenen Giebeln. Buntglasverzierte, schwere eichene Vordertüren öffneten sich in die große Vorderküche, „de Vörderkökke", mit breitem Kamin. Italienische Wandergesellen zogen durch das Land und legten rot-weiß-schwarze Marmor-Rosetten in einen glänzenden Terrazzo. Hirschgeweihe spiegelten sich in den Scheiben der Gewehrschränke. Rundherum befanden sich holzvertäfelte Stuben, darin jedoch keine gläsernen Vitrinen wie in der Stadt, dafür schwere Truhen und dunkle Anrichten mit Delfter Geschirr. Ein geschnitzter Handlauf geleitete an einer verzierten Treppe zum oberen Geschoss mit einem breiten Flur, mehreren Schlafzimmern für die Familie, einer Kammer für die Hausmagd, dazwischen Nischen für die Wäsche und eine Madonnenstatue.

In der Hinterküche, „de Achterkökke", stand die Kokkmaschine für jeden Tag sowie der drei Meter lange Holztisch. Morgens, mittags und abends saßen hier Bauern und Gesinde beisammen, weit mehr als ein Dutzend Leute: die alten und jungen Bauern, ihre Kinder, die unverheirateten Onkel, „Öhms", die Juffer, weiterhin die Knechte und Mägde. Der Baas saß immer am Kopfende, die Bäuerin neben ihm. Doch nun, mit den neuen Häusern, hatte man mehr Platz. So aß man fortan in den großen Häusern in zwei Küchen. In der Vorderküche die Bauern, der erste Knecht und die Hausmagd, auch die Bauernkinder. In der Hinterküche alle anderen, manche in einer eigenen Essenskammer. Herrschaften und Gesinde, nun jeder für sich.

„Die Hälfte gehört meiner Kasse“, machte sich der junge Bankmann Hoffkreie gerne bei Kraane an der Theke mit seinem Wissen wichtig. Bis einer der Grooten ihn einmal neben dem Abort am Kragen packte: „Jüngsken, du erzählst zu viel. Halt dein kleines Maul!“ Nie wieder sprach Hoffkreie über seine Kasse, was sich sehr viel später, als nur er sich noch an den Vorfall erinnerte, als schwerer Fehler für alle erweisen sollte.

Die Grooten, vielmehr ihre Mägde, polierten fortan ihren Terrazzo mit Bohnerwachs. Bei Vanwoldts blieb es bei Lehm, den man weiter mit Sand und Besen fegte. Natz hatte weder Sinn noch Geld für moderne Sorten und Dünger. Seine Wagen liefen mehr schlecht als recht. Auf dem Hof der Ziegelei, einer seiner besten Kunden, stand seit neuestem ein Lastkraftwagen. Einen Teil seines Lohns ließ Natz in den umliegenden Gastwirtschaften, und zweimal im Jahr lief er mit ein paar Scheinen nach Saande, zur Kasse und zur Witwe. Ohne Stines Vieh und Obst wären sie in manchen Wintern nicht satt geworden. Obendrein machte sein Bruder und früherer Lehrling, Fritze, ihm die Kunden streitig. „Das habe ich ihm alles beigebracht“, zog Natz grimmig die Nase hoch. Doch der anständige Fritze wusste sich zu revanchieren und schlug ihm einen Handel vor: Natz könne in seinem Auftrag Räder machen, die Gestelle kämen aus seiner Werkstatt. Natz zog seine stolzen Brauen zusammen – und schlug ein. Jeden Monat verließen wieder mehrere große und kleine Räder den Hof, Alois und ein neuer Lehrling halfen ihm dabei. Zusammen mit Stines Milchgeld von der Molkerei reichte es irgendwann, das alte Haus hinten um zehn Schritt zu verlängern. Genug, um in der Mitte zwei weitere Schlafkammern und auf der Däle mehr Platz für Kühe und Futter zu schaffen. In der Küche blieb es karg, so oder so, und man dankte Gott, wenn sich im Winter abends alle satt in ihre klammen Betten legen konnten. Es reichte nicht, um die Witwe in Saande zufriedenzustellen. Das Einzige, was bei Vanwoldts kristallen glitzerte, waren des Winters die Eisblumen an den Fenstern – innen.

In dem Jahr, 1908, als man bei Groote Ridder grüne Hochzeit feierte und der Gutsherr einen schwarz glänzenden Mercedes mit rollbarem Verdeck erstand – das erste Automobil in Wiesken –, im selben Jahr kaufte Natz sein erstes Fahrrad. Wie immer ging er zu Mariä Geburt für ein paar Tage auf Wanderschaft, um neue Aufträge einzuwerben. In diesem Jahr kam er nicht zu Fuß zurück, sondern mit einem Rad vergnügt vom Draii herunter auf den Hof geradelt. „Die einen kaufen sich ein Auto, die anderen ein Zweirad.“ Fortan überholte Natz am Sonntagmorgen so manchen Landauer, gelegentlich auch ein Automobil, das im Sand oder Schlick stecken geblieben war. Dann lüftete er bedächtig seinen Zylinder: „Gooden Dach, junge Froun! Moi weär vandage, nich woahr?“ „Kiek“, sagten die Leute, „da fährt der Radmacher Vanwoldt mit einem Fahrrad!“ Manchmal saß Stine auf einem Kissen hinten auf.

Im selben Winter zimmerte Natz ein hohes, zweiflügeliges Dälentor. Am Nikolausabend versammelte er alle vor der Änddör. „Hört!", rief er mit stolzer Miene, „Vanwoldts goat nich dör't Hohnerlock"*. Zenta hatte einen Grund weniger, über ihre Nachbarn zu spotten.

Bald brummten die ersten Lastkraftwagen auf der Landstraße am Steen vorbei. Je nachdem, wie der Wind stand, konnte man sie bis zum Deepen Grund knattern hören. Von weiter hinten drang das hohe Horn und das Ruckeln des Zuges, gefolgt von seiner schwarzen Rauchfahne.

Ins Revier, oder: Die Warnung

„Alle schwott van Kollen un nix an de Bollen!"**, pflegte Natz zu sagen, sobald die Rede von den Städtern im Revier war. Er selbst war nie über Dorsten hinausgekommen, und auch dort nur ein einziges Mal gewesen, damals beim Knochendoktor mit Joseffi.

Alois war längst ein junger Mann, der sich vor einer Spiegelscherbe sorgfältig den ersten Flaum vom Kinn rasierte. Sein früher kantiges Gesicht war zu oval verwachsen, gerade so, als wollte es anders als der Kopf des Vaters sein. Während sich Natz, sofern er überhaupt in den Spiegel schaute, in der noch immer vollen Haarpracht auf seinem „Eckschädel" durchaus gefiel. Gräulich werdende Locken lugten aus seiner Kappe fast bis auf die dichten Brauen. Den kinnlangen Bart stutzte er nur an hohen Feiertagen und im Sommer; im Winter ließ Natz das Haar wärmend bis über den Hals wachsen.

Alois hatte ein gutes Abschlusszeugnis mit besten Noten in Rechnen, Deutsch und Geschichte, schlechtere in Naturkunde und Gesang. Sonntags nach dem Hochamt in Sankt Raphael studierte er eingehend die Aushänge in den Glaskästen des Saander Blattes, Fotos aus Berlin und anderswo, auch die Bekanntmachungen im hinteren Teil. Hatte weder der Vater noch Onkel Fritze einen Auftrag für ihn, zog er mit dem jungen Hendok Natmäker los. Gemeinsam bestritten sie den Handel der Familien. Irgendetwas stand immer zum Verkauf: Weidenkörbe, ein Schemel, ein Dutzend Eier, ein Huhn oder vielleicht sogar ein Ferkel. Damit sah man die beiden fröhlich schwatzend mit Kiepe oder Handkarre zum Bahnhof ziehen. Sie fuhren nach Dorsten oder Essen, manchmal nach Winterswijk, einmal heimlich bis nach Amsterdam. Hendok spielte Mundharmonika, Alois pfiff die Melodien dazu. Mit Geld, Schrauben und Nägeln, auch Rosinen und Zucker, kamen sie zurück. Überall baute man, lärmte

---

* Vanwoldts gehen nicht durchs Hühnerloch.

** Alle schwarz von der Kohle und nichts auf dem Hintern!

und tönte es. An den Bahnhöfen schauten sich die Jungs die aushängenden Werbeplakate der Fabriken und Zechen an:

> *Arbeitswillige, gesunde und starke Burschen gesucht. Holzwerker besonders gebraucht. Wir bauen eine neue Zeche. Bei Interesse ab März bei Gelsenkirchener Bergwerks-AG melden.*

„Die meinen uns! Das können wir! Dann verdienen wir unser eigenes Geld und die Alten können uns nichts mehr sagen“, rief Hendok, der zu Hause ein ähnlich strenges Regime wie Alois erfuhr.

Im Zug malten sie sich ihre Zukunft aus, überboten sich mit Vorschlägen: „Ich kaufe mir ein eigenes Fahrrad und Lederschuhe!“, der eine. „Ich spare auf ein eigenes Pferd und einen Anzug mit Hut!“, der andere. Um dann beide wieder nüchtern zu werden: „Das lassen unsere Väter bestimmt nicht zu.“

„Seid froh mit dem, was ihr habt“, mischte sich ein alter Mann gegenüber ein. Alois erkannte ihn am langen grauen Bart, der trotz des hohen Alters noch in weichen Wellen bis hinab zum Brustansatz fiel. Es war Levi Himberg, ein stadtbekannter Lehrer aus Saande, dekorierter Veteran von 1870 und Bruder des Metzgers am Markplatz. Verlegen und errötet zogen die beiden Jungs die Kappe.

„Jawohl, Herr Lehrer Himberg!“, machte Alois einen kleinen Diener.

„Warum in die Ferne schweifen, wenn das Gute liegt so nah? Zu Hause habt ihr wenigstens ein warmes Bett und immer etwas zu essen“, setzte Himberg in großväterlicher Art fort, „das ist nicht bei allen so.“

Alois und Hendok nickten.

„Nun ja“, lenkte Himberg mit einem Lächeln ein, „seid ja auch junge Burschen. Wollt etwas von der neuen Welt erleben und ausprobieren. Recht so! Ihr werdet das Richtige wohl finden! Und später merken: In der Heimat ist es meist am Schönsten.“ Himberg wandte sich wieder seiner Lektüre zu.

Am Abend am Deepen Grund fand Alois seinen Vater und Franz-Jupp, wie häufig in letzter Zeit, gemeinsam friedlich werkelnd in der Timmerkaamer. „Kiek,“ hielt Alois ihm die bestellte neue Feile hin, „gute Qualität.“ Natz begutachtete das Teil von allen Seiten und wog dann anerkennend das schwere Metall in seinen Händen. „Hast du richtig gemacht, Junge“, klopfte er Alois auf die Schulter – eine seltene Geste des Vaters. „Manchmal kommt ja auch Gutes aus dem Bärske“, um gleich darauf summend das neue Werkzeug an einer Speiche auszuprobieren. Franz-Jupp reichte dem Vater bereits bis zur Schulter und pustete den Staub regelmäßig mit einem „Gut so, Vaader?“, ab, bis Natz zufrieden zuerst über das glatte Holz, dann über Franz-Jupps rote Locken strich. „Ja, gut so, Junge!“

Alois wartete den nächsten Morgen ab. Und als sein Vater erneut pfeifend in der Timmerkammer stand, ergriff er die Gunst der Stunde:

„Vaader, ik will di watt froagen"*. Natz blickte auf: „Jo, watt dann?" Alois erzählte von den Plakaten und vom jungen Passling, der sich im Bärske auf einer Zeche in einem Jahr schon das Geld für einen neuen Pflug verdient hatte; ein Pferd sollte im nächsten Jahr folgen. Das würde er nur ein paar Jahre machen, bis auf Passlings altem Hof alles auf dem neuesten Stand wäre.

Natz hobelte an einem Sparren. Alois war etwas in Fahrt gekommen: „Sogar Lehrer Himberg sagt, man muss Neues ausprobieren. Hendok und ich könnten auch ein paar Jahre gehen."

Natz nahm jetzt die neue Feile zur Hand. Und schwieg.

„Wer nicht wagt, der nicht gewinnt. Hast du selbst gesagt", traute sich Alois abschließend zu werben. Und ging vorsorglich einen Schritt Richtung Tür. Natz legte den Hobel zur Seite, lehnte sich an die Hobelbank und schaute seinem Sohn, ruhig wie selten, direkt in die Augen.

„Junge", sagte er, „dat häb ik mi wall he dacht. Du bist ein junger Kerl, musst dir die Hörner abstoßen."

Alois schaute seinen Vater mit großen Augen an. „Wirklich?"

„Ja, wirklich. Wenn die dat düch, dann muss du goan."

„Danke, Vaader. Nur ein paar Jahre, für ein Pferd und eine neue Scheune. Solange kann Franz-Jupp dir helfen." Schon öffnete Alois die Tür, um zu gehen. Da hörte er den Vater:

„Warte! Überlege es dir gut! Weißt ja selbst: Alle schwott van Kollen un nix an de Bollen!" Denn dem konnte auch Alois nicht widersprechen. Aber dann wagte der Sohn, vielleicht das erste Mal in seinem Leben, dem Vater etwas entgegenzuhalten:

„Na ja, ist ja nicht so, als wären wir alle dick und rund."

„Aha. Du weißt ja gut zu allem Bescheid. Ist es dir nicht gut genug hier?" Natz Augen wurden schmal, doch er blieb ruhig an die Hobelbank gelehnt.

„Doch, doch! Ist ja für uns alle und nur…", stammelte Alois.

„Zwei Dinge will ich dir sagen, Junge." Natz verschränkte seine Arme.

„Erstens: Wir sind Stellmacher und Bauern. Wir gehen gerade auf! Wir arbeiten über der Erde unter Gottes freiem Himmel. Wir kriechen nicht unter der Erde im Loch!" Alois hielt seinem Blick von der Tür aus stand.

„Zweitens: Du bist zwar der Älteste. Aber nicht der einzige Sohn auf diesem Hof. Franz-Jupp wird bald zehn Jahre alt. Er ist kräftig und kiebig. Den Hof bekommt nur, wer hierbleibt und hier arbeitet. Und Mooder und mich versorgt. Vöörstoan? Klar?" Er sagte es in ruhigem, klarem Ton.

---

* Ich möchte dich etwas fragen.

„Vöörstoan, klar, Vaader."

Ein paar Wochen noch war alles wie immer. Alois und Hendok zogen gelegentlich mit Karren oder Kiepe los. Eines Abends lief Alois wieder direkt zu Natz in die Timmerkaamer. Er hatte eine Stelle als Schreiner, vorerst Hilfsarbeiter im Tagebau, für wenig Geld bekommen. Hendok hatte sich für den Flöz entschieden, doppelter Lohn. Beide Montagfrüh bis Samstagmittag.

„Ist gut. Geh' nur", war alles, was Natz zu sagen hatte.

Alois und Hendok liefen fortan montagsfrüh zum Bahnhof und fuhren nach Essen, samstagmittags kamen sie zurück. Tagsüber schuftete jeder für sich, nachts schliefen sie nebeneinander auf den mitgebrachten Strohsäcken, zwischen den anderen Tagelöhnern und Lehrlingen, in den zugigen Hallen. Am Abend schauten sie den Mädchen auf dem Marktplatz nach. Drei Viertel des Lohnes gaben sie zu Hause ab; Natz lief mit ein paar Scheinen nach Saande. Den Rest behielten sie für sich, für die erste eigene Pfeife und einen Schnaps, für ein Kriegerfest. Es reute sie nichts.

Nach einem Jahr wurden Alois und Hendok zu anderen Pflichten gerufen.

Privileg im Dienste des Kaisers

An einem Herbstmorgen 1909, im dichten Nebel, verließ Alois das Haus zur Musterung im Dienste des Kaisers. Wie oft hatte Lehrer Meis von der „Schule der Nation" und dem „Privileg" geschwärmt? Den Tropenhelm auf dem Lehrerpult, den roten Augen ungeschützt, die kurze Peitsche zwischen den Händen wiegend, war er mit geschwellter Brust langsam von vorn bis in die hintere Reihe stolziert: „Es ist ein Privileg, im Dienste Kaiser Wilhelms, im Dienst des Deutschen Heeres zu stehen. Spökermann! Was ist ein Privileg?" Josef war aufgesprungen und hatte die Hacken zusammengeschlagen: „Es ist ein Privileg, im Dienste Kaiser Wilhelms, im Dienste des Deutschen Heeres zu stehen!" Der Lehrer war zur Mitte geschritten: „Alois! Was ist der Reichstag?" Alois hatte es natürlich gewusst: „Der Reichstag wurde 1871 als deutsche Volksvertretung in Berlin gegründet. Der Reichstag ist eine Quasselbude." Weiter zu den Mädchen: „Katharina! Wie heißt die Hauptstadt von Deutsch-Südwestafrika?" Katharina hatte gestrahlt: „Windhuk, Herr Magister!", „Falsch! Berlin!" Meis' Peitsche begann bereits in seiner rechten Hand zu wippen, während er zur letzten Reihe, die mit den Heuerlingen, Jungen und Mädchen einerlei, weiterschritt. „Möller! Wie viele Einwohner hat Kiautschou?" Es folgten drei stille Augenblicke, dann: „Möller! Hände auf die Bank!", und schließlich ein sattes Knallen. Wenn einer schrie oder wimmerte, gefolgt von einem zweiten. Hochzufrieden hatte Meis die Kinder in die Pause geschickt. Und am Nachmittag hatten sie Kaiserhof und Platz-an-der-Sonne gespielt.

Vielleicht war es das, woran Alois auf dem Weg nach Coesfeld mit einem Schmunzeln dachte. Auch sonst war er gut vorbereitet. Bei Rosen in Saande hatte er sich seinen ersten neuen Anzug samt Hut gekauft. „Ganz nach moderner Fasson", hatte das Fräulein Rosen ihm versichert. Seine Schwestern hatten vor Freude in die Hände geklatscht, so schneidig war ihr Bruder, und Mooder ihr warmes Lächeln aufgesetzt, ein wenig Stolz in dem kleinen Gesicht. Vaader hatte im Vorbeigehen ein „eitler Fatzke" gezischt. Alle, selbst Natz, hatten sie einen stattlichen jungen Mann gesehen.

Nun stand Alois im Coesfelder Amt vor einem Offizier. Ohne aufzusehen musterte dieser seine Unterlagen auf dem Schreibtisch, nickte ein paar Mal, um schließlich streng nach oben zu sehen. Auf der linken Wange zeigte sich ein langer Schmiss. „Alois Vanwald?", fragte er. „Ja, Herr Offizier, das bin ich. Vanwoldt, mit Verlaub, Vanwoldt", antwortete Alois und stand gerade.

„Aha, dann eben Vanwoldt. Sie sind gesund und tauglich, Vanwoldt", sagte er, „und gute Zeugnisse hat er auch. Dann wollen wir mal! Was halten Sie denn vom Dienst im Deutschen Heer?" Da musste Alois nicht lange überlegen:

„Es ist ein Privileg, im Dienste Kaiser Wilhelms, im Dienste des Deutschen Heeres zu stehen. Es ist die Schule der Nation!"

„Was denkt er denn vom Kaiser?", ging es weiter.

„Mit Kaiser Wilhelm, Herr Offizier, haben wir die Franzosen und die Engländer bald überholt. Wir haben eine rasante Landwirtschaft und Industrie. Sogar Bahnen in den Kolonien!"

„Wer hat das Rad für die Eisenbahn erfunden?", setzte der Offizier die Prüfung fort, während er jetzt langsam um Alois herumlief.

„Alfred Krupp!", schoss es aus Alois heraus.

„Vorzüglich, Herr Vanwoldt, sauber! Was haben Sie sonst noch auf dem Kasten?" Er zeigte zur Weltkarte, die an der Wand hing. „Nenne er mir die deutschen Schutzgebiete!"

„Togo, Kamerun, Deutsch-Ostafrika, Deutsch-Südwestafrika, das sind die in Afrika, große Gebiete. Hinten in Indien und China sind es Samoa und Neuguinea und Kiautschou!"

„Das wird ja immer besser! Wie heißt der höchste deutsche Berg?"

In dem Augenblick bemerkte Alois den Tropenhelm, der unter dem Schreibtisch lag, daneben stand eine bauchige Ledertasche.

„Togo-Tanga", platzte es aus ihm heraus. „Tsching-darrassa-bumm." Alois traute seinen eigenen Ohren nicht. Er hatte verloren.

„Togo was?", kräuselte der Offizier die Stirn, doch dann lenkte ihn eine Fliege auf dem Schreibtisch ab, und er nahm rasch eine Akte, um das Insekt totzuschlagen. Er lachte Alois an: „Ha! Humor haben Sie auch. Stimmt, bumm! Lästiges Getier! Also, wo waren wir stehen geblieben?"

Alois räusperte sich: „Der höchste Berg ist die Kaiser-Wilhelm-Spitze, in Deutsch-Ostafrika, 6010 Meter hoch, bei Tanganijka!"
„Exzellent! Sagen Sie mir die Wurzel aus hunderteinundzwanzig!"
„Elf, Herr Offizier!"
„Sehr gut! Der Vater ist Bauer und Stellmacher, er selber Schreiner. Sagen Sie mir, was Sie können!"
„Ich habe Leiterwagen und Karren gebaut, Herr Offizier. Auf der Zeche haben wir eine Halle gebaut, ich habe die Fenster eingesetzt. Für's Kontor habe ich die Schreibtische und Sessel gezimmert und, mit Verlaub, Herr Offizier, ich kann gut rechnen und schreiben."
„Sie haben das Kühe melken vergessen", lachte der Offizier.
„Stimmt, ich kann auch Kühe melken, einen Pflug steuern und Korn mit dem Drescher dreschen."
„Spaß beiseite, Vanwoldt." Der Offizier machte eine Pause und schaute erneut auf die Unterlagen: „Aus Ihnen kann was werden! Wie lange wollen Sie dienen?"
„Zwei Jahre, Herr Offizier!"
„Sie können mehr, Vanwoldt! Wir brauchen Leute wie Sie! Machen Sie drei! Sind die Eltern noch rüstig? Hat er Geschwister?"
„Ja, Eltern noch rüstig. Einen Bruder und sieben Schwestern."
„Was halten sie von einem Einsatz in den Schutztruppen, vielleicht Ostafrika. Da können sie sich gründlich die Hörner abstoßen!", grinste er. Dabei lehnte sich der Offizier zurück und schob die Ärmel hoch, so dass Alois ein breites Armband aus Elefantenhaar und Gold erkennen konnte.
„Dort können Sie eine Laufbahn machen, was meint er?", setzte der Offizier fort. „Zögert er?"
„In der Heimat ist es am schönsten," antwortete Alois schließlich.
„Aha. Ist gut. Wir brauchen keine Zauderer."
„Jawohl, Herr Offizier."
„Aber drei Jahre in der Heimat, statt zwei. Das können Sie, oder?"
„Selbstverständlich, Herr Offizier. Ich mache drei, im Dienste des Kaisers."
„So ist gut, Vanwoldt", klopfte ihm der Offizier abschließend auf die Schulter.
Zwei Wochen später lag der Bescheid am Deepen Grund auf dem Küchentisch als Alois abends von der Zeche kam. Einsatzort: Kaserne Köln-Deutz.

Anfang Oktober begann der Drill, der ihm, dem Handwerker und Bauernjungen, nichts machte. Am Abend saß er mit den neuen Kameraden zusammen. Er las die Zeitung und schmökerte in Büchern. Im Atlas suchte er nach Sankt Louis und Djakarta, wo Verwandte wohnten. Wie teuer mochte die Passage sein? Wie lange würde sie wohl dauern? Am ersten freien Sonntag im Oktober flanierte er mit Kameraden am Rhein entlang. Die Ausgehuniform machte ihre

Rücken strammer und die Köpfe größer. Ein paar Kinder winkten, zwei Fräuleins im weißen Spitzenkragen und mit kleinem Hut lächelten. In geschniegelter Uniform lüfteten die Rekruten ihre neuen Kappen. Unter dem großen Kürassier blieben sie stehen. Einer zog ein neues schmales Tabakpäckchen, Zigaretten; Alois fischte mit seinem langen schmalen Finger eine hinaus und tat den ersten Zug. Er ging ans Geländer und ließ den Blick über den Rhein und die Brücke zum anderen Ufer, auf die mächtigen Türme des Domes, schweifen. Zwei Dampfer fuhren zügig aneinander vorbei. Ein frischer Wind fegte in sein Gesicht. Ein Junge mit einem Bauchladen lief laut rufend vorbei: „Postkarten vom Dom! Postkarten vom Dom!“ Alois kaufte eine kolorierte Ansicht und adressierte sie an Mooder, wissend, dass eines der Geschwister ihr den Text vorlesen würde.

Nach drei Jahren verließ Alois die Kaserne als Obergefreiter. „Wenn wir Sie noch einmal brauchen“, hatte ihm der Leutnant auf die Schulter geklopft, „können Sie gleich als Unteroffizier anfangen! Gute Leute wie Sie sind im Heer immer willkommen.“

Der Leichenzug

Es war in dem Jahr als Stine fünfzig wurde. Wohl kaum jemand hätte es registriert, nicht einmal Stine selbst, hätte Natz im Sommer nicht wieder das Stammbuch aus der Eichentruhe holen müssen und wäre Stines Geburtstag nicht der Todestag ihrer Jüngsten gewesen. „Gott gibt und Gott nimmt.“ Die kleine Adele starb an einem heißen Junitag. Zwei Tage hatte sich die Fünfjährige vor Bauchschmerzen gekrümmt und Schweißperlen auf der Stirn gehabt. Stine gab ihr Milch mit Honig, wovon sie wenig trank und es kurz danach schon wieder erbrach. Am dritten Morgen machte sich Natz nach Saande auf, um bei den Barmherzigen Schwestern Rat und Medizin zu holen. Derweil hüllte Stine das wimmernde Kind in Decken und legte es draußen auf eine Bank, so dass die helle und wärmende Sonne helfe.

Als Natz am Mittag zurückkam, lag das Mädchen bereits tot im Ehebett, ohne die letzte Ölung erhalten zu haben. Der Pastuur kam, um das noch Mögliche zu tun und den Eltern Trost zu spenden: „Sie wird trotzdem in den Himmel kommen.“ Das dritte Mal zimmerte Natz einen Sarg für eines seiner Kinder. Die Nachbarinnen zogen Adelken ein weißes Kleidchen an und bahrten sie in der kleinen Kammer auf, ihre Schwestern sammelten bunte Blumen für die Vasen rundherum. Wie ein Engelchen lag sie da. Floiter sagte die Groowe an. Abends kamen alle zum Gebet, um der kleinen Seele auf den Weg in den Himmel zu helfen.

Der grausame Zufall wollte es, dass man am nächsten Morgen Veehdreewers Knecht Mikal erhängt an einem Balken im Mauseschoppen fand. Der alte Fuhrknecht Lieb hatte nach seinem Freund geschaut, weil die Kühe bereits ungeduldig bölkten. Mikal Jelskioffwitsch, dessen vollen Namen kaum einer kannte, um den Veehdreewer aber alle beneidet hatten. Ein Liedchen summend hatte er damals im Mauseschoppen sein Lager hinter ein paar Brettern aufgeschlagen.

Neben der schmalen Pritsche, auf einem hellen Birkenstamm, stand eine aus Wurzelholz geschnitzte, beinahe fröhlich blickende Muttergottes samt Jesulein, das ein wenig zu füllig ausgefallen war. Der lange Hals der Patronin war mit einer Halskette aus poliertem gelben Feuerstein geschmückt – aus Ermangelung an Bernstein, wie er den neugierigen Kindern erklärt hatte. Die Kinder hatten ihn anfänglich wegen seiner Augenklappe und Narben gemieden, sich später aber gern Fingerfertigkeiten von ihm zeigen lassen. Abends sah man die Jungs mit einem Messer oder einer Feile und einem Stück Kleinholz neben ihm sitzen. Die intakte Seite seines Profils zeigte ein weiches dunkelbraunes Auge unter einer pechschwarzen hohen Braue und ebenso pechschwarzem dichten Haar. Er sprach wenig und manchmal, bei Aufregung, begann er zu stottern. Etwa wenn eine Kuh sich stöhnend zum Kalben legte und er den Bauern holen musste. Dann schleuderte er das hinkende Bein seitlich im Halbkreis umher und lief, Oberkörper vor, ins Vorderhaus: „Buur, de K-k-k-oh k-k-k-alwt.“ Veehdreewer ging kein Milchvieh mehr ein, seitdem Mikal den Kühen täglich die Ohren kraulte und summend ihr Euter massierte. Dreimal am Tag aßen Mikal und Lieb gemeinsam in der Remise. Juffer Maria, die Schwester der Bäuerin, stellte morgens, mittags und abends zwei Emailliеschüsseln auf die Haferkiste, von wo aus Mikal und Lieb ihr Essen nahmen, um die gesäuberten Schüsseln anschließend draußen vor der Küche wieder abzustellen. Es gab keine Klagen; außer an den Freitagen war immer ein Stück Wurst, Speck oder Schmalz im Essen. An besonders kalten Tagen und an hohen Feiertagen rief die Bäuerin die Knechte an den Vordertisch, und manchmal lud Veehdreewer sie zu einer Pfeife ans große Herdfeuer ein. Mikal stand immer als erster wieder auf. Er zog es vor, bei den Kühen zu sein. Auf den Festen saß er still am Rand, durchaus ein Lächeln auf den Lippen, manchmal sogar ein Wippen im gesunden Bein.

Nun baumelte sein Leichnam an einem Kälberstrick von einem Balken neben seinem Verschlag wie ein nasser Sack herunter. Der Kopf hing seitlich schwer in der Schlinge, die Haare waren sauber gescheitelt, die Augenklappe saß an ihrem Platz, nur aus dem halboffenen Mund schaute ein Stück Zunge heraus. Die nackten weißen Füße wirkten schmal und lang, an einer Seite fehlten zwei Zehen. Seine Klumpen standen säuberlich nebeneinander vor der Tür. In einer Tasche seines blauen Sonntagskittels fand man einen Rosenkranz, in der anderen die aufgerollte Kappe. Gerade so, als habe er vorher noch gebetet.

„No häww he sik doch noch alle maakt", bekreuzigte sich Lieb, fast ohne dass er sich erschrak. Genau konnte niemand sagen, warum sich der Knecht so gegen Gott versündigt hatte. Veehdreewer hatte ihn gut behandelt; was immer man über den hochnäsigen Bauern sagen mochte, er war ein guter Baas. „Bei ihm bist du besser Knecht als Sohn", wussten die Nachbarn rundherum zu sagen; seine eigenen Jungs packte er nicht mit Samthandschuhen an. Nur Juffer Maria, die Aufsicht über die Totenwäsche führte, wusste Näheres über die Umstände seines Todes zu berichten. „So wahr mir Gott helfe", flüsterte sie den helfenden Nachbarmägden zu, „mit dem stimmte was nicht! Denn hat't mät de Juden und denn Düwel!" Die Frauen ließen die Münder offenstehen. Erst jüngst, bei Mondschein, als zudem die Eulen riefen, habe sie nicht schlafen können und durch ihr Fenster im Stall gegenüber zwei tanzende Schatten gesehen. Dabei rückte sie mit ihrem plattgeschnürten Busen vor:

„Hah! Ich mag es gar nicht sagen! So wahr mir Gott helfe: Mikal hat oben auf einem Kalb geritten!"

„Du kannst doch gar nicht von deinem Fenster aus in den Stall sehen!", stand plötzlich Lieb im Türrahmen. Doch Juffer war in ihrem Element, sie hörte ihn nicht.

„Ha! Und es kommt noch schlimmer: Buxe runter, mät dat bloode Gatt!" Juffers Stimme zitterte, während die anderen Frauen sich bekreuzigten.

Lieb trat ein paar Schritt neben sie, spuckte auf den Boden.

„Du schäbige Juffer! Du lügst, wenn du dein Maul aufmachst. Einziger Düwel hier! Verschwinde hier oder ich mach' dir Beine!"

Juffers Mund klappte auf und wieder zu, dann zog sie schluchzend ab. Denn Lieb hatte etwas ganz anderes gesehen, nämlich unten an der Becke, wo sie sich alle trafen. Die Knechte, um sich abends unter den Weiden im Wasser die Füße zu kühlen, sich den Dreck des Tages aus den Schwielen zu kratzen und die Dornen aus dem Fleisch zu ziehen. Die Mägde waren fünfzig Schritt weiter. Und hinter der Biegung war noch einmal ein schmales Stück. Die Bauern sah man dort nie, ihre Frauen erst recht nicht.

Bald lag Mikal frisch hergerichtet in seinem Sonntagskittel beinahe friedlich auf seiner Pritsche, gebettet auf einem Kranz aus hellgrünen Roggenähren und tiefblauen Kornblumen, den Rosenkranz um seine gefalteten Hände gelegt, daneben die Muttergottes auf dem Podest. Lieb hielt Wache.

Die Mannsleute des Hooks berieten sich am Steen. Wie soll man mit zwei so unterschiedlichen Toten verfahren? Adelken war zwar nur ein kleines Kind, aber mit reiner Seele. Mikal ein schlesischer Knecht, mit Todsünde. Wie sollte man es mit der Groowe halten? Wo und wie den fremden Sündigen begraben? Ob man überhaupt einen Geistlichen finden würde?

„Du sollst nicht töten!", sagte einer. „Hat Hand an sich selbst gelegt."

„Hat er vorher wenigstens gebeichtet?“, fragte ein anderer.
„War ein guter Knecht. Hat uns allen beim Kalben geholfen, wenn Not am Mann war“, und alle nickten.
„Mag sein, aber auf einem heiligen Friedhof ist kein Platz für solche. Das wird dir auch der Pastuur so sagen.“
„Kannst ihn ja nicht im Grund verscharren. Er war getauft. Wir sind alle Gottes Geschöpfe“, sagte der milde Boesel schließlich. Und Veehdreewer, der die ganze Zeit still an der Seite stand, was selten geschah, nickte.
Jemand schlug einen Leichenzug für das Kind vor, nicht aber für den Knecht, den man auf einem Karren unauffällig in ein Waldstück bringen sollte. Man kannte keine Angehörigen, und niemand würde nach ihm fragen. Ein anderer kannte einen ähnlichen Fall, wo der große Trauerzug dem ersten Toten folgte. Mit Abstand sei ein zweiter Karren gefolgt, begleitet vom Gesinde. Immerhin kam man einvernehmlich zu der Meinung, dass auch Mikal ein christliches Grab erhalten sollte, man wusste nur nicht, wo und wie. Man beschloss, auf den Pastuur zu warten; sowieso hatte er das letzte, Gottes Wort. Am Nachmittag sah man den Pastuur mit Veehdreewer neben der Remise reden. Abwechselnd schüttelten sie mit dem Kopf und nickten. Dann liefen sie in Mikals Kammer, wo der Pastuur den Leichnam mit Weihwasser segnete.
„Gottes Wege sind unergründlich“, beschied der Pastuur. „Er hatte den Rosenkranz in der Tasche. Vielleicht war es ein Unfall in letzter Minute.“
„Gekreuzigter! Eine mindere Seele!“, stieß Juffer hinter der Tür hervor.
Folgendes wurde beschlossen: Es wird einen getrennten Leichenzug geben, das Kind zuerst. Adele kommt zu den Kindergräbern, der Knecht ganz hinten an den Rand des Friedhofs, ins Gestrüpp, von dem keiner weiß, ob es noch Teil des Friedhofs ist oder nicht. Wegen der Sommerhitze nur zwei Tage über Erden. Am Abend beteten die Bauern bei Vanwoldts in der Küche für die kleine Adele. Das Gesinde bei Veehdreewers im Mauseschoppen für den stillen Mikal. Nur Lisa, Kerkhuus‘ Stallmagd, fehlte. Sie war wegen schwerer Magenkolik verhindert.
Am nächsten Morgen fand man auch sie, mit Ziegelsteinen in der Kittelschürze, tot im Ententeich. Die Küchenmagd hatte ihre Haube auf dem Wasser treiben sehen. An diesem Sommermorgen, der in Wahrheit hell und sonnig war, würden sich später alle als dunkelgrauen Tag mit einer tiefhängenden Wolkendecke erinnern. „Sie wusste keinen Ausweg mehr,“ heulte die Küchenmagd, die mit Lisa die Kammer geteilt hatte. Und Lieb erzählte, dass er Mikal und Lisa im Frühjahr abends unter den Weiden am Bach gesehen hatte. Auf Lisas Kommode stand ein weißer Wachsstock, verziert mit einem roten Kreuz, das Päckchen mit einem Band und Zweig geschmückt. Ein Geschenk, das sie

von Mikal zu ihrem letzten Namenstag erhalten hatte. Die Totenwäsche ergab Gewissheit: Unter Lisas Herzen war neues Leben herangewachsen.

„Was soll das bedeuten: dree Dooden an eene Dach!“ Das Jüngste Gericht war nahe.

Erneut versammelte sich der Floiterhook am Steen, dieses Mal nicht nur die Mannsleute und die Frauleute, sondern auch das ganze Gesinde und die Kinder. Alle knieten sie nieder, als Helmine Floiter die Perlen des Rosenkranzes aufnahm: „Herr, erbarme Dich unser.“ „Christus, erbarme Dich unser.“ „Du schmerzhafte Mutter.“ „Du Trösterin der Betrübten.“

Zwei Tage lang war es totenstill im Hook. Kaum jemand war auf den Wiesen und Feldern zu sehen. Dann setzte sich der Leichenzug in Bewegung: Den ersten Leiterwagen, mit Adelken darauf, steuerte Boesel. Oben auf dem kleinen Sarg saß Stine in ihrem schwarzen Taft und der großen Haube, die Nachbarfrauen auf Schemeln neben ihr. Ihm folgte ein langer Trauerzug der Familie und der Bauern des Hookes. Auf dem Bock des zweiten Leiterwagens hielt Lieb die Zügel. Auf dem Pritschenwagen hinter ihm lagen, in zwei schmalen Särgen nebeneinander, Mikal und Lisa, gefolgt von einem nicht minder langen Trauerzug des Gesindes. Es war eine stille dunkle Prozession, die dort langsam durch das Sommergetreide von Wiesken nach Saande zog. Überall an den Abzweigungen standen Knechte und Mägde mit gebeugten Köpfen.

Es war schwül, eine milchige Sonne streute fahles Licht. Sie waren schon die Hälfte des Weges gekommen, kurz vor dem Galgenberg, als von Westen ein Gewitter aufzog. Boesel schlug leise auf die Pferderücken, um das Tempo ein wenig zu erhöhen. Der Wind frischte auf, die Wolken flogen schneller. Es dauerte nicht lange, bis Donner und Blitz näherkamen, nur noch fünf Augenblicke auseinander, dann vier, dann drei. Eine kräftige Böe fegte Birkenbäume vor ihnen nieder. Die Pferde wurden unruhig, die Männer hielten ihre Hüte fest, die Frauen ihre Kleider. Es half nicht mehr. Zylinder und Hauben flogen durch die Luft. Männer wie Frauen stoben zur Seite in die Gräben und Büsche, die Kinder schrien. Just als die Leichenwagen mitten auf der Anhöhe waren, vereinigten sich krachend und zuckend Blitz und Donner. Die Fuhrmänner hatten Mühe, die wiehernden Gäule unter die Eichen zu steuern. Eine Sturmböe wirbelte und tanzte um die Wagen und drohte die Särge zu heben, murmelgroße Hagelkörner prasselten auf das Holz:

„Dat bünt de beiden*, Mikal und Lisa“, rief Juffer Maria in die Menge hinein, „die beiden Teufel halten Hochzeit!“

„Holl diene verdammte Muule!“, rief jemand zurück. Es war ihr Schwager, Veehdreewer.

---

* Das sind die beiden.

Derweil schien man Stine vergessen zu haben, doch Natz war zu ihr nach oben gesprungen und hatte sich quer über den Sarg der Tochter geworfen. Zwei weiße Blitze, so lang und breit wie man sie nie vorher gesehen hatte, zuckten in langen Strahlen vom Himmel auf die Erde und wieder zurück. Dann, plötzlich, war alles still. Die Sonne stach kräftig, der Himmel war klar und blau. Boesel und Lieb nahmen die Pferde am Halfter und zogen sie zurück auf den Weg. Langsam setzte sich der Zug wieder in Bewegung. Adelken fand Platz in der Kinderreihe. Mikal und Lisa in zwei Gräbern nebeneinander, in dem Gebüsch, von dem niemand wusste – niemand wissen wollte – wozu und wem es gehörte.

In demselben Sommer fuhr man im Floiterhook still die Ernte ein. Selten hörte man die Frauen ein Marienlied singen, sogar die Männer hielten sich bei Kraane mit dem Schnaps zurück. Bei Veehdreewer meldete sich lange kein Stallknecht. Im Winter baute er zwei Kammern auf dem Boden über den Kälbern aus, begehbar über Treppe und Galerie, auf dem Flur ein Spiegel und eine Waschschüssel. „Damit sich die verwöhnten Herrschaften die Haare gut frisieren können", spotteten manche, die die Zeichen der Zeit noch nicht erkannt hatten. Im Februar gab Veehdreewer eine Annonce im Saander Kreisblatt auf:

Aufrichtiger Stallknecht gesucht. Gute Kost und Logis,
angemessene Entlohnung und freie Stunden garantiert.

Der neue Knecht, der sich Melker nennen ließ, „eben nicht Knecht", erhielt einen monatlichen Lohn, doppelt so hoch wie Mikals es gewesen war, außerdem vierzehntägig freie Sonntage, dazu in den Sommermonaten gutes Taschengeld für eine monatliche Kirmes. „Keine Mädchen in den ersten Jahren!", ermahnte ihn Veehdreewer mit erhobenem Finger. Der Melker lachte ihm ins Gesicht: „Bauer, das geht dich nichts an!"

Am Deepen Grund sah man Natz und Stine, selten einig und still, mit Pflug und Stier über den Acker ziehen. Aus der Werkstatt hörte man weder ein Fluchen noch ein Pfeifen. Mehr als ein Jahr nach Adelkes Tod, zu Mariä Geburt, fuhr Natz erstmals wieder los. Wenige Tage später kam er zurück – mit zwei schwer gefüllten Kitteltaschen, aus denen zwei dunkle Köpfchen lugten. Am nächsten Morgen sauste ein schwarzer kleiner Blitz quer über den Hof, einem anderen kleineren Blitz nach: Das waren Harras und Mimi. Der Welpe war der einzig Überlebende eines großen Wurfes, der noch länger an den Zitzen der Hündin saugen durfte, das rosa Bäuchlein prall gefüllt mit Milch. Der kleine Kerl war schon frech und kräftig. Natz hatte ihn bei einem seiner Kunden gerade noch retten können, bevor die Bäuerin auch dem letzten Hündchen im Sack den Kopf einschlug. Eine kleine Katze, fauchend und kratzend, hatte die Frau ihm gleich dazu gegeben: „Dann sind sie nicht so allein." Harras war blauschwarz mit kurzem struppigen Haar, langer Schnauze und dunkelrosa Zunge, die meist aufgeregt nach außen hing, dazu lange Beine und lange runde Ohren. Mimi war grauschwarz, nur mit einer weißen Schwanzspitze und weißen Pfoten, die sie mehrmals täglich ausgiebig pedikürte.

Endlich hörte man Natz wieder ein Liedchen pfeifen, und auch über Stines Gesicht huschte ein Lächeln. Harras stand Witt in nichts nach. Er legte sich still vor den Fallen hin, wenn ein Mader, Eichhörnchen oder gar noch zappelnder Hase darin gefangen war. Alles, was er sich gönnte, war ein Schwanzwedeln, in der Gewissheit, dass er Ohren und Pfoten des Tieres als Lohn erhalten würde. Er buddelte sich in Windeseile in Laub und Erde ein, sobald von irgendwoher plötzlich ein Schuss zu hören war – Natz flach neben ihm.

Der neue Magister und seine Frau

Magister Meis erlag im besten Alter einem schlimmen Magenleiden, ohne je in eine Stadt befördert geworden zu sein. In der Nacht, als er qualvoll starb, schlich jemand in das untere Klassenzimmer, quasi unter seinem Totenbett, brach das Lehrerpult auf und entwendete die kurze Nilpferdpeitsche.

Helmut Neufert war erst wenige Monate zuvor mit Mitte zwanzig als gewöhnlicher Lehrer an die Schule gekommen, und hatte dann, überraschend früh, bereits die Stelle als Hauptlehrer erhalten. Seine Familie stammte aus Brandenburg, wo sie seit Generationen Pfarrer und Lehrer stellte; seine Eltern waren nach Westfalen übergesiedelt. Neufert war fromm, doch anders, so schien es, als man es in Wiesken kannte. Natürlich betete auch er jeden Morgen mit den Kindern und las ihnen sogar täglich aus der Bibel vor. Aus den Evangelien wusste er spannende Geschichten zu zaubern. Auch gehörten Neuferts zu denen, die kein Hochamt in Sankt Raphael versäumten, und einer seiner ersten Besuche galt dem Dechant. Aber weder er noch seine Frau Mette bekreuzigten sich, wenn sie eines der vielen Wegekreuze passierten. Und sie sprachen mit Geistlichen wie mit allen anderen, buchstäblich auf Augenhöhe. Er ließ die Kinder mehr Gedichte als Gebete auswendig lernen, und in seiner Wohnung hingen mehr Landschaftsgemälde als Heiligenbilder. „Kümmt doar achtern van de Evängelsken"*, rümpften einige die Nase. Womit sie so unrecht nicht hatten. Neufert war sowohl gläubig als auch nah an der Heiligen Schrift, was nicht unbedingt der Regelfall war. Denn im preußisch-protestantischen Brandenburg waren sie als Katholiken stets in der Minderheit gewesen und gerade deshalb mehr auf sich selbst und das Heilige Wort Gottes – statt auf den Pastuur – gestellt.

---

* Kommt da hinten von den Evangelischen.

Der Diebstahl der Peitsche wäre bei dem neuen Lehrer, der mit modernen Erziehungsmethoden vertraut war, nicht nötig gewesen. Neufert beließ es bei den Jungen mit Schlägen in den Hinternacken, in schlimmen Fällen Kopfnüssen auf die Bank, wohingegen er die Mädchen nur am Ohr zog, in schlimmen Fällen tief nach vorn, so dass sein Ellenbogen gegen ihre Brust drückte. Diese laschen Methoden bescherten ihm den Ruf, es mit Ordnung und Disziplin nicht so genau zu halten. Der neue Lehrer aus Leiden, Magister Donner, war von anderem Kaliber: Mehrmals wöchentlich rief er: „Fußspitzen bis auf den Boden!", um den Jungen dann den Stock über das Hinterteil zu ziehen. Die Mädchen ließ er stundenlang an der Wand stehen: „Ab in die Ecke, dumme Diarne!" Und manche Eltern aus Wiesken beneideten Leiden um diese Respektperson.

Bevor Neufert nach Wiesken kam, hatte er in einer Bochumer Bergarbeitersiedlung unterrichtet. Er war ein großer, auffälliger Mann mit breiten Schultern, stets in abgewetzten Jacken und Hemden, darüber Ärmelschoner, meistens in bequemen Knickerbockern und breiten Schuhen. Seine Frau Mette, immer nach der Mode in hellen Blusen gekleidet, ansonsten eine angenehme Erscheinung, blieb vorerst in Essen bei ihrer Apothekerfamilie. Neuferts sprachen kein Platt, noch nicht einmal den Bergischen Dialekt mit „datt" und „watt", nur „Hochdeutsch", und der neue Lehrer ließ keinen Zweifel daran, dass er genau das den Kindern beibringen wollte. „Beide Studeerte", stellten die Wieskener fest, die Nase immer in den Büchern, wo doch jeder wusste, dass von Büchern noch niemand satt geworden war. Auch Neufert seinerseits fremdelte, aber nur zu Beginn. Von den Sommerferien bei den Großeltern im Brandenburgischen war er flache Landschaft, Eichen und Sand gewohnt, allerdings mit großen Seen darin. Auch die Sturheit der Menschen, zuweilen ihre offen zur Schau gestellte Ablehnung gegenüber allen und allem Fremden, war ihm vertraut – obgleich von ihm nicht goutiert. Kurzum: Neuferts waren vorbereitet.

Als Hauptlehrer übernahm Neufert die Oberklasse mit den älteren vier Jahrgängen. Junglehrerin war das adrette Fräulein Emilia Müller. Gemeinsam erstellten sie eine Liste des Inventars der Möbel, Karten, Bücher. Anschließend fuhr Neufert damit zum Schulrat nach Saande und zum Kanonikus. Binnen weniger Monate war er auf allen Höfen und in allen Häusern seiner Schüler gewesen. Er versprach, sich für eine weitere Stärkung der bereits bestehenden Winterschule für Bauern einzusetzen, und er stellte einen Elternbeirat zusammen. „Jetzt kommen neue Sitten!", waren die mal abschätzigen, mal anerkennenden Kommentare. Doch Neuferts stets fragender, fast stechend blauer Blick, sowie der Umstand, dass er lange schweigen konnte, dabei höchstens einmal die Augenbrauen zusammenzog, verschafften ihm bald mehr Respekt als allen Vorgängern. „Der weiß, was er will."

Zu seinen ersten Vorhaben gehörte eine Schulbücherei. Kerkhuus stiftete Bretter für zwei Wandregale, die fortan eine Seite des Lehrerzimmers schmückten. Links reihten sich die Bücher für die Lehrer aneinander: Regeln für die deutsche Rechtschreibung und Grammatik, Gesangsbücher, eine bebilderte Bibel, ein Weltatlas, deutsche Geschichte, Führer für Pilzfreunde, der Obst- und Gemüsegarten, mehrere Werke von Goethe und Schiller, natürlich auch Droste-Hülshoff und Marie Ebner-Eschenbach. Die Reihe rechts war eher für die Schüler gedacht: Heimatkunde Westfalen, deutsche Balladen, die Nibelungen in Bildern, auch Grimms Märchen und ein dickes Buch von Wilhelm Busch, sogar eine Sammlung mit Brettspielen wie Mensch-Ärgere-Dich-Nicht und Halma. Blickfang aber war ein mannshoher verglaster, verschließbarer Bücherschrank. Darin hob Neufert seine privaten Bestände auf: Monatszeitschriften, mehrere Bildbände über Berlin sowie jeweils ein Buch über Wien, Paris, Rom und Sankt Petersburg, auch über die deutschen Kolonien in Afrika – ein imposanter Band mit dem Bild einer Giraffe obenauf und vielen Fotos innen –, Romane von Gerhart Hauptmann, Heinrich Heine und gleich eine ganze Reihe nur von Theodor Fontane. Eines Tages klopfte Mette während der Sitzung des Gemeinderates bei Kraane mit ihrem frischen Lachen an die Tür, um die Herren offiziell über die Eröffnung ihrer kleinen Bücherei zu informieren. Sonntags nach dem Hochamt, bevor alle wieder nach Hause führen, stünde sie für eine Stunde zur Beratung der Interessierten bereit. Sie habe allen – Männern, Frauen und Kindern – ansprechende Lektüre anzubieten. Am darauffolgenden Weißen Sonntag stellte sie Likör und Gebäck bereit, doch niemand kam, auch an den weiteren Sonntagen nicht, und sie aß allein mit ihrem Mann und Fräulein Emilia. Es war noch nicht an der Zeit.

Zum neuen Schuljahr 1913, wenige Tage nach Ostern, fand der Umzug aus Bochum in die noch kahle Lehrerwohnung statt. Der ganze Floiterhook half den neuen Nachbarn dabei. Gemeinsam hievten sie Öfen, Schränke und einen grünen Ohrensessel nach oben über die breite Holztreppe in die Lehrerwohnung. In einem der vorderen Zimmer mit Fenster zur Landstraße kam Neuferts wuchtiger Schreibtisch zu stehen. Alois Vanwoldt passte in die Fensterbank zwei Bretter ein, wo Neuferts wichtigste Bücher ihren Platz erhielten. Fortan konnte man von der Landstraße aus sehen, wie dort die Reihen und Stapel mit Kladden und Heften wuchsen. Und manchmal war das Fenster halb verdeckt. An Winterabenden brannte dort ein schwaches Licht, auch dann noch, wenn es auf den umliegenden Höfen längst erloschen war. Manchmal sah man Neuferts Schatten, vielmehr nur die von seinem gebeugten Kopf: „Is dänn Magister wär ant Schriewen."* Er verfasste seine ersten Einträge in die Schulchronik, die er vom Vorgänger übernommen hatte:

* Ist der Magister wieder am Schreiben.

Die Schule ist in einem insgesamt guten Zustand, die beiden Klassenzimmer hell und geräumig. Die Tische und Bänke reichen seit dem Umzug weiterer Schüler zur neuen Leidener Schule endlich wieder aus. Die Räume wurden in den Ferien neu gestrichen und der alte Ofen durch einen größeren ersetzt. Der Schulgarten wird in diesem Frühjahr auf diese Seite der Straße umgelegt. Die Einrichtung der bisher ungenutzten Turnhalle mit Klettergeräten, Böcken und Matten ist beantragt, ebenso hat der Verfasser zwei neue geographische Wandkarten bestellt. Eine Bibliothek für Schüler und Erwachsene ist eingerichtet, aber es kommen noch wenige. Der Schulhof (Spielplatz) für die Kinder ist unzureichend, bei Regenwetter wegen der tiefen Löcher und des Schlamms nicht benutzbar. Der Gemeinderat hat Abhilfe durch Schotter und Steine zugesagt. Auch die beiden Aborte sind unzureichend.

In den Monaten danach sollte Neufert mehrere Briefe an den Schulrat senden, um ihn an sein Versprechen weiterer Unterstützung zu erinnern. Doch dann hatten andere Dinge erst einmal Vorrang.

Mobil, mobil!

Das Jahr begann mit dem üblichen Pomp und Tamtam. Nur noch ein wenig duller als sonst. „Haben alle zu viel Geld in der Tasche", grummelte Natz. Das schien zumindest in der Kreisstadt so, wo sich nach Weihnachten und Neujahr mit Konzerten und Zirkus alle tummelten. Nach Kaisers Geburtstag mit Festball und Lustspiel in drei Akten ging es, nach kurzer Unterbrechung, weiter mit Faschlown*, mit Masken und wer weiß welchem Gedöns. Natz begnügte sich damit, nach Harras zu pfeifen, der ihn schnüffelnd und dabei den einen oder anderen Hasen aufstöbernd zu Kraane begleitete. Stine buk mit ihren Töchtern Therese, Maria, Joseffi und Traude Struwen mit Rosinen in Schmalz aus. Während Franz-Jupp, stolzer angehender Beamter in Uniform, am Wieskener Bahnhof die Schranken nach oben und unten kurbelte. Er hatte die begehrte Stelle des Hilfswärters erhalten: „Im Dienst des Kaisers!" Alois und Hendok feierten die dullen Daage im Revier, bis die Fastenzeit kam. Doch nach sieben kargen Wochen ging es Ostermontag direkt weiter mit dem Feiern. Dieses Mal in der eigenen Verwandtschaft.

---

* Karneval

Saander Kreisblatt, 8. April 1914

Geschäftseröffnung! Friedrich Vanwoldt! Ostermontag, ab 11.30 Uhr. Für Speisen und Getränke sowie Musik ist gesorgt. Kolonialwaren und Landhandel. Kaffee, Schokoladen, Weine, Porzellan, Emaille, Wollsachen und feine Strumpfwaren. Nur prima Waren zu billigen Preisen für einen dauernden Kundenkreis. Ferner weiterhin Futterartikel und Düngerartikel. Leiden, Kirchplatz 3, Fernruf 183

So stand es in der Karwoche 1914 unübersehbar oben auf Seite sechs des Saander Kreisblattes. Sogar Fernruf hatte er. „Angeber!", zog Natz den Prien nach oben, „aber famos ist er schon, mein Bruder!" Fritze hatte den Schuppen am Bahnhof an seinen Gehilfen Koopmann verkauft, um mitten in Leiden gegenüber der Kirche, in bester Lage, etwas völlig Neues, ein geräumiges Geschäftshaus, aufzubauen. „KOLONIALWAREN und LANDHANDEL Friedrich Vanwoldt", stand straßenseitig in großen goldenen Lettern auf schwarzem Glas über der breiten, fast bodentiefen Fensterfront geschrieben, darunter: „Bestes aus Deutschland, Holland und Übersee". Das Seitentor führte auf den gepflasterten Hof mit Remise, in der ein Automobil und ein Lastkraftwagen standen, daneben befand sich die große Halle mit Getreide, Mehl, Kartoffeln, Gemüse, Obst, Kraftfutter und Dünger, auch Kohle und Brennholz. „Gooddoori! Gooddoori!", so eine Feier hatte man in der ganzen Gegend, von der Kreisstadt einmal abgesehen, noch nicht erlebt! „Kiek an, wat uut dänn kleinen Fritze mät de Handkoar wodden is. Köppken!" Nach dem Hochamt drängten sich alle auf der Straße. Sogar der Gendarm sah sich genötigt, mit lautem Gebrüll – „Vorsicht! Uppassen! Platz hier!" – einzuschreiten, um hupenden Automobilen und Kutschen Durchlass zu gewähren. Pünktlich zum Mittag, als die Glocken zwölfmal schlugen, zerschnitten Fritze und seine junge Vermählte Elisabeth, begleitet von einem Tusch der Leidener Blaskapelle, eine breite rote Schleife. Elisabeth war eine elegante Erscheinung mit hochgestecktem Haarkranz, heute in einem dunkelroten Spitzenkostüm gekleidet, ein Pariser Modell, wie Eingeweihte wussten. Eigenhändig hatte sie bunte Girlanden aus Rotterdam geordert und um die Fenster, Türen und Masten drapiert. Jetzt schritten Fritze und Elisabeth durch die breite gläserne Flügeltür und zogen beide mit einem Diener und einladender Handbewegung eine Seite nach innen. „Loss, eröffnet!", rief Fritze. Eine große Schar Frauen folgte ihnen. In einer Vitrine lagen, auf kleinen Kissen, verschiedene Seifen, Fläschchen und Tuben. In den Regalen sah man Schokolade aus Belgien, Lakritze aus Holland, Datteln aus dem Orient, Nüsse aus Java, feinsten Branntwein aus Frankreich. Mit Knicksen reichten Mädchen mit weißer Servierhaube „Kleinigkeiten zum Probieren" in glänzenden Kristallschälchen. Behutsam bedienten sich schwielige Hände daraus. „Moi, Moi." Der Duft von Veilchen und Rosen mischte sich mit dem von Zwiebeln und Pfannekuchen. Die Männer standen längst im Hof. Dort gab es Schnaps und sogar Fassbier, dazu Suppe aus einer Gulaschkanone.

Ganz so üppig ging es sieben Wochen später, an Pfingsten, am Deepen Grund nicht zu. Aber auch hier gab es etwas zu feiern: Richtfest für die neue Schoppe! Nach seinem Dienst in Köln hatte Alois als Schreinergeselle am Bergwerk Fürst Leopold Hervest-Dorsten Arbeit gefunden. „Nicht unter, sondern über Tage", wie er betonte. Den Verdienst, das heißt das, was von seinen Abgaben an Natz übrigblieb, hatte er in Steine und Ziegel umgesetzt. Das Bauholz hatte er sich im Winter in Temmingshoffs Wald verdient. Sein Taschengeld floss in ein Päckchen Tabak und einen gelegentlichen Schnaps, oder eine Schießbude, wo er für eine der Damen eine Rose schoss.

Beim Rohbau der Scheune hatten sie alle angepackt, auch Hendok Natmäker und die anderen Nachbarn. Nun baumelte ein bunter Kranz oben im First, während Hendok unten den Trecksack quetschte und die anderen auf dem ersten frischen Estrich am Deepen Grund noch einmal ihre Beine für den Kunterdanz auf die Probe stellten. Die Zöpfe der Mädchen flogen beim Trisseln*. Lange war man bei Vanwoldts nicht mehr so fröhlich gewesen. So konnte es weitergehen.

Wenige Wochen später stand der Sommer in voller Pracht. Warmer Regen fiel auf empfangsbereite Felder und Wiesen. Der letzte Schnitt der Heuernte stand an, die Gerste war schon gelb, der Roggen noch graublau, umsäumt von Kornblumen und Mohn. Die Kartoffeln legten die letzten weißen Blüten, süßlich riechend, ab. Ende Juni hatten Stines Erbsen und Bohnen bereits das Ende der Stöcke erreicht. Die fünf Kühe grasten zufrieden auf der Wiese, nur die fetten schwarzen Fliegen machten ihnen zu schaffen, weshalb sie ihre Schwanzquasten abwechselnd von der einen auf die andere Seite ihres breit gewordenen Hinterteils schlugen. Die beiden Sauen und die vier Schweine suhlten sich grunzend im Schatten hinter dem Spieker. Die beiden Hähne stolzierten inmitten ihrer Hennen.

Am Abend saßen die Mannsleute auf dem Hof zusammen. Alois hatte die Zeitung von der Zeche mitgebracht; es ging hoch her.

„Wo kann he sik dat gefallen looten? Van de Serben. Bünt doch nix, doar unnen und häbt ne groote Muule!"**, schimpfte Natz.

„Nee, kann he nich!", rief Alois, „muss er sich wehren!"

---

* Mädchen drehen sich schnell im Kreis.

** Wie kann er sich das gefallen lassen? Von den Serben. Sind doch nichts, da unten und haben ein großes Maul!

„Die Russen und die Franzen werden sich wundern! Die haben ja nix!“, so Natmäker.

„Dat giv Kriech, ich weiß wovon ich rede“, warnte der alte Boesel.

„Lass sie Krieg machen. Werden schon sehen, was sie davon haben!“, hob Alois ein wenig seine Nase. Vielleicht dachte er an seinen Leutnant damals, in der Kölner Kaserne. Der hatte ihn mit den Worten „Aus Ihnen kann etwas werden!“, verabschiedet.

„Awwochten“ *, war Natz‘ letztes Wort – an diesem Abend.

Ende Juni 1914 war man in ganz Wiesken, auch am Deepen Grund, mit dem Heuen beschäftigt. Die Mannsleute schnitten mit der Sichel, die Jungs harkten es zusammen. Die Frauleute wendeten mit der Forke, die Mädchen packten die Fuder. Stier, Kuh und Mensch zogen und schoben die Wagen. Von Juli bis September bestellten die meisten Bauern die Zeitung ab. Es stand wenig drin und man hatte auf den Feldern und Wiesen genug zu tun. Sie schickten ihre Jungs nach Saande, um dort in die Kästen zu schauen. Noch öfter als sonst standen die Männer im Floiterhook nun am Steen, am Feldrand oder am Draii zusammen, gestützt auf ihre Harken und Forken, um das Neueste zu debattieren. Neufert versammelte nach dem Unterricht die Älteren auf dem Schulhof: „Da liegt was in der Luft!“, sagte er.

Bei Kraane war die kleine Post und der Telegraf. Am letzten Samstag im Juli trampelte der junge Max von Hof zu Hof, um eine Nachricht loszuwerden. Da wussten alle bereits, dass Österreich-Ungarn Serbien den Krieg erklärt hatte. „Wägen Attentat! Van Owend alle bie uis binene koammen“**, rief der Junge überall auf die Höfe und Felder, „Ansprache des Kaisers!“ Am Abend las Kraane, mit bebender Stimme und zittrigen Händen, stehend aus der Zeitung vor:

Saander Kreisblatt, 31. Juli 1914

Die alarmierenden Nachrichten hatten heute bis zum Mittag ungeheure Menschenmassen auf die Beine gebracht, die sich hauptsächlich unter den Linden und um das königliche Schloß drängten. Um ¾ 3 Uhr ging eine große Bewegung durch die Massen, der Kaiser kam von Potsdam im Automobil, neben ihm die Kaiserin. Um ½ 7 Uhr erschien der Kaiser auf dem Balkon der Lustgartenseite und erwiderte auf die stürmischen Huldigungen der Menge: „Eine schwere Stunde ist heute über Deutschland hereingebrochen. Neider überall zwingen uns zur gerechten Verteidigung. Man drückt

---

* Abwarten.

** Wegen Attentat! Heute Abend alle bei uns zusammen kommen.

uns das Schwert in die Hand. Ich hoffe, dass ich das Schwert mit Gottes Hilfe so führen kann. Enorme Opfer an Gut und Blut wird der Krieg von uns erfordern. Den Gegnern aber werden wir zeigen, was es heißt, Deutschland in so niederträchtiger Weise zu reizen. Und nun empfehle ich euch Gott. Jetzt geht in die Kirche, kniet nieder und bittet um Hilfe, für unser braves Heer." Diese Worte des Kaisers versetzten die Zuhörer in eine unsagbare Bewegung, die sich in erneuten, nicht zu schildernden Zurufen löste. Dann sang die Menge die „Wacht am Rhein".

Kraane ließ die Zeitung sinken. Nach und nach bekreuzigten sich die Männer, standen auf und schauten zur Heiligen Madonna, die in einem kleinen Einlass vor einer brennenden Kerze flackerte.

Es braust ein Ruf wie Donnerhall,
Wie Schwertgeklirr und Wogenprall:
Zum Rhein, zum Rhein, zum deutschen Rhein!
Wer will des Stromes Hüter sein?
Lieb´ Vaterland, magst ruhig sein,
Fest steht und treu die Wacht, die Wacht am Rhein!

Alois sang mitten unter ihnen. Langsam strich er mit seinen Händen über die aufgestellten kleinen Härchen, die in immer neuen Wellen aus seinen Hemdsärmeln nach unten liefen. Der letzte Hall summte aus. Einen Augenblick war es still im Raum. „Erst müssen wir die Ernte unter Dach und Fach bringen", fing sich Kerkhuus als erster wieder, so lange müssen Schwert und Gegner noch warten." Alle nickten. „Auch die Weiber in Paris", grinste Hendok, so dass alle lachten. Am Sonntag, als alle zur Saander Kirche liefen, roch es überall nach frischem Stroh und reifem Getreide. Die goldgelben Garben standen zum Trocknen zusammen.

Am Montagmittag nagte Harras unter der Bank an einem glatten grauen Knochen, den er fest mit den Pfoten in Besitz hielt, wobei er, kokett mit den Augen rollend, zu Mimi hinüberschielte. Denn Mimi beobachtete, mit leicht wedelndem Schwanz, von der Ecke aus alles Geschehen. Aus dem Vorderhaus drang das Klappern von Töpfen und lauter Gesang: „Dich König loben wir." Josefine humpelte mit einem Korb voll grüner Schoten auf den Hof, setzte sich auf die Bank und begann, die Erbsen zu puhlen. Ihre Schwestern liefen vorbei, zurück zum Feld, um weitere Garben zur binden. Da kam Hänsken Natmäker, gefolgt von einer ganzen Kinderschar und einem Rudel kläffender Hunde, auf den Hof gerannt, völlig außer Atem:

„Mobil, mobil! Der Gendarm war da, er hat gesagt: Mobil! Und wir sollen es allen sagen! Der Kaiser hat Russland den Krieg erklärt." Boesels duller Maxe streckte fröhlich die Zunge raus: „Bääh, mobil! Jawohl, mobil." Am Abend trafen sich die Männer des Floiterhooks am Steen. Der junge Veehdreewer trug bereits Uniform: „Wer hat den Rock des Kaisers getragen, der singe!", und stimmte aus voller Brust an.

Am Dienstag fuhr Alois nicht zur Zeche. Das Dach der neuen Schoppe musste fertig werden. Am frühen Vormittag begannen sie, die Dachpfannen zu legen. Unten auf dem Boden, an dem einen Ende der Fünferkette, standen Natz und Traude, gefolgt von Maria auf der Leiter, gefolgt von Hendok Natmäker und Albert Klümper auf den unteren Sparren des Daches. Am oberen Ende, nahe des Firstes, balancierte Alois mit zwei Seilen um den Bauch. Am Nachmittag bestand der ehemals große Berg aus Ziegeln nur noch aus einem kleinen Häuflein. Man gönnte sich eine kleine Pause. Alois lehnte sich an die Sparren und holte einen Zigarillo hervor. Es war fast geschafft. Unten sah er Mooder und Threse, fast puppenklein, die letzten Garben binden, Harras und Mimi zwischen ihnen. Er nahm einen Zug und ließ den Blick über die vertraute Landschaft schweifen: vom Brook über das breite rote Dach von Schulzendiek, dahinter die Spitze von Sankt Raphael, dann der Bahnhof und hinüber zum Dreikant Groote Ridders, an der anderen Seite Temminghoff und sogar die steile Spitze vom Fürstenfelder Schloss. Ein Adler war er, oben auf seinem First.

Da sah er plötzlich den Mann vom Amt mit einer großen schwarzen Umhängetasche von der Landstraße aus im Hohlweg verschwinden. Alois hielt den Atem an. Am Draii tauchte der Mann wieder auf, hielt kurz ein, bevor er auf den Deepen Grund fuhr. Unten bei den anderen hielt er an, die Stange noch zwischen den Beinen; sein Rad stellte er nicht einmal ab. Er wedelte mit einem Brief: „Alois Vanwoldt? Stellungsbefehl! Stellungsbefehl!" Alois kletterte nach unten, wo er auf zitternden Beinen zum Stehen kam. „Alois Vanwoldt?" – „Jawoll!" Unwillkürlich schlug er die Hacken zusammen. „Morgen geht's los. Die Nachbarn Veehdreewer und Natmäker sind auch dabei." Und schon trat der Bote wieder in die Pedale.

Am Mittwoch war großes Gedränge am Wieskener Bahnhof, alle im Sonntagsstaat, manche Frauen sogar in hellen Blusen mit Hüten, die jungen Männer, bald Soldaten, in geplätteten Anzügen mit weißem Einstecktuch und Blumen im Knopfloch. Der Kasten, in dem die Abfahrtszeiten standen, war mit Zetteln überklebt:

> *Der Weltkrieg ist da! Dem Herrgott droben muss jetzt alles anempfohlen werden, jetzt hilft kein Klagen und Weinen, kein Fürchten und Zagen, jetzt muss ein jeder die Opfer bringen, die das Vater-*

land von ihm fordert im Bewußtsein, daß er Gott diese Opfer bringt. Denken wir jetzt an die großen Zeiten unseres Volkes zur Zeit der großen Befreiungskriege vor 100 Jahren. Deutschland steht auf, von der Memel bis zum Bodensee erhebt sich das deutsche Volk und wirft sich in Waffen.

Begleitet von der Leidener Blaskapelle, Birkenzweigen und Tannengrün samt der schwarz-rot-weißen Flagge, die oben am Mast wehte, stieg der erste Schwung der Einberufenen in den geschmückten Zug nach Wanne ein. Jemand rief:

„Alle Schuld rächt sich auf Erden. Frankreich muss westfälisch werden!"

„Wum-ta-ta, Wum-ta-ta!"

„Jeder Schuß ein Russ, jeder Stoß ein Franzos!"

„Wum-ta-ta, Wum-ta-ta!"

Am vollen Bahnsteig passierten Flaschen von Hand zu Hand. Manch Älterer schüttelte mit dem Kopf und reichte sie, mit besorgtem Blick, gleich weiter:

„Alles kräftige junge Burschen, die wir da ausziehen lassen. Wer bleibt denn hier?", fragte Kerkhuus.

„Sind zurück bevor die Blätter fallen", prostete ihm Spökermann zu. Er konnte damit rechnen, dass sein Ältester, Jans, als Hoferbe nicht eingezogen würde.

„Dein Wort in Gottes Ohr."

Mit Blumen umkränzt, manche mit einer Mandoline vor dem Bauch, standen, grölten und sangen sie am Steig. Junge, magere und kräftige Burschen, auch Männer, die bereits mitten im eigenen Leben standen, andere, die es noch vor sich hatten. Alle mit Neugier in den aufgerissenen Augen – auf den versprochenen Ausflug und die Weiber in Paris. Oder war es, bei dem einen oder anderen, auch ein Bangen im Blick? Der junge Veehdreewer, der bereits Frau und Stammhalter hatte, und außerdem als Jungbauer befreit wäre, kam dennoch freiwillig, in vollem Einvernehmen mit dem Vater, seiner patriotischen Pflicht nach. Hendok Natmäker und Alois Vanwoldt, die beide das richtige Mädchen noch nicht gefunden und sowieso mit allem warten konnten, bis ihre alten Herren gewillt sein würden, die straffen Zügel zu Hause zu lockern, konnten es kaum abwarten. Ebenso wenig der agile Koopmann, der seinen Landhandel dem jüngeren Bruder überließ, der auf diesem Ausflug außerdem, sozusagen ganz umsonst, neue Geschäftsbeziehungen knüpfen wollte.

„Können sich woanders die Hörner abstoßen", so sah es Natz. Er hatte noch einen anderen Jungen zu Hause, Franz-Jupp, und ein paar Töchter.

„Wenn es nur die Hörner sind", befand Groote Ridder, „bin ich zufrieden."

„Wat Kriech bedüüht, nee, wat Kriech bedüüht, dat wätt i alle nich“*, schüttelte ein gebückter Alter den Kopf. Zweifler würde es immer geben.

Auch Albert Klümper hatte sich freiwillig gemeldet. Er war beim zweiten Schwung, eine Woche später, dabei. Die Blaskapelle war schon mächtig ausgedünnt, das Birkengrün längst welk. Im Trab ließ Albert seine junge Stute Edda, die er zuvor geschniegelt und gestriegelt hatte, die neue Jikse zum Bahnhof ziehen. Er hatte sie als Fohlen – das erste Pferd auf Klümpers Hof – vor zwei Jahren von Floiters gekauft und mit bestem Hafer großgezogen. Die neue Jick, mit Rädern von Natz, das Ganze sein großer Stolz, hatte Albert noch kein Dutzend Mal gesteuert. Zenta saß in ihrem besten Blauen auf dem gepolsterten Bänkchen neben ihm, am Rand Albi in seinem zu klein gewordenen Kommunionanzug, als sie vor dem Bahnhof in einer Reihe mit den anderen Kutschen hielten. Eine Viertelstunde später nahm der Zug ein gutes Dutzend weiterer Kämpfer auf und schnaufte rasch weiter. Es hieß, Zenta habe mit einem Taschentuch vom Bahnsteig aus gewunken, bis der Dampf der Lock nicht mehr zu sehen war. Wortlos ging sie zurück zur Jikse und nahm, nun endgültig, alle Zügel in die Hand. Am Tag darauf, erzählte Helmine Floiter, habe sich Zenta eine ganze Stunde bei ihr im Rockschoß ausgeheult, „dat arme Dier.“ Eine Regung, die man von der robusten Zenta nicht kannte.

---

* Was Krieg bedeutet, das wisst ihr alle nicht.

Krieg (1914 – 1918)

Das Beste geben, alle!

Zwei Wochen nach dem ersten Schwung, Mitte August 1914, lud der alte Veehdreewer die Mannsleute von Wiesken-Süd nachmittags auf seinem Hof zu einer Versammlung ein. Die herbeigeschafften Bänke und Stühle auf der noch sommerleeren Däle reichten nicht für alle, obwohl doch schon mehrere der jungen Männer, Söhne wie Knechte, ausgezogen waren. Ein Dutzend neugieriger Bengel saß auf dem Trog und ließ die schmutzigen Füße und verkratzen Beine baumeln.

„Gooden Dach, alle miteinander!", rief Veehdreewer in die Menge, als endlich Ruhe war und sich alle gesammelt hatten. Mit ernster Miene stand er da, in seinem grünen Jägerloden und Klumpen, ein Papier in seiner Hand: „Dann wollen wir mal anfangen. Es gibt eine Menge zu bereden. Letzte Woche musste ich zur Kreisverwaltung. Was sie mir dort sagten, geht uns alle an." Es klang bedrohlich und fremd, einige runzelten die Stirn, umso mehr, als er die ersten Sätze auf Hochdeutsch sprach, wobei er gelegentlich auf den Zettel schaute:

„Unsere Väter erinnern sich noch an 1870/71. Wir Deutschen haben der Welt gezeigt, was eine große moderne Nation ist. Daraus sind wir siegreich hervorgegangen! Der Kaiser ruft uns alle. Mannsleute, es ist unsere patriotische Pflicht, dem Kaiser jetzt zu folgen. Unsere patriotische Pflicht! Wir müssen alle das Beste geben. Jeder von uns!"

„Kass keen Platt mähr prooten?"*, rief jemand. Alle lachten, auch Veehdreewer. „Das verstehen wir sonst nicht!" Auf Plattdeutsch ging es weiter:

„Uise Mannslö bünt good in de Kasernen anhekommen. Et geht alle prächtig un se trekkt hal an de Front. Dann wätt i, dat se doar te äten und Pärde bruukt. Wie mütt alle hälpen! De Froulö und de Ollen mütt jetz noch mähr ran."**

Gemurmel entstand.

„Was soll das heißen? Wir haben kaum noch Knechte, die sind alle schon im

* Kannst du kein Platt mehr reden?

** Das haben die mir so gesagt. Unsere Mannsleute sind gut in den Kasernen angekommen. Es geht allen prächtig und sie ziehen schon an die Front. Dann wisst ihr, dass sie dort zu essen und Pferde brauchen. Wir müssen alle helfen! Die Frauleute und die Alten müssen jetzt noch mehr ran.

Revier. Und unsere Söhne im Krieg. Wir müssen alle noch das Getreide dreschen und die Kartoffeln sind noch im Boden!"

„Das werden wir sehen. Sind ja überall noch junge Burschen da", versuchte Veehdreewer, wobei es wenig überzeugend klang. Schulzendiek sprang ihm bei:

„Ist erst einmal nur für diesen Herbst und Winter, aber wir müssen auch Stroh und Essen abliefern und vor allem: Wir müssen Pferde für die Front abgeben."

„Erst die Knechte, dann die eigenen Söhne, jetzt auch noch die Pferde? Nee, so kann das nicht gehen!", rief Kerkhuus.

„Ich kann es nicht ändern", zuckte Veehdreewer die Schultern, „wir können ja unsere Jungs nicht im Stich lassen und so ist die Verordnung. Mein eigener Sohn ist da!"

Jetzt kam es beinahe zum Tumult. Veehdreewer klopfte mit dem Stock auf den Tisch. „Entweder ihr bringt die Pferde selber oder der Gendarm kommt. Mittwochmorgen, Treffpunkt Schlossplatz Fürstenfeld. Jeder von uns eins. Groote Ridder und Schulzendiek geben freiwillig vier."

„Die haben schon meinen Ältesten. Ich bringe schon Heu und Kartoffeln zum Bahnhof, aber meine Pferde bekommen sie nicht!"

„Roggen, Gerste, Heu und Kartoffeln müssen alle bringen – groß und klein. ... patriotische Pflicht von Jedermann, oder willst du alles dem Russen und Franzmann lassen?"

„Das ist bloß für die Grooten, wie euch. Bei uns Kleinen ist nichts zu holen", stieß Natz jetzt Natmäker an. Kerkhuus hörte es:

„Stellmäker. Willst wieder eine Extrawurst. Aber hier kommen alle dran, auch du!"

„Das werden wir sehen. Wir haben kein Pferd und die paar Kartoffeln...", rief Natz zurück. Jetzt erst fiel Zenta, die nah am Tor stand, auf:

„Und ich noch nicht einmal mehr einen Mann, mit dem ich die Kartoffeln holen könnte!"

Die Männer drehten sich um; für einen Augenblick war es still. Eine ganze Stunde noch debattierten sie sich die Köpfe heiß. Bis Veehdreewer ein letztes Mal auf die Kiste klopfte: „Mannsleute, für Volk und Vaterland, mein Gott! Seid vernünftig! Für unsere eigenen Jungs!"

Zenta verkaufte die schöne Edda, noch bevor die Kartoffelernte begann. „Dumm ist sie nicht", zog Boesel an seiner Pfeife, als er mit Natz am Draii stand. Sie sahen, wie Nathan das schöne Tier von Zentas Hof führte. „Das habe ich nie gesagt," antwortete Natz. Die Jikse fettete Zenta ein und versteckte sie hinter Stroh. Die Herren vom Amt kamen bald auf jeden Hof. Die Blätter waren längst gefallen, die Bäume kahl, als einige Unverzagte noch immer auf die

Rückkehrer vom Ausflug warteten. Am Deepen Grund begann sich allmählich das Haus zu leeren, von Menschen und Vieh.

Feldpost

Die erste Karte kam im September, aus Allenstein, Masuren, Ostpreußen. Eine blasse, kolorierte Zeichnung lag am Vormittag auf dem Küchentisch: Soldaten mit Pickelhaube und Gewehr, die Russen in einen See hineinprügelten, darunter stand: „Russen müssen auch mal baden!“ Franz-Jupp lachte: „Ha! Das ist gut!“ Er drehte die Karte um. Auf der Rückseite erkannte er Alois’ gestochen scharfe Schrift. Er las laut vor.

Allenstein, 20. September 1914

Ihr Lieben zu Hause!
Aus Allenstein grüßen Euch Alois, Hindenburg und Ludendorff! Wir treffen Nikolaus mit Mann und Maus! Bin hier mit dem langen Lulatsch Ludwig Langenkämper aus Meelken zum Baden. Hoffentlich ist bei Euch alles gut mit der Kartoffelernte und dem Vieh. Zum Siegfrieden bis Weihnachten,
Euer Alois

Wiesken, 4. Oktober 1914

Lieber Alois,
hier geht es uns gut. Aber auf der Bahn ist viel Bewegung, es fahren noch immer Soldaten aus, letzte Woche wieder Pferde, Hafer, Stroh und Heu. Der junge Bernhard Puggenkamp hat sich auch freiwillig gemeldet. Fröhliche Verabschiedung mit Kapelle. Hatten gute Ernte, ist nun alles in der schönen neuen Schoppe. Die haben extra so lange gewartet, bis sie fertig war. Liesken hat Anstellung als Stallmagd beim Grooten Spökermann gefunden. Dort ist der Melker an die Front und da brauchten sie Hilfe. So helfen wir uns gegenseitig. Wir beten jeden Abend für Dich. Vaader und Mooder grüßen +++.
Dein Franz-Jupp

Wiesken, Advent 1914

Lieber Bruder,

am Nikolausabend grüßen wir Dich herzlich vom Deepen Grund. Die Frauleute haben das Paket geschnürt. Hier die Liste: zwei Paar Socken von Mooders Schafen, Wurst, zwei Kerzen, Tabak. Hier alles in bester Ordnung, konnten Kartoffeln und Roggen gut verkaufen. Viele Mannsleute weg an der Front. Manche Waren knapp, kaum noch Petroleum zu kriegen. Betrübt wegen der Gefallenen, die tapfer dem Vaterland gedient und sich geopfert haben. Wir gehen jetzt sonntagabends abwechselnd in die Bittandacht für den Krieg. Von uns allen Gottes Segen. Franz-Jupp +++

P.S.: Das Gedicht ist aus der Zeitung: „Unsere deutschen Krieger, sind nicht nur im Westen Sieger, nein im Osten sind sie's auch! Nun die Russen und Franzosen, auch der kleine Belgier grollt. Seine Hoffnung ist erloschen, alle Freunde sind verdroschen, denn sie haben's ja gewollt."

Ostfront, Weihnachten 1914

Ihr Lieben zu Hause!

Danke für das Paket. Bald ist die längste Nacht des Jahres und die tiefste Finsternis vorüber. Nun wird es mit dem Siegfrieden in der schönen Heimat bei Euch noch etwas dauern. Zu Weihnachten wird es nicht klappen, aber dann zu Ostern. Es soll ja eine Weihnachts-Waffenruhe geben. Hoffe, dass Väterchen Frost bei Euch milder ist als bei uns. Der Russe hat schon gedacht, er hätte uns. Da haben die Iwans mit den Falschen gerechnet. Habe mit dem Lulatsch aus Meelken im Graben so manchen Spaß gehabt. Haben erstmals weiße Zigaretten bekommen. Danke für warme Socken. Speck haben wir geteilt, Ludwig hat Schwarzbrot gehabt. Wenn wir so weiter essen, werden wir so rund, dass wir unter die Drähte rollen und einen Schneemann abgeben können. Zum ersten Advent schönes Hochamt und Lieder gesungen. Wir gruben so manchem Kameraden im fremden Boden ein frühes Grab. Ansonsten alles unverändert. Betet für uns! Gesegnete Weihnachten an alle! Ich denke an Euch, Alois

Die Antworten würden die Geschwister verfassen. Vaaders Finger waren zu krumm. Und Mooder konnte nicht schreiben.

Jäger

Das neue Jahr begann ohne besondere Vorkommnisse. Am Silvesternachmittag war es leidlich voll bei Kraane, ein paar Tische und die Hocker am Tresen waren besetzt. Natz kloppte Skat mit zwei Vettern am üblichen Fenstertisch. Hinten am Stammtisch neben dem Kachelofen saßen Groote Ridder, Kerkhuus, Schulzendiek und ein paar andere Jäger, alle im grünen Loden. Die Rucksäcke und Gewehre, geputzt für den Einsatz in der kommenden Nacht, lagen unter den Bänken oder lehnten an den Stühlen. An der Theke scherzten ein paar Männer, einschließlich des Leidener Gendarms, mit dem jungen Fräulein, das hinter der Theke stand und auf die nächste Bestellung wartete. Da stand Groote Ridder plötzlich vom Stammtisch auf, lief quer durch den Raum, schnurstracks auf die Kartenspieler zu, nahm einen Stuhl vom leeren Nachbartisch und setzte sich, Natz zugewandt, rücklings darauf.

„Nätken“, sagte er mit seiner lauten Stimme, „gut, dass ich dich hier sehe. Ich wollte dir noch was erzählen.“ Der Gendarm und alle anderen drehten sich um.

„Moi“, nickte Natz, „aber für dich bin ich immer noch Natz, oder soll ich Kleen Ridder zu dir sagen?“

„Dann eben Natz. Was glaubst du, was ich neulich nachts, vom Hochsitz aus, gesehen habe?“

„Weiß ich nicht, wirst es mir wohl sagen.“

„Da lief einer mit einem Sack auf dem Rücken zum Deepen Grund.“

„Sag bloß.“

Groote Ridder drückte den Rücken durch. „Ja, stell dir vor. Der sah aus wie du, oder war das Fritze, der dir Schrauben brachte?“

Natz legte in aller Ruhe sein Blatt auf den Tisch. „Ridder. Was willst du sagen? Ich schlafe nachts und Fritz wohl auch. Das muss das Gesindel aus der Stadt gewesen sein, die streunen doch nachts immer durchs Brook.“

„Komisch nur, dass er bei euch direkt durchs Tor auf die Däle lief.“

„Ja, komisch. Wir haben nichts gehört.“

„Noch etwas, falls du es vergessen hast. Die Pacht für die Jagd, für deinen kleinen Kotten, die habe ich dir vor Hubertus bezahlt. Das Wild darauf gehört mir!“

„Stimmt, ein paar Mark. Ich verstehe noch immer nicht, was du damit sagen willst, Grooten?“

Groote Ridder lief langsam zum Stammtisch zurück. Natz wartete, bis er wieder saß, dann rief er ihm laut durch die ganze Wirtschaft nach:

„Da habe ich auch eine Frage: Wem gehören die Hasen und Rehe im Gemeenswald? Die schießt du doch auch. Zahlst du dafür Pacht ans Amt?"

Groote Ridder kippte sein Schnapsglas und mischte die Karten neu.

Männer vom Amt

Nach Neujahr hängte Lehrer Neufert vorn in der Eingangshalle die Karte von „Europa" auf. Nicht mehr „Unsere Erde", auf der man die Hottentotten und Tanga-Tanga oder ähnlich Lustiges zeigen konnte. Im Westen und Osten von „Europa" steckten rote Fähnchen. Zu Karneval tranken bei Kraane an der Theke lediglich ein paar Männer Schnaps auf das Wohl der Söhne im Feld. Im März spannten Natz und Franz-Jupp, wie in jedem Jahr, den Stier an, pflügten und eggten. Liesken wurde Stallmagd bei Buar Spökermann; Magda war noch bei Steggers. In der Karwoche grub Stine mit den anderen Mädchen den Garten um und schob Mist hinein. Sorgsam hoben sie aus der Umrandung den braun gewordenen Buchsbaum heraus und verlegten, Marienlieder singend, an den licht gewordenen Stellen junge Zweige ein. Helmine Floiter hatte zwei Säcke gesegneten Buchsbaum aus dem Kloster Steyl mitgebracht. Ihre Tochter war dort Nonne. Es ging alles seinen gewohnten Weg – würde nur der Frieden endlich wiederkommen.

Stattdessen kamen im April zwei fremde Männer im Anzug, der jüngere mit Kappe, der ältere mit Hut, beide eine Aktentasche an der Fahrradstange hängend, beide mit einer kleinen Kiste auf dem Gepäckträger, mitten am Tag, mitten in der Woche mitten auf den Deepen Grund gefahren. „Ernährungsamt", stellte sich der Ältere knapp vor. „Bei uns Kleinen gibt es nichts", erklärte Natz. Doch die Herren sagten, sie bräuchten für den Papierkram einen Tisch. Natz gab nach. Sie gingen in die Küche. Stine holte Aufgesetzten. „Keinen Schnaps", winkten die Herren ab, „aber, wo die Tochter gerade unter den Kühen sitzt, eine Tasse Milch würden wir wohl nehmen." Er zog eine schwarze Kladde mit roten Rändern aus der Ledertasche und schlug die hinteren Seiten auf; der erste Teil war bereits dicht beschrieben. Unter dem Namen „Bernhard Vanwoldt, Deepen Grund, Wiesken" erschien ein leeres Doppelblatt, kariert mit senkrechten roten Linien. Stine stellte zwei Tassen Milch und zwei Scheiben Stuten auf den Tisch.

„Unsere paar Kühe und paar Zentner Roggen", schüttelte Natz den Kopf, „wir haben ja schon alles zum Bahnhof gebracht. Mit den Preisen kann man auch nicht reich werden!"

„Langsam, Bauer, langsam", sagte der Ältere und schlürfte von der warmen Milch. Der Jüngere holte sein Taschentuch hervor, wickelte das Brot hinein und steckte es in die Jackentasche. Und zog Federhalter und Tintenfässchen hervor.

„Dann wollen wir mal. Das Grundbuch ist uns bekannt. Aber das Vieh nicht. Was haben wir denn?"

„Bin Stellmacher, kaum der Rede wert."
„Wir können auch in die Ställe schauen. Und hier im Haus in die Schränke gucken." Der Jüngere stand auf und ging zum Feuer, um in den Rauchfang zu sehen.
„Ein paar Würste sind da", meldete er. „Fangen wir jetzt an? Haben nicht den ganzen Tag Zeit."
Nach einer Viertelstunde war eine halbe Seite vollgeschrieben. „Vier Kühe, ein Kalb, ein Stier, zwei Schafe, dreißig Hühner, vier Schweine." Der Mann schaute kurz auf: „Keine Sau?"
„Nein, keine Sau", sagte Natz, etwas zögerlich. Stine hüstelte.
„So, und jetzt zeige er uns einmal die Ställe."
Nach dem Rundgang trugen die Männer einen Stier und zwei Schweine zusätzlich ein. Endlich bewegten sie sich wieder auf die Räder zu.
„Ach. Meine Frau", drehte sich der Ältere Stine zu, „liegt krank zu Hause. Ein Ei täte ihr sicher gut." Stine brachte ihm ein kleines Päckchen.
„Verbrecher", murmelte Natz, als sie das Gatter passiert hatten. Aber dann verlor er keine Zeit mehr. Er warf die Klumpen von sich und rannte auf Socken über den kleinen Pfad durch Natmäkers Wald auf Puggenkamp zu. Dort nämlich war die Sau zum Decken.

Feldpost

Gut ein Jahr nach der großartigen Geschäftseröffnung erhielt auch Friedrich Vanwoldt den Einberufungsbescheid. Wenige Tage später fuhr ihn sein Chauffeur zum Wieskener Bahnsteig. Neben ihm saß Elisabeth mit einem Säugling, dem kleinen Georg, auf dem Arm. Im Waggon traf Fritze seinen Neffen aus Oeding, Heinkens Sohn Hinner. Der Bahnwärter, Franz-Jupp, salutierte an den Schranken, als der Zug Richtung Revier und Ostfront mit einer mächtigen Rußwolke aus dem heimatlichen Bahnhof schnaubte.

Wiesken, 2. März 1915

Lieber Bruder Alois,
wir beten jeden Tag für Dich. Habe letzten Sonntag einen Lichtbildvortrag von der Westfront gesehen. Heute erfahren, dass der junge Alfons Kräsken bei Scharnau in Ostpreußen am Kopfschuss erlegen ist. Viel Maul- und Klauenseuche im Kreis. Bei uns, dank Gott, bisher nicht. Onkel Fritze und Hinner aus Oeding haben nun auch Befehl. Ich muss schließen, bevor ich noch die Lampe anzünden muss. Wir kriegen kaum noch Petroleum. Vaader sagt, ich

soll Dich aus der Wieverwirtschaft grüßen. Mooder grüßt mit Gott +++ Sie rechnet bald mit Dir. Dein Bruder Franz-Jupp

Wiesken, 1. April 1915

Lieber Alois,
gestern schöne Abschlussfeier in der Schule mit Gesang. Danach noch Gedenkstunde zu Bismarcks 100. Geburtstag. Das Gedicht ist anbei. Lehrer Neufert hat 75 Mark und Gold für die Front gesammelt! Er hat eine Karte aufgehängt mit Euren Eroberungen. Viele wegen Masern krank. Jetzt ist die schöne Schule vorbei. Ich werde bald eine Anstellung suchen. Sei mit Gott gegrüßt, Deine kleine Schwester Threse

Im Osten, Ostern 1915

Ihr Lieben zu Hause,
Danke an Franz-Jupp und die kleine Threse für die Briefe. Ich bin außer kalten Zehen weiter wohlauf. Letzte Woche viele Nachtangriffe der Russen bei Rawa kraftvoll abgewehrt. Ich fahre die Munition nach vorn. Sagt zu Hause, dass sie uns gute Pferde schicken, die ruhig bleiben. Jetzt frieren die Iwans selbst im Gefangenenlager. Mussten auch eigene Kameraden auswechseln. Feldpfarrer war hier zum Begräbnis. Zu Hause scheint ja viel Unordnung, aber seid froh! Vaader muss einen Antrag für mich für Heimaturlaub Feldbestellung abgeben. Ich verlasse mich auf Euch. Betet weiter für mich. Euer Alois

Wiesken, 15. Juni 1915

+++ VIVAT, VIVAT +++
zum Namenstag, lieber Alois, senden wir Dir Blümchen aus Mooders Garten. Am Tag werden wir für Dich so laut singen, dass Du es im Osten hören kannst. Wem Gott will rechte Gunst erweisen, den schickt Er in die weite Welt!

Auch seine Schwester Maria schickte sich an.

Braut Christi

Frühjahr und Sommer, Bestellung und Ernte, zogen sich endlos. Es fehlten nicht nur Alois' starke Arme und gute Laune. Stine säte, zum ersten Mal soweit sie denken konnte, keinen Flachs mehr ein. Ihr Rücken war krumm geworden. Das Hellblau fehlte auf ihrem und anderen Äckern. Natz schlug sein Auftragsbuch kaum noch auf: Es war leer. Auch ein paar Tage Wanderschaft rund um Mariä Geburt brachten wenig Geschäft. Ein paar Reparaturen an Ort und Stelle, zwei Schubkarren, eine Leiter. „Wofür neue Wagen? Die alten reichen, um die Ernte vom Feld zu holen und um die Kartoffeln und Schweine für die Front an den Bahnhof zu bringen!" An der Front brauchte man viele Wagen, aber die beschafften sich die Soldaten vor Ort. Statt neuer Aufträge notierte Natz sorgfältig die Tage, zu denen die Amtlichen auf dem Hof erschienen und seinen „Beitrag für Volk und Vaterland" festlegten. Für den eigenen Bedarf zimmerte Natz zwei große Kisten. Die eine versenkte er in einer Grube hinter der neuen Schoppe, die andere, bei Nacht und Nebel, in Natmäkers Wald.

An einem Mittag im Herbst 1915 kam hoher Besuch auf den Deepen Grund gefahren: „Da ist der Kanonikus!", rief Maria ins Haus, als sie den Geistlichen im dunklen Gewand mit dem Fahrrad am Gatter stehen sah. „Gott der Herr segne euch!" In der Küche fanden sich alle zusammen. „Hier ist ja auch eine Braut Christi!", lächelte er seiner früheren Schülerin zu. „Jetzt im Krieg ist der Dienst am Herrn und der Menschheit besonders wichtig. Wir brauchen Krankenschwestern." Stine stellte dem Kanonikus den besten Stuhl hin und legte eine Decke auf den Tisch. „Wo der Bruder im Feld ist, der gute Alois. Der Herrgott wird ein besonderes Auge auf diese Soldaten und ihre Familien legen." Maria senkte den Kopf und ließ den Kanonikus die Hand darauflegen. Natz und Stine bekreuzigten sich: „Gottes Wille geschehe."

Feldpost

Ostfront, 18. Dezember 1915

Ihr Lieben,

Paket habe ich erhalten. Das kleine Gebetbuch von Maria trage ich nahe am Herzen immer bei mir. Da geht keine Kugel durch! Die Witze von Franz-Jupp sind zum Schießen! Lange Nachtmärsche, zu Fuß und Pferd, mit Auto und Güterwagen. Solange es nur Blasen an den Füßen sind! Gestern hatte ich Glück auf einem Vierspänner, ging durch Schnee. Oft nur 5 km am Tag. Lagern auf verlassenem Gehöft. Diese Woche Artilleriekampf und Feuer aus unserer Tal-

senke auf russische Waldhöhe. Gestern ruhig, vergnüglicher Abend mit Doppelkopf. Schickt warme Leibchen und Ohrenwärmer. Gute Nachricht, bin zur Beförderung vorgesehen. Jetzt lassen sie mich nicht mehr nach Hause. Spaß muss sein. GESEGNETE WEIHNACHTEN. Ich weiß ja, dass Ihr für mich betet. Euer Alois

Wiesken, Ostern 1916

Lieber Bruder Alois,

Vaader gratuliert Dir zum Eisernen Kreuz. Er hat heute bei Kraane eine Runde Schnaps auf Dich geworfen. Auch Mooder ist stolz. Ich bin jetzt in Wanne am Bahnhof. Maria arbeitet bei den Barmherzigen Schwestern. Traude ist dem Aufruf der Kaiserin gefolgt, jetzt im Lazarett in Dülmen. Liesken als Stallmagd bei Spökermann. In der Zeitung stehen nur noch Frontberichte und amtliche Bekanntmachungen und Todesanzeigen. Vaader will sie abbestellen. Ha, ha! Die Frauleute aus dem Hook gehen zweimal die Woche zur Kriegsandacht. Gott schütze Dich. Grüße vom Deepen Grund. Franz-Jupp

Im Osten, 27. April 1916

Lieber Vaader, liebe Mooder,

Gott möge, dass es Euch gut geht. Habe den Speck mit den Kameraden geteilt. Endlich Frühlingsluft. Vorher lange bei bitterem Frost und Eis in einer Scheune, jetzt in einer Schule. Haben kleinere Angriffe der Russen abgewehrt und Gefangene mit Gewehren festgesetzt. Die Zeit ist hart, der Sieg uns sicher. Viele Wagen zu reparieren, haben im Dorf Schrauben und Holz gefunden. Pferde werden knapp, geben wenigstens Fleisch. Ich sage den Kameraden: Trotz Übermacht und Niedertracht gewinnen wir die Schlacht! Das Unvermeidliche mit Geduld ertragen. Solches im Herzen und mit Gottes Wille kommen wir gesund nach Hause. Gute Führung von Hindenburg. Vergesst nicht, beim Bezirksamt den Antrag auf Urlaub zu stellen. Bei Euch fehlt die Manneskraft. Grüße in die Heimat. Euer Alois

Kevelaer, 6. September 1916

Lieber Alois,
bin mit den Barmherzigen auf der Wallfahrt in Kevelaer. Zu Maria, der Trösterin der Betrübten, um dort für Dich und Deine Kameraden zu beten. Viele Marienlieder gesungen. Der Dechant begleitet uns. So sind wir immer bei Euch. Vaader rechnet zur Runkelernte mit Dir. Bei Veehdreewer und Kerkhuus jetzt gefangene Franzmänner. Alois, bald bin ich noch näher bei der Heiligen Mutter Gottes, um Dir als Braut Christi beizustehen. Ich lege Dir eine gesegnete Hostie dazu. Musst sie im Gebetbuch immer bei Dir tragen. Deine Schwester Maria.

Im Osten, 15. Dezember 1916

Meine liebe Schwester Maria!
Habe die Karte aus Kevelaer erhalten. Das hast Du Dir doch gut überlegt, oder etwa nicht? Jedenfalls können wir Soldaten hier jedes Gebet gebrauchen. Aber die Kälte wird davon auch nicht weggehen. Sind in einer alten Ziegelei, aber viel zu Feuern gibt es nicht. Wir haben heute eine Tanne aus dem Wald geholt und aufgestellt. Es wäre nur schön, wenn der Iwan uns Weihnachten in Ruhe lässt. Ein gesegnetes Fest, auch vom Ludwig Langenkämper, der wieder bei uns ist. Nun sende ich gesegnete Weihnachten, an Dich und Deine Mitschwestern und an alle zu Hause. Dein Bruder Alois

Liesken, oder die Schande

Der Krieg ging in den dritten Winter. Bei Spökermann nahm der Herrgott nach kurzer Krankheit die fröhliche Küchenmagd zu sich in den Himmel. Der älteste Sohn, Johannes, genannt Jans, legte ein gutes Wort für Liesken, die dort Stallmagd war, ein: „Die tüchtigste von allen, und sauber ist sie auch!“ Ein Aufstieg, auf den Liesken und alle am Deepen Grund stolz sein konnten.

Das stattliche Gehöft oben im Vorderhook mit den hohen weißen Giebeln, dem dichten Fachwerk und den parkähnlich angelegten verschiedenen Buchen gehörten zu den Augenweiden kurz vor Saande. Manche nannten es das schöne Eingangstor zum schönen Wiesken. Bauer und Bäuerin galten als resolut und fleißig, dabei fromm und gut zum Gesinde. Die Spökermännske war sich nicht zu schade, abends mit allen Frauleuten zusammen in der Spinnstube zu sitzen. Spökerbuar selbst war zu alt für den Dienst an der Front, sein Sohn Jans als

Jungbauer befreit, zwei jüngere Söhne und ein Knecht an der Front. Liesken bezog jetzt die kleine Kammer im Vorderhaus, mit eigenem Bett, gedrechselter Kommode und Spiegel, vornehmer als es am Deepen Grund jemals gewesen war. Sie war lang und dürr, doch ihr Gesicht freundlich und hell, die Wangen hoch und ihre dichten brünetten Zöpfe stets ordentlich um den Kopf gesteckt. Auf den Scheunenfesten war sie eine der begehrten Tanzpartien bei den Knechten; auch Jans, wie es sich aus Anstand gehörte, drehte gelegentlich ein paar Runden mit den Mägden. Liesken aß nun vorne mit am großen Küchentisch, wenngleich am hintersten Ende. Ihre Wangen wurden rosiger und voller.

Zwischen den Jahren, zu den Kookendaagen*, hatten alle Knechte und Mägde frei. Liesken kam zum Deepen Grund. Seltener Duft, von Zimt und Anis, zog durch das Haus. Natz saß mit Piepe am Feuer und schaute zu den Frauleuten hinüber. Im raschen Tempo gossen sie flüssigen Teig auf das zischende Waffeleisen, um anschließend die knusprigen Neujährchen vorsichtig in die bereitgestellte Milchkanne zu legen. Natz‘ Mund war wässrig; gelegentlich fiel ein Teilchen für ihn ab.

„Bist rund geworden, Liesken“, unterbrach Natz plötzlich das Zischen des Eisens, während sein Blick an ihr von oben nach unten glitt. „Gibt es bei Spökermanns auch im Krieg gut zu essen?“

„Ja“, lächelte Liesken zurück. „Sind gute Leute. Ich muss die Röcke immer weiter binden.“ Dabei lachte sie sogar ein wenig keck.

Stine warf einen fragenden Blick auf Natz, goss eine neue Kelle auf das Eisen, dann schaute sie auf Liesken.

Eine Stunde später zog die Mutter ihre Tochter in die Schlafkammer.

„Zieh‘ Rock und Hemd aus!“, befahl sie, in einem ihr ungewohnten Ton.

„Mooder, der Bauch wird immer breiter und schwerer. Ist komisch. Er geht nicht wieder weg. Bin wohl nicht krank?“ Liesken begann zu schniefen.

„Allmächtiger! Diärne! Was hast du getan?“ Stine wurde augenblicklich blass. „Maria hilf!“

Liesken begann zu schluchzen: „Mooder, ich weiß nicht, was passiert ist. Ist das ein Kind? Ich weiß nicht, woher das kommt…“

Liesken zog rasch wieder alles runter, sackte aufs Bett.

„Gott steh uns bei! Wie kannst du uns das antun? Wer hat das gemacht?“ Aber Liesken schluchzte nur.

„Wir haben dir gesagt, dass du den Rock erst heben kannst, wenn du verheiratet bist! Mit welchem Mann bist du gegangen?“

Liesken schwieg. Stine rüttelte an ihrem Arm:

„Wer?“

---

* Kuchentage

„Der junge Bauer, Jans Spökermann. Auf der Nachbardäle haben sie Tracksack gespielt, wir haben getanzt. Auf dem Rückweg, nachts, hat er Liebchen zu mir gesagt.“

Keine Stunde nach Stines Verhör rief Natz seine Tochter zu sich in die Timmerkaamer. Liesken zitterte am ganzen Körper.

„Dumme Diarne! Ich will die Wahrheit wissen! Wer hat dir das Ding zwischen die Beine gesteckt?“

„Der junge Jans Spökermann. Er hat gesagt, dass er mich heiraten will!“

„Hat er dir Gewalt angetan?“

Liesken schüttelte den Kopf.

„Dumme Diarne! Verdammten Kerl! Wissen das die Alten?“

Wieder Kopfschütteln.

„Jans soll die Älteste von Schulzendiek nehmen, die will er aber nicht.“

„Das geht dich nichts an! Wir haben genug Sorgen und du bringst uns Schande!“

Am nächsten Morgen machte sich Natz mit seinem Rad auf den Weg. Er fand den alten Spökerbuar mit den beiden Jagdhunden in dem prächtigen Zwinger. Es war ein hoher, mit grünkupfrigen Blättern und goldfarbenen Spitzen gearbeiteter schmiedeeiserner Zaun, der rund um eine mächtige Rotbuche gebaut war. Die Männer kannten sich gut; Spökermann schwor auf Natz‘ Räder und Wagen. „Oh, der Stellmacher will wieder Geschäfte machen?“, war die freundliche Begrüßung. „Gooden Dach Jupp. Nein, heute haben wir etwas anderes zu bereden. Das kann auch länger dauern.“ Spökermann tätschelte seine beiden Hunde, ihr braunes Fell glänzte in der Morgensonne, Speichel rann aus den rosa Lefzen. „Haben heute Morgen ein Reh geholt“, lächelte Spökermann. „Ich kann dir wohl ein kleines Stück mitgeben. Kannst mir ein paar Körbe dafür bringen, kann ein paar gebrauchen.“

„Damit ist es nicht getan!“, setzte Natz in einem anderen Ton fort.

„Oh, so wichtig wird es wohl nicht sein?“

„Doch, Jupp, doch!“

Spökermann stutzte und schloss den Zwinger. Gemeinsam gingen sie in den großen Spieker. Spökermann setzte sich auf die Bank neben dem warmen Viehtopf, Natz lehnte sich an die Wand.

„Was gibt es denn? Von der Front?“

„…ne, ne. Nicht lange drum herumreden. Dein Junge hat Liesken ein Kind gemacht!“

Spökermann schaute langsam zu Natz nach oben, zog an seiner Pfeife, kniff die Augen zu einem Schlitz zusammen.

„Meine Ohren sind schlecht geworden. Pass auf, was du sagst, Stellmäker!“

„Habe ich. Ich kann es noch einmal sagen: Meine Tochter Liesken bekommt ein Kind von deinem Sohn Jans.“

„Das habt ihr euch ja fein ausgedacht. Niemals, Natz, niemals! Das glaubst du doch wohl selber nicht! So dumm ist mein Junge nicht!“ Spökermann sprang auf.

„Doch, so dumm ist dein Junge und meine Tochter auch! Aber lügen tut sie nicht!“

„Das wollen wir sehen! Dann hat sie für einen anderen die Beine breit gemacht und meiner soll jetzt herhalten!“

„Frag doch deinen schlauen Jungen! Dann werden wir sehen. Ich kann dir nur eins sagen: Wer meiner Tochter den Schwanz zwischen die Beine schiebt, der heiratet sie auch!“ Natz hob die rechte Hand: „So wahr mir Gott helfe, dafür werde ich sorgen!“

„Deine Tochter mag ein gutes Mädchen sein, aber sie ist bloß eine Magd, von einem kleinen Stellmäker und Kötter.“ Spökermann fuchtelte mit seinem Finger vor Natz‘ Gesicht. „Du Süpper! Hör gut zu! Eine Spökermännske wird deine Tochter nicht!“

Natz riss seinen Stock nach oben, um ihn dann gerade noch an sich zu halten. Vor Spökermann spuckte er auf den Boden:

„Grooten Spökerbuar! Schande über andere bringen und sich dann verstecken!“

Die Jagdhunde drehten sich bellend im Zwinger, als Natz mit dem Rad vom Hof fuhr. „Das wirst du büßen!“

Am kommenden frühen Morgen, noch zu finsterer Nacht, machten sich Stine und Liesken in beißender Kälte zu Sankt Raphael auf. Nur eine Handvoll Kerzen flackerte in dem großen Raum; ein menschlicher Schatten huschte weg vom Altar. Der Länge nach warfen sich Mutter und Tochter vor der Jungfrau Maria zu Boden, um Gnade und Rat zu erbitten. Vielleicht wäre alles unentdeckt geblieben; die Winterröcke waren weit, und es gab Klöster und Waisenheime. Doch in dem Augenblick, als Liesken auf dem kalten Stein nach der Hand ihrer Mutter tastete, und diese sie fest umgriff – in dem Augenblick weckte die Heilige Muttergottes Natz in seinem Bett am Deepen Grund. Noch bevor die Frauen wieder am Deepen Grund waren, fuhr Natz zu Schulzendiek, um ihn über die Vorfälle, die ihn als Schwiegervater in spe betreffen würden, zu unterrichten. Schulzendiek seinerseits ritt am Nachmittag auf seinem schwarzen Hengst zum Spökerbuar, um diesem, ohne abzusitzen, die Auflösung des Heiratsversprechens mit seiner Tochter mitzuteilen. Der Krach, der daraufhin zwischen dem alten Jupp und dem jungen Jans Spökermann auf dem Hof folgte, war im ganzen Vorderhook zu hören. Kurz darauf wussten es alle in Wiesken. Am nächsten Morgen sah man Jans mit einem Beutel am Bahnsteig stehen. Er meldete sich freiwillig.

Ein paar Tage später, am Silvestermorgen, führte Spökermanns Nachbarjunge den Haflinger mit einer Karre auf den Deepen Grund. Nacheinander hob er eine Kiste und ein paar Körbe auf den Boden. Es waren Lieskens Kleider und Schürzen, bestickte Leibchen und ein paar Meter Spitzenborte, das Werk schöner Winterabende mit der Spökermännsken in der warmen Spinnstube. Sogar der Spiegel aus der Kammer war dabei. Der Junge überreichte ihr ein Kuvert: „Du sollst nicht wiederkommen."

Am Deepen Grund wurde es noch ruhiger und schweigsamer, als es vorher schon gewesen war. In der Karwoche erhielt Liesken ihren ersten eigenen Brief, darin eine Karte mit einem bunt gemalten Blumenstrauß. Der Brief war verschlossen, der Absender lautete auf: Rekrut Johannes Spökermann, Ostfront. Es war ein Glück, dass Natz noch in den Federn lag.

Im Märzen 1917

Liebe Elisabeth,
nur ein kurzer Gruß von mir, damit Du weißt, dass ich gesund bin. Unsere Einheit wird nach Westen verlegt. Komme für drei Tage nach Hause. Gott wird alles richten.
Es grüßt Dich, Dein Jans

Am Ostermontag erblickte ein kräftiger Junge mit Hilfe von Mine Boesels geschickten Händen das Licht der Welt. „Sind alle Kinder Gottes", sagte die gute Frau. Stine wusch den Winzling und legte ihn an Lieskens Brust. „No häb wi eenen Bastard", war Natz' einziger Kommentar, als er den Säugling schreien hörte. Am Tag darauf fuhren Natz und Stine mit ihm zu Sankt Raphael und ließen ihn auf den Namen Johannes Maria Vanwoldt taufen. Einen Bastard zu haben reichte; man brauchte nicht auch noch einen sündigen Heiden im Haus.

Vier Wochen später stiegen Elisabeth Vanwoldt und Johannes Spökermann, der für die dringliche Angelegenheit der eigenen Hochzeit zwei Tage Aufschub erhalten hatte, die Treppen des Saander Amts hinauf – und kamen eingehakt mit dünnen Silberringen zurück. Für Gold hatte es nicht gereicht. Den Namen des Jungen ließen sie von Vanwoldt auf Spökermann umschreiben. Anschließend erteilte ihnen der Pastuur unter Trauzeugenschaft Franz-Jupps und Joseffis den Segen in der Sakristei. Am Tag darauf zog Jans an die Westfront. Spökerbuar hatte ihn vom Hof gejagt. Liesken blieb mit dem Kind am Deepen Grund. Dort tat Jänsken sein Bestes, um seinem Großvater ein Lächeln auf die Lippen zu zaubern. Es gelang ihm selten, doch manchmal, immerhin.

Zu Ostern behängte Joseffi die kleinen Stubenfenster mit Gardinen. Denn Joseffi hatte ein paar Meter der kostbaren Ware als Lohn für ihre Näharbeiten erhalten. Bei Sonne konnte man die weiße Spitze vom Draii aus sehen: „Bei

Vanwoldts hängen sie die Fenster zu“, lästerten die Nachbarn, „damit man nicht sieht, wie sie den Bastard wickeln.“

Feldpost

Das Saander Blatt und die Kästen waren voll von den Neuigkeiten, dem Durcheinander in Russland: „Revolution!“ Jetzt hatten sie an der Front nicht mehr den Zaren vor sich, sondern die Bolschewiken, dabei sollte Frieden kommen. Keiner wusste, was besser war. Die Karfreitagsprozession in Saande war so lang wie nie zuvor. Zu Pfingsten kam die Nachricht, dass Floiters mittlerer Sohn im Dülmener Lazarett seinen Blutungen erlegen war. Wenigstens konnte man ihn in heimatlicher Erde begraben. Aber seine Frau stand nun mit den drei Kindern in der neuen Saander Tapezierwerkstatt allein da. Auch Fritze Vanwoldt, erfuhr man, war es übel ergangen. Immerhin lebte er noch, lag in einem Thüringer Lazarett, mit nur noch einem Bein, dabei gute Pflege von den polnischen Krankenschwestern, wie er schrieb. Von Hinner Vanwoldt hingegen war schon lange kein Brief mehr gekommen, ebenso wenig von Albert Klümper. Die letzten Nachrichten waren aus britischer und französischer Gefangenschaft. Alois schrieb weiter regelmäßig, von der Front.

Im schönen Forsthaus, September 1917

Ihr Lieben alle,

liegen seit einer Woche an guter Stelle, altes Forsthaus. Hier gutes Wetter, See zum Baden. Russische Unterhaltung mit Fliegern in der Luft und Kugelprasseln. Nur der Braten ist oft kalt, weil wir keinen Rauch machen dürfen. Mehrere Bauchschüsse und Kopfschüsse bei Kameraden, aber unsere Krankenträger kennen sich aus. Schreibt mir aus der Heimat. Waren die Kartoffeln gut? Es grüßt euch in tapferer Frische, Euer Alois

P.S. 7.9. Gestern war der Kaiser hier und hat stolze Parade abgehalten! Russen sind nach Petersburg geflohen, haben unterwegs alles abgebrannt. Wir liegen vor Riga, Meer haben wir noch nicht gesehen. Nachts empfindlich kalt. Wo werden wir im Winter wohl sein? Ställe auch für Pferde knapp. Foto anbei: Die Kameraden und euer Feldwebel Alois Vanwoldt

Natz drehte die Bildpostkarte um: Dort saßen acht schneidige, wohlgenährte junge Männer, Soldaten in Freizeituniform, in hellen Jacken und dunklen Hosen, das Haar kurz geschnitten, glänzend vor Pomade, gerade gescheitelt, alle mit einem gestutzten Schnurrbart, Spielkarten in der Hand, einige mit Ringen an der linken Hand. An der Seite Alois, der klar und lebendig, mit schelmischem Blick, geradewegs in den Apparat schaut.

Barmherzigkeit

Während am Bahnhof von der einen Seite die Waggons voll beladen Richtung Ruhrgebiet fuhren, „für unsere Söhne an der Front", stiegen an der anderen magere Frauen und Kinder aus. In den ersten Jahren waren ihre Körbe auf dem Hinweg noch mit Tabak, Kaffee, Schrauben oder Weißwäsche gefüllt, auf dem Rückweg mit Kartoffeln, Eiern, Butter und Wurst. Jetzt lag entweder nichts mehr in den Körben oder Silber und Kristall, auf dem Rückweg ein Kohlkopf, Kartoffelschalen oder Speck. Warme Mäntel und breite Hüte, wie im ersten Jahr, trug keine mehr von ihnen. Stattdessen hingen geflickte Jacken und dünne Tücher um ihre schmalen Schultern. Die Kinder liefen barfuß bis in den November, bis sich eine der Bäuerinnen ihrer, mit alten Klumpen und einer Lage Stroh darin, erbarmte. Waren sie im ersten Kriegswinter noch nahe des Bahnhofs geblieben, so zogen sich ihre Kreise rasch weiter, auch bis zum Deepen Grund.

Stumm standen die Gestalten am Gatter, wo Harras mit aufgestellten Nackenhaaren knurrend die Zähne fletschte. „Nix te verkoopen, nix te koopen", rief Natz ihnen von weitem zu, „sölwer nix te fräten."* Manche drehten wieder ab, andere blieben mit der hohlen Hand bettelnd stehen. Bis Stine mit einer Gabe erschien. Am Ende der Däle stand ein Korb, in dem das lag, was sie erübrigen konnte. Mal ein Apfel, ein Stück Kohl oder eine Handvoll Zwiebeln. Daraus nahm sie und lief zum Gatter: „Selig die Armen, denn ihnen gehört das Himmelreich" – und ließ Natz grummeln. Im Winter brachte sie eine warme Tasse verdünnter Milch. Natz brachte Schlösser an allen Türen an. Manches Gesindel kratzte nachts sogar die Reste aus dem Viehtopf, wenn es dabei blieb.

Im Floiterhook ging das vierte Jahr ohne Nachbarfest zu Ende. Nur gelegentlich hatte jemand in der Scheune die Ziehharmonika gespielt. Die Frauen kamen kaum noch zum Kroamen zusammen und schon gar nicht mehr zum Bogen setzen oder Röschen drehen. Vielmehr saß man beim Beten und den Totenlitaneien zusammen. „Früher habe ich im Korb eine Windel mitgebracht, heute nur einen Rosenkranz", sagte Mine Boesel, die selbst Söhne im Krieg und so vielen anderen auf die Welt geholfen hatte.

Am Nikolausabend knisterte in der Küche am Deepen Grund das Feuer; das

---

* Nichts zu verkaufen, nichts zu kaufen. Selber nichts zu fressen.

Spinnrad surrte neben einem großen Korb ungesponnener Wolle. Stine trat die Pedale, das Rad sauste, so dass die Streben zu einer einzigen grauen Scheibe wurden, Threse hielt die Spindel. Joseffi und Maria häkelten an weißer Spitze. Liesken hielt Nadel und Faden in der Hand. Auf dem Tisch, inmitten all der Wäsche und des Garns, stand eine glänzende Doppelkarte, außen mit dem Angesicht der leidenden Muttergottes, darunter in geschwungenen Lettern:

Zur Missionskongregation
der Dienerinnen des Heiligen Geistes in Steyl.

In der Innenseite zeigte sich ein Foto von einem weitläufigen Gebäudekomplex inmitten eines großen Gartens. Maria summte eines ihrer Lieblinge: „Maria durch den Dornwald ging, Kyrie eleison." Es war das letzte Weihnachtsfest, das sie am Deepen Grund verbringen würde; die Frauleute waren mit der Fertigstellung ihrer Aussteuer für das Kloster beschäftigt. Nur sie selbst bastelte mit Brettchen, Stöckchen und Stroh an einem kleinen Dach. Darunter, auf weichem grünen Moos, kam das Jesulein in der Krippe zu liegen, die Heilige Familie aus Eicheln, Streichhölzern und Blättern staunte rundherum. Jänsken schaute mit offenem Mund von seinem Schaukelpferdchen aus zu. Auch Natz beäugte alles: „Was sollen das für Püppchen sein?! Neumodischer Kram!" Doch Maria ließ sich nicht beirren. Es war die erste Krippe bei Vanwoldts; bisher hatten es auch ein Kreuz und eine Kerze getan. Es war Marias Abschiedsgeschenk. Am Morgen danach kam Floiter mit der Kutsche vorgefahren und fuhr die Braut Christi mit einer gefüllten Truhe zu den Barmherzigen in Saande, wo bereits weitere Bräute auf sie warteten.

Die Pastuure wurden über Weihnachten nicht müde, über die Christenpflicht zu predigen. Auch am Neujahrstag redeten sie ihnen allen ins Gewissen: „Es ist ein Gebot der Nächstenliebe, zu geben, was wir entbehren können!" Er meinte die Front - und die Bedürftigen aus der Stadt. „Der hat gut reden! Der hat jeden Tag ein Stück Fleisch auf dem Tisch", klagte jetzt sogar die gute Mine Boesel. Sie kochte jeden Tag für zehn – morgens, mittags, abends: die beiden Alten, den französischen Fremdarbeiter, vier halbwüchsige Jungs, zwei Mädchen und sich selbst. Einer der Jungs war schon an der Westfront gefallen, der andere noch da.

Am Nachmittag war der Stammtisch bei Kraane gut besetzt. Abwechselnd knallten Karten und Schnapspinnekes auf das Holz.

„Entbehren?! Wie viele Säcke habe ich zur Bahn gebracht? Keine eigenen Mannsleute mehr, keine Pferde, kein Futter!"

„Kannst die Schweine besser schlachten als füttern! Rechnet sich nicht mehr und dann wollen sie auch noch Kriegsanleihen! Und obendrein kommen sie noch aus der Stadt zum Betteln und Stehlen.“

Plötzlich stand vom Seitentisch einer der beiden Soldaten auf, offensichtlich Heimaturlauber in Zivil, der eine aus Leiden. Der Jüngere torkelte zum Stammtisch.

„Ja, Ja … ! Ihr habt ein großes Wort! Sitzt im Warmen und jammert. Habt es schlimm hier an der Heimatfront! Will einer mit uns tauschen?“ Er spuckte seinen Priem in den weißen Napf. „Wir bleiben hier. Wir gehen nicht zurück … !“

Die Männer schauten vom Blatt hoch. Schulzendiek stand auf, legte den Arm um die Schulter des Mannes, der augenblicklich zu Schluchzen begann: „Komm, ich bring‘ euch nach Hause. Schlaft euch erst mal aus.“

Das Frühjahr wurde nicht besser, sondern schlechter. Dünger und Saatgut blieben knapp, die Preise für Vieh, Milch und Getreide waren weiter festgesetzt. Die Ställe wurden leer, die Delegationen vom Amt dafür umso größer. Als im Märzen die Bauern ihre Rösslein anspannten, waren dies oft ein Franzose oder Russe, oder die Alten, die mit Stier und Pflug die Furchen zogen. Mancher ließ das Feld ohne Saat. „Dass ich die schönen Knechtkammern für Russen und Franzosen baue, das hätte ich mir nicht träumen lassen“, klagte Veehdreewer.

Am Gründonnerstag, vier Jahre nach seiner großartigen Geschäftseröffnung, kam Friedrich Vanwoldt nach langer Pflege in einem Thüringer Lazarett auf Krücken zurück, ein Hosenbein nach oben abgebunden. Elisabeth, der kleine Georg und sein Schwesterchen Luise warteten einen halben Tag am Bahnhof, bis er endlich mühsam ausstieg. Doch sein Gesicht war rund und hell. Ganz anders als das von Bernhard Puggenkamp, dessen breiter Verband am Kopf das eingefallene Gesicht zur Hälfte verdeckte. In den frühen Morgenstunden des Karfreitags, etwa als Jesus am Kreuz seinen letzten Odem ausstieß, hallte ein Schuss über Puggenkamps Hof. Bernhard hatte sich eines der Jagdgewehre seines Vaters in den Hals gesteckt. „Hätte der Alte ihm damals alle Finger abschlagen sollen, dann würde er noch leben“, sagte Floiter. Und dass Fritze nur wenige Tage bleiben würde, konnte niemand ahnen.

In der Nacht zum Ostermontag fuhr Fritze Vanwoldt mit seinem Chauffeur und dem kleinen Georg über einen schmalen Grenzweg nach Holland, mehrere Koffer und Akten im Fonds, mit Ziel Rotterdam. Seine schöne Frau Elisabeth lag allein und schlaflos in dem prächtigen Ehebett, nur die kleine Luise neben sich. Dass ein weiterer, fruchtbarer Samen sich gerade erst den Weg bahnte, wusste sie da noch nicht, was sicher gut war. Denn wenige Stunden vor Fritzes plötzlicher Abreise hatte sie von der Krankenschwester Mareike Wolki aus Polen erfahren. Gelähmt und taub schaute sie auf den Nachttisch, wo ein sauber verfasstes Schreiben mit dem bekannten Briefkopf ihres Mannes lag:

Vollmacht für meine Frau Elisabeth. Ich übertrage ihr hiermit, alle Geschäfte jedweder Art für mich zu erledigen. Friedrich Vanwoldt.

In Rotterdam richtete Mareike bereits eine Wohnung ein, selbst kurz vor der Niederkunft. Verrückte Zeiten waren das.

Die Sau Ilse

Jeder hatte seine eigene Strategie, um mit den Gesandten vom Amt umzugehen, aber man half sich gegenseitig. Natz tat sich mit Natmäker und Puggenkamp zusammen. In einer mondlosen Nacht, als selbst die Jäger nicht mehr oder noch nicht auf ihren Böcken saßen, und auch das Lumpenpack die Pfade nicht mehr erkennen konnte, trieb Natz die Sau Ilse mit einem Strick um den Hals zu Puggenkamp. Mit ihrer neugierigen Schnauze fest auf dem feuchten Boden, von Natz mit gelegentlichem Klopfen auf die Schulter belohnt, schnüffelte sie langsam neben ihm her. Nur ihr Grunzen konnte die Beiden verdächtig machen. Ilse kannte den Weg tagsüber. Vielleicht war es die Vorfreude auf das, was da kommen würde, weshalb sie auf jegliches Störrisch-sein und ängstliches Quieken verzichtete. Nach einer halben Stunde erreichte das Paar sicher sein Ziel, die große Kobe von Eber Adam. Ein paar Tage blieb Ilse dort, um dann glücklich und gedeckt zurückzukehren. Puggenkamp nahm jeweils ein Ferkel für Adams Dienste. Er gab sogar eine Garantie: Sollte Ilse nicht trächtig werden, würde er Adam noch einmal ranlassen. Aber Adam und Ilse zeugten zuverlässig. Ilse warf sechs stramme kleine Ferkel, die genüsslich an ihren Zitzen schmatzten. Eins bekam Puggenkamp, eins verkaufte Natz für Petroleum, vier durften bleiben. Bald rannten die Kleinen fröhlich quiekend durch die Koben. Nur nach draußen durften sie nicht; wer weiß, was die Amtlichen – und andere – sehen würden. Aber im Hook hatten sie ihre Strategie dagegen, in seltener Einigkeit.

An einem Nachmittag kam Hänsken Natmäker auf den Hof gerannt. „Sie kommen! Sie kommen! Sie sind jetzt bei Kerkhuus und dann gehen sie zu Veehdreewers. Vier Mann, ein Gendarm ist auch dabei!" Natz hatte alles parat. Er schnallte sich die breite Kiepe auf den Rücken, darin zwei Ferkel mit zusammengebundenen Mäulern. Von der schweren Last geduckt, lief er zweimal den Pfad in den Wald, während Stine ihm mit einer Kuh Deckung gab. Als die Herren mit dem Rad am Draii einbogen, stand Natz bereits wieder in der Timmerkaamer und werkelte an einem Stiefelknecht. Ilse döste allein in ihrem Verschlag, in einem anderen befand sich ein weiteres Schwein. Die Amtmänner waren müde vom langen Tag, schauten sich rasch um. „Hier gibt es nicht viel zu holen, aber vier Pfund Speck oder Schmalz und fünf Pfund Butter müssen auch die Vanwoldts beitragen." Natz grummelte und nickte. Den Stiefelknecht gab Natz ihnen als Geschenk mit einem Augenzwinkern.

Veehdreewers blieben lange verschont. Zu gut war das Wild aus seiner Jagd, das er in alter Tradition zu Weihnachten und Ostern großzügig an die Oberen im Amt verteilte. Als kleine Aufmerksamkeit nicht nur der Familie, sondern des ganzen Hookes. Kamen die Herren auf den Hof, standen die Sessel auf dem gebohnerten Terrazzo vor dem breiten Feuer bereit. Erst nach einer Stärkung ging man durch die Ställe, und alle hatten Verständnis dafür, dass man den Bauern die Mittel zur Aufrechterhaltung der Nahrungsmittelproduktion nicht entziehen dürfe. Doch die Zeiten waren nicht mehr die alten.

Die Gruppe der Amtlichen wuchs nicht nur von Mal zu Mal. Neuerdings schickten sie auch einen Gendarmen und vor allem welche aus dem Revier, die niemand mehr kannte. Der neue Obere war ein gewisser Kowolski oder Kolowski, ein Fremder jedenfalls, der nicht einmal Platt verstand. Veehdreewers freundliche Einladung ans Feuer zauberte ihm nicht einmal ein Lächeln auf sein Gesicht. Stattdessen lief er mit einem schmächtigen Gehilfen zügig von einem Stall zum anderen, kletterte auf die Böden und ließ den jungen Mann in den Schuppen unter die Wagen kriechen. Nach dem Rundgang standen sie wieder auf der Däle.

„Eine Kuh, zwei Schweine, zwei Sack Hafer", diktierte der Obere dem Gehilfen.

„Meine Herren. Die könnt ihr mir nicht nehmen", versuchte es Veehdreewer. „Dann haben wir bald keine Ferkel mehr, auch nicht für die Front!"

„Was wir nehmen können, Buar, entscheide ich. Drei Schweine!" Der Fremde schaute nicht einmal von den Heften auf.

„Du Judas!", schnaubte Veehdreewer jetzt und griff nach der Forke, die an der Wand stand. Mit den Spitzen fuchtelte er gefährlich nahe vor des Gegners Brust. Doch der Obere blieb einfach stehen. Und es war nur der Geistesgegenwart des alten Fuhrknecht Lieb zu verdanken, dass er Veehdreewer die Forke im letzten Moment wegschnappte. Der Obere lief ohne weitere Regung an Veehdreewer vorbei auf den Hof hinaus. An den Gehilfen gewandt sagte er: „Und vier Sack Hafer."

„Judas!", aber die Männer saßen schon wieder im Wagen, Richtung Kerkhuus.

Zenta Klümper musste, aus Mangel an Manneskraft, zu anderen Mitteln greifen, die am Ende wirkungsvoller waren. Sie rieb sich, sobald Hänsken Bescheid gegeben hatte, unter den dunklen Kleidern, an Armen und Beinen mit Hühnerkot ein. Und stank schon von Weitem so erbärmlich, dass die Eindringlinge schnell das Weite suchten. „Schmutziges Weib!", rümpften sie angewidert die Nase, „Kein Wunder, dass der Mann nicht zurückkommt!"

Bald kamen sie mit zwei Militärs und Gewehren. Kowolski sprach klare Worte, das war das einzig Gute an ihm.

„Wenn ihr uns aus der Stadt das Essen nicht freiwillig gebt, dann holen wir es uns auf anderem Weg selbst."

Jeder wusste, wovon er sprach, und sogar Veehdreewer hielt seinen Mund. Der Schrecken saß allen noch in den Knochen: Bei Schulzendiek hatten sie in der Nacht zuvor eingebrochen, ein Schwein noch an Ort und Stelle geschlachtet und mitgenommen. Der alte Knecht lag halb erschlagen neben dem Trog, die beiden Jagdhunde tot im offenen Zwinger.

Sensenmänner

Mitte April 1918. Der Friedensschluss mit Russland lag ein paar Wochen zurück. Kaiser Wilhelm persönlich hatte ihnen allen per Depesche an die Heerführer des Ostens gedankt:

> *Mit tiefer Dankbarkeit gegen Gott, der mit uns gewesen ist, erfüllt mich stolze Freude über die Taten meiner Armee, das deutsche Schwert, über die zähe Ausdauer meines Volkes. Dass das deutsche Blut und die deutsche Kultur hat gerettet werden können, ist mir eine besondere Befriedigung.*

Alois' Truppe wurde in den Westen verlegt; ein paar Tage Urlaub auf dem Weg nach Osten hatte man ihm gewährt. An einem sonnigen Frühlingstag kam er in seiner schönen Uniform, sauber und glatt rasiert, das Gesicht noch schmaler als sonst, schneidig auf den Hof gelaufen. Harras begrüßte den seltenen Besucher freudig bellend am Gatter, rollte sich vor ihn und ließ sich am Bauch kraulen. Alois hatte eine lange Reise hinter sich, quer durch das große Deutsche Reich, mit Güterwagen, Marsch und Lastkraftwagen. „Nach einem zünftigen Abschied vom Russen", hatte es in der Zeitung gestanden, „damit es im Westen nun endlich vorangeht."

„Gooden Dach, int Quartier, dänn Feldwebel is hier", witzelte er und verschlang die kleine Mooder in seinen Armen. „Den Spaß nicht verloren", antwortete Natz und klopfte seinem Sohn auf die Schulter. „Da hast du es an der Front ja besser als wir in der Heimat." Threse nestelte neugierig an den Tressen und Bändern an

Kragen und Revers, „Ist das für besondere Tapferkeit?“ Natz öffnete die Kiste hinter der Schoppe, Stine schaute in die Krüge im Keller. Es gab deftigen Kartoffeleintopf mit Kraut und Speck. Natz klagte: „Wir können nicht einmal mehr die Kühe nachts draußen lassen. Sogar die Kuhfladen klauen sie von der Wiese!“ Auch Threse hatte beizutragen: „Bei Floiters haben sie letzte Nacht den ganzen Rhabarber geschnitten! Und stell dir vor: Franz-Jupp muss wieder zum Bahnhof laufen, statt mit dem Rad zu fahren. Sogar die Gummireifen haben sie abmontiert – die Männer vom Amt!“ Alois legte sich früh in sein altes Bett.

Abends bei Kraane waren die Tische fast leer. Nur in der Ecke saßen zwei bekannte Gesichter aus Leiden, Soldaten – vielmehr hingen sie am Tisch, die Hucke vollgesoffen. „Melde gehorsamst“, rülpste der eine, als er Alois, den Feldwebel, durch die Tür hineinkommen sah. Er rappelte sich auf, rief mit aller Kraft:

„Wir kämpfen nicht fürs Vaterland, auch nicht für unsere Ehre. Wir kämpfen aus Unverstand für die großen Millionäre“, und setzte sich wieder.

Nun stand der zweite auf und schlug die Hacken:

„Melde gehorsamst: Wir machen nicht mehr mit. Wir kommen nicht mehr aus dem Urlaub zurück“, und fiel wie ein Sack auf die Bank zurück.

„Mehr Haltung, Soldaten!“, rief Alois. Dann wandte er sich an Kraane. „Schick sie nach Hause, bevor der Gendarm kommt und Schlimmeres passiert.“ Alois zog seine Kappe und ging wieder hinaus. Zwei Tage später stieg er in den Zug Richtung Westen.

Westfront, 18. September 1918

Ihr Lieben zu Hause,

hier donnert und blitzt es über unsere Köpfe. Der Engländer und Franzmann kann das noch besser als der Russe. Am Tag Sonne. Nachts Feuer. Uns werden die Männer knapp. Musste ein paar Mal mit Pferd und Wagen direkt an der Feuerfront vorbei. Man kann die Hand nicht vor Augen sehen. Streifschuss am Arm heilt gut, drei Tage Lazarett und jetzt ein paar Tage hinten, um die Wagen zu reparieren. Gelände so schlecht, dass wir noch Pferde brauchen und keine LKWs. Gestern der Kochwachen zusammengebrochen, hatten nur trocken Brot. Besonderer Gruss an Maria: Gebetbuch und Hostie sind an meinem Herzen. Aber ich sage den Waffenbrüdern immer: Wir können den Kopf nicht hängen lassen. Trotz Übermacht und Niedertracht gewinnt zuletzt das Recht die Schlacht. Betet für uns. Euer Alois

P.S.: Habe seit meinem Besuch kein Päckchen erhalten. Habt Ihr es so schlecht an der Heimatfront?

Dass derselbe Kaiser ihnen, allerdings auf rotsamtenen Fauteuils gebettet und in anderer Mission, bald folgen würde, konnte noch niemand wissen. Einige, vielleicht.

Am Deepen Grund half der Franz-Gefangene von Kerkhuus beim Dreschen. Viel war es ohnehin nicht. Franz-Jupp war zur Vorbereitung an die Front in Köln. Die Bäume waren schon kahl, als sie überall vom Waffenstillstand sprachen. Mitte Oktober musste Neufert die Schule wegen der Spanischen Grippe für drei Wochen schließen. Die Ansteckung bei Fieber und Husten war zu groß. Allein in Wiesken zählte man an die zweihundert Kranke, darunter viele Schüler, und bereits sechs Tote. Abends schrieb er in sein Buch:

> *Es scheint, dass der Sensenmann noch holt, was er im Krieg nicht bekommen konnte. Wo ist Gott?*

Am zehnten November öffnete Neufert morgens wieder das Schultor, aber die Räume blieben halb leer. Währenddessen wachte Mette oben bei ihrer Tochter, der sechs Monate alten Beate, am Bett und legte kalte Wickel auf ihre heiße Stirn. In der großen Pause trat Neufert so schnell er konnte in die Pedale, um Doktor und Pastuur zu holen. Doch keiner von ihnen war sofort auffindbar gewesen; es gab zu viele Kranke zu dieser Zeit. Als er zurückkam, war die Kinderseele bereits auf dem Weg in den Himmel. Es war Helmut und Mette Neuferts erstes Kind, auf das sie lange gewartet hatten. Den Namen Beate, die Glückliche, hatte Mette ausgewählt.

Am elften November, früh am Morgen, trampelte Max Kraane, seit dem letzten Mal zwei Kopf größer geworden, wieder durch Wiesken:

„Krieg vorbei! Frieden! Vorbei! Frieden!"

Aus der Ferne war St. Raphaels aufgeregtes Glockengeläut, unterbrochen von Böllerschossen, zu hören.

Einen Tag später konnten aufmerksame Leser – nach dem langen politischen Teil über die Abdankung des Kaisers – auf der hintersten Seite zwischen all den anderen Todesanzeigen ein kleines, von einer dünnen Linie umrandetes Kästchen erkennen, darin ein Kreuz mit einer kleinen Rose am Fuß.

> *Gott dem Allmächtigen hat es gefallen heute Morgen unser liebes Töchterchen und Enkelchen Beate nach kurzer Krankheit im Alter von sechs Monaten wieder zu sich in den Himmel zu nehmen. Lehrer Helmut Neufert und Frau, Mette, geb. Schliemann.*

Mette, die sonst so gerne hellblau und rosa trug, sah man lange nur noch in tiefem Schwarz. Als Neufert die Schule wieder vollends öffnete, war der Krieg schon Wochen vorbei. Das Sterben noch lange nicht.

In diesen Tagen sah man überall die Männer in Gruppen zusammenstehen. Der Platz am Bahnhof vor Koopmanns Landhandel, der diesen Namen schon lange nicht mehr verdiente, war zum Treffpunkt geworden.

„Das soll das Kriegsende sein? Oder Waffenstillstand? Doch nicht so!"

„Lass uns hoffen, dass es auch das Ende ist, mit Gott! Willst du noch mehr Tote haben?"

„Kaiser! Unser großer deutscher Kaiser! Fahnenflüchtiger! Dem eigenen Heer in den Rücken gefallen!"

„Feiglinge! Haben sich mit den Sozialdemokraten und Juden gemein gemacht."

„Das Kaiserreich eine Republik?! Keine Zaren, Kaiser und Könige mehr? Ha! Dafür kommen jetzt die Kommunisten, Arbeiter und Bolschewiken. Teufel oder Belzebub!"

Und während sie sich ereiferten und gegenseitig ins Wort fielen, pfiff sie ein herannahender Güterzug Richtung Saande mit schrillem Ton zur Ruhe. Die Schranke schlug rasselnd auf den Boden. „Was kommt denn jetzt für ein Zug? Ist doch gar keiner im Plan." Langsam, doch ohne Halt ratterte er durch. Zehn Güterwaggons, am Ende zwei Personenwaggons mit zugezogenen Vorhängen.

„Dat wass Kaisers Familie", sagte einer, „met Waggons full van Gold."

Tauet Himmel den Gerechten

Der Wieskener Bahnhof war mit Tannenzweigen und Hülskrabben zur Begrüßung der Heimkehrer geschmückt. Bis in die späte Nacht fuhren die überfüllten Züge und jedes Mal, wenn einer in Wiesken hielt, spuckte er ein paar müde, gebeugte Männer in grauen Uniformen aus, manche mit Krücken und schmutzigen Verbänden um Kopf und Arm. An den Nachmittagen drängten sich wartende Frauen und Kinder im Empfangsraum und spekulierten darauf, dass just zu ihrer Zeit der Mann, Vater oder Bruder eintreffen würde. Einige mit Bangen im Gesicht.

Von Alois erhielten sie eine Ansichtskarte vom Aachener Dom. „Komme vor Weihnachten. Haben hier noch zu tun. Gruß, Alois." Wochenlang zogen die Heimkehrer der Westheere, ein schier endloser Strom, über die Rheinbrücken in ihre Heimat. Die Saander Landstraße, besonders rund um die Schule, wo viele haltmachten, um Wasser für Soldaten und Pferde zu besorgen, war vor Schlamm und Dreck kaum noch passierbar.

An einem trüben, stillen Dezembermorgen schnitt Natz Weidenzweige am Draii für eine neue Kiepe. Trotz kahler Bäume war weder Mensch noch Tier zu sehen, nicht einmal Elstern stocherten auf den schwarzen Feldern, das Grün der Wiesen war zu Grau verblichen. Nur eine Ratte, oder war es einer der verdammten Marder, huschte durchs Gras. Natz warf die Forke danach, ohne Erfolg. Die Trecks der letzten Wochen waren weniger geworden. Nur noch selten schleppte sich eine Truppe oder ein Wagen über die Straße.

Natz richtete sich auf, als wieder einmal ein Dröhnen näherkam. Der Lastwagen hielt am Steen, eine Tür schepperte, laute Rufe und Stimmen waren zu hören, dann brummte das Auto weiter. Durch den lichten Hohlweg sah er mit langsamem, doch geradem Schritt einen Soldaten in einem langen schweren Mantel, seitlich einen Blechnapf baumelnd, näherkommen. Es war Alois, eine Krücke oder Binde war nicht zu sehen. Die Wangen waren eingefallen und das linke Auge hing eiternd nach unten, Erinnerung an einen Splitter aus den letzten Tagen. Ansonsten war nichts Auffälliges zu erkennen.

„Ick bünn wär doar, Vaader!*“, streckte Alois mit festem Griff die Hand hervor.

„Good, Junge, good! Lass uns ins Haus gehen. Good, dass du wieder da bist“, klopfte er seinem Sohn auf die Schulter. „Aber: ist ein neues Land. Das Kaiserreich ist jetzt eine Republik. Haben sie euch verraten!“

„Ja. Haben Sie!“

Alois bezog die alte, von Stine extra neu gekälkte Jungskammer. Den schweren Mantel und die fleckige Uniform hängte er in den Mantelstock. Die unteren Nähte waren lose, eine Schludrigkeit, die nicht zu Alois passte. Als er allein war, nahm er die Pistole aus der Innentasche, öffnete ein Dielenbrett unter dem Schrank und schob sie hinein. Alois schlief ein paar Tage lang. Nur zum Essen und dem Notdürftigsten verließ er die Kammer. Nach ein paar Tagen, an einem Sonntag, legte ihm Stine morgens den alten Anzug und ein weißes Hemd hin. „Zeit, in die Kirche zu gehen“, sagte sie. Alois folgte seiner Mutter und machte sich zurecht.

In der Woche darauf liefen Vater und Sohn gemeinsam über Hof und Feld. „Junge, es war nicht leicht hier“, begann Natz die Runde. Alois fasste in die tief herunterhängende, lecke Dachrinne. „Gab ja kein Metall mehr.“ Alois kratzte mit dem Finger den bröckelnden Putz aus den Fugen darunter. „Zement sowieso nicht mehr.“ In der Timmerkaamer lagen auf dem verstaubten Boden noch alte Späne. Alois schob sie mit dem Fuß zusammen. „Hat ja keiner Geld mehr, um etwas zu bestellen.“ In den Ställen standen drei magere Kühe, die zwei Eimer Milch am Tag abgaben, eine alte Sau, von der man nicht wusste, ob sie noch einmal tragen würde, drei junge Schweine, die man zum Schlachten noch lange füttern musste und gut zwanzig Hühner, von denen nur noch die

* Ich bin wieder da, Vater.

Hälfte Eier legte. „Lohnt sich nicht mehr, die Tiere zu füttern, bei den Preisen, die das Amt vorschreibt! Und den Rest holen sie dir weg!“, erklärte der Vater dem Sohn. Am Ende standen sie bei Piepken und Zigarette still vor der Däle.

„Das ist nicht viel, Vaader“, seufzte Alois, „da ist eine Menge zu tun“, und wischte sich dabei mit dem Taschentuch über das noch eiternde Auge.

„Nicht viel?“, rief Natz. „Du weißt ja gar nicht, was hier los war! Du warst ja nicht hier!“

„Nein, ich war nur an der Front, vier Jahre“, antwortete er. Sein krankes Auge zitterte. Er trat die glühende Kippe aus und lief ins Haus.

Drei Messen hintereinander musste der Dechant am kommenden Sonntag lesen und trotzdem waren nicht nur alle Bänke, sondern auch die Gänge bis zu den Türen brechend voll. Die ersten Reihen waren mit den Heimkehrern und ihren Frauen besetzt, im Gang standen ein paar monströse Rollgefährte. Modriger Dampf aus kriegsfeuchten Soldatenmänteln mischte sich mit süßlichem Qualm, den der Dechant, gefolgt von einer Ministrantenschar, aus dem Weihrauchfass von hinten durch den Mittelgang bis vorn zum Altar schwenkte. Husten mischte sich mit Schniefen. Vorn angekommen wandte sich der Dechant seiner Gemeinde mit erhobenen Händen zu. Die Orgel stimmte an, der Chor schmetterte, die Menschen erhoben sich:

Tauet, Himmel, den Gerechten,
Wolken, regnet ihn herab!
Rief das Volk in bangen Nächten,
dem Gott die Verheißung gab.

Der Dechant ging rasch durch Lesung und Evangelium. Zur Predigt stieg er auf die Empore. Es war mucksmäuschenstill, das Schniefen und Husten hatte aufgehört.

„Ihr tapferen Krieger! Von den deutschen Erzbischöfen kann ich euch versichern: Ihr seid auf das Allerherzlichste Willkommen in eurem, in unserem Vaterland, in der Heimat, die euch mit Jubel, Stolz und nie erlöschendem Dank empfängt! Ihr kehrt heim, nicht so, wie wir alle es gehofft, als ihr hochgemut auszoget zu dem blutigen Werke zur Verteidigung des Vaterlandes. Unsere Hoffnungen haben sich nicht verwirklicht. Gott hatte es anders beschlossen in seinem unerforschlichen Ratschlusse. Wer ist der Mensch, der sich erkühnen dürfte zu richten. Aber darum lassen wir nicht ab von unserem heiligen Glauben, der durch diese Prüfung auf die Probe gestellt wird, damit er sich bewähre wie echtes Gold im Feuerofen.“

Der Dechant schaute kurz von seinem Heft in Richtung des großen Tores auf. Dort war Unruhe entstanden. Man konnte das Klacken und Schleifen von Krücken hören.

„Ihr wart nicht im Feuerofen!", rief einer von hinten.

„Gottes Wege sind unergründbar", wollte der Dechant fortsetzen, doch nun knallte auch das Wieskener Tor scheppernd zu.

„In de Dritte in de Schützengrabens häww he nich holpen!"*, rief jemand aus den vorderen Reihen. Niemand rührte sich.

„Ihr kehrt heim. Nicht als Besiegte! Ihr musstet der Übermacht weichen. Das ist für euch keine Schande und keine Ehre für die, die euch durch ihre vielfache Überzahl zum Rückzug zwangen. Euer Heldenschild ist blank, eure Ehre unversehrt. Liebe Soldaten! Schwere Zeiten habt ihr hinter euch. Noch schwerer ist das, was ihr bei eurer Ankunft in der Heimat findet. Uneinigkeit und Zwietracht geht um in deutschen Landen und rüttelt an den Grundfesten des Reiches. Doch ohne Ordnung kann keine Gesellschaft bestehen. Und darum ist es Gottes heiliges Gebot, Untertan zu sein der Obrigkeit. Drum tretet ein für Ordnung und Gesetz, ohne die es keine Freiheit gibt. Helft mit beim Wiederaufbau des Vaterlandes, namentlich durch ein echt christkatholisches, religiöses Leben."

„Ich scheiss' auf eure Obrigkeit!", rief der von vorne wieder, setzte nun aber den Hut, noch in der Bank, auf und hinkte durch den Mittelgang zum großen Tor.

„Heimkehrende Krieger! Unser Dank und unsere Liebe gelten auch allen Kameraden, die noch in Gefangenschaft des Feindes seufzen. Und Tausende und Abertausende fehlen in unseren Reihen. Niemals werden wir ihrer vergessen. Herr, gib ihnen die ewige Ruhe. Lasst uns bitten, dass Gott uns aufrichte und errette aus der Trübsal und Prüfung, die über uns gekommen ist. Amen!"

Der Dechant klappte sein Heft zusammen und ließ dann den Blick über seine Gemeinde schweifen. Nirgendwo war auch nur das kleinste Geräusch zu hören. Er atmete tief durch, nickte dem Organisten zu und stieg langsam von der Kanzel herab. „Macht hoch die Tür, die Tor macht weit!" Laut wie nie dröhnte und schallte es durch den hohen Gottesraum.

Von hundert Soldaten, die aus Wiesken in den Krieg gezogen waren, blieben dreißig im Feld. Allein im Floiterhook waren drei Tote – Floiter, Boesel, Puggenkamp –, ein Schwerverletzter und ein Vermisster zu beklagen. Der junge Veehdreewer lag mit einer durchschossenen Lunge und dem großen Zittern im Ehebett; seiner Frau stand der Schrecken im Gesicht. Doch der spanische Sensenmann hatte ein Erbarmen mit ihnen, nahm ihn mit auf seine Schüppe, und Veehdreewers Zweiter übernahm den Hof – und die Frau. Albert Klüm-

* In der Scheiße im Schützengrabens hat er nicht geholfen.

per sah man nie wieder. Hartnäckig hielt sich das Gerücht, man habe ihn mit einer jungen Dame mit Sonnenschirm in Paris flanieren gesehen. Fritze Vanwoldt betrieb einen florierenden Holzhandel in Rotterdam. Er belud und entlud Schiffe aus Java, und plante mit seiner neuen Familie die Übersiedlung dorthin. Hinner aus Oeding ließen die Schwestern für tot erklären und den elterlichen Kotten auf die Namen ihrer Männer umschreiben. Ein halbes Jahr später tauchte Hinner, fließend Englisch sprechend, wieder auf. Seinen Anteil am Hof bekam er nicht zurück.

Jans Spökermann war mit ein paar Schrammen und Splittern davongekommen. Nach seiner Rückkehr sahen ihn die Nachbarn nur kurz, und zwar neben dem Hundezwinger, wo der alte Spökerbuar heftig mit den Armen wedelte, bevor Jans eiligen Schrittes davonzog. Spökerbuar hatte ihn bereits enterbt und alles für den Zweiten vorgesehen. Die Spökermännske rannte ihm mit weinenden Augen und einem Koffer hinterher. Jans fand Obdach über einer Brennstoffhandlung in Leiden, wo er bald mit Liesken zwei kleine Kammern bezog. Der Dechant hatte dem Paar zu einem neuen, reinen Anfang geraten, und Liesken bekam bald ihr erstes eheliches Kind. Fortan schleppte Jans fremder Leute Kohlen statt seiner eigenen Kartoffeln. Jänsken ließen sie am Deepen Grund zurück, wo der Kleine noch lange weinte. Die Nachbarjungs durften ihn jetzt ungestraft einen Bastard rufen.

Alois Vanwoldt und Hendok Natmäker kamen, äußerlich unversehrt, von ihrem Ausflug zurück, ohne je in Paris gewesen zu sein. Weiber wird es gegeben haben. Alois mit Eisernem Kreuz dekoriert und zum Feldwebel aufgestiegen. Franz-Jupp war den Schützengräben gerade noch einmal entkommen. Alois schrieb einen langen Brief an seine Schwester Maria, jetzt Schwester Laetitia. Sein Besuch im Kloster musste noch warten, denn die Grenzen ins Nachbarland waren wegen der Spanischen Grippe geschlossen. „Die Hostie von dir hat mich gerettet“, schrieb er. Ein Brief kam postwendend zurück: „Es war Gott, der dir geholfen hat. Ich habe ihn nur darum gebeten.“

Neufert ließ zum neuen Jahr 1919 die Kinder ein Gedicht aufsagen, von Johann Wolfgang von Goethe:

Feiger Gedanken,
Bängliches Schwanken,
Weibisches Zagen,
Ängstliches Klagen,
Wendet kein Elend,
Macht Dich nicht frei.
Allen Gewalten,
Zum Trutz sich erhalten,
Nimmer sich beugen,
kräftig sich zeigen,
Rufet die Arme,
Der Götter herbei!

Während der politische Teil im Saander Blatt noch lange mehrere Seiten umfasste, und in der Mitte auch die amtlichen Mitteilungen zur Zwangsabgabe blieben, wurden die hinteren Seiten mit den Todesanzeigen weniger. An ihre Stelle traten andere Annoncen: „Wiederaufnahme meiner Schneiderei", „Aus dem Felde zurück – fertige wieder elegante Herren- und Damengarderobe", „Pferdeversteigerung durch Truppenrückzug, bevorzugt an Besitzer von Kriegsanleihen." Den letzten Punkt unterstrich Alois.

Der Feldwebel, Reserve (1918 – 1939)

Unordnung

Saander Kreisblatt, 2. Januar 1919

Der Krieg ist aus und wir stehen vor einem Trümmerfeld, dessen Anblick uns das Herz zerreißt. Mutig und hoffnungsfroh sind wir hineingezogen. Jetzt liegen all unsere Hoffnungen und Erwartungen zerschlagen am Boden; umsonst haben wir vier Jahre lang geopfert und gedarbt, gekämpft und gelitten; nichts ist geblieben von unserer alten Kraft und unserer stolzen Freude, denn selbst das Reich, um dessen Bestand und Sicherheit wir über vier Jahre lang gekämpft haben, liegt zerschlagen am Boden. Tiefe Wehmut erfüllt uns an dieser Jahreswende, denn es ist schmerzlich Abschied zu nehmen von dem, was uns lieb und teuer war. Aber die Wehmut darf nicht unseren Willen lähmen und unser Herz vertrocknen. Wir sind ein geschlagenes Volk, vom Feind und von uns selbst geschlagen, aber doch ein Volk, das an eine Zukunft glaubt, weil es in sich die Kraft verspürt, zu leben und zu wirken.

Am Boden

Das neue Jahr begann mit strahlendem Sonnenschein.

„Glückseligs Niejoahr! Glückseligs Niejoahr!"

„Dat olle is vergoan mät Froiden und mät Lieden. Un jetz is dat niee doar; wat bräg dat wall vör Tieden."*

„Dänn Herrgott salt uss wiesen. Et mut jo wiedergoan."**

So begrüßten sich die Frauleute, die wie schwarze Trauben vor dem Kirchtor standen. Ihre Schals eng um Schulter und Hals geschlungen gingen sie gebeugten Ganges in die Kirche hinein, tauchten ihre steifgefrorenen Finger in das kalte Weihwasser, benetzten rasch Stirn, Brust und Schultern damit und huschten in die Bänke. In seiner Predigt rief der Dechant alle zur Mitwirkung an Wiederherstellung der Ordnung und zur Wiedererweckung des Geistes der Menschlichkeit auf. Man müsse den Groll in den Herzen und die Zwietracht

---

* Das Alte ist vergangen mit Freuden und mit Leiden. Jetzt ist das Neue da; was bringt es wohl für Zeiten.

** Der Herrgott wird es uns zeigen. Es muss ja weitergehen.

überwinden und sich nun der Zukunft, und dabei auch der Erziehung der Kinder, widmen. „Lasset uns das neue Jahr mit Mut und Gottvertrauen begrüßen!“, hatte er eindringlich von der Kanzel gerufen. Begleitet von donnernder Orgel schob sich die Menge wieder nach draußen.

„Was sollen wir denn begrüßen? Die Kontrolleure vom Amt, die mir immer noch die Schweine von der Leiter holen? Oder das Gesindel, das jeden Tag zum Betteln und zum Klauen kommt?“

„Und die gottlosen Bolschewiken?“

„Von den Bauern hat er nicht einmal gesprochen.“ So schimpften die Männer nach dem Hochamt auf dem Weg zur Wirtschaft.

Eine Gruppe Veteranen, darunter Alois, stand seitlich des Tores. „Wie ist es dir ergangen?“, fragten sich die Männer gegenseitig. „Ist noch alles dran?“, witzelte einer.

Demokratie

Der Saal bei Kraane war voll. Die Tische waren zu einem U zusammengeschoben, an dessen Rundung die drei Vorsitzenden saßen. Der breite Schulzendiek im grünen Loden in der Mitte, rechts der schmale Neufert in seinem grauen Überzieher, links der lange Koopmann im dunklen Anzug, das Kreuz am Revers. Rauchschwaden zogen über den Köpfen hinweg, an den Fenstern bahnten sich Dunsttropfen ihren Weg nach unten, wo sie sich auf dem verwitterten Fensterbrett zu kleinen Pfützen sammelten. Zwei Fräuleins gingen mit Tabletts und Flaschen um die Tische rum. Im Thekenraum kam Luise kaum mit dem Schenken nach. Das Geschäft lief endlich wieder an.

Es war ein ungewohntes Bild, wie diese drei ungleichen Herren da vorne nebeneinandersaßen und miteinander plauderten. Kreuzträger Koopmann schien ganz in seinem Element. Er beugte sich hinüber zu den beiden Nachbarn: „De-mo-kra-tisch“, hörte man ihn jede einzelne Silbe mit spitzem Mund betonen. Wie pikiert zog er die Augenbrauen nach oben und die Mundwinkel nach unten. Sein schmales Gesicht mit der langen Nase, dem hervorstehenden spitzen Kinn, darunter ein magerer Kehlkopf, wurde dadurch noch länger. „De-mo-kra-tisch-e Wahlen! Und ge-heim!“, wiederholte er, nun mit dem rechten Zeigefinger nach oben. Neufert schaute ihm mit einem Schmunzeln zu. Im Unterricht hatte er aus Wilhelm Busch vorgelesen und die Bilder dazu gezeigt. Ein Schüler hatte strahlend auf Schneider Böck getippt und stolz „Onkel Koopmann“ gerufen. Auch Schulzendiek schien amüsiert, wenngleich aus anderem Grund: „Quasselbude, hätte der Kaiser gesagt!“ Seine Jacke spannte am Bauch, so sehr, dass man um die Knöpfe fürchten musste.

Es dauerte eine Weile, bis alle Männer ein Pinneken vor sich stehen hatten, sich das Stühlerücken und Gemurmel legte. Koopmann tätschelte dem Fräulein im Vorbeigehen auf den Hintern. Kurz darauf zog sie die Flügeltüren von außen zu. Schulzendiek erhob sich von seinem Platz und schlug mit seinem Messer an ein Glas, Koopmann unterstützte ihn mit einem lauten Händeklatschen.

„Mannslö! Alle tohören! Es geht heute um eine wichtige Sache. Ihr wisst alle, worum es geht: Die freien Reichstagswahlen. Für die Nationalversammlung. Das wollten viele von euch lange haben, jetzt bekommt ihr es. Wer die Wahl hat, hat die Qual. Davon einmal abgesehen: Wir wollen mit der Zeit gehen!" Koopmann prostete ihm zu: „Richtig!"

„Ihr habt es alle im Blatt und in den Aushängen gelesen. Plakate überall. Der Pastuur hat auch davon gesprochen. Deshalb muss ich hier nicht lange reden. Ich will nur klarstellen, dass ihr euch alle für die Wahl eintragt. Und Sonntag, den 19. Januar, in die Schule zum Wählen geht. Is dat kloar för alle? Verstoan?"

„Jo, jo. Verstoan!", kam ein Grummeln zurück. „Sicher."

„Und damit das auch alle wissen: Alle ab zwanzig Jahre dürfen wählen, egal ob Fürst oder Bauer oder Handwerker oder Knecht, ob katholisch oder ungläubig. Auch die Frauleute und Mägde. Und Soldaten. Und es ist alles geheim." Er wartete einen Augenblick, schaute in die Runde und setzte grinsend fort: „Nicht mal dem Pastuur und dem Gendarmen, wenn die euch fragen, müsst ihr was sagen…"

„Ook nich biechten?", rief jemand von hinten und erntete dafür ein paar Lacher. „Nein. Auch nicht beichten. Das muss man nur vor Gott verantworten", gab Neufert zurück.

„Mit den Frauleuten? Was soll das nur werden?", zwinkerte Koopmann mit den Augenbrauen. Aber der Schulze fuhr sachlich fort.

„Die Parteien stehen ja alle im Kreisblatt und auf den Plakaten. Für uns Bauern, das hat auch der Pastuur gesagt, kommt nur eine in Frage: Das Zentrum!"

„Na, na!", schüttelte Neufert den Kopf: „Mal langsam. Das muss jeder selber wissen. Sie haben es ja gerade noch gesagt: Es gibt viele Parteien."

„Ha! Wen meinst du denn da?", warf Kerkhuus ein. „Die Roten und die Bolschewiken aus Russland und Berlin. Den Spartakus? Die brauchen wir hier nicht! Vielleicht ihr Studeerten? Ha, ha!"

Doch Neufert lehnte sich entspannt zurück. Wie seine Schüler in der Klasse nahm er den Finger nach oben, wartete geduldig bis Schulzendiek mit weiteren Erklärungen fertig war und ihm das Wort erteilte. Eine laute und klare Lehrerstimme war zu hören:

„Meine Herren! Eines muss jeder wissen. Egal, was der Pastuur oder der Lehrer oder sonst wer sagt. Bei geheimen demokratischen Wahlen, in einer Demokratie, kann, ja muss jeder selbst entscheiden. Jeder!"

„Sprichst ja gescheit daher, Magister!“, rief einer der jungen Veteranen von hinten „Bist selbst mit deinem Arsch am warmen Ofen geblieben. Darfst du überhaupt wählen?!“

„Genau, genau ... “, war von einigen neben ihm zu hören. Schulzendiek schlug zwei Pinnekes zusammen:

„Ruhe, meine Herren, Ruhe! Das ist eine wichtige Sache hier. Müssen uns vertragen. Nützt ja nicht.“

Neufert, an derartige Sprüche längst gewohnt, verzog keine Miene. Stattdessen stand er ruhig auf und hob den Stapel Papier, der vor ihm lag, in die Höhe:

„Hier habe ich Blätter mit den Namen aller Parteien darauf. Die könnt ihr in Ruhe zu Hause studieren. Denn es gibt neben dem Zentrum natürlich auch noch die Sozialdemokratische Partei SPD und die Deutsche Volkspartei DVP. Und noch weitere....“

„Wer hat uns verraten? Die Sozialdemokraten!“, kam jetzt wieder der hinten.

„Jawoll! Die Sozialdemokraten!“, pflichtete der andere bei.

„Magst ja recht haben“, warf Alois Vanwoldt von der Mitte aus ein, „aber lass den Magister doch mal ausreden!“

„Genau! Ruhe jetzt! Ruhe!“ Schulzendiek schlug so heftig mit der Faust auf den Tisch, dass sein Jagdhund, der neben seines Herren Füßen gedöst hatte, erschrak. Jetzt sprang er mit einem kurzen Bellen auf; sein braun glänzender Kopf tauchte mit halb aufgerichteten Ohren über der Tischplatte auf und schaute zu seinem Herrn. Der umfasste mit ganzer Hand das lange, grauschwarz gefleckte Maul des Tieres, „Hasso, lieg!“, und sofort verschwand es wieder unter dem Tisch.

„Und noch etwas“, machte Neufert weiter, „ihr habt es ja gesehen. Es gibt jetzt überall Versammlungen, auch für die Frauleute, Jungfrauen wie Getraute. Das könnt ihr den euren zu Hause sagen.“ Schulzendiek klopfte Neufert auf den Rücken:

„Da hat der Herr Magister wieder einmal recht!“ Koopmann nickte. „Mit der Zeit gehen. Nützt ja nicht. Hat auch sein Gutes.“

„Also: Sonntag, neunzehnter, nach dem Hochamt, in der Schule!“

Danach gab es keine weiteren Vorkommnisse mehr. Alle schauten auf die Blätter, die sie vor sich liegen hatten. Es gab noch ein paar Fragen zu den Knechten und Mägden, den Dullen und denen, die des Lesens und Schreibens nicht mächtig waren. „Den alten Frauen müsst ihr helfen“, erklärte Schulzendiek, „brauchen nur Kreuze machen, aber nur eins, nicht drei wie sonst.“ Und schloss die Sitzung, während viele, nicht alle, anerkennend auf das Holz klopften. Der Unruhestifter war bereits gegangen.

In den Tagen danach überschlugen sich in den Zeitungen und Kästen die Anzeigen der Zentrumspartei, der Sozialdemokraten, der Deutschen Volkspartei,

Gewerkschaft der deutschen Eisenbahner, Zentrumspartei-Fürstenfeld-Versammlung, Bergarbeiterversammlung und wie sie alle hießen, sogar eine Frauenversammlung warb für sich. Alois besuchte am Nachmittag die Wahlversammlung des Zentrums der christlich-demokratischen Volkspartei auf Dreikönig. Das Eingangstor der Schule war bunt wie noch nie mit Plakaten und Blättern beklebt, sogar eine Bretterwand daneben, alles wie aus einer fremden Welt. Ein starker Mann, wohl ein Zechenarbeiter, mit einem schweren Hammer. Eine gebeugte Frau, mit vier Kindern. Ein feiner Mann im Anzug. Ein kriechender Soldat in Uniform. „Ruhe, Ordnung, Frieden", stand auf einem, „Achtet auf den rechten Weg". „Frauen! Gleiche Rechte und Pflichten", „Kriegsteilnehmer, wofür habt ihr euer Blut vergossen?", „Neubau", „Freiheit", „Gegen Diktatur von rechts und links".

„Wat sall dat bedüün?", schüttelte Helmine Floiter den Kopf. „Wie bünt doch alle Buarn?"

Die Ankündigungen im Kreisblatt standen mitten unter den Anzeigen für entlaufene Hunde, Bekanntmachungen zur Fleischversorgung, Holz- und Mobiliarverpachtungen, Gesuchen nach Mädchen, Knechten, Bürogehilfen und Geschäfts-Wiedereröffnungen. Am fettesten aber waren die Lettern von Cirkus Blumenfeld, die in diesen Tagen überall auf der dritten Seite des Saander Blattes prangerten. Am Tag vor den Wahlen verteilten Liliputaner in Frack und Zylinder auf dem Saander Marktplatz Werbeblätter für eine großartige Schau:

> *Abends, 8 Uhr, Gala-Eröffnungs-Vorstellung mit Großstadt-Programm in höchster Vollendung, erstklassige Künstler und vorzügliche Dressuren edler Pferde. Sonntag zwei Vorstellungen nachmittags und abends! Festplatz Saande.*

Während der Zirkusdirektor die erlauchte Saander Gesellschaft mit großer Geste und Tusch willkommen hieß, breitete Alois am Deepen Grund, nach Grießbrei und Rosenkranz, am Küchentisch die Papiere für seine Eltern und Geschwister aus. Mit dem Finger zeigte er auf das einzig in Frage kommende Kästchen, und Natz nickte: „Kloar!" In diesen Dingen, was Politik anging, waren Vater und Sohn sich einig.

Am Sonntagmorgen drängten sich dort, wo sonst die Kinder Völkerball und Fangen spielten, die Sonntagskutschen, Jiksen, Räder und sogar ein paar Autos. Männer und Frauen, im besten Sonntagsstaat und mit dem Leib Christi gestärkt, standen überall in Gruppen. So einen Auflauf hatte es an der Schule seit der feierlichen Eröffnung vor fünfzehn Jahren nicht mehr gegeben.

Im Vorraum hatte sich eine lange Reihe gebildet. Im Klassenraum saßen an zwei Tischen zwei Amtliche aus Saande, daneben Schulzendiek, Neufert und Koopmann, alle in Fliege und Kragen.

„Weißt du denn wohl, wo du das Kreuzchen machen musst? Oder soll ich helfen?“, neckte der alte Natmäker Zenta Klümper, die vor ihm stand – ein ungewohntes Bild: „Ihr Frauleute kriegt es ja jetzt auch zu sagen.“ Zenta winkte mit ihren beiden Händen, groß wie kleine Forken, ab: „Geh mir bloß weg! Ihr Mannsleute macht doch nur Krieg!“ Dem hatte nicht einmal Natmäker etwas entgegen zu halten. Zenta gehörte zu denen, die lesen und schreiben konnten. Alois ging Mooder zur Hand.

Schon am frühen Nachmittag hatte Neufert hinter fast jedem Namen ein Häkchen gemacht. Man vertrieb sich die Zeit bis zum Abend mit Doppelkopf und Skat. Mette brachte Gebäck und Pfefferminztee. Schulzendiek ließ Schnaps aus seinem Keller holen. Am Abend füllte sich der Klassenraum erneut mit ein paar Dutzend Männern; gemeinsam zählten sie zweimal durch. Neufert schrieb alles auf ein blütenweißes Blatt Papier, Koopmann warf einen stillen Blick darauf. Schulzendiek nahm es zur Hand und stand feierlich auf:

„Meine Herren. Ich gebe das Ergebnis der ersten freien Reichstagswahlen bekannt: Stimmen 488, Zentrum 481!“ Klatschen im Klassenraum und ein Kommentar: „Ist ja klar, wer die anderen sieben waren!“ „Ja, sicher.“ „Nützt ihnen aber nicht!“ Gemeinsam formulierte der Vorstand den Bericht, Neufert schrieb auf:

> *Die Reichstagswahl fand im Klassenzimmer I der Schule I statt. Wahlvorstand waren Gemeindevorsteher Schulzendiek, weiterhin die Bürger Veehdreewer, Steenert, Koopmann, Passling und Neufert. Wahlberechtigt waren Männer, Frauen, Jungfrauen, Jünglinge, im Ganzen 515. Davon haben wir 488 Stimmen gezählt. Es entfielen für das Zentrum 481, für den Gewerkschaftsvorsitzenden EM Schiffer Düsseldorf 7 Stimmen. Kranke und alte Leute ließen sich per Wagen vorfahren. Die Wahl verlief ohne Störung.*

„Moi, moi!“, schloss Schulzendiek. „Jetzt müssen wir nur noch sehen, was es in Berlin und sonst wo gibt. Ob die auch so vernünftig sind.“

Nein, waren sie nicht! Wenige Tage später standen die Wahlergebnisse für ganz Deutschland im Kreisblatt: Im Münsterland waren sie gescheit gewesen, das Zentrum stark. Aber in Berlin, in der Nationalversammlung, hatten die Sozialdemokraten gewonnen. Wenig später war Friedrich Ebert der neue Reichspräsident. Der Kaiser, auch der ein Verräter, das schien nun allen endgültig klar – Wilhelm der II würde nicht wiederkommen.

„Zu Lichtmess spürt man den Tag schon wieder“, sagten die Frauen, als sie mit ihren geweihten Kerzen in der Hand am frühen Morgen aus der Kirche traten. Ein breiter Fächer weißer Sonnenstrahlen brach durch dunkle Wolken nach unten durch. „Der Winter ist noch nicht zu Ende!“, seufzte eine von ihnen, „Wir müssen alle noch lange Kraut und Runkeln essen.“ Am Deepen Grund würde es für karges Essen reichen. Ein paar Kühe und Schweine standen im Stall. In den Scheunen lagerten ein paar Zentner Kartoffeln und Roggen, eine Karre mit Rüben, Heu und Stroh, mehrere Schanzen Holz, im Keller ein paar Fässer und Krüge mit Kraut, Bohnen und Zwiebeln, auch ein paar süße trockene Pflaumen und Birnen. Hinter der Timmerkaamer ruhte eine Kiste in der Erde. Das war nicht viel, doch weit mehr als das, was manch anderer hatte. Am Ende der Däle stand noch immer Stines Weidenkorb, mal mit einer kleinen Rübe oder einer Handvoll Kartoffeln darin. Der Dechant hatte vor der Kollekte von „Barmherzigkeit und Nächstenliebe für die Notleidenden im Ruhrgebiet“ angemahnt. Es kamen ein paar Münzen und kleine Scheine zusammen.

Dafür tobte der Karneval mit Bällen und Schauspielen doller als je zuvor. „Tanzwut“ und „Sittenverfall“, wetterten Dechant und Kanoniker von Sankt Raphaels Kanzel, „Sodom und Gomorrha.“ Alois und Hendok entschieden sich für das Winterfest für heimgekehrte Krieger in Ramersdorf. Joseffi kürzte Alois den langen, schweren Soldatenmantel und ersetzte den Kragen an der Uniform. „Damit würde ich dich gerne auf dem Fest sehen“, reichte sie ihm die geplättete Jacke. Da war sie, der Krüppel, zwanzig Jahre alt und wusste, dass sie auf solchen Festen, weder jetzt noch später, nichts verloren hatte.

Der Reichsernährungsminister ordnete im Frühjahr 1919 zusätzliche Hofkontrollen an. Im Floiterhook blieb es bei der bewährten Absprache. Wer den Wagen mit den Herren vom Amt zuerst sah, schickte sofort seine Jungs an die anderen los. Den alten Veehdreewer hätte es am Ende doch noch beinahe ins Kittchen gebracht. Er nahm nicht mehr die Forke, wenn die „Verbrecher vom Amt!“ kamen. Dafür hetzte er ihnen den Schäferhund hinterher, noch bevor sie alle wieder im Wagen saßen: „Fass, Caesar, fass!“ Es war erneut Fuhrknecht Lieb, der alles rettete: „Der Herr ist nicht mehr bei Verstand!“

Am Deepen Grund ging ein Verbrecher anderer Couleur ins Netz. Mitten in einer mondlosen Nacht weckte der schlaue Harras seinen Herrn am Bett mit einem stillen, doch drängenden Winseln, ein sicheres Zeichen für Gefahr im Verzug. Natz sah im Garten eine dunkle Gestalt, die Stück für Stück die hängengebliebene, leuchtende Weißwäsche von der Leine nahm. Kurz darauf warf Alois von hinten eine Pferdedecke über den Mann, während Natz ihm die spitze Grepe vor den Bauch hielt: „Bandit! Ik sall die hälpen!“, und den um „Gnade! Gnade“ Rufenden zu Boden schlug. „Halunke!“, stieß Natz noch einmal nach, „Gnade Gott mit dir, dass ich dich leben lasse!“ Stine bekreuzigte sich. Mit einem Kälberstrick wickelten die Männer den Banditen ein, stießen den Stolpernden auf die Däle und ketteten ihn zwischen den Kühen an, Harras jetzt kläffend vor ihm. Am Morgen holte Alois den Gendarmen, der ihn mit ins

Saander Kittchen nahm. Am nächsten Morgen lasen es alle bei Kraane in der ausgelegten Zeitung:

Saander Kreisblatt, Wiesken, 25. April 1919

Gesuchter Krimineller gefasst. Auf einem Wieskener Hof konnte die Saander Polizei gestern den flüchtigen Dieb, Friedrich Vogtländer, arbeitsloser Bergmann aus Essen, festsetzen. Bei dem nächtlichen Versuch, Laken von der Wäschleine zu stehlen, konnte der Stellmacher Bernhard Vanwoldt ihn durch geschicktes Vorgehen überwältigen. Der Gefasste wird zudem verdächtig, einer Witwe in Essen Schmuck entwendet zu haben. Er wird in das Zuchthaus Münster überführt.

Anerkennend klopften die Männer Natz auf die Schulter. Noch lange erzählten Alois und er jedes Detail, und fügten jedes Mal ein weiteres hinzu.

Beim Hinausgehen, schon draußen vor der Tür, Ostermontag, sahen sie ein paar ärmlichen Gestalten auf der Bahnhofsstraße nach: „Kiek, doar loopt se wär!", sagte einer, „Was sie vom Amt nicht holen, holt sich das Gesindel selbst!" „Dat is also De-mo-kra-tie!", spuckte jemand den braun zerkauten Priem auf den Boden.

Die Schmach

Alois verzichtete auf die Gastwirtschaft und entschied sich für eine Zigarre. Bedächtig klopfte er sich den Regen von Hut und Mantel und trat, mit dem hohen Bimmeln an der Tür, in den Tabakladen, wo ihm sofort dichter Zigarrenqualm entgegenschlug. Die Gruppe Männer, die dort zusammenstand, war so mit sich selbst beschäftigt, dass niemand seinen Gruß erwiderte. Inhaber Icking mit seiner Halbglatze und der dicken runden Brille, und einem roten Binder, stand laut wetternd hinter der halbleeren Glasvitrine, auf der das Saander Kreisblatt ausgebreitet war. Alois war die Schlagzeile wohlbekannt.

„Hauptmann Geburzky - Denkschrift für die heimgekehrten Krieger über die Ursachen unseres Zusammenbruchs." Alois erkannte Friseur Spange, der in den vier Jahren seine eigenen Haare in Belgien und der Ukraine verloren hatte. Neben ihm stand der alte Bauer Groemping, der zwei Söhne vermisste. Am Spiegel lehnte ein mittelalter Langer, den Alois nicht kannte, in einem vornehmen Überzieher, gepflegtem dunklem Bart und Schnauzer, ein Studierter vielleicht. Icking selbst war, wegen seiner schlechten Augen, nicht Soldat gewesen. Dabei wäre er, ein „glühender Patriot", wie er besonders jetzt, nach dem Krieg, behauptete, selbst gern dabei gewesen. Seine drei Jungs gingen noch zur Schule. Jetzt klopfte er, einen Zigarillo in der rechten Hand, mit der linken Faust so heftig auf das Glas, dass man Angst um sein Zerspringen haben musste.

„So ein Quatsch! Mit dem Franzmann hätten wir zusammengehen sollen!? Ausgerechnet! Und 1871 Elsass-Lothringen wieder hergeben sollen, oder was!? Hat mein Vaader beide Beine für gelassen!“ In Ickings Mundwinkel bildete sich Spucke, ein Tropfen fiel aufs Glas. „Und so ein Verräter will Hauptmann sein? Wir hätten doch ... !“ Jetzt begann Icking heftig zu husten, legte den Viertelzigarillo in den tellergroßen, kristallenen Aschenbecher und nahm die Brille ab, so dass man seine kleinen, rot entzündeten Augen sah. Mit einem weißen Tuch, das er aus dem Ärmelschoner zog, schnäuzte er sich. Spange nutzte die kleine Unterbrechung.

„Das Schlimmste ist doch: Wir sind all die Jahre durch den Dreck gekrochen, viele elendig krepiert. Aber: Wir waren unbesiegt im Feld! Unser Kaiser, die Generäle, jetzt die sogenannten Diplomaten? Haben all die Jahre mit ihrem Arsch auf den Sofas gesessen. Und am Ende haben sie alles auch noch einfach hergegeben!“

Icking nickte heftig, wischte sich mit dem Taschentuch noch an der Nase, als er bereits seine kleine Rede fortsetzte.

„Wir hätten doch viel mehr gekonnt! Wir waren doch fast so weit, kurz vor Paris und bis auf die Krim. Noch vor einem Jahr, kurz vorm Sieg, sogar die Russen konnten nicht mehr.“

Alle schauten auf Icking, während der endlich wieder seine Brille aufgesetzt hatte und nun, beinahe überrascht, rundum auf seine Kundschaft schaute. „Oder etwa nicht?“

Groemping nahm ruhig seine Kappe vom Haken und knöpfte, kopfschüttelnd, den Mantel zu. „Recht hat Geburzky. Das ganze Elend hätten wir uns sparen können. Von Anfang an. Die Engländer und der Franzmann, die haben sich ordentlich zusammengetan. Und was hat unser Wilhelm gemacht? Mit den Osmanen ist er!“

„Ausgerechnet. Mit den Muselmanen“, schüttelten Spange und Icking den Kopf. Eine kleine Rauchpause trat ein.

„Was hätte unser Kaiser denn tun sollen, damals? Wir waren doch in der Zange“, meldete sich jetzt der Dunkelbärtige, in bestem Hochdeutsch. „Im Westen die Franzosen und Engländer, und im Osten die Russen, damals. Eine Verstärkung hätte das Schlimmste verhindern und die Ehre wenigstens retten können.“

Grömping stand schon in der offenen Tür:

„Ehre! Ehre! Ehre! Unbesiegt im Feld? Ich hatte zwei Söhne, beide liegen jetzt irgendwo unter der Erde! Und mein Schwager auch, meine Schwester Heti und Kinder wissen nicht einmal, wo. Und du, Icking? Häss du wall vergäten?! Dien eegene Söster kennt örnen Mann nich wär*. Stottert dummes Zeug und zittert. Kann sich nicht mal einen Strick binden, so wackeln die Hände! Muss ins Irrenhaus. Go mie wäch met dien Heldentum!** Good goan!" Mit einem heftigen Bimmeln knallte die Tür zu. Stumm sahen ihm die Männer nach. Erst jetzt schien Spange Alois zu bemerken: „Vanwoldt. Du warst doch die ganze Zeit dabei. Du, Feldwebel, was meinst du denn?"

Alois zögerte: „Haben alle vielleicht recht. Aber eins weiß ich sicher: An de Soldoten, ant Heer van uise Kaiser, an uis, doran häww dat bestimmt nich lägen***. Und wer weiß, wäre die verdammte Spanische Grippe nicht gewesen, hätte alles anders geendet. Und klar ist auch: Was die jetzt verhandelt haben, ohne uns, das ist nicht richtig, das ist Verrat! Das kann so nicht bleiben! Die ganze Kriegsschuld sollen wir auch noch haben."

Spange nickte: „Genau. Das geht nicht. Da wollen wir mal sehen, was unsere Neuen, der Ebert und die Nationalversammlung, können. Bloß: Die einen haben den Karren in den Dreck gezogen, die anderen sollen ihn jetzt wieder rausholen!"

Der Dunkelbärtige schüttelte mit dem Kopf: „Das ist sicher richtig. Aber da müssen wir realistisch bleiben. Mit den Roten und den Juden. Ha! Was sollte von denen kommen? Die sind uns doch in den Rücken gefallen!"

Icking hatte sich hinter seiner Vitrine wieder gefangen: „Was haben denn die Juden damit zu tun? Haben genauso in den Gräben gelegen, wie andere auch. Hier, unser Stadtrat, Oppen, hat sich die Beine kaputt schießen lassen. Haben auch alle Eiserne Kreuze bekommen."

„Und, wo waren Sie im Krieg?", wandte sich Spange dem Dunkelbärtigen zu.

Doch im selben Moment bimmelte die Tür und die kleine Effi Kaanen, ein süßer Fratz mit bunten Schleifchen in ihren wippenden Zöpfen, kam herein, um bitte für Papa drei Zigaretten zu holen. Ickings Gesicht hellte sich augenblicklich auf, „Guten Tag, Effi, alles fein heute?", was Effi mit einem spitzen Mündchen und eifrigem Kopfwackeln bejahte. Mit neugierigen, jetzt ernsten Augen schaute sie sich nacheinander von unten nach oben die umstehenden Herren an. Icking kramte eine Schachtel hervor und wickelte vier Zigaretten in ein kleines Tütchen. „Sag' Papa einen schönen Gruß – und Mama auch, hörst du?!" „Danke. J-a-a-a", sang die Kleine und hüpfte mit einem hellen Türbimmeln wieder hinaus. Icking lächelte hinterher, dann streckte er jedem der Männer eine Zigarette entgegen: „Mannsleute, heute ist Sonntag. Lasst uns froh sein. Der Krieg ist vorbei, das ist die Hauptsache! Hier eine Zugabe von mir. Für euch siegreiche Heimkehrer!"

---

* Hast wohl vergessen? Deine eigene Schwester erkennt ihren Mann nicht wieder.
** Geh mir weg mit deinem Heldentum!
*** An den Soldaten, am Heer unseres Kaisers, an uns hat es bestimmt nicht gelegen.

Wenige Monate später, Mitte Mai, stand draußen der Frühling in vollster Pracht, doch in den Herzen brannte es wie Feuer. Ickings Laden war in diesen Tagen immer voll.

„Welche Hand müsste nicht verdorren, die sich und uns in diese Fessel legt!", rief Spange mit bebender Stimme und erhobenem Finger. „Das Diktat unterschrieben! Das sollen die Franzosen büßen."

„Alles Schuld der Roten und Demokraten. Juden!" Der Dunkelbärtige stand nun auch mittendrin.

„Das nennt sich jetzt demokratische Reichsregierung!?"

„Eine Schande! Besser Krieg als diese Schmach! Versailles!"

Alois rührte sich nicht. Dann nahm er den Hut und lief zur Tür: „Stimmt. Aber muss ja nicht wieder Krieg sein. Good goan, meine Herren."

An diesem Sonntag fuhr er zu seiner Schwester Liesken und Schwager Jans. In ihrer armseligen Wohnung standen zwei graue Teller auf dem Tisch. Es roch muffig nach Graupensuppe. Lieskens sonst so eingefallenen Wangen erschienen rundlicher als sonst, ein wenig rosig sogar. „Was sagst du, Jans", wandte sich Alois an den Kameraden, „dafür sind wir nicht in den Krieg gezogen ..." Jans hob die Schultern, zögerte. „Nein, sind wir nicht. Aber das Leben muss weitergehen. Berlin ist weit weg", sagte der Schwager. „Durch einen Dornwald müssen viele gehen," legte Liesken ihm ihre Hand auf die Schulter, stellte ihm eine Tasse hin. „Hier ist Holundertee. Der tut gut."

Natz und Alois

„Kiek, löpp as'n Döppken!"*, sagte Füllenkamp, als Alois sich das nagelneue Rad ansah. Füllenkamp hatte das Vorderrad angehoben, ihm einen kräftigen Stoß versetzt, so dass die Speichen nur so blitzten. „Wieder mit Gummibereifung!" Und nach einer Pause, während derer Alois prüfend nach unten blickte: „Was soll das Rad kosten?" „Da werden wir uns schon einig", versicherte ihm Füllenkamp. Doch bevor Alois zuschlug, lief er zur Sparkasse, ging mit dem Bankmann seine Papiere durch, rechnete Sold und Anleihen zusammen: „Ein altes Pferd und ein neues Rad ist drin", schloss der Mann. „Hast lange genug im Schlamm gelegen. Gönn' dir was! Hart genug verdient!" Alois kaufte das Rad. „Loat

---

* Schau, läuft wie geschmiert!

suusen!"*, rief ihm Füllenkamp nach, als er sich draußen auf das Rad schwang und gleich mit Rückenwind kräftig Fahrt aufnahm.

Er fand Alba unter den Beständen der Armee. Es bedurfte mehrerer Anläufe auf den Märkten, bis er unter den ausgemergelten Kleppern die weiße Stute fand. Noch bei Nacht war Alois dieses Mal losgefahren, hatte im Morgengrauen auf dem Weg den Schimmel gesehen und sofort zugeschlagen. Im Krieg hatte er den Umgang mit Pferden gelernt und verstand etwas davon. Nur kurz prüfte er Gebiss und Hufe, strich dem Tier über die flachen Flanken, aus denen die Rippen stießen. Es blieb ruhig stehen. Alois holte eine Handvoll Hafer aus seiner Kitteltasche, die weichen Lippen nahmen es sofort auf. „Wo bist du wohl gewesen? Westfront? Ostfront?" Doch Alba malmte nur das Getreide, blähte die Nüstern und wackelte mit den Ohren. Es war das erste Pferd bei Vanwoldts. Alois und Alba pflügten und eggten, halfen den Frauleuten beim Mistausfahren, besorgten neue Saatkartoffeln, ein paar Sack Dünger und Zement, soviel, wie Alois von dem wenigen Geld und den knappen Gütern erwerben konnte. Zu Pfingsten flocht Alois leuchtende Hundeblumen in Albas gestriegelte schwarze Mähne, die sich wie ein Band von Albas langem weißen Hals abhob. „Kiek", schmunzelten die Leute, „dat is dänn Sönn von Natz, dänn Stellmaker, Alois, met dänn Schimmel!" Manchmal saß ein kleiner Junge, Jänsken, neben ihm. Dann hieß es: „Mät dänn Bastard".

Er lief die Wiesen und Felder ab, setzte die Zäune instand, füllte die Schlaglöcher mit Steinen auf, rupfte Gras aus dem losen Mauerwerk und stopfte sie mit Lehm und Zement. Er besserte das morsche Holz am Gatter aus, setzte am Haus ein paar neue Scheiben ein, richtete die zugigen Fenster neu. Mit einem Rest Farbe, den er irgendwo fand, strich er den Scheunengiebel weiß, so dass sie, endlich wieder, durch das frische Grün bis zur Chaussee leuchteten. „Der junge Feldwebel räumt auf!"

Er fragte Mette Neufert, die sich nach langer Trauer wieder gefangen hatte, ob er sich einmal die Bücherei ansehen dürfe. Sie strahlte, weil sich jemand für ihr Angebot interessierte. „Schauen Sie", lächelte sie Alois an und strich mit ihren zarten Händen die Buchrücken entlang. „Hier sind die antiken Klassiker, Homer und Euripides; kennen Sie Medea? Und hier die deutschen, Schiller, Goethe, Fontane, Gerhard Hauptmann! Hier unten die Ausländer, Flaubert und Sinclair. Müssen Sie unbedingt lesen! Und wenn Sie etwas ganz genau wissen wollen", zeigte sie auf die blauen Meter ganz unten, „hier steht unser Brockhaus, nicht mehr ganz auf dem neuesten Stand. Die Atlanten sind ein Geschenk meines Vaters, auch manches überholt, aber das wissen Sie ja selbst." Alois staunte: „Ho! Was empfehlen Sie mir denn?" Gegen eine Gebühr von zehn

* Lass es sausen!

Pfennig erhielt Alois ein kleines Heftchen, in dem Mette sorgfältig Ausleihe und Rückgabe vermerkte.

In der noch leeren Tabelle machte sie die ersten beiden Einträge: „Karl May, Durchs wilde Kurdistan. Theodor Fontane, Effi Briest." Abends saß Alois nun am Fenster oder unter der tief gezogenen Petroleumlampe. Die Tabelle füllte sich rasch.

Nicht genug damit. Er bestellte ein Abonnement des Saander Kreisblattes, das der Postbote fortan viermal wöchentlich – von unzumutbaren Wettertagen abgesehen – zum Tienührken bis in die Vanwoldtsche Küche brachte, „Ruttschmätten Geld … !", grummelte Natz, um sich dann als erster die Zeitung zu nehmen. Es kam vor, dass Alba schon draußen mit den Füßen scharrte, und Harras ungeduldig an der Küchentür stand, während die Männer noch über der Zeitung saßen. Der gemeinsam, obgleich anders verspürte Zorn über die „neuen Herren in Berlin", war das wenige, was Vater und Sohn einte.

Im Wonnemonat Mai meldete er sich zu einem Tanzkursus bei Gasthof Neimann an. Noch immer juckte es ihn in den Hüften und Beinen beim Radetzkymarsch und manchmal, auf dem Feld, pfiff und dirigierte er ein „tüderüt-tüderüt-tüderüttüttü", so dass Alba und Harras die Ohren spitzten. Den Wiener Walzer und Foxtrott hatten sie im Krieg nicht gelernt. „Geht der feine Herr in die Stadt tanzen", spottete Natz, als er eines Sonntags im Anzug vom Hof wegfuhr. „Sind wir Buarn dir nicht mehr gut genug?" Alois trat heftig in die Pedale. Bei Neimanns forderte er das hübsche Fräulein Sarah mit den dunklen Locken auf. „Ik bin uss Kölle", erklärte sie mit einem kecken Lächeln, „helfe bei Onkel und Tante im Modehaus Rosen aus." Und Alois lachte zurück: „Ik war ooch a mol am schönen Rhein", wobei er Schwung aufnahm, „kenne'se dat Denkmal mit de grosse Kürraiser?", jetzt enger um ihre schmale Taille fasste und sich mit ihr drehte. „Dat darf man so eng awwer nich, der Herr!", hob sie mit einem Lächeln kurz den rechten schmalen Zeigefinger hoch und schob zugleich ihren Tanzpartner ein wenig zurück. Mit ihr, in dem hellblauen Sommerkleid, war der Walzer mehr ein Schweben als ein Tanzen.

Er traf sich regelmäßig mit anderen Veteranen zum Kartenspiel, Hendok Natmäker und Ludwig Langenkämper, Kreuzträger Koopmann und Holthuus, letzterer ein mittelgroßer Bauer und staatlicher großer Mann, woran auch die paar abgefrorenen Finger an jeder Hand nichts änderten. Bei Kraane saßen sie zu fünft am immerselben runden Tisch in der Fensterecke. Bei Holthuus trafen sie sich in der großen Vorderküche am Feuer. Bei Langenkämpers waren es eine grob geschlagene Bank und ein Tisch, wo sie sich an gemeinsame Zeiten in Russland erinnerten. Eines Tages präsentierte Koopmann die Idee mit der Wiederbelebung des alten Kriegervereins: „Wenn wir schon keinen Kaiser und kein Heer mehr haben, wollen wir doch wenigstens unsere eigenen Garden mit

Schmiss!“ Alle klopften heftig auf den Tisch. „Den tapferen gefallenen Soldaten und uns selbst, allen überlebenden Kameraden zur Ehre!“

Dem Ältesten der drei Kreuzträger, Hermann Holthuus, stand die offizielle Neugründung zu. Ja, es war sogar seine Pflicht, zumal er ein stattlicher Mann und mittelgroßer Bauer war, bereit, auch in großer Runde das Zepter zu schwingen. Schon nach einem Monat zählte man das hundertste Mitglied, genug, um den ganzen Sommer über ein großes Fest vorzubereiten und zu feiern. Im Oktober war es soweit. Beim Tienührken sprang ihnen die große Anzeige im Kreisblatt entgegen, größer als die des Riesen-Zirkus Alfred Maine und des Junggesellen-Schützen-Vereins in Fürstenfeld.

KRIEGERFEST ZU WIESKEN und
GROSSES HEIMKEHRERFEST

Sonntag, den 19. und Montag, den 20. Oktober 1919

Festordnung:

Sonnabend, den 18. Oktober, abends 8 Uhr: Ankündigung des Festes durch Böllerschüsse. Sonntag, den 19. Oktober, nachmittags 2 Uhr: Versammlung der Offiziere 2/12 Uhr: Antreten der Kompagnie, Abholung der Fahne u. Zug zum Bahnhof, daselbst Parade vor dem Obersten, gefolgt von großem Festball. 8 Uhr Zapfenstreich.

Montag, den 20. Oktober, morgens 7 Uhr: Weckruf. 9 Uhr: Antreten der Kompagnie im Festzelt. Abholung des Obersten, Abmarsch zum Preisschießen, während desselben Konzert. Nachmittags 2/12 Uhr: Antreten der Kompagnie im Festzelt. Zug zum Obersten und Parade. Hierauf Rückmarsch zum Festzelt.

Großer Festball. Abends 8 Uhr: Zapfenstreich. Musik wird ausgeführt von der bewährten Wieskener Kapelle.

Günstige Zugverbindungen! Beste Bewirtung!

Es wurde ein rauschendes Fest, auf dem sich Alt und Jung, Männer und Frauen, auch Natz und Alois, amüsierten. Der Ältere mit wippendem Spazierstock, Hund und Schnaps. Der Jüngere vorn in der Truppe marschierend und sich dann zum Festball begebend. An Tanzpartnerinnen fehlte es Alois nicht.

Im Winter standen Vater und Sohn, selten genug, Seite an Seite in der Timmerkaamer. Natz reparierte mal ein Rad oder eine Nabe, fertigte kleine Karren, Stiele für Gabeln und Schaufeln, hölzerne Rechen. Der letzte große Auftrag für einen Leiterwagen und vier Kutschenräder lag ein Jahr zurück. Von den Eisenrädern, so wie es Natmäker vor langer Zeit vorausgesehen hatte, rollten täglich mehr.

„Vaader, wat düch die? Fang' ich wieder mit dem Schreinern an? Floiters brauchen ein neues Tor." Natz nickte, ohne aufzusehen. Alois fegte die Spinnweben aus den Ecken, schrubbte Dreck und Pech vom Boden, schmierte die eingerosteten Zangen, richtete die schief hängenden Wandkästen. Am zweiten Morgen begann er, die Nägel und Klammern zu sortieren; Klein-Jänsken half ihm dabei. Als sich plötzlich Natz mit den Armen in den Seiten vor ihnen aufbaute:

„Du kannst hier arbeiten. Aber das eine will ich dir sagen: Was hier in der Timmerkaamer passiert, bestimme noch immer ich!"

Ruhig legte Alois die Feile zur Seite, ging wortlos hinaus und spannte Alba an. Eine Woche lang sahen sich Vater und Sohn kaum.

An einem Sonntagabend begegneten sie sich in der Küche. Der Ältere torkelte mit zerzaustem Haar durch die Dälentür hinein – als Alois sich im Anzug, mit akkurat gescheiteltem Haar, auf den Weg hinausbegab.

„Oh!", blieb Natz mit einem Schluckauf vor Alois stehen. „Der Feldwebel, hiks, unser feiner Pinkel will wieder, hiks, tanzen gehen?" Alois schaute seinem Vater mitten in die Augen. Und während er ruhig seinen Hut aufsetzte, fragte er zurück:

„Und du? Was bist du? Unser oller Süpper? Der seinen Rausch ausschlafen geht." Stine verbrannte ihre Hände am Feuer.

„Was hast du gesagt? Süpper?" Natz' Augen funkelten, er trat einen Schritt auf Alois zu, holte die rechte Hand zum Schlag aus. „Das sagst du kein zweites Mal! Dies sind mein Haus und Hof!" Doch Alois war längst durch die Tür verschwunden.

„Herr vergib ihnen ihre Sünden, denn sie wissen nicht, was sie tun", bekreuzigte sich Stine, dreimal.

Eine Woche lang blieb Alois dem Deepen Grund fern. An einem Nachmittag stand er plötzlich in der Tür zur Timmerkaamer.

„Gooden Dach, Vaader", sagte er. „Ich wollte dir etwas sagen. Habe wieder Arbeit auf der Zeche. Bauarbeiten, oben."

Natz hob kaum sichtbar den Kopf, unterbrach das Hobeln nicht.

„Wenn du meinst. Good so."

„Und noch etwas", setzte Alois fort, „Heuerling Fellman aus dem Vörhook zieht bald ins Ruhrgebiet. Ich kaufe das Stück Land von ihm. Kannst Franz-Jupp den Hof vermachen."

„Ja, vielleicht passt Franz-Jupp hier besser."

Am Abend trafen sich die Brüder, Alois und Franz-Jupp am Bahnhof.

„Da habt ihr die Rechnung ohne den Wirt gemacht," schüttelte Franz-Jupp heftig mit dem Kopf. „Davon war nie die Rede. Habe anderes vor. Ich bleibe nicht mit Vaader auf dem Hof!" Er hatte eine Stelle bei der Bahn, tanzte schon länger mit einem hübschen Mädchen und dachte an ein eigenes Haus.

„Ik bät for u, bliew hier"*, flehte Stine ihren Sohn am frühen Morgen auf dem Weg zum Zug an. „Ich denke darüber nach", versprach Alois. „Aber so geht das mit Vaader nicht!" Fortan blieb Alois die Woche über fort, an den Samstagen und Sonntagen schlief er am Deepen Grund. Es dauerte ein ganzes Jahr, bis Vater und Sohn wieder miteinander sprachen.

Spartakus

Der zweite Winter nach dem Krieg war gnädiger als der erste, zumindest was Schnee und Kälte anbelangte. Zu Karneval 1920 wetterte der Pastuur erneut gegen „Vergnügungssucht und Sittenverfall – die ärgsten Feinde des Wiederaufbaus, der Christenheit und der Nächstenliebe". Schimpfend mahnte er oben von der Kanzel: „Wir lassen uns nicht von dem neuen Aberglauben, Gleichheit, Freiheit und Brüderlichkeit, blenden! Wir sind Katholiken und keine Bolschewiken!" Noch beim Hinausgehen hallten die Worte durch den hohen, kühlen Kirchenraum.

Im Revier roch es schon lange nach Tumult. Auf Alois' Zeche wurde es mittags eng im kaum gewärmten Pausenraum. Die einen aßen kalten Pfannekuchen mit Milch, die anderen trocken Brot mit Wasser. Broskow, Alois alter Kumpan und ebenfalls Veteran, saß bei denen mit dem trockenen Brot. In Dorsten, so hatte es im Kreisblatt gestanden, hatten sie am helllichten Vormittag die Markstände der Bäuerinnen geplündert. Eines Mittags war von draußen Gebrüll zu hören. Broskow stand auf und öffnete das Fenster:

„Hört ihr das? Ihr Buarn. Nehmt uns hier die Arbeit weg! Habt doch zu Hause genug! Kriegt den Hals nicht voll!"

Alois schob langsam den Henkelmann zusammen: „Hendok, lass uns gehen." Durch einen Seitenausgang schlichen sie hinaus und liefen zügig, ohne sich nach dem wütenden Mob in den Seitenstraßen umzusehen, zum Bahnhof, wo sie den nächsten Zug nach Wiesken nahmen. Vorerst, soviel war klar, würde man sie, die Bauernjungen, an der Zeche nicht wiedersehen wollen.

---

* Ich bete für euch.

Es ging auf Palmsonntag zu. Alois zog mit Alba und der Karre an der Schule vorbei. Durch die offenen Fenster schallte ein heller Kinderchor:

Im Märzen der Bauer die Rösslein einspannt.
Er setzt seine Felder und Wiesen in Stand.
Er pflüget den Boden, er egget und sät
und rührt seine Hände früh morgens und spät.

Alois lüftete seinen Hut vom Bock aus, Neufert winkte mit dem Taktstock zurück. Von hinten brummten plötzlich drei Lastkraftwagen heran. Der erste hielt vor der Schule kurz an; der Leidener Gendarm sprang mit umhängendem Gewehr heraus und rief in das Klassenzimmer hinein:

„Die Spartakisten kommen! Zehntausend Mann!"

Der Kinderchor verstummte, Neufert erschien im Fenster, neben ihm drängten sich ein Dutzend Kinderköpfe. „Die Bolschewiken und das ganze Gesindel! Plündern! Kommen von Dorsten und wollen nach Wesel! Sind kurz vor Fürstenfeld!" Die ersten Kinder rannten auf den Schulhof und umringten den Lastkraftwagen, der bereits wieder davonknatterte. Neufert schickte sofort alle nach Hause. „Sagt den Eltern, sie sollen aufpassen!"

Am Abend trafen sich die Männer des Floiterhooks bei Veehdreewer, die alten und jungen Bauern und die wenigen Knechte. „Alles Verbrecher! Kommunisten! Sofort kurzer Prozess! Schießen!", überschlugen sich die Meinungen. Und erst, als sich alle der schlimmsten Verwünschungen entledigt hatten, war eine bekannte alte Stimme aus dem Hintergrund zu hören:

„Die Leute haben Hunger, die wollen etwas zu essen." Es war Fuhrknecht Lieb, und für einen Moment blieben seine Worte in der hohen Scheune hängen.

„Kein Grund, zu pöbeln und andere umzubringen", hielt Puggenkamp dagegen.

„Jedenfalls: Wenn wir uns nicht selber helfen, hilft uns niemand!" Das war Feldwebel Alois Vanwoldt. „Wir müssen Wache schieben!"

„Genau! Richtig!"

Alois erhielt den Auftrag, die Bürgerwehr im Floiterhook zu leiten. Holte die Pistole unter dem Schrank hervor. Er teilte die Männer in drei Schichten ein, zwei Gruppen, jeweils drei Mann, nachts doppelt. Mit Jagdgewehr und Pistole, wer eine aus dem Krieg gerettet hatte. Mit Messer und Beil, das jeder zu Hause hatte. In den folgenden Tagen und Nächten sah man überall in Wiesken obskure Gestalten laufen, und beinahe hätten sich an einem Morgen zwei Bauern in einem Wald zwischen zwei Hööken gegenseitig die Schädel eingeschlagen, weil der eine den anderen für einen Banditen hielt. Davon abgesehen blieb es in Wiesken still, sogar stiller als sonst, denn keiner war tagsüber auf den Feldern zu sehen, und des Nachts wagte sich niemand über die Pättkes zu schleichen. Aus den Häusern schien dünnes Licht, das vor der Muttergottes brannte. Stine betete am Abend den Schmerzreichen und den Trostreichen so lange, bis der müde Kopf nach unten fiel. „Das ist die Ruhe vor dem Sturm“, witterte Alois, als er mit Kameraden auf einem Jägerhochsitz inmitten einer Lichtung in alle Richtung spähte und horchte. In der Stille war nur ein Kauz zu hören – als Gewehrsalven aus der Ferne sie plötzlich nach oben schrecken ließen.

Mittwochnacht marschierten die Spartakisten in Fürstenfeld ein: lange Kolonnen, Männer und sogar ein paar Krankenschwestern dabei, auf polternden Lastkraftwagen und überladenen Pferdefuhrwerken, manche mit Feldküchen und Krankenwagen dahinter. „Was für eine Lumpentruppe … !“, schüttelten Alois und Hendok amüsiert den Kopf, „die kommen nicht weit.“ Aus einem sicheren Versteck heraus beobachteten sie, wie eine ungeordnete Infanterie bewaffneter Männer, dazwischen auch Frauen, hinter einer Scheune campierte. In Saande hatte sich längst die Reichswehr formiert – und weitere Verstärkung aus den umliegenden Gemeinden angefordert. Dann rückten sie endlich an: Mit Lastkraftwagen, Pferdekarren und allerlei Geschossen, Minenwerfern und Granaten. „Bumm, Bumm, Zschss, Zschsss, Wumm, Wumm“, waren einen ganzen Tag und eine ganze Nacht die Salven aus gleichbleibender Ferne im Floiterhook zu hören. Dann war der Spuk plötzlich vorbei. Jubelnd läuteten die Kirchenglocken eine Viertelstunde lang, bis alle wussten: Der Feind war besiegt. Doch die Bilanz, so sah es Neufert, verheerend. Am Abend konnte man ihn bei fadem Licht am Fenster sehen.

Rote Ruhrarmee war in Fürstenfeld. Fünfzig Tote bei Gefechten mit Reichswehr und Freiwilligen aus Saande. An der Wieskener Chaussee haben sie zwei große Gräber geschaufelt und die Toten hineingeworfen. Der Krieg geht nicht vorbei. Hier in Wiesken die ganze Woche Patrouille, ich war zweimal dabei. Pferde im Wald versteckt. Heute, Palmsonntag, wieder alles normal. Wir gehen auf die Kar- und Bußwoche zu!

Buchsbaum

Am Palmsonntag ließ Stine in der Frühmesse Palm und Wasser segnen und steckte die Zweige in allen Räumen hinter Kreuze und Bilder.

Im April starb der alte Veehdreewer, nach einem Schlaganfall gelähmt und verwirrt, versehen mit den Heiligen Sakramenten. Er wurde nicht mehr gewahr, dass die Kontrolleure vom Amt bald nicht mehr kamen.

Im Mai legte Maria, nun endgültig Schwester Laetitia und nicht mehr Novizin, in Steyl bei den Dienerinnen des Heiligen Geistes ihr Gelöbnis ab. Ihre Schwester Traude verlobte sich, mit dem Inhaber eines gut gehenden Schuhgeschäftes in Wesel; sie hatte ihn im Dülmener Lazarett zu Kräften gepflegt. Die still gewordene Magda verließ den Steenertschen Hof, um einen grob aussehenden Hünen, einen fahrenden Gemüsehändler mit nur noch einem Ohr, zu heiraten. Die wieder aufrecht gehende Liesken trug ihr zweites Kind unter der Schürze und kam gelegentlich sonntags, um nach Jänsken zu sehen. Jedes Mal rannte er ihr weinend bis zum Draii nach. Die kesse Therese blieb noch eine Weile, bevor sie Anstellung als Serviermädchen in einer Saander Wirtschaft fand und sich, ganz nach der Mode, die Haare kurz schnitt.

Im Juni, zur Sommersonnenwende, feierte der gesamte Floiterhook, Groß und Klein, nach sechs Jahren erstmals wieder ein Nachbarschaftsfest. Bei Kerkhuus, der an der Reihe war, scheuerten sie die Däle blank und tanzten die Nacht bis zum Melken durch.

Im Juli machte sich in Wiesken die Maul- und Klauenseuche breit. Anfang August bemerkte Stine, dass die Bläschen an den Nüstern von Kuh Irene und ihrem Kalb täglich größer wurden. Der Landrat ließ per „Viehseuchenpolizeilicher Anordnung“ ganz Wiesken sperren und den Veterinär genauestens die Lage prüfen. Kadavergeruch zog während der Ernte durch die schwüle Sommerhitze; am Deepen Grund mussten sie eine Kuh und ein Kalb verbrennen; die Milch gossen sie in die Becke.

Im August kam ein schwarz umrandeter Brief aus Amerika. Josef Vanwoldt hatte schon vor Monaten seine letzte Ruhestätte auf seiner Farm in Indiana gefunden. Natz zündete eine Kerze für ihn an, und war sich ansonsten sicher, lieber in Saande begraben zu werden.

Im September begann Joseffi ihre Schneiderlehre bei einer strengen Modistin, wie sich das alte Fräulein nannte, in Saande. Auf einer Singer trat sie mit ihrem Klumpfuß heftig das Pedal, so dass die Nadel nur so sauste und ratterte. „Kostüme für die Dame – nach neuster Fasson“, stand auf den ausliegenden Modeheften und Schnittmustern: Jacken mit Taille, gekräuseltem Schößchen und schimmernden Knöpfchen aus Perlmutt, der Rock eine ganze Handbreit über dem Knöchel.

Im Oktober nach Erntedank fuhr Alois wieder zur Zeche. Broskow und er gingen sich aus dem Weg. Am Deepen Grund beschnitt Natz allein die Bäume und machte das Holz für den Winter. Franz-Jupp erhielt eine Beförderung an der Bahn zum Schalterbeamten in Wiesken. In der Wieskener Blaskapelle spielte er die Trompete, und an manchen Tagen sah man ihn zusammen mit Vaader torkelnd von Kraane nach Hause laufen, Harras frohgemut neben ihnen.

Im Haus am Deepen Grund war es still. Im grauen November brachten allein

Threse und Jänsken mit leisen Liedern und seltenem Lachen ein wenig Licht in das niedrige Haus hinein. Noch vor Monatsende folgte Fuhrknecht Lieb, einer der letzten seiner Art, seinem Herrn in die Ewigkeit. Man bettete ihn in ein schmales Grab neben Veehdreewers großem, so wie der Herr es verfügt hatte. Auf dem schlichten Holzkreuz waren große Lettern dunkel eingebrannt: „Hier ruht verdient, Werner Liebknecht."

Mitte Dezember lag eine Ansichtskarte am Deepen Grund auf dem Küchentisch mit dem Foto eines großen weißen Passagierdampfers. Natz kräuselte die Stirn.

Rotterdam, 1.12.1920

Lieber Bernhard,

grüße Dich mit kurzer Nachricht. Viel wird über mich geredet. Schließe meine Holzhandlung in Rotterdam, bin mit Mareike und Kindern auf dem Weg nach Bandoeng, Java. Dort gute neue Möglichkeit. Es geht allen gut. Vergebt mir. Melde mich, wenn ich Adresse habe. Freundliche Grüße, Gott mit Euch,

Dein Bruder Fritz

„Gooddoori", schüttelten die Leute den Kopf. „Der Plantagenbesitzer und die Hure" – so hätte das Theaterstück heißen können, aber es war kein Theater. Am Deepen Grund hatten sie ihre eigenen Sorgen.

Ein Jahr nach dem Zerwürfnis zwischen Vater und Sohn wartete Natz eines Abends draußen vor der Timmerkaamer und winkte Alois stumm hinein. Alois stellte bedächtig sein Rad ab und folgte ihm.

„Wat ik di noch säggen woll", sagte Natz, „kass ook hier bi uis bliewen, up den Hoff. Häww ook Mooder sacht."*

Alois schwieg, klopfte eine Zigarette aus dem Päckchen.

„Hof und Timmerkaamer sind groß genug für zwei … ", setzte Natz fort. Alois schwieg weiter.

„Wat düch di? Sag' etwas!" Jetzt wurde der Vater ungeduldig.

„Aha. Das sind ja Neuigkeiten. Wenn ich hierbleiben soll, müssen wir reden," antwortete der Sohn endlich.

Eine Spur von Lächeln huschte über Natz' Gesicht: „Jo, sicher. Dazu ist im neuen Jahr auch noch Zeit."

---

* Was ich dir noch sagen wollte. Kannst auch hier bei uns auf dem Hof bleiben. Hat auch Mutter gesagt.

Am Abend legte Stine, dem sie alle den Hof verdankten, ihrem Ältesten die Hand auf den Arm:

„Muss die langsam no ne Frou umkieken“*.

„Ja, Mooder. Da bin ich bei“, lächelte Alois zurück.

Zum Jahresende dankte man in Sankt Raphael für den erhaltenen Frieden und vertraute für das kommende Jahr auf Gott.

Das Resümee

Der Herr erhörte die Gebete. Schritt für Schritt, buchstäblich, stopfte man im Kreis die großen Löcher und nahm die Fäden und Drähte wieder dort auf, wo man sie vor dem Krieg hatte fallen lassen müssen. Und obwohl es nicht unerhebliche Wirren zu überwinden gab, konnte der zuständige Landrat im Saander Jahrbuch 1923 eine gute Bilanz für den Kreis ziehen.

> *Fast alle Kriegswirtschaftsstellen sind aufgelöst. Die im völligen Zerfall befindlichen Straßen von Saande nach Fürstenfeld sowie Wiesken wurden wieder in Stand gesetzt und sogar ausgebaut, ebenso wie weitere vierzig Kilometer im Kreis. Die Stadt Saande ist seit Weihnachten 1922 an eine Hochspannungsleitung herangeführt, so dass die Stadt und umliegende Nachbarschaften mit Elektrizität versorgt sind. Elf Molkereien haben den Dienst aufgenommen. Alle Schulen sind ausgebessert und voll funktionstüchtig. Die im Jahre 1913 eingerichtete Kreiswanderhaushaltsschule konnte nach kriegsbedingter Unterbrechung wieder ihre Tore öffnen. Die Näh- und Kochschulen erfreuen sich lebhaften Zuspruchs. Der Unterricht an der landwirtschaftlichen Winterschule findet bereits seit Herbst 1919 an der Kreisschule in Saande statt; in diesem Jahrgang sind es 190 interessierte junge Bauern.*
>
> *Besonders wichtig ist auch folgendes zu nennen: Zur gesetzlichen Unterstützung der Kriegerfamilien: In den Jahren 1916/1917 gelangten an 6573 Familien im Kreis 16964468 Mark zur Auszahlung. Die Errichtung eines Kreiswohlfahrtsamtes ist erforderlich geworden. Es entwickelte sich aus der Fürsorge für Kriegsbeschädigte und Hinterbliebene, die bereits während des Krieges einsetzte.*

Alois saß unter dem Petroleumlicht, legte das Jahrbuch zur Seite. Er schau-

---

* Musst dich langsam nach einer Frau umsehen.

te zu Soffi, seiner Frau, die er im selben Frühjahr geheiratet hatte, hinüber: „Jetzt haben sie in Saande und im Vorderhook Licht und Kraft. Die können mit schon modernen Maschinen arbeiten." Soffi stopfte an einem Leibchen. „Und wann kommen sie zu uns?" Alois zuckte mit den Schultern. „Nun ja, Schritt für Schritt."

Aber, halt! Zwischendurch war am Deepen Grund viel anderes passiert!

Gemeinsam voran

Soffi aus Meelken

„Überlege es dir gut", mahnte die Mutter ihre Tochter, „kannst etwas Besseres haben." Ordentliche Männer waren rar; aber Partien wie Soffi Langenkämper auch.

Elsbeth Langenkämper war am Tag zuvor bei ihrer alten Tante Klara Natmäker in Wiesken zur Kaffeevisite gewesen und hatte die Gelegenheit genutzt, sich näher nach den Vanwoldts zu erkundigen. Die Antwort war wenig ermutigend gewesen. Fromme und redliche Leute, nicht eben reich, „nix te breet"*, aber immerhin eigenen Grund und verträglich mit allen, auch wenn Vaader Natz ein Grummler war, dem Schnaps ein wenig zugetan. Mooder Stine eine gottesfürchtige und liebe Frau, den Rücken von der Arbeit schmal und krumm. Der Älteste, Alois, um den es hier besonders ging, ein gescheiter und stattlicher junger Mann, nicht so ein Haudegen wie sein Vater, ein verdienter Veteran obendrein, das war bekannt, bestimmt auch fleißiger Handwerker. Und wie es schien, auch nach dem Krieg noch alles dran, oder etwa nicht? „Aber ein Bauer", hatte die Tante am Ende gesagt, „nein, ein Bauer, der gern aufs Feld geht, das ist er nicht. Das machen bei Vanwoldt die Frauleute fast allein." Die Kinder, wog die Tante weiter ab, seien alle aus dem Haus, aber dann wäre da noch ein Krüppel und ein kleiner Junge. Sie nippte vom Anis und schloss: „Soffi kann, allemal, was Besseres kriegen." Elsbeth stand bald auf. Draußen im Hof wartete Jule, die junge Stute, mit der Jikse. Mit ungewohnt kräftigem Schwung schlug Elsbeth die Peitsche auf ihren Rücken, „Hott!", so dass Jule mit einem plötzlichen Satz den Kopf hochwarf und sofort im Trab vom Hof lief. Am Abend erzählte Elsbeth ihrer Tochter von dem Besuch: „Da prüfe wer sich ewig bindet, ob sich nicht noch etwas Besseres findet."

In der Nacht wälzte sich Soffi unruhig im Bett und weckte damit die neben ihr liegende Schwester. „Was ist los?", murmelte Ida. „Ich weiß nicht, was ich

---

* nichts zu breit

tun soll“, schniefte Soffi. Seit ihrer Kindheit kannten die Mädchen den Stellmacher mit dem Hund. Versteckt hinter einer Wand oder einer Tür hatten sie den rotbärtigen Mann beäugt, während er mit der Mutter einen Preis für einen Karren oder Rad verhandelte, wobei er der Witwe stets einen Nachlass gegeben hatte. Später hatte Soffi ihn manchmal in Wilkes Gastwirtschaft, nur mit dem Hund, mit einem Glas allein am immer selben Ecktisch dort im Gastraum gesehen. Sein Sohn, Alois, der ihm äußerlich, und auch sonst, in keiner Weise zu ähneln schien, war mit ihrem Bruder Ludwig in Russland gewesen. Ludwig sprach in den höchsten Tönen von dem tapferen und anständigen Vorgesetzten und Kameraden. „Was würdest du tun?“, fragte Soffi die Schwester. Alois, ein so schneidiger und feiner Kerl, wie ihr schien. Aber die Aussicht auf einen mürrischen Schwiegervater und eine abgearbeitete Schwiegermutter, die ärmlichen Verhältnisse schreckten sie. „Du heiratest ja nicht den Vater, sondern den Sohn“, gähnte ihre jüngere Schwester und drehte sich um.

Sophia Anna kam 1891 gesund und kräftig in der Bauernschaft Meelken, weniger als eine Stunde Fußmarsch von der Kreisstadt Saande entfernt, als zweites von nur vier Kindern der Eheleute Josef und Elisabeth Langenkämper auf die Welt. Zum weitläufigen, gepflegten Hof, bestehend aus einem breiten Langhaus mit einem mächtigen Rundtor, gehörten mehrere Scheunen und Remisen, in denen ein halbes Dutzend Kühe und Kälber, drei Sauen und Schweine und zwei glänzende Pferde standen. In der Mitte thronte ein achteckiger, von einer Rotbuche beschatteter, schmiedeeiserner Zwinger, von wo aus der alte Tasso alles überblickte.

Vor dem Haus, beidseitig des Steinpättkens zur Vordertür und der großen Küche, boten Gärten und Beete mit allerlei Gemüse und Rabatten eine Augenweide, umgeben von Sträuchern und einem weißen Lattenzaun. Seitlich des Törchens befand sich ein hoher Ahorn, darunter eine Bank aus rohgeschlagener Birke mit einem Tisch davor. Etwas abseits, nah am Ententeich unter einer Eichengruppe, stand das Waschhaus mit einigen Kesseln und Zubern, von wo aus Elsbeth mit Hilfe einer Magd und den Töchtern zusätzlich eine kleine Bleicherei betrieb. Schon von Weitem sah man sommers wie winters, sofern es nicht regnete, Weißwäsche auf der Leine flattern und nebenan auf einer Wiese in der Sonne liegen. Die damit verbundene Plackerei geschah mehr aus Tradition denn aus wirtschaftlicher Notwendigkeit, da es dem großen Bauern Langenkämper an nichts mangelte. Sie spülte den Frauleuten eigenes Geld in die Taschen und verschaffte Bekanntschaften auch jenseits der Verwandten und Nachbarn. „Seht zu“, riet Elsbeth ihren Töchtern, „dass ihr immer euer eigenes Geld habt!“

Der Vater, Josef Langenkämper, war ein Bewunderer des Kaisers, Mitbegründer der örtlichen Genossenschaft und auch sonst ein fortschrittlicher Mann, der sich auf den umliegenden Märkten stets für die neuesten Sorten und Maschinen interessierte. Viel zu früh, doch nach einem langen Leiden, starb er genau in dem Jahr, als er gemeinsam mit dem Nachbarn eine Dreschmaschine anschaffen wollte.

Soffi war damals dreizehn Jahre alt, im vorletzten Jahr der Schule, zu der sie gerne ging. Sie konnte gut lesen und schreiben und war, noch vor den Jungen, die Beste im Rechnen. Die Mutter stand nun mit vier Kindern, davon zwei Halbwüchsige und zwei Kleine, alleine da. Außerdem eine alte Tante und eine junge Magd, und ein stummer Knecht; Nachbarjunge Ottochen half dann und wann auf dem Feld. „Ich brauche jede Kraft", erklärte Elsbeth der Tochter, so dass Soffis Schulzeit abrupt ein Jahr vor dem Abschluss endete. Nach dem Tod ihres Mannes verkleinerte sie den Viehbestand und verpachtete Wald und Jagd an den Nachbarn. Sie sagte vielen Wäsche-Kunden ab, doch Café Brömmel in Saande, das Haus ihrer Cousine, und Gastwirtschaft Wilke in Meelken belieferte sie weiterhin wöchentlich mit frisch gewaschenen und steif gebügelten Decken.

Der Hoferbe Ludwig, der „lange Lulatsch" oder „Lula", wie die jungen Leute den fast Zweimeterkerl nannten, nahm daher, buchstäblich, schon früh die Zügel in die Hand. Ebenso Soffi, die man am Vormittag mit dem Knecht und Pferd über die Felder ziehen sah. Am Nachmittag stand sie am Waschhaus vor dampfenden Wannen, wo sie mit der Kraft ihres ganzen Oberkörpers und aufgeschobenen Ärmeln am Brett Wäsche schrubbte. Einen Vormittag in der Woche gab ihr die Mutter frei, was hieß, dass Soffi donnerstags, nun selbst in einer weißen Schürze und mit sorgfältig frisiertem Haar, mit einer Kiepe voll duftender Wäsche auf dem Rücken, nach Saande zu Café Brömmel lief. Ihre Tante belohnte sie mit gebuttertem Rosinenstuten, den sie an einem Cafétisch essen durfte, und einer Tasse Kaffee. Einmal im Monat, am Herzjesu-Freitag, besuchte Soffi die Frühmesse in Sankt Raphael und aß danach mit den anderen Frauleuten Boullion mit Beschütte. Anders als ihre Altersgenossinnen blieb sie nie lange vor den Schaufenstern stehen. Lieber machte sie bei ihrer Tante und dem Onkel, die einen Laden für Drogerieartikel betrieben, eine Stippvisite. Und roch an den feinen Seifen und Salben. Immer fiel ein kleines Pröbchen ab.

Als es für Soffi längst Zeit war, in Stellung zu gehen, um „die Küche zu lernen", begann der Krieg. Wenige Monate später meldete sich Lula, neugierig wie sein verstorbener Vater und nationalistisch kaisertreu gestimmt, ungeachtet des Flehens seiner Mutter, freiwillig für den Krieg. Elsbeth stand erneut ohne Mann da und hatte keine andere Wahl, als mit Soffi und den beiden Jüngeren alle durch Zwangswirtschaft und Krieg zu bringen. Einen Kriegsgefangenen lehnte sie ab; zwei Töchter im Haus und ein fremder Mann, das konnte nicht gut gehen. „Hut ab“, sagten die Leute und zogen die Kappe, wenn von Elsbeth Langenkämper die Rede war. Abends schnürten sie Päckchen für die Front. Lula schrieb eifrig Briefe zurück. Auf einer der Feldpostkarten aus Russland waren acht schneidige Soldaten kartenspielend vor einem Holzhaus zu sehen. Neben ihrem Bruder, am rechten Rand, erkannte Soffi Alois Vanwoldt mit seinem ovalen Gesicht und dem dichten Schnauzbart über einem schelmischen Lächeln. Denn während eines Fronturlaubs war er einmal mit dem Rad auf Langenkämpers Hof gefahren, um der Mutter Grüße des Bruders auszurichten. Soffi, mit einer alten Sackschürze vorgebunden, die Klumpen voller Dreck, war gerade mit dem Knecht vom Feld gekommen und schnellen Schrittes, mit kurzem Gruß, an dem adrett Uniformierten vorbeigezogen.

Trotz Elsbeths kluger Bemühungen hatte der Hof, wie andernorts, im Krieg seinen alten Glanz verloren. Dort, wo früher weiße Giebel und Zäune leuchteten, blätterte nun graue Farbe ab. In den Ställen sah es öde aus. Vier dürre Kühe und ein halbes Dutzend Schweine war alles, was ihr an Vieh geblieben war, nebst Hühnern und Gänsen. Im Pferdestall stand nur noch eine lahmende Mähre. Etliche Morgen Land lagen brach. Der jüngste Sohn war noch im letzten Jahr an die Westfront eingezogen worden und seither verschollen. Lula kehrte gesund zurück.

Soffi war damals siebenundzwanzig Jahre alt, ihre Aussteuer in Kisten und Körben zurechtgelegt. Zeit, um endlich die zwei Jahre in Stellung nachzuholen. Die Wirtsleute Wilke boten eine gute Lehre in der Küche und Gastwirtschaft, natürlich freie Kost und Logis und obendrein ein kleines Gehalt. Das große Haus lag an einer vielbefahrenen Kreuzung, wo die Fuhrknechte und Kraftwarenfahrer von früh morgens bis spät abends Rast machten und man eine tüchtige Hilfe brauchte. Unter dem Dach bezog Soffi eine winzige Kammer mit einem Bett, einem Stuhl und einem Wandbrett, darauf eine Kerze und eine Muttergottes, ein Väschen mit Blümchen. Morgens und abends betete sie knieend vor dem kleinen Altar, um sich Kraft und Trost für die Lehrzeit zu erbitten. Die Wilkens waren launige Herrschaften; zwei Kinder waren kurz nach der Geburt gestorben. Die hagere Wirtin pflegte dem Personal gegenüber einen rauen, den Gästen gegenüber einen lieblichen Ton. Ihr dickleibiger Mann soff schon am Mittag mit seinen Kunden und lag, an manchen Morgen, wenn Soffi als erste zum Lüften in die stinkende Wirtsstube kam, schnarchend vor dem Kachelofen. Soffi fegte um ihn herum, wischte Tische und Theke sauber, bevor sie in der Küche half. Die Köchin war eine derbe, gutmütige Frau, für ihre solide Küche bekannt.

Bei ihr lernte Soffi, wie man Hühnersuppe mit Grießklößchen und Eierstich machte, beides mit nur einem Hauch Muskat; Bratwurst mit Stampfkartoffeln und gebräunten Zwiebeln; wie man Gurken mit Zwiebeln, Essig und genau der richtigen Menge Dill einlegte; Pflaumen mit Zimt einweckte; wie lange der Hefeteig, sorgfältig zugedeckt, gehen musste, damit das Brot luftig und die Kruste knusprig wurde. Soffi war zudem zuständig für den Gemüsegarten, und abends, wenn ihre Beine längst müde waren, musste sie im Gastraum servieren. Hinter der Theke klatschte ihr Wilke gern auf den Hintern, und einmal griff er von unten an beide Brüste, bis Soffi ihm irgendwann auf die Hände schlug. „Olle Triene“, zischte Wilke zurück. „Pass‘ nur auf, dass er dir nicht zwischen die Beine greift“, war alles, was die Mutter dazu zu sagen hat. „Ein Jahr kannst du es beim Teufel aushalten.“ Das tat sie.

Weihnachten 1920 ließ Soffi den Teufel hinter sich. Von ihrem Ersparten kaufte sie sich, als erste der Frauleute im Hook, ihr eigenes Rad und für das Waschhaus einen mechanisch betriebenen Wringer. Sie ging in das neu eröffnete Fotoatelier Möllers und fragte, wann sie mit ihrer Schwester für eine Aufnahme kommen könne. Möllers, eben erst aus der Gefangenschaft zurück und eher daran gewöhnt, stolze Männer in Uniform vor der Linse zu haben, sprang aufgeregt hin und her, um alles richtig zu machen. Er drapierte Stoffe und Vorhänge um Sessel und Tischchen, und dirigierte die „jungen Damen“ mal so und mal so, bis er endlich zufrieden war. Mehrmals stellte er den Apparat um und schaute. Zu sehen waren zwei große, kräftige junge Frauen, gerade auf, mit einem breiten, ernsten Gesicht. Seitlich gescheitelte, dichte, glatte dunkle Haare fallen zu einem weichen Knoten gebunden nach hinten. Nur die hellen Gesichter und Hände und eine schmale weiße Spitzenborte auf der kinnhoch geschlossenen langärmligen Bluse aus schimmernder Atlasseide heben sich von der ansonsten dunklen Kleidung ab. Die leicht ausgestellten Röcke reichen bis auf den Boden, nur die Spitzen dunkler Schuhe sind zu sehen. Die jüngere Ida hat die Hände vor dem Bauch mitten unter dem tiefhängenden Kreuz gefaltet. Soffi stützt ihre rechte Hand in die Hüfte und legt die linke elegant hinter den durchgedrückten Rücken. Dann verschwand Möllers hinter seinem Apparat, gebückt unter dem schwarzen Tuch: „Kopf hoch – und bitte jetzt freundlich“, musste Möllers zweimal sagen, um die Schwestern zu locken. Doch nur Soffi ringt sich zu einem, kaum erkennbaren, dafür stolzen Lächeln durch. Am Ende war Möllers hochzufrieden. Die jungen Damen, und andere, auch. Eine Woche später stand das Foto, in einem weißen Passepartout und einem verzierten dunklen Holzrahmen, in seinem Schaufenster auf einem rotsamtenen behängten Podest. Immer wieder blieben Passanten davor stehen, einige kamen hinein und wollten genauso eine Aufnahme auch von sich haben.

Kein Geringerer als der junge Groote Sühling, größter Bauer in ganz Weelken, redlich dazu, hatte ein Auge auf Soffi geworfen. Sühling hatte vier Jahre Front überstanden und schien unbeschadet davongekommen. Wie Soffi war er von großer Statur, überragte sie um zwei Handbreit, was selten war, hatte weißblondes, bereits zu einer Halbglatze reduziertes, schütteres Haar, und ein mondrundes, stets freundliches und rosiges Gesicht, an dem zwei kleine runde Öhrchen wie Henkel an einer Suppentasse abstanden, ebensolche runden grauen, hervorstehenden Augen. Langenkämpers und Grote-Sühlings konnten seit jeher gut miteinander, hatten gemeinsame Verwandte. Es gab nichts, wirklich nichts, was an ihm auszusetzen war. Im Gegenteil, so sahen es auch die Nachbarn; die Hochzeit stand nun wirklich an.

Erstmals zu Karneval holte Sühling – nicht ohne Elsbeth vorher zu fragen – Soffi zum Tanz auf der Nachbarscheune ab. An manchen Sonntagen wartete er am Gatter auf sie, um gemeinsam mit ihr zum Hochamt zu fahren. Zu Ostern brachte er eine Flasche Anis und ein Tütchen Kandis vorbei und lud Soffi für den Ostermontag zum Ball in Wilkes großen Festsaal ein. Lange bevor die Kapelle zum letzten Tanz aufspielte, begleitete er sie zurück nach Hause, bis in die Küche, wo die Mutter und Schwester warteten. Mit einem umständlichen Diener verabschiedete er sich: „Dann bis zum nächsten Mal“, und die Mutter lachte zurück: „Jo, good goan.“ Als es einmal zum Nachbarschaftsfest ging, plagten Soffi plötzlich furchtbare Magenschmerzen, so dass Sühling ohne sie gehen musste, und am Sonntag darauf war es ein Blasenentzünding, die sie vom Kirchgang abhielt. Ein anderes Mal tat ein Backenzahn so weh, dass Soffi ihre Backe mit einem um den Kopf gewickelten Kamilleverband kühlte. Soffi schickte Ida vor, um es Sühling zu sagen.

„Wat geföllt die nich an üm?“, stellte die Mutter sie eines Tages, während sie Decken plätteten, verärgert zur Rede. Ein großer Korb mit feucht eingerollten Tüchern stand an der einen Seite des langen Tisches, ein leerer an der anderen. „Er ist ein guter Kerl und hat den besten Hof weit und breit.“ Soffi schwieg und ließ das heiße Eisen zischen. „Was Besseres gibt es nicht!“, fügte die Mutter mit etwas scharfer Stimme hinzu. Soffi lief mit dem Eisen zum Herd, leerte den alten Stein aus und schob mit der Zange einen neuen glühenden wieder ein.

„Säch!“, wurde die Mutter jetzt ungeduldig und schaute zu ihrer Tochter. „Sag!“

„He röök nich good“*, flüsterte Soffi zurück. Die Mutter zog die Augenbrauen zusammen und schob das Eisen weiter.

„So schlimm sallt wall nich wäsen? War sicher bloß schlechte Seife, Kriegsware.“ Langsam hob Soffi den Kopf und schaute jetzt zur Mutter.

„Un ik kiek nich gerne in sien Gesichte.“**

Die Mutter nahm eine fertige große Leinendecke und hielt Soffi ein Ende hin.

---

* Er riecht nicht gut.

** Und ich schau nicht gern in sein Gesicht.

Jede von einem Ende aus zogen sie das Tuch noch einmal glatt und legten es auf Kante zusammen. „Daran wirst du dich bestimmt gewöhnen“, sagte die Mutter und nahm ein neues Tuch.

„Ist es wegen dem jungen Vanwoldt?“, frage sie weiter nach. Und als Soffi schwieg, legte sie ihr eine Hand auf den Arm: „Diarne! Alois ist bestimmt auch ein feiner Kerl. Aber Groote-Sühling, Kind! Denk nach! Da hast du doch ein ganz anderes Leben!“

„Mag wohl sein“, war alles, was Soffi zu sagen wusste. Schweigend arbeiteten sie nebeneinander weiter, während der eine Stapel niedriger und der andere höher wurde. Mit einem Stöhnen hob die Mutter den fertigen Korb auf ihre Hüfte.

„Sicher“, sagte sie plötzlich mit ruhiger Stimme: „Du musst ihn leiden können. Es ist für's ganze Leben, Tag und Nacht. Ich hatte auch einen schönen Mann – und hatte Freude daran.“

Als Grote-Sühling zu Pfingsten, dieses Mal sogar mit einem Päckchen Bohnenkaffee in der Hand, auf den Hof gefahren kam, rannte Soffi, sobald sie ihn durchs Fenster sah, in ihre Kammer. Und Elsbeth Langenkämper blieb nichts anderes übrig, als den Freier anzulügen: „Es tut mir leid, aber Soffi liegt wieder mit einem Blasenkatarrh im Bett.“ Mit gezückten Schultern und einem Seufzen, „Ich kann es nicht ändern“, gab sie dem jungen Mann den Kaffee wieder mit. Noch am selben Abend stand Alois mit einem bunten Blumenstrauß – weiße Margariten, gelbe Lilien und blaue Kornblumen – am Gatter. Soffis Beschwerden hatten rasch nachgelassen, und es dauerte keine halbe Stunde, bis sie sich aufs Rad schwang. Dabei trat sie so heftig in die Pedale, dass Alois neben ihr ins Schwitzen kam.

Das war ein paar Monate, bevor Elsbeth Langenkämper besorgt zu den Verwandten Natmäker nach Wiesken gefahren und mit noch ernsterer Miene nach Hause gekommen war. In der Woche danach hatte es auf dem Hof viel zu tun gegeben, und alle waren sie abends nach Essen und Gebet erschöpft in die Betten gefallen. Nur Elsbeth machte kaum ein Auge zu, und Soffi ebenso wenig.

„Hast du noch einmal darüber nachgedacht. Was Tante Klara gesagt hat?!“, fragte die Mutter, als sie beim Wäscheplätten zu zweit waren. Soffi schaute zur Mutter. „Ja, habe ich.“ „Bist du zur Vernunft gekommen?“, drängte die Mutter. Soffi holte tief Luft: „Ich würde gern den Alois nehmen.“ Die Mutter stellte das Eisen auf die Platte und stemmte die Arme in die Hüften:

„Das eine will ich dir sagen! Ich will keine Klagen hören!“ Einen Augenblick standen sie sich gegenüber, dann zuckte die Mutter mit den Schultern. „Kann dich nicht zwingen. Des Menschen Wille ist sein Himmelreich."

Die Liebsten

In Saande bei Bekleidung Rosen kaufte sich Alois einen neuen Anzug, den zweiten seines Lebens, einen braunen Dreiteiler, dazu ein weißes Oberhemd und eine gestreifte Krawatte, einen Sommerhut aus hellem Stroh mit braunem Band: „Mein Hut, der hat drei Ecken, drei Ecken hat mein Hut. Und hätt er nicht drei Ecken, so wär's auch nicht mein Hut", summte die Verkäuferin, das Fräulein Sarah, während sie fröhlich um ihn tänzelte und begutachtete. „So eene charmante junge Mann, den bekommt man ja selten zu sehe", sang sie in hell-kölscher Melodie, „charmant, charmant, der Herr Feldwebel!" In ihrer weißen Spitzenbluse und den hochgesteckten dunklen Haaren, die den schlanken weißen Hals betonten, im Nacken ihren Haaransatz zeigten, zog sie mehrere Modelle aus den Regalen, setzte Alois eines nach dem anderen vor dem Spiegel auf. Schnell entschied sie, was passte und was nicht, und als sie den Richtigen gefunden zu haben glaubte, einen hellen, blieb sie freundlich prüfend vor ihm stehen. „Da sieht der Feldwebel jetzt richtich jalant uss", schwärmte sie. Gemeinsam betrachteten sie den eleganten Mann im großen Spiegel. „Meinen Sie wirklich, dass der zu mir passt?", drehte Alois den Kopf zur Seite, stellte das linke Bein nach vorn. „Aber unbedingt, Herr Feldwebel! Wie für Sie jemacht! Wie für Sie jemacht! Das wird Ihre Ausjewählte jefalle." Alois nahm einen dunklen Hut – mit hellem Band.

Am Pfingstnachmittag 1921 standen Zenta Klümper und Helmine Floiter in Zentas Garten und bestaunten die üppig blühenden Heckenrosen. Albi rannte mit einem Netz den Schmetterlingen nach; dem verwöhnten Jungen fehle der Vater, sagten die Leute. „Kiek", wies Helmine plötzlich zum Eichenweg, „ist das nicht Alois, der da fährt? Hat wohl einen neuen Anzug. Was das wohl zu bedeuten hat?!" Prompt zückte der junge Mann den Hut. „Ich glaube", sagte Helmine, „der fährt zum Freien. Wird ja auch langsam Zeit." Zenta nickte: „Ja, soll sogar eine Langenkämper aus Meelken sein. Wird es bei Natz auf dem kleinen Kotten nicht zum Besten haben." „Och, sagte Helmine, da gibt es Schlimmere", und schaute dabei Zenta ins Gesicht.

Auf dem Kriegerfest in Wiesken hatte Alois zum ersten Mal mit der Schwester seines Kameraden und besten Freundes getanzt. Der Walzer war holprig gewesen. Mehrmals bremste ihr dunkles schweres Kleid, und Alois musste ein paar Mal „Hoppla" sagen, wenn er ihr, vielmehr sie ihm, auf die Füße trat. Der Foxtrott ging schon besser, und beim dritten Tanz, dem Schieber, lief es fast glatt. Ihre raue Hand lag fest in der seinen, und war kaum kleiner als diese, was auf einem Hof wie Vanwoldts nicht schaden konnte. Das große Gesicht, kantig mit hohen Wangenknochen, war von einem straff geflochtenen Zopfkranz umgeben, der das Derbe und Ernsthafte nur noch unterstrich. Doch ihr Blick war offen und hell und ihr Lächeln, wenn es dazu kam, freundlich und warm. Beim Tanz waren beider Augenpaare auf gleicher Höhe, und sie beide drehten ihre Köpfe immer wieder zur Seite. Sie schien reinlich, roch nicht nach Zwiebeln oder Vieh, wie manch andere, sondern nach Flieder. Er führte sie zur Theke und spendierte einen Holundersaft. Soffi sprach wenig, doch unbefangener als andere. Sie kannte sich mit Dünger- und Schweinepreisen aus und stellte sogar Fragen: Wo er im Krieg gewesen sei, wie ihm der Kölner Dom gefallen habe und was er auf der Zeche mache. „Darf ich bitten", kam ein anderer, ein Hüne mit rundem Gesicht, auf Soffi zu, als die Kapelle wieder aufspielte. Alois machte einen freundlichen Diener – und schaute sich nach einer anderen um.

Am Sonntag darauf blieb er vor Möllers' Schaufenster mit dem Porträt der beiden Schwestern stehen. Möllers kam hinaus: „Wer Soffi Langenkämper bekommt, der kann von Glück sagen!" Alois nickte; „Ja, das glaube ich gern."

Eines Samstags, als Alois von der Zeche nach Hause kam, stand am Deepen Grund die Eichentruhe in der Küche offen. Graue Dokumente mit roter Banderole lagen auf dem Tisch. „Sät die daale", sagte Natz, „Ich mutt mät die proaten." Alois legte den Mantel ab und setzte sich mit fragendem Blick auf die Bank. „Ik häb hört, datt du and freien büss. Wiss du trouen?"*

„Ja, vielleicht."

„Dann haben wir etwas zu bereden", räusperte sich Natz. In seiner Stimme lag eine ungewohnte Unsicherheit.

„Was willst du mir sagen, Vaader?"

Es war ein ungewohntes Bild, wie Natz und Alois, Vater und Sohn, so dicht nebeneinander auf der Bank saßen. Vor ihnen lag ein Stapel Dokumente; Alois kannte die handschriftlich akkurat geschrieben Papiere, hatte jedes, schon als Junge, mehrfach studiert. Den Übertragungsvertrag mit den alten Bültens, die tabellarischen Grundbucheinträge, die drei preußischen Hypothekenbriefe mit dem schwebenden, gekrönten preußischen Adler auf dem Kopf. Alles war säuberlich mit dickem Faden zusammengeheftet.

„Kiek!", fing Natz an. „Bültens Hypotheken habe ich alle abgearbeitet. War nicht einfach. Dann brauchte ich neue Anschaffungen für die Werkstatt. Josef-fis Kinderlähmung, der Doktor, die extra Schuhe für den Klumpfuß. Hat alles Geld gekostet. Trotzdem: Wäre der Krieg nicht gekommen, hätten wir keine Schulden mehr." Natz seufzte: „Aber es läuft nicht immer, wie man denkt."

* Ich muss mit dir sprechen. Ich habe gehört, dass du auf Brautschau bist. Willst du heiraten?

Jetzt stand er auf, ging in die Schlafkammer und kam von dort mit einem weiteren Umschlag zurück. „Das wollte ich dir zeigen“, schob Natz ihm das Blatt hin.

Das Schreiben hatte Alois noch nie gesehen, und bevor er selber es lesen konnte, erklärte Natz weiter:

„Fünfhundert Mark stehen noch aus. Der Krieg, keine Aufträge für Wagen, die Aussteuer für Maria fürs Kloster. Die Zinsen für den Verzug.“ Erst jetzt ging Alois Zeile für Zeile durch. Es war ein alter Hypothekenbrief, auf mehrere Grundstücke, für tausend Mark, privat abgeschlossen mit einer Witwe aus Saande. Auf Alois‘ Stirn bildeten sich Falten.

„Und woher soll das Geld kommen, Vaader? Das ist nicht wenig!“

„Deshalb sage ich es dir. Werden wir sehen. Geht ja bergauf.“

„Ich kann es nicht ändern. Du hast doch Geld auf der Kasse. Und du hast doch ein eigenes Grundstück im Vorderhook gekauft. Das kannst du beleihen.“

„Das brauche ich aber für anderes.“ Alois lehnte sich zurück. „Das ist viel Geld, Vaader. Dafür muss ich Gewissheit haben. Wann überträgst du mir den Hof?“

„Heirate du erst mal und bekomme Kinder. In zehn Jahren wird es soweit sein.“

„Zehn Jahre? Das ist eine lange Zeit.“

Einen Augenblick saßen sie schweigend nebeneinander. Plötzlich stand Natz auf; etwas förmlich streckte er seinem Sohn, mit aufmunterndem Kinn, die Hand entgegen.

„Zehn Jahre!“ Natz war es gewohnt, Verträge mit Handschlag zu besiegeln. Und so viel Alois wusste, hatte er sie immer eingehalten.

Alois schlug ein.

Nach Erntedank hielt Alois bei Elsbeth Langenkämper um die Hand ihrer Tochter an. „In Gottes Namen, ja“, lachte sie. Lula hatte seine Schwester bei ihrer Wahl unterstützt, und Grote-Sühling hatte längst eine andere gefunden. In der leuchtenden Oktobersonne begleitete Soffi ihren Bräutigam zum Gatter; eine Weile saßen sie auf der Birkenbank unter dem Ahornbaum. Aus der Jackentasche zog Alois ein Schächtelchen mit einem silbernen Granatring hervor.

Die Verlobung feierten sie zu Weihnachten im kleinen Familienkreis. Die Hochzeit musste noch warten, denn Alois brauchte Zeit, um das Haus für seine Braut und eine neue Familie auszubauen. Darauf hatten Elsbeth Langenkämper und Lula bestanden und zudem einen schuldenfreien Hof verlangt, das sei das mindeste. Dafür würde Soffi zur Hochzeit die Möbel mitbringen, zudem eine Kuh, eine weitere in zehn Jahren und zweihundert Mark dazu. Die Männer schlugen ein.

Am Deepen Grund verbreiterten sie das Haus, zogen die niedrigen Mauern höher, deckten das morsche Dach neu ein. Natz war ganz in seinem Element, summte und pfiff, als er Reihe für Reihe aufeinanderlegte. Jänsken reichte ihm stumm die Steine an. Vier Kammern gab es nun rund um die große Küche. Die Böden blieben aus Lehm, die Holzdielen mussten später kommen. Auf dem Gang zur Däle gingen ein paar Stufen nach unten in einen Kriechkeller, und ein paar Stufen nach oben in eine kleine Upkaamer. Seitlich von Spieker und Timmerkaamer bauten sie einen neuen Schuppen für Holz, Geräte und Kohlen. In der Schoppe fand die erste eigene Dreschmaschine Platz, angetrieben von einem kleinen Hilfsmotor. Draußen planierten sie ein Rund für den Pferdegöpel. Die moderne Technik hatte Vetter Hinner in England kennengelernt. Nach seiner Rückkehr aus der Gefangenschaft hatte er weder sein Erbe noch seine Schwestern wiedergesehen und Unterschlupf am Deepen Grund gefunden. Bis er Anstellung in einer der wieder laufenden Textilfabriken fand. Abends schmauchten Alois und Hinner zusammen ein Piepken. Hinner war für die Sozialdemokraten. Sie hatten trotzdem viel Spaß miteinander.

Im Januar 1923 schrieb Neufert ein Aufsatzthema für die abgehende Klasse an die Tafel:

> *Ein großer Teil der Jugend fährt heute ins Ruhrgebiet. Ein Bergarbeiter erhält dort 12 – 15 Mark pro Tag. Ein Bauernknecht dagegen jährlich 150 – 200 Mark. Wollt ihr lieber Bergarbeiter oder Bauernknecht sein? Bedenkt auch die Kosten für Essen und Wohnen.*

Die wenigen Söhne und Töchter der Heuerlinge entschieden sich alle für das Ruhrgebiet. Knechte und Mägde hatten keine Kinder; Jänsken war eine Ausnahme.

Brautwagen

Es war ein warmer Junitag 1923. Zwei Fuhren waren bereits am Deepen Grund: ein eichener Buffetschrank, ein ovaler Tisch samt sechs Stühlen für die Stube, eine Chaiselongue und ein Kokosteppich, eine Petroleum-Hängelampe, zwei kleine Lampen, ein Essgeschirr für zwölf Personen aus weißem Porzellan – mit Goldrand fürs Beste, dazu zwei Terrinen und vier Platten, ein zwölfteiliges Kaffeegeschirr, Besteck, jedoch nur Kriegsware aus Blech. Mehrere Wannen, Töpfe und Krüge, fünf Körbe voll weißem Linnen, Spitzen. Leibchen und Hemden, weit genug, um Drillingen darin Platz zu bieten. Zwei Kleider und Schürzen für den Alltag, ein blaues Sonntagskleid, ein schwarzes Trauerkleid, ein Wintermantel, mehrere Schals, Socken, ein Paar Lederschuhe, Klumpen und vieles andere mehr. Auch die neue schwere Kokkmaschine, die das offene Feuer ersetzen würde, und eine große Klocke* mit goldfarbenem Pendel, das von nun an in der Vanwoldtschen Küche zuverlässig vier Mal in der Stunde schlagen sollte.

Endlich war der Tag gekommen, die Braut mit dem Rest der Aussteuer zu holen. Die Sonne kletterte bereits zügig über die Bäume, nur ein paar Wolken waren in Sicht. Hektor und Jule standen schon im Geschirr, ihre breiten Flanken glänzend, gelbe Blütensterne schmückten ihre geflochtenen schwarzen Mähnen. Ottochen hatte die Pferde im Morgengrauen hergerichtet, ihr Fell mit Melkfett eingerieben, die frisch beschlagenen Hufe und danach sogar ihre Zähne mit Sand und Wasser geschrubbt. Jule hatte daraufhin nach seiner Hand geschnappt, weshalb Ottochen jetzt einen Verband darum trug. Hektors langes Glied baumelte nach unten, bald steif wie ein langer Schlegel.

Jetzt spannten sie Jule und Hektor vor den Leiterwagen, der vollbepackt auf der Tenne stand: Das Schlafzimmer aus Tanne mit dreitürigem Schrank, Mantelstock und breitem tweeschlöprig Bädde**, dazu neumodische Federkernmatratzen, zwei Nachtkästchen, eine Kommode mit großem Spiegel und heller Marmorplatte, dazu eine Waschschüssel und Kanne aus Porzellan mit Goldrand, vier große Oberbetten, vollgestopft mit feinsten Daunenfedern von Langenkämpers Gänsen. An der Seite hing Soffis Damenrad. Zum Schluss hievte Lula den Schnaps hoch: drei volle Kisten. „Wir müssen los!", drängte Ottochen, der die unruhigen Tiere kaum noch am Halfter halten konnte. Jule und Hektor warfen unruhig die Köpfe gegeneinander. Hektor schnaubte; wurde jetzt Zeit, dass der Hengst auf andere Gedanken kam. „Soffi!", riefen die Männer, „wird Zeit!"

In der Küche zeichnete Elsbeth Langenkämper ihrer Ältesten mit Weihwasser ein Kreuz auf die Stirn. Streng schaute sie daraufhin in ihrer Tochter vertraute Augen:

„Und eines noch, Diarne! Merke dir! Vor dem ersten Krach musst du dich in Acht nehmen! Es kommen immer welche nach!"

„Soffi … !", riefen sie von draußen.

Endlich kam die Braut mit langen Schritten aus dem Haus und stieg vorn auf den Wagen: „Loat loss!", rief sie mit tränenden Augen und winkendem Arm. Nachbars Fuhrknecht ließ die Zügel locker: „Hott, hott!" Heiter zog eine Truppe in den wunderbaren Frühlingsmorgen. Alma, die Kuh, trottete an einem Strick hinterher. Erich, der Hahn, flatterte, oben am Bettpfosten festgebunden, aufgeregt mit den Flügeln. Sie kamen kaum hundert Meter weit, als sie

* Wanduhr, Pendeluhr

** Doppelbett

das erste Mal Zoll bezahlen mussten. Die jungen Leute aus dem Hook hatten ein Seil quer über den Weg gespannt und verlangten, unterstützt von einem Trecksack und lautem Gesang, Tribut in Form von Schnaps – bis sie nach ein paar geleerten Flaschen den Weg freigaben. Kaum hatten sich Jule und Hektor wieder eingelaufen, standen die nächsten am Wegesrand. Soffi sprang lachend hinunter, schenkte den Männern ein und schunkelte mit den jungen Frauen. So ging das ein paar Mal. Schon am frühen Nachmittag waren die Flaschen leer, so dass Alois, der an der Grenze zu Wiesken dazugestoßen war, bei Wilkes Nachschub holen musste. Im Floiterhook, am Steen, hielten sie das letzte Mal. Hendok quetschte den Trecksack, Franz-Jupp blies in die Posaune, die jungen Frauen servierten Brot mit Butter und Salz. Der Hahn, dem jemand Schnaps gegeben hatte, hing mit welkem Kamm halbtot am Pfosten. Die Kuh glotzte blöd am Wagen. Hektor und Jule dösten mit gesenkten Köpfen im Geschirr.

Die Sonne senkte sich bereits rot auf Zentas Eichen, als der fröhlich-müde Tross am Draii auf den Deepen Grund zu bog. Zwei aufgeklappte Schweinehälften auf der Leiter leuchteten im Abendlicht. Natz und Stine standen am offenen Gatter. Stine, einen Kopf kleiner als ihre Schwiegertochter, reichte ihr einen Topf mit einem großen Löffel: „Es ist nun der deine." Natz setzte sein bestes Lächeln auf. Alois schlief in der Nacht darauf bei Boesels; Soffi auf ihrer neuen Chaiselongue in der neuen Stube.

Am nächsten Morgen, einem Mittwoch, fuhr Hendok das Brautpaar in Floiters tannengeschmückter schwarzer Kutsche zur Kirche, wo der Propst sie traute. Möllers wartete schon mit zurechtgestelltem Blumenstrauß in seinem Atelier: „Habe ich doch damals schon gewusst", behauptete er, „wie Alois die beiden Mädchen im Schaufenster angesehen hat." Die Aufnahme, die er jetzt machte, zeigt zwei Frohsinn strahlende Menschen: Die Braut in bodenlangem schwarzem Batist und einem hüftlangen weißen Schleier, in der rechten Hand einen üppigen Blumenstrauß, ein deutliches Lächeln in ihrem runden Gesicht. Der Bräutigam in weißem Hemd und Fliege, einem schwarzen knielangen Mantel, ein stolzer Blick in einem schmalen Gesicht. Stehen sie eingehakt nebeneinander, schauen gerade in die Linse, und doch die Körper einander zugewandt. Alois war 34 Jahre alt, seine Frau nur ein Jahr jünger.

In der Woche danach hallten Marienlieder durch das ganze Haus über den Hof bis hin zum kleinen Wäldchen, aus dem es in den Hook schallte.

Maria, breit den Mantel aus,
mach Schirm und Schild für uns daraus,
lass uns darunter sicher stehn,
bis alle Stürm' vorüber gehn.

Die junge Frau Vanwoldt buk Pfannekuchen, riss dabei Türen und Fenster auf und schickte die feuchte Luft mit Sang und Klang hinaus.

Der alte Harras, mittlerweile halb blind und taub, lag neben dem Herd und schnappte mit seiner grauen Schnauze dann und wann ein Häppchen von der neuen Köchin auf. Dazu war er eigens von seines Herren Schoß heruntergekrochen. „Harras, bleib hier!“, klopfte Natz auf sein Bein, doch der Hund richtete die Schnauze weiterhin erwartungsvoll zu Soffi. Als Natz am nächsten Tag von einer seiner Runden nach Hause kam, ließ er sich auf seinen Sessel fallen und streckte Soffi die dreckigen Stiefel hin: „Komm! Hilf mir beim Ausziehen!“ Soffi schaute ihn missmutig an. Dann bückte sie sich und zog dem Schwiegervater die Schuhe von den Füßen. Das war sie, die junge Frau aus einem Frauenhaushalt, nicht gewohnt. Am nächsten Morgen stand ein Stiefelknecht dort: „Hölt sik för wat Bäteres, olle Triene, Hippe“*, grummelte Natz – und stieß ihn weg. Dabei war Soffi, das wusste auch er, alles andere als das.

„Bei Vanwoldt singen sie wieder“, sagten sie im Floiterhook. „Wurde ja auch Zeit.“ Dazu, wie es danach am Deepen Grund weiterging, gingen die Beobachtungen und Meinungen weit auseinander.

Schon zwei Wochen nach der Hochzeit, wusste Zenta Klümper zu berichten, habe sie Soffi nach der Frühmesse auf dem Kirchplatz heulend neben ihrer Schwester Ida gesehen. Zwar konnte Zenta nicht sagen, was Soffi zu Tränen brachte. Doch das konnte nur der alte griesgrämige Natz sein. „Mir scheint“, hielt Mine dagegen, „Alois und Soffi passen gut zusammen.“ Und Anni fügte hinzu: „Das wird sich mit Natz schon einspielen.“ In einem waren sich alle über Soffi einig: „Do kass du wall met feddig werden!“**

Weit früher, als ihr selber lieb war, war Soffi Baas im Haus. Die Schwiegermutter, Stine, half ihr nach Kräften, doch sie war krumm und kurzsichtig geworden, was ihre gebückte Haltung weiter verstärkte. Soffi stand als Erste auf, entfachte Feuer in der neuen Kokkmaschine, kochte für Alois Milch und packte seinen Brotbeutel für die Zeche, melkte mit Mooder die vier Kühe. Hob die Milchkanne vom Vorabend aus dem Brunnen, stellte die Morgenmilch dazu und zog sie auf einem Wägelchen zum Steen. Fütterte das Vieh, lange bevor der Schwiegervater, Vaader, zum Tienührken verschlafen aus der Kammer kam und nach warmer Milch und Brot verlangte. Danach ging sie aufs Feld und in den Garten, während Mooder den Eintopf kochte. Abends als letzte, nachdem Alois zu Bett gegangen war, drehte sie nach den Stopfarbeiten den Docht hinunter. Das Zeugen von Nachwuchs behinderte das alles nicht. Schon

---

* Hält sich für was Besseres, alte Zicke.

** Da kann man wohl mit fertig werden; etwa: tüchtig, redlich, klar.

bald tuschelten die Nachbarinnen: Soffis Wangen wurden rosig und rund, ihre Augen sanft.

Am Deepen Grund, im Floiterhook, in Wiesken und im ganzen Kreis, überall, fand man langsam wieder festen Tritt. Ställe, Scheunen und Keller füllten sich erneut. In den Saander Fabriken ratterten die Maschinen, die Schlote rauchten, in den Villen brachten elektrische Birnen die Kristallleuchter zum Glänzen. Aber so stabil, wie es kurz schien, war die Wirtschaft noch nicht. Sie alle lernten ein neues Wort, „Hyperinflation". Doch als die Preise nach oben in schwindelerregende Höhen stiegen, keiner mehr die Zahlenreichen lesen konnte, und ein Koffer voller Geldscheine wertlos geworden war – da waren die Felder der Bauern bestellt und man konnte sich einer ausreichenden Ernte gewiss sein. Andere, die Angestellten und Arbeiter, verdienten bald Milliarden, und konnten sich dafür nicht einmal mehr eine Wurst kaufen. Darunter auch Lehrer Neufert, der im Sommer in sein Heft schrieb:

> *Seit der Ruhrbesetzung der Franzosen und Belgier werden Industriekinder aufs Land geschickt. Hier in Wiesken allein 30 Kinder. Leider sträuben sich viele Landwirte, Kinder aufzunehmen, viele sind unterernährt. Der überall als fromm geltende Münsterländer Bauer scheint die Barmherzigkeit und Nächstenliebe vergessen zu haben.*

Aus dem Floiterhook hatten nur Boesels und Neuferts selbst drei Kinder aus Essen aufgenommen.

Noch im ersten Herbst nach ihrer Hochzeit setzten Alois und Soffi ein ganzes Dutzend Obstbäume und Sträucher, ertragreiche neue Sorten, die Koopmann erstanden hatte. Hinter dem Hof zwei Schöne von Boskopp und zwei Williams Christ, längs des Pfades zu Klümpers eine Reihe Pflaumen, sogar einen Bergpfirsich und einen Fliederstrauch dazwischen, schwarze Johannisbeeren. Neben der Schoppe und der alten Bank fand ein junger Ahorn, ein Abkömmling von Langenkämpers Hof, seinen Platz. In der Abendsonne saß das junge Paar oft dort.

Im Frühjahr legten Stine und Soffi neue, zusätzliche Gärten an. Neben dem alten Gemüsegarten setzten sie mehrere Stauden und Sträucher, Tulpen, einjährige Veilchen und Lilien, geharkte Pfade und rote Trittsteine dazwischen. Das Areal war großzügig umrahmt von einem hohen weißen Lattenzaun mit Törchen, Letzteres eine Nachgabe zur Aussteuer aus dem Elternhaus, ebenso wie die rosa Heckenrosen, die daran rankten. Ein Jahr später kam auf dem Weg zu Klümpers der neue groote Guarden dazu. Mit Stöckchen und Band schritt

Soffi mit großen Schritten Länge und Breite ab, stach mit dem Spaten gerade Furchen und Linien, in die sie frischen Palm, Buchsbaum, zur Begrenzung setzte. Die Frauen sangen und summten, während sie die Erde umgruben und Mist in die Furchen warfen. In jede Ecke kamen Beerensträucher, schwarze und rote Johannis- und grüne Stachelbeere, in der Mitte ein kleines Rund mit einem Rosenstock umkränzt von weißen Kieselsteinen. Mit Alois pflanzte sie einen jungen Kirschbaum und Marille. Schon im zweiten Sommer war der früher graue Brunnen von grünem Efeu und gelbblühender Kresse bewachsen, wetteiferten die Nelken und Tausendschön, Löwenmäulchen und Lilien, duftender Flocks und gelber langer Heinrich. Bienen, Hummeln und Schmetterlinge tummelten sich. Im Herbst leuchteten Dahlien und Astern, später noch Laternchen und Hülskrabbe. Im kleinen Guarden fand man verschiedene Wurzeln und Salat, Gurken, Dill und Petersilie; im grooten Guarden schon ab Mai Rhabarber, später rankten dicke Bohnen an langen Stöcken und süße Erbsen am Reisig. Dazwischen war Platz für Zwiebeln, Gurken und Kohl in allen Farben.

Wenn Soffi die Tränen kamen, was in den kommenden Jahren nicht selten sein würde, nahm sie still einen Schürzenzipfel, tupfte damit ihre Augen und lief in den Garten. Dort atmete sie tief durch, sog den Duft der Blumen ein, reckte den Kopf gen Himmel und ging wieder hinein. Das war, wenn ihr Schwiegervater ihr mit einer Schnapsfahne seine dreckigen Schuhe hinstreckte. Manchmal auch, wenn sie allein mit Alba und mit Jänsken auf den Acker zog. Jänsken half ihr im Stall beim Ausmisten und Füttern; sie sprachen wenig miteinander, aber sie taten sich nichts. Doch öfter, als man Soffi weinen sah, hörte man sie Marienlieder schmettern.

Alois hingegen sah man fast nur noch mit einem Pfeifen auf den Lippen. Und zu Weihnachten, als die Zigarren wieder mehr wogen als das Geld, kaufte er bei Ickings nicht nur ein ganzes Päckchen Zigarillos für sich, sondern auch ein Stückchen Veilchenseife, eingewickelt in knisterndes Seidenpapier mit einem violetten Schleifchen darum: „Für deine Liebste", hatte Ickings Frau erklärt. Am Weihnachtsabend duftete es auf Soffis Frisierkommode.

Auch in anderen Häusern änderten sich die Verhältnisse – mal mehr, mal weniger. Floiter und Boesel hatten rasch nach dem Krieg ihre Verlobten geheiratet. Veehdreewers Zweiter, sowieso Ebenbild seines Vaters, führte den Hof in selber stolzer Manier weiter. Bei Kerkhuus fuhr ein Brautwagen mit einer kräftigen jungen Frau aus Fürstenfeld vor; und dass man von dieser Mathilde noch öfter hören würde, war von Beginn an klar. Hendok Natmäker war noch auf Suche, sollte aber auch bald fündig werden. Bei Puggenkamp, wo nur noch Mädchen waren, heiratete der Zweite vom Gestüt Ross am Meerfelder Bruch ein; wobei Puggenkamp die Kröte schlucken musste, den Doppelnamen Ross-Puggenkamp zuzulassen. Ross brachte eine schöne rotbraune Stute, genannt Elfe, mit vier weißen Knöcheln, einem weißen Dreieck zwischen den hohen Augen, und ein ebenso anmutiges Fohlen mit. Nebeneinander grasten sie auf einer neu eingezäunten Koppel vor Puggenkamps Haus. Es sah schön aus. Früh abends ritt Ross oft mit Elfe durchs Brook, oft im Trab, manchmal Galopp. Es sah elegant aus; schneidig sagten einige, angeberisch andere – der neue Nachbar.

In seiner ersten Neujahrspredigt, 1925, zeigte sich der Dechant hochzufrieden mit den vielen Hochzeiten und Geburten und wünschte sich ein „Weiter so, ihr Christenheit!" für die kommenden Jahre. Doch zu Karneval, der „Woche des Teufels", prangerte er wieder den Sittenverfall an. In den Kirchenbänken saßen immer mehr Frauleute, deren Kleider nur wadenlang waren, dabei die Haare kurz geschnitten. Dabei hatte man aus anderen Städten ganz anderes gehört. Im Café Brömmel steckten die zugeknöpften Frauen die Köpfe zusammen: „In Berlin häbt sogar de Froulö Buxen an."*, flüsterte die eine. „Und danzt bie Negermusik", wusste eine andere, „wat sogar mät de blanke Boste und dat bloode Gatt."** Die junge Elisabeth Floiter, noch vom alten Schlag, bekreuzigte sich: „Ik willt gar nich wätten!", und spitzte die Ohren. Verrückte Zeiten waren das!

Etwa zur selben Zeit bestieg, am anderen Ende der Welt, in Niederländisch-Indien ein schlaksiger, zehnjähriger Junge mit einem großen braunen Koffer, den ein Lakai für ihn trug, ein Dampfschiff nach Rotterdam.

Java

Die Nachricht vom Tode des stolzen Fritze, Friedrich Vanwoldts, schlug wie ein Blitz in die sonntäglichen Runden der Frauleute und Mannsleute ein. Da lag er bereits seit Wochen in einem schlichten Einzelgrab auf einem katholischen Friedhof in Javas feuchter Erde begraben. Noch mehr als sein Tod waren die Umstände von Belang. „Hat er seine Strafe bekommen! Ein dummer Kerl, mit Verstand zwischen den Beinen." Von Heimweh geplagt, sagten die einen, von Reue zerfressen, die anderen. Im Brief stand, es sei ein Wundbrand am halben Bein, auf jeden Fall auch das Herz gewesen. Seine zweite Tochter hatte er nie gesehen, nicht einmal ein Foto hatte Elisabeth ihm geschickt, stattdessen hatte sie die Scheidung von ihm erreicht. Das Leidener Geschäft hatte sie einem Verwalter übergeben; dieses lief besser als je zuvor. Die Gedemütigte selbst verbrachte die meiste Zeit in verdunkelten Zimmern. Fritze wiederum hatte ihr Briefe mit Fotos von Georg geschickt: Ein stoisch schauender Junge, der vor einem herrschaftlichen Haus in einem gro-

* In Berlin haben sogar die Frauen Hosen an.

** Der nackte Busen und der bloße Hintern.

ßen Palmengarten in einem hellen Anzug und Strohhut auf einem Pony sitzt, das ein Lakai mit einem Turban am Halfter hält. Von den beiden anderen Kindern, die er mit der Polin hatte, schrieb er nie. Nach seinem Tod kam alles Weitere ans Tageslicht: Die Heiratsschwindlerin, die man getrost so nennen konnte, war wenige Tage vor seinem Tod mit ihrem Geliebten und einem Koffer voller Geld und Gold auf Nimmerwiedersehen in die tropische Nacht verschwunden. „Kopp tüssen de Beene, dat döch nich!“*, sagten die Leute über Friedrich. Er würde eine Weile im Fegefeuer schmoren. Immerhin war ihm hoch anzurechnen, dass er sein gesamtes Vermögen den drei ehelichen Kindern vermacht hatte. Es war der ortsansässigen katholischen Gemeinde in Java und dem deutschen Botschafter zu verdanken, dass sie, nach Friedrichs elendem Tod sein stattliches Anwesen für einen annehmbaren Betrag veräußerten und für den Jungen eine Passage nach Rotterdam besorgten.

Dort lief in der Karwoche 1924 ein schmaler, von der Sonne gebräunter, ansonsten scheu blickender Junge in einem hellen Knabenanzug und matrosenblauer Fliege von der Reeling eines aus Niederländisch-Indien kommenden Dampfers. Um den Hals trug er ein Schild: „Elisabeth Vanwoldt, Leiden, Duitsland“. Eine Rotkreuzschwester schickte ein Telegramm an die Adresse und setzte den Jungen mit einer Decke um die Schultern Richtung Heimat. Am Bahnhof Wiesken stieg der Junge, am ganzen Körper zitternd, mit einem großen braunen Koffer aus. Verloren schaute er nach allen Seiten. Franz-Jupp Vanwoldt ließ den Zug abfahren und drehte die Schranken wieder hoch. Stumm zog der Junge das Schild mit seinem Namen aus der Tasche. Aber Franz-Jupp erkannte sofort das Ebenbild seines Onkel, klopfte dem Jungen auf die Schulter und fuhr ihn auf dem Gepäckträger nach Leiden in sein altes und neues Zuhause. Elisabeth war am selben Morgen plötzlich zu Verwandten im Süddeutschen abgereist.

Ein bißchen Glück, ein bißchen Seligkeit

An einem Abend im Wonnemonat Mai erblickte am Deepen Grund ein gesunder Junge mit langen dunklen Haaren das Licht der Welt. Die neue Hebamme, Cäcilia Ramäker, schnitt gerade die Nabelschnur durch, als Alois von der Zeche nach Hause kam. Zur Tauffeier wenige Tage später kamen die Nachbarinnen mit einem Pfund Kaffee und Kroamstuten und fanden eine strahlende Wöchnerin mit ihrem Säugling vor. Auf der Frisierkommode stand ein großer Bund frischer Heckenrosen, dessen offene Blüten sich im Spiegel doppelten und den ganzen Raum mit einem süßen Duft erfüllten.

Schon wenige Wochen später sah man die junge Mutter mit ihrem Säugling

* Kopf zwischen den Beinen, das taugt nichts.

auf dem Wieskener Kriegerfest. Drei Tage Festprogramm, einschließlich einer Festrede des Vorsitzenden des Kreiskriegerverbandes, Herrn Geburzky aus Saande, jeden Nachmittag Parade, begleitet von nicht weniger als achtzehn auswärtigen Musikkapellen, natürlich eine Kirmes mit Schiffschaufel, Schießbude und Lakritzständen für die Kinder. Geführt von Holthuus und Koopmann zog Alois in dritter Reihe mit Kompanie und Blaskapelle ins Festzelt ein, das die Massen kaum fassen konnte. Zum ersten Tanz verbeugte er sich artig vor Soffi. „Darf ich bitten?" Soffi reichte den eingepackten Berni ihrer Tante Klara Natmäker und folgte ihrem Mann. Die Nachbarinnen schauten dem Paar nach; der Walzer sah ein wenig holprig aus. „Is wall mätfallen"*, musste auch die vormals warnende Tante Klara zugeben.

Der kleine Bernhard, genannt Berni, war ein zufriedenes Kind, dem Natz, sein Patenonkel, mit einem Lachen und Locken die Händchen hielt, als er die ersten Schrittchen machte.

In den kommenden zehn Jahren kamen weitere fünf Kinder zur Welt, drei Jungen und zwei Mädchen. Berni, Thea und Franz bildeten die erste Dreiergruppe, mit vier Jahren Abstand folgte die zweite Dreiergruppe Lucia, genannt Luzi, Gerhard, genannt Gerd, und Antonius, genannt Anton. Soffis große Federbetten, so groß und dick sie auch gewesen waren, reichten ein paar Winter später kaum mehr für alle aus. Bald waren aus jedem so viele Federn herausgenommen, ihr eigenes und das der Kinder so dünn, dass sie in den Nächten, wenn der Reif an den gekalkten Wänden glänzte, gegen Morgen nicht einmal der warme Stein und das gegenseitige Wärmen gegen ein Frösteln nützte. Die Kinder bekamen die Mäntel der Erwachsenen mit aufs Bett gelegt.

Alois gab seine Arbeit an der Zeche auf. Zum Abschied klopften Broskow und er sich auf die Schulter: „Glückauf!", sagte der eine, „Good goan" der andere. Jeder muss sehen, wo er bleibt. Alois bekam eine Anstellung bei Zimmerer Moersmann aus Leiden, dessen Auftragsbuch mit Nachfragen nach Dachstühlen und Fenstern gut gefüllt war. Abends bestellte er mit Alba die Felder am Deepen Grund. Sonntagvormittags nahm er seinen Dreiteiler aus dem Schrank, zog die goldene Uhr auf und fuhr zum Hochamt in Saande. Unterwegs begegnete er seiner Frau, die bereits auf dem Rückweg von der Frühmesse war. Nachmittags fuhr er zu seinem Schwager Lula in Weelken oder zu seinem Vetter Hinner in Oeding. Mittwochsabends traf er sich mit den Veteranen zum Kartenspiel, und einmal im Monat ging er zu den Sitzungen des Kriegervereins.

Soffi hingegen ließ sich ihre sonntägliche Frühmesse mit anschließendem Be-

---

* Ist wohl mitgefallen, was soviel heißt wie: Das hat geklappt.

such bei Café Brömmel nicht nehmen. Um sechs Uhr, nach dem Melken, mit nüchternem Magen, fuhr sie vom Hof, war sehr rechtzeitig in Sankt Raphael, um genug Andacht vor der Messe zu haben. Anschließend stärkte sie sich bei ihrer Tante Brömmel, gemeinsam mit ihrer Schwester Ida und anderen Frauen, mit Bouillon und Beschütte*. Zusätzlich fuhr sie am Herz-Jesu-Freitag, einmal im Monat, zu Sankt Raphael, machte anschließend einen Gang durch die Mühlenstraße, kaufte ein zwei Kilo schweres Schwarzbrot und gönnte sich einen Kaffee und einen Zuckerkringel. Je nachdem, was ihr Portemonnaie erlaubte, abhängig davon, wie viele Eier die Hühner legten und wie gut die Beerensträucher, die Äpfel- und Pflaumenbäume trugen, kaufte sie Salz, Zucker, Hefe, Essig und Muckefuck, Muskat und Pfeffer, Soda und Kernseife, manchmal auch Reis und Rosinen, Zimt und Anis, echten Kaffee und vielleicht sogar neue Haarnadeln sowie eine kleine Dose Nivea. Zu den Namenstagen der Mutter und Geschwister fuhr sie in ihr Elternhaus. Bald saßen zwei kleine Kinder auf den Sättelchen vor und hinter ihr. Singend und summend fuhr ein Trio den Weg, den sie damals mit dem Brautwagen gefahren waren.

Üb immer Treu und Redlichkeit
bis an dein kühles Grab,
und weiche keinen Finger breit
von Gottes Wegen ab.
Dann wird die Sichel und der Pflug
in deiner Hand so leicht,
dann singest du beim Wasserkrug,
als wär dir Wein gereicht.

Am Abend erst kam sie zurück, nicht ohne ein Päckchen Samen oder Zwiebeln für ihren Garten und die Rabatten. Hortensien so hoch, dass die Kinder darin verstecken spielten – wenn Soffi nicht schaute.

Was früher der Flachs, die Wolle und das Spinnrad für Stine gewesen war, war heute die Milch und das Butterfass. Mit geschlossenen Augen drehte sie den Hebel immer weiter und nickte dabei ein, ohne damit aufzuhören. In ihren weiten Röcken tröstete sie ihre Enkel, wenn sie von Alois eins in den Nacken bekamen, weil sie beim Kehren des Hofes einen Strohhalm übersehen hatten, oder wenn ihnen abends beim Rosenkranzbeten müde der Kopf nach vorne fiel und Natz ihnen dafür mit der Pietske, Zack!, eins auf die Finger gab.

Natz fand man wieder öfter in der Timmerkaamer, die Bauern brauchten neue Wagen. Er füllte den Holzschuppen wieder mit Sparren und Stämmen auf, feu-

* Zwieback

erte an manchen Tagen sogar die Esse an. War er guter Dinge, half er auf dem Feld, verteilte den Mist oder senste das Gras, die Frauleute in der einen, er in der anderen Ecke. Die Kirchenbesuche endeten mit einer Einkehr, kürzer als sie früher waren, bei Kraane oder Wilke. Zu Mariä Geburt machte er sich wieder auf den Weg und kam nur eine Nacht später müde zurück. Sahen die Leute von Weitem einen gebeugten Mann mit Stock und Hund, mit zügigem Schritt, Kappe und blauem Kittel, darauf ein langer grauer Bart, hieß es: „Kiek, doar löpp ümmer noch den ollen Nätken Vanwoldt!" Und wer genau hinschaute, bemerkte: „Mie düch he häww dat Drinken uuphehört … "*

Der alte Harras bekam in einem Sommer, rechtzeitig vor der Getreideernte, den Gnadenstoß. Natz selbst versetzte ihm den zielsicheren Schlag mit dem Hammer vor den Kopf, bevor die Sensen dem tauben Hund in Kopf und Beine fahren würden. Natz wartete ein paar Trauermonate, dann brachte er den kleinen Harry aus demselben Stall wie Harras mit. Pechschwarz mit weißer Schnauze und ein paar grauen Flecken.

Harry erwies sich als würdiger Nachfolger seines Vorgängers, obgleich mit anderen Fähigkeiten. Als er klein war, rollte er sich nachts innen in die Katze ein, als er größer wurde, machten sie es umgekehrt. Wie seine Vorgänger beherrschte er nach kurzer Zeit „Good!", „Dood!" und „Loop!", „Sitz!" und „Pfote!" Schon in jugendlichen Jahren war er ein exzellenter Wachhund, der jeden Besucher bereits ab dem Draii mit lautem Gebell anzeigte und dabei sicher zwischen Fremden und Eigenen, wozu er auch Nachbarn und Verwandte zählte, unterscheiden konnte. Besser noch als Harras nahm er die Wehen der Kühe wahr und zeigte es durch ein heftiges Winseln an. Nur das Jagen – und da unterschied er sich von allen anderen – machte ihm keinen Spaß. Einem hakenschlagenden Hasen oder flatternden Fasan raste er keine hundert Meter nach, bis er einfach sitzen blieb. Harry spezialisierte sich auf andere Fähigkeiten und Aufgaben: Nach kurzer Ausbildung durch Soffi half er ihr beim Melken, indem er die Kuhschwänze hielt, die sonst stetig nach Fliegen und damit um Soffis Ohren schlugen. Sobald Soffi mit den Eimern schepperte, rannte er pflichtschuldig zum Arbeitsplatz, schnappte nach dem lästigen Quast und hielt ihn zwischen den Zähnen fest, bis Soffi mit Schemel und Eimer zur nächsten Kuh ging.

Waren da noch die Schwägerin Joseffi und der Junge Jänsken, die sich, durch einen Schrank getrennt, eine Kammer teilten. Joseffi hatte mit der Schneiderlehre, vielmehr der strengen Modistin, kein Glück gehabt. Am Abend eines langen Tages an der Nähmaschine hatten ihr die Füße geschmerzt; eine Entzündung zwang sie sogar für länger ins Hospital. Zudem war ihr rechter

---

* Mir scheint, er hat mit dem Trinken aufgehört.

Zeigefinger taub und verkrümmt, seitdem eine Singernadel mit Doppelstich unbarmherzig über die Fingerkuppe gerattert war. Im dritten Lehrjahr schickte die Meisterin sie ohne einen Pfennig, und ohne Zeugnis, wieder fort. Einen Winter lang saß Joseffi still am Stubenfenster, strickte und stopfte Socken und schmuste mit dem kleinen Berni. „Hoffe auf ihn, alle Zeit, schüttet euer Herz vor ihm aus, Gott ist eure Zuversicht“, hörte sie den Kanonikus sagen; das tat Joseffi. Und siehe da: Nach dem Hochamt kamen Joseffis Schwestern und die Nachbarinnen auf sie zu, um neue Kleider für die Schützenfeste und Kirmessen, für die Verlobungen und Hochzeiten zu bestellen. Nach Lichtmess holten sie „de Naister“* mit der Kutsche oder Karre für ein paar Tage oder Wochen ab. Auf einem ausgezogenen Klappbrettchen saß Joseffi neben ihrer Maschine und einem grauen Köfferchen und summte leise gegen den Wind:

Irgendwo auf der Welt gibt's ein kleines bisschen Glück
und ich träum' davon in jedem Augenblick.
Irgendwo auf der Welt gibt's ein bisschen Seligkeit.

Ihr Verdienst bestand aus ein paar Mark und übrig gebliebenen Knöpfen und Spitze. Es reichte für ein eigenes Kleid und ein Stück Seife, manchmal Kaffee und Bienenstich bei Café Brömmel. Die Pfennige sammelte sie, wie alle jungen Frauen, in einem Glas, nur, dass Joseffi nicht auf Hochzeitsschuhe sparte, sicher heimlich hoffte, sondern das Kupfer Jänsken für die Kirmes gab.

Jänsken harrte noch ein paar Jahre am Deepen Grund aus, half Alois auf dem Feld. Jedes Jahr vor Ostern schrieb Neufert drei Aufsatzthemen für die Absolventen an die Tafel.

1. Für die Hoferben: Sie wollen sich mehr Vieh anschaffen. Beschreiben Sie, welches Vieh sie selber ziehen oder kaufen werden und warum. Woher erhalten Sie das Geld?

2. Für diejenigen ohne Hof: Beschreiben Sie die Vorteile und Nachteile des Lebens von Handwerkern und Fabrikarbeitern oder Bergarbeitern. Wofür entscheiden Sie sich?

3. Für die Jungfrauen: Welches sind die häufigsten Kinderkrankheiten und wie kann ich sie selbst ohne den Doktor behandeln?

---

* Näherin

Jänsken wusste jetzt schon: Er würde ins Revier gehen, egal ob unter oder über Tage. „Doart weis niemand, dass ich ein Bastard bin. Alle sünd gleich."

Auf der Kirmes traf er manchmal einen gleichaltrigen, vornehm aussehenden Jungen, der in einem hellen Anzug und Lederschuhen allein auf einem zu großen Fahrrad über die Festplätze schob. Die Querstange reichte bis zu den Hüften, der breite Lenker beanspruchte seinen ausgestreckten Arm, die Speichen glänzten in der Sonne. Bauernjungs in grauen Wolljoppen und Klumpen gafften mit offenen Mündern. Georg, so hieß der Junge, hielt vor einer Lakritzbude, kaufte eine große Tüte Bonbons und hielt sie schweigend den anderen hin, bevor sie mit ihrer Beute zum Schießstand weiterrannten. Jänsken bekam immer eine große Portion. Dann schob der Junge wieder allein vom Platz.

Wieskens Bauern hatten ganz anderes im Sinn. Der Beitritt zu einer neuen Bewegung, die ihr aller Wirtschaften und Leben ändern würde, stand bevor:

Weltspartag, 31. Oktober 1925. Sparer, Mitglieder der Genossenschaften, stärkt euch selbst, indem ihr Euer Geld der genossenschaftlichen Sparkasse „Eurer eigenen Bank" bringt. Bei günstiger Verzinsung ist Euer Geld sicher angelehnt. Die Spar- und Darlehenskassen des Kreises.

Die Plakate hingen überall. Bei Kraane sprach man kaum noch von etwas anderem.

Die Genossenschaft

Im Kreis hatte man 1926, das zweite Jahr in Folge, mit klar steigender Tendenz, den Stand vor dem Krieg überschritten. Die Bahn setzte zusätzliche Waggons ein, um Kühe und Schweine aus der Region zu verladen. Bei der bäuerlichen Bezugs- und Absatzgenossenschaft Wiesken stapelten sich im Frühjahr die Kisten mit den Saatkartoffeln und die Düngersäcke, im Sommer und Herbst die Säcke mit Roggen, Gerste und Kartoffeln. Koopmann brachte, Schwarz auf Rot, ein großes Schild mit den Lettern „Landhandel & Kolonialwaren" über der Verladerampe seines Lagerschuppens an, von Frühjahr bis Herbst standen die Fuhrgespanne davor Schlange. Gegenüber der Gleise, bei Kraane, herrschte von früh bis spät reges Kommen und Gehen, was Kraane seinen Wirtsgästen mit einem neuen Anstrich und breiteren Tischen in den hellen Räumen dankte.

„Ihr müsst mehr investieren – mit den neuen Genossenschaften!", rief Kraane, der alte Landwirtschaftslehrer, als sie von seinem Garten aus auf den Bahnhof schauten. Gerade war vor ihren Augen ein Güterzug ohne Halt von Norden nach Süden durchgerattert, alles Waggons aus Holland, vollbeladen mit Gemüse und Käse für das Revier. „Die Patjaken …“, hatte Kraane mit hochrotem Kopf den Gehstock hochgeworfen, „ … die … machen … es euch vor …“, und war mit einem Röcheln zu Boden gesackt, noch bevor der letzte Waggon durchgefahren war.

Einen Tag nach der Beerdigung lud Gemeindevorsteher Schulzendiek ein Dutzend Männer zu sich in die Vorderküche ein. Man hatte Vertrauliches zu besprechen: den Fortgang der eben erst gegründeten Spar- und Kreditgenossenschaft. Es war Kraanes Werk gewesen und es würde nicht leicht, einen Nachfolger seines Formats zu finden. Sein Sohn Max hatte mit Mitte zwanzig das Alter dazu und war zudem gelernter Angestellter bei der Saander Spar- und Darlehenskasse. Aber er trug viel Pomade im Haar, war stets mit weißem Kragen unterwegs und galt manchen als Luftikus. Noch niemand hatte ihn je mit einer Hacke oder einem Hammer in der Hand gesehen. Wer kam noch in Frage? Veehdreewers Benedikt hatte Abitur, war aber bereits zum Priesterstudium angemeldet. Ross-Puggenkamp schlug seinen Schwager, einen Rechtsanwalt in Münster, vor. Doch der junge Ross neigte zum Großmaul und den Schwager kannte niemand. Man hätte den Bankkaufmann Hoffkreie fragen können, doch der war zu geschwätzig. Auch Temminghoffs Vetter wäre in Frage gekommen, doch Temminghoff hielt nichts von dem Ganzen, das sei zu riskant in diesen unruhigen Zeiten. Und sowieso gebe es doch genügend Banken in Saande, Münster oder Essen. Groote Ridder war gar nicht erst zu dem Treffen erschienen; auch er hatte eine Genossenschaft nicht nötig.

„Du hast gut reden“, sagte Kerkhuus zu Temminghoff, „deine Frau hat Geld mitgebracht, sonst wäre das bei dir auch anders.“ Temminghoff hatte eine geborene Gräfin von Bergisch geheiratet, die sich „Landfrau Agatha“ nennen ließ und die Nase mächtig weit oben trug. Jeder konnte sich an die Hochzeit erinnern, hatte das Foto von dem Brautpaar vor der Weelkener Schlosskapelle in der Zeitung bewundert, die Braut in einem weißen Spitzenkleid, neue Sitten, mit meterlangem Schleier. Nachbarn und Gesinde hatten allein auf Temminghoffs Däle gefeiert; man hatte sich trotzdem gut amüsiert.

„Mag sein“, antwortete Temminghoff gelassen, wie es seine Art war, „aber Geldgeschäfte soll man denen überlassen, die etwas davon verstehen.“

„Irgendwoher muss es kommen …“, sagte jetzt sogar der junge Spökerbuar, bisher nicht für Geldknappheit bekannt. Doch die Wieskener Bauern, mit Landsicherheiten, hatten von den Saander Banken kein Geld mehr erhalten, das bräuchte man in Saande selbst. „Wenn andere dir nicht helfen, hilf dir selbst! Und wenn wir nicht die Geschäfte machen, machen sie andere!“

„Wir müssen auch an die Kleineren und auch an die Handwerker denken“, sagte jetzt Schulzendiek, dem alle hoch anrechneten, dass er überhaupt Mitglied war. „Wollen alle etwas vom Fortschritt haben.“

Am Ende einigte man sich auf Max Kraane, immerhin der Sohn vom alten Kraane und bereits Bankangestellter in Saande; einen Besseren fände man nicht.

„Und schließlich“, überzeugte Schulzendiek sie alle, „haben wir ja einen Vorstand, der ihm auf die Finger schaut. Zudem gibt es Buchprüfer aus Münster.“

Max Kraane nahm die Ernennung zum Geschäftsführer und Rendanten der Wieskener Spar- und Darlehenskasse ohne Umschweife mit hochrotem Kopf an. Er kündigte seinen „kleinen Posten“ in Saande, um, wie er es dem Vorgesetzten mit geschwellter Brust erklärte, an anderer Stelle „Bankdirektor“ zu werden.

Auf der nächsten Vollversammlung der Wieskener Kasse, die zugleich die erste ohne den alten Kraane und überhaupt erst die zweite Versammlung mit allen war, saßen an die achtzig Mann in Kraanes großem Saal. In seiner eigenen Wirtschaft saß Max Kraane vorn an einem quergestellten Tisch, rechts neben ihm ein Stapel Akten, Papiere und ein Tintenfass, links neben ihm Schulzendiek. Auf den vorderen Stühlen befanden sich Spökermann, Kerkhuus, Koopmann und ein paar andere; in der Mitte Ramäker, Floiter, Ross-Puggenkamp; irgendwo hinten Natz Vanwoldt, auch der neue Schmied Nagel, zugezogen aus Fürstenfeld, der junge Passling, Hendok Natmäker und ein paar Neue vom Bahnhof. Es dauerte eine Weile, bis sich alle gesammelt hatten. Kraane erhob sich, bimmelte mit dem Glöckchen und rief, die rechte Hand am Revers, in den Raum:

„Wieskener, wir haben heute Wichtiges zu bereden!“ Er schaute auf seine Notizen, und weil er trotz Brille kurzsichtig war, senkte er den Kopf dabei so tief, dass alle sein mittig tadellos gescheiteltes und üppig gefettetes Haar bemerkten. Das breite, für sein junges Alter schon schwulstige, Doppelkinn stieß auf die große blaue Fliege. „Da steht er, unser feiner Vorsitzender, will Herr Bankdirektor sein“, spottete Ross-Puggenkamp. „Musst du gerade sagen!“, konterte Floiter sofort zurück, „Sitzt ja auch gern hoch zu Pferde. Hauptsache, er versteht sein Geschäft!“ Max Kraane hob kurz den roten Kopf, dann setzte er fort:

„Ihr habt mich gebeten, das Erbe meines Vaters fortzuführen. Das will ich gerne tun, zusammen mit euch! Denn bei einer Genossenschaft reden alle mit, haben alle das Sagen!“

„Das wird ja ein schönes Durcheinander geben …“

„Kannst du das denn wohl?“

„Wir sind Bauern. Wir brauchen keine Direktoren!“

„Holl jetzt endlik diene Muule, Ross!“, rief Koopmann.

Max tupfte mit dem Einstecktuch an seiner Stirn und warf einen Blick zu Evi, seiner Frau, die hinter dem Tresen mit raschen Griffen Krüge und Gläser füllte.

Eva-Maria Kraane, Leidener Kaufmannstochter, genannt Evi Schneidig, weil sie immer nach neuester Mode gekleidet war, hatte sich als Glücksfall nicht nur für „ihren Maxe“, sondern für die Wirtschaft und damit Wiesken überhaupt erwiesen. Trotz Bubikopf und Spitzenbluse, unter der sich ein „ansehnlicher Vorbau“ befand, war sie eine tüchtige Frau, immer freundlich und gelassen, selbst wenn man über ihren Busen strich, um sich kurz die Hände zu wärmen.

„Meine Herren! Immer ruhig met de junge Päärde!“, erschien Evi jetzt mit einem Lachen und einem großen Tablett Bier und Schnaps in dem Saal. Kraane holte tief Luft und versuchte es von Neuem:

„Meine Herren! Wir brauchen hier in Wiesken unser eigenes Kapital und Geld. Die Bankdirektoren aus Saande wollen wohl unser Geld haben! Aber uns keins geben! Die wollen alles für sich behalten!“ Jetzt kam er richtig in Fahrt, hob Kopf und Stimme: „Unser Credo lautet: Das Geld des Dorfes bleibt im Dorf! Das Wieskener Kapital bleibt in Wiesken!“

„Jawoll! Jawoll! So ist es!“, klopften sie alle auf die Tische.

Max nahm das Glöckchen, um sich wieder Gehör zu verschaffen:

„Wir haben heute Wichtiges zu entscheiden. Es gibt zwei Wege. Aufpassen! Ihr könnt sagen, wie ihr das haben wollt. Wir müssen Sicherheit bieten, wenn ihr Geld wollt. Der erste Weg: Die großen Bauern mit Land übernehmen die Bürgschaft, zum Beispiel Groote Ridder, Temminghoff oder Schulzendiek ...“

„Ha!“, rief Schulzendiek von der Seite. „Das war so aber nicht abgesprochen. Nur weil ich die Kasse wichtig finde, werde ich doch nicht für andere bürgen! Und Groote Ridder und Temminghoff – die sind doch gar nicht dabei!“ Die Köpfe im Saal gingen hin und her.

„Was ist der zweite Weg?“, rief Floiter. Und es wurde augenblicklich still.

„Es gibt noch eine andere Möglichkeit: Wir bürgen alle. Jeder mit seinem Land. Wir gründen eine Gesellschaft mit unbeschränkter Haftung. Jedes Mitglied hat dann gleiche Rechte und Pflichten. Jeder kann Geld zu denselben Bedingungen anlegen. Jeder kann ein Darlehen bekommen, wenn er ein sicheres Geschäft vorhat, und das kann jeder in der Genossenschaft überprüfen. Jeder für jeden!“

„Das hört sich ja wie bei den Bolschewiken an!“, rief Hendok Natmäker von hinten, „da gehört auch allen alles, nur die Oberen, die haben mehr!“

Doch Max Kraane redete einfach weiter.

„Ihr seid alle Direktoren! Ich bin nur euer Angestellter. Ihr müsst nur die Vorstände wählen, die haben dann die Übersicht. Jeder kann immer Einblick haben. Kein Risiko!“

Mehrere Stühle rutschten. Evi riss Fenster und Türen auf. Schulzendiek schlug eine kurze Pause vor, um sich die Beine zu vertreten. Nach der Pause waren ein paar Stühle leer.

„Lasst es uns probieren!", sagte Kerkhuus, nachdem Max Kraane ein weiteres Mal gesprochen hatte. „Was die anderen können, können wir auch, erst recht mit dem Bahnhof vor der Tür!"

„Genau!", sagte Koopmann: „Lange können wir die Züge nicht mehr vorbeifahren lassen. Da müssen wir jetzt mitmachen."

Kurz darauf schlossen Max Kraane und Schulzendiek die Sitzung. An der Tür schlug Schulzendiek Natz auf die Schulter: „Stellmäker! Bist du auch dabei?" Natz nickte: „Jo, mal sehen."

In der nächsten Vollversammlung wählten die Mitglieder – in geheimer Wahl – die dreizehn Vorstandsmitglieder, wobei sich keiner um den Posten gerissen hatte, sondern sowohl Kraane als auch Schulzendiek einzeln um Kandidaten warben. An den quergestellten Tischen vorn saßen nun die beiden Vorsitzenden Spökermann und, ausgerechnet, Ross-Puggenkamp beidseitig des Rendanten Max Kraane. Aus dem Floiterhook hatte Kerkhuus zugestimmt, neben seinen eigenen Interessen auch die des Hookes zu vertreten. Schmied Nagel nahm ebenfalls einen Platz und sogar Arbeiter Passling – man war demokratisch und für alle da. Auch Groote Ridder und Temminghoff hatten am Ende guten Willen gezeigt: Beide liehen sie, zinslos, die nicht unerhebliche Summe von fünfhundert Mark zum Grundkapital; Mitglieder wurden sie nicht. In der Satzung wurde schriftlich festgehalten, was besprochen und außerdem Gesetz war. Es würde regelmäßige Sitzungen des Vorstandes geben, die jederzeit in die Bücher schauen konnten, und außerdem unabhängige Revisionen aus Saande und sogar Münster. Es würde Zinsen für Sparguthaben geben, nur, dass man nicht sagen könne, wie viel. Und, übrigens, Sparbücher seien auch etwas für die Frauleute, zum Beispiel Witwen und Jungfrauen. Und bevor der Vorstand unterschrieb, erklärte Max Kraane noch einmal die Abkürzung Buchstabe für Buchstabe:

„Wir sind jetzt ein e.V.m.u.H. Das heißt: Ein eingetragener Verein mit unbeschränkter Haftung. Das macht man heute so. Wenn wir nicht ordentlich wirtschaften, müssen alle dafür geradestehen."

„Ist das für alle klar?", fragte Spökermann. „Ja, alles klar."

„Hat für euch Bauern aber nichts zu bedeuten. Ihr habt ja alle Land und Sicherheit", ergänzte Max Kraane. In seiner Liste fanden sich bereits über hundert Namenseintragungen, es sollten noch viele mehr werden.

Am Abend legte Natz ein kleines blaues Büchlein auf den Küchentisch: „Sparbuch", stand oben in großen schwarzen Lettern, darunter „Wieskener Spar- und Darlehenskassenverein, e.V.m.u.H". In der Spalte unter „Haben" waren nicht weniger als hundert Mark eingetragen. „Jetzt", verkündete Natz, „müssen wir nicht mehr zur alten Witwe in Saande und bei den Lackaffen von der Saander Kasse betteln gehen." Alois nahm das Büchlein kurz zur Hand, schaute auf die ersten Seiten und reichte es seinem Vater mit einem freundlichen Lächeln zurück: „Viel Glück!“ Alois selbst war mit der Kasse in Saande zufrieden, so wie Fanz-Jupp auch. Sogar ein Frauenname stand in Kraanes langem Register: Zenta Klümper, Witwe.

Schon nach zwei Jahren konnte Max Kraane dem Vorstand Sparguthaben in Höhe von 43732 Mark und 66 Pfennig melden, steigende Tendenz. Bis auf den letzten Pfennig – alles genau! Die Ausgabe der Darlehen erfolgte in doppelter Höhe; die andere Hälfte hatte er, aufgrund seiner „exzellenten Kontakte“, von privaten Bankinstituten in Essen erhalten, freilich zu höheren Zinsen, als die Saander sie verlangten. Spökerbuar baute eine zweite Scheune; Ross-Puggenkamp eine schöne Remise mit vier Pferdeställen. Boesel verlängerte seinen Spieker. Passling investierte in ein Glashaus für eine kleine Gärtnerei. Zenta ließ ihr morsches Dach neu decken. Natz gönnte sich eine neue Hobelbank, drei Meter breit, um der Nachfrage nach Leiterwagen Herr zu werden, zwei neue Sägen dazu.

Heinrich Nagel, Schwager von Floiter, brachte die alte Schmiede auf Vordermann. Sein Fuhrknecht Leo, ein kleiner Mann, der früher die Pferde gesteuert hatte, saß nun hoch auf einem eisernen Ross mit der Aufschrift „Landmaschinen Nagel“. Den ganzen Sommer über knatterte er mit seinem Ungetüm, dem Bulldog, samt Dreschkasten von Hof zu Hof, und zwar mit einem solchen Krach, dass man in ganz Wiesken wusste, wo er gerade war. Für die moderne Hausfrau bot Nagel eine elektrische Waschmaschine an. „Auf meinem Hof gibt es mehr Pferdestärken PS als in ganz Wiesken Pferde“, schwellte Nagel die Brust. Das alte „Flip-Flap, Flip-Flap“ der Dreschflegel war nur noch bei den Kleinen, wie den Klümpers, Nätmäkers und Vanwoldts, zu hören. Erst als eine Mähmaschine Floiters Zweitem die Hand abschnitt, hielt man – kurz – mit einem Schrecken ein. Dabei hatte er noch Glück gehabt. Woanders war ein Mädchen unter den Bulldog gekommen, tot.

Auch Anna Hoffkreie, obwohl keine Genossin, profitierte vom neuen Geldfluss. Die Seifen und Pomaden in ihren neuen Glasvitrinen fanden guten Absatz, zu Weihnachten auch Datteln und Kokosraspeln – eine Erinnerung an ihren Vater. Das reinste Schlaraffenland!

Das Beste jedoch war bald auf jedem Küchenbuffet zu sehen: der Radioapparat, auch wenn er beim Drehen der Knöpfe oft mehr ein Pfeifen und Krächzen als klare Stimmen von sich gab. „Gooddoori, alles uut de Luchte!“* Er sendete die Politik aus der Hauptstadt, einen Tag bevor das Saander Blättken es wusste, den Bauernfunk aus Münster mit den aktuellen Preisen und Neue-

* Schau, alles aus der Luft!

rungen und die Wettervorhersage. Ob das besser war als der Hundertjährige Kalender – dazu gingen die Meinungen auseinander. Die „kolle Soffi" kam noch immer zuverlässig Mitte Mai, ebenso wie der Hahn auf dem Mist täglich krähte. „Ruttschmätten Geld!", grummelte Natz, als Alois das wuchtige Gerät samt eines Stromapparats auf einem Küchenschränkchen platzierte. „Das Wetter macht unser Herrgott noch immer selber." Aus Neuferts Lehrerwohnung schallte an den Sonntagnachmittagen Wiener Walzer und Familiengelächter: Neuferts tanzten und ihre beiden Jungs, die sie nach Beate noch bekommen hatten, klatschten dazu. „Een richtig Lusterkästchen!", rümpfte die junge Elisabeth Floiter ihre Nase.

Schulzendiek zählte zum zehnjährigen Bestehen des demokratisch gewählten Gemeinderates mit geschwellter Brust das Erreichte auf: In Wiesken hatte man alles für einen veritablen eigenen Ort zusammen, Bahnhof, Schule, Schmiede, Molkerei, Kriegerverein, Kasse – um nur Weniges zu nennen. Die Wieskener Straße war bis zur Schule geteert, der Rest bis Fürstenfeld mit Schotter ausgebessert, die ganze Strecke beidseitig dicht mit Linden besetzt, im Ganzen 87 Bäume, wer es genau wissen wollte. Jetzt war man mit dem Fahrrad in einer halben Stunde in der Kirche und beim Doktor. Ein würdevolles Kriegerehrenmal stand kurz vor Abschluss. In jedem Hook hatte das Amt einen öffentlichen Telefonapparat installiert, für den Floiterhook an der Schule. Die Leitungen für Licht und Kraft lagen von Saande bis Fürstenfeld an der Straße. Wer abseits lag, wie die Vanwoldts und Klümpers, mussten für die Leitung selber sorgen. Auch dabei konnte die neue Kasse helfen.

„Und das Beste von allem", sagte Schulzendiek zum Schluss: „Die Güterzüge aus Holland fahren nicht mehr durch! Sie halten in Wiesken! Die Zeiten, wo die Patjacken den Markt allein bedienten, sind vorbei!"

Alle klopften auf den Tisch; so hatte der alte Kraane es gewollt. Schon seit einem Jahr nahmen die Waggons am Nebengleis zwischen Bahnhof und Koopmanns Landhandel Wieskener Kartoffeln, Getreide und sogar Schweine für das Ruhrgebiet auf. Nur Groote Ridder fuhr mit seinem Lastkraftwagen direkt nach Dorsten und Essen. Häufig saß Mathilde Kerkhuus mit ein paar Körben Eiern und ein paar Pfund Butter auf dem Beifahrersitz.

„Ja", nickte auch Magister Neufert zufrieden, „bald haben wir alles zusammen. Nur eine eigene Kirche fehlt." „Die werden wir auch noch kriegen", lachte Schulzendiek.

Die Einweihung des bisher nur provisorisch errichteten Kriegerehrenmals war nur noch das Tüpfelchen auf dem i. Allerseelen 1929 war es so weit. Frühmorgens wurden die Wieskener mit fünf Böllerschüssen zum neuen Ehrenmal gerufen. Über den Tag verteilt folgten weitere 98, für jeden der Gefallenen und Vermissten einen. Aus allen Höken zogen, im Sternmuster, Prozessionen mit

Frauenchören zum Ehrenmal, am Rand von Groote Ridders „Kleen Woldt“. Hier hatte der Kriegerverein einen neuen Betonsockel, umgeben von Kies und immergrünem Buchsbaum, ein großes Kreuz mit dem leidenden Christus und der trauernden Muttergottes errichtet. Auf einer eichenen Holztafel waren 98 Namen dunkelbraun eingebrannt. Während eines Feldgottesdienstes unter freiem Himmel segnete der Kanonikus die Vereinsfahne: Ein goldener Adler auf grünem Samt, den Koopmanns und Holthuus‘ Frauen mit weißen Lettern bestickt hatten: „Den Gefallenen zur Ehre, Wieskener Kriegerverein“. Der neue Oberste, Obergefreiter a.D. Karl Koopmann, assistiert von den Fahnenträgern Holthuus und Ramäker, alle in weißen Uniformen mit grünen Scherpen und Hüten mit Federbüscheln, legte, unter Begleitung der Blaskapelle, einen radgroßen grünen Kranz nieder, gefolgt von salutierenden Veteranen, Feldwebel a.D. Vanwoldt in vorderster Reihe. Es gab kaum jemanden, der in dieser würdevollen Stunde nicht die Tränen trocknen musste.

Am Deepen Grund saßen die Männer später über der Zeitung gebeugt, jeder an einem Ende.

„Gooddoori“, hatte Natz eine Meldung entdeckt. „Jetzt fliegt Graf Zeppelin sogar an den Nordpol! Wir Deutschen können den Kopf wieder oben tragen.“

„Und mit den Reparationsverhandlungen geht es jetzt endlich auch voran!“, sagte Alois, „konnte ja so nicht bleiben.“

„Freut euch nicht zu früh! Im Revier essen sie schon wieder Runkeln“, sagte Franz-Jupp, der am Bahnhof viel erfuhr. Die Unordnung war wieder da.

Das war Mitte November 1929. Fremde liefen wieder über Wiesen und durch Wälder und kratzten zusammen, was den Bauern verborgen geblieben war: eine Handvoll Kartoffeln, ein Korb voll Kastanien. Landfrau Agathe wurde, während sie im Hochamt war, von gottlosen Gesellen die Schmuckschatulle gestohlen; die Hühnerleiter stand noch vor dem offenen Fenster ihres Schlafzimmers. In Fürstenfeld malten Unbekannte in einer Nacht mit schwarzer Farbe Hakenkreuze an Geschäfte. Zwei Tage später, mitten am Vormittag, fuhren besoffene Jungs grölend auf einem Laster langsam an der Wieskener Schule vorbei, hielten kurz zum Fahrerwechsel an. Neugierig rannten die Kinder zu den Fenstern, doch Neufert scheuchte sie sofort zurück auf ihre Plätze.

Die Preise für die Produkte der Bauern gingen wieder nach unten. Die in ihren Luftschlössern, in Berlin und sonst wo, waren weit weg vom Boden.

Man war, die meisten zumindest, und so schien es, überwiegend, zufrieden mit den Diensten von Max Kraane. Einzig Sorge bereiteten – vor allem den hundert anderen Direktoren – seine häufigen und unerklärbaren Koliken sowie der – vermutlich vom Vater geerbte – Bluthochdruck. Ein Krankenhausaufenthalt bei den Barmherzigen in Saande mit anschließender Kur an der Nordsee vermochten weder die Ursache zu klären noch Besserung herbeizuführen. Der Doktor, so Max, habe nun zu einem längeren Aufenthalt in Bad Ems geraten. „Ich erhole mich leider nur langsam, aber es geht bergauf", stand auf der Rückseite einer Ansichtskarte mit vornehmen Villen, die sich wie Perlen an einer Promenade reihen. „Auch Saander Geschäftsleute sind hier. Wir treffen uns am Abend. Die können uns in diesen schwierigen Zeiten vielleicht nützlich sein. Ich komme bald mit voller Kraft zurück." Evi hatte die Karte von einem Besuch in Bad Ems mitgebracht, dabei aber gar nicht fröhlich gewirkt. „Da stimmt etwas nicht. Dat geföllt mi nich"*, räsonierte Spökermann mit ernster Miene, als sie die Karte am Stammtisch von Hand zu Hand reichten. „Mie ook nich", rümpfte Schulzendiek die Nase, „dat stünk."**

Die besorgten Gesichter hatten eine Vorgeschichte. Bereits im zweiten Jahr des Vereins hatten die Revisoren aus Saande und Münster Fehler in den Bilanzen moniert und eine bessere Buchführung angemahnt, am Ende aber ein Auge zugedrückt. „In diesen neuen Dingen muss jeder lernen", schlossen sie die Bücher – ohne jedoch einen Haken darunter zu machen. Ein halbes Jahr später war es zum ersten Krach gekommen. „Ein einziges Durcheinander!", hatten die Amtlichen, in Anwesenheit der Vorsitzenden Spökermann und Ross-Puggenkamp, dem Rendanten Max Kraane direkt ins Gesicht gesagt. Nicht einmal prüfen könne man das Geschmiere! „Bringen Sie das in Ordnung! Sonst kennen wir andere Methoden!", hatten sie Max Kraane zugerufen und mit strengem Blick auch auf die anwesenden Vorstandsmitglieder geschaut.

Sofort nach dem Vorfall hatte Max Kraane, korrekt nach Vorschrift, eine Vollversammlung einberufen und den Sachverhalt erklärt. Er sei schließlich krank gewesen, daher der Rückstand, den er sofort aufholen werde. Die Herren Revisoren hätten mit alten Zahlen gerechnet, ohne Berücksichtigung der hohen Inflation. Jedes Schulkind wisse, dass das nicht aufgehe. Die Herren aus Münster spielten sich nur auf, hätten die Kommata verschoben. Dann hatte Kraane ein Flugblatt des Dachverbandes aller Kassen im Kreis verteilt, damit alle etwas in Händen hätten. Schließlich wolle er niemanden in Ungewissheit halten.

---

* Das gefällt mir nicht.

** Mir auch nicht, das stinkt.

An alle Bürger im Kreis: Das Geld des Dorfes dem Dorfe! Spareinlagen beim Spar- und Darlehenskassenverein, der auf unbeschränkter Haftpflicht beruht, sind unbedingt sicher angelegt und beleben die Wirtschaftslage im eigenen Bezirk. Sparer, spart bei der örtlichen Kreditgenossenschaft, der Landwirte- und Mittelstandsbank, dem Spar- und Darlehenskassenverein! Die Spar- und Darlehenskassenvereine!

Schmied Nagel hatte das Papier sofort überzeugt: „Kiek, da steht es ja: unbedingt sicher!" Er träumte von einem zweiten Bulldog. Und Spökermann hatte gemurmelt: „Ich habe etwas anderes zu tun, als mich um Bilanzen zu kümmern!" Ross-Puggenkamp hatte mit den Schultern gezuckt: Sein zweiter Darlehensantrag, nun für einen Schweinestall, lag auf Max Kraanes Tisch. Und den wollte er nicht mit unnötigem Gemeckere in Gefahr bringen. Natz Vanwoldt und ein paar andere hatten sich gegenseitig etwas zugeraunt, aber auch sie waren letztlich still geblieben. Nur Schulzendiek war plötzlich aufgesprungen, hatte Arm und Finger auf Kraane gerichtet und geschrien: „Dat bröchst du wär instande! Sofort!" Max Kraane war mit einem Stottern, „Sicher … sicher!" auf dem Stuhl zusammengezuckt. Noch auf selbiger Sitzung hatte man sich auf eine letzte „Gnadenfrist" von vier Wochen geeinigt, um die Bilanzen klar zu machen. Danach hatte man drei Wochen lang bis tief in die Nacht Licht in Max' Kontor gesehen und war zuversichtlich gestimmt. Dann waren die Koliken erneut gekommen. Er habe nachts im Bett nach Luft gejapst, hatte Evi sich bei Schulzendiek ausgeweint, dass ihr Angst und Bange geworden sei. Da war Max bereits wieder auf dem Weg nach Bad Ems gewesen.

Spökermann legte zu selber Stunde seinen Vorsitz nieder. Groote Ridder und Temminghoff, erfuhr man erst jetzt, hatten ihre Einlagen, fünfhundert Mark, schon vor einem Jahr zurückgeholt, kurz darauf auch Kerkhuus und Floiter. Auch Zenta Klümper hatte sich ihre sechzig Mark Erspartes auszahlen lassen. Veehdreewer war nie Mitglied geworden.

Schulzendiek steckte die Ansichtskarte in die Tasche: „Eine Sitzung muss kommen, sofort nach seiner Rückkehr! Wenn er überhaupt wiederkommt, der Schurke! Sonst hole ich den Gendarmen!"

Am Deepen Grund saßen sie abends in der Küche. Natz flocht an einem Korb; Alois studierte die Zeitung.

„Vaader, was meinst du zur Wieskener Darlehenskasse?", unterbrach Alois die Stille. „Man hört, Max ist wieder in Bad Ems."

„Was soll ich meinen? Muss Max wieder instand bringen. Ich hab' seinen Vater gekannt. Ein redlicher Mann."

„Steig aus, bevor es zu spät ist."

Weiteres Schweigen. Natz zurrte einen Zweig fest.

„Da kommt einiges an komischen Dingen zusammen."

„Ich habe alles schwarz auf weiß. Ist alles sicher ...", sagte Natz jetzt ohne aufzusehen. „Außerdem. Das geht dich nichts an, ich red' dir auch nicht rein."

„Vaader, pass oop!", drehte sich Alois ihm jetzt zu, „das ist nämlich so: Die Großen sind schon alle raus. Du bürgst mit unserem Land für alle. Am Ende sitzen die Kleinen, wie wir, mit den Schulden alleine da."

Plötzlich warf Natz den halbfertigen Korb unter den Tisch, so dass Harry jaulend aufsprang.

„Junge, ich weiß selber, was ich tue. Muss du mi nich säggen. Un noch wat: Et is ümmer noch min Land. Un nich diene."*

„Nee, Vaader, wir haben eine Abmachung. Dass ich den Hof erbe, nicht die Schulden. Habe schon einmal für dich bezahlt. Weißt du das noch?"

„Harry, komm!", rief Natz und stolperte mit den Klumpen hinaus.

Schulzendieks Unkenrufe schienen unbegründet. Max Kraane kam gut erholt mit einem vollen Doppelkinn und breiteren Hosenträgern aus der Kur zurück. Das sahen zumindest Schulzendiek und Ross-Puggenkamp, die ihn am Abend seiner Rückkehr im Kontor aufsuchten. Für den kommenden Vormittag vereinbarten sie eine geheime Sitzung mit dem Vorstand, das heißt denjenigen, die übriggeblieben waren.

Noch in derselben Nacht hörte Koopmann in der Nachbarschaft das Schlagen von Wagentüren, war dann aber wieder eingeschlafen. Schulzendiek schreckte im Morgengrauen von einem Traum von einem tanzenden Teufel mit Zylinder und zwei Schwänzen in Form von Max breiten Hosenträgern auf. Und ritt sofort, die Jagflinte umgelegt, im Trab los. Doch Max Kraane war längst über alle Berge. Evi saß mit verheulten Augen in der Hinterküche und wusste von nichts, da sie bei den beiden Kindern geschlafen habe. Auch die Gendarmen, die am Vormittag kamen, brachten nicht mehr aus ihr heraus. Draußen vor der Tür hing ein Schild. „Bis auf weiteres geschlossen!" Auf dem Vorplatz bildete sich ein Tumult mit einem Dutzend Männer: „Uphangen! Verbrecher!" Ein Stein schoss durchs Fenster und die zugezogenen Vorhänge. Es nützte alles nicht. Max Kraane blieb fort.

Nur wenige Wochen später brachte Postbote Geerdes den angekündigten Brief mit Anschrift Bernhard Vanwoldt zum Deepen Grund:

Im Namen des Volkes
Es handelt sich um den Konkurs eines Vereins mit unbeschränkter Haftung. Das Sparguthaben aller Mitglieder wird einbehalten.

---

* Es ist immer noch mein Land und nicht deins.

Alle Mitglieder haften für die Darlehen der anderen gemäß ihrer Anteile. Die Zahlung ist in bar oder Kapital zu leisten und muss innerhalb der nächsten zwölf Monate abgeschlossen sein.

„Der Judas!", wütete Natz, noch während sie am Gatter standen. „Bist du nicht allein. Haben fünfzig andere auch bekommen", zuckte Geerdes die Schultern. „Manche müssen jetzt betteln gehen. Unbeschränkte Haftung. Hättet ihr alle besser hinschauen müssen." Dass Natz ihm die Faust zeigte, sah er nicht mehr.

Die kinderlose Witwe Doowe musste die Schulden ihres eben erst verstorbenen Mannes übernehmen und, statt mit einem Darlehen ihr Häuschen gegen den kalten Winter zu verklinkern, ihren einzigen Morgen Land verkaufen. Eine andere fiel unter das Armenrecht. Passling konnte nur deshalb Gärtner bleiben, weil Groote Ridder seinem früheren Heuerling noch einmal unter die Arme griff. Ross-Puggenkamp musste zwei seiner Pferde hergeben. Bei Vanwoldts waren es vier Schweine – und nicht einmal die reichten.

Natz verkroch sich eine ganze Woche in seine Timmerkaamer. Zwei weitere Briefe mit seinem Namen kamen. Am siebten Mittag rief er Alois vom Feld und öffnete die Eichentruhe:

„Sät die daale, Alois! Ich muss mit dir reden."

Die Bilanz: Natz' Sparbuch mit einem Guthaben von genau 5164,79 Mark und Pfennig, mit Max Kraanes unleserlicher Unterschrift und einem Stempel bestätigt, das kleine Vermögen, das Natz als stolzer Genossenschaftler mit Hilfe seiner neuen Werkstatt angespart hatte, war Papier und Tinte nicht mehr wert. Doch damit nicht genug: Die Saander Kasse drohte mit der Kündigung einer alten Hypothek für einen Kredit, den sie für das neue Haus benötigt hatten, und der noch bei 2300 Mark stand. Zusätzlich verlangten die Gläubiger, Kraanes feine Bekanntschaft aus Essen, nach Umlage 400 Mark von Natz zurück. Vielleicht war es das erste Mal, dass der Sohn den Vater weinen sah.

„Hast damals recht gehabt, Junge", wischte er mit dem Taschentuch die Nase. „Müssen wir jetzt gemeinsam weitersehen." Da saßen die beiden ungleichen Männer, Vaader und Sönn, wie selten einträchtig nebeneinander. Schließlich hatte der Vater für sie alle gespart. Und sich verkalkuliert.

„Wir haben den Krieg überstanden", sagte Alois schließlich, „dann schaffen wir auch das. Das Land ist schon belastet, bleibt nur noch das Vieh."

Am Tag darauf ging Natz zu Floiter und kam mit einem Brief, einer weiteren Hypothek – dieses Mal auf das Vieh – zurück:

Wiesken, 29.8.1931

Der Landwirt Wilhelm Floiter zu Wiesken leistet dem Landwirt Bernhard Vanwoldt, ebenfalls aus Wiesken, eine Bürgschaft bei der Kreis- und Stadtsparkasse zu Saande (Westf.) in Höhe von 2300 – zweitausenddreihundert – Mark. Dazu schließen sie folgenden Vertrag: Am heutigen Tage verpfändet der Landwirt Bernhard Vanwoldt dem Landwirt Wilhelm Floiter folgendes Vieh: 1 Pferd im Werte von 400 Mark, 4 Kühe im Werte von 1400 Mark, 2 Kälber im Werte von 180 Mark, 4 Schweine im Werte von 240 Mark.

Ich unterwerfe mich dem Landwirt Wilhelm Floiter gegenüber der sofortigen Zwangsvollstreckung und räume demselben das Recht ein, sich aus den gepfändeten Sachen sofort zu decken. Vorstehender Vertrag wurde beiderseitig ganz und gegenseitig unterschrieben.

Während Floiter das Vieh quasi nur auf dem Papier erhielt, holten die Essener Gerichtsvollzieher vier Schweine leibhaftig. „Wie domoals in‘ Kriech!“, tobte Natz. Genaugenommen waren es zwei wortkarge Herren im dunklen Anzug, die einem Auto mit Chauffeur entstiegen und das bekannte Schreiben zückten: „Im Namen des Volkes. Zuwiderhandlungen werden bestraft.“ Alois wies zum Spieker. Zügig gingen die Herren durch die beiden Koben, drückten rote Stempel auf vier fette Schweine, schrieben in ein dickes Buch und fuhren wieder ab. Keine halbe Stunde später bog ein Lastauto am Draii ein. Zwei junge Kerle sprangen aus dem Fahrerhaus, liefen schnurstracks in den Spieker, legten ein breites Tau um die gestempelten Tiere, die zum Abschied ein paar Mal grunzten, bevor die Kerle sie auf die Rampe bugsierten. „Hier unterschreiben“, hielt einer Alois einen Zettel hin, „hat alles seine Richtigkeit.“ Alois unterschrieb. Schnell schlossen sie die Klappe und sprangen wieder auf. Richtung Passling.

Soffi stand inmitten ihrer Rabatten und wischte sich die Augen mit den Schürzenzipfeln trocken. „Hör up te räarn“*, raunzte Natz seine Schwiegertochter an; Stine bekreuzigte sich. „Und vant Bäden kommt de Puggen ook nicht wäär.“**Alois legte den Arm um seine Frau: „Dat Läwen geht widder!“ Tat es auch – schlecht.

* Hör auf zu heulen.

** Und vom Beten kommt das Schwein auch nicht wieder.

Öwwriggeld

Nach Erntedank, so als hätte die treue Alba die letzte Karre noch einfahren wollen, lag sie eines morgens verschwitzt mit aufgeblähtem Bauch und aufgerissenen Augen seitlings im Stall. Wieder und wieder rieb Alois ihr nasses Fell mit Strohbündeln ab, und schlief nachts in ihrer Krippe. Einmal noch rappelte sich Alba auf, um Liesken und Franz-Jupp ein paar Zentner Kartoffeln zu bringen. An einem Dezembermorgen gab Alois ihr eine doppelte Portion Hafer und ein paar Stück Zucker. Dann legte er ihr den Halfter um und begleitete sie auf ihrem letzten Gang – zu Metzgerei Abraham nach Fürstenfeld. Im kommenden Jahr würde Soffis Stier Oskar die Felder pflügen und eggen müssen. Wenigstens die Pflaumenbäume begannen zu tragen, auch der schöne von Boskopp; Obst ließ sich bei Brömmel gut verkaufen.

Die Kinder, Berni, Thea und nun auch der kleine Franz, schien das wenig zu stören. Fröhlich kreischend rannten sie im Sommer barfuß über Hof und Stoppelfelder, Berni rief die Kühe zum Melken ans Gatter, „hoi, hoi, hoi". Für genaschte Pflaumen gab es von Natz oder Alois mit der Pietske eins quer über die Finger. Dafür strahlten zu Nikolaus ihre Bäckchen so rosig-rot wie der kleine glänzende Apfel, den jeder von ihnen bekam. Die Tafel und Hefte und Stifte, die sie für die Schule brauchten, bezahlte Soffi von ihrem Obstgeld. In einer lecken Emailletasse, im Buffett, sammelte sie Pfennige und Groschen, die vom Einkauf übrigblieben, „Öwwriggeld". Meistens war nur der Boden – mit Kupfer – bedeckt.

An einem Vormittag fuhr Alois mit dem Fahrrad fort und kam erst abends zurück. Noch im Anzug lief er in den Kuhstall, wo Soffi melkte; Harry hielt brav den Schwanz. Berni bürstete die Kuh daneben; er war bereits eine große Hilfe im Stall.

„Wo warst du den ganzen Tag", schaute Soffi schräg unter dem Bauch der Kuh hervor, … strip-strap, strip-strap … spritzte es gegen den Metalleimer.

„Bei Lula. Und dann bei der Kasse und am Amt."

„Aha, was hast du da gemacht?"

Alois wartete, bis keine Milch mehr aus den Zitzen kam und Soffi den Eimer, viertelvoll, vorsichtig unter der Kuh wegzog.

„Lula hat mir die zweihundert Mark aus deiner Aussteuer vorgestreckt."

„Was proats du doar …? Und wofür …?" Soffi hielt den Eimer in der einen, den Schemel in der anderen Hand.

„Um unsere Schulden abzubezahlen. Fehlten noch ein paar hundert Mark."

„Unsere Schulden!? Meine Aussteuer für Vaaders Schulden?!"

„Ging nicht anders …", murmelte Alois und lief fort.

„Was bedeuten Schulden?", fragte Berni. „Beichten?"

„Das auch“, Soffi tupfte ihre Augen. „Dass ihr weiter auf Strohsäcken schlafen müsst und keinen neuen Mantel bekommt.“

Von den zweihundert Mark hatte Soffi ordentliche Matratzen und Betten für den Winter kaufen wollen. Das Obstgeld reichte dafür nicht.

Nach dem Hochamt kaufte sich Alois ein Döschen Schnupftabak, an eine Zigarre oder Zigarette war nicht zu denken. Außer Icking war nur ein Kunde im Geschäft. Sie sprachen von Fabrikant Feldmann, den jeder kannte. In seiner weltweit tätigen Firma arbeiteten Meister und Ingenieure. Salomon selbst hatte bei Siemens und Halske in Berlin gelernt und bezahlte heute die höchsten Löhne im Kreis. In der Nacht zuvor hatten sie wieder einmal mit einem Band drei tote Ratten an das schmiedeeiserne Tor seiner Villa gehängt. Fünfhundert Meter weiter, bei Modehaus Rosen, hatten sie mit roter Farbe „Judensau“ auf das Schaufenster geschmiert. Der alte Rosen selbst stand seit geraumer Zeit bereits morgens noch im Halbdunkeln auf, um möglichen Dreck vor den ersten Passanten wegzumachen.

„Dumme Jungs, die so etwas machen“, sagte der Kunde. „Ausgerechnet Feldmann, in diesen Zeiten. Gibt uns Arbeit, guten Lohn und Brot.“

„Ja“, sagte Icking, „bezahlt zwei Drittel der Steuern hier. Ohne Feldmann, Rosen und die anderen hätten wir doch nicht mal ordentliche Troittoirs.“

„Nun ja“, sagte der Kunde, „verdienen ja auch alle gutes Geld an uns, leisten sich feine Häuser.“

„Das tun die Katholiken und die Preußen genauso gut!“, protestierte Icking, und lächelte jetzt Alois an. „Herr Vanwoldt. Was darf es sein? Was sagen Sie dazu? Ist doch furchtbar, nicht wahr?“

„Ja, dumme Jungs! Feldmann und Rosen haben genauso in den Gräben gelegen wie ich“, nickte Alois. „Nur, was ich ihnen übelnehme – den Roten und auch den Juden: Die haben uns in die Schulden getrieben. Da kommt Deutschland nie wieder raus …“

Im selben Augenblick klingelte das Glöckchen an der Tür und Feldmann trat herein: „Guten Tag, meine Herren!“ Die anwesenden Herren verstummten.

„Was darf es denn heute sein, lieber Herr Feldmann?“, fragte Icking. „Habe eine neue Mischung, Havanna und Brasil.“

Auf dem Rückweg schob Alois sein Rad bei Bekleidung Rosen vorbei. An der Wand und auf dem Trottoir waren Reste roter Farbe zu sehen. Er schaute durch das breite Fenster; der hohe Spiegel stand noch an derselben Stelle. Das schöne Fräulein Sarah bediente dort schon lange nicht mehr. Sie war irgendwann zurück nach Köln gezogen, wo sie einen Neffen Feldmanns heiratete, ein galanter, gebildeter junger Mann. Alois hatte das Paar vor wenigen Jahren auf dem Schützenfest in Saande gesehen, als Feldmann Schützenkönig war. Der Neffe in einem feinen dunklen Anzug, Sarah in einem hellgelben Sommerkleid, waren sie über den Tanzboden geglitten. Kurz darauf hatte das Paar in Rotterdam ein Schiff nach Kapstadt bestiegen. „Das haben sie richtig gemacht“, hatte Icking gesagt.

Soffis Tasse mit dem Öwwriggeld blieb von Kupfer bedeckt. Manchmal lag ein Silberstück darin, das Tante Joseffi von ihrem Lohn gestiftet hatte: „Für die Kinder.“

Der Geist Hitlers

Neuferts Notizen

Der Magister saß abends, wie man es nicht anders kannte, oben an seinem Brett über seinen Büchern und Heften. Sommers bei offenem Fenster, winters bei fadem Licht und mit einer Mütze.

> *21.6.1931: Roggen, Gerste und Hafer stehen prächtig gelb, die Kartoffeln beginnen zu blühen, die Kirschen tragen gut. Die Linden blühen und duften.*
> *28.6.1931: Die Unsicherheit macht sich wieder bemerkbar. Verschiedene Diebstähle, welche sich wohl nur durch die Not der Zeit erklären lassen. Ein schlimmer Fall ereignete sich am letzten Sonntag. Eine junge Frau, die um halb zehn abends nach Hause fuhr, wurde ins Roggenfeld geschleppt. Trotz intensiver Suche konnte man den Verbrecher nicht finden.*
> *6.11.1932: Heute Reichstagswahlen: Das Zentrum behält hier die Oberhand, die Nationalsozialisten legen allerdings zu. Ursache ist wohl die Unsicherheit und die Not mancher Bauern. Sie finden aber keinen fruchtbaren Boden. Stimmberechtigt waren 737 Personen. Nationalsozialistische Arbeiterpartei 43, Sozialdemokraten 2, Kommunisten 7, Zentrum 384, Deutschnationale Volkspartei 44, deutsche Volkspartei 3, Mittelstand 1, Landvolk 18.*
> *30.1.1933: Reichspräsident von Hindenburg hat Hitler zum Reichskanzler ernannt! Jetzt, wo der Tiefpunkt der Wirtschaft durchschritten ist und die Versailler Bestimmungen lockerer werden.*
> *1.2.1933: In der Schule Vorderhook ist kommenden Samstag die erste öffentliche Versammlung der NSDAP geplant. Eine starke Beteiligung wird erwartet. Später soll alles wieder bei Kraane stattfinden.*
> *5.3.1933: Heute Reichstagswahlen und Landtag: Wahlberechtigt*

692. Reichstag: NSDAP 181, SPD 2, Zentrum 287, Kampffront Schwarz-Weiß-Rot 54, DVP 1, Deutsche Staatspartei 1. Landtag: NSDAP 183, SPD 1, Zentrum 282, Schwarz-Weiß-Rot 50, Mittelstand 2, DVP 1. Wir werden sehen, ob Hitler hält, was er den Bauern versprochen hat.

P.S. 12.3.1933: Heute Gemeindevertreter Wiesken gewählt: Bauer Temminghoff, Heinrich Veehdreewer, Helmut Hoffkreie.

15.3.1933: Im Saander Blatt heißt es: „Das Zentrum hat die Macht behalten." Stimmt das?

21.3.1933: Heute Radio mit den Schülern gehört. Eröffnung des neuen Reichstags. Schüler waren still bei den Stimmen von Reichspräsident von Hindenburg und Reichskanzler Hitler.

10.5.1933: Lagerfeuer unter Leitung von Lehrer Donner aus Leiden: Viele Bücher auf dem Scheiterhaufen! Donner hat die neuen Werke hineingestellt. Für ‚Stahlgewitter' gibt es eine Warteliste.

21.6.1933: Der Geist Hitlers hat in Wiesken Einzug gehalten. Der Pächter Holthuus hat die aktive SA gegründet. Ihr folgte im Sommer die SA-Reserve unter Führung des Kötters Alois Vanwoldt. Der Schulrat drängt, dass auch die Lehrer dieser SA-Reserve beitreten.

11.11.1933: Ein paar Tage Einquartierungen von Männern der SA aus Münster. Schränke aufgebrochen. Viele Bücher und Karten der Bücherei zerstört oder entwendet. Zählung in Wiesken ergab: 1300 Personen in 180 Haushalten. Allein in diesem Jahr 28 Heiraten, 118 Geburten, 43 Sterbefälle.

3.3.1934: Wiesken bekommt neue Vertreter. Gemeindevorsteher ist Bauer Spökermann! Ortsbauernführer ist Temminghoff. Abteilung Mensch ist Passling, Abteilung Hof ist Kleine Garwert-Kerkhuus, Abteilung Genossenschaften ist Ortsgruppenleiter Koopmann. Auch die nationalsozialistische Volkswohlfahrt wird in Wiesken eingeführt, Winterhilfswerk (WHW) Alois Vanwoldt Organisation, meine Wenigkeit Kassenwart (auf Drängen). Das Wichtigste: Das Kreuz bleibt in den Schulen! Alles andere hätte Bischof von Galen nicht zugelassen!

„Häb i Schulden oder keene?!“ Koopmann schrie mehr, als dass er sprach, „off nich?“*

Ein wenig Spucke landete auf Alois‘ Gesicht. Er lehnte sich zurück und nahm sein Glas in die Hand. Was Koopmann da gesagt hatte, war keine Frage. Es war eine Feststellung. Seit der Geschichte mit der Genossenschaft kannte jeder die Verhältnisse des anderen noch besser als zuvor – und zwar auf das Ferkel genau. „Ha! Kreuzass!“, schlug Koopmann jetzt seine Faust auf den Tisch. Er war ganz in seinem Element. Zu viert saßen sie in seiner besten Stube, dem neuen „Herrenzimmer“, und kloppten Skat. Ein paar Wochen nach den fulminanten Wahlen 1933. „Kleiner Hof, fünf Kinder – wer weiß, wie viele kommen – Bessvaader, Bessmooder und deine Schwester, dänn Krüppel, ihr beide!“ Alois steckte sein Blatt neu und beäugte es. Holthuus setzte eins obendrauf: „Recht hat er. Jeden Dach tien Mühler an dänn Diss – willt alle ääten**! Ist es so oder nicht?“ Holthuus und Koopmann waren schon länger in der Partei. Passling war in der Woche zuvor beigetreten. Andere aus Wiesken auch.

Alois nickte. Seit ein paar Tagen waren es sogar elf Mäuler. Der kleine Anton wäre bei der Geburt beinahe ins Heu gefallen, denn Soffi hatte mit dem dicken Bauch noch hohe Fuder gepackt. Ein Gewitter hatte am Himmel gestanden, das luftige Heu sollte noch trocken unter Dach. Bis zur Hälfte waren sie gekommen, als der Donner plötzlich laut krachte und grollte, als Soffi bemerkte, dass das Wasser zwischen ihren Beinen kein Schweiß war. Seit der Geburt war ihre Schwester Ida ein paar Wochen zur Hilfe da, also genaugenommen: zwölf Münder.

„Ja, ist so“, sagte Alois, „seit vorgestern sechs Kinder.“

„Das ist doch famos, was der Hitler da zustande bringt! Der ist für uns! Worauf willst du denn noch warten?“

„Will ich tun“, Alois beäugte sein Blatt, „aber ich kann nicht so gut reden wie ihr! Piek!“

„Blödsinn! Brauchst nicht vorne stehen“, sagte Koopmann, von dem jeder wusste, dass er selbst am liebsten selber vorne stand. „Reicht, wenn du Flagge zeigst, damit es so weitergeht!“

„Ja, das ist mal einer, der was für die Arbeiter und Bauern tut! Lohn und Brot!“, sagte Alois, „wenn das nicht harmoniert, dann ist Tumult! Das weiß ich gut von der Zeche.“

---

* Habt ihr Schulden oder habt ihr keine?! Oder nicht?

** Jeden Tag zehn Mäuler am Tisch – wollen alle essen.

„Lass uns erst mal spielen, kann man sich ja gar nicht konzentrieren!" Das war Passling.

„Dein Schwager ist doch auch dabei", legte Koopmann nach.

Auch Ludwig Langenkämper war bereits stolzes Mitglied der Bewegung, trug die Armbinde sogar auf dem Feld. Am Hof brachte er eigens eine höhere Fahnenstange neben der für Pfingsten und Fronleichnam an, und wenn Langenkämpers zur Visite einluden, war das Flattern der Flaggen von Weitem zu sehen. Wenn man am Gatter daran vorbeifuhr, war man am Ziel. Das Einzige, was Lula nicht passte, war, dass die Bauern nicht mit einem eigenen Buchstaben, B, im Namen vertreten waren. „Müsste NSDBAP heißen", grummelte er, „denn Bauernfrage ist Volksfrage." Am Abend sprach Alois mit seiner Frau.

„Wenn es uns nützt? Sicher", sagte Soffi, während Antons winziges Köpflein an ihrer Brust lag. „Die drei Großen brauchen Mäntel und Schuhe für den Winter; vielleicht gibt es da auch etwas für uns." Sie malte dem Winzling zur Nacht ein Kreuz auf die Stirn und schaute zu Alois hoch: „Nur eins gefällt mir nicht am Hitler. Das Schimpfen auf die Kirche soll er lassen, das ist nicht richtig."

Eine Woche später fuhr Alois los zum Saander Parteibüro. An der Tür hing ein Plakat:

Ausstieg oder Untergang der Landwirtschaft!
Der Bauer kann wählen! – NSDAP

Er kam zu spät. Die Partei wollte keine neuen Beitritte mehr. „Mitläufer brauchen wir nicht, nur Überzeugte!", war der klare Kommentar des strammen, jungen Mannes, der hinter dem wuchtigen Schreibtisch Kuverts beschrieb und ihm bekannt vorkam. „Nichts zu machen?", hakte Alois nach. „Nein, die Partei braucht echten Kampfgeist." Dann erkannte Alois den Mann; es war Ottochen, Langenkämpers Nachbarjunge. „Otto! Erkennst du mich nicht? Bin Soffi Langenkämpers Mann. Außerdem Feldwebel a.D." Jetzt schaute der Mann richtig auf, und lachte: „Ach ja! Warte, hier, vielleicht ist das etwas für euch?" Er schob ihm ein Flugblatt hin; darauf war eine Zeichnung mit einer Frau mit einer Sammelbüchse zu sehen.

„In der SA-Reserve, Veteranen, ist noch Platz. Und bei der Wohlfahrt. Für die Winterhilfe in Wiesken haben wir noch keinen. Da will der Goebbels für das nächste Jahr etwas Neues machen. Wie viele Kinder habt ihr denn?"

„Sechs."

„Dann ist das genau das Richtige. Die Lehrer sollen die Kasse machen. Aber wir brauchen ja welche für die Korrespondenz und zum Sammeln, das machen die Kinder gern. Von früh auf richtig erziehen!" Alois unterschrieb.

Wiesken und der Floiter-Hook waren gut vertreten in der Bewegung. Der neue Gemeindevorsteher, Spökermann, war nicht aller Geschmack, aber so viele Kandidaten hatte es für den Posten auch nicht gegeben. Dafür hatte man mit dem vielseitig erfahrenen Koopmann als Ortsgruppenleiter einen guten Griff getan. Und mit Bauer Temminghoff, Ortsbauernführer und somit hiesiger Vertreter des Reichsnährstands, hatte man eine wahre Respektsperson gewonnen. Im Floiter-Hook gehörten Kerkhuus und Veehdreewer dazu, und nun auch Alois Vanwoldt, zwar nicht als Mitglied der Partei, aber doch der SA-Reserve und als solcher aktiver Unterstützer des Winterhilfswerks. Die frommen Floiters konnte niemand überzeugen, ebenso wenig wie die Boesels oder Natmäkers. „Versündigst dich gegen den Herrgott, Alois!“, hob Boesel den Finger gen Himmel, als sie sich einmal am Steen trafen. Alois stand in seiner neuen Uniform vor ihm; die Jacke machte seine schmalen Schultern breiter, die Pumphosen nannte Boesel „oopbloasen“. Der alte Feldwebel schien wieder aufgetaucht, nur mit ein paar Falten mehr und weniger Haaren. Und anders als damals waren seine Hörner abgestoßen. Boesel schüttelte den Kopf:

„Und das Gerede gegen die Juden, das taugt alles nichts. Nathan und Abraham haben uns nichts getan. Die anderen auch nicht.“

„Was den Herrgott und die Juden angeht: Wird nichts so heiß gegessen wie gekocht! Der Hitler tut was für uns Bauern und die Kleinen.“

Auch Vetter Hinner aus Oeding, Arbeiter, ein Kleiner, verzog das Gesicht, als Alois im braunen Anzug bei ihm auf den Hof fuhr.

„Willst du wieder in den Krieg? Wirst schon sehen. Ein Kriegstreiber ist er. Hitler Hitzig! Alois, du bist verrückt!“

Im Oktober, vor Beginn seiner ersten Sammelaktion des neuen Winterhilfswerkes 1933/34, leerte Soffi ein Fach ihres Eichenbuffets. Wo sich vorher bunte Sammeltassen gestapelt hatten, lagen nun Verordnungen, Papiere, Listen und Briefmarken, Nadeln und rote Armbinden. Davor, durch das Glas zu sehen, stand die rotweiße Sammelbüchse. Es war fortan Alois‘ Fach, das Bookschapp. Sonntags stand die Klappe regelmäßig auf, Papiere wanderten hinein und hinaus. In der neuen Zeitung, die Zeno hieß, war der Aufruf fett gedruckt.

Schützt die Familie
Opfert für den Kampf gegen Hunger und Kälte.

Von nun an zogen Berni und Thea mit der Büchse fröhlich klappernd über die Höfe, oft gefolgt von einer Kinderschar. Jeder wollte einmal damit rasseln. Franz mit seiner Mundharmonika – ein Geschenk seiner Patentante Joseffi, worum ihn alle beneideten – hinterher. „Rattenfänger“, murmelte Boesel, als er sie auf seinen Hof zukommen sah, und ging aufs Feld. Als Organisator

Vanwoldt und Kassenwart Neufert vor Weihnachten ein ansehnliches Sümmchen aus Wiesken-Süd zur Parteizentrale nach Saande brachten, salutierte Otto Boekenbuss mit zackigem Hitlergruß: „Göbbels und die Deutschen werden es Ihnen danken!“ Mit ein paar Dutzend Anstecknadeln, auch für die Kinder, radelten Alois und Neufert nebeneinander zurück.

Die neue Ordnung

Ein gutes halbes Jahr lang mussten sie nach den Wahlen alle ohne Zeitung auskommen. Die Partei hatte Kiesbergs Kreisblatt buchstäblich geschlossen. Dafür stellte sie neue Schaukästen auf und kündigte ein neues Blatt direkt aus Münster und Berlin an. Derweil gewöhnten sich alle an die deftigen Stimmen, die aus den Radioapparaten grollten. Und weitere Informationen von Belang erhielt man auf den gewohnten Treffen.

Im Nebenraum von Café Brömmel klapperten um acht Uhr morgens die Kaffeetassen und Suppenteller wie eh und je um die Wette mit dem Schnattern und Plaudern der Frauen. Der Leib Christi hatte sie zum Leben erweckt.

„Wie lange wir wohl noch in die Messe gehen können!? Wollen den Glauben verbieten“, begann Elisabeth Floiter mit aufgerissenen Augen.

„Da wird nix passieren. Nicht uns Katholiken. Den Juden vielleicht. Der Jude Judas hat Jesus für Geld verkauft“, antwortete ihr Gegenüber.

„Geld und Aberglaube!“, sagte eine Dicke mit gewaltigem Doppelkinn und ebensolchem Busen.

„Deshalb essen die so viel Knoblauch. Um den Teufel zu vertreiben. Rüük as Kattendritte oder nich*?“ Die junge Spökermännske zog ihre spitze Nase und die schmalen Lippen zusammen.

„Wir handeln jetzt mit Hessling. Die Rinder sind genauso gut wie die von Abraham“, sagte eine.

„Stinken tun andere noch viel mehr. Die Frau neben mir in der Messe stank furchtbar nach Zwiebel“, warf eine Hagere ein.

„Aber der größte Blödsinn ist ja der, dass die samstags keinen Finger heben dürfen! Was mache ich mit so einem Glauben! Meine Cousine muss ihrer Nachbarin, der Rachel, jeden Samstag die Kuh melken und sogar den Eimer in die Küche tragen!“

„Ja, wat ne Unsinn! Aberglaube!“, sagte Soffi, und Ida neben ihr nickte.

„Aber dafür bügelt Rachel ihr auch die ganze Wäsche. Ich muss sagen, so eine Rachel, so sauber und akkurat, hätte ich auch gern bei mir wohnen. Die badet sich jede Woche.“ Das war wieder die Hagere.

---

* Riecht wie Katzenscheiße, oder nicht?

„Viel Blödsinn dabei. Und beim Beten die komischen Bommel und Hütchen!“ Die Dicke hielt eine Hand oben auf ihren Dutt, eine andere vor ihren gewaltigen Busen und wippte damit von oben nach unten. Einige Frauen lachten.

„Aber Musik spielen, das können sie. Höre ich gerne. Und tanzen im Kreis. Wir hängen überall einen ans Kreuz und knien davor. Auch komisch. Hast du mal Jesus lachen sehen?“

„Was sagst du da?! Lästerst Gott? Versündige dich nicht! Ist doch etwas ganz anderes!“

„Lass uns von etwas anderem reden“, sagte jetzt die Hagere, die Bekannte von Rachel. „Wie geht es mit den Kindern zu Hause?“

„Dick und rund, mager und gesund“, antwortete Soffi und stieß ihre Schwester Ida an: „Lass uns gehen, wird Zeit!“

Zwei Stunden später in Ickings Laden blieb es hingegen leer. Statt der vielen Zeitungen und rauchenden Männer, des blauen Dunstes, der früher den Raum ausfüllte, doppelten sich jetzt die halbleeren Zeitungsständer mit Groschenromanen in den Wandspiegeln. Immerhin kamen so die früher verdeckten Kostbarkeiten in den Glasvitrinen zum Vorschein: einzelne Zigarren mit Bauchbinde auf rotem und blauem Samt, Päckchen mit Zigaretten, Silberdosen und Döschen, unterschiedlichste Pfeifen, ja sogar Zahncreme und Bonbons, ein paar Seifen, Ledertäschchen und Portemonnaies. Nach dem Hochamt schob Alois mit seinem Rad vorbei. Er baute jetzt selber Tabak an. Er entschied sich für einen Abstecher bei Gasthof Neimann.

Dort standen sie in Viererreihen vor der Theke. Alois erkannte sofort den Dunkelbärtigen im eleganten Zweireiher, auch Ottochen, jetzt Otto, war da, ganz in braun mit roter Armbinde.

„Ein Denkzettel kann den Juden nicht schaden. So schlimm wird es nicht werden. Hunde, die bellen, beißen nicht!“, sagte ein Glatzköpfiger mit Narbe im Gesicht.

„Das sind nicht die Hunde, die wir zu Hause haben. Diese hier, die haben längere Zähne und beißen, wenn sie losgelassen werden, und zwar nicht nur Hasen“, sagte ein Alter.

„Manche sind sogar noch Sozis! Der Moritz Kaanen, SPD, sein Junge, Karl, gescheites Kerlchen, ist bei unserm Josef in der Klasse. Aber Juden und SPD! Das sind die Schlimmsten!“

„Die Sozis werden auch noch vernünftig werden, jetzt wo es mit Hitler für alle bergauf geht. Dann merken sie, dass das mit den Kommunisten nichts wird“, mischte sich jetzt Alois ein.

„Alle bergauf? Warte ab. Auf solche wie dich setzt der Hitler!“, sagte der Alte mit einem Kopfschütteln. Alois kippte den einzigen Schnaps hinunter und fuhr nach Hause.

Mit dem neuen Jahr, 1934, kam auch die neue Zeitung. Und nach Heilige Drei Könige wurde es bei Icking wieder leidlich voll. Ein einziges aufgeschlagenes Blatt lag auf dem Tresen, ein paar Kunden standen in dem aufgeräumten Laden, blieben auf eine Zigarettenlänge und gingen dann wieder hinaus. Hingegen ging es am Deepen Grund, beim Tienührken, zu dem Geerdes endlich wieder die Zeitung brachte, auch auf den Zellenversammlungen der Partei in der Gastwirtschaft Wilke und vor Koopmanns Landhandel im Januar und Februar, hoch her. Es gab viel zu verdauen und zu debattieren.

In Wiesken war ein eigener NSDAP-Stützpunkt geplant, auch wenn die Teilnahme an bisherigen Versammlungen zu Wiesken, so mahnte der Schreiber in der Zeno an, bisher zu wünschen übrig ließ. Aber die Bewegung stehe „bereit für eine Auffrischung", schrieb er, „durch den aktiven Ortsgruppenleiter und Parteigenossen Karl Koopmann." Zudem sei eine baldige Wiedereröffnung des Gasthofes Kraane zum Zwecke regelmäßiger Treffen von Vorteil. Dazu erwarte die Zeitung bald mehr Informationen. Was sollte das alles bedeuten?

Eine andere Nachricht schoss wie ein Knall durch Wiesken.

Zeno-Zeitung, 16. Januar 1934

Rendant Max Kraane festgenommen: Nach 2 ½ Jahren in Essen ermittelt. Am Freitag, 12. Januar, konnte in Essen der flüchtige Geschäftsführer der Bäuerlichen Bezugs- und Absatzgenossenschaft und Rendant der Wieskener Spar- und Darlehenskasse verhaftet werden.

Kraane hat durch eine maßlose Misswirtschaft, verfehlte Börsenspekulationen und Unterschlagung die Kasse in Wiesken um nahezu 200.000 RM geschädigt. Die Genossenschaftler wurden damals mit durchschnittlich 14 bis 1.500 RM belastet. Den Verhandlungen des Saander Landrates war es gelungen, einen Reichszuschuss von 81.000 RM für Wiesken als Entlastung zu erhalten.

Der flüchtige Rendant hat es über Jahre verstanden, sich verborgen zu halten, obwohl er steckbrieflich gesucht wurde. Er hielt sich mittellos in Untermiete in Essen-Überruhr unter dem falschen Namen Willi Müller auf. Umfassende Ermittlungen konnten lange Zeit nicht zur Feststellung führen. Man nimmt an, dass die Frau Eva-Maria den Aufenthalt kannte und dass er von Angehörigen unterstützt wurde. Die Festnahme des falschen „Willi Müller" konnte jetzt durch Polizeihauptwachtmeister Wels, Saande, in Verbindung mit der Kriminalpolizei Essen erfolgen.

„Gooddoori! Die machen Ordnung! Jetzt passiert endlich etwas“, standen sie alle staunend und lachend am Steen. In den folgenden Wochen sollten noch viele weitere Meldungen, obgleich nicht mehr zu Max Kraane, kommen, denn der saß fest hinter Schloss und Riegel. Man konnte auf reinem Tisch nach vorne schauen; der Kreisleiter selbst würde es in Wiesken beweisen.

Zeno-Zeitung, 1. Februar 1934

Große Versammlung der NSDAP Wiesken. Am Samstag, 3. Februar, abends 7 Uhr, findet in der Leidener Schule eine öffentliche Versammlung statt, in der auch der Kreisleiter spricht. Alle Bewohner von Wiesken, besonders auch die Jugend und Umgebung sind eingeladen. Heil Hitler. Koopmann, Stützpunktleiter.

Als Ort hatte dieses Mal Lehrer Donner aus Leiden seine Schule angeboten, aber auf Dauer war das keine Lösung. Ebenso wenig konnte man sich vorstellen, jemals wieder in Max Kraanes Wirtschaft zu sitzen, auch wenn Eva-Maria, wie die Gendarmen mitteilten, an allem unschuldig war. Aber man musste pragmatisch sein, es gab viel zu den neuen Regelungen für die Bauern zu besprechen. Und überdies konnte man schon von außen erkennen, dass in der Wirtschaft die alten Vorhänge abgenommen und die grauen Fenster geputzt wurden.

Zeno-Zeitung, 2. März 1934

Kreisbauernstand und Ortsbauernführer zur Neuregelung Produktion. Nach dem nationalsozialistischen Prinzip ist eine diesem gerecht werdende Lösung für die Eierproduktion u.a. zu finden. Es geht darum, Bedarf, Produktion und Preise aufeinander abzustimmen. Der Bauer darf heute nur dort intensiv wirtschaften, wo es im Gesamtinteresse der Regierung und des deutschen Volkes ist. Bauern, Genossenschaften, der Handel und die Partei müssen hier zusammenspielen! Die Selbstmärktler können weiter verkaufen, dürfen aber die Preise nicht unterbieten. Wer dies tut, hat mit Geldstrafen und Gefängnis zu rechnen. Hier der Pflicht folgen, damit wir später nicht sagen, der Führer habe bei den Bauern und der Ernährung des Volkes versagt.

Für die kommende, große Versammlung zur „Neuordnung der landwirtschaftlichen Genossenschaften des Kreises“ sah man den Gasthof Wilke in Weelken vor. Kein Geringerer als Reichstagsabgeordneter Pg. Göckejan aus Berlin wurde erwartet. Er hatte sich die Mühe gemacht, von der Hauptstadt nach Saande zu reisen, um dort, aus erster Hand, alle drängenden Fragen der Bauern zur Neuordnung der Landwirtschaft zu beantworten. Koopmann stand vorn, mit der üblichen geschwellten Brust, im braunen Zwirn mit roter Binde am Arm, quer vor dem Tisch die rot-weiß-schwarze Fahne gehängt. Der Parteigenosse erhielt das Wort:

„Bauern, ihr habt es euch mit eigenem Schweiße verdient. Jetzt könnt ihr reiche Ernte einfahren. Dazu hat der Führer neue Bestimmungen und Gesetze erlassen. Was euch passiert ist, mit den Betrügern der alten Garde, wird nie wieder passieren. Stattdessen: Veröffentlichung aller Bilanzen, Gewinne, Verluste, Reserven, auch die Zuschüsse aus der Reichsgenossenschaftshilfe. In Zukunft wird es ordentliche Versammlungen geben – die jeder versteht!"

Er legte eine Pause ein, nahm einen kräftigen Schluck aus seinem Wasserglas, ließ langsam den Blick über die Zuhörerschaft schweifen.

„Hört gut zu! Ich lese langsam vor! Genossenschaftliche Untreue wird in Zukunft mit Gefängnis und Geldstrafe bestraft, sogar Zuchthaus. Das haben wir ja jetzt endlich mit der neuen Regierung erlebt! Eine Neuverschuldung des Bauerntums muss unbedingt verhindert werden. Unbedingt! Das, was in den letzten Jahren war, ist nun vorbei! Bei Darlehen gibt es in Zukunft auch eine Prüfung, der persönlichen Kreditwürdigkeit des Betreffenden. Die Genossenschaften werden in den Reichsnährstand eingegliedert. Der alte Geist ist endlich überwunden. Der Genossenschaftsgeist im echten Sinne ist identisch mit dem Nationalsozialismus! Der Einzelne bedeutet nichts! Entscheidend ist immer die Gemeinschaft!"

Nach jedem Satz hatte er eine kleine Pause gemacht und in den Saal geschaut. Er nickte Koopmann zu, der wieder übernahm.

„Eines ist klar: Die kommende Generation, jawohl GE-NE-RA-TION, wird uns danach beurteilen, wie wir in dieser großen Zeit unsere Pflicht getan haben. Zukunftsgestaltung, ZU-KUNFT, ist das große Ziel, das Adolf Hitler sich gestellt hat. Er hat den deutschen Bauern, er hat UNS UND EUCH aus den Klauen des liberalen Kapitalismus gerettet!"

„Kass good proaten", rief jemand. „Aber do die nich so uupbloasen met diene Klauen und Kapitalismus!" Ein dünnes Lachen ging durch den Raum, aber Koopmann tat, als hätte er es nicht gehört.

„In DIE-SEM Sinne ist die NSDAP zum DIE-NEN da. Ich betone: zum DIE-NEN und nicht um der Partei Willen, wie manche sagen. Damit das auch klar ist, denn NIE-MAND wird gezwungen, das sind nur Gerüchte: Leute, die keine Parteimitglieder sind, sind natürlich nicht Menschen zweiter Ordnung. Das Primäre ist das gemeinsame Ziel und die BLUTS-GE-MEIN-SCHAFT, der alle hier Anwesenden angehören. Bauern und Arbeiter gehören zusammen. Jawohl, ZU-SAM-MEN! Wenn es den Bauern gut geht, geht es auch den Arbeitern gut und umgekehrt. Dann sind bald auch die vier Millionen Arbeitslosen weg! Und die wollen etwas Ordentliches im Magen!“ Koopmann schaute zufrieden mit sich in den Saal. „Alle einverstanden?“

„Jawoll!“

„Dann ein dreifaches SIEG HEIL! SIEG HEIL! SIEG HEIL!“

Die Männer klopften auf die Tische. Hinten im Saal sprang ein schwarzer Hund auf und bellte im Takt: „Wau, Wau! Wau, Wau! Wau, Wau!“ Sein Herr, ein Alter mit langem grauen Bart, nahm die Hand von seinem Stock und tätschelte den Kopf des Hundes. „Good, good, Harry.“

Dass Max Kraane zu diesen Stunden im Münsteraner Kittchen bereits auf dem Totenbett lag und kurz darauf an Krebs verstarb – wenigstens zu den Koliken hatte er ihnen nichts vorgespielt –, von seinem elendigen Tod erfuhren die Wieskener erst Monate später. Nämlich als Evi Kraane die geschlossenen Läden und Türen an der alten Wirtschaft wieder öffnete.

Neueröffnung Pfingsten

Die Plakate klebten beidseitig der Flügeltür an den Fenstern. Seit Wochen hatte Evi Kraane die Gastwirtschaft innen und außen geschrubbt und hergerichtet. Am Pfingstsonntag riss sie alle Türen und Fenster wieder auf. Der Garten war mit Girlanden und Birkengrün geschmückt, an der neuen Fahnenstange wedelte die rote Flagge. Nachmittags gab es ein Kaffeegedeck für die Frauen – zum ersten deutschen Muttertag. Abends gab es eine Runde Freibier, Kapelle und Tanz. Am Nachmittag waren nur wenige Tische besetzt. Auch am Abend füllte es sich nur langsam. Doch dann klebte sie ein weiteres Blatt an die Fenster, „FREIBIER FÜR ALLE“. Die bestellte Kapelle spielte den ersten Tusch und eine Stunde später war der Saal voll.

Natz würde man nie wieder in Kraanes Wirtschaft sehen; Alois hingegen öfter.

Auch am Deepen Grund gab es an diesem Sonntag etwas Besonderes zu feiern. Auf Soffis Stubentisch stand ein großer Feldblumenstrauß mit einem gemalten Bild daneben: „Für die liebende Mama zum Muttertag!“ Berni und Thea hatten das so gemacht, wie es Lehrer Neufert ihnen am Samstag zuvor erklärt hatte: Ein neuer Feiertag, den deutschen Müttern zur Ehre! Soffi musste ihre Tränen mit dem Schürzenzipfel trocknen, dieses Mal nicht aus Kummer, sondern vor Freude.

Nach der Ernte 1934 war die Hälfte der Schulden von Bernhard Vanwoldt abgetragen. Drei Jahre, nachdem sie den Pfandbrief unterschrieben hatten, gab

Floiter den Schuldschein an Natz zurück. „Schmitt wäch", rief Natz, als sie in der Küche standen, knüllte das Papier zusammen, öffnete das Feuertürchen der Kokkmaschine und knallte es wieder zu.

„Jetzt können wir es machen", sagte Natz am Abend zu Alois. Gemeint war die Übergabe des Hofes. Das war zwölf Jahre nach dem Handschlag zwischen Vater und Sohn. Wegen der Schuldscheine hatte keiner von ihnen vorher die notwendigen Unterschriften leisten wollen.

Der Übertrag

An einem trüben Novembermorgen spannte Berni das neue Pferd, die noch junge Frieda, ein. Lula hatte sie seinem Schwager gegen Handdienste als Fohlen überlassen. Für ihre erste Fahrt in die Stadt brachte Berni das Fell mit Bürste und Fett auf Hochglanz. Es waren auf den Tag genau 48 Jahre, nachdem Rat Beck und Referendar Hausz am Feuer in der alten Küche am Deepen Grund mit den alten Bültens sowie dem jungen Brautpaar Christine und Bernhard Vanwoldt Platz genommen hatten, um einen wichtigen Vertrag aufzusetzen.

Im Sonntagstaat fuhren sie zu dritt mit der Jikse zum Notar, Natz und Stine als Erblasser, Alois als Erbe. Am Abend legte Alois neben das alte Papier ein neues Dokument sorgfältig in die alte Truhe.

> *Alois Vanwoldt verpflichtet sich zur Übernahme der noch bestehenden Schulden in Höhe von 740 Mark und Hypotheken auf vier Morgen Acker, für das Ehepaar Bernhard und Christine Vanwoldt Gewährung von lebenslangem Wohnrecht, zusätzlich zu einem monatlichen Taschengeld für Tabak und Kaffee und anderen Annehmlichkeiten bis zum Lebensende, angemessener Kleidung im Sommer wie im Winter, sowie Übernahme der Kosten für die Goldhochzeit und bei Bedarf einer Fahrt der Eltern zu ihrer Tochter nach Steyl, sofern dies noch Gottes Wille sei.*
>
> *Außerdem: zu einem standesgemäßen Begräbnis in einem Doppelgrab, lebenslangem Wohnrecht und Kost für die Schneiderin Josephine Vanwoldt. Weiterhin im Herbst vier Sack Kartoffeln für Elisabeth Spökermann, geborene Vanwoldt, weiterhin zwei Schanzen Brennholz zu Weihnachten und einem Dutzend Eier zu Ostern. Für Franz-Jupp Vanwoldt, zusätzlich zum früher erhaltenen Betrag, binnen der kommenden drei Jahre, in drei Raten, den Gegenwert von zwei Kühen. Weiterhin lebenslanges Besuchsrecht aller Kinder zu ihren Eltern samt angemessener Bewirtung.*

Alois Vanwoldt war Eigentümer des Deepen Grund, ein „Erbhof, der nur an Arier gehen kann“, wie der Anwalt betonte. 7,63 Hektar, fünf Milchkühe, ein Pferd, ein Kalb, zwanzig Schweine, dreißig Hühner.

Zu Nikolaus stand ein Teller mit Haselnüssen, sechs blank geputzten roten Äpfeln und ein Schälchen Trockenpflaumen auf dem Tisch. Abends gab es weißen Reis mit Zimt und Zucker: „Sand vom Berg“, scherzte Alois, und die Kinder lachten. Zum Frühjahr bestellten Natmäkers und Vanwoldts gemeinsam den neuen Mähbinder; auch Albert Klümper war mit von der Partie.

Zu Ostern hielt ein neues Radio, der Volksempfänger von Schaub-Lorenz, Einzug in Vanwoldts Stube – batteriebetrieben. Während Alois in den kommenden Monaten noch die Zeitung las, und dabei zugleich sein Ohr am Radio hing, hantierte Soffi längst mit Kisten und Werkzeugen auf der Däle: „Alois, vandage is moi weär. Lot uis Ärpel potten“*, rief sie, oder „Alois, dänn Aalekeller is vull. Düsse wääke möt wi Aale füarn.“** Irgendwann legte Alois sorgfältig die Zeitung zusammen, drehte den Volksempfänger aus und klopfte ans Barometer. Draußen hatte Berni Frieda schon angeschirrt. Abends nach dem Essen drehte Alois den Apparat wieder für die neuesten Meldungen an. An manchen Sonntagnachmittagen kam Albi Klümper mit seiner Verlobten Anni vorbei, um Tanzorchester zu hören. „Ungeküsst sollst du nicht schlafen gehen“, knatterte es durch die kleine Stube, so dass Anni rot wurde. Bei Zenta gab es kein Lusterkästchen.

Goldhochzeit – roode Kerls

Monate vorher begannen sie, alles vorzubereiten. Und obwohl Natz behauptete, von dem ganzen Rummel, der um Stine und ihn gemacht würde, nichts zu halten, ließ er es sich nicht nehmen, selbst die Fugen an Haus und Fenster auszubessern. Und im Frühjahr ein letztes Mal die Esse für ein paar Wochen in Betrieb zu nehmen. Die Sturzkarre sollte noch einmal Räder von ihm erhalten, und auch Natmäker und Boesel gaben noch einmal neue Räder für ihre Kutschen in Auftrag, bevor es keine der alten Qualität mehr geben würde. So, dass der Stellmacher und seine Timmerkaamer kurz vor der goldenen Hochzeit noch einmal in voller Blüte standen. Das Fest wurde auf Mitte September gelegt, so dass alles noch grün und Platz auf der Däle war. Ida Langenkämper kam, um Soffi in Küche und Garten zu helfen. Alois wies die Kinder an, Hof und Weg bis zum Draii zu säubern und zu harken, die Ahornbank und die Steine davor zu schrubben, und stellte, unter Androhung langgezogener Ohren,

---

* Alois, heute ist schönes Wetter, lass uns Kartoffeln pflanzen.

** Der Jauchekeller ist voll. Diese Woche müssen wir Jauche fahren.

sicher, dass rund um den Hof am Festtag kein Strohhalm auf dem Boden zu finden war. Alois selbst stach mit Band und Spaten die Grasränder gerade und brachte den Misthaufen auf Kante. Die Hühner wurden in den Stall gesperrt, und sogar Harry, obwohl er kaum noch laufen konnte, wurde in den Zwinger verbannt.

Am Festtagsmorgen fuhr der alte Natmäker, der sich die Ehre nicht nehmen lassen wollte, mit der tannenbekränzten Kutsche über den frisch geharkten Weg vom Draii zum Deepen Grund, um dort seine Gäste nach Sankt Raphael abzuholen. Wenig später saß das Jubelpaar, tadellos gerollt von vier neuen BV-Rädern, nebeneinander und ein wenig verloren auf den grünen Polstern. Natz, mit Zylinder noch immer groß für einen Alten, und Stine, mit Haube so klein, dass man ihr mehrere große Kissen unterschieben musste, bis ihr kleiner Kopf über dem offenen Verdeck erschien. In der großen Kirche hatte man extra für das Jubelpaar ein kleines Bänkchen mittig vor den Altar gestellt, doch es bedurfte einiger Erklärungen und guter Worte, um die Alten aus einer mittleren Bank, wo sie sich in all den Jahren platziert hatten, nach vorne auf ihr Zweierbänkchen zu bewegen.

„Fünfzig Jahre Sakrament der Ehe, so viel Gnade hat Gott nur wenigen beschieden", sagte der Dechant, „Liebe und Geduld, ja, sicher auch Demut und Opferbereitschaft hat das Jubelpaar begleitet. Dafür reich belohnt mit acht noch lebenden Kindern, trotz der unruhigen Zeiten, die alle hinter sich hatten und die noch waren."

Von ihrem Bänkchen aus schauten Natz und Stine abwechselnd nach oben zum Dechanten und nach unten auf ihre gefalteten Hände. Beide hatten sie die achtzig fast erreicht; Natz war halbtaub, Stine halbblind. Der Dechant gab ihnen die Ehre, anschließend mit der ganzen Festgesellschaft am Deepen Grund Mittag zu essen. An der langen Tafel saß er mittig zwischen dem Jubelpaar und seinen Angehörigen.

„So eine Einigkeit", faltete er die Hände, „ist in heutigen Zeiten keine Selbstverständlichkeit mehr." Stine lächelte ihn von unten an:

„Jo, Gott hat die Ehe im Paradies gegründet."

„Sein göttlicher Sohn hat sie zur Würde eines Sakraments erhoben", folgte prompt von Natz. „Amen."

Nach dem Essen kam Fotograf Möllers aus Saande und baute Apparat und Kulisse in Soffis blühendem Asterngarten auf. Es bedurfte einiger Anläufe und Zeit, bis alle zur Stelle und in der zugewiesenen Ordnung waren. Die aufgekratzten Blagen liefen mehrmals durchs Bild, weil sie unbedingt mit auf das Foto wollten, was natürlich nicht vorgesehen war. Weshalb Gerd und Anton listig innen auf die Fensterbank kletterten und unter den Gardinen hervorlugten, so dass Alois kurz vor dem Abdruck wieder aus der mühsam aufgestellten

Reihe verschwinden musste, um den beiden Bengels gehörig ein paar in den Nacken zu geben. Endlich war alles zu Möllers‘ Zufriedenheit, und er drückte ab.

Erstes Foto: Umrahmt von ihrer erwachsenen Kinderschar sitzt das Jubelpaar, mit ernstem Gesicht und eingefallenen Mündern, nebeneinander in den beiden Holzsesseln, die sie als Geschenk erhalten haben, zu ihren Füßen ein Pappschild: „Zur goldenen Hochzeit“. Natz im dunklen Anzug, das weiße, volle Haar kurz um den jetzt noch deutlich sichtbareren eckigen Kopf geschnitten, den Bart auf Fingerbreite gestutzt. Stine im dunklen Kleid, mit einem Spitzenkragen so rund wie ihr Gesicht, das dünne Haar in der Mitte gescheitelt und streng nach hinten gebunden. Beide sehen sie sehr müde aus, Natz auch ein wenig mürrisch, vielleicht, weil ihm jetzt doch alles zu viel wurde oder die Hühneraugen in den neuen Lederschuhen drückten. Den Rest der frohgestimmten Festgesellschaft scheint das nicht zu kümmern. Der hochgewachsene Dechant in seiner langen Soutane und dem großen Kreuz vor dem Bauch stehend hinter dem Jubelpaar. Die meisten Frauen in hellen Blusen oder Kleidern; die Männer im dunklen Dreiteiler mit goldenen Uhrkettchen, die aus den Jackentaschen fallen. Alois, der in der hinteren Reihe den Arm um Soffis Hüfte legt, obwohl dies doch gar nicht der Anlass wäre, und Soffi, die ihn offenbar gewähren ließ, ihr Gesicht zeigt einen Hauch von Lächeln, ist frei und hell. Franz-Jupp, der stolze Bahnbeamte, hält seine schöne, volllippige Katharina eingehakt. Alle sind sie schlank, einige hager, wie die arme Liesken, deren lange Bluse um sie hängt wie auf einem Kleiderständer, oder die knochige Threse mit ihrem Bubikopf und Lachgrübchen, immerhin. Einzig die kinderlos gebliebene Magda, neben ihrem stierköpfigen Mann, schaut mit leerem Blick; beim Holzfällen, heißt es, sei ihr ein Baumstamm auf den schon schwangeren Bauch gefallen. Einige sind wohlgenährt, sogar Joseffi, deren Klumpfuß man auf dem Schwarz-Weiß-Foto nicht sieht, ebenso wenig wie ihr gelbliches Gesicht, das sie damals schon oft hatte, wegen der Leber und der Galle. Die Städterin Traude, aus Wesel, erkennt man sofort, an der doppelten Perlenkette und auch an den hohen Riemchenschuhen, die aus rotem Leder sind. Alle waren sie gekommen, nur Maria, Schwester Laetitia, schickte ein großes Kuvert mit zwei neuen Rosenkränzen von der „Congregation Servarum Spiritus Sancti, Steyl“.

Alles Betteln der Kinder half nichts: Fotograf Möllers spannte Stativ und Apparat wieder auf den Gepäckträger und fuhr ungeachtet sechs enttäuschter Augenpaare wieder davon. Dafür hatte der Onkel aus Wesel Erbarmen und zückte hinten auf dem Hof seinen neuen Fotoapparat.

Foto zwei: Wie zwei Reihen Orgelpfeifen stehen sie im Sand. Die drei Großen, Berni, Thea und Franz hinten; die drei Kleinen, Gerd, Luzi und Anton vorn. Alle schlaksig und dünn, stehen sie eng zusammen, die langen Arme gegenseitig um die Schultern gelegt, den kleinen Anton an der Hand. Die Jungs in offenen weißen Hemden und mit kurzen Hosen, alle kurzgeschorene Köpfe, nur Berni mit Locke in der Stirn. Die beiden Mädchen in blumenbedruckten, kurzärmeligen, wadenlangen Kleidern und dicken Zöpfen. „Kopf und Nase oben!“, ruft der Onkel. Klick! Nur der kleine Anton zieht noch eine dicke Lippe, weil er vorher eins in den Nacken bekommen hat.

Während die anderen ein Nickerchen machten, lief Traude auf ihren roten Schuhen mit einem Beutel in der Hand zu Klümpers. Unter den Eichen blieb sie stehen und rief laut: „Zenta! Zenta!“ – bis diese in ihrem alten Kittel erschien. Traude wartete nicht lange, holte Zentas alte Klumpen einzeln aus dem Beutel und warf sie ihr vor die Füße: „Doar häs du diene ollen Klumpen trügge!“ Traude hatte sie all die Jahre aufbewahrt und nur auf den richtigen Moment gewartet.

Später, am Nachmittag, fuhr ein schwarzer Mercedes mit aufgeklapptem Verdeck auf den Deepen Grund. In einem hellen Nadelstreifenanzug und einem Strohhut hob Georg Vanwoldt einen üppig bepackten Geschenkekorb voll Kaffee und Kakao und Tabak aus dem Fond, stellte ihn mit einem freundlichen Winken vorn auf die Däle und drehte sich schon wieder um. Noch immer gehörte das von ihm geführte Leidener Geschäft zu den vornehmsten im Kreis. Mutter Elisabeth und die beiden Schwestern waren ins Süddeutsche gezogen, weit weg von Leiden. Als Georg zum Wagen zurückkam, hatten die Kinder ihn längst außen und innen in Beschlag genommen. „Kommt!“, lud er sie alle auf eine kleine Spritztour ein, und mit wehendem Hut, Hupen und kreischenden Kindern fuhr er zum Steen und wieder zurück, bevor er sie nach drei weiteren Runden auf dem Hof, die alle geharkten Muster endgültig niedermachten, wieder absetzte und nun allein hupend davonfuhr. Man muss die Feste feiern, wie sie fallen! Nur zwei fehlten.

Am Abend, als Natz und Stine längst in ihren Sesseln dösten, und Hendok und Franz-Jupp nun auch die Nachbarn mit Trecksack und Trompete auf die Tanzfläche lockten, bemerkten einige, dass der Gästebitter zwei Personen, die dazu gehört hätten, ausgelassen hatte. Der eine war Jänsken, der eine „Lutherske“, wie Natz die hübsche Frau ohne Nennung ihres Namens, Emilia, nannte, geheiratet hatte. Der andere war Hinner aus Oeding, „dat roode Kerlken“, welches zu den „Kommunisten und Abergläubigen“ hielt. Jänsken fuhr in Essen jeden Tag hinab in den Stollen, und Hinner stand jeden Tag in Winterswijk am Webstuhl.

Zu Nikolaus hingen zwei neue Bilderrahmen in der Stube am Deepen Grund, oben ein großer mit dem Jubelpaar und den Ihren, und ein kleiner mit sechs Kindern. Das Glas von letzterem war ständig von Fingerabdrücken verschmutzt.

Grüne Hochzeit – Bruune Kerls

Schon eine Woche nach der Goldhochzeit stand das nächste Fest im Floiterhook an: Grüne Hochzeit bei Klümpers. Jetzt waren die Jungen dran. Dass Albert Klümper, Albi, eine so nette und fleißige Frau, Anni, gefunden hatte, konnte angesichts der Schwiegermutter, Zenta, als Glücksfall – für den Bräutigam – gelten. Manche nannten es Dummheit – der Braut –, bestenfalls blinde Liebe, an die im Floiterhook jedoch niemand glaubte. Dieses Mal war der junge Floiter, Klümpers nächster Nachbar, als Chauffeur an der Reihe. In seiner Kutsche erreichte das Brautpaar, wie es den Anschein hatte, morgens friedlich und glücklich das Wieskener Tor von Sankt Raphael. Dort nahm das Unglück des Tages bereits seinen Anfang. Statt blumenstreuender Engelchen fand die Festgesellschaft einen in Braun uniformierten Mann mit einem weiß gewandeten Pastuur vor. Der Braune war Annis Bruder und Trauzeuge; er hatte auch die rote Armbinde nicht ausgelassen. Nicht, dass der Pastuur den Anblick der Braunen im Hochamt nicht duldete, das war er bereits gewohnt. Aber zu einer Hochzeit, noch dazu einen Trauzeugen, in diesem Aufzug zuzulassen – nein, das ging zu weit!

„Das Sakrament der Ehe kann nur Gott und die Kirche spenden!", rief der Geistliche, „das kann selbst Hitler nicht!"

„Welchen Anzug ich anziehe, das geht Gott nichts an!", hatte der Braune zurückgebrüllt. Und dem Pastuur zu gehen gedroht, wovon ihn nur die Braut, die bereits in Tränen neben ihm stand, noch einmal abhalten konnte. Schließlich bot Alois Vanwoldt dem jungen Mann seine dunkle Jacke für die Dauer der Messe an. Worauf sich – mit Blick auf die Braut – sowohl der Pastuur als auch der Bruder einließen, so dass alle nur wenige Minuten verspätet auf einem Blumenteppich in die Kirche einzogen, wo Alois als Einziger nur im Oberhemd dasaß. Nach diesem unseligen Vorfall konnten Albi und Anni selig die Ringe austauschen. Die Einladung zum Mittagessen schlug der Pastuur aus. Darüber hinaus verlief, abgesehen von der dünnen Suppe, alles zur allgemeinen Zufriedenheit.

Das nächste Unheil kam mit Möllers und seinem Apparat auf den Hof gefahren. Mit Bezug auf den Pastuur erklärte er, kein Hochzeitsfoto mit einem in brauner Montur aufzunehmen, und bevor es zum Krach kommen würde, entschied er, nur eine Aufnahme, nämlich nur vom Brautpaar, zu machen. Beim Abdrücken, immerhin, strahlten beide.

Der Ärger war gerade erst mit durchsichtigem Kaffee, ein paar Schnaps und bitterem Aufgesetztem verdaut, als die vierköpfige Musikkapelle abends den Wiener Walzer aufspielte und Anni und Albi schwungvoll über die Däle glitten. An der Theke drängten sich die Leute; dahinter kamen der junge Floiter und der junge Boesel mit dem Einschenken kaum hinterher.

„Heil Hitler", rülpste der Trauzeuge und streckte den Arm. „Wirt! Zwei Bier und zwei Schnaps, eines für den Führer und eins für mich!"

„Ik loat mi nich bestellen", sagte Boesel, „van die nich un ook van dänn Hitler nich*. So nicht!"

Der Braune ließ einen langen Rülpser raus.

„Dänn häbt de Migampen he bätten. Dovan is dänn so bruun"**, sagte Floiter.

„Dat wärn nich de Migampen. Dovann wöat man nich so bruun. Ik glöw, dänn is in dänn Aalekeller fallen. Dovann stünk dänn uuk so uut dänn Hals!"***, sagte Boesel, während er neben der Theke nach einer neuen Flasche griff.

„Hee, hee. Ümmer langsam met de junge Päärde!", wollte ein Alter gerade noch dazwischen gehen, aber da war es schon zu spät.

Der Braune war um die Ecke gekommen und hatte Boesel, der vor der Theke zusammensank, längst seine Faust in den Bauch gerammt. Die Gesellschaft stob zur Seite, Anni wischte sich ein weiteres Mal ein paar Tränen mit dem Schleier weg, Albi stand wie angewurzelt da. Die Kapelle dudelte langsam ihre Töne aus, während Boesel bereits wieder die Augen öffnete.

Plötzlich kniete ein Mann, Annis Onkel, neben Boesel. Aber statt ihm dabei zu helfen, sich wieder aufzurichten, wie dieser es wollte, drückte der Onkel ihn zurück und flüsterte ihm etwas ins Ohr: „Mann, pass oop. Der ist von der Gestapo", konnten einige hören.

In dem Augenblick war Zenta mit langen Schritten in ihren langen Röcken am Schauplatz angekommen und setzte ihren neu beschuhten Fuß auf die Brust des erschrockenen Boesel.

„Du bleibst da schön liegen, bis ich meinen Fuß wieder von dir nehme", befahl sie nach unten. Und dann reckte sie ihren mageren Hals dem Braunen entgegen: „Und du! Du gehst jetzt nach draußen und steckst deinen Kopf in die Wassertonne. Wenn du nüchtern bist, kannst du wiederkommen!" Sie machte eine kurze Pause: „Schamt u! Hochtied vandage, keene Kirmes!"

Der Braune fuhr sich durchs Haar und torkelte hinaus. Boesel richtete sich langsam wieder auf. Der Onkel tat, als sei nichts gewesen.

„Werden wir sehen", sagte der alte Floiter, „das heute ist alles nur Geplänkel. Da kommt noch viel mehr."

„Sind junge Kerls, muss man nicht so ernst nehmen", sagte Alois. Kerkhuus und Veehdreewer standen nickend daneben: „Hörner abstoßen!"

„Ihr drei müsst es ja wissen. Wo sind denn eure braunen Anzüge?", stand jetzt

---

* Von dir lass ich mir nichts sagen. Von dir nicht und von dem Hitler nicht.

** Den haben die Ameisen gebissen. Deshalb ist der so braun.

*** Das waren nicht die Ameisen. Davon wird man nicht so braun. Ich glaube, der ist den Jauchekeller gefallen. Daher stinkt der auch so aus dem Hals.

der alte Boesel neben ihnen. Boesels, das wusste man, waren gute Leute. Aber die Männer, das musste man auch sagen, manchmal auf Krawall aus.

„Deshalb kloppe ich mich aber nicht mit anderen", sagte Alois.

„Und jetzt Damenwahl", rief Franz-Jupp von der Kapelle aus. Keine Geringere als die Braut kam auf Alois zu.

Fotograf Möllers, erzählte Icking ein paar Wochen danach, sei auf einer Feier zusammengeschlagen worden. Bald glänzten in seinen Bilderrahmen nicht nur braune Uniformen, sondern sie standen auch auf rotem Samt.

Brennende Sorge

Die Fürstenfelder Kirche war voll bis auf den letzten Platz, nur die erste Reihe auf der rechten Seite war noch leer. Die Glocken hatten bereits aufgehört zu läuten, das Husten und Räuspern hallte ab. Nur Ortsgruppenleiter Metzger und Familie würde, wie er es sich angewöhnt hatte, die Stille vor Beginn der Messe stören. Und auch heute, auf Palmsonntag 1937, klackten seine Stiefel über die Steinplatten des Mittelganges. Metzger in seinem braunen Zwirn und den blank geputzten Stiefeln, gefolgt von seiner großen Frau in rotem Mantel und den sechs Kindern. Alle zusammen passten sie genau in die erste Reihe. Die drei Jungs in Braun, die drei Mädchen in karierten Kleidern. Die anderen Fürstenfelder bruunen Kerls saßen für gewöhnlich irgendwo dazwischen, allein oder mit ihren Frauen. Heute saß ein Dutzend von ihnen in der zweiten und dritten Reihe.

Ein Messdiener zog vorn an der Bimmel, gefolgt vom jungen Fürstenfelder Pastuur im violetten Gewand, dem noch jüngeren Kaplan, dem heimlichen Liebling aller Mädchen, und weiteren sechs Messdienern.

„Im Namen des Vaters, des Sohnes und des Heiligen Geistes."

„Amen."

„Lasset uns beten und singen in diesen schwierigen Zeiten, wo die Menschen des Trostes bedürfen."

Vorn auf der linken Seite saß ein fünfzehnjähriges Mädchen mit dicken dunkelbraunen Zöpfen und breiten weißen Schleifen inmitten ihrer drei älteren Schwestern. Sie schaute rechts hinüber zu den Metzgers, die ihre Nachbarn waren und eine Baustoffhandlung betrieben. Der Vater hatte ihr gesagt, sie solle sich bei Erledigungen, wenn Zucker oder Salz fehlte, nicht unnötig auf deren Hof aufhalten. Warum, das sagte er nicht. Das Mädchen, Martha, nahm sein Buch zur Hand und sang, so laut es konnte, mit. Früher in der Schule hatte der Kaplan ihre hohe Stimme oft gelobt.

Der Pastuur ging in gewohnter Weise rasch durch Lesung und Evangelium. Jeder kannte die Geschichte vom Einzug Jesu in Jerusalem auf einem Füllen. Die Kinder, das wusste der Geistliche, fieberten ungeduldig dem Nachmittag entgegen, wo sie mit dem Palmstock singend um die Häuser ziehen und Zuckerplätzchen und Apfelringe von den Frauen bekommen würden. Den Erwachsenen wiederum knurrte der Magen, der auf einen ordentlichen Sonntagsbraten hoffte. Die kommende Fastenwoche würde es bei manchen tagsüber nur Brot mit Wasser geben, am Abend mageren Pannckooken.

Schon nach kurzer Zeit stieg der Pastuur die knarzenden Treppen zur Kanzel. Wie gewohnt brauchte er oben ein paar Augenblicke, um seine Blätter zu sortieren, um sie dann mit beiden Händen dicht vor seine dicke Brille zu halten. Unten schlossen die Gläubigen ihre Augen, um den kommenden Worten zu lauschen, oder einfach, weil sie müde waren vom frühen Aufstehen und der Stallarbeit auf nüchternen Magen. Es kam vor, dass ein gesundes Schnarchen durch die Reihen ging. Heute schien der Pastuur mehr Zeit als sonst zu brauchen, manche öffneten die Augen wieder und blinzelten zur Kanzel. Statt auf seine Blätter schaute der Pastuur oben zum hängenden Holzkreuz und darüber hinaus durch die bunten Altarfenster, deren leuchtende Farben gut mit seinem Gewand harmonierten, weiter in den Frühjahrshimmel. Und bekreuzigte sich. Endlich begann er.

> *Liebe Gemeinde, liebe Katholiken, die ihr alle fest im Glauben seid oder deren Glaube in Zweifel ist. Mit brennender Sorge und steigendem Befremden beobachten wir seit geraumer Zeit den Leidensweg der Kirche, die wachsende Bedrängnis der ihr in Gesinnung und Tat treubleibenden Bekenner und Bekennerinnen zur Licht- und Frohbotschaft von Christus und dem Reiche Gottes. Viele verlassen den Weg der Wahrheit.*

Der Pastuur schaute auf seine Gemeinde.

> *Reiner Gottesglaube! Habet acht! Nur oberflächliche Geister können der Irrlehre verfallen. Von einem nationalen Gott, von einer nationalen Religion zu sprechen, können den Wahnversuch unternehmen ...*

Er hielt wieder ein.

> *... den Wahnversuch, Gott, den Schöpfer aller Welt, den König und Gesetzgeber aller Völker, vor dessen Größe die Nationen klein sind wie Tropfen am Wassereimer, in die Grenzen eines einzelnen Volkes, in die blutmäßige Enge einer einzelnen Rasse einkerkern zu wollen.*

In der ersten Reihe bei den Metzgers begann es zu rascheln. Der Ortsgruppenleiter erhob sich und drehte Kopf und Oberkörper nach links zur Kanzel. So blieb er einfach reglos stehen. Die anderen Braunen taten es ihm nach. Der Pastuur schaute zum Holzkreuz und wieder auf sein Papier. Seine volle Stimme war gefasst, nicht lauter als sonst, aber er sprach langsamer als gewöhnlich. Er war bis hinten in den Glockenturm zu hören.

Die Bischöfe der Kirche Christi, aufgestellt für das, was sich auf Gott bezieht, müssen darüber wachen, dass solche verderblichen Irrtümer, denen noch verderblichere Praktiken auf dem Fuße zu folgen pflegen, innerhalb der Gläubigen nicht Boden fassen. ... Und nun: an die Kinder und die Jugend!

Das Mädchen mit den dicken Zöpfen drückte die Hand ihrer Schwester.

Ich weiß, für euch ist heute ein besonderer Tag. Nach Ostern beginnt bald die wunderbare Frühlings- und Sommerzeit, in der wir die Freude an Gottes Werk besonders bestaunen und in uns aufnehmen können. An euch ein besonders väterliches Wort.

Die Mütter stießen ihre Kinder an. Der Ortsgruppenleiter rührte sich.

Das Radio und die Lichtspiele, wer es sich leisten kann, und so manche Blättchen, die ihr gerne lest, überschütten euch Tag für Tag mit Geschichten, die fern jedes aufrichtigen Gottesglaubens sind. Jenseits dessen, was euch heilig sein muss. Ihr Kinder und jungen Leute: Wenn jemand euch ein anderes Evangelium verkünden wollte als jenes, das ihr empfangen habt – auf den Knien einer frommen Mutter, von den Lippen eines gläubigen Vaters, aus dem Unterricht eines seinem Gotte und seiner Kirche treuen Erziehers – der sei ausgeschlossen.

Der Pastuur hielt ein, um ein neues Blatt zu nehmen.

Liebe Eltern, an euch, denn ihr steht in besonderer Verantwortung: An die Statt der ewigen Lampe des Christusglaubens ...

Jetzt schritt Metzger aus der Bank schnurstracks auf die Kanzel zu. Aus einer mittleren Reihe war ein „Gott erbarme Dich“ zu hören. Ein paar Bruune folgten Metzger bis zur Treppe.

Ich sage euch: An die Statt des Christenglaubens darf nicht das Irrlicht eines Ersatzglaubens ...

Metzger donnerte mit seinen Stiefeln die Holzstufen hoch, bis er in dem kleinen Rund eng neben dem Pastuur stand.

„Pfaffe! Halt‘ dein Maul! Holl diene Muule!“, schrie Metzger oben auf der Kanzel und riss dem Pastuur die Papiere aus den Händen. „Mach deine Arbeit, nicht unsere!“

Er stampfte die Treppe hinunter und schritt, begleitet von seinen Gehilfen, durch den Mittelgang zum Tor. Seine Frau und Kinder traten aus der Bank heraus; die Kinder knicksten artig vor dem Herrn, bevor sie zum Ausgang liefen um sich am Weihwasserbecken die Finger und Stirn zu benetzen. Seine Frau stürzte mit hochrotem Kopf hinaus. Ein Schluchzen und Schnäuzen ging durch die Reihen. Der Pastuur stand noch oben.

Licht und Wahrheit leiten den Weg! Amen!

Er bekreuzigte sich und stieg ruhigen Schrittes die Treppen hinunter. Am Altar breitete er die Arme aus:

„Dominus vobiscum!“

„Et cum spiritu tuo.“

„Sursum corda!“

„Habemus ad Dominum.“

Zügig absolvierte er das weitere Hochamt. Nach dem Schlusslied drängte die Gemeinde auf den Kirchplatz, der sich binnen weniger Minuten leerte. Martha hielt eine kleine Börse mit ein paar Groschen für Karamell vom Café Nagel in der Hand. Doch die älteren Schwestern liefen bereits zu den Rädern: „Komm! Lass uns nach Hause fahren.“

Im Fürstenfelder Dorf war es in der Karwoche noch stiller als sonst, nur zur Beichte sah man die Leute schnell in die Kirche hinein und wieder hinausgehen. An den Feldrändern standen die Frauen und Männer in kleinen Gruppen für eine kurze Zeit zusammen, bis sie schnell wieder auseinandergingen. Man wartete bis Ostern, doch es passierte nichts. Metzger saß zur Auferstehung mit seiner Familie wieder vorn in der ersten Reihe. Man wartete jede Woche, jeden Sonntag. Metzger und Familie saßen jedes Mal vorn in der ersten Reihe, und der Pastuur hielt eine Predigt. Es passierte – nichts. Vorerst.

Neuferts Notizen

21.6.1937: Der Religionsunterricht findet nicht mehr in den Schulen, sondern nur noch in den Kirchen statt. Auf den Höfen wird weiter die Bibel gelesen und jeden Abend der Rosenkranz gebetet.

Wegen der Ernte können nicht alle Kinder immer zur Hitlerjugend kommen. Parteimitglieder aus Saande waren an der Genossenschaft, um ihre Anführer zu unterrichten.

Das letzte Stück Teerstraße bis Fürstenfeld ist nun fertig. Eine Zählung ergab, dass es in Wiesken 43 Autos, elf Traktoren und fünfzig Telefone gibt. Schmied Nagel hat eine große Werkstatt gebaut, wo er auch Maschinen ausstellt und repariert.

Blut und Boden

Nach den Ereignissen mit der Spargenossenschaft hatte man alles neu organisiert. Eine örtliche Kasse wollte niemand mehr. Aber Koopmann teilte seinen Landhandel auf. Im kleineren Raum, dem eigenen Geschäft, das seine Frau Adele betrieb, befanden sich die Artikel des Kleinbedarfs: Sämereien für den Garten, Hacken und Drähte, Bürsten und Fette, Scheuerpulver, Rattengift und Mausefallen. In der großen Halle, für die Genossenschaft, standen die Tonnen, Säcke und Kisten mit Dünger, Saatgut und Getreide. Koopmann vereinte die Posten des Stützpunktleiters und des Leiters der Genossenschaften, und Ortsbauernführer Temminghoff, Gemeindevorsteher Spökermann und der Leiter der Abteilung Hof, Kerkhuus, unterstützten ihn – mit den anderen Mitgliedern – nach Kräften. Die Sache lief, das musste sogar der alte Boesel zugestehen, und auch die Prüfer aus Münster hatten nie eine Beanstandung. Nur die Bauern waren mit den Preisen nicht einverstanden. Aber das kannten die Prüfer: Bauern waren nie zufrieden. Und über Koopmann – laut und scharf wie er war und nicht jedermanns Sache – konnte man sagen, was man wollte: Immerhin gehörte er nicht zu denen wie Metzger in Fürstenfeld, sondern wusste sich in Sankt Raphael zu benehmen. Und an den Tagen, wo er mit den Genossen zum Parteitag nach Nürnberg fuhr, pilgerte seine Frau Adele mit ihren Schwestern nach Lourdes oder Kevelaer. Bis Essen saßen sie alle einvernehmlich in einem Abteil; dann trennten sich, ebenso einvernehmlich, ihre Wege zu unterschiedlichen Göttern. Beide kamen sie beseelt zurück. Koopmann mit einer großen roten Fahne, „ein Original!", Adele mit einer Muttergottes „mit heiligem Segen".

Koopmann hatte die „UM-FANG-REICHEN MAß-NAH-MEN ZUR STEIGE-RUNG DER LAND-WIRT-SCHAFT-LICHEN ER-ZEU-GUNG" in seinem stolzen Ton, mit hochgehobenem Finger und langer Schneider-Heckmeck-Nase schon lange angekündigt. Und „die Maßnahmen“ hatten ebenso lange auf sich warten lassen. Endlich kam der Appell des Beauftragten für den Vierjahresplan, Ministerpräsident Göring, für das Deutsche Landvolk. „FÜNF-ZEHN JAH-RE IN VIER, jawoll in VIER, ZU-SAMMEN-GEFASST, jawoll!“, verkündete Koopmann. „Wo soll dat goan?“*, fragte einer.

Zeno-Zeitung, 24. März 1937

Stärkste Vermehrung des Bodenertrags. Ankündigung wichtiger Maßnahmen. Natürliche Entwicklung der nächsten fünfzehn Jahre in vier Jahre zusammendrängen.

Trotz größter Anstrengungen ist Deutschland noch immer abhängig von der Einfuhr von Nahrungsmitteln. Zwar ist es uns gelungen, den Grad der Abhängigkeit vom Ausland auf 17 von 100 des Gesamtbedarfs herabzudrücken. Deutschland kann sich damit aber nicht zufriedengeben. Der neue Plan ist ein außerordentlich inhaltsreiches Programm. Erhebliche Reichsmittel sind zur Verfügung gestellt. Die Maßnahmen umfassen eine wesentliche Verstärkung der künstlichen und natürlichen Düngung. Daher werden die Preise für Mineral- und Kalkdüngung gesenkt, für Stickstoff um dreißig Prozent. Zum Bau von Dungstätten und Jauchegruben werden neue Reichsmittel zur Verfügung gestellt.

Auch werden Maßnahmen zur Lösung der Kreditfrage eingeleitet. Die Wirtschaftsberatung wird ausgebaut. Grundvoraussetzung ist die Hofkarte, die dem einzelnen Wirtschaftsberater einen zuverlässigen Einblick in die betriebswirtschaftliche Lage des Hofes gibt. Die Einführung der Hofkarte ist mit größter Sorgfalt durchzuführen.

„Hofkarte? Was soll das sein?“, fragte Soffi beim Tienührken.

„Da müssen alle alles angeben. Hat auch sein Gutes; müssen die Großen auch mal die Karten offenlegen. Und wir kriegen vielleicht Geld für einen Jauchekeller“, antwortete Alois.

Der Februar 1937 war der regenreichste seit fünfzig Jahren gewesen. Entsprechend groß waren die Schlaglöcher. Das kleine Wäldchen war zum Moor geworden, die Weide am Haus zum Tümpel, die kleine Bäcke zum Sturzbach. Die Kinder spielten Schlacht am Teutoburger Wald. Berni stand mit einem Sack als Umhang und einem Stock als Schwert auf einem Sockel. Der lange

* Wie soll das gehen?

Floiter, Siegfried, kämpfte mit einem Spaten gegen Drachen. Nur Franz gefiel keine dieser Figuren und entschied sich zum einfachen Handwerker. „Der Drömlatt*“, wie ihn alle neckten, ließ Papierschiffchen den Rhein von Köln nach Wesel hinunterschippern, begleitet von Mundharmonika.

„Komm, Alois, leg die Zeitung weg! Frieda steht schon draußen.“ Soffi lief in gewohnt raschem Schritt von der Däle in die Küche Richtung Herd, um einen der Töpfe zu verschieben. Sie kochte Weißwäsche; stechender Laugengeruch vertrieb den Hauch von Kaffee und Muckefuck. Die braune Kanne von den echten Bohnen stand noch auf der Wärmeecke. Die blaue Kanne mit dem Muckefuck war auf dem Tisch. Aus der Stube hörte man Bessmooder mit dem Reisigbesen den Sand vom Boden kehren.

„Ja, ja“, seufzte Alois, „bin gleich so weit“, und schlug die nächste Seite auf. „Hör mal, Soffi, was hier steht! Das kann für uns sein!“ Er las laut vor:

„Hör! Der Landrat hat in Saande eine neue Winterschule für Jungbauern eröffnet. Die Jugend ist das Gold der Nation.“ Er stand auf und hielt Soffi die Zeitung hin. „Kiek! Das ist etwas für Berni!“

Bessvaader goss aus dem vor ihm stehenden Kännchen Milch in seine linke hohle Hand und hielt sie Harry, der auf seinem Schoß döste, vors Maul. Die Hälfte tropfte auf den Boden, bis der Hund den Kopf hochnahm und zu Schlecken begann. „Muss das sein?“, grummelte Soffi, aber Bessvaader goss eine zweite Portion in seine Hand. Soffi ließ die dampfende Wäsche über einem hölzernen Löffel hängen und schaute auf die hingehaltene Zeitung.

„Ha, Gold der Nation? Dumme Proaterei“, sagte sie. „Winterschule? Dass wir diese Woche das Land grubbern müssen, das weiß ich, ohne dass ich studiert habe!“

Im Stehen goss sie sich Kaffee aus der braunen Kanne in ihre Tasse und stippte Zwieback hinein.

„Hast du auch noch etwas für mich?“, lächelte Alois ihr zu.

„Nein. Du hast deinen Teil schon gehabt. Für uns Frauen muss auch etwas bleiben“, antwortete sie klar und kurz. „Winterschulen sind doch nur für die Großen, nicht für kleine Bauern wie uns.“

„Heute unter Hitler ist das nicht mehr so. Die wollen alle und die nehmen auch Kleine wie uns. Wirst du sehen. Außerdem nimmt die Partei jetzt wieder neue Mitglieder auf. Nächste Woche fahre ich nach Saande und stelle den Antrag.“

Endlich klappte Alois die Zeitung zu und lief nach draußen. „Hott! Hott!“, hörte man ihn rufen und mit dem Grubber vom Hof klappern.

Eine Woche später fuhr Alois zum Saander Parteibüro. Auf dem Flur kam ihm der Kreisleiter, höchstpersönlich, entgegen. „Heil Hitler!“, „Heil Hitler!“

---

* Träumer

„Ah“, lächelte der Kreisleiter, „der Vanwoldt vom Winterhilfswerk! Gute Arbeit, Mann, gute Arbeit! Habe schon gehört, dass du auch der Bewegung beitreten willst? Wurde ja auch Zeit.“ Alois nickte, wollte antworten, doch der Kreisleiter hatte noch ein Anliegen: „Da fällt mir ein, Vanwoldt, meine Frau braucht Kartoffeln. Unsere Säcke vom Herbst sind bald aufgebraucht. Habt ihr noch welche?“

„Ja, sicher, im Keller. Sind nicht mehr die schönsten, aber da kann ich sehen, was sich machen lässt.“

„Gut so. Bringst mir ein paar schöne. Kriegst einen guten Preis“, antwortete er und zwinkerte mit dem Auge. „Heil Hitler.“

Berni und Franz sortierten am Nachmittag die besten Kartoffeln ohne Keime und Faulstellen aus, tags darauf brachte Alois sie zum Kreisleiter. Der nahm mehrere in die Hand, schnitt sie durch, roch daran, dann nickte er: „Gute Ware, Mann! So kommen wir bestens ins Geschäft.“

Am ersten Mai 1937 wurde Alois Vanwoldt Mitglied der NSDAP, Ortsgruppe Meelken, Gau Westfalen Nord. Zwei Wochen später bekam er den Zuschuss für den Bau der Jauchegrube.

Im ganzen Kreis begannen die Kultivierungsmaßnahmen. Wälder wurden gerodet, alte Alleen abgeholzt, der noch fehlende Teil der Landstraße bis Fürstenfeld geteert. Ortsbauernführer Temminghoff war es gelungen, Gelder locker zu machen und damit auch bedürftige Wieskener in „Brot und Lohn“ zu bekommen. Es hieß, dass Landfrau Agathas Beziehungen ins Bergische hier nützlich gewesen wären. „Gute Leute, Johann und Agatha. Da ist mir egal, dass sie die Nase höher tragen. Wichtig ist, was am Ende rauskommt“, war man sich einig. Schon im Sommer erschien in Wiesken alles heller und luftiger, so als erhielten sie alle mehr Raum.

Im Herbst stand eine besondere Maßnahme für den Floiterhook an: den alten Hohlweg, der bei Regen kaum noch passierbar war, zu schleifen. Es gab keine Gegenstimmen, und sogar Natz, für seine Sturheit bekannt, auch für seine Flüstereien mit knorrigen alten Eichen, Erlen und Weiden – sogar Natz befand die Maßnahme nach einem Zögern für richtig, war er doch selbst oft im Schlamm steckengeblieben. Man solle ein paar alte Bäume stehen lassen. Veehdreewer, der bei dieser Maßnahme den Hut aufhatte, berief eine Versammlung zur Gestaltung ein. Rasch und einvernehmlich entschied sich der Floiterhook, reine Flur zu machen, alles vernünftig zu roden und zu planieren. Von den Verkaufserlösen könne man eine Allee mit Pappeln, modernes schnellwachsendes Holz, licht und schlank, pflanzen. Das Restgeld werde gleichmäßig auf alle Nachbarn verteilt. Und genauso passierte es. Schon zu Lichtmess hatten sie – mit Kraft jeden Hofes, denn alle hatten sie Felder im Brook – alles planiert und mit

Sand und Schotter einen neuen Weg aufgeschüttet. Zu Ostern standen beidseitig des aufgeschütteten Weges zwanzig Pappelsetzlinge, die Gärtner Passling besorgt hatte, in Reih und Glied, und zur Frühjahrsbestellung konnten sie alle mit ihren Gespannen glatt durchrollen. Alois und Berni füllten auch den Weg vom Draii zum Hof mit Schotter auf, an den Rand pflanzten sie Birnbäume. „Eine Auffahrt wie bei feinen Leuten", sagte Alois zu Soffi, „wer hätte das vor fünf Jahren gedacht!"

Auch Boesel machte mit, als sie die nächste Aktion im Floiterhook, die Trockenlegung der feuchtesten Flächen, gemeinsam in Angriff nahmen. Mit Spaten und Schaufeln zogen sie Gräben durch die nassen Weiden und Wiesen und verlegten Rohre bis zu den Vorflutern, wobei Boesel das Material aus eigener Tasche bezahlte. Bei Vanwoldts war man hochzufrieden: Im Brookkamp, wo im Frühjahr sonst wochenlang das Wasser auf einer Weide stand, wuchsen ein Jahr später Kartoffeln und Roggen auf einem Acker. Soffis Tasse mit dem „Öwwriggeld" war, zum ersten Mal, halb voll, mit Kupfer und Silber! Zum neuen Schuljahr bekamen die Kinder neue Tafeln – ohne Sprung.

„Produktion gesteigert!", rief Koopmann, als die zufriedenen Prüfer das nächste Mal durch die Bücher gingen. „So soll es sein! Heil Hitler!"

Bloß die Sache mit Hitler und dem Religionsunterricht, der jetzt nicht mehr in den Schulen stattfinden durfte – die gefiel nicht. Neufert nahm die Sache in die Hand und organisierte, vierteljährlich wechselnd, Scheunen, zu denen der Kanonikus zum Unterricht fuhr. Neben Boesel, Veehdreewer und Kerkhuus waren auch Spökermann und Temminghoff sofort bereit: „Dat eene häww mät dat andere nix te doan."*

Hofkarte

„Sät die daale, Junge", lud Natz den Jungen ein. „Heil Hitler", streckte Päule den Arm hervor. In seiner kurzen braunen Hose und dem grünen Hemd, das dunkle Haar zur Seite gescheitelt, schlug er die Hacken zusammen. Der Junge war Koopmanns Neffe, Paul, gerade einmal zwölf Jahre alt und kiebig wie wenig andere, hatte in der Schule beim Rechnen immer den Finger als Erster oben. So konnte Koopmann, bis seine eigenen Jungs so weit waren, den Sohn seines Bruders getrost die Runde in den Hööken machen lassen. Regelmäßig klapperte Päule Hof für Hof ab, brachte die Mitteilungen des Reichsnährstandes, ratterte auswendig die neuen Verordnungen, Festpreise und manchmal sogar die Wettervorhersage herunter, wobei er einen kurzen Blick in den Himmel warf.

---

* Das eine hat mit dem anderen nichts zu tun.

Manchmal saß seine kleine Schwester, Cäcilken, auf einem Kissen auf dem Gepäckträger, ein kleiner blonder Lockenkopf, dessen Anblick sogar den härtesten Sturrkopp ein „Ei, ei, ei, wie fein“ entlockte. Das war auch so, als Päule die Hofkarte zu allen brachte. Mit einem kessen Lächeln streckte die Kleine vom Gepäckträger aus mit der kleinen Rechten den Bauern die Karte wie einen Glückwunsch entgegen, „Hier!“, und Päule sagte seinen Spruch dazu: „Das kommt vom Reichsnährstand, damit wir noch mehr produzieren. Da könnt ihr eintragen, wie viele Hektar Feld, Wald und Wiese ihr habt, und die Kühe, Schweine und Hühner.“ Man war sich einig, dass Koopmann das schlau angestellt hatte – woanders wurden die Überbringer vom Hof gejagt –, aber das machte die Schnüffelei auch nicht besser. Und im Geldbeutel bekam man davon auch nicht mehr! „In die eine Tasche schieben sie es hinein, aus der anderen ziehen sie es wieder heraus“, klagte sogar Veehdreewer. Und obendrein war mit den neuen Methoden und Maschinen die Plackerei nicht weniger geworden.

Päule kannte sich bestens auf den Höfen und in den Häusern aus. Sein Onkel hatte ihm eingeschärft, zuerst die Alten zu fragen und dann die Jungen. Das gehöre sich so und sei außerdem besser fürs Geschäft. Bei Vanwoldt war das der Bessvaader, der mit dem langen weißen Bart, den er in der Werkstatt finden würde. Somit lehnte Päule am Deepen Grund sein Rad ans Mäuerchen, grüßte die Anwesenden draußen, sofern jemand zu sehen, und lief schnurstracks zur Timmerkaamer.

„Sät di daale, Junge. Wät häss du dann te vertällen?“*, fragte Bessvaader und wies ihm einen Hocker zu. „Komm näher, sonst verstehe ich nichts!“

Päule schob den Hocker auf Armlänge heran, setzte sich und war jetzt auf Augenhöhe mit Natz‘ unterem Bart. Eine Fliege, oder war es eine Wespe, hatte sich in den grauen Locken verfangen und Päule schaute, ob sie sich in dem Gestrüpp weiter verirren oder nach draußen finden würde. Päule streckte den Kopf weiter nach vorn.

„Junge, was gibt es?“

Die Wespe, ja, es war eine Wespe, fand heraus und schwebte jetzt um Bessvaaders Kopf herum. Päule sah die Borsten, die wie Gestrüpp aus Bessvaaders Nase wuchsen und legte die Augen zusammen.

„Junge! Träumst du?!“, rüttelte der Alte jetzt an das Stuhlbein.

„Öhh, nein…“, schüttelte Päule den Kopf und ratterte endlich los: „Neue Entwicklungen: Roggen und Weizen gleichbleibend hoch. Raps, Kartoffeln, Zuckerrüben, Futterrüben stark steigend. Milchkühe sehr gut.“

„Und, wat wiss du mi verkoopen?“** Päule zog einen Zettel hervor. „Ihr könnt

* Setz dich, Junge. Was hast du mir zu erzählen?

** Und, was willst du mir verkaufen?

jetzt bestellen. Saatgut: Goldregenhafer, Siegeshafer, Schwarzhafer. Saatkartoffeln: Odenwälder Blaue, Julinieren, Holländer Erstlinge, Böhms Allerfrüheste, Zwickauer Frühe, Flava, goldgelbe Nordost, Ackersegen, Nordost Stärkereiche, als Futterkartoffel bevorzugt. Weiterhin: Günstiger Hühnerweizen, Hühnerkraftfutter Muskator, eins-a Plata-Mais. Dünger bieten wir an: schwefelsaures Ammoniak, Kalamminiak, Kalkstiffstoff, Superphospat sieben neun ... "

„Ist gut, Junge, ist gut. Dann geh raus zu Alois und Berni, die wissen das besser." Und noch während Päule den Hocker wieder zur Seite stellte, hörte er, wie Bessvaader sich mit der eigenen Hand fest auf die Wange schlug: „Verdummde Wöspe!" Draußen auf dem Hof warteten Alois und Berni bereits.

„Heil Hitler!", „Heil Hitler!" Päule ratterte alles noch einmal auf.

„Außerdem sind die Saatkartoffeln der neueste Stand der Forschung, sagt auch der Bauernführer und die Partei. Wie die Saat, so die Ernte!", fügte er mit ernstem Blick dazu. „Und dann soll ich Onkel Alois noch sagen, dass für Parteimitglieder besonders günstige Angebote zu haben sind. Für den Ankauf und für die Abgabe. Beides."

„Gut, Paul! Sag deinem Onkel, dass ich bald komme. Hast du gut gemacht!", antwortete Alois, „goad goan." „Heil Hitler."

Päule schlenderte zurück zum Rad, wo Franz ihn mit seinem neuesten Handwerkstück erwartete. Kurz schaute Päule auf das Wägelchen, eine Zigarrenkiste mit Rädern aus Draht und einem winzigen Ledergeschirr davor. „Damit kann Mimi Obst transportieren", stellte Franz das Gefährt stolz vor. Päule zog die Augenbrauen zusammen, nahm sein Rad und fuhr weiter zu Kerkhuus.

Das Gelände zwischen Genossenschaft und Bahnhof – ein länglicher Platz entlang der Gleise, ideal zum Exerzieren und zudem nicht weit von Kraane entfernt – war zum zentralen Ort geworden. Wer etwas wissen oder erleben wollte, musste sich nur dorthin begeben und war anschließend bestens informiert. Koopmann hatte an der großen Schiebetür auf der Laderampe ein Schwarzes Brett angebracht:

ANKÜNDIGUNGEN DER BEWEGUNG

Bald hing ein zweites Brett daneben.

VERORDNUNGEN UND PREISE

Zu Anfang klebten nur ein paar halbleere Blätter daran, zunehmend aber waren beide Flächen bedeckt. Auch Evi Kraane hing dort für ihre Feste aus, und

Hoffkreies machten Werbung für Seifen, Reis, Zucker, Rosinen. An Feiertagen stellte Koopmann seine große rote Fahne auf, „Ein Original aus Nürnberg!"

Zum „Tag des Deutschen Bauern" am 29. September 1937 waren Ortsbauernführer Temminghoff und Groote Ridder bereits mit dem Sonderzug nach Bückeberg gefahren. Für die Daheimgebliebenen hatte Koopmann einen Festtag mit Parade vorgesehen. Seit Wochen übten Genossen und Jungvolk an den Samstagen dafür, wobei es in der Kartoffelzeit schwer war, mehr als fünfzig Mann zusammenzutrommeln. Am großen Tag hatte Koopmann den Vorplatz mit Spaten und Pfählen abgesteckt, dazwischen Seile mit roten Fähnchen angebracht; am Fahnenmast flatterte die rote Fahne und zudem thronte „das Original" auf der Rampe, am Schwarzen Brett ein buntes Plakat mit einer ansehnlichen Bäuerin und einem Bauern bei der Ernte: „Reiche Ernte! Ein Volk dankt seinem Führer!" Alle waren sich einig: Es sah festlich und erhebend aus. Ein Zug junger Männer, im braunen Zwirn, hatte sich bereits in Reih und Glied formiert; das Jungvolk in Hemden und kurzen Hosen war dabei. Der junge Holthuus, „noch natt achter de Uarne, aber eene Hunderfünfzigprozentige"*, so die mal anerkennende, mal belustigte Meinung – führte die Hitlerjugend an. Auch Berni war im Sommer oft dabei gewesen; gemeinsam hatten sie im Römersee schwimmen gelernt. Doch der junge Holthuus, „der kleine Führer", neigte zu Schikanen, und am Deepen Grund gab es genug zu tun, so dass Berni, wie viele andere, auf den heimischen Feldern blieb. Isolde Spökermann, stramme Führerin der Jungmädels, scharte zwei Dutzend kichernder Mädchen, alle mit roten Tüchlein am Hals, um sich. Thea hatte es mit einer Perlenbrosche von ihrer Patentante Traude zusammengeheftet.

Punkt drei Uhr trat Koopmann in seinen braunen Pumphosen und voller Montur aus der braunen Schiebetür heraus. Salutierte vor dem Original, schlug die Hacken zusammen, machte kehrt und schaute über den Platz, der sich mittlerweile mit einer knappen Hundertschaft und vielen Schaulustigen gut gefüllt hatte, und lief die wenigen Treppenstufen schneidig zum Motorrad, das samt geschmücktem Beiwagen zur Abnahme der Parade bereitstand. Koopmann saß auf, trat mit einem entschiedenen Ruck die Hebel herunter, ließ das Gefährt aufheulen und rollte dann auf die Truppen zu. Die Jungmänner nahmen Haltung an.

„Augen links!", brüllte Koopmann von seinem Motorrad aus. Die Jungmänner marschierten in Doppelreihe hinterher, nach kleinem Abstand gefolgt vom kleinen Holthuus mit seiner Hitlerjugend, Berni und die anderen vom Hook in der Mitte.

An der Bahnhofsseite stand ein halbes Dutzend Pferdegespanne. Der alte

* noch nass hinter den Ohren, aber schon ein Hunderfünfzigprozentiger

Boesel hatte es vor der Parade gerade noch geschafft, ein paar Säcke am Lager abzuladen und saß bereits wieder auf dem Bock, aber da war alles mit Fähnchenreihen versperrt. Veehdreewer, Kerkhuus und Alois waren mit ihren Rädern gekommen.

„Wollt ihr da nicht mitmarschieren? Gehört doch auch dazu?!", grinste Boesel oben von seinem Bock herab. Er konnte es nicht lassen.

„Das sollen mal die Jungen machen. Die brauchen noch Schmiss und Disziplin. Nichts für Alte wie uns", antwortete Alois.

„Wirst sehen", sagte Boesel, „die marschieren direkt in den Krieg."

„Dass es wieder Krieg gibt – muss nicht sein. Das Saarland kriegen wir auch so", sagte Kerkhuus.

Eine Weile standen sie alle schweigend nebeneinander, schauten dem Spektakel zu.

„Kehrt!", brüllte Koopmann mit erhobener rechter Hand von seinem Motorrad aus und drehte am Ende des Platzes eine Wende. „Und n-u-u-n kehrt!", wiederholte kurz darauf der kleine Holthuus.

„Heil dir, du Siegerkranz", zog die Truppe jetzt am roten Original auf der Rampe vorbei.

„Stillgestanden!" Die Hacken schlugen, gefolgt von immer rascher und lauter werdendem Trommelwirbel: Die Abnahme der Truppe, der Höhepunkt, stand unmittelbar bevor.

Koopmann hielt auf seinem Sattel kurz ein, um den Lenker zu justieren. Dann rollte er langsam an seinen Männern vorbei. Mit links hielt er den Lenker fest, mit rechts hob er den Arm und trat dann leise auf die Pedale. Und rollte und rollte und rollte …

„Halt! Halt", riefen bereits Einige, doch Koopmann drückte nur die Brust weiter durch. Und rollte und rollte und rollte …

„Halt! Halt!", und ein paar seiner Männer rührten sich schon.

Endlich bemerkte Koopmann, dass er vom Weg abgekommen war, versuchte gegenzusteuern, was ihm aber in dem frisch geharkten Sand nicht gelang. Geriet ins Straucheln, wollte bremsen, doch trat stattdessen so heftig das Gaspedal, dass der Motor laut aufheulte. Vorderrad und Lenker bäumten sich hoch auf, bevor das ganze Rad, samt Beiwagen, jetzt einen gewaltigen Sprung nach vorne machte – und auf den Bahndamm zuraste, wo es mitten auf dem Gleis stotternd zum Halt kam. Koopmann lag wie ein nasser Sack vorn über dem Lenker und drohte in den Beiwagen zu fallen. Kurz ging ein Gekreische, ja, auch Gejohle, durch die Menge, und noch bevor sich die Ersten gefasst hatten und losrannten, war schon ein lautes und langes Pfeifen eines Zuges, gefolgt von einer rasch näherkommenden Rauchfahne zu sehen. Koopmann hob verdattert den Kopf, und im letzten Moment schoben die Jungmänner das Motorrad mit ihm darauf von den Gleisen.

„Wohl verrückt geworden!“, schimpfte der Lokführer.
„Verdammt! Da hat er ja gerade noch Glück gehabt!“, rief Alois.
„Wär‘ nicht schlimm drum gewesen“, sagte Boesel von oben nach unten zu den Nachbarn. „Einer weniger kann nicht schaden.“
„Pass oop, Buar, wat du sächs!“, kam plötzlich eine Stimme von hinten. Alle drehten sie sich um und erkannten den Braunen von Albis und Annis Hochzeit, der besoffene Trauzeuge. Kerkhuus trat unten gegen Boesels Bein.
„Oh“, sagte Boesel von oben zu dem Braunen herunter. „Habe nur an den Hasen gedacht, der davongekommen ist.“
„Buar Boesel! Wir kennen dich“, schaute der Braune mit zusammengekniffenen Augen nach oben. „Pass oop. Bald legst du Rohre“, und jetzt klopfte er auf die Pistolentasche rechts an seinem Gürtel, „nicht mehr auf deinen eigenen Wiesen. Sondern. Oben. Im Moor. Heil Hitler!“
Boesel knallte die Peitsche auf seinen Wallach und trabte davon.
Auf dem Platz hatten sich langsam alle wieder gefangen und Koopmann brummte, so als sei nichts gewesen, mit erhobener rechter Hand über den Platz, die anderen hinterher. „A-u-u-u-gen alle rechts!“ Ein paar hundert Meter weiter stellte Evi schon die Tische für das Tanzfest zurecht.
Abends machten sich Alois und Kerhuus auf den Weg zu Boesel.
„Hör zu!“, schüttelte Kerkhuus seinen Arm, „Wenn du so weitermachst, holen sie dich! Du hast Familie, Eltern, Frau, neun Kinder! Da oben im Moor, bei Papenburg, können wir nichts für dich tun!“
Boesel schluckte, und nickte. Dann kam doch noch eine Antwort:
„Wenn ihr alle so weitermacht, kann bald keiner mehr was für uns tun. Höchstens der Herrgott. Und bei dem Teufel, den wir da gerade haben – da weiß ich nicht, wer gewinnt.“
Mit sorgenvoller Miene fuhren die Besucher vom Hof. Am Steen hielten sie kurz ein und vereinbarten Stillschweigen. Dann fuhr jeder allein nach Hause – und ging seiner Wege.

Ein halbes Jahr später, Ostern 1938, schrieb Neufert wie gewohnt seine Aufsatzthemen an die Tafel. Die Hoferben wollten alle Bauern bleiben, die Nicht-Erben schlugen Thyssen-Krupp und Automechaniker vor. Isolde Spökermann sah sich als Typistin im Parteibüro. Neufert selbst hatte seine beiden Zwillingsjungs aufs Gymnasium geschickt, sie waren in derselben Klasse wie einer von Temminghoff. Berni hatte klare Pläne: die landwirtschaftliche Winterschule. Sein Abschlusszeugnis zeigte beste Noten in Naturkunde, Rechnen und Deutsch.
Die Abschlussfeier gestalteten sie gemeinsam mit der Leidener Schule; Lehrer Donner hatte ein ansehnliches Festprogramm aufgesetzt. Nach gemeinsa-

mem Singen und Begleitung durch das Harmonium trat Isolde Spökermann nach vorn, streckte ihren schon beachtlichen Busen heraus:

Johann Wolfgang von Goethe:
Ich höre schon des Dorfs Getümmel,
Hier ist des Volkes wahrer Himmel,
Zufrieden jauchzet groß und klein;
Hier bin ich Mensch, hier darf ich's sein!

Nun erhob sich der Leidener Ortsbauernführer, den man für den Festvortrag hatte gewinnen können. Sein Vater war ein Freiwilliger im Krieg gewesen und dekoriert zurückgekommen. „Ein Vorbild für die Jugend“, stellte Donner den gut genährten Schulzen mit erhobenem Kopf vor. Die Kinder kannten ihn als Jäger und in grünem Loden, doch heute war er ganz braun.

„Heil Hitler! Heute bin ich für euch, die Jugend, unser alle Zukunft da!“, grüßte er freundlich vom Podest aus in die Runde, und alle spitzten wie selten die Ohren. „Mein eigener Vater sagt: Wenn ich schaue, wo wir damals 1918 waren, und wo wir heute sind, dann ist das eine andere Welt. Hört! In allen vorhergehenden Jahrhunderten war es nicht möglich, trotz der vielen Opfer vor zwanzig Jahren, das zu erreichen, was wir in einem halben Jahrzehnt erreicht haben. Schuld war die Uneinigkeit früherer Führer, das Fehlen eines großen Staatsmannes. Nun haben wir einen großen Führer und das deutsche Volk. Unsere germanische Rasse, wie wir hier stehen, wir sind wieder wer in der Welt!“

„Jawoll!“, war von Donner zu hören, der für ein paar tiefe Töne in die Tasten griff, aber dann erteilte er dem Schulzen erneut das Wort:

„Mit euch vielen gesunden arischen Mädchen und Jungen sehe ich eine großartige Zukunft vor uns, mit dem Reichsnährstand, Bauern als Lebensquell der nordischen Rasse.“

Am Mittag verließ die neue Jugend, mit Zeugnissen und Blättern in der Hand, lachend den Schulhof.

Neuferts Notizen

Ostern 1938: Abschlussfeier für die achte in Leiden, viele starke Jungen und Mädchen. Bei Donner müssen nun auch Goethe und Schiller bei allem mitmachen.

29.5.1938: Bischof von Galen hat eine zehntätige Rundreise durch das Dekanat Saande unternommen. Er machte auch in Fürstenfeld Station und hielt dort die Heilige Messe ab. Für den Festumzug mit langer Prozession waren die Straßen mit grünen

Kränzen und Bändern in den Farben der Kirche rot, grün und violett geschmückt. Die Kirchengemeinde hatte ein breites Banner quer über die Straße gespannt: FEST SOLL MEIN TAUFBUND STEHEN. Die Gläubigen kamen aus nah und fern.

Gedenken

Neuferts 25-jähriges Dienstjubiläum im Frühjahr fand im Rahmen einer kleinen Feier in der Schule mit Gedichten und Liedern statt. Gemeindevorsteher Spökermann kam, um den „Lehrer nah an den Schülern und nah an den Familien zu loben." Woanders trügen entweder die Lehrer oder die Bauern die Nase hoch, aber in Wiesken käme man gut miteinander zurecht. „Er bringe den Kindern nicht nur das Lesen und Schreiben bei, sondern auch die Bibel."

Zum Kriegerfest – mit allen Fahnen, Paraden und Wum-ta-ta, noch pompöser als das Jahr zuvor – ging Berni erstmals in langen Hosen. Mit den Boesel- und Floiter-Jungs schlenderte er über den Kirmesplatz, die Hände in den leeren Taschen, an der Lakritzbude vorbei. Aus der Schiffsschaukel konnten sie die Mädchen kreischen hören: „Höher, schneller, höher!", riefen sie. Es waren Thea und Luzi, ihnen gegenüber lachte Tante Joseffi. Bestimmt hätte Georg Vanwoldt ihnen allen eine Limonade im Festzelt spendiert, oder sogar zu einer Spritztour eingeladen. Aber Georg Vanwoldt war tot. Vor ein paar Tagen war er in seinem hellen Coupé in einem hellen Anzug mitten am Tag auf gerader Strecke mit voller Wucht gegen eine Linde geprallt, ohne dass man die Ursachen ermitteln konnte. Sein Strohhut hatte sich oben in einem Ast verfangen, wo er noch immer mit blauem Band im Blütenduft flatterte. „Dat was dänn grooten Fritze sien Sönn", schüttelten die Leute den Kopf, „eene Paradiesvogel."

Im Sommer wurde ganz Wiesken für mehrere Wochen zum Sperrgebiet erklärt: Maul- und Klauenseuche. Vanwoldts kamen glimpflich ohne Schaden davon. Berni half seit seinem Abschluss bei Temminghoff aus und hatte dort gelernt, dass das Vieh sauber und luftig gehalten werden musste. Er wachte darüber, dass Fremde nicht in die Ställe kamen. Viehhändler Abraham zog schon lange nicht mehr mit Rindern von Hof zu Hof. Es hieß, er sei nach Holland ausgewandert, aber keiner wusste es genau. Der neue Viehhändler, ein Neffe Puggenkamps, kam mit dem Autotransporter.

Ab Mitte Oktober stand am Deepen Grund sonntagsnachmittags wieder die Tür des kleinen Schreibfaches im Buffet offen; ein paar Mappen lagen auf der Anrichte. Alois saß am Stubentisch und erledigte seine Post. Links vor ihm lag ein Stapel Briefumschläge und Papier, „Winterhilfswerk des deutschen Volkes" stand darauf. Auf einer kleinen Zeichnung war eine Frau mit einer Suppenkelle zu sehen. Nacheinander beschrieb Alois mit seiner akkuraten Handschrift die Kuverts, Franz half ihm, alles einzutüten und leckte die Umschläge. Nach einer Stunde war der linke Stapel nach rechts gewandert. In den Tagen danach brachten Franz und Gerd sie auf alle Höfe.

Derweil luden Alois und Berni die Karre mit zehn Säcken Kartoffeln und Roggen voll. Sechs gingen in den Verkauf an die Genossenschaft und den Reichsnährstand. Einer ging als Soll an das Winterhilfswerk. Einer an den neuen Saander Kunden, den Kreisleiter. Zwei Säcke bekam Schwester Liesken, wie Bessvaader es im Testament festgehalten hatte.

„Müssen das so viele Säcke sein?", klagte Soffi beim Anblick des vollen Karrens. „Wir wollen ja selber essen!"

Neben den eigenen sechs Kindern kamen im Sommer auch die Ferienkinder, Ulla und Erich, aus Wesel dazu. Oft saßen ein Dutzend Mäuler dreimal am Tag am Tisch. „Wie soll das gehen?!" Mit dem Schürzenzipfel trocknete Soffi ihre entzündeten Augen. Man wusste nicht, ob es Tränen aus Kummer waren, oder weil sie oft in der Zugluft in den Ställen oder der Waschkammer stand. Das giftig-rote, offene Geschwür an ihren Beinen wollte ebenfalls nicht heilen, trotz der Salben und Wickel aus der Saander Apotheke. Bei Café Brömmel, so war es mittlerweile Tradition, bezahlte ihre Schwester Ida mit den noch immer von ihr gekochten und geplätteten Decken die gemeinsame Rechnung. Und auch für die Wallfahrt nach Kevelaer, die sich die Schwestern einmal im Jahr gönnten, kam Ida, die Juffer geblieben war, auf.

„Sei froh", sagte Alois. „Der Kreisleiter kauft direkt und zahlt in bar! Mehr als die Genossenschaft. Andere haben noch weniger zu beißen." Bei Schwester Liesken wohnten sie zu neunt in drei kleinen Kammern über einer Kohlenhandlung. Die wenigen Teller im Schrank hatten, das war sogar Alois aufgefallen, alle einen Sprung. Und im Herbst, bevor er mit den Kartoffeln kam, waren oft nur geröstete Kastanien darauf.

An einem nebligen Morgen Anfang November 1938 spannte Berni einen kleinen Koffer auf den Gepäckträger seines Rades. Mit einem breiten Lachen stand er in Mantel und Kappe auf der Däle, um allen zum Abschied die Hand zu reichen. Er würde zwei Jahre lang als Landhelfer bei grooten Buar Ossing in Zippeln in Stellung sein. Soffi griff nach ihrer Schürzenecke. Alois schwenkte fröhlich seine Kappe. Bessmooder malte mit Weihwasser ein Kreuz auf seine Stirn und sogar Bessvaader hatte sich aus dem Bett gewunden. „Good goan, Junge, good goan!" Mit Schwung fuhr Berni die noch junge Pappelallee hinauf. Auf der Winterschule in Saande war er bereits angemeldet. Kurz schaute er bei Onkel Franz-Jupp am Bahnhof und bei Koopmann vorbei. Am Schwarzen Brett hingen schon die Ankündigungen und Evi Kraanes Einladung zur Gedenkfeier zum neunten November, dem heldenhaften Marsch auf die Feldherrenhalle 1923. Aber Berni interessierte das alles nicht: Er wollte nur ein fortschrittlicher Bauer werden.

Eine Woche später erhielt Gerd den Auftrag, das Fahrrad des Vaters für die Festveranstaltung bei Kraane herzurichten, dieses Mal mit dem „Führer selbst", wie Koopmann die geplante Radioübertragung ankündigte. Gerd stellte das Rad auf den Kopf, bürstete den harten Dreck von Rahmen und Speichen, wischte alles mit einem ölgetränkten Lappen ab, reinigte mit dem dafür vorgesehenen Pinsel Öse für Öse die Kette, bevor er das Gestell wieder auf seine Füße stellte und sich ans Finale machte. Mit einem weichen Lappen und stetigem Hauchen polierte er erneut Bleche und Speichen, schließlich prüfte er mit dem Daumen den Reifendruck und presste ein paar Luftstöße nach. Zufrieden schob er das glänzende Stück abfahrbereit an das Ende der Däle. In dem Augenblick kamen die Passling-Brüder schon auf den Hof gefahren. Alois nahm das Rad und zu dritt fuhren sie los. Sie waren früh dran, denn es war mit einem vollen Saal zu rechnen.

Koopmann hatte eine lange Tagesordnung angekündigt: Neben der Rede des Führers ein Aufruf zum Winterhilfswerk, Stand zur Rückführung des Saarlandes und Themen für die Winterschulungen der Genossen. In Evis Saal standen sie schon an den Seiten; man musste Stühle aus anderen Räumen besorgen. Ein paar Stunden ging es hoch her; Franz-Jupp konnte das Brüllen des Mannes mit dem kleinen dunklen Schnurrbärtchen durch die offenen Fenster, „... Clique der jüdischen Hetzer ... feige Bluttat in Paris", bis auf den Bahnsteig hören. Danach stand Alois noch mit anderen vor der Tür, bevor er sich wieder aufs Rad setzte. Erst gegen Mitternacht knipste Evi alle Lichter aus.

Am Vormittag darauf war niemand auf den Feldern zu sehen. Eine graue Wolkendecke bewegte sich träge und tief von West nach Ost, eine große Formation Kruunekraane, Nachzügler wohl, zog von Norden nach Süden. Nur noch vereinzelt hingen braune Blätter an den Bäumen. Die Äcker lagen schwarz, die Wiesen waren noch grün, ein paar Krähen pickten darin, in Soffis Garten schoss der Grünkohl nach oben, in den Dachrinnen fiepten die Spatzen. Feuchte Kälte kroch in die dünnen Mauern. Alles, so schien es, ging seinen gewohnten Novembergang. Doch dann kamen die Kinder schon kurz nach dem Tienührken aus der Schule zurück; Neufert hatte alle aus „wichtigen Gründen" nach Hause geschickt. Mittags tischte Soffi gerade den Eintopf auf, als plötzlich Boesel in der Küchentür stand. „Alois, ich muut mät die proaten!" Er sagte nicht einmal gooden Dach. „Was hast du denn so Eiliges?", fragte Alois und stand vom Tisch auf. Gemeinsam gingen sie auf die Däle.

„Ik proat nich lange drümrüm. Dat will ik wätten. Wärst du doarbie?"* fing Boesel an.

„Wovon sprichst du?"

---

* Ich rede nicht lange drumrum. Das will ich wissen. Warst du dabei?

„Bloß eines: Warst du dabei? Mehr will ich nicht!“
„Was meinst du?“
„Gestern, in Saande. Ich habe euch drei doch nachmittags mit dem Rad zu Kraane fahren gesehen.“
„Sicher. Wollte die Rede des Führers hören. Und es ging ums Winterhilfswerk. Was ist da verkehrt?“
„Ich komme aus Saande, war beim Zahnarzt. Du willst mir sagen, dass du nicht weißt, was gestern Nacht in Saande war!? Ich will die Wahrheit wissen!“
„Welche Wahrheit? Was redest du da?!“
„Gestern Nacht! Du weißt nicht, was passiert ist?!“
Alois schüttelte den Kopf.
„Dann sage ich es dir! Die Synagogen haben sie angesteckt! Hat überall gebrannt, lichterloh, auch in Fürstenfeld. Bei Gustav Rosenzweig haben sie die Scheiben eingeschlagen. Bei Feldmann im Haus alles kaputtgeschlagen. Erna hat auf dem Boden gelegen. Gustav haben sie ins Kittchen geschleppt. Seine Tochter Rosa musste sich vor den Mannsleuten ausziehen!“
Alois schaute über Boesels Schulter hinweg durch das Fenster in den Himmel. Und schwieg. Boesel ließ nicht locker.
„Alois, du bist bei der SA und Partei! Du wiss nix doarvan wätten?! Ha!“
„Ein paar Jungs aus Saande haben gesagt, dass sie noch was vorhaben. War schon spät. Eine Judenfeier. Das übliche Gegröle. Gefällt mir auch nicht.“ Jetzt hob Alois den Kopf und schaute Boesel direkt in die Augen.
„Bennad! Wie kann ich so etwas tun!? Gustav Rosenzweig und ich waren im selben Zug in Ostpreußen! Kannst mir glauben. Ich bin nach Hause gefahren, allein. Passlings standen noch da. Die Uhr hat gerade elf geschlagen, als ich in die Küche bin.“
Boesel ging wieder einen Schritt zurück.
„Kannst Soffi fragen. Habe den Anzug in den Schrank gehängt. Und: Da bleibt er.“
„Da frage ich Soffi nicht. Und schau‘ auch nicht in deinen Schrank. Das musst du mit unserem Herrgott ausmachen! Du kannst meinetwegen in der Partei sein, für deinen Jauchekeller, und hier in Wiesken mit der Blechbüchse rumbimmeln. Aber was die Partei mit den Juden macht, das ist nicht richtig. Gott steh dir bei, dass du die Wahrheit sagst! Sonst bist du nicht mehr mein Nächster Nachbar! Good goan!“
Lange sah man die alten Freunde nicht mehr am Feldrand zusammen ein Pfeifchen rauchen.
Am nächsten Morgen beim Tienührken lasen alle den gleichen Artikel:

Zeno-Zeitung, 10. November 1938

Wiesken. Versammlung zum deutschen Tag. Der Ortsgruppenleiter Pg. Koopmann hatte die Partei- und Volksgenossen von Wiesken zu einer Versammlung bei Kraane eingeladen, die sehr gut besucht war. Nach einer angemessenen Begrüßung ging Pg. Blanke in seiner Rede aus von der Revolte 1918, die sich jetzt zum 20. Male jähre. Hier habe sich gezeigt, dass die Heimat nicht die richtige Führung gehabt habe und auch nicht in sich so stark war wie die Front. Von dort aus kam er auf den 8./9. November 1923 zu sprechen. Da jetzt gerade die Rede des Führers über den Rundfunk übertragen wurde, hörten die Versammlungsteilnehmer den temperamentvollen Ausführungen Adolf Hitlers mit großer Anteilnahme und starkem Beifall zu.

Pg. Blanke skizzierte anschließend die epochalen Leistungen seit 1933. Deutschland stehe heute wieder auf der Höhe seiner Macht. Deutschland brauche nicht nur eine Rüstung der Waffen, sondern eine Rüstung des Geistes. Jetzt klopfe wieder das Winterhilfswerk an unsere Türen. Den Glauben an den Führer könne man nur durch Opfer beweisen. Der Führer gab uns Arbeit, Freiheit und Brot!

Hinterher blieben die meisten Versammlungsbesucher noch in kameradschaftlicher Weise zusammen. Kampflieder und der Austausch von Erlebnissen gestalteten das Zusammensein recht wirkungsvoll.

Am kommenden Sonntag waren die Tische bei Café Brömmel nur halb besetzt. „Stell dir vor", tuschelte eine, „gestern waren sie bei Irmgard, weil eine Sara dort nachts geschlafen hat. Der Nachbar hat dem Gendarmen Bescheid gesagt und die sind sofort gekommen. Irmgard sagte, dass alles nicht stimmte. Die Sara hatte an die Tür geklopft, aber Irmgard hat sie sofort wieder weggeschickt. Da sind sie von der Gestapo wieder abgezogen." Soffi und Ida pressten die Münder zusammen und gingen rasch hinaus.

Ein paar Häuser weiter saßen Levi und Ruth Rosen, bei denen die Frauen früher ihre schönsten Kleider und Hüte gekauft hatten, auf gepackten Koffern hinter verschlossenen Türen und warteten auf den Wagen, der sie nach Holland bringen sollte. Alois erfuhr es eine Stunde später von Icking hinter vorgehaltener Hand.

Im Advent beteten Stine und Soffi abwechselnd den Rosenkranz vor, die anderen parierten mit Bessvaaders Pietske im Blick. Später, wenn sie Schafskopf und Halma spielten, legte Alois sein Ohr ans Radio, dann zog er die Lampe hinunter und widmete sich seinen Romanen. Er wechselte zwischen Mette Neuferts und Lehrer Donners Büchereien. An den Nachmittagen zogen Luzi und Gerd wieder mit der weißen Sammelbüchse herum. Der Inhalt klapperte nicht mehr so gut wie in den ersten Jahren, und auch die anderen Nachbarkinder liefen nicht mehr mit. Zu Weihnachten brachte Alois Schmalz und Äpfel zu seiner Schwester Liesken. Der Karneval unterbrach für kurze Zeit die Stille, gefolgt von der kargen Fastenzeit.

Am Ostermontag machte sich Alois auf den Weg zum Vetter in Oeding. „Dat waahnige roode Kerlken" hatte die Arbeit in der Fabrik verloren, hatte das Maul mal wieder zu weit aufgerissen. Seine magere Frau Anna schrubbte in den umliegenden Wirtschaften die Böden. Von ein paar Morgen Land, einer Kuh und zehn Karnickeln konnte eine Familie mit drei Mädchen und zwei Jungs nicht leben.

„Sei gescheit!", ermahnte ihn Alois, nicht zum ersten Mal.

„Geschoit? Wer ist hier nicht geschoit? Ihr Nazis! Ihr macht Krieg! Mach doch die Augen auf!", fragte Hinner zurück.

Alois nickte: „Mag sein. Kann aber ja so nicht bleiben mit den Ostgebieten. Ist deutsches Territorium. Deshalb muss es keinen langen Krieg geben wie damals."

„Du hast bald erwachsene Jungs. Wie alt sind sie?! Auch in einem kurzen Krieg fallen Soldaten!"

„Ach. Bis dahin ist alles vorbei. Berni ist fünfzehn, Franz ist zwölf."

Anders als bei Boesel, fuhr Alois hier unverrichteter Dinge wieder davon.

Größenwahn

Am Abend zuvor saßen Albi Klümper und Alois in der Stube vor dem Radio.
„Dat giv Krieg", sagte Alois.

> *Zeno-Zeitung, 1. September 1939*
>
> *Polen lehnte gestern weiterhin Verhandlungen brüsk ab. Polnischer Größenwahn. Großzügiges deutsches Angebot bleibt ohne Antwort. Organisierte Überfälle auf deutsches Reichsgebiet. Pakt Berlin-Moskau bereits ratifiziert.*

Als sie beim Tienührken das Blatt aufschlugen, war die Nachricht bereits überholt.

Auf Koopmanns Platz stand eine Gruppe Jungvolk mit dem kleinen Holthuus zusammen. „Der Führer lässt sich nicht auf der Nase rumtanzen! Heimholung der deutschen Ostgebiete!“, rief einer der Grünschnäbel. An der Rampe und am Bahnhof war es leer, kein Gespann, kein Bauer wartete auf Entladung, obwohl sonniges Erntewetter war. Koopmann war schon früh ins Saander Parteibüro gefahren, erklärte Adele. Am Schwarzen Brett hing nur die alte Ankündigung für die allsamstägliche Parade, daneben Hoffkreies Reklame für Persil und Sunlicht; die rote Fahne stand eingerollt im Flur. Alois fuhr weiter zum Bahnhof und winkte Franz-Jupp aus dem Kontor heraus. „Polnischer Größenwahn? Hier ist jemand anderes größenwahnsinnig!“, sagte Franz-Jupp. „Hauptsache es geht schnell, loat gau goan“, sagte Alois. „Hauptsache, sie holen mich nicht!“, entgegnete Franz-Jupp. Er musste zum Abort rennen.

Neuferts Notizen

> *1. September 1939: Heute Morgen wurde durch Rundfunk bekannt gemacht, dass deutsche Truppen über die Grenze nach Polen marschieren. Das bedeutet Krieg mit Polen. Der Schulunterricht fiel bis auf weiteres aus. Unter den Truppen befinden sich verschiedene frühere Schüler unserer Schule.*

Es ging alles sehr schnell. Nur anders. Einen Monat später fand am Bahnhof die erste Verladung von Kartoffeln und Stroh für die Truppen im Felde statt. „Dat häww wie alle hal eenmol hatt“, sagte Groote Ridders alter Knecht. „Dat geht nich good uut!“*, und drehte sich auf seinen Stöcken um. Albi Klümper und Franz-Jupp Vanwoldt marschierten da bereits auf Danzig zu.

Im Oktober begann für Berni das zweite Jahr der Winterschule. „Der Boden als Blutsquelle des deutschen Volkes – Neuzeitliche Gesichtspunkte für die Ausbildung von Jungbauern“, stand in großen Kreidelettern auf der Tafel, darunter ein kleiner Text. Daneben hing eine Karte von Europa. In Polen steckten Nadeln mit roten Fähnchen. Ein hochgewachsener Mann in grünem Loden stand vorn und begrüßte die Herren Jungbauern. Es war Herr Dr. Schulze von Venn.

> *Jeder Bauer und Landwirt hat als verantwortungsvolles Glied der deutschen Volksgemeinschaft die Pflicht, aus dem ihm anvertrauten Boden mit dem ihm zur Verfügung stehenden Mitteln die höchstmöglichen Erträge herauszuwirtschaften. Er ist Ernährer seines Volkes!*

---

* Das haben wir schon einmal gehabt. Das geht nicht gut aus.

Verstanden, Jungbauern?" „Verstanden!", schallte es zurück. Dr. Schulze von Venn lief zur Karte und zeigte auf die Ostgebiete: „Hier! Polen, Böhmen und Mähren. Bald werden wir neue Siedler im Osten brauchen", schnaufte er. „Denn: Dem Soldaten folgt der Bauer! Also, strengen Sie sich an!" Er nahm ein Buch vom Pult: „Ich diktiere." Eifrig holten sie alle ihre Hefte und Stifte hervor.

Unser Acker: Bestandteile des Bodens.

a) Der Sandanteil besteht aus verschiedenen Korngrößen, wie die Übersicht zeigt. Die einzelnen Körnchen können darin abgerundet oder auch eckig und in der Zusammensetzung ganz verschieden sein. Beim genaueren Hinsehen bemerken wir meist helle, auch rötliche, selbst schwarze Körnchen, je nach dem Grundgestein. Der Sand kann also auch vollkommen schwarz aussehen.

b) Feinerde. Wie wir beim Schlämmen feststellten, gehören zu ihr neben anderen Bestandteilen in der Hauptsache feine Stabsande, tonige Teilchen, Schlamm und feinste Schwebeteilchen (Quellkörper). Die Feinerde ist die Trägerin der Fruchtbarkeit. Zur weiteren Bedeutung siehe unten.

c) Humus. Bei einem Vergleich verschiedener Bodenproben, insbesondere zwischen denen der Höhe und der Niederung, fällt uns die eigenartige, hellere oder dunklere Färbung derselben auf. Diese rührt vom Humus her. Man kann bei einiger Übung an den grauschwarzen Farbtönen den Humusgehalt der Ackerböden einschätzen.

Am Abend lag Berni in der Knechtkammer in seinem schmalen Bett. Unter ihm hörte er die Kühe mit ihren Ketten rasseln, ein vertrautes Geräusch. Noch einmal ging er alles durch, dann schob er vorsichtig das Heft in die Schublade und drehte den Docht herunter.

Am Mittag lief Berni auf drei verschiedene Äcker, nahm von jedem eine Handvoll Boden und füllte sie in eigens gefaltete Papiertüten. Verrieb die Erde mit den Fingern, roch daran. Steckte von jedem eine gute Prise, wie der Lehrer es aufgetragen hatte, in den Mund und prüfte das Material, zermalmte es vorsichtig mit den Zähnen. Das Knirschen war grob beim Sand. Bei der Feinerde war es kaum zu spüren und der Humus blieb schwarz auf der Zunge kleben. Er spuckte es wieder aus und schrieb alles auf.

Zweiter Krieg (1939 – 1945)

Vorwärts zum Sieg

Zeno-Zeitung, 2. September 1939

Der Führer befiehlt Gegenwehr. Danzig ins Reich heimgekehrt. Seit 6 Uhr heute Morgen stehen deutsche Truppen im Kampfe. Der Führer in feldgrauer Uniform vor dem Reichstage. Stolzes Vertrauen in ernster Stunde. Die ersten Erfolge des Heeres und der Luftwaffe.

Seit Monaten leiden wir alle unter der Qual eines Problems, das uns einst das Versailler Diktat beschert hat und das nunmehr in seiner Ausartung und Entartung unerträglich geworden war. Danzig war und ist eine deutsche Stadt. Der Korridor war und ist deutsch.

Neuferts Notizen

2.9.1939: Wegen Einmarsch in Polen fällt der Schulunterricht zwei Tage aus.
10.10.1939: Die ersten sechs Soldaten aus Wiesken sind eingezogen. Fünf ehemalige Schüler, Erfahrene, sind bereits in Polen. Einer ist 19 Jahre und in der Grundausbildung.
28.11.1939: Die ersten Infanteristen aus dem Polenfeldzug sind auf Widerruf in Urlaub.
5.12.1939: Wiesken bekommt die erste Einquartierung von Infanteristen. Trotz der kurzen Zeit (2 Tage), die sie hier waren, waren sie beim Volk sehr beliebt. Besonders die Kinder haben sich alles genau angesehen und fanden es spannend.

Gewehre hoch

Die gnädige Muttergottes an der Säule in Sankt Raphael blickte noch leidender als sonst. Der heilige Antonius hielt die Hände zum Stoßgebet nach oben fest gefaltet. Der sonst tröstende Christopherus zeigte zwischen den Augen eine Sorgenfalte. Unter ihnen saß die Gemeinde zum Hochamt eng zusammen. Die Gänge waren voll, die Sitzenden wechselten sich mit den Stehenden ab. Auf der Männerseite saßen welche in ihren braunen Anzügen, aber die meisten kamen wie immer in ihren dunklen Sonntagsanzügen. Die Partei war eine Sache, die Kirche eine andere, da waren sich auch Alois und Soffi einig. Das übliche Schnäuzen und Husten war lauter als sonst, obwohl es doch noch mild war.

Erst, als vorne die Glöckchen schellten, trat Ruhe ein. Der Pastuur zog mit seinem Gefolge auf den Altarraum; die Orgel ertönte: „Oh Gott, Du unser Schirmherr bist."

„In nomine Patris et Filii, et Spiritus Sancti. Amen!", rief der Pastuur der Gemeinde zu. Die Lesung aus dem Briefe des heiligen Apostels Paulus und dem Evangelium nach Matthäus übernahm der Kanonikus:

„In jener Zeit sprach Jesus zu seinen Jüngern: Niemand kann zwei Herren dienen; denn entweder wird er den einen hassen und den anderen lieben, oder er wird zu dem einen halten und den anderen hassen."

Anschließend ging der Pastuur Zeile für Zeile durch das Glaubensbekenntnis, er gab auf Latein vor:

„Crenum in unum Deum" – „Ich glaube an den einen Gott."

„Patrem omnipotentem" – „Den allmächtigen Vater."

Es war bereits eine halbe Stunde vergangen, als der Pastuur die Stufen zur Kanzel hinaufschritt.

„Liebe Gemeinde, liebe Katholiken, liebe Gläubige!" Für einen Augenblick war es ganz still unter dem hohen Gewölbe.

> *Wir sind voller Sorge um einen neuen Weltkrieg und den damit verbundenen Blutopfern. Wir hoffen auf einen baldigen Frieden in Freiheit und Gerechtigkeit. Dein sind wir, Gott. Nur Dein. Und Dein wollen wir sein! Nicht weil wir ihren Grund und ihre Notwendigkeit einsehen, wollen wir jeder Obrigkeit in allem, was nicht offenbar dem Gesetze Gottes widerstreitet, gewissenhaft gehorsam sein, sondern weil jede Obrigkeit von Gott angeordnet ist – so steht es geschrieben.*

Der Pastuur sah kurz von seinen Blättern auf. Handtaschen klickten, überall war ein Schniefen zu hören.

> *Wenn über uns die Ölbergstunden kommen sollten, gleich jenen, die unserem Heiland blutige Schweißtropfen erpressten und ihn beten ließen: „Vater, wenn es möglich ist, lass diesen Leidenskelch an mir vorübergehen", so wollen wir doch in tapferer Nachahmung des göttlichen Vorbildes mit Jesus sprechen: „Aber nicht mein, sondern Dein Wille geschehe." Soldaten werden unter Hingabe*

ihrer ganzen Persönlichkeit ihre Pflicht tun. Das gläubige Volk ist aufgerufen ...

Weiter kam er vorerst nicht, denn auf der Frauenseite brach Unruhe aus. Eine Frau war ohnmächtig geworden. Zwei Mädchen hakten sie unter und geleiteten sie hinaus.

... Das gläubige Volk ist aufgerufen zu einem heißen Gebet, das Gottes Vorsehung, den ausgebrochenen Krieg zu einem für Vaterland und Volk segensreichen Erfolg und Frieden führen möge. Erfolg und Frieden. Amen.

Der Pastuur faltete sorgfältig die Papiere zusammen, dann nickte er dem Organisten zu, der ein leises Lied anspielte. Zu den Fürbitten trat wieder der Kanonikus ans Pult.

„Gott, wir bitten dich, lass unser Volk diese göttliche Prüfung bestehen.“ – „Gott, wir bitten dich.“

„Gott, wir bitten dich, lass den Krieg zu einem für Volk und Vaterland segensreichen Erfolg und Frieden führen.“ – „Gott, wir bitten dich.“

„Gott, wir bitten dich, dass wir bald wieder die Früchte des Friedens genießen können.“ – „Gott, wir bitten dich.“

„Gott, steh unseren Soldaten bei, in Gehorsam gegenüber dem Führer, opferwillig ihre Pflicht zu tun.“ – „Gott, erbarme dich.“

„Gott, gebe den Zurückgebliebenen die Kraft und die Hilfsmittel, die Prüfung zu bestehen und somit auch die Soldaten an der Front zu stützen.“ – „Gott, erbarme dich.“

„Amen.“ – „Amen.“

Gebeugt und still schob sich die Gemeinde in einer langen dunklen Reihe zur Kommunionbank nach vorn, um den Leib Christi zu empfangen. Nebeneinander knieten sie dort mit hingestreckter Zunge wie auf einer Schlachtbank, deren Opfer durch die heilige Gabe auf ein Entkommen hofften. Unter schleppender Orgel schoben sie sich aus dem dumpfgrauen Raum hinaus auf den hellgrellen Kirchplatz.

„Alle herhören! Neue Bekanntmachungen!“

Bevor sich alle fangen konnten, rief ihnen der Kreisleiter das Neueste zu. Mit seinen Blättern zu den neuesten Richtlinien und Verordnungen stand er draußen am Tor. Ein paar Minuten scharte sich eine Menschentraube schweigend um ihn herum, bis sie sich in alle Richtungen verlor. Bei Icking und Brömmel blieb es leer.

Dafür herrschte rund um den Wieskener Bahnhof und die Genossenschaft mehr als nur der übliche Hochbetrieb. Es ging zu wie in einem Bienenstock. Volle Säcke mit Getreide und Kartoffeln lehnten dicht aneinander, bereit zum Abtransport. Am Verladegleis standen zwei Waggons, davor Fuhrwerke voller Heu und Stroh, das sich junge Burschen, eifrig mit langen Gabeln, länger als sie selbst, zuwarfen und im Waggon verpackten. Koopmann war ganz in seinem Element; mit einem Stock dirigierte er die Verladung: „Hierher! Da! Nein, dort!“ Päule notierte alles auf einem Klemmbrett. Temminghoff schaute allein vom Ende des Bahnsteiges aus zu.

„Jetzt bringt unser Führer den Krieg von damals endlich zu Ende!“, sagte Koopmann, als der Zug abdampfte.

„Dummes Zeug! Der war zu Ende. Neu angezettelt!“, sagte der alte Ramäker, gestützt auf seinen beiden Stöcken.

„Pass oop, wat du sächs! Verbrann die nich de Muule!“*

„För die bünn ik nich bange**. Ich nicht mehr.“

Koopmann schwieg.

Auf dem Paradeplatz gegenüber, mitten in dem ganzen Treiben, ließ Gerhard Holthuus das Jungvolk marschieren und parieren: „Au-gen rechts!“, brüllte er, dann wieder „Augen geradeaus!“ und „Gewehre belegt!“ Auf der Rampe stand die rote Fahne, das Original, müde zwischen den braunen Säcken. Eine Böe brachte sie zum Flattern, bis Gerhard „Stillgestanden!“ brüllte.

„Schneidige Burschen!“, sagte Alois.

„Eher ein großes Maul.“

„Eine Truppe braucht Disziplin. Nützt ja nicht.“

„Ich brauche keine neue Truppe und keinen neuen Krieg. Wie schneidig sie immer sein mögen. Dat eene wät ik***: Zuerst holen sie die Mannsleute. Dann das Heu und die Kartoffeln und die Schweine und die Pferde. Die Mannsleute liegen woanders schon kalt in der Erde! Oder kommen als Krüppel zurück. Und nix zu fressen, nirgendwo. Nicht an der Front, nicht bei uns und nicht in der Stadt. Weißt du doch selbst, Alois. Häww wie alles hal he hat!“****

Franz-Jupp Vanwoldt war sofort nach Erhalt des Bescheides in Saande vorstellig geworden. Er habe eine Frau und drei Kinder, das vierte schon unterwegs. Doch der Offizier hatte nicht einmal ein Lächeln für ihn übrig gehabt: „Jeder muss mal ran. Ein Mann um die vierzig mit Ihrer Erfahrung. Mann! Sie sind im besten Alter, um Volk und Vaterland zu dienen.“ Albi Klümper ließen sie nicht einmal vor, dabei wollte er nur um Aufschub bitten, um die Ernte

* Pass auf, was du sagst. Verbrenn dir nicht das Maul.

** Vor dir habe ich keine Angst.

*** Das eine weiß ich:

**** Haben wir alles schon gehabt.

unter Dach zu bringen. „Bekomme ich wenigstens etwas von der Welt zu sehen“, sagte er. Der grüne Gerhard Holthuus dagegen meldete sich freiwillig, aus Wiesken einer der wenigen „Verrückten“ – da waren sich alle einig. „Der Führer hat gerufen. Wiederaufbau Polens im Mutterland“, hatte er sich abends zuvor bei Kraane an der Theke aufgeblasen.

Gerhards Posten übernahm ein gewisser Peter Müller, ein forscher Zugezogener aus Gelsenkirchen, mit blonden Haaren und blauen Augen, so wie „Hitlerjunge Quex“. Peter war Schalke-Fan, brachte Bälle zum Kicken mit und war, das musste man ihm lassen, ein erstklassiger Stürmer, noch dazu mit Witz. Der Fußball entschädigte seine Gefolgschaft für den anderen Drill, robben im dichten Unterholz und schwimmen im kalten Römersee: „Was uns nicht umbringt, macht uns nur noch härter“, lachte er. Abends wärmten sie sich am Lagerfeuer; manchmal waren auch Franz und Gerd dabei. Peter brüllte weniger als sein Vorgänger und war beliebt. Aber sein Vorschlag, dass sich die HJ sonntagmorgens von acht bis zwölf Uhr treffen solle, stieß auf heftiges Kopfschütteln, sogar bei Koopmann. Adele versäumte kein Hochamt. Bei den Mädels führte Isolde Spökermann weiter ihre Truppe an. Thea und Luzi waren dabei, als sie zu Advent Kränze flochten und selbstgestrickte Socken und Leibchen als Liebesgaben aus der Heimat an die Front schickten. Isolde drehte den Volksempfänger auf; gemeinsam pfiffen und sangen sie mit Ilse Werner und Heinz Rühmann, tanzten und kicherten.

Neufert stellte im Schulflur wieder die große Deutschlandkarte auf, daneben Europa. Davor lag eine Schachtel mit Stecknadeln mit roten Köpfchen und goldenen Heftzwecken, alles aus Mettes Nähkasten gestiftet. Montagmorgens wies Neufert mit dem Stock auf die Stellen, wo die Heere der deutschen Wehrmacht standen; die Hauptorte bekamen eine Heftzwecke. Danach waren die Kinder dran. „Wo ist dein Vater? Wo ist dein Bruder?“ Anfangs zeigten nur ein paar Kinder auf, nahmen eine Stecknadel und markierten die Stellen, wo sie glaubten, dass ihr Vater oder Bruder sei. Deutschland war bald von einem immer weiter werdenden Kranz roter Nadeln umgeben. Mit den Fronten änderte sich der Lehrplan in Erdkunde. Von der Hafenstadt Danzig ging es in die Karpanten, in die Grachten Amsterdams und die Fjorde Norwegens, später auch ins antike

SS-Truppen 1941.
Foto: Ignaz Böckenhoff/Heimatverein Raesfeld

Rom, auf den Eiffelturm, in die russische Steppe und noch ganz woanders hin. Bald zeigten alle Kinder auf, von Woche zu Woche wurde die Karte bunter und voller. Neufert musste von hinten Tapete zur Stärkung ankleben, und Mette gingen bald die Nadeln aus. Manchmal zog eine Einheit Soldaten, Lastkraftwagen oder sogar ein Panzer an der Schule vorbei. Dann ließ Neufert die Kinder jubelnd und winkend nach draußen rennen. Seine eigenen Zwillinge hatten sich gerade für ein Studium in Bonn eingeschrieben.

Neuferts Eingabe am Saander Schulamt, nach den Winterferien, gegen die Einquartierung von zwanzig SS-Soldaten in die Turnhalle, blieb wirkungslos. Er möge sich geehrt fühlen, ermahnte ihn der Landrat, zumal die Truppe in Wiesken auf das freundlichste begrüßt werde. Was insofern stimmte, als Evi Kraanes Wirtschaft jeden Abend voll und die Sonntagsbälle, nach dem ersten Schrecken, endlich wieder gut besucht waren. Tagsüber sah man die SS-Truppe im Stechschritt, in Reih' und Glied, mit Gewehren um ihre Schultern, in schweren Stiefeln und langen Mänteln, durch die weiße Schneelandschaft ziehen, gefolgt von einem Tross fröhlicher Kinder, denen, wie der Landrat betonte, eine seltene und erzieherisch wünschenswerte Nähe zum deutschen Soldatentum geboten werde. Auch der Umstand, dass nachts lautes Gegröle, wie Neufert weiter berichtete, aus der Turnhalle nach oben in die Lehrerwohnungen drang, insbesondere in das Zimmer von Fräulein Martens, und dass die Männer nachts in den Schulgarten und sogar an die Wände pissten, beeindruckte den Landrat nicht. So dass Neufert eines Nachts selbst nach unten lief, um die Kerle zurechtzuweisen:

„Meine Herren! Was ist das für ein Sauhaufen hier. Oben schlafen Frauen und Kinder!" Was die Männer nur amüsiert zur Tür gaffen ließ. Lediglich einer erhob sich gemächlich von seinem Feldbett. Auf Armlänge baute er sich vor Neufert auf.

„Was sagt er da? Du armseliger Bücherwurm?"

Und ehe Neufert auch nur den Mund aufmachen konnte, steckte ein Revolverlauf in seiner Nase, ging mit einem Ruck nach oben, so dass dickes Blut aus Neuferts Nase lief. „Verschwinde!" Was Neufert umgehend tat. Oben am Fenster schrieb er einen weiteren, aussichtslosen Brief an den Landrat.

Bis der SS-Zug eines Nachmittags Halt vor Groote Ridders Wegekreuz machte. Und einer seinen Latz aufknöpfte – und dem Heiland gelblich auf die weißen Füße pisste. Das kam selbst den hinterherlaufenden Jungen, die es am Abend zu Hause erzählten, komisch vor. Päule fing sich für seinen Bericht eine schallende Ohrfeige von Koopmann ein, so unvorstellbar erschien diesem ein derartiges Benehmen. Bis er seinen Irrtum bemerkte und umgehend zum zuständigen SS-Hauptmann nach Fürstenfeld fuhr. „Alles mit Maßen. Aber die Männer betragen sich wie die Tiere, noch dazu vor den Kindern", beschwerte sich Koopmann, ohne ein Blatt vor den Mund zu nehmen, „beim Herrgott hört der Spaß auf!“ Der Hauptmann, ein gebürtiger Rheinländer, setzte sich augenblicklich in den Wagen und stellte die Verantwortlichen der Truppe zur Rede mit dem Ergebnis, dass sowohl der Zugführer als auch der Pisser bereits am nächsten Tag versetzt wurden. „Bei Hitler hat alles seine Ordnung“, konnte Koopmann auf der nächsten Parteiversammlung den Vorfall zu den Akten legen. „Bünt doch anständige Lö“*, schloss man in Wiesken, und sogar in der Turnhalle wurde es nach Neuferts Aussagen nachts ruhiger. „Fehlte nur ein klares Wort“, sagte er zum Landrat.

Zur Entschädigung und um wieder ein gutes Einvernehmen mit der Bevölkerung herzustellen, einigten sich Koopmann und der neue Zugführer auf einen gemeinsamen bunten Tanzabend. Zur Fastnacht war Evi Kraanes Saal rot über rot geschmückt. „So moi“, stemmte Evi zufrieden die Arme in die Hüften, „so schön festlich haben wir es noch nie gehabt. Und all die schmucken Männer …“, schwärmte sie mit einem kessen Lächeln und hervorgeschobenen Busen den Obersten an. Isolde Spökermann hatte sich ein besonderes Exemplar namens Kessel, mit einem ebenso runden Bauch, ausgesucht. Stunde zu Stunde tanzten sie enger umschlugen Walzer, Foxtrott und Schieber. Als die Nachricht vom Weiterzug der Truppe kam, stand Isolde weinend vor den Jungmädels.

„Sie waren äußerst beliebt und sorgten für gelungene Abwechslung“, hieß es Mitte April 1940 am Tag nach dem Abmarsch der Kompanie in der Zeitung. Beginnend mit einer ansehnlichen Parade, in mehreren Wagen und Lastwagen, auch hoch zu Ross auf einem Dutzend wohlgenährter und glänzender Pferde, gefolgt von einer Marschkolonne, zog die Truppe weiter: „Auf der Straße zur Front Richtung Niederlanden.“ Neufert inspizierte mit Block und Bleistift die verdreckte und demolierte Turnhalle und setzte einen Bericht an den Landrat auf. Isolde traf sich fortan heimlich mit Kessel in Wesel und bald auch Holland. „Gut pfeifen kann er auch“, kicherte sie bei den staunenden Mädels mit rotem Kopf hinter vorgehaltener Hand.

Neuferts Notizen

15.1.1940: Seit Neujahrstag ist hier ein Teil der SS-Verfügungstruppe „Der Führer“ zur Einquartierung. Hauptort ist Fürstenfeld. Die Offiziere wohnen privat, die einfachen Soldaten benutzen die Schule.
1.4.1940: Ostern elf Knaben und neun Mädchen entlassen. Aufgenommen wurden fünf Knaben und vier Mädchen. Insgesamt 41

* Sind doch anständige Leute.

Mädchen und 41 Jungen = 82 Schüler. 39 in der Unterklasse, 43 in der Oberklasse.
15.4.1940: Die SS-Truppe ist gestern nach Emmerich weitermarschiert. Vieles ist kaputt auf dem Schulhof und in den Räumen. Der Unterricht kann hier erst im Mai wieder beginnen.
19.5.1940: Zahlreiche Mütter der Gemeinde erhielten vom OGL das Ehrenkreuz, goldene, silberne und bronzene. Nicht alle Mütter kamen.
30.6.1940: Nachts oft feindliche Flieger über uns. Die Verdunkelung in der Gemeinde klappt gut. Schulungen im Luftschutz finden durch den Verfasser statt. Viele Bauern haben tiefe Unterstände gebaut. Wegen der Flieger sind ab morgen Ferien, voraussichtlich bis September.
5.7.1940: Ein Fürstenfelder Landwirt sitzt in dreiwöchiger Schutzhaft in Münster, weil er einem Juden einige Pfund Kartoffeln gab (ohne Bezugsschein).
5.3.1941: Bei Ramäkers ging heute Nacht eine Luftmine herunter. Sie zersplitterte in einem Umkreis von 2 km Fenster und Dächer. In derselben Nacht an vielen Stellen Phosphorbrandbomben und Stabbrandbomben. Holthuus konnte zwei aus Haus und Scheune rechtzeitig entfernen.

Erzeugungsschlacht

Temminghoff organisierte die Bauern in ganz Wiesken. Im Floiterhook waren es Kerkhuus und Ross, die ihre Jungs über die Höfe schickten und alle zusammentrommelten. Ja, Ross mischte langsam wieder mit. Nach der Kassenpleite, damals, war er stiller geworden. Dann hatten sie lange auf Kinder gewartet, und endlich war eins gekommen, sogar ein Junge, aber im ersten Winter an Keuchhusten gestorben. Der Zweite, Felix, war umso kräftiger geraten, und manchmal sah man Vater und Sohn auf Stute und Fohlen nebeneinander durchs Brook reiten. „Alle! Wichtig. Erzeugungsschlacht!“, rief jetzt der kleine Felix, schlug dabei die Hacken zusammen und zeigte den Gruß: „Heil Hitler!“ Die Sache mit der Hofkarte, den Ablieferungen, den Kontingenten für Normalverbraucher und Selbsterzeuger, dem Schlachten, den Lebensmittelkarten, den angekündigten Zwangsarbeitern – das alles musste neu besprochen werden. Die einschlägigen Papiere aus Berlin, Münster und der Kreisstadt schlossen mit einem klaren Satz: „Bei Zuwiderhandlung droht Strafe, Gefängnis oder sogar Zuchthaus!“

An Kerkhuus weiß gekalkter Scheunenwand hing das Banner des Reichsnährstandes, Schwert und Ähre, davor war ein Tisch quergestellt, ein Stapel Papiere lag darauf.

„Man fröch sick“, kräuselte Floiter die Stirn, „we hier de Bolschewiken bünt.* Alle Waren und Lebensmittel gehören dem ganzen Volk! Wat söll dat heeten?“

„Irgendwie muss man es ja regeln. Unsere Soldaten und die Leute im Ruhrgebiet wollen auch etwas zum Beißen haben. Oder hast du das vergessen?“

„Wenn wir uns danach richten, haben wir ja selber nix mehr zu beißen.“

„Ha! Erlaubnisschein zum Schlachten! Muss ich Hitler fragen, ob ich mein eigenes Schwein essen darf?“

„Solange du noch ein Schwein hast! Besser ein Schwein ohne Schein, als ein Schein ohne Schwein!“ Der alte Natmäker versuchte es, wie immer, mit Humor zu nehmen.

„Ruhe! Ruhe!“, rief Kerkhuus jetzt dazwischen, unterstützt von Ross, der das rote Standfähnchen auf den Tisch knallte. Für einen Augenblick war es still. „Es gibt immer Vorschriften …“

„... und immer Wege, sie zu umgehen.“ Das war wieder Natmäker.

„Die wüsste ich gern“, meldete sich jetzt Zenta. Sie saß neben Mathilde Kerkhuus, die einzigen beiden Frauen.

Veehdreewer meldete sich aus der ersten Reihe, drehte mit ernstem Blick den Kopf zu den Querulanten.

„Passt auf, was ihr sagt! Sachlich bleiben. Wer das noch nicht verstanden hat: Unsere Jungs sind schon weg, da müsst ihr nicht noch ins Kittchen. Wollt ihr ins Zuchthaus?!“

Endlich hörten alle zu. Kerkhuus zog die bereits allseits bekannte Hofkarte hervor und ging die Punkte nochmals einzeln durch. Schließlich erhob sich Mathilde Kerkhuus, frisch gekürte Ortsbauernfrau.

„Lachen wollen wir aber auch noch!“ Mit ihren großen Händen hielt sie zwei Flaschen, Schnaps und Aufgesetzten, fest vor ihren wogenden Brüsten, an denen, vor nicht allzu langer Zeit, noch das jüngste ihrer sieben Kinder gesogen hatte. „Wenn man will, schafft man alles, nich woahr.“ Zenta blieb stumm sitzen, aber ein Pinneken nahm sie gern.

Mathilde stammte von einem Schulzen aus Fürstenfeld, trug daher die Nase von Haus aus etwas hoch. Doch eigentlich fand niemand etwas an ihr auszusetzen, war sie doch eine tüchtige Frau, die sich für keine Arbeit rund um Haus und Hof zu schade war und sogar viele der modernen Methoden kannte. Ihren Nachbarinnen, sofern diese danach fragten, stand sie mit Rat und Tat und

---

* Man fragt sich, wer hier die Bolschewiken sind.

immer einem Lachen zur Seite. Der Posten der Ortsbauernfrau „öwwersten Frou“* schien allen nur natürlich.

Am dritten Sonntag im Mai machte sich Soffi am Nachmittag vor ihrem Spiegel für einen besonderen Nachmittag zurecht. Am Steen traf sie Änne Passling und ging mit ihr weiter: „Heute bekommen wir mal einen Orden“, lachte Änne. „Ja, haben wir auch mal verdient.“ Ortsgruppenleiter Koopmann und Ortsbauernfrau Mathilde Kerkhuus hatten zu einem festlichen Nachmittag in die Schule eingeladen: „Verleihung des Ehrenkreuzes der Deutschen Mutter – für Volk und Vaterland.“ So stand es an Koopmanns Schwarzem Brett. Es war bereits die zweite Runde; bei der ersten waren nur die Goldenen zum Zuge gekommen, darunter Stine, der das lange Band mit dem goldenen Hakenkreuz über ihrem silbernen Christuskreuz jedoch nicht geheuer und zudem lästig war. Dieses Mal waren auch die Silbernen, wie Soffi und Mathilde, und Bronze, wie Anna Hoffkreie, an der Reihe. Mette mit ihrem damals verstorbenen Mädchen und nur den drei Jungs ging leer aus – ebenso Zenta, mit Albert als einzigem Kind, ob er nun als Soldat für Volk und Vaterland diente oder nicht. Davon abgesehen waren sie aus dem Floiter-Hook alle gekommen, fast alle. Nur Hanna Boesel, für die seit ihrem neunten Kind „Gold in der Schatulle“ bereit lag, konnte, wie beim letzten Mal, wegen plötzlicher Zahnschmerzen nicht kommen. Und Elisabeth Floiter besuchte ihre Tante in Kevelaer. Soffi ließ sich von Koopmann Silber umhängen: „Sechs Kinder. Und alle gescheit und gesund“, klopfte er ihr auf die Schulter: „Ja. Und mager.“

Mathilde hatte ihr volles, dunkelblondes Haar zu einem runden Dutt nach oben geflochten. Ihr silbernes Kreuz, bereits zu einer Brosche verarbeitet, prangte an der linken Schulter. Das andere Kreuz, aus Granat, hing an einer langen Goldkette über dem großen Busen. Zum Abschluss der Feier lief sie mit der Flasche herum, wobei Christus‘ Füße manchmal im Likörgläschen zu baden kamen: „Nippen kann nicht schaden. Jesus hat Wasser in Wein verwandelt!“, lachte sie. Soffi kam erst zum Melken mit roten Wangen summend zurück.

In den kommenden Jahren lud Mathilde, im Namen der NS-Frauenschaft, gern zu Kochkursen ein: Brotbacken mit Schrotgetreide, Zubereitung schmackhafter Saucen ohne Butter, köstliche Heißgetränke zum sonntäglichen Kuchen, „es muss nicht immer Kaffee sein“, dafür öfter „anregende Liköre aus Mutters wilder Natur“. Im Winter kam Fräulein Marten dazu und sogar das Fräulein Vanwoldt, Tante Joseffi. „Die weiß sogar“, pries Mathilde ihre Fertigkeiten an, „wie man aus Plodden** warme Pantoffeln näht.“ Was man, wie Isolde Spökermann bemerkte, „bei einem Krüppel doch gar nicht vermuten würde.“

---

* oberste Frau

** Lumpen

Soffi, wie die meisten Frauen im Hook, hatte weder Zeit noch Geld, um an derartigen Kursen teilzunehmen. „Quinten und Fisimatenten", schüttelte sie den Kopf. „Das braucht mir niemand zu sagen, wie kochen geht. Ich kriege sie alleine satt!" Was nur die halbe Wahrheit war. Denn bei Vanwoldts, wie bei vielen anderen, waren die kurzen rosigen Zeiten schon wieder vorbei. „Oop is satt", war die alltägliche Regel, „mager und gesund" die gängige Antwort auf die Frage, wie es allen ginge. War die Schüssel leer, gab es nichts mehr. Vorbei an den Augen des Reichsnährstandes verkaufte Soffi ein paar Kostbarkeiten. Butter gegen Rosinen, Pflaumen gegen Zucker, Äpfel gegen Reis. In der Tasse mit dem Öwwriggeld war schon lange wieder nur Kupfer zu sehen – und das bedeckte kaum den Boden.

Pollaken

Das Merkblatt hing schon eine Weile am Schwarzen Brett an der Rampe. „Wie verhalten wir uns gegenüber Polen?" Dort stand in großen, schwarzen, unterstrichenen Lettern:

> ***Um die Ernährung des deutschen Volkes zu sichern und die für die Landwirtschaft notwendigen Arbeitskräfte zur Verfügung zu stellen, werden eine große Zahl Polen in der Landwirtschaft eingesetzt. Dazu sind Regeln einzuhalten: Erstens: Haltet Abstand von den Polen! Sie gehören nicht unserem Volk an, das sind slawische Bolschewiken. Sie haben schon zigtausende von Deutschen ermordet. Zweitens: Lasst sie nicht mit euch am Tisch sitzen. Drittens: Bei euren Festen und Feiern haben Polen nichts zu suchen! Haltet das deutsche Blut rein. Das gilt für Männer und Frauen. Verachtet die Triebhaftigkeit dieser Rasse!***

Da waren die ersten Fremdarbeiter, aus Polen, längst da. Im Frühjahr 1940 berief Temminghoff bei Kraanes eine Versammlung ein.

„Wir können alle Hilfe bekommen, wie damals."

„Die eigenen Mannsleute schicken wir hin und die Mannsleute von dort kommen zurück!", sagte Boesel.

Temminghoff tat, als habe er es nicht gehört.

„Wohl wahr", nickte Natmäker, „fremde Leute auf dem Hof statt der eigenen Söhne! Heißt doch immer: Deutscher Bauer auf der deutschen Scholle und nicht Pole auf der deutschen Scholle!"

Ein Lachen ging durch den Saal. Nur Koopmann reckte ernst den Kopf nach oben.

„Sachlich bleiben!“, klopfte Temminghoff auf den Tisch. „Also, wer will einen Polen haben?“

Ein gutes Dutzend Hände ging nach oben, vor allem die Großen, aber auch Zenta war dabei und der alte Gantefort, Kötter aus dem Kühlerhook, dessen Sohn Jans an der Front war. Alois meldete sich nicht. Mit vier halbwüchsigen Jungs brauchte er keinen zusätzlichen Esser am Tisch, war er sich mit Soffi einig, zudem mit zwei hübschen jungen Mädchen im Haus.

Schulzendiek stellte seine alte Scheune auf einer Wiese zur Verfügung. Gemeinsam zäunten die Bauern Stacheldraht rundherum und brachten an der Scheune Schloss und Riegel an. Innen standen grob geschlagene Bettgestelle mit Stroh darauf. Bald kamen die ersten zehn Polen, begleitet von vier Soldaten, auf dem Bahnhof an. Stumme, unrasierte und dunkle Gestalten, wie man allgemein befand, in abgewetzten Anzügen, wenn überhaupt. „Aber ein Kreuz um den Hals“, hatte Fine Ross bei ihrem Fremdarbeiter sofort bemerkt. Mit dem nächtlichen Wachdienst wechselten sich die Hööke ab. Morgens holte jeder seinen Polen ab und brachte ihn abends zurück. Anfangs machten die Bauern es selbst, dann schickten sie die alten Onkel und bald ihre Jungs – diejenigen, die noch da waren. Es dauerte nicht lange, und man hat die Bengels mit den Polen lachen sehen. „Das sind nicht euresgleichen! Ihr dürft euch nicht mit denen gemein machen!“, hob Koopmann den Finger. Schon nach ein paar Wochen wurde allen das nächtliche, morgendliche und abendliche Hin und Her zu viel. Die ersten begannen, die Fremdarbeiter auf ihren Höfen unterzubringen, und zwar in denselben Kammern und Verschlägen, wo schon damals die Knechte und Franzosen hausten. Manche bekamen ein warmes Bett und Schrank, manche nur eine kalte Pritsche und einen Haken. Ein paar aßen mit am großen Tisch in der Bauernküche, andere allein hinten im Stall, oder im Spieker neben dem Viehtopf. Koopmann hängte ein neues Blatt neben das vergilbte an sein Schwarzes Brett.

> *Deutscher! Der Pole ist niemals dein Kamerad! Er steht unter jedem deutschen Volksgenossen. Vergiss nie, dass du Angehöriger eines Herrenvolkes bist.*

„Ich sage es euch noch einmal: Wer sich nicht daran hält, kommt ins Kittchen!“ Aber wie sollte man so einen auf den Feldern beim Miststreuen beaufsichtigen, man konnte sich schließlich nicht mit einem Knüppel daneben stellen. Und dann war da das Problem mit dem Ersatz für Jans Gantefort, der bisher bei Wind und Wetter mit seinen beiden Haflingern, Kanne für Kanne am Straßenrand eingesammelt hatte. Denn keiner wollte die knochenschindende Arbeit machen. Aber einem Polen die stundenlange Tour mit der kostbaren

Milch anvertrauen? Alle paar Wochen wechselten sich die Hööke ab, doch je mehr Söhne an die Front kamen und je weiter das Frühjahr voranschritt, umso weniger war das machbar, und schon zweimal war die Milch sauer an der Molkerei angekommen, weil sie morgens zu lange in der Sonne gestanden hatte. Koopmann pochte weiter auf die Regeln, doch Temminghoff setzte sich durch: „Ich bin schließlich für die Bauern da – und nicht für die Partei!“ Man beschloss, Ganteforts Polen die Tour machen zu lassen, zuerst unter Bewachung und schließlich allein. Ab dann zog Joschi stets pünktlich mit den Haflingern vorbei; die Milch verkam nicht mehr. Zudem sprach und verstand Joschi kein Deutsch – eine Verschwiegenheit, die im Vergleich zu Jans Ganteforts berüchtigter Geschwätzigkeit in diesen Zeiten nur nützlich sein konnte. Keiner monierte mehr etwas, nicht einmal Koopmann.

„Pollaken! Schweine gehören nicht in die Kirche!“, rief ein blondes Mädchen in der Fürstenfelder Kirche an einem Sonntagnachmittag, als sich ein paar Dutzend Fürstenfelder, meist Frauen und Kinder, zur Andacht im Gotteshaus versammelten. Und zeigte dabei auf zwei Fremdarbeiter, die hinten im Turm auf einem Bänkchen knieten. Bis zu diesem Herbst 1940, so schien es jedenfalls, war es um den Fürstenfelder Pastuur einigermaßen ruhig geblieben, von den üblichen Störungen des Ortsgruppenleiters Metzgers während des Hochamts einmal abgesehen. Im selben Moment, wie das blonde Mädchen rief, trat der Pastuur aus der Sakristei, hielt einen Augenblick ein, um sich ein Bild von der Lage zu machen; er schritt zügig zu seinem Pult und sprach frei, ohne auf ein Papier zu schauen:

„Wir müssen nach Christi Gebot auch unsere Feinde lieben. Eine noch tiefere Verpflichtung liegt vor, wenn es sich um einen getauften Feind handelt, denn dann müssen wir ihn lieben, weil er ein Kind Gottes ist. Auch dann, wenn Menschen etwas anderes von uns verlangen.“

Während die beiden Männer mit gebeugtem Kopf und gefalteten Händen weiter auf ihrem Bänkchen knieten, lief das blonde Mädchen schnurstracks hinaus. Der Pastuur hielt die Andacht, wie gewohnt, in einer halben Stunde ab. In einer der mittleren Bänke saß das Mädchen mit den dicken braunen Zöpfen, Martha, bereits eine junge Frau, und drückte die Hand ihrer Schwester.

Ein paar Tage später, das heißt in der Nacht, hörten die Nachbarn einen Wagen zügig vor das Pastorenhaus fahren. Vier Türen schlugen rasch auf und nach einer Viertelstunde wieder rasch zu, bevor der Wagen ebenso zügig wieder abfuhr. Durch die zugezogene Gardine sah der Nachbar die Haushälterin im Nachthemd in der dunklen Tür stehen. Der Pastuur war fort. „Wat passiert mät üm?“, fragte Martha ihren Vater. „Frag nicht. Sei still!“ Der Pastuur blieb fort.

Nach den Pollaken kamen die Patjacken. Und dann die Russen, und das war ein ganz anderes Kaliber. Und andersgläubig dazu.

Famoser Kerl

In der Stille der Maiennacht, Monate bevor es zu dem Vorfall gekommen war, schlief Soffi einen unruhigen Schlaf, nahm ein immer stärkeres Summen wahr und weckte Alois. Noch im Halbdunkeln standen sie auf; das Summen ging allmählich in ein Brummen über. Nelly winselte mit gespitzten Ohren vor der Dälentür; die Kühe warfen unruhig ihre Köpfe hin und her. Kurz darauf standen sie alle auf dem Hof; Bessvaader kam im Nachtgewand heraus. Aus dem Summen und Brummen wurde ein Dröhnen und Getöse, oben vom Himmel herab. Da reihte sich Flugzeug an Flugzeug, vom Anfang bis zum Ende des Horizonts. Von Ost nach West war nichts anderes mehr zu sehen als nur ein einziger, endloser, dichter dunkler Schwarm.

„Das sind unsere! Das sind unsere!", schrien Franz und Gerd.

„Bünt dat alles Vöggel? De Kruunekraane?", rief Bessvaader.

„Nein", schrie Alois zurück. „Das ist die Wehrmacht. Die fliegen nach Holland."

Das Getöse mischte sich mit Donnern in der westlichen Ferne.

Soffi bekreuzigte sich: „Was hat das zu bedeuten?"

„Bald fliegen die Flugzeuge der anderen von Westen nach Osten", sagte Alois, und nach einem Zögern: „Dat mü wie alle betaalen."*

Das war am zehnten Mai 1940. Die Westoffensive, jubelte es den ganzen Tag aus dem Volksempfänger, hatte begonnen. Die erste Rechnung, nur eine kleine Rate, kam zehn Tage später, und die Kinder kamen voll auf ihre Kosten.

Die ersten Bomben aus dem Westen detonierten lautstark in Wiesken. Um halb drei am frühen Morgen, auf einem Feld in der Nähe des Bahnhofs. „Personen kamen nicht zu Schaden", wie es später in der Zeitung stand. Obwohl es dieser nicht bedurft hätte, denn die Sensation hatte sich in Windeseile verbreitet. Neufert und Donner öffneten gar nicht erst die Klassenräume, sondern liefen gleich mit der ganzen Schule an Ort und Stelle, um alles genau zu inspizieren. Gemeinsam vermaßen sie Weite und Tiefe des Bombentrichters. Berieten über die Art des feindlichen Sturzkampfbombers. Warum – und ob – sich der Pilot, der vermutlich auf die Zechen und Werke des nördlichen Ruhrgebiets zielte, verflogen habe. Am Nachmittag kloppten die Jungs Kartenquartett:

„Bewaffnung?" – „Acht Maschinengewehre, 12,7 Millimeter" – „Bombenzuladung?" – „5400 Kilo, wow!" – „Spannweite 33 Meter!" – „Höchstgeschwindigkeit 480 Kilometer!"

Den Siegeszug der Deutschen hielt die Bombe nicht auf.

* Das müssen wir alles bezahlen.

Zeno-Zeitung, 26. Juni 1940

Die deutschen Waffenstillstandsbedingungen. Beendigung des Feldzuges mit Frankreich. Angriffsflüge nach England.

Der Feldzug in Frankreich hat nach einer Dauer von nur 6 Wochen mit einem unvergleichlichen Siege der deutschen Waffen geendet. Im Zuge der bewaffneten Luftaufklärung vor der französischen Atlantikküste wurde ein britisches Transportschiff erfolgreich bombardiert!

„Was für ein famoser Kerl!“, schlugen sich Alois und Ludwig Langenkämper gegenseitig auf die Schenkel. An einem langen, hellen Sonntagabend Ende Juni 1940 saßen sie auf der Birkenbank unter dem alten Ahorn in Meelken. „Die Schande von Versailles gelöscht“, lasen die alten Kameraden sich gegenseitig aus der Zeitung vor. „Eine halbe Million Franzosen haben sich ergeben! Gooddoori!“ Groote Sühling und ein paar Nachbarn kamen mit dem Trecksack dazu, um gemeinsam zu feiern. Pfeifend radelte Alois zurück an den Deepen Grund. Auf halbem Weg hielt er an, um sich hinter einem Busch zu erleichtern. Gegen Süden, Richtung Ruhrgebiet, sah er weiße Leuchtstreifen am Horizont. Schnell schwang er sich aufs Rad und sah zu, dass er nach Hause kam.

Der Jubel des großdeutschen Volkes knatterte durch die Volksempfänger in allen großdeutschen Stuben, einschließlich Vanwoldts, als der siegreiche Feldherr Adolf Hitler Anfang Juli über Berliner Feststraßen zur Reichskanzlei zog – so als würden sie alle selber dabei sein.

Tags darauf begannen Alois und Natmäker, einen Bunker am Rande des Wäldchens zu bauen. Fachmännisch stützten die erfahrenen Veteranen die tiefe Grube mit Holz ab, legten einen Bretterboden ein und stellten Pritschen mit Strohsäcken und Bänke darauf. „Da können wir es wohl drin aushalten“, waren beide zufrieden mit ihrem Werk.

Neufert, der neue Untergruppenführer für den Luftschutz, zusammen mit Fräulein Marten, der neuen Frauensachbearbeiterin, luden in die Schule ein und erklärten die Verdunklungsregeln: „Auch in hellen Nächten und im Sommer“, mahnte Neufert. Außerdem Entrümpeln der Dachböden wegen der Brandbeschleunigung. Vergraben der wichtigsten Dokumente und Wertsachen. Bereithalten von Decken, Kerzen, Spaten, Stühlen, Konserven und Wasser. „Und zum Schluss das Wichtigste: Bei Alarm niemanden im Haus vergessen, auch die Alten nicht!“ Alois und Berni waren für Bessvaader zuständig, Thea und Luzi für Bessmooder.

Im Herbst fuhren Gerd und Luzi wieder mit der Sammelbüchse des Winterhilfswerks herum und erhielten dafür vom Kreisleiter einen Gutschein für die

Saander Filmbühne, einschließlich der Wochenschau. Thea packte mit Lehrerin Marten Weihnachtspäckchen mit den „Liebesgaben" für die tapferen Wieskener Soldaten an der Front: Socken, Plätzchen und Speck, obenauf Grußkarten mit Strohsternen und Heiligenbildchen.

Berni beendete seine Lehre beim Bauern in Zippeln und half nun bei Kerkhuus und Temminghoff im Wald aus. Die ländliche Berufsschule hatte er bereits abgeschlossen; nun meldete er sich für die Fachschule an. An einem Abend hielt ihn Dr. Schulze von Venn an der Tür zurück.

„Sie mit Ihrem kleinen Erbhof, Vanwoldt. Und den drei Brüdern. Das reicht doch nicht für alle. Im Osten kommt neuer Lebensraum. Da liegt die Zukunft für neugierige und kluge Jungbauern. Das wäre doch was für Sie!"

Berni schaute ihn schweigend an.

„Denken Sie darüber nach!", lächelte der Lehrer. „Wenn unsere Wehrmacht im Osten durch ist, dann brauchen wir neue Siedler. Dem deutschen Soldaten folgt ein deutscher Bauer!"

„Das muss ich mit meinem Vater besprechen."

„Tun Sie das! Ist ja auch ein gescheiter Kerl." Dann lief der Lehrer zum Pult und holte drei Bücher hervor. „Nehmen Sie!"

„Meinen Sie wirklich, Herr Doktor?"

„Ja. In Berlin führen sie schon Listen. Wer zuerst kommt, mahlt zuerst. Überlegen Sie es sich!"

Am Deepen Grund stellte Berni die Bücher auf das Brett über seinem Bett. Das erste: „Unser Acker". Das zweite: „Pflanzenlehre – für angehende und fortgeschrittene Bauern und Landwirte". Das dritte: „Die Rindviehzucht".

„Vaader", fragte Berni ihn eines Sonntags, „wat düch die? Die suchen Neubauern für den Osten?" Alois legte sein Buch zur Seite.

„Ja. Stimmt wohl. Von euch vier Jungs kann nur einer den Hof haben. Aber da hinten? Warten wir mal ab, was kommt."

„Temminghoff rät auch dazu", setzte Berni fort, „gerade für uns kleinere Bauern, damit wir auch etwas davon haben."

„Der Krieg ist noch nicht vorbei, Junge! Es gehört uns noch nicht", schloss Alois – vorläufig.

Einen Monat später fuhr Berni nach Saande zum Amt, um den Neubauernschein in Berlin zu beantragen.

Unzählige Schritte hatte sie unter ihren langen Kleidern den langen Weg vom Deepen Grund über den Galgenberg nach Saande zur großen Kirche getan, um das Wort Gottes zu hören und ihm nahe zu sein. In jungen Jahren hatte Natz sie manchmal auf dem Fahrrad mitgenommen. Als Alois damals Alba und die Jikse kaufte, war sie bereits um die sechzig. In einer Kutsche hatte Stine nur ein einziges Mal gesessen – damals zu ihrer goldenen Hochzeit, auf dem Weg nach Sankt Raphael.

Im Dezember 1940 hauchte Stine, den Rosenkranz in ihren Händen, ihre gottergebene Seele aus. Langsam stieg diese direkt in den Himmel auf – fraglos ohne den Umweg über das Fegefeuer, während Natmäkers und Boesels Frauleute ihre sterblichen Überreste sorgfältig für ihre letzte Reise vorbereiteten. Sie wuschen sie; zogen ihr das schwarze Hemd, das seit ihrer Hochzeit in der Eichentruhe wartete, an; zogen ihr das einzige, blaue Sonntagskleid über; hoben das leichte Körperchen auf weiße Spitzenkissen in einem grün bekränzten Tannensarg; legten sie weich, wie sie nie zuvor gelegen hatte. Von Natz und den ihren bewacht, verbrachte sie ihre letzte Nacht am Deepen Grund. Und so gebettet fuhr sie, an einem bitterkalten Wintermorgen, gefolgt von einem langen Trauerzug ein letztes Mal auf einem Leiterwagen der Marke BV ohne Störung über den Galgenberg. Franz-Jupp hatte sogar drei Tage Fronturlaub bekommen; mit Katharina und seinem Ältesten, Erich, stand er am Grab und warf schluchzend Erde hinein. Franz und Gerd verteilten mit steifgefrorenen Fingern die Totenzettel.

Jesus! Maria! Josef! Christine! Weinet nicht. Gottes Wille ist geschehen, wir werden uns wiedersehen.
Zum frommen Andenken an die bei Gott ruhende
Frau des Bernhard Vanwoldt, Christine,
geborene Kass

Die liebe Verstorbene wurde geboren zu Hervest bei Dorsten am 12.7.1861 und lebte seit 1886 in glücklicher Ehe mit Bernhard Vanwoldt aus Leiden. Die Ehe wurde von 11 Kindern gesegnet, wovon ihr drei im Tode vorangingen. Nach einem arbeitsreichen Leben entschlief sie zu Wiesken am 18. Dezember nach kurzer Krankheit, wohlvorbereitet durch einen christlich-frommen Lebenswandel und versehen mit den Heilsmitteln der katholischen Kirche, sanft und ruhig im Herrn.

Während die Trauergemeinde noch bei Kaffee und Kuchen saß, nahm Stine im Himmel bereits wieder ihren Rosenkranz auf, um für alle ihre Lieben zu beten. Franz-Jupp bekam ein eigenes Päckchen. Natz würde noch eine Weile unten auf der Erde bleiben und dabei engen Kontakt zu ihr halten. „Gott. Du hast die Ehe im Paradiese gegründet. Stärke uns, dass wir Hand in Hand auch durch Täler der Tränen gehen", konnte Gerd, der nun bei Bessvaader schlief, ihn jeden Abend beten hören.

Anton, der nicht mehr seine Kindertränen in Bessmooders weiten Röcken trocknen konnte, musste an diesem Tag als Einziger zu Hause bleiben. Denn die fruchtbare Frieda hatte in der Nacht zuvor ein drittes Mal gefohlt. Anton hatte dabei geholfen, das blutklebrige Fell des Neugeborenen mit Stroh abzureiben, und mit seinen erschrockenen nachtblauen Augen hatte es ihn zuerst angesehen. Alois legte Decken auf die Tiere und ließ Anton das Fohlen bewachen. „Pass good oop!", ermahnte er Anton. „Das hat Bessmooder dir zum Abschied geschenkt." Als die anderen von der Beerdigung nach Hause kamen, fanden sie Anton schlafend in der Futterkrippe. Auf wackligen Beinen schnupperte das Fohlen an ihm. Soffi musste den Zucker neu verstecken, damit Anton die Dose nicht heimlich für das Fohlen leerte.

Dummen Kerl

Mittsommernacht 1941. Es war ein Jahr her, dass Alois mit Lula den „famosen Kerl" gefeiert hatte.

Am Deepen Grund saßen sie alle noch in der Küche beim letzten Abendlicht, von der Däle hörte man abwechselnd Nellis Kläffen und Franz' Mundharmonika; sie übten ein gemeinsames Stück ein.

„Wir verdunkeln heute von 21:52 Uhr bis morgen früh 05:09 Uhr!", las Alois laut vor. „Diarns! Wird gleich schon zehn Uhr. Wird Zeit!" „Oh ja!" Thea und Luzi legten ihre Handarbeit zur Seite und begannen die abendliche Runde. Fenster für Fenster stellten sie Holzplatten davor und zogen die dicken Vorhänge zu. „Geht ins Bett!", schickte Alois danach alle hinaus. „Will hier niemanden mehr sehen!" Nur Berni durfte bleiben. Gemeinsam gingen die beiden in die Stube, drehten das Radio leise auf und legten abwechselnd das Ohr an den Lautsprecher. Alois' Stirn wurde mit jedem Augenblick schmaler, während er zu Berni hinüberschielte.

„Nach Russland", flüsterte er. „Wat ne dummen Kerl! Wat ne dummen Kerl!" Er schüttelte den Kopf. „Jetzt ist alles verloren. Jetzt häww wie dänn Kriech verloren." Alois presste die Lippen zusammen, zog sein sauberes Taschentuch aus der Hosentasche, wischte sich die Augen und drehte das Gerät aus.

„Wie alt bist du jetzt?"

„Siebzehn."

Am Montag, den 23. Juni 1941, lag die Zeitung beim Tienührken auf dem

Tisch: „Die Waffen antworten auf Moskaus Verrat. Völkerkrieg gegen die rote Herrschaft!"

Am selben Tag heiratete Isolde Spökermann ihren Kessel. „Im Felde" stand es unter den Bekanntmachungen des Standesamtes. Während der Beamte den Text vorlas, lächelte Isolde in ihrem dunkelroten Kleid, das am Bauch schon mächtig spannte, das Foto ihres an der Front kämpfenden Bräutigams an. Der Standesbeamte hatte einen myrtengeschmückten Helm, den er für diese Zwecke im Schrank aufbewahrte, danebengelegt. Beides, Foto und Helm, ruhte still auf einem Spitzendeckchen. In Russland, so versicherte der Beamte mit einem Lächeln, werde er, ihr Zukünftiger, zu genau derselben Zeit sein Jawort geben. Die deutsche Wehrmacht habe verlässliche Übung darin. Isolde weinte, während der Beamte ihr den dünnen Goldring überstreifte. „Im Fronturlaub können Sie dann ja kirchlich heiraten", klopfte ihr der Beamte auf den Arm.

An einem Dezembermorgen

Mitte Dezember 1941. Noch im Dunkeln knatterte ein Bus aus Wesel mit einigen Passagieren auf den Fürstenfelder Kirchplatz. Fünf Personen standen dort neben dem Dorfpolizisten. Zwei Frauen trugen Hut und Wintermantel, jede mit einer Handtasche am Arm, ein kleines Mädchen mit einem Kopftuch und Beutel, zwei Männer, ebenfalls mit Hut, in Anzug und Lodenjacke. Drei kleine Koffer standen säuberlich aufgereiht direkt am Schild der Haltestelle. Der Fahrer hielt, ohne den Motor abzustellen. Der Polizist versuchte, die Tür zu öffnen, doch sie klemmte, und der Fahrer trat von innen dagegen, so dass sie plötzlich mit Schwung nach außen fiel. Die Männer mit den Anzügen drehten sich zu den Koffern, und man sah den gelben Stern an ihren Revers. Der Dorfpolizist klopfte dem einen auf die Schulter und schob ihn behutsam Richtung Tür. Der Mann nickte. Die ältere der beiden Frauen stolperte. Der Dorfpolizist reichte ihr die Hand, half ihr in den Bus und lüftete kurz seine Mütze. Mit kräftigem Schwung warf er die Tür wieder zu. Satt knallten die Bleche aneinander. Der Motor brauste wieder auf und der Bus fuhr weiter Richtung Saande.

Alle aufhängen

Einen Tag später. Vom Stallfenster aus sah Soffi im dichten Nebel eine Gestalt mit Fahrrad, langem Mantel und Kappe am Gatter stehen. Sie rief Alois, der sich langsam näherte. Es war Hinner aus Oeding.

„Was um Himmels Willen machst du hier so früh? Komm rein, ist doch viel zu kalt!"

„Geht nicht", schüttelte der Vetter den Kopf. „Ich wollte dir nur Bescheid geben. Die Gestapo ist hinter mir her. Ich muss verschwinden, wenigstens kurze Zeit. Unser Nachbar hat mich gewarnt. Ich bin gar nicht mehr zu Hause. Sie waren heute Nacht bei meiner Frau und den Kindern."

„Was ist passiert? Komm wenigstens auf die warme Däle."

Hinner reckte den Kopf nach vorn.

„Alois! Die holen alle Juden ab. Habe es selbst gesehen. Gestern Morgen standen sie alle in Saande auf dem Marktplatz. Mit kleinen Köfferchen. Gestapo rundherum. Der Bus kam schon von woanders. Hieß, dass sie nur nach Münster sollen. Aber das stimmt nicht. Die fahren weiter nach Osten. Riga!"

Alois biss die Lippen zusammen.

„Weißt du doch gar nicht."

„Alois! Die kommen nie wieder!"

„Hinner. Nimm Vernunft an! Hast Frau und Kinder. Hast Verantwortung. De hangt die oop."

„Verantwortung?! Das musst du mir gerade sagen!"

Hinner tat einen Schritt auf Alois zu. Beider Atem vermischte sich mit dem Nebel, der nur eine Handbreit zwischen ihren Augen lag.

„Das eine sage ich dir! Wenn alles vorbei ist, und das wird irgendwann sein – dann hangt se u alle oop! Dich! Euch! Ob ich dann noch lebe oder nicht!"

Eine Weile schwiegen die Männer. Hinner zitterte.

„Wo willst du hin?", fragte Alois.

„Weiß ich noch nicht."

„Warte. Ich hole dir eine Tasse warme Milch und Stuten." Alois lief ins Haus, in die leere Küche. Rasch schnitt er eine dicke Scheibe vom Brot, strich Schmalz darauf und brachte alles zum Gatter.

Zurück in der Küche fragte Soffi ihn, wer das war. „Ach, bloß der Sewenboissenskerl."*

Am nächsten Tag trafen sich nach langer Zeit erstmals wieder die alten Veteranen zum Kartenspiel. Koopmann war jahrelang zu beschäftigt gewesen, dafür in den letzten Monaten ruhig geworden. Das Brüllen schien ihm keinen Spaß mehr zu machen. Und Holthuus hatte Probleme mit dem Magen, seitdem sein Junge an der Front war.

„Moi, dass wir hier wieder zusammensitzen. Lange her", fing Alois an. Und kündigte gleich einen Grand an.

„Wenn das mal gut ausgeht", sagte Koopmann, aber er schien nicht ganz bei der Sache.

„Was? Der Grand?"

„Nee. Mit den Juden. Die sollen nach Riga. Mitwirkung beim Aufbau Ost."

---

* Siebenjackenkerl. Landstreicher.

Kurz schauten sie alle auf Koopmann, zogen die Brauen zusammen.

„Lass sie fahren“, sagte Holthuus, „geht mich nix an. In Wiesken gibt es keine Juden. Hab‘ meine eigenen Sorgen.“

„Ja“, sagte Alois, „habe es auch gehört. Karl, du bist doch hier der Baas im Ort.“

„Komm, lass uns weiterspielen“, sagte Holthuus. „Wer weiß, wie oft wir hier noch so zusammensitzen können.“

Am vierten Advent fuhr Alois nach Oeding. Hinner war noch immer nicht wieder aufgetaucht; seine Frau und die vier Kinder hatten die Betten in einer Kammer zusammengeschoben. „Bring ihn zur Vernunft!“ Doch Hinner war unauffindbar, nicht mal mehr in der Scheune im Brook, wo Alois ihn ein paar Tage mit Brot und Milch versorgt hatte. Endlich, nach Neujahr, schlich Hinner sich nachts ins Haus zurück. Dort wartete er ein paar Tage, bis er sich auf den Hof wagte und schließlich wieder auf die Straße. Doch „dat waahnige roode Kerlken“ konnte sein Maul nicht halten. Im Sommer sperrten sie ihn ins Münsteraner Zuchthaus, während sich seine Frau flehend vor die Füße der Beamten warf. Nach Wochen kam Hinner abgemagert und verdreckt mit einem blutunterlaufenen Auge und zwei fehlenden Vorderzähnen zurück. Die Gestapo ließ von ihm ab, hatte anderes zu tun.

Weihnachten ging Alois nach langer Zeit erstmals wieder zu Icking. Das alte Glöckchen klingelte vertraut. Icking schlurfte, grau und alt, aus dem Hinterraum nach vorn: „Ach, der Herr Feldwebel. Was kann ich für ihn tun?“ „Zwei oder drei Zigarren für Weihnachten. Was ich ohne Raucherkarte bekommen kann?“ Icking beugte sich über die leere Glasvitrine und schaute Alois direkt in die Augen.

„Da muss er doch zufrieden sein? Jetzt holt Hitler alles wieder zurück. Aber Zigarren hat er noch nicht zu mir gebracht. Bauen im Osten wohl noch keinen Tabak an.“

„Dann vielleicht ein Priem für Bessvaader und Veilchenseife für meine Frau?“

Icking schob ein kleines Döschen und ein halbes Stück Kernseife herüber. Er starb kurz darauf, es hieß an Krebs und Gram. Seine Witwe schloss den Laden.

Windstill

Mit den Läufen nach oben standen drei kleine Türme mit jeweils genau fünf Gewehren wie betende Hände auf dem dünnen Schneestaub, der in der Nacht gefallen war. Rundherum die Helme der Glücklichen, die in diesen Tagen Fronturlaub bekommen hatten. „Glückseligs Niejoahr!“, „Glückseligs Niejoahr!“, nickten sich die Frauen hier und da leise zu. „Die wissen ja nicht, was sie da sagen“, zischte Einer. Die Phantasien, nicht einmal die der Alten, reichten nicht aus für das, was noch kommen würde.

Im neuen Jahr musste Neufert die Schule gleich am ersten Tag schließen, das Thermometer draußen zeigte minus zwanzig Grad, drinnen plus zwei. Am Deepen Grund drohte der Brunnen einzufrieren. Alois hängte eine Kette mit einem Ziegelstein hinein, um damit regelmäßig das Eis zu zerschlagen. Auf der kalten Däle war dichter Viehdunst, so dass man von der Küchentüre aus kaum bis zur Änddör sehen konnte. Auf Friedas breitem Rücken lagen alte Decken. Überall waren Türen und Fenster mit Kartoffelsäcken abgehängt. Das Fohlen war an Langenkämpers gegangen – als vorerst magerer Ersatz für Lulas starken Hengst, der irgendwo in einer Etappe schuftete. Die Kühe gaben kaum noch Milch; Pole Joschi war mit seiner Tour schnell durch. Die Hühner stellten das Eierlegen ein. Die Sau mit den vier Ferkeln bekam eine extra Lage Stroh. In einer Ecke fand Soffi morgens eine tote Ratte in ihrem Nest mit Jungen. Eisblumen glänzten überall an den Fenstern, nur in der Küche und Stube ließen ein paar Löcher einen Blick nach draußen zu. Soffi hütete ein kleines Feuer in ihrer Kokkmaschine. Immer wieder griff sie mit der bloßen Hand von oben in das Herdloch, um die Scheite neu zu ordnen, so dass kein Holz vergeudet wurde. Bessvaader saß missmutig in seiner dicken Joppe in der Stube, den kleinen Ofen zwischen seinen gespreizten Beinen, Nelly unter sich. Alois' Ermahnungen, weniger zu heizen, halfen nicht. „Gönnt eene nix", grummelte er und legte einen Scheit nach. Die Geschichte mit Rosi, die in diesen Tagen so bitter begann, sollte am Ende eine der wenigen vergnüglichen Erinnerungen des Jahres werden.

Denn eines Morgens lagen drei Ferkel tot im Stall, nur die Sau und ein Ferkel röchelten noch. Berni fand am Vormittag seinen Vater Alois weinend mit den Händen vor Augen am Küchentisch vor. So, wie er ihn noch nie gesehen hatte.

„Wir sind pleite, Junge, pleite! Ich weiß nicht mehr weiter." Sein ganzer Körper schüttelte sich: „Mut ik wär bädeln goan."*

Soffi stellte ihm eine Tasse Muckefuck hin; Kaffee hatte auch sie lange nicht mehr getrunken. Und anstatt ihren Schürzenzipfel zu nehmen, klopfte sie ihrem Mann auf die Schulter.

„Alois. Wir werden nicht verhungern. Wir sind kleine Bauern. Aber bädeln go wi nich. Wi find eene Wäch."** Taten sie.

Soffi und Berni kümmerten sich um die Sau und das noch lebende Ferkel. Alois fuhr zum Saander Amt, um den Tod von drei Ferkeln und einer Sau zu melden. Es sollte ihnen nicht gehen wie Bauer Thebing in Fürstenfeld, der wegen Unterschlagung und Schwarzschlachtung drei Monate im Kittchen gesessen hatte; von einem Nachbarn bei Ortsgruppenleiter Metzger angezeigt.

---

* Muss ich wieder betteln gehen.

** Wir finden einen Weg.

Da war es besser, gleich alle für tot zu erklären; als Beleg brachte Alois dem lächelnden Amtsmann ein steifgefrorenes Ferkel mit. Als Alois an den Deepen Grund zurückkam, hing die Sau, von Natmäker geschlachtet, bereits im Keller an der Leiter. Bessvaader fand er vergnügt am Ofen vor, ein rosa Ferkel auf seinem Schoß und eine Holzkiste mit Stroh neben sich. Abends gab es gebratene Blutwurst. Bis nach Mitternacht standen die Frauleute an der Wurstmaschine, füllten Weckgläser und Krüge, die Alois und Berni noch in derselben Nacht in Bessvaaders alten Kisten neben der Schoppe verstauten.

Rosi blieb ein paar Monate in der Stube, wo sie sich prächtig entwickelte. Palmsonntag rannte sie quiekend über die Däle auf den Hof und weiter zum Spieker in ihre neue Kobe. Dort erwarteten sie zwei Spielgesellen von Ross-Puggenkamp; Gegenleistung für ein neues Tor, das Alois dort eingesetzt hatte, nachdem bei Ross die neue Scheune nach einer Brandbombe in Flammen aufgegangen war.

Rosi war gerade noch rechtzeig ausgezogen, um die Stube für einen besonderen Anlass herzurichten. Mitte April stand es für alle sichtbar mittig oben in der Lokalzeitung.

> *Ein hochbetagter Wieskener. Der Landwirt Bernhard Vanwoldt begeht am heutigen Tage im Kreise seiner Lieben den 85. Geburtstag. Der Jubilar ist in unserer Gemeinde kein Unbekannter. Den vielen Glückwünschen zum heutigen Wiegenfeste schließt sich die Heimatzeitung, deren langjähriger Leser er ist, recht herzlich an.*

Koopmann schickte Päule, um eine dicke Zigarre vorbeizubringen. Ihn selbst sah man immer öfter in besonderer Mission in seinem Braunhemd auf die Höfe fahren. Nicht wie früher mit vollem Tritt und kaum, dass das Rad zum Stehen gekommen war, mit rechter Hand nach vorn. Sondern langsam mit gesenktem Kopf und einer flachen Aktentasche um die Stange hängend. Jeder wusste, was das zu bedeuten hatte; ein paar Tage später konnte man es im Lokalteil lesen, wobei nur die Namen, Dienstgrade und Orte wechselten:

> *Im Einsatz für Führer, Volk und Vaterland, fiel unser lieber Sohn und guter Bruder, Obergefreiter und Parteigenosse. Er besiegelte in treuer Pflichterfüllung sein junges Leben von 20 Jahren mit dem Heldentod bei den harten Kämpfen im Osten. Trotz schwerster Verwundung kämpfte er unerschrocken weiter, bis seine Kräfte ihn verließen. Sein froher Lebensmut und seine vorbildliche Kameradschaftlichkeit werden uns immer Verpflichtung sein, seiner in Ehren zu gedenken.*

Mitten im schönsten Sommer standen in einer Woche zwei bekannte Namen da. Gerhard Holthuus und Albert Klümper. Zur Totenfeier in Sankt Raphael standen nur zwei Helme und zwei gerahmte Fotos von jungen Männern in Uniform vor dem Altar. Anni und Zenta konnten keinen Abschied am Sarg ihres geliebten Albi nehmen; es gab keinen Gang zum Friedhof und keine Erde oder Blumen, die sie in ein Grab werfen konnten. Das war irgendwo im Osten an einer Stelle, die nicht einmal Neufert auf seinen Karten finden konnte. Bei Klümpers begann wieder die Frauenwirtschaft, nun mit zwei kleinen Kindern und einem Polen. Gelegentlich kam Anni an den Sonntagnachmittagen vorbei, nicht um neue Schlager aus dem Volksempfänger zu hören, sondern um sich auszuheulen.

Heu und Stroh holten sie in diesem Jahr trocken ein; alle sahen zu, dass ihre Wagen vor Sonnenuntergang auf den verdunkelten Dälen und Scheunen standen. Und hofften, dass die Bomberschwärme gen Osten und Süden in der kommenden Nacht ausblieben. Doch immer häufiger wurde der Bunker zum Nachtquartier. Alois und Natmäker standen vor dem Eingang und schauten in den unruhigen Himmel, während die Feuerscheine und Lichtkegel näherkamen und die Stoßgebete unter dem Erdgewölbe leiser wurden. „Jetzt sind wir dran“, hatte Natmäker gerade gesagt, als mit mächtigem Knall eines der Ungeheuer in die Scheune fiel. Unter dem Getöse der Flieger rannte Alois über das freie Feld zum Deepen Grund und schob die innen liegende Brandbombe mit einer Kartoffelgrepe nach draußen. „Dummkopp!“, sagte Passling später, „hätte ich weiter reingerollt, hättest du von der Versicherung eine neue Scheune bekommen.“

Am Ende des Sommers, einem windstillen und lauen Septemberabend, gönnten sich Soffi und Alois eine Runde über Hof und Garten. Rosi und ihre Gespielen nahmen ein Bad im Schlamm. Soffis hohe Dahlien leuchteten dunkelrot und gelb in der Abendsonne. Auf der Ahornbank nahmen sie Platz: „Bisher noch Glück gehabt.“ – „Ja.“ – „Bünt nich bädeln goan.“ Alois versuchte, sein altes, verschmitztes Lächeln aufzusetzen, doch statt der Lachfältchen rannen die Tränen.

Zum Tag des deutschen Bauern wehte auf Koopmanns Rampe die rote Fahne, das Original, einsam zwischen den Kartoffelsäcken. Koopmann lag mit Blinddarm im Krankenhaus. Die Nase noch spitzer und länger geworden lag er kreidebleich im Bett, als Alois und Holthuus ihn im Saander Hospital besuchten.

„Hier kommst du zum Nachdenken“, antwortete Koopmann auf die Frage nach seinem Befinden. Nach einer Weile rappelte er sich auf und schlug einen gemeinsamen Gang in die Kapelle vor. Auf dem Bänkchen vor der trauernden Madonna mit ihrem Sohn, eine Pieta aus Marmor, knieten sie alle nieder. „Könnt ihr das sehen?“, fragte Koopmann nach einer andächtigen Weile. „Da. Die Augen. Die sind nass.“ Holthuus und Alois schauten genau hin – und sahen nichts, außer dem trockenen steinernen Antlitz. „Doch. Die weinen." Besorgt fuhren die Besucher zurück: „Koopmann war im Delirium", erzählten sie, „von den starken Tabletten."

Im November brachten Alois und Berni wieder Kartoffeln zum Kreisleiter. Erst am späten Nachmittag zogen sie mit Frieda los, um die Deckung der Nacht zu nutzen. Der Nebel verdichtete sich und man konnte hoffen, dass die schlechten Sichtverhältnisse eine ruhige Nacht bescheren würden, und alles verlief ohne Vorkommnisse. Doch statt auf kürzestem Weg wieder nach Hause zu fahren, schlugen sie den Achterweg nach Fürstenfeld ein. „Gut erhaltene Möbel zu günstigen Preisen zu verkaufen", hatte mehrmals kleingedruckt unten im Lokalteil der Zeitung gestanden. Kerkhuus und Veehdreewer hatten sich bereits aus dem Keller der Gastwirtschaft, wo die Möbel seit einiger Zeit lagerten, für ihre Fremdarbeiter versorgt. „Will sonst keiner haben. Sind aber schöne Sachen dabei. Kannst du für deine Mädchen eine neue Kammer einrichten", hatte Mathilde mit dem Auge Soffi zugezwinkert, „muss ja sonst keiner wissen." Erst nach Mitternacht kamen Alois und Berni an den Deepen Grund zurück, bekreuzigte sich Soffi in der dunklen Küche, als sie endlich draußen das Gespann auf dem Schotter rumpeln hörte. Am nächsten Mittag stand ein mit Intarsien geschmückter Kleiderschrank aus feinstem Kirschholz in Theas und Luzis Kammer, daneben ein breites Bett mit gedrechselten Pfosten: „Wie bei vornehmen Leuten", jubelte Luzi, die Jüngere. „Woher kommen die Möbel?", fragte Thea, die Ältere. „Muss keiner wissen", antwortete Alois, „nicht danach fragen."

Zum ersten Advent luden Mathilde Kerkhuus und Isolde Kessel Wieskens Frauleute zur „Modernen Weihnachtsküche" ein. „Backen mit Schrot und Rübenkraut, Kochen von schmackhaften Saucen mit wenig Butter." Als Mathilde das erste Blech in den Ofen schob, stimmte Isolde ihren Lieblingsschlager an:

Davon geht die Welt nicht unter.
Sieht man sie auch manchmal grau,
einmal wird es wieder bunter...

Singend und tanzend drehte sie sich in Mathildes großer Küche im Kreis, warf ihre breiten Hüften mal auf die eine, mal auf die andere Seite, und wollte sich gerade bei Mathilde zum Schunkeln unterhaken. „Nee", schüttelte Mathilde den Kopf. „Nee! Ich koche und backe hier, auch für die Front. Aber singen und schunkeln? Wenn sie woanders in der gefrorenen Erde liegen? Nee, da mache ich nicht mit!"

Mathilde, erzählten die Nachbarinnen später, habe ihre Schürze abgebunden und Isolde vor die Füße geworfen. Zwei ihrer Brüder waren im Osten, einer gerade erst gefallen.

Der richtige Paukenschlag kam kurz vor Weihnachten, ein paar Tage nach

Koopmanns Rückkehr aus dem Krankenhaus. Auf der Parteiversammlung am selben Tag bei Kraane, ohne Anwesenheit Koopmanns, erklärte der Kreisleiter, dass der pflichtbewusste Parteigenosse Koopmann aus gesundheitlichen Gründen, und von der schweren Operation noch ein wenig verwirrt, sein Amt als Ortsgruppenleiter niederlegen müsse. Alle waren sie besorgt nach Hause gefahren. „Nee“, sagte Koopmann, als Alois tags darauf zu ihm fuhr, um Genesungswünsche zu überbringen, „so klar war ich noch nie im Kopf.“ Koopmann saß lächelnd mit vollen Wangen neben Adele am gedeckten Stubentisch, mit Blick auf die Madonna aus Lourdes auf der Fensterbank, eine brennende Kerze davor.

Im neuen Jahr, 1943, übernahm der junge Clemens Spökermann, gute zwanzig Jahre alt, einer der mittleren Söhne des Gemeindevorstehers, Handwerkergeselle und bisher unabkömmlich, den Posten als Stützpunktleiter. „Junger Kerl und darf zu Hause bleiben!“, sagte man in Wiesken, wo es doch kaum noch junge Männer außer der Fremdarbeiter gab. Clemännken konnte auf den einberufenen Versammlungen noch so gut reden und laut brüllen; Evis Saal blieb halb leer. Waren ja auch alle im Feld.

Neufert hängte eine weitere Karte in der Eingangshalle auf: die Erde. Sogar in Ägypten war jetzt eine Nadel, so dass er nach einem Foto von den Pyramiden suchte. Auf Russland landeten die meisten Finger: „Da ist er den Heldentod gestorben.“ Neuferts eigene Zwillinge hatten längst von der Burschenschaft zur deutschen Wehrmacht gewechselt. Er steckte zwei große neue Nadeln mit dicken blauen Köpfen in die Karte: Rostow und Kreta. Als sein Sohn Fritz einen Orden für besondere Tapferkeit erhielt und zum Offizier befördert würde, legte Neufert eine Lehrstunde für Dienstgrade der deutschen Wehrmacht ein und ließ die Nationalhymne singen.

„Was ist eigentlich mit euren Brüdern?“, fragten die anderen Gerd und Luzi. Sie hatten noch nie eine Nadel in die Karte gesteckt.

Von Osten her kam eisiger Wind.

Totaler Krieg

Zeno-Zeitung, 19. Februar 1943

Politik: Mitreißende Rede Dr. Goebbels‘ im Sportpalast. Das ganze Volk zum totalen Krieg entschlossen.

Offene Worte über die drohende bolschewistische Gefahr. Am Ende steht unser totaler Sieg. Wir leben in Deutschlands größter Zeit. Alles kommt heute darauf an, dass wir diese Zeit der uner-

bittlichen Bewährung mit tapferen Herzen und dem Einsatz der letzten Kräfte bestehen. Im Sportpalast war das ganze Volk anwesend, und wir, die wir am Rundfunk das tausendfache Echo erlebten, was Reichsminister Dr. Goebbels entgegenklang, als er die zehn entscheidenden Fragen an die Nation richtete. Das Volk ist aufgestanden. Der Sturm bricht los. Die Welt aber wird bald erkennen, was der geschlossene Wille eines 90-Millionen-Volkes zu leisten vermag. Es gibt kein Zurück mehr, nur noch ein Vorwärts! In Deutschlands größter Zeit sandte uns der Herrgott den größten Führer aller Zeiten. In dieser Stunde sind die heldenhaften Kämpfer von Stalingrad durch die Ätherwellen mit uns verbunden. Sie funkten in ihrem Schlussbericht, dass sie die Proklamation des Führers vernommen und vielleicht zum letzten Male in ihrem Leben mit uns zusammen mit erhobenen Händen die Nationalhymnen gesungen hätten. Welch eine Haltung deutschen Soldatentums in dieser großen Zeit!

Aus der Heimat: Bevorzugte Abfertigung am Postschalter. Die Deutsche Reichspost fertigt künftig auch werdende und stillende Mütter mit entsprechendem Ausweis an den Postschaltern mit Vorrang ab.

Unsere Ehrentafel: Mit dem Eisernen Kreuz 2. Klasse ausgezeichnet, wurde wegen Tapferkeit vor dem Feinde bei den harten Kämpfen im Osten Obergefreiter Franz-Jupp Vanwoldt aus Wiesken. Herzlichen Glückwunsch!

Ratschläge für die junge Dame: Lumpen? Keineswegs. Spitzenreste für ansprechende Unterwäsche? Die NS-Frauenschaft weiß, wie es geht. Neue Kurse beginnen!

Altstoff ist Rohstoff. Ein kleines Plätzchen sichere dir, zu Hause für dein Altpapier! Dort schichte deine Zeitung auf, Kuverts und alte Schachteln drauf!

Das Berliner Kammersextett spielt auf. Triumph musikalischen Geistes. Einen ganz besonderen Kunstgenuss bieten der Ortsverband Saande, in Verbindung mit der NS-Frauenschaft „Kraft durch Freude“ am kommenden Sonntagnachmittag mit Musikfilmvorführung.

12.3.1943: Brandbomben auf dem Bahnhof. Keine Personen zu Schaden gekommen.
2.4.1943: Landwacht eingesetzt: Gemeindevorsteher Spökermann und Sohn, Veehdreewer, Thebing, Passling. Weitere Gasmasken verteilt.
17.5.1943: Im Vorderhook verfing sich ein schwerer amerikanischer Bomber in der Hochspannung und stürzte ab. Das Flugzeug, das die Wehrmacht bei Dingden angeschossen hatte, kam brennend nieder. Alle sieben Insassen verbrannten.
14.6.1943: Die Pingsterbruut haben die Kinder auch dieses Jahr gefeiert. Das eingesammelte Geld wurde dem Roten Kreuz gespendet.
15.6.1943: Die Schule betreibt in diesem Jahr wieder Seidenraupenzucht (Fallschirme). Leider sind die Pflanzen schlecht entwickelt. Es konnten nur wenige Gramm Brut gehoben werden.

Tauglich

„Wehrbezirkskommando Recklinghausen" stand auf dem Absender des Briefes, den Geerdes im Februar wortlos auf den Küchentisch gelegt hatte, um sofort auf dem Absatz wieder hinauszugehen. „Jetzt ist es soweit", sagte Alois und öffnete das Kuvert mit dem Messer. Die fettgedruckte Zeile **„Aufforderung zur Musterung für Bernhard Vanwoldt**" sprang ihm entgegen. Soffi zog die Kochwäsche vom Herd. Berni kam erst zum Mittagessen: „Ja. Damit war zu rechnen. Jahrgang 1924 ist jetzt dran. Mama, mir wird schon nichts passieren!" Soffi nahm ihren Schürzenzipfel und ging in den Garten.

„Mager sind Sie, Herr Vanwoldt. Schlappe Brust. 1,79 groß, 72 Kilo", sagte der Offizier. „Mästen die Koteletts im Stall und haben selbst nichts auf den Rippen!"

„Schweine sind eingegangen, mit Verlaub."

Nach der Musterung wartete Berni auf einer Bank auf das Ergebnis. „Pech gehabt", erklärte der Offizier, „Sie sind nur bedingt k.v. Sie tun ihren Dienst weiter an der Heimatfront. Wir brauchen gute Landwirte. Vor Weihnachten noch einmal kommen!", und hielt ihm das neue Büchlein „Wehrstammbuch" hin. Berni klappte es auf. Sein Blick fiel auf das Kästchen „Körperliche Fehler", wo eine Reihe von Buchstaben und Zahlen stand, daneben: „Zeitlich untauglich, Zurückstellung wg. Mangelberuf." Am Ausgang fragte er einen

Arzt, was das zu bedeuten habe. „Lunge und Wirbelsäule schwach, und leicht farbenblind."

Zu Hause wartete Alois schon am Gatter: „Unsinn. Farbenblind. Noch nie gemerkt. Aber, am Ende, sei froh, Junge. Lass die Leute reden."

Noch zweimal, während Stalingrad in aller Munde war, fuhr Berni nach Recklinghausen und noch zweimal wurde er für „zeitlich untauglich" befunden. Erst bei der vierten Musterung, im Juni 1943, schrieb ein Offizier die zwei kleinen Buchstaben „k.v." in das Heft. Am Montag danach durften auch Luzi und Gerd, zum ersten Mal, in der Schule nach vorne gehen und eine Nadel in die Deutschlandkarte stecken: Hamm, Argonnerkaserne.

Maiennacht

„Die Zeit, in der die Schöpfung jubiliert", hatte Neufert den Kindern in der Schule erklärt, daran müsse man sich – allem zum Trotz und gerade deswegen – erfreuen, dem Allmächtigen, in diesem Monat vor allem der Heiligen Maria, danken. Am Abend musste Luzi ein Gedicht auswendig lernen.

Der Postillon
Lieblich war die Maiennacht,
Silberwölklein flogen
Ob der holden Frühlingspracht
Freudig hingezogen.
Schlummernd lagen Wies' und Hain.
Jeder Pfad verlassen,
Niemand als der Mondschein
Wachte auf den Straßen.
Leise nur das Lüftchen sprach.
(Nikolaus Lenau)

Die Schwalben flitzten mit Würmern im Schnabel durch die noch offene Änddör, so als wollten sie ihre Arbeit noch rechtzeitig vor Torschluss erledigt haben. Alois machte seinen letzten Kontrollgang um den Hof und schaute prüfend in den Himmel. Der Mond schien taghell bis zu Veehdreewers und Kerkhuus' Hof, sogar die dunkle Rauchfahne des letzten Zuges nach Dorsten war zu sehen. Die gute Sicht gefiel Alois nicht.

Das Brummen ließ nicht lange auf sich warten, das Dröhnen schien stärker als sonst: „In den Bunker! In den Bunker!" Die Prozedur war zur Routine geworden. Die Frauleute rannten mit dem Papierkoffer und Decken los, Alois hatte Mühe, Bessvaader aus dem Bett zu holen. Zenta und Anni waren nebenan zu sehen, mit den beiden Kindern an der Hand. Die Jungs standen als Erste am Bunker, von wo aus sie in den Himmel schauten. Doch dieses Mal flogen nacheinander drei viermotorige Maschinen, mit lautem Getöse und zum Greifen nahe, über die Wälder des Vorderhooks Richtung Osten. „Das sind die Tommis!“, schrie Franz. Doch Alarm hatte es nicht gegeben. Plötzlich fing die zweite Maschine Feuer, einen Augenblick trudelte sie wie besoffen durch die Luft, dann verschwand der Flammenball hinter den Wäldern: Bumm! Gefolgt von weiteren heftigen Knallen und Feuerspritzern. Ein Windschwall fegte in den Bunker hinein, am Haus klirrten Scheiben. „Hinlegen! Hinlegen!“, stürzte Alois mit Bessvaader in den Bunker. Die anderen Maschinen flogen, wie es schien, ungestört gen Süden weiter. Weiße Lichtkegel jagten ihnen hinterher, bis nichts mehr zu sehen war. Dann ebbte alles so plötzlich ab, wie es gekommen war. Und wurde sehr still. Wie beim Postillon.

Eine Stunde blieben Alois und Natmäker in Deckung, dann fuhren sie, immer ein Schutzloch im Blick, der dunklen Rußwolke im Vorderhook und dem beißenden Gestank entgegen. Mitten auf einem Acker lag das zerschellte Wrack der britischen Maschine, Reste hingen in der Hochspannungsleitung, sieben dunkel verkohlte Leichen rundherum, manche gekrümmt, so als hätten sie, schon brennend, versucht, dem Inferno noch davon zu kriechen. Nach und nach füllte sich der Platz. „Düwel!“, schrien Einige, „Verreckt!“, während andere die Hände vor den Mund schlugen und sich bekreuzigten. Ein Rotkreuzwagen kam, Schwestern in Kittel und Häubchen, ein Doktor mit großer Tasche, die er nicht mehr öffnen musste. Die Vögel zwitscherten bereits wieder dem neuen Tag entgegen, als sich aus der Ferne das gleiche leise Brummen aus der Nacht näherte, gefolgt von zwei Maschinen, denselben Tommis, die nun Richtung Westen flogen. Als Neufert mit den Jungs am Vormittag zur Stelle lief, schob der Bestatter gerade sieben Säcke dicht zusammen auf seinen Pritschenwagen. Da war bereits klar, dass alle Maschinen Bomben für die Staudämme von Möhne, Eder und Sorpe geladen hatten. Zwei stürzten ab, ohne ihre todbringende Fracht abgeworfen zu haben, zwei entkamen und schafften es.

Zeno-Zeitung, 20. Mai 1943

370 Reichsdeutsche bei dem Angriff auf die Talsperren ums Leben gekommen. Die Verluste unter der Zivilbevölkerung nicht so hoch wie ursprünglich angenommen. Außerdem kamen 341 Kriegsgefangene ums Leben. Auch die durch den Wassersturz verursachten, wirtschaftlichen Schäden haben erfreulicherweise nicht das befürchtete Ausmaß erreicht und werden gegenwärtig durch umfassende Hilfsmaßnahmen ausgeglichen.

Die Beisetzung aller Leichen – in „der vorgeschriebenen schlichten Zeremonie für Feindesbestattungen“ – erfolgte durch den Kanonikus auf dem Saander Friedhof.

Es blieb nicht der einzige feindliche Bomber, der in Wiesken niederkam.

Feldpost

Das Foto zeigte ein lieb vertrautes, gleichermaßen zuversichtlich und stolz wie ernsthaft blickendes Gesicht, einen schmucken jungen Mann in einer blitzneuen Uniform mit blitzneuer steifer Schirmmütze. „Stammbatterie Heeres-Flak-Artillerie“, war ein Stempel auf die Rückseite gedrückt.

Hamm, 18. Oktober 1943

Abendgrüße an die Lieben zu Hause.

Ihr werdet es kaum glauben, was ich hier alles lerne. Hatten heute Nachmittag Appell in Waffen. Große Kaserne mit guter Kost. Prima Kameraden. Der Dienst macht Spaß. Wir gehen Montag in die sieben Ausbildungseinheiten. Bin wieder zum Luftschutzdienst eingeteilt worden. In letzter Zeit war hier viel Alarm von oben, das hört Ihr wohl auch manchmal bei Euch. Sonst weiß ich nicht mehr, habe Thea und Franz schon alles geschrieben. Zum Schluss noch ein kleines Gedicht:

Ich bin Soldat,
Ich bin es gern,
In Hamm
in der Argonnerkaserne.
Es grüßt Euch nochmals herzlich, auf ein gesundes Wiedersehen in der Heimat. Euer Berni

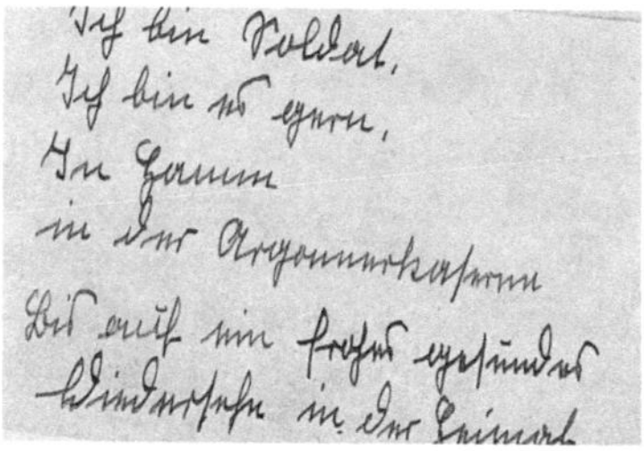
Ich bin Soldat,
Ich bin es gern,
In Hamm
in der Argonnerkaserne
Bis auf ein frohes gesundes
Wiedersehen in der Heimat

Altenstadt, 10. November 1943

An alle Lieben zu Hause!

Vom höchsten deutschen Gipfel Zugspitze grüßt Euch Euer Berni. Wir sind weiter an den Geräten ausgebildet worden, bald ist diese schöne Schule vorbei und wir werden weiterziehen. Man munkelt Frankreich. Das wäre was! Nächste Woche sollen wir mit den Gebirgsjägern in den Alpenschnee, erstmals Stellungsbefehl. Die

Maulesel stehen schon im Stall, wir warten noch auf die Packtaschen. Bald geht es auf Weihnachten zu. Wir haben hier Möglichkeit zur Beichte und Kommunion. Lasst Euch nicht von den Tommis ärgern! Euer Berni
P.S. Beiliegend extra Abschrift für Euch, damit Ihr stolz seid!

Ausbildung: Pistole und Maschinengewehr, Sichtmessgeräte (Hamm, Schongau).
Eignung: Kanonier, Heeres Flak. Körpergröße 180 cm, Gasmaske 2, Stahlhelm 59, Mütze 58, Stiefel 31, Blutgruppe B.
Wertung der Persönlichkeit: gerade, ruhig, zuverlässig, guter Kamerad. Geistige und körperliche Veranlagung: wach, durchschnittlich, gut.
Führung: sehr gut.
Dienstliche Kenntnisse: genügend, sauberes Heft.
Strafen: keine.
Ausbildung und Eignung: Pistole 08, Maschinenpistole, Kanonier, 98k, 8,8 cm Flak (Lehrgang E-Messdienst).
Erlernter Beruf, weitere Fähigkeiten: Landwirtschaftlicher Gehilfe, Pferdekenntnisse.

Kriegsrecht

„Kann nich mehr lange düarn", war überall zu hören. Die einen dachten noch an den Sieg, die anderen längst an die Niederlage. Auf das Hoffen, dass es bald zu Ende sein würde, konnten sich alle verständigen.

Die zweite Maschine war ein amerikanischer Bomber, der seine Fracht in der Nacht zuvor schon abgeworfen hatte, über Dorsten oder Essen oder Dortmund. An einem frühen Morgen torkelte das Flugzeug plötzlich durch die graue Wolkendecke auf Ross' Wald zu. Hundert Schritt neben dem Bunker kam sie nach einem heftigen Aufprall, Ruckeln und Stottern zu stehen. Notlandung, offensichtlich. Alois hatte es vom Hof aus gesehen. Eine Weile blieb alles still, dann öffneten sich zwei Türen, an einer Seite kletterte jemand mit erhobenen Händen heraus. Ein Zweiter folgte mit einem weißen Taschentuch. Alois wartete ein paar Minuten, dann lief er mit der alten Pistole in der Tasche langsam los; dabei hatte er keine Munition, war nur noch Attrape, die letzte Kugel in einem Reh gelandet. Aber da kam bereits Schulzendieks Auto durch die Pappelallee auf sie zugefahren. Der Zufall wollte es, dass einer der Schulzendieks, ein Offizier, auf Fronturlaub war. Mit vorgehaltener Waffe stieg der Uniformierte aus und rief dem Piloten ein paar englische Worte zu. Nacheinander krochen acht Insassen hinaus, von Blut verschmiert. Jetzt waren auch Ross und Kerkhuus am Platz, und Schulzendiek orderte an, die Stellen in Saande anzurufen. Eine Stunde später verarztete derselbe Doktor von damals mit zwei Rotkreuzschwestern die Verletzten. Mittlerweile war die Gruppe auf einen neugierigen Pulk angewachsen, so dass niemand den Alten, der da vom Deepen Grund her quer über den Acker lief, in seinen langen weißen Unterhosen, mit Klumpen und einer Greepe bewaffnet, bemerkte.

„Dood scheeten!", rief Bessvaader, der jetzt zügig wie lange nicht mehr, mit der Greepe fuchtelnd, auf sie zukam. „Dood scheeten! Wollten unsere umbringen und ihr holt die Krankenschwestern?!"

„Internationales Kriegsrecht!", erklärte der Offizier, „die Deutschen gehen ordentlich mit ihren Gefangenen um."

„Verdammte Düwel", fluchte Bessvaader, während Alois ihn mit festem Griff am Arm nach Hause brachte. Während der Krankenwagen mit den Gefangenen abfuhr, stellte der Offizier sechs Jungmänner zur Bewachung der Maschine ab. Als die Wehrmacht am nächsten Morgen kam, um die Maschine abzuholen, fehlten der Propeller und die vier Gummireifen. Offizier Schulzendiek erhielt für die Festsetzung des Feindes 500 Mark Belohnung und das Verdienstkreuz in Gold.

Die Musterungsbescheide für Jahrgang 1927 kamen Ostern 1944.

„Lieb' Vaterland, magst ruhig sein, Hitler zieht die Kinder ein!", sagte Boesel. Zwei seiner Söhne waren seit einem Jahr an der Front.

„Haben noch nicht einmal Federn am Kinn!", sagte Hendok Natmäker. Sie waren bisher verschont geblieben, aber jetzt waren sie alle dabei: Franz Vanwoldt, Wilm Natmäker, auch Päule Koopmann. Franz huschte ein Lächeln über das Gesicht: Sein Meister, ein Schmied, konnte ihn bald nicht mehr als „verdammten Drömlatt" beschimpfen und, wie jüngst erst, ein glühendes Eisen nach ihm werfen. Als Franz abends wieder auf den Hof fuhr, zog ihm Alois sofort das Papier aus der Tasche. „Geeignet. k.v."

Am nächsten Morgen holte Alois nach langer Zeit erstmals wieder seine braune Uniform aus dem Schrank. Zuerst zu Temminghoff, Ortsbauernführer, der vielleicht Unabkömmlichkeit in der Landwirtschaft bescheinigen konnte. Aber der schüttelte nur mit dem Kopf: „Kommen jetzt alle dran. Sei froh, dass nicht SS draufsteht. Die brauchen nämlich welche." Clemens Spökermann hatte nur einen zackigen Spruch parat: „Kampf bis zur letzten Patrone!" Der Kreisleiter spottete: „Deine Kartoffeln reichen da nicht!" Der Mann am Wehrbezirkskommando schrie: „Hau ab!"

Franz bastelte zu seinem eigenen Abschied einen Blumenkasten auf Rädern, pflanzte Narzissen und Tulpen hinein, drapierte ein Geschirr davor und ließ Ferkel Maxe es grunzend zu Soffi in den Garten ziehen. Das war seit langem das erste Mal, dass man sie herzhaft lachen hörte, und vorläufig auch das letzte Mal. Franz kam zur Marine, vorerst Einquartierung bei Bauern in Ostfriesland.

Die Nachricht vom Heldentod einer der Neuferts-Zwillinge in Warschau kam im Juni, als Lindenduft und Bienensummen den ganzen Schulhof und halb Wiesken erfüllten. Zu der Zeit, als Neufert sonst mit den Kindern Schmetterlinge und Gräser für das Pressbuch sammelte und er sich in die Seidenraupenzucht einlas; in diesem Jahr blieb die Schule im schönsten Frühling drei Wochen geschlossen. Als die Kinder zurückkamen, waren keine Landkarten mehr in der leeren Eingangshalle.

Einem blütenreichen Frühjahr folgte ein nasser Frühsommer. Die Bauern hatten Mühe, das Heu trocken auf den Boden zu kriegen. Soffis Zwiebeln verrotteten in der Erde. Dafür brannte die Sonne bei der Roggenernte so erbarmungslos nieder, dass die Frauleute und Alten beim Aufstecken von Heu und Stroh und Verladen der Garben auf den Wagen reihenweise kollabierten. Nicht jeder wollte einen Russen zur Aushilfe haben.

Das Blatt mit den Verhaltensregeln war schon lange von Koopmanns Rampe abgeweht. An die Polen hatte man sich gewöhnt; Joschi fiel als Fremder mit seinem Milchwagen nicht mehr auf. Aber die Russen – das war ein anderes Kaliber. Nur manche sperrten ihren „Iwan“, wie sie alle nannten, nachts in den Keller, wissend, dass es unnütz sein würde. So mager sie sein mochten, kräftiger als die Alten und Frauen war ein jeder von ihnen. Stumm liefen sie über Höfe und Felder; sowieso sprachen sie andere Sprachen. Manche waren stur wie Vieh, dem man, wie diesem, nur mit der Peitsche beikommen konnte. Daraufhin ließ Iwan mit düsterem Blick ein, „Stalin! Du nach Sibirsk!“ durch seine schmalen Lippen, oder zog gar mit der flachen Hand quer vor der eigenen Kehle, „zzz.“ Manche bekamen ihr Essen aus der Bauernküche auf die Däle geschoben, andere bekamen einen Napf, um ihn mit dem Fraß aus dem Viehtopf zu füllen. Aus dem Vorderhook flüchteten zwei Russen auf gestohlenen Rädern; am nächsten Morgen schon fand man sie, mit Genickschuss hinter Zippeln im Graben und ließ sie von anderen Russen in einem Wald verscharren. Aber manche gingen auch still ihrer Arbeit nach, summten sogar dabei; ja, die Russen konnten gut singen, befand man. Man wusste von den Berichten der eigenen Männer, und aus der Wochenschau, dass es ärmlich zuging im fernen Russland. So oder so, alle hatten sie Furcht vor ihnen, und so manche, wenn nicht gar alle, beschlich die Ahnung, dass es, eines Tages, Rache geben würde. Gnade Gott!

Nur die tapfere Katharina, Franz-Jupps Frau mit ihren vier Kindern, schreckte das nicht. Mit den Nachbarn teilte sie sich einen Russen, der Sergej hieß und ausgemergelt aus einer der Zechen in Essen kam, die roten Augen von dunkelblauschwarzem Kohlestaub umrahmt. Als Katharina ihm den ersten Teller in ihrer Küche hinstellte, schaufelte er den Eintopf binnen einer Minute mit bloßen Händen in sich hinein. In seiner Kitteltasche befand sich ein Rosenkranz und ein Marienbildchen. Nachmittags spielte er Schach mit Erich, der die besten Züge von ihm lernte.

Nach dem Sommer gaben die Jagdbomber, die Jabos, keine Ruhe mehr. Tagsüber schauten die Bauern abwechselnd nach Feindflugzeugen oben in den Himmel und nach Kartoffeln unten in der Erde. Je weiter die Ernte voranschritt, und je voller die Scheunen und Speicher waren, umso wertvoller der Bestand. Bei Floiters fielen in einer windigen Nacht Brandbomben ins strohbepackte Spieker, das sofort in helllodernde Flammen aufging. Vom Bunker aus konnten sie, gegen den hellroten Feuerschein die Schweine quieckend, zickzack über den Hof rennen sehen. Das einzig Gute daran war, dass sie ein paar Ferkel schlachten konnten, ohne dass die Männer vom Amt, die sie als verbrannt notierten, Verdacht schöpften.

Auch auf die gute alte Frieda hatten es die Männer vom Amt abgesehen. Schon einmal hatten sie bei der Pferdemusterung an der Genossenschaft einen Blick auf sie geworfen, aber da stand die Geburt ihres fünften Fohlens unmittelbar bevor. Um ihr langes Maul war Frieda schon mächtig grau, aber ihr rotbraunes Fell glänzte von Antons guter Pflege, und noch immer besprang Veehdreewers Hengst, der letzte, der im Hook zum Decken verblieben war, sie erfolgreich. „Noch gut für die Etappe“ wollte der Mann bereits auf sein Klemmbrett notieren. Alois schüttelte mit dem Kopf. „Das glaube ich nicht“, und strich über Friedas runden, schweren Bauch: „Ist trächtig, müsst ihr warten.“ Zu dritt zogen Alois, Anton und Frieda zufrieden an den Deepen Grund zurück.

Da hatte Wiesken längst keinen Stützpunktleiter mehr. Clemens Spökermann, flüsterte man, habe man mit dem Totenkopf am Kragen gesehen. Und auch Otto Temminghoff sei bei der SS.

Feldpost

Wiesken, 11. April 1944

Lieber Berni,

hast Du unser Päckchen für Ostern erhalten? Gerd wohnt unter der Woche bei seinem Meister. Haben mit den Bombenschäden einiges zu tun. Franz ist noch bei Bauern im Norden.

Hier ist alles in bester Ordnung. Vater hat heute bei der Becke das Land mit dem neuen Pflug umgepflügt. Hat tadellos geklappt. Wir sind aus der Schule entlassen worden, es hat noch eine kleine

Feier gegeben. Nun ist alles Schöne vorbei, denn in die Schule gehen war immer am schönsten. Die neue Lehrerin ist noch jung, Fräulein Keller, ganz einfach gekleidet. Der Tommi besucht uns jetzt Tag und Nacht. Jede Nacht müssen wir in den Bunker. Man muß froh sein, wenn man gesund wieder ins Haus kommt. Jetzt will ich schließen.

Es grüßt herzlich, Luzi. Auch die Eltern und Geschwister. Klein Nelliken besonders herzlich.

Kiel, 17. Mai 1944

Lieber Berni,

jetzt müssen sie zu Hause ohne uns auskommen. Mir geht es hier gut, gutes Essen, sogar der Hering schmeckt. Habe prächtige Kameraden aus Bocholt. Wenn nur das kalte Wasser beim Schwimmen nicht wäre. Es wird ja jetzt wärmer. Nach Pfingsten habe ich Urlaub für die Heuernte beantragt, ist aber unklar. Die Väter an der Front hätten es nötiger, stimmt ja auch, wenn man an Onkel Franz-Jupp und Tante Katharina denkt. Nun muss ich zum Appell. Von der Ostsee nach den Alpen schickt Dir Dein Bruder mit der Mundharmonika ein Ständchen.

Herzliche Grüße, Franz

Altenstadt, 24. Mai 1944

Lieber Franz,

recht frohe Grüße aus Altenstadt! Habe gestern Deinen Brief erhalten. Wie Du schreibst, geht es Dir ja tadellos. Das Wetter war hier letzte Woche saumäßig, sodass wir nicht messen konnten. Jetzt müssen wir über Pfingsten messen und bekommen kein frei, aber das ist auch nicht schlimm. Wir müssen viel lernen und rechnen. Hoffe, dass ich nach der Prüfung Abstellurlaub bekomme und anschließend zur Feldeinheit kann. Vielleicht Frankreich.

Müssen 13 Bedingungen messen, Vorbeiflug des Flugzeugs gegen Sonne, An- und Abflug gegen Sonne, einfacher Vorbeiflug, Vorbeiflug mit Gasmaske, Vorbeiflug mit Höhenänderung, Vorbeiflug mit Kursänderung, An- und Abflug mit Höhenänderung, Vorbeiflug mit Höhen- und Kursänderung. Dir recht schöne Feiertage.

Dein Berni. Auf ein gesundes Wiedersehen!

Paris, 10. Juni 1944

Ihr Lieben zu Hause,
heute nur ein kurzer Gruß vom Eiffelturm! Es geht mir gut. Bald mehr. Hoffe das auch von Euch. Euer Berni

Wiesken, 12. Juni 1944

Lieber Berni,
das war ja ein tolles Päckchen! Die Strümpfe und auch das andere haben wir noch in den Schrank gelegt. Wir haben gelacht. Papa und Mama haben sich auch über die Kaffeebohnen und Seife gefreut. Das Sommergetreide steht dünn. Dünger war mager. Wir senden Dir alle einen schönen Abendgruß, besonders Deine Schwester Luzi.

Wiesken, 24. Juni 1944

Lieber Berni,
gestern hatte ich keine Zeit, Dir zu schreiben, da die Weseler schön zu Besuch waren. Wir haben Deine Karte erhalten, dass Du gut übergekommen bist. Ja, ohne Alarm, das ist noch das Schönste. Wir haben Dir schon ein paar Mal geschrieben, hast Du es erhalten? Wir hatten an die alte Adresse geschrieben und jetzt hast Du eine andere Marschabteilung. Walter ist am Donnerstag aus Wesel zur Front abgerückt, wohin es ging, wussten sie nicht.

Franz hat uns zwei Tage nicht geschrieben, die ersten Wochen hat er jeden Tag geschrieben. Sie sind noch im Arbeitsdienst, laufen noch in zivil. Er hat noch keine Anschrift, soll auch in den Osten gehen. Bei ihm wäre kein Freiwilliger. Mit Frieda ist es nochmals gut gegangen. Aber in vier Wochen ist nochmals Musterung. Vier Pferde sind wieder aus Wiesken fortgegangen. Großer Schlag, denn die Leute kriegen kein vernünftiges Pferd wieder, wo wir doch so kurz vor der Ernte stehen. Es regnet jetzt wieder jeden Tag. Dir wünsche ich alles Gute im Soldatenleben. Lass Gott für Dich sorgen, er ist bei Dir, er wird Dich nicht verlassen, drum habe Mut. Viele Grüße von Deinen Eltern, Geschwistern und Opa.
Auf Wiedersehen, Papa

Im Osten, OU, 25.07.1944

Ihr Lieben,

nur kurz war ich wieder in der Heimat in Hamm, konnte Euch aber nicht besuchen. Es ist wahr geworden, wir sind gen Russland gezogen. Alles Schöne hat einmal ein Ende, so ist das. Bisher noch gut, aber wenn die Mücken am Tag nicht beißen, jucken nachts die Läuse. Morgen soll wieder Läusepulver kommen. Hier reden sie viel über das feige Attentat auf den Führer, jetzt wo wir alle Mann für den Endsieg brauchen. Wie geht es Euch zu Hause? Hoffe, dass Ihr noch Öl für den kleinen Motor für die Dreschmaschine bekommt. Wer weiß, wie alles weitergeht. Bitte schickt mir doch eine neue Hostie aus Steyl.

Es grüßt Euch, Euer Berni

P.S. Das Foto zeigt unsere Flak mit sechs Mann. Der mit dem Kreuzchen drauf bin ich.

OU, den 24. November 1944

Liebe Eltern und Geschwister, lieber Opa,

mir geht es noch prima, hoffe dasselbe von Euch. Habe Handschuhe, Pullover, Kopfschützer und Schal bekommen. Wenn der Krieg zu Ende ist und wir siegreich zu Euch nach Hause kommen, dann habe ich das warme Zeug noch. Jetzt holen sie auch die 16- und 60-jährigen zum Volkssturm. Macht nichts, wir kehren trotzdem als Sieger heim. Seid herzlichst gegrüßt, auf ein frohes Wiedersehen in Eurem Kreise.

Gute Nacht, Euer Franz

P.S. Habe wieder eine neue Feldpostnummer. Hoffentlich kommen eure Pakete an.

An Mama: Heiliger Schutzengel mein, lass mich Dir empfohlen sein. In allen Nöten steh mir bei und halte mich von Sünden frei. Bei Tag und Nacht, ich bitte Dich, beschütze und bewahre mich.

Jabos

„Loop, loop! In dänn Graben!“, schrie Alois Gerd zu, „Jabos! Loop!“ Er sprang zwischen Pferd und Egge, löste den Bügel und knallte die Peitsche auf den breiten Rücken der wiehernden Stute. Das Pferd bäumte sich auf, prustete durch die aufgeblasenen Nüstern und galoppierte über das Feld davon – „drrr, drrr, drrr“, rasselte es aus dem Tiefflieger herunter, während Alois sich auf die flache Erde warf. Der rettende Graben war zu weit weg. Das Verflixte an diesen verdammten Jabos war, dass man sie erst hörte, wenn sie schon über einem waren. Mit heulendem Motorenlärm stürzten sie mit einem „drrr, drrr, drrr, drrr, drrr“ nach unten, um sofort darauf mit wütendem Geknatter wieder nach oben zu ziehen. Thea kam einmal nur knapp davon, mit einem zerschossenen Einmachglas, als sie auf dem Weg zum Bunker neben den Geschossen „drrr, drrr, drrr, drrr, drrr“ stolperte.

Wer glaubte, es könne nicht schlimmer kommen, hatte sich getäuscht. In Weelken mähten sie einen Bauern mit seiner schwangeren Frau am helllichten Tag unter einem „drrr, drrr, drrr, drrr, drrr“ auf dem Weg zum Krankenhaus nieder. Alle tot. Das Kind erblickte nicht das Licht dieser Welt, vielleicht besser so.

„Wenn du nich mehr proaten kass, dann hölp bäden“*, hieß es.

Sehr viel später, als Hanna Boesel ihre Sprache wiedergefunden hatte, sagte sie, dass sie es sofort gespürt und gerade deshalb einfach die Wäsche weiter geschrubbt habe. Während ihre Jungs, obwohl es noch knallte, quer über die Wiesen und Felder zum Bahnhof rannten. Es hatte nicht einmal einen Alarm gegeben. Bis an den Deepen Grund war das Donnern zu hören, ein Zittern des Bodens zu spüren, nochmal ein Knallen und Zischen bis schließlich eine schwarze Rauchsäule am Wieskener Bahnhof aufstieg. Die Bomben fielen, während Bennad Boesel – „ausgerechnet der fromme Bennad Boesel!“ – Kartoffeln für die Front ablieferte. Seine vielen Einzelteile suchten Koopmann und die Rotkreuzschwestern an den Gleisen zusammen. Der jungen Frau aus Leiden fehlten nur die Beine. Als die Nachbarn abends alle in Boesels großer Küche saßen, und Soffi begann, den Rosenkranz vorzubeten, dauerte es, bis das Schluchzen und Räuspern ein Ende nahm und die Antworten zu hören waren. Hanna saß still in der Mitte, ihre rot gescheuerten Hände im Schoß gefaltet. Tags darauf legten sie Bennads leeren Sonntagsanzug auf seine sterblichen Überreste, oder was man dafür hielt, und schlossen den Deckel, ohne dass Hanna noch einmal einen Blick darauf warf. Nicht einmal einen Trauerzug gab

* Wenn du nicht mehr sprechen kannst, dann hilft beten.

es für Boesel, aus Angst vor den Jabos. Und auch keine Todesanzeige in der Zeitung, denn die Saander Druckerei war durch einem Bombenwurf zerstört.

Neuferts Notizen

> *15.9.1944: Da die Schulräume durch Militär belegt sind, kann kein Unterricht mehr abgehalten werden. Zudem war Fräulein Marten lange krank, hat ihre Wohnung oben vorläufig verlassen. Im Einvernehmen mit den Eltern und dem Bürgermeister beschlossen, die Schule provisorisch auf den Gutshof Groote Ridder zu verlegen.*
> *5.12.1944: Wiesken scheint Aufmarschgebiet zu sein. Von hier fliegen die feindlichen Flugzeuge nach Essen, Köln usw. Wir sitzen manche Nachtstunde in der Erde mit fürchterlichem Gebrumm über uns. Dieser Zustand griff die Nerven ganz gewaltig an und manches Gespräch wurde über den Krieg geführt. Da hörte man allerlei Ansichten. Leuchtbomben machten die dunkle Nacht zum Tage und deutlich sah man den brennenden Phosphor heruntergehen. Der Himmel färbte sich dann glühend rot von dem Brand in Stücke.*
> *11.12.1944: Schlimm ist das. Weitere Bomben auf dem Bahnhof. Mehrere Tote. Ein Bauer wurde beim Kartoffelverladen von Explosionsbomben getötet.*

Auch Katharinas Haus war bei dem Angriff schwer zu Schaden gekommen; eine Wand war weggerissen. Alois fand seine Schwägerin Katharina, gefasst, mit ihren vier Kindern und dem Russen in den Trümmern vor. Die beiden Ältesten nahm Alois noch am selben Tag mit an den Deepen Grund, Katharina mit den beiden Jüngsten zog mit zwei Koffern in ihr Elternhaus nach Weelken. Der Russe blieb allein zurück und reparierte das Haus.

Die Tommis und Amis zogen jetzt, bei guter Sicht Tag und Nacht, in großen Geschwadern und Staffeln von zehn bis zwanzig Maschinen Richtung Ruhrgebiet. Auf dem Rückweg ließen sie Flugblätter vom Himmel regnen. „Nach Hitlers Sturz“, stand darauf, „zur Zukunft Deutschlands, ohne Krieg. Ende der Hitlertyrannei, die Rettung Deutschlands“. Die Jungs sammelten die Blätter auf und brachten sie nach Hause. Alois warf sie sofort ins Feuer: „Erzählt es niemandem! Verbrennt euch nicht das Maul! Sonst gibt es Schläge!“ An den Schwarzen Brettern und in den Stürmerkasten hingen die Merkblätter der deutschen Polizei: „Feindliche Schriften, die zur Beunruhigung der Bevölkerung und Beeinträchtigung der Kriegsmoral führen, sind sofort bei der nächsten Polizeidienststelle abzugeben. Schwere Strafen bei Zuwiderhandlung.“

Die Fliegenden Festungen waren das nächste Aufgebot der Amerikaner. Schreckliches Sirenengeheul, dreimal lang für drohende, einmal lang für akute Gefahr kündigten die unverwundbaren Bomber an. Unter den brummenden Schwärmen rannten sie dicht an den Schutzlöchern, die Alois gegraben hatte, in den Bunker. Die Jungs am schnellsten, als sei es ein Wettlauf in der Schule. Gefolgt von Luzi mit dem Papierköfferchen, dann Thea dicht an der humpelnden Tante Joseffi, Soffi mit Brot und Tee. Alois als Letzter, ohne Bessvaader, der nicht mehr mitwollte. Zu Anfang flogen sie nur nachts bei klarem Wetter und in kleinen Verbänden an. Ein brummender Flugzeugschwarm zog zielstrebig gen Ruhrgebiet. Kurz darauf erschienen glutrote gefärbte Punkte am Horizont. Dann zu allen Tageszeiten.

Während die Frauleute innen den Rosenkranz beteten, schauten die Jungs vom Bunkerrand den nach Süden ziehenden Feindschwärmen nach. Von unten schickte die deutsche Flak Scheinwerfer nach oben. Wie Tanzende gingen die Lichtkegel auseinander und wieder zusammen, kreuzten sich im Himmel und versuchten es auf ein Neues. „Da! Da!“, riefen die Jungs vom Bunkereingang aus. „Jetzt!“ Ein Opfer war ins Visier zwei sich kreuzender Lichtstrahlen gelangt. „Jetzt. Abknallen!“ Von einem kurzen Feuerwerk in der Luft, gefolgt von einer nach unten torkelnden, brennenden Fackel, wurden sie belohnt. Eine halbe Stunde später überflog derselbe Schwarm, reduziert um wenige Maschinen und ohne Bomben, den Kreis Saande. Und warf Flugblätter ab. Die Sirenen schrillten zur Entwarnung.

Zum Herbst schloss Neufert die Schule; es war zu gefährlich für alle geworden. Sowieso wurden Klassenräume und Turnhalle bald wieder anderweitig belegt, dieses Mal mit holländischen Fremdarbeitern. Nachts schliefen sie auf Strohsäcken, tagsüber bauten sie am „Schutzwall“, bewacht vom „Volkssturm.“ Alois patroullierte abwechselnd mit den Nachbarn, mal hatte einer ein Gewehr, doch meistens war es nur eine Greepe.

Flüchtlinge aus den Städten – Essen, Wesel, Saande – wurden auf den Höfen einquartiert. Die Großen, wie Groote Ridder und Schulzendiek und Temminghoff, mussten ihre oberen Etagen räumen. Bei den kleinen Vanwoldts saßen jetzt drei Neffen und Nichten vom Bahnhof und aus Wesel mit am Tisch. Und wie damals zogen Frauen und Kinder von Hof zu Hof, einen Sack oder einen Korb am Arm, verkauften, was sie an Tüchern, Laken und Silber noch zu bieten hatten. Die konnten sich glücklich schätzen, wenn sie mit einem Kohlkopf im Beutel oder einem schmalen Stück Speck im Rocksaum ohne Beschuss auf den Zug in ihre hoffentlich unzerstörten Häuser zurückkamen. „Verkauft nichts an Hamsterer!“, hing ein Blatt an Koopmanns verlassenem Schwarzen Brett, eine gezeichnete Ratte darunter. „Schäme dich!“ Soffi hatte nichts zu verkaufen. Stattdessen stellte sie, wie ihre Schwiegermutter damals, einen Weidenkorb auf die Däle, gefüllt mit ein paar Möhren, einem halben Kohl oder ein paar Äpfeln.

Zu Weihnachten holten Thea und Luzi die alte Krippe hervor. Doch beim Jesuskind blieb es all die Tage dunkel, so oder so, eine Kerze gab es nicht. Auf den Tellern lagen geröstete Kastanien und Feldpostbriefe. „Solange sie noch schreiben, leben sie. Lass uns beten und hoffen." Soffi stimmte „Stille Nacht, heilige Nacht!" an. Dann schickte Alois alle raus und schloss von innen die Tür, bevor es aus dem Volksempfänger zu knistern und knattern begann. Zum Hochamt in Sankt Raphael war es voll und dunkel. Nur ein Gewehrturm mit fünf Helmen stand vor dem Wieskener Tor. Nicht von den eigenen Söhnen stammten sie, sondern von überall einquartierten Wehrmachtssoldaten.

„Sind ja schon lange vor Aachen. Kann nicht mehr lange dauern", sagte Soffi, als sie auf dem Kirchhof standen.

„Wer jetzt noch an den Endsieg glaubt, ist nicht mehr ganz gescheit", nickte Mathilde Kerkhuus.

„Die Wehrmacht ist immer noch stark. Der Endsieg ist bald da!", zischte von der Seite eine junge Frauenstimme. Es war Isolde Kessel, geborene Spökermann. Der kleine Heine an ihrer Hand hob den rechten Arm zum Gruß.

„Etwas von deinem Mann gehört?", fragte Mathilde.

Isolde schüttelte den Kopf.

Feldpost

Bagband, 2. Januar 1945

Liebe Eltern und Geschwister, lieber Opa,
jetzt ist das Jahr 1944 vergangen. Wo wir so stark hofften, dass es uns den Frieden bringen würde. Ja, jetzt beginnt das Rennen von neuem. Wo wird es uns überall dran vorbeiführen? Es ist schrecklich, wenn man daran denkt, aber, Ihr Lieben, Ihr dürft den Mut nicht sinken lassen. Das kann einen Seemann nicht erschüttern. Denkt an die Soldaten, die trauern auch nicht. Immerzu wie Gott es will, nicht wahr? Euer Franz

Heilige Drei Könige, 1945

Liebe Daheim,
ich habe Weihnachten und Neujahr gut verlebt. Besser wie Berni und die meisten Soldaten, die nicht zu Hause waren. Neujahr werde

ich nicht vergessen. Haben bis 1 Uhr beim Bauern Karten gespielt und anschließend bis halb vier mit unserem Zugführer in der Schule gefeiert. Weiber waren auch da, Schnaps hat auch nicht gefehlt. So sind wir froh und munter ins neue Jahr gerutscht. Schade, dass die schönen Tage um sind, aber einmal muss auch ein Ende sein. Am 2. Weihnachtstage waren wir auf dem Eise, haben Schlittschuhfahren gelernt. Von Berni habe ich auch eine Weihnachtskarte gekriegt. Er steckt in Polen.

Nun grüßt Euch alle, Euer Franz, Wiedersehen

Im Nordosten, 9.2.1945

Ihr Lieben alle!

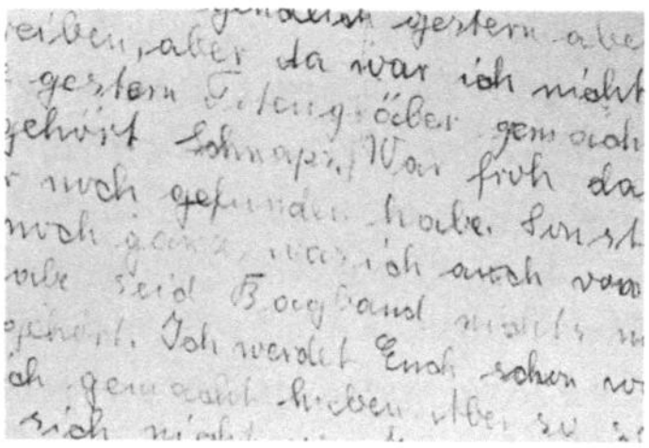
eiben, aber da war ich nicht
gestern [illegible] gemach
gehört Schnaps. War froh da
mich gefunden habe. Sonst
noch [illegible] ich auch von
seit Bagband
gehört. Ihr werdet Euch schon
gemacht haben. Aber so

Ich wollte eigentlich schon gestern Abend schreiben, aber da war ich nicht gut. Habe gestern Totengräber gemacht und dabei gehört Schnaps. War froh, dass ich mein Lager gefunden habe. Sonst geht es mir noch ganz gut, was ich auch von Euch hoffe. Ich habe seit Bagband nichts mehr von Euch gehört. Ihr werdet Euch wohl schon Sorgen um mich gemacht haben, aber so schnell lässt Franz sich nicht vom Iwan erwischen. Unser Bataillon ist zwar stark zusammengeschmolzen, aber ... Die verdammten Granatwerfer, wenn er die nicht hätte. Liebe Eltern und Geschwister, lieber Opa, Ihr müsst uns Soldaten beistehen, nicht mit der Waffe, sondern betet für uns. Ihr habt es bestimmt auch schon getan, ich habe es gemerkt. Hoffentlich geht es weiter so gut. Der Winter wird wohl nicht so streng werden, aber anfangs war es hier schrecklich kalt. Ein Glück, dass mir die Zehen nicht verfroren sind. In den großen Zehen habe ich noch nicht richtig wieder Gefühl. Wir waren wie die Sommervögel hierhergekommen. Haben aber jetzt warmes Winterzeug. Sonst weiß ich nichts Neues. Zu essen haben wir hier augenblicklich genug. Läuft genug Vieh herum. Die Adresse vom Kumpel nochmals: Familie Wilhelm Schmüttken, (22) Hünxe 21, Dinslaken, Niederrhein.

Es grüßt Euch nochmals Euer alter Franz

Wiesken, 23. Februar 1945

Lieber Berni,

uns geht es so weit gut. Bei uns ist jetzt auch die Flak mit vier Mann in der Schoppe einquartiert, da hätten sie Dich schicken können. Heute nur kurz, denn ich habe auch an Franz geschrieben. Nachts oft Unruhe. Wir haben von Euch beiden lange nichts gehört. Schreib doch bald, ein kurzer Gruß genügt. Mama ist in Sorge. Dein Vater, Papa

Bagband, 7. März 1945

Liebe Familie Vanwoldt!

Haben heute Morgen Ihren Brief erhalten. Es freut uns, dass es Ihnen gut geht. Wir haben oft von Ihnen gesprochen. Ihr Sohn Franz hat uns im Februar geschrieben. Es geht ihm noch gut, sie liegen bei Marienburg. Von denen, die hier waren, sind schon drei gefallen. Einer war wieder hier, die Füße und Finger waren angefroren. Er musste nach Norden zum Truppenteil.

Wir haben immer gewartet, ob Franz und Werner nicht mit dabei sind. Jetzt sind hier wieder andere Soldaten zur Einquartierung. Wegen der Offiziersbeherbergung mit Geschützen wird es hier immer unsicherer. Die Tiefflieger kommen hier auch und Luftangriffe, sieben Pferde tot. Wer weiß, wer diesen Krieg überlebt. Muss schnell schließen, draußen heult es wieder. Ihr Jans Heyen

Ostern ohne Glocken

Gläser singen

Im neuen Jahr hatten die Holländer ihre Lager in der Schule schon wieder räumen müssen. Sie wurden weiter ostwärts verlegt. Stattdessen zogen Soldaten der Wehrmacht in die Turnhalle ein. Ihre Kanonen versteckten sie auf den Höfen, in den Scheunen und unter Bäumen, brachten die Geschütze gegen die vorrückenden Alliierten in Stellung. Bei Veehdreewer und Kerkhuus verlangten Offiziere Quartier. Mathilde musste ihre besten Stuben räumen und Braten servieren. Auf dem Hof brachte die Einheit Flakartillerie in Stellung: „Nun sind wir mitten im Visier“, beklagte sich Kerkhuus. Die Töchter zogen zu Verwandten in Saande. Einen Teil der kostbaren Aussteuer, Möbel und Geschirr, manches davon in den Jahren zuvor von Mathilde gegen Speck und Eier getauscht, brachten sie zum kleinen Vanwoldt, wo man alles sicherer wähnte. Die Alliierten standen auf der anderen Seite des Rheins: „Jetzt kann es wirklich nicht mehr lange dauern!“ Es klang längst wie eine Litanei.

„Heil Hitler! Guten Abend, gute Frau! Ab heute sitzen ein paar mehr am Tisch!“, rissen am Lichtmess-Abend plötzlich vier Kerle in langen Mänteln, Helm und geschultertem Gewehr die Küchentür auf. Soffi buk gerade Pannekooken, ließ vor Schreck die volle Kelle auf den Boden fallen. In der Schoppe schlugen die Männer ihre Feldbetten auf und schoben eine Kanone unter das Seitendach. Morgens, mittags und abends kam von nun an einer von ihnen in die Küche und verlangte nach Essen. „Sind unsere eigenen Soldaten“, versuchte Alois Soffi zu beruhigen. „Dein eigener Sohn, Franz, ist auch bei guten Menschen untergekommen!“, wonach Soffi nickte. Doch Thea und Luzi schliefen jetzt nachts bei ihren Eltern auf dem Boden.

Die Frühjahrsbestellung begann unter dem Schutz von dichten Wolken; Gespanne und Leiterwagen fuhren nachts. Die Donnerstöße kamen näher. Wenn alle im Bunker waren, schloss Alois sich in der Stube ein. Er legte die Pferdedecke über seinen Kopf und schaltete den knatternden Volksempfänger ein. Ein Gewehrlauf zwischen den Schulterblättern weckte ihn auf. Alois schreckte auf, warf die Decke fort. „Pass bloß auf, Bauer! Feldwebel! Ein Strick ist schnell geknüpft. Feindsender! Dreh das Radio ab!“, zischte der Soldat, zog das Gewehr zurück, doch weiterhin mit Lauf nach vorn. „Was hast du gehört?“ Der Soldat warf den Gewehrlauf nach oben, Alois hob die Hände hoch. „Sag schon, Feldwebel! Wollen wir alle wissen.“

„Wesel. Morgen sind sie auf dieser Seite“, sagte Alois.

Der Soldat nickte, ließ das Gewehr sinken. Draußen auf dem Hof bot der Soldat Alois eine Zigarette an. Weit hinter Zentas Eichen, dort, wo im Sommer die Sonne leuchtend rot unterging, war auch jetzt ein Schein zu sehen, rot von Feuer. Am frühen Morgen gab es keinen Zweifel mehr: Wesel brannte, lichterloh! In den Tagen darauf regnete es feine Asche auf die grauen Felder.

Ein neues Wort machte mit Schrecken die Runde: Deserteur. Natmäkers Zweiter, Soldat, fuhr nachts über Pättkes mit dem Rad von Wesel nach Hause – und kurz vorm Ziel am Achterweg einem Offizier direkt in die Arme –, ohne Erlaubnisschein, getürmt. Der Offizier war gnädig und ließ ihn ziehen, zurück an die Feuerfront. Anders erging es einem Flüchtigen aus Weelken, der sich in der Scheune der Eltern versteckt hatte. Der einquartierte Leutnant verhängte nach Standgericht die Todesstrafe und erledigte ihn am nächsten Morgen in der Sandkuhle. Der Schuss in sein junges Genick halte durch die ganze Nachbarschaft.

„Der Sieg des Satans! Die Strafe Gottes“, bekreuzigten sich am Tag darauf die Saander. Der mächtige Turm von Sankt Raphael sackte wie eine riesige brennende Fackel in sich zusammen. Mehrere Staffeln alliierter Bomber hatten Saande am Tag in Schutt und Asche gelegt. Das war am Freitag vor Palmsonntag. Weithin waren die Stöße zu hören, zu fühlen, die Rauchsäulen zu sehen. Am Abend fand Alois statt des stolzen Gotteshauses einen schwelenden Trümmerhaufen vor; Menschen wühlten mit Spaten und bloßen Händen darin. Ludwig Langenkämper grub wie besessen darin, denn sein Junge war am Nachmittag zur Beichte gefahren und nicht zurückgekommen. Am Abend zogen Ludwig und Alois die verstümmelte Kinderleiche hinaus.

Die Natur beeindruckte das alles nicht. Die Weiden trugen bereits leichtes Grün, der Kuckuck rief, die Kiebitze, „kiwitt, kiwitt“, sausten auf und ab wie eh und je zu dieser Zeit. Frisch gebrochener Acker roch nach Fruchtbarkeit. Die Luft hatte ihre schneidende Feuchte verloren und durch Milde eingetauscht. Der Frühling kam mit voller Wucht – wie jedes Jahr.

Doch der Boden zitterte. Das stetige Brummen und Donnern rückte unaufhaltsam näher. „Die Front ist da! Die Alliierten kommen!“ Während Soffi die einquartierten Soldaten in der Stube mit gebratenen Eiern und Grieskuchen versorgte, riss Alois hinter der verschlossenen Schlafzimmertür ein weißes Laken in Stücke. Band es sorgfältig um die zurechtgelegte Stange, und schlich sich zum Jauchekeller. Dort versteckte er die weiße Flagge unter der Decke; die Halterung hatte er längst vorher angebracht.

Luzi war die Erste, die das Singen der Gläser im Buffet bemerkte, zunächst ein ganz feiner, dann schärfer werdender Ton, wie ein dauerndes, hohes Bienensummen, „sssssssss“, das stündlich stärker in den Ohren schmerzte. Am Tag darauf gefolgt von einem Zittern und schließlich Klirren von Gläsern und Porzellan. Das Brummen, Donnern und Grollen kam stündlich näher, begleitet von bald dauerndem Sirenengeheul und dem „drrr drrr drrr drrr“ der Jabos, die weiterhin ebenso schnell auftauchten und wiederhochzogen und dabei ihre Munition unerbittlich hinunterrasseln ließen. Bis es, am Himmel, plötzlich unheimlich ruhig wurde. Doch der Boden bebte.

Für März waren es ungewöhnlich warme Frühlingstage. Der Feuerschein über Wesel hatte sich gelegt, als die Briten und Amerikaner in der Karwoche von der östlichen Rheinseite einrollten – mit einer nicht enden wollenden Kolonne aus schweren Panzern, Lastkraftwagen und Jeeps, samt Gerätschaften, Stunde um Stunde, von Wesel nach Fürstenfeld zogen, unaufhaltsam auf Wiesken und Saande zu. Am Morgen des 28. März 1945, ein Mittwoch, waren die einquartieren Soldaten vom Deepen Grund verschwunden. Ihre Kanone stand unter Zweigen versteckt in der Schoppe, auch die Bettgestelle, darunter ein Paar nagelneuer schwarzer Lederschuhe.

„Se bünt doar.“*, sagte Alois mit ruhiger Stimme zu Soffi, die nur nickte. Außer ihnen beiden waren schon alle im Bunker. Durch die Achterallee rollten die ersten Panzer von Baum zu Baum, die langen Rohre schräg nach vorn auf den Deepen Grund gerichtet. Es war alles abgesprochen: Während Alois zügig den Deckel der Jauchegrube öffnete, entzündete Soffi in der Küche im Herdloch der Kokkmaschine ein lichterlohes Feuer, hoch wie nie, und Soffi stocherte mit dem Haken so lange, bis alles durch den Rauchfang verschwunden war. Das kleine Fach in der Stube war leer, nur die Büchse vom Winterhilfswerk stand noch da. Ein Kästchen mit Abzeichen hatten sie am Morgen unter den Beerensträuchern vergraben; man konnte nie wissen.

„Pass oop! Pass oop, Alois!“, rief Soffi vom Garten aus Alois zu. Während eines der großen Ungetüme querfeldein über den Acker auf den Hof zuraste, das Rohr direkt auf das Haus gerichtet, rammte Alois die weiße Fahne fest in den Grund. Ein Kopf mit Helm streckte sich heraus, als der Panzer fünfzig Schritt vor Alois zu stehen kam. Ein zweiter Soldat schaute aus der Luke. Alois hob beide Arme, die Soldaten winkten zurück. Der Panzer drehte ab und reihte sich wieder in die lange Kolonne Richtung Norden ein. Drei scherten plötzlich mit Karacho aus, rasten mit ihrem wankenden Koloss durch die Pappelallee auf Veehdreewer und Kerkhuus zu und drehten dort mit schwenkenden Rohren ein paar Runden. Kurz hielten sie ein, Alois und Soffi konnten nichts Genaues erkennen, dann reihten sie sich wieder in ihre Einheiten ein. Das Grollen, das eben noch über allem lag, entfernte sich. Im Floiterhook war der Spuk vorbei. Die Truppe rollte weiter Richtung Saande und Leiden. Die Nachbarn trafen sich am Steen, knieten nieder und beteten.

In der Nacht sahen sie die Feuerscheine über Leiden und Saande, wo noch Bomben fielen. Rauch und Qualm zogen von dort bis auf den Deepen Grund, wo graue Aschefetzen auf Soffis frische Beete schwebten. Am Ostersonntag, dem 1.4.1945, war der Landkreis Saande in den Händen der Alliierten.

Mein Fels hat überwunden

„Notgottesdienste auf den großen Höfen und in den Schulen!“, riefen ein paar umherfahrende Jungs am Vormittag des Karsamstages allen Umherstehenden von ihren Fahrrädern aus zu. Schulzendiek hatte zwei hintereinanderliegende, breite Scheunen, die er für die heiligen Messen zu Ostern anbot. Umgeben von frischem Birkengrün, Forsythien und einem Meer wilder Narzissen stand vorne der breite Altar, Schulzendieks eichener Herrentisch, belegt mit frisch gestärktem Spitzenleinen, darauf ein schlichtes hölzernes Kreuz mit brennen-

---

* Sie sind da.

den Kerzen an jeder Seite. Der Kanonikus, um dessen weißes Messgewand ein violetter Schal lag, bahnte sich mit den vier Messdienern einen Weg durch die wartende Menge. Nicht alle fanden Platz auf der Tenne, manche blieben draußen auf dem Hof.

Lange kniete der Kanonikus vor dem provisorischen Altar. Dann wandte er sich der Gemeinde zu. „Die Glocken sind verstummt", rief er in die Menge, „aber unsere Seelen nicht!", und hob die Arme nach oben zum Himmel: „Lasset uns singen!" Neufert saß am Harmonium.

Mein Fels hat überwunden
der Hölle ganzes Heer;
der Satan liegt gebunden,
die Sünde kann nicht mehr
mich durchs Gesetz verdammen,
denn alle Zornesflammen
hat Jesus ausgelöscht.

Es dauerte eineinhalb Stunden, bis der Kanonikus den Schlusssegen erteilte. Nur langsam verließen sie alle das provisorische Gotteshaus, traten durch die seitlichen Tore aus dem Dunkeln in den weiten, hellen Hof. „Und bei euch?", fragte eine, „was gehört?" Soffi schüttelte den Kopf, hatte Mühe, die Tränen zurückzuhalten. Sie war nicht die Einzige, und jede wusste von den anderen. Es gehörte sich nicht, den anderen etwas vorzuheulen. Im Floiterhook gab es nur zwei Häuser, in dem keine gefallenen oder vermissten Männer zu beklagen waren, und das waren Veehdreewer und Ross, deren Söhne nur noch knapp zu jung gewesen waren. Aber auch bei ihnen trauerte man um Verwandte. Und der Krieg war noch immer nicht zu Ende.

Am Rand sammelte sich eine neue Gruppe, unbekannte Gesichter, hagere Frauen mit blumenbestickten Fransentüchern um Kopf und Schultern, gebückte Alte und blasse Kinder in geflickten Jacken, die sich eng an ihre Mütter und Tanten schmiegten. „Kiek, dat bünt Flüchtlinge, uut Ostpreußen", flüsterte man.

Clemens Spökermann, wusste jemand, hatte die eigene SS bei Bielefeld auf der Flucht geschnappt und den Deserteur auf der Stelle erschossen. Otto Temminghoff galt als verschollen, doch jemand hatte nachts umherschleichende Schatten auf dem Gehöft gesehen, wonach ein Moped leise weggerollt sei. Schulzendieks Kirchhof leerte sich rasch. Überall blinzelten schon die Gänseblümchen in den Wiesen, hier und dort bereits Schlüsselblümchen, leuchteten die Forsythien. Aus den Küchen drang Bratenduft, doch an den Tischen blieb es nach den Gebeten still – so auch am Deepen Grund.

In der Woche danach spannten Alois und Anton die gute alte Frieda wieder an. Es war längst Zeit dazu. Zwei Äcker blieben frei, es gab kaum Saat. Soffi grub mit ihren Töchtern den Garten um. Am Draii bog ein langer Mann auf einem Fahrrad zum Hof ab und öffnete von selbst das Gatter. Es war Franz-Jupp. „Hätte dich bald nicht erkannt!“, klopfte Alois dem Bruder auf die Schulter. „Er ist nicht mehr derselbe Kerl“, sagte Alois später zu Soffi. Franz-Jupp fuhr rasch weiter zu seiner Katharina und den Kindern. Das Jüngste rannte weinend vor ihm weg.

Am Montag machte sich Soffi auf den Weg nach Saande, um sich selbst ein Bild zu verschaffen. Rechtzeitig stellte sie das Rad ab und lief langsam auf den Kirchplatz zu. Der ehemals mächtige Sankt-Rapahelsturm war nur noch ein großer Stumpen, umgeben von einem offenen Gemäuer. In der Kirchstraße hatten die Fassaden von Rosens altem Haus dem Druck und Feuer standgehalten, auch der Treppengiebel mit den Glöckchen stand noch. Dort, wo früher Zigarren Icking und Café Brömmel waren, lag nur noch ein einziger Schutthaufen. Soffi lief zu der Stelle, wo einmal das Wieskener Tor gewesen war, schaute in den Himmel, wo einmal ein weites Gewölbe gewesen war. „Hier wird es lange kein Hochamt mehr geben“, sagte eine Frau neben ihr. Fahles Licht fiel von Osten durch die leer gesprengten Bogenfenster auf das aufgewühlte Innere des zerstörten Gotteshauses, wie ein zusammengefallener Tempel aus dem Evangelium. Bunte Scherben glitzerten zwischen grauem Beton und Ziegeln. An der Säule schwebte, wundersam noch immer fest auf ihrem Podest, die Heilige Maria mit gefalteten Händen und Jesu im Arm, gnädig, mit leidvollem Blick. Doch der heilige Antonius und der heilige Christopherus waren geköpft. Ihre Augen rollten irgendwo im Schutt.

Es war Mitte Mai, als Geerdes am Vormittag mit Schwung die Tür von der Däle zur Küche aufwarf, „Gooden Dach!“, und mit einem Strahlen eine Karte auf den Tisch klopfte. Soffi ließ das Schälmesser in die Schütte fallen, als sie die nur allzu vertraute Handschrift sah: „Bin in britischer Gefangenschaft bei Schwerin. Bald mehr. Gruß, Euer Berni.“ Soffi hob die Hände vors Gesicht: „Dem Himmel sei Dank!“, und ließ den Tränen freien Lauf. „Dann werden wir von Franz wohl auch bald hören.“ Es klang wie eine Beschwörung.

Alois fuhr zu Hinner nach Oeding, zwei Zigaretten in der Tasche, eine für den Vetter, eine für sich selbst. Langsam schob er das Rad auf den Hof und war froh, das „waahnig Kerlken“ friedlich beim Hämmern in seinem kleinen Schuppen vorzufinden. Der Vetter richtete sich auf und schaute dem Besucher prüfend in die Augen: „Gooden Dach, Alois“, sagte er nach einem Zögern, ohne den Hammer aus der Hand zu legen. „Wollte eine Zigarette mit dir rauchen. Nimmst du eine von mir an?“, fragte Alois. Hinner zögerte, dann steckte er sich eine in den Mund.

„Ich wollte dir eins sagen, Hinner: Du hattest Recht. Waren alles Verbrecher. Wir haben dir Unrecht getan. Das tut mir leid." Er machte eine Pause, lachte ein wenig: „Glück gehabt. Haben keinen von uns aufgehängt."

„Ja. Aber das ist komisch. Dass das jetzt plötzlich alle wissen." Hinner tat einen langen Zug und blies langsam wieder aus. „Aber du bist der Einzige, der es mir persönlich sagt." Eine Weile standen sie still nebeneinander, bis Hinner die Kippe mit einem langen Scharren austrat und das Schweigen brach.

„Bei uns leben alle noch. Und ihr? Was von Franz gehört?", fragte Hinner.

„Nein, nur von Berni. Auf Franz warten wir noch."

Tommis

Der Fahrer sprang aus dem Jeep und warf einen Stapel Papiere auf die Stufen der Schule: „Verteilen, an alle!", rief er.

Alliierte Militärbehörde

Bedingungslose Kapitulation – Totale Niederlage.

Deutschland ist vernichtend geschlagen, militärisch, politisch und sozial. Die deutsche Wehrmacht existiert nicht mehr. Ebenso wenig gibt es eine deutsche Regierung. Deutsche Familien sind in alle Winde verstreut. Eure Städte liegen in Trümmern. Das Eisenbahnnetz ist zerrissen. Millionen Eurer Landsleute sind tot. Das alles hat Deutschland – und Ihr – der Überheblichkeit, der Habgier und der Grausamkeit Eurer Führer zu verdanken. Millionen haben unter der deutschen Knute gelitten. Um der Welt anständige Lebensbedingungen zu erhalten, sammelten die Vereinten Nationen ihre Kräfte und zerstörten die deutsche Tyrannei. Die einen von Euch haben die Unterjochung fremder Völker fanatisch unterstützt, die anderen haben sie geduldet und stillschweigend ausgeführt. Ihr alle seid mitschuldig an dem, was geschah. Ihr alle werdet dabei zu büßen haben. Das Leid, das Ihr jetzt und in der Zukunft zu tragen haben werdet, habt ihr Euch selbst zuzuschreiben.

Deutschland führt nie wieder Krieg!

„Leegenblatt!", tobte Bessvaader am Morgen im Bett und schlug dabei Soffi das Tablett mit der heißen Tasse Milch und dem Brot aus der Hand, so dass alles auf Bett und Boden landete. „Go wäch doamet!"

Die Panzer waren fort. Ein paar LKW rollten noch über die Straßen oder vielmehr das, was davon übrig war. Jeeps flitzten hin und her. Die Tommis richteten ihre britische Kommandantur in den wenigen der stehen gebliebenen Villen in Saande ein, rundherum die Trümmerhaufen. Hinter vorgehaltenen Händen machte eine Nachricht die Runde:

„Da sind auch Juden auf der Kommandantur."

„Ein Offizier soll ein Saander Junge sein. Damals sogar Stadtrat. Die Eltern sind nach Holland."

„Pass oop! De Juden kommt trügge!"

„Doar kommt de kinne wär! Höchstens een paar!"

„Woher wiss du dat wätten?!"

„Proat ik nich van; wät i doch alle."

„Ik hat nie wat täggen de Juden." *

Die Tommis fingen an aufzräumen.

Bei Temminghoff fuhr vormittags mit hohem Tempo ein Jeep auf den Hof. Noch bevor der Wagen zum Stehen kam, sprangen vier Tommis hinaus. Der Fahrer blieb am Wagen. Zwei rannten mit vorgestrecktem Gewehr Richtung Scheune, die beiden anderen, vorbei an dem alten Knecht Hein auf der Däle, direkt in die Küche. In der Scheune fanden sie den alten Temminghoff mit seinem Jungen Leo beim Messerschleifen. „Wär? Where son!? Otto?" Mit seinem Gewehrlauf schob der eine Kinn und Kopf des Jungen nach oben und schaute dabei auf den Alten. „Wär? Where?" Temminghoff schüttelte den Kopf. „No! Nicht hier. No!" Mit dem Kopf wies er auf das weiße Bettlaken, das noch aus der Ladeluke hing. Zwei Soldaten rannten in die Küche, wo Landfrau Agatha und ihre Magd Luise werkelten. „Otto?!" Mit vorgestrecktem Gewehr schickten sie die wimmernden Frauen von Raum zu Raum, um diese nacheinander alle Türen und Schränke öffnen zu lassen, bevor sie selbst mit dem Lauf die Kleider und Mäntel zur Seite schoben. Sogar zu den Pökelfässern im Keller gingen sie und stachen mit den Läufen nach unten. Nach einer halben Stunde fuhr der Jeep ohne Otto wieder vom Hof.

Aus den Volksempfängern knatterten neue Stimmen, englisch und deutsch, mit täglich neuen Nachrichten, Anweisungen und Verordnungen. An Koopmanns Schwarzem Brett hingen wöchentlich neue, zusätzliche Blätter. Die Tommis verhängten Ausgangssperren für die Nacht; bildeten für den Tag Arbeitertrupps und Aufräumkommandos; setzten damit Straßen und Wege wieder instand, so gut es vorerst ging. Spezialkommandos kamen, um die Schienen zu reparieren, Minen zu suchen, Bomben zu entschärfen. Es kam Order, alle restlichen Kanonen und Gewehre zu melden. Auch Tote wurden aus Notgräbern

---

* Pass auf, die Juden kommen zurück. – Da kommen keine zurück. Höchstens ein paar. – Woher willst du das wissen? – Rede ich nicht davon; wisst ihr doch alle. – Ich hatte nie etwas gegen die Juden.

geborgen, zumindest an den Stellen, wo man davon wusste, und auf den Saander Friedhof umgebettet. Manche bekamen ein Kreuz ohne Namen. Die Tommis halfen Verleger Kiesberg dabei, die alte Druckerpresse wieder in Gang zu kriegen, auf denen sie die Blätter drucken konnten, und bald kam, zunächst wöchentlich, die „Neue Westfälische Zeitung". Und sie stellten nur für Wiesken einen eigenen Polizisten ein, Werner Pankratz. Er kam direkt aus britischer Gefangenschaft und sprach ein paar Brocken Englisch. Und ihn würden alle noch gut kennenlernen.

Die Tommis ordneten weitere Zwangswirtschaft an, nur nach anderen Regeln. Anna Hoffkreie hantierte in ihrem Laden mit Aufrufplänen, Lebensmittelkarten, Zuteilungsperioden, Brotabschnitten und Nährmittelrationen. Das Ganze pro Erwachsener, Jugendlicher, Kind, Kleinkind, Kleinstkind, Säugling, Selbstversorgung oder Teilversorgung, Schwerarbeiter, Schwerstarbeiter und Teil-Schwerarbeiter, auch werdende Mütter. Die „öffentliche Bewirtschaftung sei im Interesse einer gerechten Versorgung aller", stand auf einem Merkblatt. In Weelken gingen eine Bäuerin und eine Marktfrau wegen Schwarzschlachtung mit anschließendem Verkauf der Einzelteile für vier Wochen ins Kittchen, wo doch alle glaubten, dass diese Zeit vorbei sei. Schulzendiek musste ein paar hundert Reichsmark für Schwarzbrennerei bezahlen.

Neue Westfälische Zeitung, 13. Juni 1945

Gegen Hamsterer wird eingeschritten. Zivilpersonen aus dem Ruhrgebiet kommen in den Kreis Saande in großen Scharen auf Fahrrädern, um Kartoffeln, Gemüse und andere Lebensmittel zu hamstern. Es besteht die Gefahr, dass die Lebensmittelrationierung so gestört wird, dass schließlich eine Hungersnot zu befürchten ist. Wenn auch im Einzelnen nur kleine Mengen von Lebensmitteln der öffentlichen Bewirtschaftung entzogen werden, wird durch die große Zahl der Hamsterer eine sehr beträchtliche Menge der Allgemeinheit entzogen. Zur Abwehr der Hamsterfahrten werden in Zukunft Fahrräder, Handwagen und andere Transportmittel, die mit Hamsterwaren beladen sind, von der Militärregierung beschlagnahmt.

Eines Morgens sahen Veehdreewer und Kerkhuus einen Jeep langsam, suchend, durch die Pappelallee auf den Draii zufahren. Dort hielt der Wagen einen Augenblick, um dann zum Deepen Grund abzubiegen. „Jetzt holen die Tommis auch alle von der Partei", schoss ihnen die Angst in die Knochen – besorgt um ihre eigenen. Doch es dauerte nur eine Viertelstunde, dann zuckelte der Jeep mit angehängter Kanone, ohne Alois, wieder an ihnen vorbei. Sofort fuhren die Nachbarn zu Alois. „Nein", erklärte er mit einem Schmunzeln, „ich hatte selbst die Kanone gemeldet." Die beiden Kanister mit dem Sprit, die Feldbetten, ebenso die Lederschuhe, die die Soldaten stehen gelassen hatten, hatte Alois den Tommis nicht gezeigt.

Schon eine Woche später hupte ein weiterer Jeep, spät abends kurz vor Beginn der Ausgangssperre, vor dem bereits geschlossenen Gatter. Auf dem Beifahrersitz hatte Bessvaader es sich bequem gemacht; Nelliken saß freudig hechelnd auf seinem Schoß. Niemandem war aufgefallen, dass Bessvaader nach dem Essen noch einmal ins Brook gezogen war. Dort fanden ihn die patrouillierenden Tommis friedlich schlafend unter einer Weide und fuhren ihn nach Hause: „Goodbye Granny", halfen sie dem Alten freundlich aus dem Wagen und fuhren winkend davon. „Nette Lö", sagte Natz, „haben mir gut gefallen."

Sühne

„Jetzt können wir eine eigene Kirche bauen!", erklärte Neufert, eine Woche vor Pfingsten. Auf dem Schulhof sah man ihn von einem zum anderen Ende rennen und zwei Gruppen dirigieren. Die Jungs, darunter Anton, schoben Schutt und Unrat in die Löcher und Gräben; die Mädchen, darunter Luzi, schrubbten das Innere des Schulgebäudes. Natmäker scherte die Hecke. Die Türen zur Turnhalle standen weit auf. Kisten, Säcke und Matratzen wurden hinausgeschleppt und ins Feuer geworfen. Koopmann brachte Kalk zum Weißeln der Wände. Abends lud Schulzendiek einen schweren Eichentisch ab, Veehdreewer brachte Bänke und Stühle, Mathilde Kerkhuus weiße Decken, Mette Gläser und Kännchen. „Fertig ist das schönste Gotteshaus! Jetzt kann der Heilige Geist kommen!"

Am Pfingstmorgen lag blütenweißer Damast auf dem Altar des kleinen Kirchleins, ein hölzernes Standkreuz mit dem silbernen Leib Jesu in der Mitte, beidseitig von Kristallvasen mit Tausendschön umsäumt. Die junge Elisabeth Boesel, von Neufert zur Küsterin ernannt, fegte summend ein letztes Mal durch den Raum, Neufert wischte über das Harmonium. Veehdreewer war schon vor zwei Stunden mit seinem Wagen losgefahren, um den Kanonikus aus Saande für das Hochamt zu holen. Jetzt war es weit nach zehn Uhr, wo blieben sie nur?

Draußen füllte sich der Platz mit Männern und Frauen, die in ihren schwarzen Kleidern mit besorgten Gesichtern zusammenstanden. „Hast du gehört? Heute Nacht? Die Russen waren bei Hellers. Haben die Alten mit einem Gewehr in den Keller geworfen und die Tochter, Maria, oben rangenommen. Liegt jetzt auf Leben und Tod im Krankenhaus. Gnade Gott!"

Endlich kam der Wagen auf den Hof gefahren. Ein Junge sprang herbei und öffnete die Tür. Der Kanonikus, in seinem langen weißen Gewand, stieg aus, schaute mit einem ernsten Nicken kurz über die Menge, bevor er rasch in den Kirchenraum schritt. Man hatte den Geistlichen aus dem Krankenhaus holen müssen, wo er der siebzehnjährigen Maria die letzte Ölung gegeben hatte. Als er sie verließ, atmete sie noch, es bestand Hoffnung. Der Gesang der ersten Pfingstmesse in Wiesken hallte weniger laut, als sie alle es gehofft hatten, dafür schlossen die Fürbitten viele Namen ein, auch Marias. Noch am Abend verstarb sie.

Die Nachricht vom Tod des Mädchens war nur eine von vielen Schreckensmeldungen, die in diesen Wochen von überall herkamen. Die Patjacken und Franzmänner waren schon im Mai verschwunden, mit Rädern, Bussen oder zu Fuß; ihre Wege waren nicht weit. Doch die Polen und Russen, die mit Zügen in ihre Heimat sollten, zogen frei umher. In manchen Orten gründeten die Bauern Bürgerwehren, doch in Wiesken fand sich niemand, um den Kopf herzuhalten. Stattdessen verriegelten alle, so wie Vanwoldts, nachts die Türen umso mehr und Thea und Luzi schliefen erneut bei den Eltern, wo auf Alois' Nachttisch das Beil neben dem Rosenkranz lag. Am Deepen Grund blieben sie verschont. Nicht überall. Bei Groote Ridder fanden sie eines Morgens eine noch röchelnde, mehr tot als lebendige Kuh auf der nahen Hausweide. Aus ihrem Hinterteil waren Fleischstücke herausgeschnitten, daneben lag eine blutverschmierte Säge. Bei Passling hatten besoffene Russen den Alten halb totgeprügelt, anschließend Schinken und Wurst aus dem Keller geholt. Damit nicht genug: In Fürstenfeld erschossen sie den jungen Hoogenkamp, der mit drei anderen auf Streife war. Mitten in der Nacht, die Eltern schliefen, fuhren die Nachbarn seine Leiche mit einer Schubkarre auf den Hof, von dem bereits mehrere Söhne in den Krieg gezogen und nicht zurückgekehrt waren.

„Nehmet an das Leiden – als Sühne!", hatten Geistliche in den Hochämtern gepredigt. Hoogenkamps waren fromme Leute, hatten nie Fremdarbeiter für sich arbeiten lassen, stattdessen eine junge Mutter mit zwei Kindern aus Ostpreußen bei sich aufgenommen.

Neue Westfälische Zeitung, 8. Juni 1945

Der Papst über das Unheil des Nationalsozialismus
Möge der gerechte Richter Deutschlands Leiden als Sühne für das begangene Unrecht ansehen. Möge das deutsche Volk sich aus dem Abgrund erheben und in Demut den rechten Weg finden! So rief der Papst dem deutschen Volk am 2. Juni in einer Ansprache an das Kardinalskollegium zu. Unsere Gedanken wenden sich wehmütig zurück zu der Zeit, als die Welt noch in Frieden lebte, wenngleich

es ein recht unsicherer Frieden war. Wie betäubt blickt die Welt auf die Trümmerfelder. Die Kirche hatte versucht, gegen die teuflische Erscheinung des Nazismus einen Schutzwall zu bilden.

Die Verfolgung der Kirche. Der Heilige Vater wies auf das auf Einladung der deutschen Regierung abgeschlossene Konkordat von 1933 hin. Die Kirche knüpfte keine großen Erwartungen an das Konkordat. Wir mussten aber erleben, dass der Kampf gegen die Kirche immer bitterer wurde. Wir erlebten eine immer wachsende Verfolgung und Unterdrückung katholischer Schulen, Zwangseinreihung der Jugend in Parteiverbände und Vergewaltigung der Gewissen. Jetzt erst ermessen wir das Ausmaß der Leiden der katholischen Kirche unter dem Nationalsozialismus. 2900 polnische Priester waren in Dachau interniert gewesen. Im April waren noch 816 am Leben. Ebenso litten die Katholiken der besetzten Gebiete Luxemburgs, Frankreichs und Belgiens für ihren Glauben.

Es gab auch die anderen, Polen und Russen, die bleiben wollten, von denen man wusste, dass sie niemandem ein Haar gekrümmt hatten. Auch sie mussten sich verstecken. Und manchmal schien es nicht leicht, die einen von den anderen zu unterscheiden. Tag und Nacht liefen, fuhren und huschten Menschen und Gestalten über die Wege, Wiesen, Felder und Wälder, sammelten sogar Pferdeäpfel und Kuhfladen ein – das wenige, was man noch ungestraft mitnehmen konnte.

Schön Land

Stotternd und ruckelnd brummte der Lastwagen laut los, endlich. Berni reckte Kopf und Nase gegen den Fahrtwind – Richtung Südwesten – der schon wärmenden Sonne zu, den Plöner See im Rücken. Nur einen Moment schloss er die Augen, sog die frische Luft ein, einen wohlbekannten, fast vergessenen Duft: süßer Holunder vermengt mit frischem Heu. Ein noch unsicheres Lächeln, eher ein Zittern der Lippen, bemächtigte sich seiner. Ein letztes Mal ließ er den Blick gen Osten schweifen. In Richtung des schönen Mecklenburger Seenlandes, in dessen Wäldern und Sümpfen er die letzten Monate des Krieges – hungernd und frierend, mit juckenden Läusen im eigenen Pelz – in irgendwelchen Schuppen oder Gräben auf nackter, nasser Erde gehaust und gedarbt hatte. Wo jetzt viele seiner Kameraden bei den Russen waren, und irgendwo sein Bruder. Berni trug noch seine Uniform, sogar den schweren Mantel, der ihm im Winter das Leben gerettet hatte. Die Abzeichen, Adler und Kreuz, hatte er selbst abgerissen. Er war kein Soldat der Wehrmacht mehr, sondern britischer Kriegsgefangener. Und empfand es als Glück. Freude konnte er trotzdem nicht empfinden. Kaum merklich hob er die Hand zum Gruß; er galt seinem Bruder Franz.

Es schien eine Ewigkeit her zu sein, obwohl es nur ein paar Wochen gewesen sein konnten. Peter, sein Kamerad aus Düsseldorf, war auf der anderen Seite der Elbe geblieben, im russischen Gefangenenlager, wo sie drei Tage in einem Versteck zwischen den Donnerbalken auf den richtigen Moment zur Flucht gewartet hatten; Peter bereits im Delirium vor Hunger, Durst, Gestank und Angst, Berni kurz davor. Die Russen hatten Tag und Nacht patrouilliert. „Hitler mertv! Hitler mertv!", hatten sie am dritten Tag gesagt, ein Wort, das sie kannten: tot. Am Abend hatten die Russen mit Gesang und Schnaps gefeiert, nur zwei hatten sie zur Patrouille abgestellt. Es war Bodennebel und Berni konnte im Grau die dunklen Stiefel zum Donnerbalken gehen sehen; das Gewehr stellte der Russe ab. „Komm!", flüsterte Berni seinem Kameraden zu, mehrere Male, „Komm! Jetzt!", und war dann doch allein unter den Zaun gerobbt. Und danach von einem Erdloch ins nächste gekrochen, ein Stück durch einen Bach und Schlamm, damit die Hunde ihn nicht riechen würden. Eines Nachts war die Brücke vor ihm aufgetaucht, und irgendwann, er hatte das Zeitgefühl verloren, war er von einem schweren Stoß auf seinem Rücken wieder aufgewacht. Es war der Militärstiefel eines Amerikaners. Mit einem Gewehrkolben hob ein anderer sein Gesicht an, aus dem Schlamm. Berni hob die Lider. Der Morgen graute, als sie ihn hinter einen Stacheldraht auf ein großes Gelände zu all den anderen führten. Zu Tausenden lagen und hockten sie stumm auf dem nackten Boden, manche mit einem Brett, einer Decke oder Plane unter oder über sich, doch die meisten mit nichts mehr als ihrer verdreckten Uniform. Niemand nahm Notiz von Berni, als die Amis ihn in die Masse schoben. Es stank erbärmlich. Am Rand sah er den Donnerbalken über einer Grube und zwei Männer mit heruntergezogenen Hosen darauf. Der eine schien Mühe zu haben, sich auf dem Holz zu halten. „Hey, pass auf!", stieß ein Nachbar Berni an. Die Hand vor dem Mund stürzte er zum Balken und entleerte sich, gerade noch rechtzeitig, am Rande. Irgendwo, egal wo, legte er sich zwischen seine Kameraden, oder solche, die es einmal gewesen waren – und schlief ein. Ein Tumult am Zaun weckte ihn. Die Amis warfen Brotlaibe darüber, Tanklaster verteilten Wasser aus Schläuchen in Tassen. Berni ergatterte einen Kanten und eine Blechtasse. Am zweiten Tag bekam er eine Plastikplane, doch als er morgens vor Kälte aufwachte, war sie fort. Am dritten Tag führten die Amerikaner drei deutsche Offiziere auf das Gelände, davon einer noch mit einem SS-Abzeichen am Oberärmel. Es ging schnell. Die Amis ließen alle drei niederknien -

und knallten sie von hinten ab. Wie Sandsäcke klappten die Körper zusammen. Am Abend fiel von dem Donnerbalken ein Gefangener, vielleicht ohnmächtig, in die Scheiße; ein Ami schoss hinterher.

„Bei den Tommis ist es besser, die Briten sind nicht weit", wussten zwei deutsche Kameraden. „Besser wir schaffen es dorthin, bevor wir auch vom Balken in die Scheiße fallen." Schon in der Nacht darauf kroch Berni mit zwei Weiteren erneut durch Gras und Unterholz. In einem Wald warteten sie, bis sie auf der Straße britische Truppen sahen und liefen, nein, stolperten mit erhobenen Händen auf sie zu. Erst im Lager erfuhren sie: Es war der achte Mai. Bei den Tommis gab es Decken und heißen Tee. In der Schlange kam ein Kamerad mit einem blutverschmierten Verband um den Kopf in schlackernden Hosen um den dürren Körper auf Berni zu. „Berni, bist du das?", fragte er. „Erkennst du mich nicht? Ich bin Gerrit, Gerrit Schulzendiek aus Wiesken!" In einem gelben Gesicht glänzten fiebrige Augen, gegenseitiges Lachen und Schulterklopfen: „Mensch, Gerrit!" Die Briten verteilten Kohletabletten gegen Typhus und Ruhr. Viele begruben sie auf dem Lagerfriedhof.

Das alles war Vergangenheit. Sie lebten und wollten weiterleben, und zwar in der Heimat. Saßen auf dem Laster in die richtige Richtung. Berni drehte den Kopf wieder dem Fahrtwind und der Heimat zu. Mit einem Griff in die innere Jackentasche vergewisserte er sich, dass Peters Zettel noch am Platz war. Für den Fall der Fälle hatten sie gegenseitig die Adressen der Eltern ausgetauscht. Mit zwei Dutzend Kameraden saß Berni auf dem offenen Lastwagen, Teil eines kleinen Konvois, ein britischer Soldat mit einer Pistole im Gürtel direkt neben ihm. Gerrit hockte, mit seinem fiebrigen Kopf auf den angewinkelten Knien, am hinteren Ende. Schweigsam verharrten die Männer auf dem harten Boden der klappernden Ladefläche, die ihre steifen Knochen und wunden Mägen mit jedem der vielen Schlaglöcher wieder und wieder durcheinanderrüttelte. Niemand trällerte ein „Alte Kameraden", oder „Schwarzbraun ist die Haselnuss", so wie sie es auf den Lastern der Wehrmacht auf dem Weg nach Osten noch getan hatten. Das Einzige, was sie nun noch von sich gaben, war ein: „Stop for shit!", unmittelbar gefolgt von einem plötzlichen Halt und Herunterfallen der Hinterklappe. Ein paar Männer sprangen, manche die Hosen schon halb heruntergezogen, ins Gebüsch. Bis zum nächsten „Stop for shit!"

Grüne Wälder und satte Weiden, sanfte Bergrücken und weite Auen, grasende Kühe und adrette Fachwerkhäuser zogen an ihnen vorbei. Frisch abgemähte Wiesen mit fettem Heu auf hohen Böcken, dazwischen beladene Fuhrgespanne hinter rotbraunen Ackergäulen, auf deren breiten Rücken stolze Kinder saßen, während Männer mit Forken das Heu nach oben zu den Frauen auf die Fuder steckten. Ein schwarzer Hund wachte, mit gespitzten Ohren, neben einem hellen Kinderwagen, sah den Seinen bei der Arbeit zu. An den dicht behangenen Kirschbäumen standen lange Leitern, Mädchen in bunten Kleidern und Jungen in kurzen Hosen liefen barfuß mit gefüllten Körben umher.

Berni schlief ein. Dunkle Wolken zogen am rechten Waldhang auf. Rasch verdüsterten sie Himmel und Erde. Auf einer Anhöhe erschien, gewaltig, das Denkmal von Hermann dem Cherusker. Als plötzlich ein lautes Grollen und Donnern durch die Luft krachte, sich ein blendender Spalt im grauen Himmel auftat, aus dem ein schlohweißer Blitz direkt zum Arm des Cheruskers fuhr und ihm das Schwert in seiner Hand abschlug. Krachend zerschellte der Beton, nun auch die ganze Figur zu Boden. Jetzt stand nur noch ein riesiges Kreuz, oder war es ein Galgen? Berni zuckte zusammen, hob die schweren Lider, doch sie fielen wieder zu. Eine lose Truppe verschmutzter Soldaten in abgewetzter Uniform rastete auf freiem Feld. Eine Gruppe graugesichtiger Männer in zerlumpten Hosen und Kitteln lief stumm vorbei, die kahlgeschorenen Schädel nach unten auf ihre nackten Füße gerichtet. Ein Stück weiter drei Kirschbäume, in denen statt roter Früchte weiße Leichen hingen, behängt mit Schildern, „Verräter!" stand darauf, oder waren es Judensterne? Die Straßen wurden zu Wegen, die Wege zu Schlamm, der Lastwagen blieb im Morast stecken. Motoren heulten auf, eine Klappe schlug krachend gegen Metall.

Er wachte auf. Auf einem Hof, hinter dem Gatter, standen zwei junge Frauen mit offenen, lockigen, braunen Haaren, lachten und winkten. Einige auf dem Laster winkten zurück, auch der britische Soldat.

„Schön Land, schön Land", nickte der Tommi Berni grinsend zu. Dann machte er einen langen Zug an seiner weißen Zigarette und blies den Rauchkringel langsam nach oben aus: „All Nazis, all Nazis. Auschwitz, Bergen-Belsen."

Der Konvoi kam nur noch langsam voran. Überall kreuz und quer, aus allen Richtungen und in alle Richtungen, schoben sich Lastwagen, Jeeps, sogar einige Panzer, Autos, Räder und Pferdegespanne, mancherorts an Ruinen und Trümmerhaufen vorbei.

Ein Schimmel, fast wie Alba, zog einen mit Möbeln und Bündeln geladenen Karren, obenauf zwei gekrümmte Alte. Eimer, Körbe und Käfige mit Hühnern baumelten an den Seiten, Frauen und Kinder liefen nebenher, manche mit einer Kuh im Schlepptau, ein tippelnder Hund am Ende des armseligen Trosses. Langsam zogen sie alle am sanften Bergrücken des Teutoburger Waldes vorbei. Der Lastwagen hielt an einem Bahnhof. Von dort ging es ein Stück in einem Güterwaggon weiter, dann wieder auf einem Lastwagen. Nach ein paar Tagen erreichten sie das Lager in Velen. In einer langen Schlange stellten sie sich vor einem Tisch auf, fast wie damals, bei der Musterung. Auch dieses Mal bekam jeder von ihnen ein kleines Heftchen mit Stempeln darauf.

Certificate of Discharge – Entlassungsschein – from Heer. Medical Category – Tauglichkeitsgrad: fit. Vom Heer entlassen am: 7.06.45 (in Eutin). Allied Expeditionary Force Office.

Velen 14.6.45

Die Alliierte Militärbehörde teilte den britischen Kriegsgefangenen Bernhard Vanwoldt dem Landwirt Alois Vanwoldt als Landarbeiter zu. In die Hand drückten sie ihm Lebensmittelkarten. Auf dem „Merkblatt für zur Landarbeit entlassene deutsche Kriegsgefangene“ stand der Name Churchill. Darunter: „Totale Niederlage. Deutschland ist vernichtend geschlagen – militärisch, politisch und sozial“, und eine paar Zeilen weiter: „Deutschland führt nie wieder Krieg“.

Heimkehr

Die letzten fünfzehn Kilometer liefen Berni und Gerrit gemeinsam nach Wiesken, manchmal schafften sie eine halbe Stunde am Stück, bevor sie eine Pause einlegen mussten. Gerrit standen Schweißperlen auf der Stirn, abwechselnd schwitzte und fröstelte er, trotz der Juniwärme. Ein Bauer nahm sie ein Stück auf der Karre mit. An der Abzweigung des Wieskener Kriegerehrenmals trennten sie sich, mit einem Klopfen auf die Schultern: „Good goan!“

Die rote Sonne war gerade hinter Klümpers Eichen verschwunden, einzelne Strahlen blinzelten noch durch das dichte Laub, ein paar Schwalben stürzten tief und schnellten wieder hoch. Berni hob leise das Gatter, schlüpfte hindurch und schloss es wieder. Heuduft mischte sich mit Tabakgeruch. Berni fand seinen Vater in der Timmerkaamer, wo er sorgfältig eine dicke Schicht brauner Blätter auf Tabletts neu sortierte. Alois presste die Lippen zusammen, der spitz gewordene Kehlkopf hüpfte heftig rauf und runter. Vor ihm stand ein blasser, magerer junger Mann, der Mühe hatte, sich länger auf den Beinen zu halten.

„Junge! Kommst genau richtig! Kannst mit mir die erste neue Zigarette probieren.“ Nelliken kam kläffend und schwanzwedelnd angerannt. „Nein, Vaader, das Rauchen und Trinken habe ich anderen überlassen.“ In der Küche verstummte das Klappern des Butterfasses. Jetzt stand Soffi in der offenen Tür und wischte sich die Hände an der Schürze ab: „Junge!“

Erst später, als sie alle in der Stube saßen, holte Soffi den letzten Brief von Franz hervor. „Weißt du etwas?“, fragte sie, „hast du etwas gehört, oder die Kameraden vielleicht.“ Berni zögerte. „Nein, nichts gehört. Ihr?“ Für einen Augenblick war es sehr still im Raum, in dem es kurz zuvor noch aufgeregt zugegangen war. „Er wird vielleicht verwundet oder in Gefangenschaft sein“, sagte Soffi. „Ja, vielleicht, lass uns beten und hoffen!“ Gerd und Anton wollten wissen: „Wie viele Flugzeuge hast du abgeschossen?“, doch Berni zuckte die

Schultern. Er ging früh schlafen. „Loat üm tied. Loat üm in Ruhe", ermahnte Alois sie alle. Er brauchte Zeit. Er wusste, wovon er sprach.

Am nächsten Morgen legte Luzi einen Blumenkranz um Bernis Teller, Thea schmierte Butter auf frischen Rosinenstuten. Gerd schob eine selbst mit Bleistift gezeichnete Ansicht vom Deepen Grund dazu. Anton hatte ein besonderes Geschenk: „Extra für dich aufgehoben und frisch gewienert. Hoffentlich passen sie." Es waren die Stiefel, die die einquartieren Soldaten zurückgelassen hatten. Berni probierte die Schuhe an, sie passten wunderbar! „Damit kannst du bald wieder tanzen gehen." Bessvaader hatte vom Sessel aus zugeschaut: „Und mit mir zu Wilkes gehen, auf meinen tapferen Patensohn anstoßen!" Zur Ermahnung hob er seinen Finger. „Das muss noch warten", lächelte Berni zurück, „für mich erst einmal nur verdünnte Milch, Kamillentee und Kohle." Am Mittag kamen Natmäkers und Floiters mit der Ziehharmonika und brachten ein Ständchen. Die kleine Feier dauerte nicht lange, denn schon kam ein Junge mit einer furchtbaren Nachricht angefahren. Gerrit Schulzendiek war am frühen Morgen nach nur einer Nacht in seinem alten Bett gestorben. Seine Mutter hatte ihm zur Begrüßung fette Bratkartoffeln, Speck und Eier, einen Schnaps dazu, serviert.

Berni schlief wieder mit den Brüdern in der alten Jungskammer, Gerd und Anton in dem einen Bett, Berni in dem anderen, welches er früher mit Franz geteilt hatte. „Wie viele Flugzeuge hast du abgeschossen", fragten sie erneut, doch Berni drehte sich um: „Bin müde, ein anderes Mal." Manchmal mussten die Brüder ihn wecken, wenn er im Schlaf zu wimmern und zu schreien begann „Du träumst! Du bist zu Hause!", rüttelten sie ihn dann wach. Mitte Juli las Berni in der Zeitung:

> *Die deutschen Gefangenen kommen zurück, die Fremdarbeiter fahren wieder in ihre Heimatländer. 5,8 Millionen Fremdarbeiter waren noch Anfang Mai in Deutschland. Von dieser gewaltigen Zahl wurden bis zum 2. Juli 3,3 Millionen in Heimatländer zurückbefördert. Man hofft, die Frage bis zum Herbst endgültig lösen zu können.*

Ein weiterer von Bernis alten Kameraden, Peter, nun russischer Gefangener, hockte zu dieser Zeit in einem Güterwaggon auf dem Weg nach Sibirien.

Alois und Berni sah man abends über die Felder und durchs Brook laufen. Der Ältere mit Strohhut und Pfeife im Mund, der Jüngere mit einem Stöckchen in der Hand, das er dann und wann Nelliken zuwarf. Die Kartoffeln hinter dem Haus standen nicht schlecht, nur musste man jeden Morgen Kartoffelkäfer absuchen. Roggen und Hafer würden nur ein paar Säcke bringen, dafür sah der Buchweizen besser aus. Gerste hatte Alois nicht gesät, brauchte zu viel Dünger. Das Feld hinten im Näske hatte er gar nicht erst bestellt, es fehlte an

Saatkartoffeln und außerdem hätte das Volk, das nachts um die Felder strich, sie dort hinten, fern des Hofes, grün ausgebuddelt. In Soffis Garten kletterten die Bohnen an den Stangen in die Höhe, so als wäre alles wie immer, und die Pflaumenbäume trugen vielversprechend. Die roten Johannisbeeren hingen in dicken, noch grünen Rispen – mit Klapperbüchsen gegen Dohlen geschützt. Doch längst bevor sie reif waren, pflückten andere Diebe sie; eines Morgens war der Strauch ratzekahl leer. Doch das waren nicht die größten Sorgen.

Von Franz kam keine Nachricht. Soffi holte das Wägelchen, das er einmal für Ferkel Maxe gebastelt hatte, aus dem Holzschuppen, ließ Alois ein Dreibein aus Birkenholz daruntersetzen und pflanzte rote Bartnelken hinein. Über den Blumenkasten, erklärte sie, würde Franz sich nach seiner Rückkehr freuen. Und als die Weseler Cousine kam, um Berni zu begrüßen und ein Foto von ihm zu machen, schlug Agnes vor, dass sich alle um den Blumenkasten herumstellten, dann sei die ganze Familie drauf.

Foto: Ganz vorn in erster Reihe strahlen Anton und Gerd, beide in kurzen Hosen, die Hände grinsend um die Hosenträger gelegt. Daneben, einander eingehakt, kichern Luzi und Thea, die Jüngere mit Zöpfen, die Ältere mit schulterlang geschnittenem Haar, beide in wadenlangen Kleidern und Söckchen. In der zweiten Reihe lächelt Alois unter seinem Sonntagshut, im Dreiteiler und Schlips, daneben Soffi in ihrem knöchellangen dunklen Kleid, ernst. Berni würde man beinahe übersehen, und die Fotografin hatte wohl nicht aufgepasst. Denn er, der Ehrengast, steht hinten allein in dritter Reihe, das Gesicht von einem Baum verschattet. Aber den langen Hals, der aus dem offenen, weiten Hemd ragt, den sieht man, auch die tiefliegenden Augen erkennt man noch. Schon eine Woche später kam der Abzug per Post. Soffi warf nur einen kurzen Blick darauf: „Da fehlt einer", und schob das Bild weg. Alois zeigte es den anderen, dann legte er es in das Zigarrenkistchen zu den wenigen anderen Fotos.

Aufräumen

Dass sich die Erde einfach weiterdreht, dass das Leben nicht nur einfach weitergeht, sondern auch gelebt werden will, dass Arbeit einen auf andere Gedanken bringt – das waren alte Lebensweisheiten. Auch, dass Sühne und Buße dabei halfen.

Nach und nach warfen sie im Floiterhook die Gräben und Löcher zu. Den großen Bunker im Hook ließ man noch – für alle Fälle. Gegenseitig half man sich wieder auf den Feldern, stand am Draii oder Steen auf ein Pfeifchen zusammen. Und nach und nach hörte man wieder ein Lachen, und an manchen Abenden wehte Tanzmusik von den Tennen der Nachbarschaft auf den Deepen Grund. „Willst du da nicht hingehen?", fragte Alois. Manchmal, an den Sonntagen, lief Berni hinüber, trank Saft und war nach zwei Stunden wieder zurück.

Pankratz, der neue Polizist, fuhr gelegentlich vorbei, um nach dem Rechten zu sehen. Hielt sich ein wenig auf, setzte sich wortkarg auf den Kuhtrog und fuhr weiter. In seiner Uniform, die Schirmmütze nach oben gestellt, knatterte er überall mit Motorrad und Beiwagen – manchmal mit einem zugedeckten Korb, mal mit einem angeketteten Delinquenten darin – über Wieskens Straßen, Wege und Pfade. Mittags machte er ausgiebige Pausen bei einem der großen Bauern. Er war Junggeselle, hatte die meiste Zeit des Krieges als Soldat in Frankreich und dann als Gefangener in England verbracht. Mit seiner Mutter, Kriegerwitwe und Ausgebombte aus Bottrop, hatten die Tommis ihn oben bei Evi Kraane in zwei Zimmern mit Blick auf den Bahnhof und das ganze Geschehen rundherum einquartiert. Er hatte hervorstehende, kleine Augen in einem breiten Gesicht, war hager, was, vorläufig, seinen gedrungenen Körper wettmachte, der auf leichten O-Beinen stand. „Aber flink wie ein Wiesel!" – das sahen sofort alle.

Mathilde Kerkhuus war die Erste im Hook, die das Autofahren erlernte. In einem seltsamen Gefährt, einer Mischung aus Jeep, Traktor und Mercedes, saß sie auf einem hohen Sitz hinter einem hohen Steuer. Zusammen mit ihrer weißen Schürze und einem weißen Käppi, das sie auf den Fahrten ins Ruhrgebiet zu ihren bedürftigen Verwandten – von denen vorher niemand etwas gehört hatte – trug, verschaffte sie sich bei den zahlreichen Kontrollposten unterwegs Respekt. Unter den beiden Reserverädern hielt sie, auf dem Hinweg, Weckgläser versteckt. Auf dem Rückweg lag dort Silber und Kristall.

Auch an Koopmanns alter Rampe war wieder leidlich Verkehr. Zwar hatten die wenigen Gespanne und Traktoren wenig zu kaufen oder verkaufen, aber immer konnte man dort Neues erfahren. Die Tommis luden auf dem alten Platz zur Versammlung ein. An zwei Tischen vor der Rampe saß mittig ein britischer Offizier, zwei deutsche Männer vom Amt erklärten:

„Die Militärregierung hofft, dass die Milchleistung bald wieder steigt. Mit frischem Gras und Heu kommt wieder mehr Fett. Aber wir müssen ehrlich sein: Wir rechnen mit einer ernsten Lage der Ernährung im kommenden Winter im Ruhrgebiet. Die Wehrmacht hat in Russland und Polen ganze Dörfer und Speicher verbrannt, Felder und Wiesen sind verwüstet und liegen brach! Daher wird sich Russland im deutschen Osten versorgen. Das heißt, dass auch weniger Saatgut vorhanden sein wird. Wir haben keine Vorräte an Kunstdünger mehr. Es wird lange dauern, bis genügend Getreide, selbst für euch Bauern, wieder auf den Feldern steht."

Statt deutscher Neubauern, waren jetzt die Bolschewiken im Osten.

Irgendwann im Sommer rollten die ersten Züge, beladen mit Granaten, Kisten voller Munition, auch Panzern und Kanonen der Aliierten nach Westen. Auf manchen saßen rückkehrende Soldaten oder Männer und Kinder mit Köfferchen. In die andere Richtung, nach Osten, fuhren ganze Waggons voller polnischer und russischer – ehemaliger – Fremdarbeiter. Auch Joschi, der Milchwagenfahrer, saß unter ihnen. Mit Tränen in den Augen.

Neufert verfasste einen Brief an den Landrat mit Abschrift an die britische Kommandantur – eine lange Mängelliste nach all den Verwüstungen – und bat um baldige gemeinsame Begehung. Nach den Kartoffelferien konnte er, gemeinsam mit Fräulein Marten und einer Aushilfskraft, den geregelten Unterricht, in doppelten Schichten, in der notdürftig wieder hergerichteten Schule wieder aufnehmen. „Wir sind jetzt 160 Kinder, 30 davon Vertriebene!", schrieb er auf. „In unseren Wohnungen haben wir zwei notdürftigen Familien aus dem Osten Quartier gegeben." Die Kleineren, beklagte sich Fräulein Marten, mussten erst wieder lernen stillzusitzen, zu lang war die Auszeit gewesen, doch das war nicht das Schlimmste. „Der nazistische Geist muss wieder ausgerottet werden!", verkündete der neue Schulrat, nur neue Bücher gab es noch nicht.

Der letzte Brief

An einem Freitag brachte Geerdes einen Brief, sorgfältig in geradliniger deutscher Schrift geschrieben:

Bagband, 10. September 1945

Liebe Familie Vanwoldt,

als ehemaliger Zugführer und Kamerad Ihres Sohnes möchte ich Ihnen Nachricht über sein Schicksal zukommen lassen. Da ich im Augenblick nicht in meine Heimat zurückkann, bin ich seit einigen Tagen hier in Bagband. Ihre liebe Karte an die Familie Heyen habe ich gelesen und fühle mich jetzt verpflichtet, Sie genau zu unterrichten. Beim Angriff am 14.2. zwischen Blumenstein und Halberstadt (Marienburg) ist Ihr Sohn durch einen Lungenschuss verwundet worden, während er einen anderen Kameraden aus der Hauptkampflinie zurück zum Verbandsplatz bringen wollte. Ihr Sohn ist kurz nach seiner eigenen Verwundung ins Lazarett Neuerleich (Marienburg) eingeliefert worden. Einige Tage später erhielten wir die traurige Mitteilung, dass unser Kamerad Franz noch am gleichen Tag an seiner schweren Verwundung gestorben ist. Leider kann ich Ihnen keine näheren Angaben über seine Ruhestätte machen. Wahrscheinlich ist er in Neuerleich beigesetzt. Schweren Herzens habe ich diese Zeilen niedergeschrieben, da Franz uns immer ein guter und lieber Kamerad war. Auch ich möchte mein herzliches

Beileid aussprechen. Möge der Herrgott Ihnen die Kraft geben, das schwere Schicksal tragen zu helfen. Ihnen sowie Ihren Angehörigen wünsche ich alles Gute und grüße Sie herzlich, Ihr Karl Neubauer

Der junge Natmäker sagte die Groowe an. In der Stube standen die Stühle und Bänke rund um den ovalen Tisch in zwei Reihen, während die Nachbarfrauen abwechselnd den Rosenkranz vorbeteten. Sie hatten traurige Übung darin; die einzelnen Worte waren schon lange nicht mehr zu verstehen, flossen in ein beständiges, mal leiseres, mal lauteres Gemurmel ein. Die Totenmesse, die der Kanonikus im neuen Kirchlein hielt, war ohne Sarg. Auf dem provisorischen Altar in der Turnhalle, wo Franz zehn Jahre zuvor über Böcke gesprungen war, stand sein gerahmtes Foto zwischen zwei Sträußen bunt leuchtender Dahlien. „Wenn du nich mehr proaten kass hölp bäden"*, hieß es, aber manche konnten – oder wollten – auch das nicht mehr.

Für diese Welt ist er untergegangen, aber aufgegangen bei Christus. Wir trauern zwar, dass er nicht mehr unter uns weilt. Doch danken wir Gott, dass er unser war, mehr noch, dass er unser ist! Denn alles lebt dem lieben Gott, und wer immer heimkehrt zum Herrn, bleibt in der Gemeinschaft der Familie und ist nur vorausgegangen. Du hast ihn uns gegeben, o Herr, und er war unser Glück. Du hast ihn uns genommen und wir geben ihn dir ohne Murren zurück, aber das Herz ist voll Wehmut. Gedenket in christlicher Liebe und im Gebete des gefallenen Soldaten, Franz Vanwoldt.

1. Juni 1927 in Wiesken –. Februar 1945. Er ist bei Marienburg im jugendlichen Alter von 17 Jahren gefallen, während er einen Kameraden zum Lazarett brachte und dort auch selbst gestorben. Seinen Eltern war er in seltener Liebe zugetan. Uns tröstet nur die Gewissheit, ihn in der Ewigkeit wiederzusehen.

An Allerheiligen hing ein großer Glasrahmen, umrandet von einer eichenen Leiste, vorn in der Kapelle. Innen war ein weißer Karton, auf dem Mette Neufert in ihrer eleganten Schrift alle Namen der Gefallenen verzeichnet hatte, „an der Front und in der Heimat". Es waren genau hundert, darunter acht junge Frauen, aus dem Floiterhook sechs. Boesel, Kerkhuus, Klümper, Neufert, Natmäker, Vanwoldt. In einem extra Rahmen waren weitere acht Fotos zu sehen: „Wir warten auf euch." Das waren die, die noch vermisst oder in Gefangenschaft waren.

---

* Wenn du nicht mehr sprechen kannst, hilft beten.

Berni fuhr im November in seiner grauen Uniform zur Kommandantur, den Ausweis „Kriegsgefangener“ in der Tasche. Es war eine kurze Prozedur. Zwei Offiziere saßen am Tisch, der eine schaute zweimal abwechselnd auf den Ausweis und auf Berni, der andere knallte den Stempel – „bumm, bumm!“ – vom Tintenkissen aufs Papier. „Hier unterschreiben!“ Rasch nahm Berni den Füllfederhalter. Am Deepen Grund färbte Tante Joseffi in den Tagen danach gut erhaltenen braunen Stoff zu dunkelblau und schneiderte neue Jacken und Hosen daraus. Revers und Taschen nähte sie aus grünem Loden; es stand Berni und Anton ausgezeichnet.

Einige der früher Hundertfünfzigprozentigen, auch aus Leiden und Weelken, fuhren in neuen Anzügen mit ihren Rädern und Wagen von Hof zu Hof. Lächelnd, mit hochrotem Kopf, hielten sie ein Blatt, das sie von der britischen Kommandantur erhalten hatten, zur Unterschrift hin. Einer belegte anhand verschiedenster Fälle, dass er das Übelste verhindert habe: „Jawoll! Ohne mich wäre es noch schlimmer gekommen! Habt ja alle keine Ahnung gehabt!“ Ein anderer jammerte unter Tränen, er sei selbst ein ständig bedrohtes Opfer gewesen. Bis ihm Mathilde, mitten auf dem Hof, eine schallende Ohrfeige erteilte: „Wolltest damals mit meiner Tochter ins Heu. Damit sie mich nicht verrät. Ha! Bloss Hande woärmen!“* Und er konnte nur froh sein, dass der alte Kerkhuus gerade nicht da war. Einer der Großen fuhr mit Wildbret im Kofferraum zu den Kleinen herum: „Waren nicht alle dabei?“ – und wurde den Braten schlecht los. Einige unterschrieben und nahmen. Nicht alle bekamen ihre Listen voll, und einer, den alle kannten, blieb ein Jahr weg. Um nach Rückkehr genau wieder dort anzufangen, wo er aufgehört hatte. Aus dem Floiterhook, um das auch zu sagen, sammelte niemand Unterschriften für den Persilschein ein.

Zu Weihnachten bestellte Alois bei Möllers einen großen Abzug von Franz‘ Foto mit hellem Passepartout und fertigte selbst einen breiten Holzrahmen dafür. An Heiligabend hing das Bild in der Stube neben dem geschmückten Tannenbaum an der Wand. „Jetzt ist er wieder bei uns“, drückte Alois die Hand seiner Frau. Tatsächlich huschte ein Lächeln über Soffis Gesicht. „Ja, weißer Reis mit Zimt und Zucker, Sand vom Berg, das hätte ihm auch geschmeckt.“

Zwischen den Jahren leerte Alois in der Stube sein kleines Fach; ein paar Reste, die zurückgeblieben waren, alte Kuverts, die sich irgendwo versteckt hatten. Und warf es ins Feuer. Die einsame Klapperbüchse vom Winterhilfs-

---

* Hände wärmen. (Ausdruck für körperliche Belästigung, an den Körper, an den Busen fassen.)

werk bekam der Schrotthändler. Zu Neujahr 1946 riss Alois alle Türe und Tore auf, obwohl ein kalter Wind wehte. „Lass uns frische Luft reinlassen.“

Neufert holte zur selben Zeit seine Notizen wieder hervor. Lange hatte das Heft versteckt unter einer Holzdiele gelegen. Er blätterte alles durch, ein paar Seiten schnitt er mit der Rasierklinge sorgfältig heraus. Hier und da fügte er einen Satz oder ein paar Worte hinzu, „nur unter Druck der Partei geschehen“. Er schrieb es in lateinischer, nicht mehr, wie vorher, in deutscher Schrift. Zwischen den Jahren fasste auch er die Geschehnisse des letzten Jahres für die Nachwelt noch einmal neu zusammen.

> *Die Parteiführung hat auch in Wiesken zu Jahresbeginn 1945 zum Volkssturm aufgerufen, trat jedoch nicht in Tätigkeit. Wozu auch? Was noch retten? Wir waren uns einig, wir hätten alles Blutvergießen nur verlängert. Wenn Sie dies in späteren Jahren lesen, so denken Sie nicht, wir hätten keine Vaterlandsliebe gehabt und die Religion wäre ganz ausgelöscht! Wir haben alle Jahre gewusst, dass es ein Wahnsinn war. Darum waren viele kein Parteimitglied. Der Bauer bestellte alsbald wieder sein Feld – aber wo blieben die Herren von der Partei? Sie sind alle geflohen, manche haben sich selbst erledigt oder andere haben es getan. Das Schicksal hat sie alle erreicht!*

Evi Kraane verpachtete im neuen Jahr die Wirtschaft, vielmehr das, was davon übrig war, an ihre Nichte Edda und deren Mann Frieder, gerade aus dem Krieg zurückgekehrt. Oben wohnte Pankratz, hinten im Saal waren weitere Ausgebombte einquartiert. Gemeinsam schichteten sie im Hinterhof Reisig auf und warfen nach und nach das „olle Gerümpel und die rooden Plodden“ rein. Es brannte schlecht. Zu Neujahr lagen gelbe Decken auf den Tischen. Darauf servierte Edda Pfefferminztee und heißen Apfelsaft. Unter der Theke stand Selbstgebrannter, und für besondere Gäste gab es ein neues Getränk: Whiskey. Doch mit dem zahlenden Verkehr sollte es noch lange dauern. Eher fragte ein Hamsterer oder einer der Flüchtlinge nach einem Teller Suppe oder einem Glas Wasser. Edda hatte einen großen Topf in der Hinterküche stehen, und jeder, solange sie etwas hatte, bekam eine Kelle daraus. Die Flüchtlinge wohnten in den neuen Holzbaracken am Bahndamm. Die kleinen Öfen, die darinstanden, hatten wenig gegen den scharfen Wind aus den Ritzen auszurichten, und die karge Ausstattung passte so gar nicht zu den intarsiengeschmückten Schränken. Glücklich schätzte sich, wer bei den Bauern unterkam, aber auch dort gab es solche und solche.

Holthuus verstarb an seinem Magenleiden. Koopmann und Alois saßen zu zweit, nur mit einem Piepken und ohne Karten, am alten Tisch. Durch das

Fenster sahen sie einen Zug einfahren, Männer mit gefüllten Rucksäcken hingen in den Türen und sprangen ab, noch bevor die Waggons zum Stehen kam. Pankratz ratterte mit seinem Motorrad los. Das kantige Gesicht war durch vollere Wangen ein wenig rundlich geworden; die lange Knopfleiste an der vorher passgenau sitzenden Uniformjacke spannte ein wenig und die Taschen schienen ausgebeult.

Auch am Deepen Grund stand immer ein Topf oder eine Schüssel auf der Wärmeecke.

Der Bauer (1945 – 1961)

Meine Seele tröstet sich nicht

Berni saß mit Papieren in der Hand auf seinem alten Bett in der Jungskammer. Sorgfältig faltete er eine Zeitungsseite zu einem Umschlag zusammen und schob ein Dokument hinein: „Certificate of Discharge“. Die wenigen Worte, die er auf Englisch kannte. „Merke sie dir!“, hatte ein Kamerad ihm beim Abschied geraten und sie ein paar Mal vorgesprochen: „Diss-tschartsch“ Er legte den Umschlag zu den anderen Papieren in die Schublade des Nachtschränkchens, zusammen mit dem Wehrstammbuch, einem Päckchen Briefe und zwei Ansichtskarten, eine aus Paris, eine andere von der Zugspitze, alles bewacht von einem winzigen, vergilbten, weißen Päckchen mit einem gestickten roten Kreuz darauf, von braunen Schweißrändern umgeben, darin eine Hostie.

Nelliken saß aufmerksam vor ihm, neigte ihren schmalen Kopf mal so, mal so, betrachtete den noch ungewohnten Mitbewohner. Ihre Geduld, ihr sachlicher Blick, ein gelegentliches Schwanzwedeln ließen vermuten, dass er ihr gefiel. „Na, Nelliken?“, strich Berni ihr über den Kopf. „Was willst du?“ Nelliken ließ sich nicht lange bitten, sprang mit einem vergnügten Bellen auf, fand einen Schuh unter dem Bett und bot ihn Berni mit keck rollenden Augen und einem neckischen Knurren dar. „Dann komm!“

Psalm 77

Hitler war tot. Doch Satan war mächtig gewesen und viele seiner Knechte warfen lange Schatten. In der Hölle war schon lange kein Platz mehr und im allgemeinen Gewirr konnten viele der aus dem Fegefeuer dorthin Zugewiesenen entkommen.

> *Ik häb nix wätten.*
> *Man droff jo nix säggen.*
> *Loat de uis nich mehr van proaten.*
> (*Meistgebrauchte Redewendung im Volk*)

Im Himmel war noch Platz. Überall hatten Gottvater und die Seinen an Ansehen verloren. Nur mühsam richteten sie sich wieder auf. Die frühere Angst vor Hexen und Käuzen erschien lächerlich gegenüber den neuen Geistern. Die spukten nicht mehr in dunklen Wäldern, grollendem Donner und hellen Blitzen, sondern in den Köpfen und Seelen. Sie waren hörbar in einem menschlichen Wimmern, das nachts und in den frühen Morgenstunden wie ein kalter Wind durch alle Ritzen zog. Und manche fiebrig-fröstelnd aufschrecken ließ.

> *Ich schreie mit meiner Stimme zu Gott; zu Gott schreie ich, und Er erhört mich. In der Zeit meiner Not suche ich den Herrn; meine Hand ist des Nachts ausgestreckt und lässt nicht ab; denn meine Seele will sich nicht trösten lassen.*
> (*Heilige Schrift, Altes Testament*)

Im Irdischen übernahmen die Jungen von den Alten, meistens sogar mit gleichem Namen, wobei sich nur der Spitzname änderte, oft nicht einmal der Charakter. Bei den Vanwoldts, das wusste man, hatte jede ihren und jeder seinen eigenen Namen und Kopp. Und gingen trotzdem immer eng zusammen.

Manche, die man früher oft gesehen, gehört oder gesprochen hatte, gerieten in den Hintergrund oder waren gar verschwunden. Während andere, die früher gar nicht aufgefallen waren, plötzlich buchstäblich vorne auf der Bühne standen. Und ganz neue, mit denen niemand gerechnet hatte, kamen dazu.

Neue Gemeinde(n)

Sintflut

Berni zuckte zusammen, sein Kopf flog zur Seite. Es war nur der alte Temminghoff, dessen Hand auf seine Schulter fiel. „Musst nicht bange vor mir sein“, lächelte er, „bist nicht mehr an der Front.“ „Jo, ach so“, stammelte Berni. Das war nach dem Hochamt, als die Männer, junge und alte, noch in kleinen Gruppen auf dem Schulhof standen. Wie immer gehörte Berni zu den ersten, die sich auf den Weg nach Hause machten. Temminghoff hatte ihn abgefangen. Wie ein Hüne stand er nun plötzlich in seinem langen, grünen Loden und Hut mit silbernem Eichenlaub und bunter Fasanenfeder neben ihm. Jetzt erst zog Berni den Hut, „Gooden Dach!“ Temminghoff seinerseits machte keinerlei ähnliche Anstalten, sodass Berni den Hut zurück auf den Kopf setzte.

„Du kannst uns wieder auf dem Hof und im Holz helfen. Mit unserem Leo allein, ist ja erst siebzehn, schaffe ich das nicht. Haben nur noch den alten Knecht Hein. Polen und Russen sind weg. Brauche einen gescheiten Kerl, der mir ein paar Tage im Monat hilft.“

Berni ging einen Schritt zurück und sah dem Alten, ein paar Wimpernschläge nur, schweigend, direkt in die Augen. Temminghoff hielt stand.

„Wat düch die?“, hob er nun das Kinn ein wenig an und rückte den Kopf wieder etwas näher an Berni. Fast flüsterte er: „Ist ja damals mit den Neubauern im Osten nichts geworden. War ja sowieso alles Quatsch! Aus eurem Hof kannst du auch hier etwas machen – in der Heimat! Kannst dir bei mir ein paar Mark dazu verdienen."

Berni schaute auf den Boden, malte mit der Spitze des rechten Fußes einen Kreis in den Sand und wischte ihn mit dem linken Schuh wieder aus. Dann hob er den Kopf und schaute wieder in Temminghoffs Augen. Beide wussten sie, was der andere dachte.

Temminghoff. Was immer man über ihn sagen mochte, den Ortsbauernführer, seine und vor allem Agathas Hochnäsigkeit, damals die Hochzeit im weißen Kleid auf einem Schloss, die Geschichten um Otto. Trotz allem hatte der Alte selbst seinen Ruf als rechtschaffender und frommer Mann über all die Jahre nicht eingebüßt. Knechte und Mägde, Polen und Russen waren ihm nie davongelaufen. Manche, nicht alle, hielten ihm zugute, dass er seine Beziehungen immer für ganz Wiesken genutzt habe, und das Schlimmste für die Bauern verhindert hätte. Bei allen standen noch Kühe im Stall, jeder hatte wenigstens ein Pferd behalten, und manchen hatte er Holz für den Ofen gebracht. Sein zweiter, Karl-Josef, ging in Münster zum Priesterseminar. Es hieß, dass er Bischof von Galen persönlich kenne. Erst im letzten Kriegsjahr hatte sich das Blatt gewendet, weil keiner der Temminghoff-Söhne zur Front musste – bis sie Otto am Ende doch noch zogen. Vor allem aber nahm man Temminghoff übel, sich nicht für die Unabkömmlichkeit ihrer sechszehn- und siebzehnjährigen Söhne eingesetzt zu haben, so wie damals bei Franz – wobei die Meinungen, ob das in seiner Macht gestanden hätte, auseinandergingen. Nur die Dullen hatte er von der Liste gestrichen. Aber nun, mit Otto, hatten auch die Temminghoffs ihr Kreuz zu tragen. Die Amis, flüsterte man, hätten ihn irgendwo südlich aufgespürt und an Ort und Stelle exekutiert und „int Lock schmätten."* Die Gesichter der Wieskener Frauen, so auch Soffis, verdüsterten sich, sobald die Rede von Temminghoff war.

Das war es, was den beiden so ungleichen Männern nach dem Hochamt auf dem Schulhof durch den Kopf ging. Aber auch, dass der alte Temminghoff früher zu Berni immer anständig gewesen war. „Säch! Wat düch die, Junge?", wiederholte der Gutsherr jetzt in einem schon etwas ungeduldigen Ton. Berni holte tief Luft, hob schließlich den Kopf: „Mutt ik erst Vaader froagen. Mutt ik erst sehen." Temminghoff nahm die Hand von Bernis Schulter: „Richtig, Junge! Da haben wir beide etwas von! Kannst morgen anfangen! Good goan!" Großen Schrittes lief er auf seinen Mercedes zu. Auf dem Beifahrersitz wartete Agatha, mit schwarzem Hutschleier. Außer zum Hochamt bekam sie, mit Ausnahme ihrer Hausdame, niemand mehr zu Gesicht.

---

* ins Loch geworfen.

„Papa, wat düch die?“, fragte Berni beim Mittagessen, als er von der Begegnung erzählte. Alois zögerte einen Moment, dann nickte er kaum merklich: „Do dat, Junge. Kannst Ablenkung gebrauchen.“ Da legte Soffi den Löffel zur Seite, lehnte sich zurück und schaute ungläubig vom Mann zum Sohn. „Wat proat i doar? Temminghoff? Damals mit Franz, da hätte er uns helfen können! Jetzt brauchen wir ihn nicht mehr!“ Tagelang sprach sie kein Wort mehr mit den Männern.

Am Deepen Grund versorgten sie morgens gemeinsam das Vieh. Soffi molk die Kühe, Alois fütterte, Berni warf den Mist nach draußen und brachte anschließend die Milchkannen zur Straße. Je nach Jahreszeit und je nachdem, wieviel Milch die Kühe gaben – eine oder zwei Kannen, manchmal nur zwei halbe –, schob er sie mit der kleinen Milchkarre oder hängte sie beidseitig an den Fahrradlenker zur Sammelstelle an den Steen. Dort las der drahtige – und leider geschwätzige – Gantefort, nach seiner Rückkehr aus dem Krieg, sie wie vor dem Krieg wieder auf. Von Pole Joschi konnte man nur hoffen, dass er zurück in den nebligen Karparten war. Besser als das, was man sonst so hörte, was die Russen mit ihren Rückkehrern machten. Jans Gantefort wiederum machte keinen Hehl daraus, dass er am liebsten an den schönen Fjorden Norwegens, wo er die ersten Jahre des Krieges stationiert gewesen war, geblieben wäre. Die Zeit danach in Warschau, nicht weit von Joschis Heimat, kam in seinen Erzählungen nicht vor. Manchmal stand er mit dem Postboten, dem alten Geerdes, zusammen und sie tauschten die Neuigkeiten aus allen Richtungen aus. „Was gibt es Neues?“ Es gab immer etwas.

An diesem Montagmorgen im Januar 1946 lieferte Berni zwei halbvolle Kannen im grauen Morgendunkel am Steen ab. Kalter Wind blies ihm scharf entgegen, doch er zog nur den Mantelkragen ein wenig hoch. Feuchter Frost biss in seine bloßen Hände, so dass er sie abwechselnd in die Jackentaschen steckte. Gantefort kam ihm am Abzweig nach Temminghoff mit dem Milchwagen entgegen. „Wohin so früh?“, fragte er. Berni hielt ein. „Arbeiten. Bei Temminghoff. Ein bisschen Geld verdienen.“ Gantefort schüttelte den Kopf: „Zu Temminghoffs brauchst du heute nicht hin. Landfrau Agatha hat heute Morgen tot im Bett gelegen. Die Magd hat sie schon kalt gefunden. Johann war auf der Jagd. Doktor war schon da. Jetzt der Pastuur.“ Viel mehr wusste auch Gantefort nicht. „Ist nicht schade drum“, grummelte er zum Abschied, zog seine Fellkappe, das Einzige, was er aus dem Krieg behalten hatte, und kletterte auf den Bock zurück. „Muss weiter. Good goan!“ Unverrichteter Dinge fuhr Berni an den Deepen Grund zurück.

Keiner konnte sagen, woran Agatha, bis vor kurzem noch so stolz, so plötzlich gestorben war. „Die Nerven“, sagten die einen, „Magenkrebs“, die anderen, „Schlaganfall“, erklärte Temminghoff. Abends beim Rosenkranzbeten waren nicht alle Häuser des Achterhooks vertreten. Wenige Tage später krachte der herrschaftlich breite und dunkle Eichensarg mit einem lauten Knall – weil eines der Seile riss – auf den harten Boden der Saander Familiengruft.

Nach Lichtmess machte sich Berni erneut auf zu Temminghoff. Mit kurzem Gruß fuhr er frühmorgens an Gantefort vorbei, bog rasch an der Abzweigung ein und rollte mit Schwung die wohlbekannte hohe Fichtenenallee, vorbei an dem alten Steinkreuz, zu dem stattlichen Anwesen hinunter. Vor dem geschlossenen Gatter patrouillierten zwei tief bellende Jagdhunde, der eine humpelte. Rosa Zungen und weiße Zähne vor schwarzen Lefzen hoben sich vom graubraun gefleckten Fell ab. „Good, Hasso, good Bello, sch, sch", sagte Berni und sofort begannen sie, mit dem Schwanz zu wedeln. Knecht Hein schlurfte in Klumpen herbei und öffnete den Schlag. „Komm rein, Junge. Schön, dass du wieder da bist! Wie könnt die hier good gebruuken!" Eine Stunde später zogen drei Männer mit Leiterwagen, ein handgroßes „BeVa" an der hinteren linken Seite schwarz eingebrannt, mit Äxten und Sägen ins Holz.

Die Bauern machten sich für das erste Frühjahr nach dem Krieg bereit. Pflüge, Spaten und Achsen waren schon im Herbst geschmiert. Die Pfähle und Zäune rund um die Weiden, die Karren und Wagen wurden instandgesetzt, Geschirre gewichst, Taue und Seile überprüft. Mit viel Dünger, erinnerte Koopmann, sei nicht zu rechnen, auch nicht, wie früher, mit Saatkartoffeln und Jungvieh aus dem Osten. Die Zeiten waren vorbei, aber es würden neue, auch wieder gute kommen. Als die Krokusse ihre Köpfchen aus dem Boden streckten, die Spechte schon wieder an den Bäumen hämmerten und die Frauen endlich wieder Wäsche auf die Leine hängen konnten – da setzte der Regen ein.

„Das ist die Sintflut!", sagte Elisabeth Floiter, als es den siebten Tag ohne Unterlass graue Fäden regnete. „Die Strafe Gottes, sieben Jahre Regen", prophezeite sie. Am Deepen Grund vereinigten sich stündlich größer werdende Pfützen zu kleinen Teichen. Alois und Berni schoben regelmäßig Wasser aus den Ställen. Eine stinkende Brühe quoll aus der vollgelaufenen Jauchegrube. Die kleine Becke hatte sich binnen einer Woche zum Fluss gewandelt, und dieser die alte hölzerne Brücke, noch aus Zeiten Napoleons, in einer schauerlichen Nacht weggerissen. Anfang März, endlich, schoben sich mächtige Sonnenstrahlen zwischen dichte Wolken. Das Frühjahr war wieder trocken. Berni konnte den sorgfältig gestapelten Mist gut mit Frieda streuen und unterbauen. Der durchfeuchtete Boden ließ Roggen, Hafer, Gerste, Rüben, Kartoffeln und anderes gut keimen. In Soffis Garten schossen Rhabarber und Spinat in die Höhe. Manchmal hörte man Soffi, noch immer in ihrer schwarzen Schürze, aber endlich wieder Kirchenlieder summen. In dem Väschen neben Franz' Bild folgten auf Schneeglöckchen Primeln und Narzissen. Im Mai sprangen und tanzten die Kühe beim ersten Auslauf auf die Wiese, so als sei eine neue

Zeit angebrochen. Die erste Mahd war voll dicker, glänzender Halme und duftender Blüten, die nach dem Schnitt gut auf den Heuböcken trockneten. Die Kühe dankten es, zuverlässig wie jedes Jahr, mit viel fetter Milch.

Die zweite Sintflut, schlimmer als die erste, folgte im Sommer. Nun stand der Deepen Grund rundum unter Wasser, aus dem nur noch die Gebäude ragten. Die Männer legten Pfade aus Brettern und Steinen quer über den Hof und in die Ställe. Auf den Feldern ersoff die eine Hälfte des Roggens im Schlamm, die andere Hälfte verfaulte am Halm. Zum Dreschen hatte die alte Frieda am Göpel nur ein paar Tage Runden zu drehen. Einen Gutteil der Nachmahd ließen sie verrottet auf den Wiesen zurück, die andere Hälfte fuhren sie zwischen den Wolkenbrüchen modrig in die Schoppe ein, wo es bedrohlich zu dampfen begann. Berni schichtete es täglich um, stand nachts auf und schaute nach. Bei Vanwoldts brannte nichts. Doch Steenerts Scheune stand eines Nachts lichterloh in Flammen, und noch während das Vieh kopflos, bölkend und quiekend durch alle Zäune rannte, Steenerts mit den Nachbarn schreiend und rufend Wagen, Körbe und Kisten nachbrachten, die Feuerwehr Flammen und Funken zu bändigen versuchte – währenddessen holten nie gefasste Diebe Wurst und Silber aus dem Vorderhaus.

Im September lief Berni jeden Abend die Kartoffelreihen ab. Sobald modriger Geruch in seine Nase zog, grub er die noch grünen, doch halb verfaulten Kartoffeln aus. Die Brombeeren waren dick, aber sauer. Ebenso die Äpfel, Pflaumen und Birnen, von denen es reichlich gab. Soffi konnte mehrere Zentner vom Baum an Café Brömmel verkaufen. Gerd und Anton zogen wieder mit Körben los, um Kastanien und Bucheckern für die Schweine zu sammeln. Doch oft war unter den Bäumen schon alles leer; Fremde waren vor ihnen da gewesen.

Der Winter brachte Kälte aus Sibirien. Das war Anfang Dezember 1946, bei der feierlichen Eröffnung der neuen Kirche, wo sich mancher eine fiebrige Verkühlung einfing. „Gruß vom Russen!“, sagten die Männer. „Den schickt uns Gott!“, rief Elisabeth Floiter in den Himmel, „damit wir unsere Männer nicht vergessen!“, und warf einen strengen Blick auf die lebensfrohe Anni Ross, deren Verlobter in russischer Gefangenschaft war. Am Deepen Grund schliefen sie, wie damals in den strengen Kriegswintern, in ihren Kleidern und Mänteln. Am Brunnen ließ sich die neue Handpumpe nicht mehr bewegen, der alte Ziegelstein hing wieder an der Kette. In der Kuhle verfroren Runkeln trotz der dicken Decke aus Plaggen und Stroh, mit der Berni sie belegt hatte. Was noch zu retten war, kochte Soffi zu Mittag als Eintopf oder es bekam eine der armen Frauen, die vom Bahnhof bis in den Floiterhook liefen. Auch das Feuerholz wurde wieder knapp; zu Neujahr war im Gemeensbuss kein Stock mehr auf der Erde zu finden. Wer zu dieser Zeit starb, lag lange über Erden, denn die

Totengräber hatten Mühe, mit Spitzhacke und Feuer ein schmales Loch in den tiefgefrorenen Boden zu schlagen. Alois und Berni holten die Schweine und Hühner auf die warme, graulichtige Däle, wo sie in extra Verschlägen standen. „Arche Noah“, sagte Alois mit bangem Gesicht.

An einem Morgen, vor seiner Runde, fand Gantefort einen erfrorenen Jungen am Bahndamm: „Stiff as een Brett!“ Die Schuhe hatte ihm schon jemand abgenommen, die dünne Jacke und die Hose hatten sie ihm gelassen. Gantefort hob ihn auf seinen Wagen, legte eine Pferdedecke darüber und fuhr damit zu Koopmanns, wo sie den steifen Körper auf einen Stapel leerer Kartoffelsäcke legten und dann Pankratz holten. Die alte Adele kämmte dem Jungen den Dreck aus den Haaren, wusch ihm Gesicht und Hände und stellte eine Kerze aus Lourdes daneben. Niemand kannte den Jungen; einer von den vielen aus dem Ruhrgebiet. In seinem Beiwagen, in einem Kartoffelsack, brachte Pankratz ihn zu den Rote-Kreuz-Schwestern nach Saande. Zwei Wochen später stand eine dürre Frau mit einem halb verschlissenen Foto in Eddas Küche und fragte nach ihrem Klausi. Sie kam aus Bottrop, hatte bereits alle Bahnhöfe der Umgegend abgeklappert. Koopmann fuhr mit ihr zum Saander Friedhof und zeigte ihr das namenlose Grab an der Stelle, am Rand, wo all die anderen waren.

Frieda überstand den Winter nicht. Als das Schlimmste vorbei war, fand Berni sie morgens mit weit aufgerissenen Augen und aufgeblähtem Bauch im Stall liegen. Weder warme Decken noch eine extra Portion Hafer oder Zucker halfen, nicht einmal aus Antons Hand. Stündlich rieb er ihren Schweiß ab und schlief, wie damals, in der Futterkrippe. Es half nicht. Am nächsten Mittag, als die Sonne ein wenig wärmte, legte Alois ihr den Halfter um – und ließ Anton den letzten Gang mit ihr machen. Für die ersten Äcker lieh sich Berni ein Pferd von Temminghoff. Dann kauften sie – gemeinsam mit Klümpers – ein neues Pferd. Myra war eine freundliche Stute, aber keine war wie Frieda. Meistens kam Anni, um das Pferd zu holen oder zurückzubringen. Und saß dann eine Stunde bei Soffi in der Küche. Nur noch selten konnte man Zenta kommandieren hören, aber dass Anni es bei ihr „nix te good hatte“ – was eine freundliche Formulierung war –, das wusste jeder. Immerhin hatte Albi zwei Kinder hinterlassen, und glücklich musste sein, wer genug zu Essen und ein Dach über dem Kopf hatte – noch dazu in der Heimat.

Flüchtlinge

Das Blatt lag ausgebreitet auf seinem Stammplatz an Edda Kraanes Thekeneck.

Neue Westfalenzeitung, 7. Juni 1946

Der Kreis-Flüchtlingsausschuss konnte in der Sitzung Mitte Juni 1946 berichten: „Der größte Teil der Bevölkerung des Kreises hat die Ostflüchtlinge gastlich und hilfsbereit aufgenommen, ein kleiner Teil der Bevölkerung unfreundlich und widerwillig. In vielen Fällen hat die Schuld an mangelndem „Einvernehmen auch auf Seiten der Flüchtlinge gelegen." Die beiden Flüchtlingsbetreuer werden sich in allen Fällen bei Unstimmigkeiten bemühen, einen Ausgleich zu schaffen. Das bisher auf 5000 festgesetzte Aufnahmesoll des Kreises ist auf 6000 erhöht. Es muss daher erneut aller verfügbarer Wohnraum erfasst werden. Es fehlt in erster Linie an Kleidung, Wäsche, Geschirr, Betten, Mobiliar. Die Flüchtlingshelfer werden eine Liste der dringendsten Bedarfsgüter erstellen. Die meisten Flüchtlinge arbeiten bei ihren Quartiergebern und sind von diesen in die Selbstversorgung aufgenommen worden. In anderen Fällen soll Gartenland zur Verfügung gestellt werden. Unter den Flüchtlingen befinden sich Berufe wie Ärzte, Ingenieure und Handwerksmeister, für die eine Unterbringung im Kreise kaum besteht. Melkern und Landarbeitern konnte sofort Arbeit vermittelt werden.

„Genau! Das hat man von der Freundlichkeit. Kommen immer noch mehr!", klopfte Steenert auf das Holz. Alle wussten, dass er zwei Alte im Spieker auf Feldbetten hausen ließ. „Gibst du den kleinen Finger, greifen sie nach der ganzen Hand. Sind hier nicht bei Fürsten!"

„Unsere Ausgebombten aus dem Ruhrgebiet und vom Rhein. Unsere Leute – das lass ich mir ja noch gefallen, aber aus dem Osten?", sagte jetzt auch Schulzendiek in ruhigem Ton. Dabei gehörte er zu den Großzügigen. Oben im Vorderhaus waren zwei Familien mit vier Kindern aus Essen und Wesel einquartiert. Und da hatten sie alle etwas davon: der Bauer Hilfe im Stall und auf dem Feld, die Städter ein Dach über dem Kopf und warmes Essen. Zwar aß auch Schulzendiek das beste Stück selbst, aber im Eintopf für die Flüchtlinge war immer ein Stückchen Speck oder ein Löffel Schmalz. Die Kleinen bekamen die abgelegten Sachen der eigenen Kinder und auf Christi Himmelfahrt fuhr eines der Mädchen im weißen Kleidchen der Tochter zur ersten Kommunion.

„Ja! Undankbar sind sie! Wollen sogar Bettgestelle haben. Haben unsere im Krieg nicht selbst auf Stroh gelegen?“ Steenert hatte sich einen roten Kopf geredet.

„Wird sich eine Lösung finden, mit dem neuen Gemeinderat“, sagte Edda, „sind ja alles Menschen wie du und ich.“

Berni lehnte am Rand; er hatte von Tante Joseffi neu genähte Servierschürzen zu Edda gebracht und wartete auf die Bezahlung. Sie legte zehn Mark hin und stellte ein Schnapspinneken dazu.

„Nee. Ik drink keene Schnaps.”

“Wie? Eene Buar dänn keene Schnaps drünk?! Giwwt dat?!“, amüsierte sich der junge Spökerbuar – die Nase noch immer oben, obwohl es auf dem alten, stolzen Gehöft mächtig ruhig geworden war und in dem alten, verrosteten Zwinger keine glänzenden Jaghunde mehr lagen, sondern ein schäbiger Köter kläffte.

„Ja, das gibt es.“

„Hier. Dann nimm eine Zigarette“, schob Spökerbuar eine hin.

„Nee. Ik schmök ook nicht.“

„Komischen Kerl büss du.“ Spökerbuar steckte sich selber eine an.

„Sind alle anders“, antwortete Berni ruhig.

„Machst du richtig“, klopfte Schulzendiek Berni auf die Schulter.

„Sag Tante Joseffi schönen Dank! Besonders für die Volants und die extra Spitze“, lächelte Edda. „Trinkst sicher einen Rhabarbersaft?“

„Ja, das tue ich gern.“ Berni blieb noch eine Weile und hörte weiter zu. Der neue Gemeinderat würde das Problem lösen müssen; im Sommer war noch genügend Zeit dazu.

Jetzt ging es bereits auf Ende Oktober zu. Den ersten Nachtfrost hatte es schon gegeben. „Wer weiß, wie dieser Winter wird?!“, stand es allen bange auf der Stirn. Berni saß auf dem Frisierstuhl, einem aufpolierten Sessel auf Böcken, in Kraanes breitem Terrazzoflur, vor Wasserschüssel und Spiegel und ließ sich die Haare schneiden. Der neue Friseur, der erste, den Wiesken je hatte, Fritz Stendal, Soldat im Krieg und jetzt Flüchtling aus Mecklenburg, hatte mit seiner jungen flachsblonden Frau einen „Frisiersalon“, den ersten, den Wiesken je hatte, eröffnet. Edda stellte ihnen dafür von donnerstags bis samstags eine Ecke in ihrem zugigen Durchgang zur Verfügung. „Musst ja auch Geld verdienen!“ Sie bekam dafür eine stets fesche Dauerwelle und zusätzliche Gäste.

Auf einem kleinen Regal lagen ein paar dünne Handtücher, in einem Korb mehrere Kämme, Pinsel, Messer, Seife und Pomade. Sogar ein Väschen mit frischen Blumen stand dort. Die Wartenden konnten auf zwei Stühlen, einem auf der linken und einem auf der rechten Seite des Sessels, Platz nehmen. „Für gute Unterhaltung ist gesorgt!“, scherzte Stendal.

„Wo warst du im Krieg?“, fragte Stendal beim ersten Besuch.

„Flak. Frankreich, Paris. Schöne Zeit. Dann im Osten, Weißrussland.“

„Juni 44?“ Stendal hörte kurz mit dem Schnippeln auf. Und schaute über den Spiegel in Bernis Gesicht. Der nickte. „Da kannst du ja von Glück sagen, dass du hier sitzt. Sind doch fast alle dageblieben.“

„Ja. Kannst du wohl sagen. Und du? Wo warst du?“

„Infanterie. Italien, dann Normandie. Hätten wir uns ja beinahe in Paris getroffen. Zum Schluss bei Remagen.“ Er hielt die linke Hand hoch, an der die beiden mittleren Finger fehlten: „Die haben die Fische im Rhein gefressen.“

Edda sauste mit ihrem Tablett zwischen Thekenraum und Saal hin und her. Neben dem „Salon“ ging es in den großen Saal. Heute hing an der Klinke ein Schild: „Geschlossene Gesellschaft“, aber ein Türflügel stand offen. Der neue Gemeinderat tagte schon zum dritten Mal wegen der Flüchtlinge, ohne dass eine Einigung absehbar war. Es waren neue und alte Gesichter und Stimmen dabei, jüngere auf jeden Fall, und auch ein paar vom Bahnhof, nicht nur die Bauern.

„Hab‘ den Krieg nicht angezettelt!“, war es laut aus dem Saal zu hören, vielleicht von Steenert.

Jetzt spitzten Berni und Stendal die Ohren, nur die Schere schnippte.

„Können ja woanders hingehen, wo schon Evangälske sind. Oben bei Bentheim. Oder am Rhein, da sind doch genug. Wir sind hier Katholiken, oder etwa nicht?“ Das war Schulzendiek.

Stendal hörte auf, mit der Schere zu schnippen.

„Können sie ja nicht wieder wegschicken … Einer muss sie nehmen.“ Das war Ramäker, der neue Vorsitzende. Er sprach deutlich, doch etwas leise. Er musste noch üben.

„Für den Übergang die Holzbaracken, als Behelf, aber lange geht das nicht mehr“, eine ungewohnte Stimme.

Von innen drückte jemand die Saaltür zu. Stendal setzte von neuem mit der Schere an.

Ramäker hatte, zu aller und seiner eigenen Überraschung, die meisten Stimmen bei den ersten Gemeinderatswahlen 1946 bekommen und saß seitdem am Kopfende des Tisches. Er gehörte zu den Mittleren im Achterhook, war bisher kaum aufgefallen, so oder so. Im Krieg hatte man ihm den linken Arm abgeschossen, seitdem steckte sein leerer Ärmel in der Jackentasche. Die Frauen konnten sich erinnern, dass Anna Ramäker, Mutter von sechs Jungs und drei Mädchen, damals bei der Verleihung der Mutterkreuze unpässlich gewesen war. Mit dem leeren linken Ärmel in der Tasche, die rechte Hand auf einem Stapel Papier, saß Ramäker nun in der Mitte, Beisitzer Veehdreewer und Schulzendiek; Neufert war Schriftführer. Edda balancierte ein volles Tablett durch den Flur und stieß mit dem Fuß die Türe auf. Stendal hielt inne.

„Stimmt nicht. Die meisten sind katholisch. Können uns bei der Kirche helfen." War das Neufert? Oder Veehdreewer?

„Ich bleibe dabei: Ostvertriebene brauchen wir hier nicht!"

„Hast wohl das Evangelium vergessen? Deine Kinder kennen es." Das konnte nur Neufert sein.

„Schriftführer! Magister! Du hast hier gar nichts zu sagen, nur zu schreiben!"

„... sind auch Handwerker dabei, die brauchen wir ..."

„Solche nicht. Die schlagen sich ja sogar gegenseitig tot!"

Er meinte den sechzehnjährigen Thüringer, der wegen ein paar Mark und einer Anzugjacke seinen Kollegen aus Schlesien, beide Schreiner, derzeit Waldarbeiter bei Groote Ridder, mit einem Beil erschlagen hatte.

„Ruhe! Alle miteinander! Ruhe!" Das war tatsächlich Ramäker. Mit lauter Stimme knallte er das Hämmerchen auf den Tisch. Er lernte schnell. „So kommen wir nicht weiter!"

„Sind nicht alles Kriminelle. Sind armselige Menschen dabei", erlaubte sich Edda einen Kommentar, bevor sie die Tür wieder von außen schloss.

Berni war fertig. Schweigend nahm Stendal ihm den Umhang ab und fegte die Haare zusammen, während Berni den neuen Schnitt wohlgefällig von allen Seiten prüfte: „Moi, moi." Stendal schaute Richtung Saal. „Die wissen nicht, wie gut sie es haben!" „Da magst du recht haben", sagte Berni.

Durch das Fenster sahen sie einen Zug einfahren. Jungs lagen oben auf dem Kohlenwaggon und warfen mit bloßen Händen den unten rennenden Kumpels Kohle zu. „Gut", sagte Stendal, „dass Pankratz das nicht sieht." Denn der Polizist war schon anderweitig beschäftigt. Am Bahnsteig sahen sie Pankratz mit den Armen fuchteln. Vor ihm stand ein Mann mit Koffer, ein Flüchtling oder Hamsterer oder beides, was an dem zu kurzen Anzug ohne Mantel und Hut und dem kleinen Leinenbeutel auf dem Rücken zu erkennen war.

„Unser Gendarm, jedenfalls, wird in diesem Winter nicht frieren!", schmunzelte Berni.

„Nein, der bestimmt nicht", antwortete Stendal, „und hungern auch nicht."

„Was bekommst du, Kamerad?", fragte Berni. „Habe Eier mitgebracht und ein Stück Stuten."

„Nehme ich gerne, ist gut so."

In dem Augenblick kam Mathilde Kerkhuus in ihrem seltsamen Gefährt knatternd mit ihrem gesteiften Käppi vorgefahren. Schnellen Schrittes verschwand sie mit einem Korb im Hintereingang. Kurz darauf zog wunderbarer Kaffeeduft durch den Gastraum.

Drei Sitzungen noch brauchte der Gemeinderat, bis man sich einig war. Ramäker hatte erfolgreich eine Lösung ins Spiel gebracht: die Bebauung des „Dröögen Eck“. Das Stück Land lag zwischen Bahnhof und Galgenberg, wo Gott nur Sand gestreut hatte und ein paar mickrige Kiefern wuchsen. Es gehörte dem weit entfernten Fürsten, der es schon seit Jahren brachliegen ließ. Sein Verwalter stimmte einer Nutzung unter Erbpacht zu. Die Vertriebenen jubelten: ein eigenes Stückchen Land! Was lange währt, wird endlich gut. Am Ende waren alle einverstanden: die Flüchtlinge und Evangälsken hinten am Bahnhof, die Bauern hier bei der Schule und Kapelle.

Ramäker und Veehdrewer setzten sich dafür ein, dass die Grundstücke neben dem Wohnhaus auch genügend Platz für einen kleinen Stall und einen Garten hergaben. Niemand, nicht einmal Steenert, hatte etwas einzuwenden. Der junge Spökerbuar, das hatte man verhindert, war nicht im neuen Rat. Neuferts Protokoll lasen alle gründlich durch, bevor sie ihren Namen daruntersetzten.

„Jetzt können wir endlich wieder über die wichtigen Dinge reden. Wir müssen uns jetzt um die Kirche kümmern; da muss es weitergehen!“ Lautes Klopfen, von allen. Niemand ahnte, was kommen würde.

Baracken

„Heftige Auseinandersetzungen um Gotteshaus!“, waren ihnen allen damals beim morgendlichen Tienührken, im Herbst 1945, die dicken Lettern oben auf den Lokalseiten entgegengesprungen. Und tatsächlich wäre die ganze schöne Sache mit der eigenen Wieskener Kirche beinahe geplatzt. Dass der Saander Propst durchaus ein Wörtchen mitreden wollte, damit hatten alle gerechnet. Aber dass der Bahnhofshook ihnen allen in den Rücken fallen würde, nein, mit dieser Dreistigkeit konnte keiner rechnen! Eine „reine Formalität“ sei die Einholung ihrer Unterstützung, hatten Kerkhuus und alle – vorher – gesagt. Aber da hatten sie die vom Bahnhof – mächtig – unterschätzt.

Ein paar Monate zuvor, wenige Wochen nach Kriegsende und noch mitten im größten Durcheinander, während das Gebälk von Sankt Raphael noch rußgeschwärzt am Boden lag, der Propst mit den Aufräumarbeiten beschäftigt war und die britische Kommandantur ganz andere Sorgen hatte – genau da hatten sie in Wiesken die Gunst der Stunde erkannt: die Chance auf eine eigene Kirche! Der Aufbau der Saander Kirche würde Jahre dauern und der Zustand in Wiesken mit den Heiligen Messen in einer Turnhalle, wo sie an den Sonntagen bis auf den Pausenhof standen, um das Wort Gottes zu hören, war unhaltbar.

„Da müssen wir jetzt Nägel mit Köpfen machen! Im wahrsten Sinne des Wortes“, waren sich die Männer einig. „Da fragen wir jetzt gar nicht lange! Wer lang‘ fragt, geht lang‘ irr.“

So jedenfalls sah es der neue, selbst ernannte siebenköpfige Wieskener Kirchenrat. Unter Vorsitz von Neufert, Beisitzer Kerkhuus, weiter unterstützt von Temminghoff, Ross und Groote Ridder. Der Propst hatte noch keine Kenntnis von diesem Kirchenrat, was nach dessen Vorstellungen auch noch eine Weile so bleiben sollte. Denn der Propst, das hatte er bereits klargestellt, war mit dem Bau einer Kapelle für seinen Wieskener Sprengel einverstanden. Aber eine eigene Kirche, schüttelte der Propst den Kopf, da würden die Wieskener wohl nach den Sternen greifen. Da kannte der Hirte die Sprunghöhe seiner Schäfchen nicht.

Der eigenmächtige Wieskener Kirchenrat brauchte nur eine Sitzung in der Turnhalle respektive Kapelle. Unter der Woche roch diese nach Bällen und Schweiß, mischte sich der Dunst am Sonntag mit Weihrauch und Weihwasser, was am Montag alle noch beseelte. Neufert lud am Montagnachmittag ein, so dass das Wesentliche schnell beschlossen war. Ross bot als Bauplatz unweit der Schule ein paar Morgen sandiges Land, das Hooge Veldt, gegen eine niedrige Erbpacht an. Kerkhuus wusste, woher Bauholz zu kriegen war, nämlich von den leerstehenden Fremdarbeiterbaracken bei Dorsten. Die Bretter musste man sich nur besorgen, bevor andere es tun würden. Sogar an das leibliche Wohl nach dem Hochamt hatten die Männer gedacht: Groote Ridder würde einen seiner Söhne mit einem neu zu bauenden Gasthaus auszahlen. Man klopfte sich gegenseitig auf die Schulter. „Um alle in die Arche zu holen“, schloss Kerkhuus, solle man für die wenigen übrigen Fragen mit Vertrauensmännern aus allen Hööken beraten, „eine reine Formsache.“ Tags darauf klapperten Neufert und Kerkhuus alle Hööke ab, erklärten ihr geheimes Anliegen und dass man aller Meinung, demokratisch, einbeziehen wolle. Schon am Freitagabend war es soweit. Die Springböcke vom Jungsunterricht standen noch da, Hanteln lagen auf dem abgedeckten Altar, als sie alle zusammen, zwei Dutzend Männer, in geheimer Sache zusammentrafen. Neufert stellte sich vor die Kletterstange.

„Ein Hochamt in einer Turnhalle ist unwürdig gegenüber der Christenheit …“, begann er die Rede, „noch dazu, wo hier früher die größten Verbrecher, die SSler, gehaust haben!“ Alle nickten. „Aber nun wird das ein Ende haben und Wiesken eine eigene Kirche bekommen.“ Allgemeines Klatschen. „Wir danken Ross für seine Großzügigkeit! Die uns schnelles Handeln ermöglicht. Das Hooge Veldt liegt ideal, mitten in der Gemeinde Wiesken, nicht weit vom Steen und der Schule entfernt. Da haben die Weitesten alle den gleich langen Weg und die Kinder können freitagsmorgens vor der Schule zur Andacht gehen!“

Zwanzig Fäuste klopften auf die Bänke. Nur der junge Paul Koopmann, genau, der pfiffige Päule, den der Bahnhofshook trotz seiner jugendlichen zwanzig Jahre ernannt hatte, ließ die Hände in den Hosentaschen.

„So gou geht dat nich"*, stand er ganz ruhig auf und drehte sich mit einem Schmunzeln zu allen Seiten. „Ist ja alles gut und schön. Wir vom Bahnhof und die vom Kloof, wir machen mit. Aber …", er legte eine Pause ein, zog die Augenbrauen zusammen, „Aber. Eine Kirche mitten auf dem Feld? Wo sich Fuchs und Hase Gute Nacht sagen? Am Bahnhof geht es vorwärts."

Plötzlich stand der kleine Jans Gantefort, der vorher gar nicht aufgefallen und außerdem nicht eingeladen war, neben ihm.

„Richtig! Wir müssen mit der Zeit gehen. Der Bahnhofshook wird größer werden. Da können alle mit dem Zug zur Kirche fahren."

„Und du mit deinem Milchwagen?", spottete Ross, erntete aber nur ein dünnes Lachen. Neufert und Kerkhuus warfen sich Blicke zu.

„Ja, stimmt wohl, Paul und Jans. Ihr hinten am Bahnhof habt es am weitesten. Dafür habt ihr es näher zum Zug. Und eure Mannsleute fahren ins Revier, nicht unsere. Man kann nicht alles haben und es nicht allen recht machen. Außerdem: Ihr könnt ja auch nach Saande gehen, so wie Spökermann."

Paul Koopmann wedelte mit dem Finger in der Luft:

„Ne, ne! Eure eigenen Söhne haben hier am Bahnhof Häuser gebaut. Und werden es weiter tun. Auch zur Arbeit ins Revier fahren. Unser Landhandel ist hier. Die Flüchtlinge werden hier ihre Werkstätten und Läden rund um den Bahnhof aufmachen. Nicht auf dem Feld!"

„Ihr jungen Leute und vom Bahnhof", rief Ross jetzt, „was glaubt ihr! Uns Bauern habt ihr nix zu sagen! Und noch was, Junge, lass den Arm und die Finger unten! Das war einmal, mit deinem Onkel. Das ist vorbei!"

Für einen Moment war es totenstill. Paul gehörte zu denen, die damals mit siebzehn an die Front mussten – und zu den ganz wenigen, die, lebend, wieder zurück in die Heimat kamen. Eine breite, schwulstige Narbe lief quer über Pauls seither verschobene Stirn; ein Ohr fehlte. Ross hatte außer seinem Jagdgewehr nie eine Waffe in der Hand halten müssen; sein einziger Junge, Felix, war noch nicht einmal ein Pimpf gewesen. Pauls Narbe schwoll rotblau an.

„Sachlich, meine Herren! Ist eine ernste Angelegenheit!", griff Neufert ein.

„Komm runter von deinem hohen Ross, Ross!", fing sich jetzt auch Kerkhuus wieder, „so geht dat nich!"

Plötzlich stand Edda Kraane in der halboffenen Tür, in einem grünen Kleid und weißen Sandaletten, ein rotes Hütchen auf. Wie eine duftende Sommerblume.

„Was gibt es denn?", fragte Neufert. „Wir haben hier Wichtiges zu bereden."

---

* So schnell geht das nicht.

Doch Edda war Männergesellschaft gewohnt. Und blieb mitten in der Tür stehen.

„Genau. Deshalb bin ich hier, weil es wichtig ist. Das habt ihr Buarn und der Herr Demokrat Magister euch ja schön ausgedacht. Eine Kirche nur für die Buarn. Und das Fußvolk am Bahnhof? Die Kleinen, die Arbeiter und die Flüchtlinge. Sind das nicht auch Kinder Gottes?"

Edda verschränkte die Arme vorn, warf den Kopf nach oben, zog die Mundwinkel nach unten. So kannte man Edda gar nicht.

„Und noch etwas: Wo wollt ihr Buarn denn nach dem Hochamt zum Frühschoppen hingehen? Oder soll ich euch den Schnaps nach der Messe auf den Altar stellen?"

Da räusperte sich Groote Ridder: „Da lässt sich schon eine Lösung finden. Lasst uns eine kurze Pause machen. Beine vertreten."

Der Kirchenrat zog sich zu Beratungen ins Lehrerzimmer respektive in die Sakristei zurück. Die Männer, und Edda, verteilten sich auf dem Hof. Auch Ramäker war dabei, aber er hielt sich zurück. Als Gemeinderat war er für alle zuständig. Nach einer Pausenlänge klatschte Neufert wieder in die Hände.

„Dann machen wir erst einmal einen vorläufigen Beschluss, muss ja weitergehen. Ich halte fest: Erstens. Wir stimmen alle für eine eigene Kirche in Wiesken. Richtig?"

„Richtig!

„Zweitens. Wir bauen mit eigenen Mitteln erst einmal eine einfache Kirche, damit wir eine haben. Eine Art Notkirche, wie anderswo auch. Später bauen wir dann eine ordentliche. Kommt Zeit, kommt Rat. Richtig?"

„Jawohl!"

Jetzt zögerte Neufert kurz, dann setzte er fort:

„Drittens. Die Mehrheit hat beschlossen, dass die Kirche im Zentrum von Wiesken sein wird, auf dem Hoogen Veldt! Wo genau, werden wir noch sehen. Das beraten wir mit den Bahnhofshööken."

„Richtig!", begleitet von einem lauten Klopfen, „Genau so!"

Paul Koopmann, Jans Gantefort und Edda sprangen gleichzeitig auf. „So einfach lassen wir uns nicht abspeisen. Das wird euch noch leidtun." Es klang nicht nur wie eine Drohung, es war eine.

„Da kommt noch etwas nach", sagte Ramäker, als sie draußen waren.

„Unsinn", bestand Kerkhuus, „dürfen wir nicht lange fackeln. Schnell Tatsachen schaffen, bevor andere es tun." Und alle anderen nickten.

Am nächsten Morgen versteckten Ross, Groote Ridder, Kerkhuus und Veehdreewer Würste und Speck an den bewährten Stellen und tuckerten mit zwei Traktoren und Wagen los. Mathilde war bereits vorausgefahren. In Dorsten regelte ein kurzes Gespräch mit drei anderen Männern das Nötige, begleitet von der raschen Übergabe einer Kiste und besiegelt mit einem Handschlag. Mit zwei Ladungen Bretter waren die Wieskener am Abend zurück. Weitere Trecks über unterschiedliche Wege folgten in den kommenden Tagen. Alois Vanwoldt saß mit seinem Werkzeugkasten, Hammer und Säge auf einer der Ladeflächen. Auch der junge Anton Kerle, Veehdrewers kiebiger Neffe und angehender Wieskener, war dabei. Mit einem klapprigen Gaul vor einer selbstgebastelten Karre mit vier breiten Gummirädern, das Gestell aus gekreuzten Metallstäben, zog er für allerlei Transportaufträge durch Wiesken. „Kommt mir bekannt vor", beäugte Alois das Gefährt, „sieht aus wie von dem abgestürzten amerikanischen Bomber." „Habe ich gefunden", sagte Kerle kurz angebunden. Gummi Kerle war Wieskens erster Lohnunternehmer.

In wenigen Tagen hämmerten sie gemeinsam die Baracken der Zechenrussen auseinander. Die Strichlisten in Fünferpäckchen, manche einen halben Meter breit und hoch, die Worte und Zeichen auf den Brettern waren noch frisch.

~~IIII~~ ~~IIII~~ ~~IIII~~ ~~IIII~~ ~~IIII~~
~~IIII~~ ~~IIII~~ ~~IIII~~ ~~IIII~~ ~~IIII~~
~~IIII~~ ~~IIII~~ ~~IIII~~ II

Woanders das Bild eines lockigen Frauenkopfs, ein Name darunter:

Anita

Alois zögerte kurz, dann trug er das Brett auf den Wagen.

Um Mitternacht lagen die Planken mitten auf dem Hoogen Veldt, umzäunt von Stacheldraht, Relikte der Wieskener Fremdarbeiter-Scheunen. Am frühen Morgen zog Jans Gantefort grummelnd mit seinem Milchwagen vorbei.

Es kam etwas nach. Die Bahnhofshööke, gestärkt durch einige Schwankende aus dem Vorderhook, taten sich zusammen. Paul Koopmann leitete die Vierergruppe; neben seiner selbst, Jans Gantefort und Edda Krane war ein weiterer dazugekommen: Bahnbeamter Franz-Jupp Vanwoldt. „Wie kannst du uns so in den Rücken fallen?", rief Alois.

Nach vorheriger Ankündigung ging die Vierergruppe zum Propst, um diesen umfassend über den Stand der Dinge zu informieren.

„Hochwürden, Herr Propst", schloss Koopmann, „wir alle möchten Gott nahe sein. Wir vertrauen darauf, dass das neue Gotteshaus am Wieskener Bahnhof, neben dem Dröögen Eck, gebaut wird. Wir werden nach Kräften unterstützen!"

Hinter seinem Schreibtisch hörte der Propst mit trommelnden Fingern auf seiner breiten Sessellehne geduldig zu.

„Meinen Dank für diesen überaus wichtigen Besuch. Das sind ja interessante

Ideen! Aber ohne den Hirten zu fragen?!“ Schon lehnte sich die Bahnhofs-Gesandtschaft mit einem Lächeln auf ihren Stühlen zurück.

„Gott segne euch. Seid gewiss. Wiesken wird eine schöne Kapelle neben der Schule erhalten.“

„Herr Propst …?“, traute sich Edda nachzufragen, „… und die Kirche?“

„Kirche? Es wird in Wiesken keine Kirche geben. Weder an der Schule noch am Bahnhof oder sonstwo. Wiesken gehört zu Saande – und Sankt Raphael wird bald wieder prächtiger denn je stehen.“

„Herr Propst …. und eine Notkirche?“

„Auch keine Notkirche. Die Kapelle wird groß genug zu Gottes Ehren sein.“

Der Propst stand auf und leitete alle mit einem Segen zur Tür hinaus.

Diese totale Absage hatte die Bahnhofsfraktion nicht vorausgesehen. Reumütig fuhren sie tags darauf zu Ramäker. Ramäker beriet mit dem eigenmächtigen Kirchenrat. „Jetzt steckt die Karre im Dreck!“

Neufert und Temminghoff zogen die Karre wieder heraus. Neufert brauchte eine halbe Nacht, um einen wohl formulierten Brief an den Oberhirten, den Bischof in Münster, aufzusetzen. Ohne Durchschlag an den Propst. Sein Besuch im Münsterland in dunkelsten Zeiten sei unvergessen. Gott habe den Satan besiegt; die wieder wachsende Gemeinde in Wiesken wolle es mit dem Bau eines Gotteshauses auf eigene Kosten danken. Mit Temminghoffs Mercedes fuhren sie den Brief persönlich in die Domstadt. Und bangten.

Die Antwort des Bischofs kam prompt: Zustimmung zum Bau einer Notkirche! Mit Durchschlag an den Propst. Einzige Bedingung: Die Sakramente dürften in einer Übergangszeit von wenigen Jahren nur durch den Propst gespendet werden. Damit konnte der Kirchenrat leben. Und mit dem Propst, erst recht dem Bahnhofshook, würde man jetzt leicht fertig werden.

Wenige Tage später reiste der Propst mit ernster Miene in Wiesken an, um sich vor Ort, das heißt von dem umzäunten Holzlager auf dem Hoogen Veldt, ein Bild von der Lage zu machen. Und zeigte sich alles in allem mäßig zufrieden. „Es handelt sich hier um den Bau einer Notkirche, da wird Gott auch mit Holz zufrieden sein. Bis Sankt Raphael wieder steht.“ Neufert und Kerkhuus nickten; ob sie dennoch um Segnung des Fundaments, das aus Beton sein solle, und das man legen wollte, bitten dürften. Es sei ein großer Wunsch der Gemeinde, das erste Weihnachtsfest nach dem Krieg 1945 in der Notkirche feiern zu können. Der Propst stimmte gerne zu und schritt zum Wagen, gerade als Jans Gantefort mit seinen Haflingern vorbeizuckelte.

Ein weiteres Mal machte sich die Bahnhofsgruppe zum Weg nach Saande auf.

Neue Westfalenzeitung, 10. Oktober 1945

Heftige Auseinandersetzungen um Platz für neues Gotteshaus! Neue Kirche entzweit Gemeinde und Familien!

So stand es nach den Kartoffelferien, die man für das Legen des Fundaments hatte nutzen wollten, in der Zeitung.

Jetzt wurde es auch dem britischen Kommandanten zu bunt. Unruhe konnte er in diesen Zeiten nicht gebrauchen. Ein Jeep mit drei Tommis fuhr an dem umzäunten Bretterhaufen am Hoogen Veldt vor. In ihrer Mitte saß ein bekannter Junge. Es war der Gymnasiast Erich Vanwoldt, Franz-Jupps und Katharinas Ältester. Als Dolmetscher verdiente er sich ein Taschengeld. Man ließ Neufert aus dem Klassenzimmer sowie Kerkhuus und Ross von den Feldern holen. Erichs Gesicht wanderte von den Tommis zu Neufert und Kerkhuus und wieder zurück –, wobei die Tommis weit grimmiger schauten und lauter riefen, als der freundliche Erich es tat.

„Tell them!"

„De könnt jetzt keene Kabbelei gebruuken. I söllt u verdrägen"*, „Listen!", worauf ein langer, lauter Wortschwall der Tommis folgte, den Erich kurz zusammenfasste:

„Wenn i nich upphört, dann giv dat nix! Mmhh."**

„Got it? Stop!?"

„Ob ihr das verstanden habt, will der Mann wissen?! Baustopp!"

Die Herren Kirchenräte schauten erschrocken. Erich legte mit strengem Gesicht nach:

„Zuwiderhandeln wird mit Kittchen bestraft. Für euch alle."

Der Tommi kreuzte die Handgelenke übereinander:

„Prison! Got it?! Kittchen!" Dieses Abschlusswort musste Erich nicht übersetzen.

„Yes! Mmhh. Ja. Understand", stotterte Neufert – das erste Mal, so lange man ihn kannte.

„Clever boy", tätschelte der Tommi Erich auf die Schulter und schob ihm ein Kaugummi zu. Dann fuhr der Jeep in rasantem Tempo wieder ab.

Zeit für Ramäker zu vermitteln.

Eine ganze Weile ging es in Wiesken zwischen den Hööken, dem Gemeinderat und dem Kirchenrat hin und her, wobei so manche Flüche und böse Wün-

---

* Die können jetzt keine Kabbelei gebrauchen. Ihr sollt euch vertragen.

** Wenn ihr damit nicht aufhört, dann wird das nichts!

sche ausgetauscht wurden. „So geht das nicht!“, hämmerte Ramäker einmal mehr auf sein Tischchen. Bis Ramäker schließlich einen – naheliegenden – Vorschlag machte. Die Notkirche würde gegenüber der jetzigen Planung einen Kilometer weiter nördlich, Richtung Bahnhof, gebaut. Edda erhielt die Zusicherung, dass alle Gemeindeversammlungen in absehbarer Zeit weiter in ihrem Saal stattfinden würden. Zusätzlich zu vielen Festen. Fünf Minuten später schlugen alle ein! Die Weihnachtsmesse 1945 fand in wiederhergestellter Harmonie in der überaus festlich geschmückten Turnhalle statt, erweitert um ein langes Vordach, das die draußen Stehenden vor Regen schützte.

Mehrere Nachfragen in der britischen Kommandantur blieben ergebnislos: Man hatte wahrlich anderes zu tun. Im Mai 1946 brachte Geerdes endlich den bang erwarteten Brief. Die Tommis stimmten dem Bau einer Notkirche zu! Damit nicht genug: Eine Woche später kam aus Münster die Nachricht, der Saander Propst werde noch im Herbst einen Kanonikus nach Wiesken entsenden. „Gooddoori!“

„Jeder nach seinen Kräften“, einigten sich Gemeinderat und Kirchenrat in Eddas vollem Saal. Und es gab niemanden, keinen Hook und kein Haus, der nicht zum Bau des Gotteshauses beitragen wollte. Bäume wurden geschlagen, Hecken gerissen, der Grund geglättet und gewalzt. Und das Fundament vom Propst gesegnet. Nur die Evangelischen und die Ungläubigen nicht, die gehörten ja zu Saande.

Berni grubberte und walzte den Boden. Alois half, die Fenster einzusetzen. Soffi zog ein Aussteuerlaken aus ihrem Schrank. Der neue Schneider, Fedon, Flüchtling aus Ostpreußen, schneiderte Gewänder daraus. Anton wurde der erste Messdiener Vanwoldts. Die Familien Alois und Franz-Jupp Vanwoldt fanden – nach längerem Schweigen – auf dem Richtfest wieder zusammen. Zu Erntedank 1946 baumelte, quasi Ersatz für die kommende Glocke, ein radgroßer grüner Kranz mit roten Schleifen in einem kleinen Türmchen fröhlich im Wind. Der neue Kanonikus aus Münster hielt die Dankesmesse ab. Vorher jedoch hatte der Kirchenrat erneut einige Steine aus dem Weg zu räumen gehabt.

Heesters

An einem Montagmorgen Mitte September 1946 fuhr ein knatternder Lastwagen mit drei Personen vor einer Baustelle an der Abzweigung Saande-Leiden vor. Das größte, mittlere Haus hatte bereits ein Dach, Fenster und Türen, während bei anderen nur die Mauern standen. Hinter dem Steuer saß ein kleiner Mann im bunten Pullover und mit Kappe, auf dem Beifahrersitz ein großer Mann in dunklem Anzug und mit rundem Hut, zwischen ihnen – erst auf den zweiten Blick erkennbar – ein Persönchen mit rotem Kopftuch. Langsam kletterten die drei aus der hohen Kabine heraus, wobei der Fahrer das Persönchen um die Taille fasste und mit einem „Hoppla! Haben wir es schon!“ auf dem Boden absetzte. Der Fahrer klopfte an der Tür des fertigen Hauses. Eine kleine dickliche Frau – es war Mutter Pankratz – öffnete und schlug, verschreckt, die Hände vor ihr Gesicht: „Oh. Hochwürden ist schon da?“

In Münster hatte man Kanonikus Heesters ein eigenes Haus mit genug Platz für sich und seine Haushälterin zugesagt; der Wieskener Kirchenrat habe dies versprochen. Zwar vorläufig nur ein Behelfsheim, wie es die Flüchtlinge hatten, aber von doppelter Größe, mit zwei Öfen und einer Küche in der Mitte. Bald würden dort auch weitere Häuser für den Gendarmen und das neue Postamt stehen.

Hochwürden erkannte sogleich die Lage, nämlich dass sein Haus belegt war. Ohne weitere Umstände kam er zur Sache: „Wer hat hier das Sagen?“, rief er und wedelte mit einem Schreiben. Er wolle auf der Stelle Hauptlehrer Neufert sowie die Herren Veehdreewer und Temminghoff sprechen. Die arme Frau begann zu stottern, sie könne erklären, „ja, keine Sorge“. Nur die eine Hälfte sei von ihrem Sohn, dem Polizisten Pankratz, belegt und das auch nur noch wenige Monate, so lange sein eigenes Haus nicht fertig sei. „Ja, ja. Hat alles seine Richtigkeit.“ Heesters schaute mit gekräuselter Stirn auf die Frau, die sich bereits gefangen hatte: „Hochwürden. Die größere Hälfte, mit zwei Zimmern, einem Ofen und sogar einem Seitenraum – das ist alles für Sie frei!“ Mit ausgestrecktem Arm und großzügiger Geste wies sie zum Haus: „Lediglich die Küche, den Waschraum und den Abort im Garten müssen wir uns teilen. Was für ein Glück, Gottes Geschenk in diesen Zeiten!“ Heesters hob den Kopf:

„Wo sind die Verantwortlichen?!“

Längst standen ein paar neugierige Jungen am Platz; einer von ihnen wurde losgeschickt, diese Verantwortlichen zu holen.

Während der Fahrer und das Persönchen vergnüglich schwatzend stehen blieben, drehte Heesters großen Schrittes eine erste Runde über die Feldwege seiner angeblich neuen Gemeinde. Als er zurückkam war wenigstens Neufert an Ort und Stelle.

„Willkommen Hochwürden! Hauptlehrer Neufert und Kirchenvorstand. Zu Ihren Diensten!“, zog er mit einer Verbeugung seine Kappe. Heesters lüftete grimmigen Blickes den Hut.

„Das ist ja ein besonderes Willkommen! Mit einem Haus ohne Dach? Oder einem Zimmer im Haus des Gendarmen?!“ Offenbar, begann der Neue gleich eine Tirade, sei es den Wieskenern doch gar nicht so ernst, da habe der Propst mit seinem Zögern doch recht gehabt. „Ein Diener Gottes mit einem Diener des Staates unter einem Dach? Nein! Wir reisen sofort wieder ab! Woanders werde ich gebraucht!“, schloss Heesters, als sie bereits wieder vor dem Lastwagen standen. Neufert hatte Mühe, zu Wort zu kommen: „Alles nur ein Missverständnis, Herr Kaplan.“ Man habe erst in zwei Wochen mit ihm gerechnet, der Gendarm sei nur übergangsweise eingezogen; der werde morgen oder am besten noch heute die Räume verlassen. Endlich kam Veehdreewer in seinem Mercedes vorgefahren, sprang aus dem Wagen und zog mit einer Verbeugung, die man noch nie von ihm gesehen hatte, den Hut vor dem Kanonikus, woraufhin dieser endlich eine gütig segnende Handbewegung machte: „Willkommen Hochwürden“, lächelte Veehdreewer, „willkommen in unserer und in Ihrer Gemeinde! Wir erwarten Sie bereits in meinem Haus zum Mittagessen. Mit vollem Magen lässt sich das Weitere besprechen. Es ist alles vorbereitet.“ Mit einladender Geste öffnete Veehdrewer den Wagenschlag – und Heesters stieg ein. Der Lastwagen mit dem Fahrer und dem Persönchen knatterte hinterher. In Veehdreewers bester Stube warteten bereits Temminghoff und Kerkhuus, Ross und Neufert kamen dazu. Zum Essen servierten die Frauleute Bratwürste mit Kartoffeln und buntem Gemüse, zur Nachspeise Pflaumenkompott mit frischer Sahne, schließlich Bohnenkaffee. Fräulein Anne, so stellte sich das Persönchen vor, saß vergnügt mitten zwischen ihnen und lobte die Kochkunst des Hauses.

Ein paar Höfe und ein paar Kilometer weiter, bei Schulzendiek, räumte man derweil die komplette obere Etage des Herrenhauses her. Vier große Zimmer samt breitem Flur und einem kleinen Marienaltar mit ewigem Licht in einer Nische sowie einem Waschraum mit modernem Klosett. Die vorher dort lebende Flüchtlingsfamilie musste in die alte Mägdekammer ziehen. Aus dem Lastwagen schaffte man Möbel und Kisten die Treppe hoch, wobei sich Berni, der mithalf, einen Hexenschuss zuzog. Wenige Stunden später führte Schulzendiek Hochwürden und Fräulein in ihre oberen Räume, wo in dem größten bereits Heesters‘ eichener Schreibtisch und im Zimmer gegenüber Fräulein Annes Spiegelkommode und ein Tischchen mit ihrer Schreibmaschine stand. Am Abend saßen Schulzendiek und Heesters bei Zigarre und Aufgesetztem vor dem knisternden Feuer in der Terrazzodiele: „Große Räume habt ihr hier“, lobte der Kanonikus, und das Persönchen dazwischen zwitscherte: „Könnt‘ schöner nicht sein!“ „Bis wir das große Haus für Euch annehmlich hergerichtet haben“, beeilte sich Schulzendiek zu erklären, bevor es dem Kanonikus zu gut gefallen würde. Man einigte sich, dass Heesters für gewöhnlich bei Schulzendieks essen würde, doch zum Mittagessen dienstags, donnerstags und sonntags möge er auch anderen die Ehre geben, und so kam es auch.

Es hätte kaum dieser aufregenden Ereignisse bedurft, um zu erkennen, dass Heesters eine besondere Persönlichkeit war. Allein an seiner großen, schlanken Statur, verstärkt durch den langen schwarzen Talar und den schmalen weißen Kragen, den aufrechten Gang, mit der leicht nach oben gereckten Nase, der hohen Stirn über den tief liegenden Augen hinter der eckigen schwarzen Brille – allein daran war erkennbar, dass dieser neue Geistliche, den alle bald mit dem noch nicht zutreffenden Titel „Pastuur“ ansprachen, aus besseren Kreisen stammte. An Körpergröße konnte Heesters es, so oder so, mit Wieskens Grooten aufnehmen. „Nicht ganz!“, wie Ross und einige der anderen kiebig bemerkten. Denn ohne seinen schwarzen Hut war Heesters zwei Fingerbreit kleiner als Ross und drei kleiner als Temminghoff. Mit dem Hut überragte der Pastuur sie jedenfalls alle. Weshalb er ihn vermutlich selbst bei stürmischem Wetter, durch ein Band unter dem Kinn befestigt, trug.

Bereits an seinem ersten Sonntag in der neuen Gemeinde las Heesters eine Messe zu aller Zufriedenheit. Die Flügeltüren mussten weit geöffnet werden, um alle Gläubigen noch bis auf den Schulhof zu erreichen. Nach dem Ende des Hochamtes verstauten Heesters und Fräulein Anne alles wieder fein säuberlich in einer der vielen mitgebrachten Kisten, ein Provisorium für den noch zu beschaffenden Tabernakel. Draußen wartete schon der Mercedes, manchmal eine Kutsche, um die beiden zum Braten abzuholen. Dort erzählte er seine Geschichte.

Heesters stammte von einem traditionsreichen Hof im Lipperland, wo es seit Generationen üblich war, einen Sohn in den Dienst Gottes zu entsenden. Die Wahl fiel auf den drittgeborenen Michael, der schon früh gern die Nase in die Bücher steckte und sich trotzdem, allein durch seine große Statur, auf dem Schulhof gut behaupten konnte. Nach Gymnasium und Priesterseminar erlangte er die Priesterweihe vor der Machtergreifung Hitlers. Mitte der Dreißiger verrichtete er seinen Dienst an der Christenheit in kleinen Gemeinden und Schulen, bald, wie überall, heimlich in wechselnden Scheunen, unter Beobachtung eines scharfen Ortsgruppenleiters und einer doppelzüngigen Lehrerin. Es gab mehrere Zwistigkeiten um das Kreuz in den Schulen, den Hitlergruß und vieles andere mehr. Es war klar, dass sie Heesters „auf dem Kieker“ hatten, als sie ihn eines Nachts, bereits im Krieg, am Volksempfänger in seiner Kammer auf frischer Tat ertappten. „Wehrmachtszersetzung, Wehrkraftszersetzung und Abhören feindlicher Sender“, lautete die Anklage. In der Folgezeit überstand Heesters mehrere Verhöre der Gestapo und der SS. Mehrere Jahre verbrachte er in engen und stinkenden Zellen im Zuchthaus in Münster. „Doch ist es mir besser ergangen als manchen anderen“, erklärte Heesters. Denn ein katholischer Kalfaktor, polnische und holländische Mitinsassen sowie ein frommer Wachtmeister waren seine Verbündeten, die ihm Würste, einen Rosenkranz und Heiligenbildchen zuschmuggelten. Sein Todesurteil lag bereits auf einem Schreibtisch des Volksgerichtshofes in Berlin, als eines Abends Tommis in Münster die Gefängnistore aufschlossen und Heesters keine Stunde später als freier Mann in die warme Frühlingsnacht hinausspazieren konnte. Da war

Heesters Mitte dreißig, sozusagen in der Blüte seines Lebens und mehr als gewillt, ein würdiger Diener Gottes zu sein.

„Das war mein Kampf gegen Hitler!", schloss Heesters seinen Bericht am Tisch und kappte die noch kokelnde Zigarre ab.

Derweil schaute Fräulein Anne bei den Frauen in der Stube nebenan auf ihre goldene Armbanduhr, schleckte mit roten Bäckchen den Rest Eierlikör aus dem Gläschen und sprang auf: „Zeit für die Andacht!" Fräulein Anne war Heesters' Cousine, was erklärte, warum sich die beiden manchmal mit Vornamen und manchmal mit Pastuur und Fräulein ansprachen, je nachdem, wer ihnen gegenüberstand. Ein fröhliches Lachen stand ihr stets im Gesicht, während man Heesters nur mit bedeutungsvoller Miene kannte. Nur, wenn man sie gemeinsam sah, was oft der Fall war, etwa wenn sie auf dem Rad oder später in ihrem Käfer nach Saande fuhren, Besuche und Erledigungen machten, im Krankenhaus oder bei der Bäckerei Brömmel, dann saß das drahtige Fräulein gestikulierend am Steuer und der Pastuur mit einem feinen Lächeln neben ihr.

Wochentags sah man Heesters auf seinem großen Rad, mit dem schwarzen Hut und dem langen Talar um die Stange gewickelt über die Straßen und Wege fahren. Gelegentlich kam er durch die Pappelallee gefahren, was anfangs bei Soffi für helle Aufregung und das sofortige Abwerfen der Kittelschürze sorgte. Doch Heesters fuhr gemächlich am Draii vorbei.

„Dänn häwwt mät de Grooten"*, sagte sie mit einem kleinen Seufzer.

„Sei froh", antwortete Alois, „wir können keinen Braten bieten."

Am Ende war es Soffi recht, denn so konnte der Pastuur nicht fragen, warum sie zum Herz-Jesu-Freitag weiterhin zur Messe und zur Beichte nach Saande fuhr.

Dass Heesters seine Macken hatte, war bald klar, aber wer hatte die nicht? Fräulein Anne bügelte das Gröbste wieder aus. Außerdem verstand und sprach Heesters Platt, wenn auch nur bei wenigen Gelegenheiten und mit einem Telgter Akzent. In der Regel hielt er sich an Hochdeutsch und Latein. Auch war klar, dass Heesters und der Propst unterschiedliche Ansichten bezüglich einer „Kapelle", einer „Notkirche", einer „Saander Hauptstelle" und einer „Wieskener Nebenstelle" vertraten. Aber das mussten sie erst einmal unter sich ausmachen.

Bald kannten alle Heesters' Geschichte. Manche flüsterten bange, was man wohl von einem, der im Zuchthaus gewesen war, zu erwarten habe. So begegnete man dem neuen Geistlichen mit dem ihm zustehenden Respekt als Gottes Vertreter auf Erden – und mit einer Prise Misstrauen. Jedenfalls war der Neue jemand, mit dem man rechnen musste – so oder so.

---

* Der hat es mit den Großen.

„Mit Holz", wusste Alois schon nach den ersten Wochen, „gibt der sich nicht zufrieden."

Heesters besaß eine Schreibmaschine für die geistliche Arbeit, Fräulein Anne eine weitere für die Korrespondenz. Manchmal hörte man sie gleichzeitig in getrennten Zimmern tippen und so, als sei es eine Wette, die Rolle jeweils nach dem fröhlichen Schellen rasch wieder zur Seite schieben. Fräulein Anne rechnete auf ihrem Stenoblock ein paar Zahlen zusammen, dann tippte sie ein:

Ergebnis der Zählung der Gemeinde Wiesken:
1637 Katholiken
225 evangelische Christen und acht ohne Konfession

Heesters feilte an seiner nächsten Predigt, bereitete sich auf die Christenlehre für die Kinder vor und studierte die jüngsten Hirtenbriefe. Wenn Zeit blieb, widmete er sich seinem Lieblingspapier. Auf dem obersten Blatt waren die ersten vier Zeilen in Blocklettern geschrieben, die ersten zwei doppelt unterstrichen:

EIN WEHRHAFTES GOTTESHAUS UND
EINE EIGENE GEMEINDE
ZUR EHRE DER DREIFALTIGKEIT,
ZUR ERBAUUNG DER MENSCHEN
Um den Zerstörern der göttlichen Ordnung und den Widersachern Gottes mit einer wehrhaften Burg entgegenzutreten. Und eine moralische Instanz, gegen die Vergnügungssucht, die Tanzwut und das Hamstern.

Es lag verschlossen in der Schublade.

Verkündigung(en)

Schon zwei Monate nach dem Richtfest, am ersten Advent 1946, war es so weit. Unter einem Brokat-Baldachin inmitten einer langen Prozession zogen Propst und Kanonikus in hellen Gewändern und rotgoldenen Stolen, ersterer die glänzende Monstranz fest in den Händen, von der Turnhallen-Kapelle in die neue, tannengeschmückte Notkirche. Begleitet vom mehrstimmigen Gesang des neuen Kirchenchors unter der Leitung von Organist Donner, gefolgt von einer Schar weißer Engelchen und eintausendneunhundertzweiundzwanzig katholischen Gläubigen – so viele hatte Fräulein Anne gezählt – aus Wiesken und Umgebung.

Es war grau und bitterkalt an diesem Vormittag. Der schneidende Wind gab eine Vorahnung auf den Winter, der da kommen würde.

Anton Vanwoldt schritt in seinem neuen Messdienergewand mit der ehrenvollen Aufgabe, eine der drei Fahnenstangen zu halten, mit festgefrorenen Fingern, stolz an der Spitze des langen Zuges, direkt vor dem Sanctissimum. Es folgte eine Schar weiblicher Engelchen, von denen manche aus den weißen Kleidchen gewachsen schienen; dann die älteren Bäuerinnen, von Weitem erkennbar an den schwarzen langen Mänteln, Soffi unter ihnen. Nur Mathilde Kerkhuus stach hervor, in einem taubenblauen Kostüm, versehen mit einem dunkelroten Lackgürtel zwischen ihren ansehnlichen Hüften und ebensolchem Vorderteil, Strümpfe mit gerade sitzender Naht und roten Absatzschuhen dazu. „Bestimmt in Essen gehamstert!", zischte Zenta Klümper. „Nein. Vom neuen Schneider, Fedon!" Nach Mathilde kamen die jungen Frauen, darunter Luzi Vanwoldt mit ihrem neuen dunkelroten Mantel, der allen ins Auge fiel, Tante Joseffis Werk. Schließlich ein paar Reihen Flüchtlingsfrauen, junge und alte, um die Schultern bestickte Fransentücher. „Rot und blau – Polaksfrau!", drehte sich Zenta Klümper um. Die Mottenkugeln aus ihrem grauen Wollschal roch man noch Meter hinter ihr.

Berni lief im hinteren Drittel mit den anderen jungen Männern, in seinem dunkelblauen Anzug, neben Schneidermeister Fedon. Stendal war evangelisch und daher nicht dabei. Bessvaader und Tante Joseffi warteten bereits vor dem neuen Gottesraum. Berni hatte sie mit der Radkarre auf Stühlen zuvor dort hingefahren.

Die weihrauchschwenkenden Messdiener voraus, gefolgt vom Propst mit dem Sanctissimum und dem Pastuur, eroberte sich die Prozession ihre eigene, selbst gebaute Kirche, die spätestens ab diesem Zeitpunkt nur noch der Propst als Saander Nebenstelle bezeichnete. Aus der vorderen Holzdecke baumelte ein mächtiger grüner Tannenkranz an roten Tauen herab – aus der Mitte eines großen grünen Kreuzes in einem roten Kreis, was alles der neue Anstreicher Meersmann eine Woche zuvor von Doppelleitern aus gemalert hatte. Organist Neufert ließ das Harmonium lauter denn je erklingen, „Haus voll Glorie", Fräulein Marten dirigierte den Kinderchor. Endlich war der Raum voll, die Tür konnte geschlossen werden, die Männer aus den letzten Reihen mussten stehen. Vorn breitete der Propst die Arme aus.

„Nur durch den wahren Glauben, die Hilfe Gottes und die Kraft der katholischen Gemeinde!", rief er. Benommen von Weihrauch und Ehrfurcht folgte die Gemeinde den Fürbitten, der Lesung und dem Evangelium und erwartete die erste Predigt in ihrem neuen Gotteshaus. Der Propst übergab an Heesters, der auf der kleinen Kanzel, eine Holzempore mit Pult, stand. Heesters wartete das Ende des Räusperns und Schniefens ab. Und ergriff, mit klarer Stimme, die bis in den hinteren Reihen deutlich zu hören war, das Wort.

Meine lieben Brüder und Schwestern, wir sind alle demütig und zugleich stolz vor Gott vereint. Am Throne Gottes haben alle Platz – auch die Vertriebenen.

Er hielt einen Augenblick inne. Er breitete die Hände aus, schaute zuerst nach oben, bevor sein Blick langsam von der einen unteren Wand bis zur anderen Seite wanderte. Um dann wieder mittig auf die Gemeinde zu schauen:

Herr, unser Gott! Schau gnädig auf uns herab! Dankbar und demütig stehen wir vor Dir. Nimm dieses Haus als Dein Haus, unser aller Werk, unser Haus an. Es sind die Bretter, an denen einst die Flüche der Internierten ...

Der Propst räusperte sich, hob kaum merklich den Kopf, doch auch von anderer Stelle unterbrach ein lautes Husten Heesters‘ Rede. Er wartete einen Augenblick, dann setzte er fort:

... die Flüche der Internierten widerhallten. In den Brettern, die von einer furchtbaren Vergangenheit berichten! Die wir heute weihen. Herr, unser Gott! Stehe uns auf den kommenden Wegen bei. Die Zukunft wird eine andere sein!

Lange noch hallte der letzte Satz durch den hohen, kalten Raum. Irgendwann stimmte Neufert das Schlusslied an: „Lobet den Herrn ...“, und es hieß, dass der laute Gesang bis nach Saande drang.

Langsam schob sich die Menge durch das neue Tor hinaus auf den neuen Kirchplatz.

„Bretter der Internierten?!“, hörte man überall ein Getuschel. „Wat dat wall wött?“

Es dauerte lange, bis sich der Kirchplatz leerte – obwohl es bitterkalt war. Advent und Weihnachten standen bevor. Heesters kam schnell zur Sache.

„Auf altem Bauerngrund steht nun ein feines Kirchlein. Mag es nur aus Holz sein und sein Steinsockel brusthoch. Es steht fest in der Landschaft“, stand es unter einem der vielen Fotos, die von der Feier am neuen Schwarzen Brett – der neuen Kirche – hingen.

Zum dritten Advent waren Lobeshymnen und Fotos vom Schwarzen Brett bereits abgeräumt; stattdessen prangte dort in der Mitte ein blütenweißes Papier auf dem roten Samt:

Katholische Caritas

Die Not ist groß in diesem kalten Winter. Bitte um Spenden. Bettstellen und Holz für die Flüchtlingsfamilien, die noch auf dem Fußboden schlafen müssen. Und anderer Hausrat. Auch Kinderstrümpfe und Leibwäsche für die Kleinsten, um ihren Müttern eine Freude zu Weihnachten zu machen.

Eifrig übte Heesters in den Wochen danach mit den Kindern die Flucht der Heiligen Familie aus Bethlehem ein. Die mühsame Suche nach einer Herberge, die verschlossenen Türen und schließlich die Geburt des Sohn Gottes in einem schlichten Stall. Zu Heiligabend stand vorne in der Kirche ein duftender, mächtiger Tannenbaum mit zehn Kerzen daran, von Ross und Groote Ridder gespendet. Nach der Engelmesse um Mitternacht spielten die Kinder das Mysterium der Heiligen Nacht bei fahlem Licht vor dem Kripplein, das Mette Neufert und Fräulein Marten aus Stroh, Stöckchen und Eicheln gebastelt hatten; nur die Heilige Familie war aus bemaltem Stein. „Haltet nun den Atem an, lassen wir die Heilige Handlung auf uns wirken", hauchte Heesters, als ein Engel eine Kerze in die dunkle Hütte brachte und sie erleuchtete. Eiseskälte drang durch die Ritzen der Bretter, der Atem der Gemeinde gefror zu Eisblumen an den Fenstern.

Schon zur Frühmesse am zweiten Weihnachtstag fehlten vier Kerzen und zwanzig Kohlen. „Die Not ist groß und Gott mit den Armen", rief Heesters vorn. „Sie bedürfen der Barmherzigkeit, wenn sie die Not nicht durch eigene Kräfte lindern können. Doch die Moral darf nicht weiter sinken. Das siebte Gebot ist heilig." Alle holten tief Luft. Nach einer Pause setzte er fort.

„Auch sage ich euch: wer von euch ohne Sünde ist, werfe den ersten Stein." Schließlich hob er den Finger: „Und eine Sünde ist es, die Not der Menschen auszunutzen. Das tut, wer Bedarfsgüter und Lebensmittel zu Höchstpreisen verkauft, denn der ist gewinnsüchtig. Jesus, der Barmherzige, hat uns anderes gelehrt", sprach er und verließ mit zugeklapptem Heft das Podest.

Im Frühjahr zogen Pastuur und Haushälterin in ihr eigenes, fertiggestelltes Heim, froh, den kalten Winter am warmen Feuer bei Schulzendieks verbracht zu haben. Denn im neuen Haus zog es auch zu Ostern noch mächtig durch die dünnen Wände. Pankratz bezog das Haus nebenan; man grüßte sich wortlos mit jeweils kurzem Zug des Pastorenhuts beziehungsweise der Schirmmütze. Das alles würde nur für eine kurze Übergangszeit sein, so zumindest sahen es die Pläne in Heesters' Schreibtischschublade vor.

Pankratz, das musste selbst Heesters ihm zugutehalten, versäumte kein sonntägliches Hochamt. Auch bei den nachmittäglichen Andachten war er oft zu sehen, während die anderen Junggesellen sich irgendwo in den Wirtschaften vergnügten und die Eheleute ihre einzigen zwei freien Stunden der Woche in den Betten lagen. Für Letzteres zeigte sogar Heesters Verständnis, denn irgendwo mussten die Schäfchen ja herkommen. Mutter Pankratz und Fräulein Anne begannen eine herzliche Nachbarschaft, legten gemeinsam einen kleinen Garten und Hühnerhof an und lachten viel dabei. Ihr gemeinsam gerührter Eierlikör war der beste weit und breit.

Heesters führte jede Menge neuer Sitten ein.

Fräulein Anne war es, die alle Aushänge, von denen es sehr viele geben würde, fehlerfrei tippte.

GOTTESDIENSTORDNUNG

Sonntags: Heilige Messe um 7:00 Uhr. Hochamt 10:00 Uhr.
Andacht um 14:30 Uhr, anschließend Christenlehre (Kommunionskinder).
Montags bis samstags: Frühmesse um 7:00 Uhr.
Herz-Jesu-Freitag: Heilige Messe um 7:00 Uhr (für alle).
Heilige Beichte: samstags um 16:00 Uhr.

Anfangs gespannt, doch bald mit Sorge schauten die Wieskener sonntags auf das Schwarze Brett, vielmehr den roten Samt, wo neben der Gottesdienstordnung und den Ankündigungen und Hinweisen zu Verlobungen, Hochzeiten, Taufen und Toten monatlich wechselnd ein weiteres weißes Blatt Papier hing, Publicandum, ein neues Wort:

PUBLICANDUM, JANUAR 1947

Bitte um Stiftung weißer Seide für den Tabernakel (wurde am Sonntagnachmittag bereits gebracht). Bitte um Gold und Silber für eine neue Monstranz (Sammlung bei allen) und einen Weihwasser-Sprengel. Bitte: Von Verwandten aus Amerika Kerzen schicken lassen.

„Jeder nach seinen Kräften“, hatte Heesters immer wieder betont, „und nach seinem Gewissen vor Gott.“ Damit war jeder einverstanden, die Großen und die Kleinen. Erst, als er seine länger werdenden Predigten mit dem Aufruf, „Ohne Opfer wird es nicht gehen“, abschloss, begann ein leises Raunen. Hinzu kamen andere neue Sitten, wie das Liedersingen für Flüchtlinge in der Kirche. Er nannte die Evangälsken nicht „Ungläubige“ oder „Abergläubige“ – nein, er nannte sie „Andersgläubige“ und manchmal sogar „Unsere evangelischen Mitbrüder und Mitschwestern.“

Damit nicht genug: Er schickte die Messdiener umgehend nach Hause, wenn ihre Haare nicht frisch gekämmt und die Fingernägel nicht sauber gebürstet waren. Er führte Listen über die Teilnahme an den sonntäglichen Andachten und der nachfolgenden Christenlehre für die Heranwachsenden. Er wetterte gegen die Tanzwut und Vergnügungssucht, während die jungen Frauen in ihren bunten Kleidern und aufgemalten Strumpfnähten zu ihm nach oben schauten.

„Die Feste der Bauern“, befand er, „stehen in einem üblen Ruf. Auch das Benehmen der Geschlechter, ob verheiratet oder nicht, lässt zu wünschen übrig. Unsere katholische Landjugend ist auf der abschüssigen Bahn!“

Der selbstgebrannte Balkenbrand „verneble das Gehirn“, womit er ohne Frage recht hatte. Er gab ab Frühlingsanfang bis zum Herbstbeginn am Anfang der sonntäglichen Predigt bekannt, ob die Bauern am Tag des Herrn ihre Felder beackern durften oder nicht. Von seinem Podest aus ließ er den Blick rundum durch alle Fenster schweifen und entschied:

„Die Wetterlage ist bis morgen stabil. Heute ist der Tag des Herrn. Die Andacht findet um halb drei statt, Christenlehre anschließend.“ Oder: „Heute fällt die Predigt aus, damit ihr vor dem Regen das Heu einfahren könnt“, jeweils gefolgt von Schweigen oder Murmeln.

Die staatliche Gewalt Pankratz nahm es zum Anlass, sonntagmittags mit seinem Moped um die Wiesen und Felder zu fahren. Fand er eine beladene Karre oder einen Leiterwagen mit Garben, tuckerte er mitten über das Feld und stellte die Sündiger zur Rede. Manche luden ihn zum Mittagessen ein. Die Namen der anderen kritzelte er auf einen Zettel und überreichte ihn Fräulein Anne. Pankratz sprach nie mit dem Pastuur, und der Pastuur sprach nie mit Pankratz.

PUBLICANDUM, FEBRUAR 1947

> *Einweihung der gerahmten Bildchen für unseren Kreuzweg durch Pater Franz aus dem Franziskanerkloster in Asten. Bitte um Rückgabe des Diebesgutes: Zwei Messdienerröcke und 50 RM aus der Kollekte.*
> *Evangelischer Gottesdienst (Diakon Grüner) jeden ersten Sonntag im Monat um 8:00 Uhr.*

„Hast du das gelesen?! Messe für die Luthersken?!“, steckten die Frauen nach dem Lichtmess-Segen die Köpfe vor der Kirche zusammen. „Haben wir uns dafür geplagt?!“

Noch dazu, stellte sich heraus, hatte Heesters die Evangälsken ganz ohne Wissen des Kirchenrates eingeladen. Schon wurde das Unheil, das die Bretter der Internierten gebracht hatten, wieder herbeigeschworen.

„Ob das wohl richtig ist? Was der Herrgott wohl sagt?", fragte Soffi beim Tienührken, „sind doch abergläubisch."

„Sind nicht abergläubisch. Nur andersgläubig. Wo Heesters recht hat, hat er recht", erklärte Alois.

„Sind Christen und getauft", sagte Berni.

„Geht es um die Luthersken?", horchte Bessvaader auf.

„Jo, Vaader", rief Alois in sein Ohr, „wir bleiben katholske Katholiken. Die Luthersken bleiben evangelisch."

„Ach so." Bessvaader nickte.

Die Karwoche lud zur Besinnung ein, gefolgt von einem weiteren regen Kirchenjahr.

PUBLICANDUM, APRIL 1947

Gründonnerstag: ganztags Betstunden. Karfreitag: Kreuzweg um 8:00 Uhr. Karsamstag: Gottesdienst um 8:00 Uhr. Feier zur Auferstehung um Mitternacht (bei gutem Wetter mit Feuer). Ostern und Ostermontag: Heilige Messen und Hochamt jeweils um 7:40 Uhr und um 10:00 Uhr. 25. April Markusprozession um 8:00 Uhr (für alle).

Bitte um Sträucher und Blumen zum äußeren Schmuck unserer Kirche (bereits zahlreich erfolgt).

PUBLICANDUM, MAI 1947

Singen der Flüchtlinge ihrer Heimatlieder, am ersten Sonntag in der Andacht 14:30 Uhr. Jeden Dienstag und Donnerstag um 8:00 Uhr Maiandacht. Fronleichnamsprozession auf Wunsch des Propstes nur in Saande. Feier Erstkommunion um 10:00 Uhr (Hochamt).

PUBLICANDUM, JUNI 1947

Am Sonntag, feierliche Einweihung der neuen Glocken (Hochamt Propst). Ab nun können wir uns täglich des Angelusläutens um Viertel vor 12:00 Uhr erfreuen. Anregung zur Besinnung auf dem

Feld. Zwei Flaschen Messwein sind gestohlen worden. Der Dieb möge sie zurückbringen, sodass seine Sünden vergeben werden.

Zu Pfingsten wies der Saander Stadtrat den Evangelischen einen eigenen Raum und vor allem einen Bauplatz für eine eigene Kirche in Saande zu. Stendals und die Pommerske Witwe mit ihren drei Kindern fuhren gemeinsam dorthin. Die großen Sorgen waren überwunden. Es gab noch viele neue Verkündigungen.

Plagen und Vergnügen

Berni fragte nach Samen für Runkelrüben, eine besondere Sorte, robust in der Lagerung und nahrhaft für das Milchvieh. Aber Koopmanns Angebot blieb mau, ebenso das in Saande und Fürstenfeld. Und die Holländer behielten ihr gutes Saatgut für sich. Berni fuhr zu den Verwandten nach Oeding. Onkel Hinner arbeitete als täglicher Grenzgänger wieder in einer Fabrik in Holland. „Kannst du mir helfen?“, fragte Berni. Doch Hinner musste am Schlagbaum täglich seine Taschen leeren und manchmal sogar mit den Beamten in den Hinterraum: „Bis auf die Unterhose!“, verlangten sie. Aber seine Töchter, Bernis Großcousinen in ihren Kleidern mit den breiten Säumen, brachten ihm jeden Mittag den Henkelmann. Der Onkel zögerte keinen Augenblick: „Da kann ich dir aushelfen“, sagte er. Berni schrieb ihm die Sorten auf. Und kam zwei Wochen später mit einem Korb voll Eier und Butter im Tausch gegen erstklassige holländische Rübensamen zurück. Temminghoff lieh ihm den Drillkasten, um einen Morgen damit einzusäen.

Die Runkelrübe: Standweite. Es ist zweckmäßig, die Rüben nur so weit zu stellen, dass sie nicht über 2 – 2 ½ Kilo schwer werden, denn große Rüben sind wasserreicher, haben ein lockeres Fleisch und halten sich nicht so gut im Winterlager wie kleinere. Außerdem haben zahlreiche Versuche gelehrt, dass nur bei engem Stande die größte Masse geerntet werden kann. Eine Reihenentfernung von 45 – 55 cm, je nach der angebauten Sorte und der Fruchtbarkeit des Bodens – und ein Abstand in der Reihe von 30 – 35 cm – ist zweckmäßig.

Wenige Wochen später prüften Berni, Anton und Luzi, auf den Knien rutschend, jedes einzelne Pflänzchen, ließen die kräftigen stehen und rissen die schwachen heraus. Anfangs legten sie ein Stockmaß daneben, bis ihnen der richtige Abstand in Fleisch und Blut, vielmehr in Finger und Augen, überging. Wenige Wochen später liefen sie mit der Unkrauthacke durch die Reihen, und im Mai standen die Runkeln kräftig und gerade mit glänzenden Blättern im Spalier. Doch im Juni fiel kein Regen und das Grün, auch der Kartoffeln, hing müde und welk hinunter. War in den Jahren und Monaten zuvor alles erfroren oder ersoffen, drohte nun alles zu vertrocknen.

„Jetzt schickt Mose Dürre und Plagen“, erklärte Elisabeth Floiter, während sie sich bekreuzigte. Die wenigen Tropfen, die Petrus gelegentlich schickte, verdunsteten noch in der heißen Luft oder perlten von der schon staubigen und gar rissigen Erde ab. Wenigstens die niedrigen, sonst zu nassen Weiden und Wiesen, waren länger grün als andere. Der neu eingesäte Klee, in den Rocksäumen der Cousinen sicher über die Grenze gebracht, ergab zweimal fettes Heu. Die Kühe käuten im Schatten der Pappeln und Eichen zufrieden wieder. Berni lief mehrmals täglich auf die Weide, um Wasser in die Viehtröge zu pumpen. Dagegen blieben die Ähren von Hafer und Gerste leicht; nach dem Dreschen standen nur ein paar Dutzend Säcke da, mit denen man gerade genug für die eigenen Schweine haben würde. Der späte Roggen brachte mehr.

Nach der Dürre kamen die Kartoffelkäfer und fraßen sich durch das täglich spärlicher werdende Pflanzengrün. „So hat es Mose vorausgesagt!“, wiederholte Elisabeth. Andere wussten es besser. „Nee, nee!“, schüttelte Jans Gantefort morgens am Milchwagen den Kopf, „die kommen zwar von oben, aber nicht von Gott. Die werfen die Amis mit ihren Flugzeugen ab“, und zeigte auf das einsame Flugzeug, das gerade von Westen nach Osten flog. Am Vormittag zog Neufert mit einer Kinderschar – auch Anton Vanwoldt war dabei – zu den Feldern los, um Schädlinge zu sammeln, doch meistens blieben die Gläser leer. Aber es reichte als Anschauung für eine bekannte Rechenaufgabe, nur eine Zahl wechselte der Lehrer jedes Mal aus:

> *Ein einziges Käferpärchen kann in einem Sommer 31 Millionen Nachkommen haben. Wie viele habe ich verhindert, wenn ich sechs fange?*

Soffis Erbsen und Bohnen drohten in der Sonne zu vertrocknen; es dauerte lange, um die Gießkanne aus dem Rinnsal der Becke zu füllen. Der Pegel des Brunnenwassers sank. Berni musste das Seil, um die Milchkannen zur Kühlung hineinzuhängen, mehrmals verlängern. Soffi sackte oben auf einem Heufuder zusammen. Roggen und Weizen standen so licht, dass man von einem zum anderen Ende des Feldes sehen konnte. Dagegen versprachen Soffis Pflaumenbäume eine gute Ernte und süße Kuchen bei Café Brömmel. Sorgenvoll schaute Berni auf seine Runkeln.

Im Juli und August blieb das Schwarze Brett in der Kirche erstmals leer. Kein einziges Blatt Papier weit und breit, nur weicher, roter Samt. Heesters und

Fräulein Anne verbrachten ihre verdiente Erholung im Schwarzwald, gefolgt von Exerzitien. Heesters' Vertretung, der Kanonikus aus Saande, war nach einer Dreiviertelstunde mit dem Hochamt durch. Sonntagsandacht und Christenlehre fielen aus. Nicht einmal Pankratz knatterte um die Felder; er hatte anderes im Sinn.

Schausteller zogen mit ihren Schiffsschaukeln und Buden von einer Kirmes zur nächsten, von Saande nach Fürstenfeld und Leiden, wo die Kinder ihre Pfennige und Groschen verschwenden konnten. Die jungen Leute gingen zu den Schützenfesten, und sollte, ausnahmsweise, keines in der Umgebung sein, so schallte es an den Sonntagabenden – von Heesters ungehört und ungestraft – aus einer der Scheunen: „Wum-ta-ta … fahren ins Heu, Wum-ta-ta, die ganze Nacht." Vom Deepen Grund waren Berni und Thea vergnügt dabei und fuhren vor Mitternacht mit einem Liedchen auf den Lippen zurück. Zu denen, die im Morgengrauen die Däle kehrten oder ihren Rausch im Gras ausschliefen, gehörten sie nicht. „Sodom und Gomorrha", bekreuzigte sich Elisabeth Floiter. „Bünt jung", antwortete Soffi, „haben lange genug gedarbt."

Pankratz erinnerte sich an seine alte Leidenschaft, den Fußball. Und besprach seine Idee mit Paul Koopmann und zwei Flüchtlingen, als sie bei Kraane saßen, auch Franz-Jupp Vanwoldt war dabei. Alle nickten. Woraufhin sich Koopmann vertraulich an Ramäker wandte. Auf den nächsten Sitzungen, sowohl des kopfschüttelnden Gemeinderates – „Gutes Land nur für Vergnügungen?" – als auch des zögernden Kirchenrates – „Was ist der Sinn?" – , erhielt Pankratz am Ende volle Unterstützung. So jedenfalls verstand Pankratz Ramäkers abschließende Aussage „sall sick wiesen "*, wobei der Pastuur auf der betreffenden Sitzung im Schwarzwald weilte. Neufert und Fräulein Marten sahen endlich die Chance gekommen, in den bis dahin mageren Lehrplan in Leibesübungen die Disziplinen Rennen und Weitsprung aufzunehmen, wobei Fraulein Marten auch an Völkerball für die Mädchen dachte. Dafür war der Schulhof zu klein. „Muss mehr als nur Fußball sein und für Jungen und Mädchen", betonte Neufert, wogegen Pankratz nichts einzuwenden hatte. Pankratz konnte gut mit Groote Ridder und der wiederum bot in seinem Wald eine Lichtung an, eine Koppel, wo im Sommer gelegentlich sein Reitpferd graste. „Könnt ihr im Herbst und Winter haben, gegen eine kleine Pacht", und kniff das Auge zu. Damit war alles geregelt, auch wenn das Stück nicht hunderprozentig den üblichen Maßen entsprach. Gummi Kerle ging einmal mit der Egge, dann ein paar Mal mit der Walze drüber, ließ einen Streifen für das Pferd frei. Pankratz und Koopmann setzten Stangen und Fähnchen an vier Ecken, wobei in einer eine hundertjährige Rotbuche stand, markierten die Linien mit Kalk und beto-

* wird sich zeigen

nierten schließlich zwei Mal zwei Pfosten aus Restbeständen der Baracken ein. Dank alter Kontakte zu Schalke 04 konnte Pankratz zwei einwandfreie Netze und vor allem einen echten Lederfußball organisieren, auch eine Trillerpfeife. „Hätte ich dir gar nicht zugetraut“, klopfte der junge Koopmann dem zehn Jahre älteren Pankratz abends auf die Schulter, als sie bei Sonnenuntergang auf ihr Werk blickten.

„Unsinn. Vergeudung“, sagten die einen Bauern.

„Jedes Dierken sien Pläsierken“, schmunzelten andere.

„Dann hat Pankratz etwas anderes zu tun, als uns zu drangsalieren“, worauf sich alle verständigen konnten und recht behielten. Fortan suchte man den Polizisten Pankratz, wenn man ihn brauchte, was sehr selten vorkam, zuerst auf dem Sportplatz.

Zwei Sonntagnachmittage hatten die Wieskener Jungs schon auf dem buckligen Platz gekickt, dabei einmal haushoch gegen den SV Leiden und FC Weelken verloren, als Heesters Ende August erholt und beseelt von Exerzitien und Urlaub zurückkam. Gleich in der ersten Viertelstunde nach seiner Ankunft fielen die wenig rosig gewordenen Wangen wieder nach unten. Von der Landstraße aus sah er am Waldrand ein weißes Laken mit Schrift in grüner und roter Farbe, und zwar im selben Ton wie die Dreifaltigkeit an der Decke der Notkirche, leuchten:

TURN- und SPORTVEREIN WIESKEN 1947

Während der nächsten Sonntagsandacht musste Heesters die Fenster schließen, weil das schrille Pfeifen des Schiedsrichters Fedon die Aufmerksamkeit der Mädchen und Jungen – nur wenige waren gekommen – störte. Noch am Abend fuhr Heesters zu Neufert, dem Vorsitzenden des Kirchenrates, anschließend zu Ramäker, dem Gemeindevorsteher, und verlangte eine Erklärung. „Man hat mich hintergangen!“, und drehte sich, ohne die Erklärung abzuwarten, wieder um.

PUBLICANDUM, SEPTEMBER 1947

Erinnerung: Die Teilnahme der Kinder an der Christenlehre lässt zu wünschen übrig. Die Eltern, die ihre Kinder gedankenlos zu jedem gastierenden Zirkus ziehen lassen, mögen die Konsequenzen für das spätere christliche Leben bedenken (Vergnügungssucht). Die Jungen können auch nach der Andacht noch rechtzeitig zum Fußballspielen. Auch gegen eine Familienvisite mit Kaffeetrinken um 16 Uhr ist nichts einzuwenden, aber dafür ist auch nach der christlichen Erbauung noch genügend Zeit.

„Das geht zu weit!“, befand sogar Ramäker. „Jedes Dierken sien Pläsierken. Wann wir unsere Visiten machen und unsere Jungs Fußball spielen, das bestimmen wir!“, schimpfte er auf der nächsten Gemeinderatssitzung. Gemeinsam mit dem TUS beschloss man, dem Vertreter Gottes einen Denkzettel zu verpassen, und zwar von einem Vertreter des Staates.

An einem gewöhnlichen Nachmittag klopften zwei Bocholter Zollbeamte an der Tür des Pastuurs. Die Störung sei ihnen sehr unangenehm, aber es läge eine anonyme Anzeige wegen mehrfachen Schmuggels vor. Die Herren waren befugt, in die Schränke zu schauen. Beim Edelzwicker, sagte der Beamte, sei er noch gewillt, ein Auge zuzudrücken, aber dass der Herrgott Wasser in Branntwein verwandelt habe oder eine Zigarre für den Weihrauch benötige – das sei ihm unbekannt. Wenig später liefen die beiden Herren mit einem gefüllten Korb wieder zum Moped. Einen Monat später erteilte Heesters, auf der Mitte des Siegerpodestes stehend, mit dem neuen silbernen Sprengel dem TUS 47 e.V. den heiligen Segen. Pankratz verschob die Spiele um eine halbe Stunde. Eine Hand wäscht die andere. Das würden sie noch öfter machen.

Soffi zählte die Münzen aus ihrer Tasse zusammen und gönnte sich eine Wallfahrt nach Kevelaer. Im vollbesetzen Bus betete und sang sie mit den anderen Frauen und Männern und kam, in jeder Hinsicht gestärkt, von ihrem einzigen freien Tag des Jahres mit frischem Mut zurück. Vorn im Bus saßen Heesters und Fräulein Anne mit den Kartons aus den Werkstätten der Goldschmiede, der Stickerinnen und Bildhauer: ein kristallenes Taufkännchen, zwei gebrauchte Messgewänder, ein rotes und ein weißes, ein Säckchen Kohle für das Weihrauchfass. Eine versilberte Monstranz, ermöglicht durch eine anonyme Spende von 450 Mark! Die Bestellung für ein neues Messgewand, fünfhundert Arbeitsstunden für die Stickerin, war aufgegeben.

Berni konnte ein paar Dutzend Kartoffelsäcke zur Genossenschaft bringen. Morgens und abends klopfte er auf das Barometer und lief das Rübenfeld ab. „Runkelrüben sind empfindlich“, erinnerte er sich an den Lehrer. „Die Frucht nimmt besonders an den warmen Herbsttagen zu. Aber Nachtfröste mögen sie gar nicht!“ An einem sonnigen Tag Anfang Oktober begannen Luzi und er mit der Ernte. Pflanze für Pflanze zogen sie die Rüben mit der Hand, gebückt, aus dem Boden. Rübe für Rübe stach Berni, und zwar zentimetergenau, mit dem Spaten die Blätter von der Frucht. Mehr als zwanzig Karren konnte er in die neue Erdkuhle fahren. Berni belegte alles dicht mit Stroh, Plaggen und Erde und setzte Tonröhren zur Lüftung ein. Den ganzen Winter über hatten die fünf Kühe frische Schnitzel.

Auch Heesters zeigte sich mit dem Jahr zufrieden. Rechtzeitig vor Weihnachten kamen die erbetenen Sendungen aus Übersee. Schwester Johannita, geborene Magdalena Boesel, seit fünfundzwanzig Jahren in Amerika, sandte ein großes Paket mit Stoff für ein Taufkleid, Spitzen, Nähgarn und Kerzen. Schwester Laetitia, geborene Maria Vanwoldt, seit fünf Jahren in Indonesien, schickte eine große Kokosmatte, als Abtreter für den Vorraum. Die Krippe hatte ein stabiles Strohdach, darunter konnte die Heilige Familie, neu geschnitzt, nicht nass werden, auch Schäfer und Hirten standen ihnen bei. Nur die Heiligen Drei Könige fehlten noch, ebenso wie Ochs und Esel, aber die waren bereits auf dem Weg von einer Künstlerin aus Lehrte. Am Ende des Jahres konnte Heesters stolze Zahlen verkünden:

> *In beiden heiligen Messen sowie an Sonn- und Feiertagen zählte unsere Gemeinde 48.901 Besucher, 21.000 an den Wochentagen, Kinder und Erwachsene, 8.700 in den Sonntagsandachten, 1.312 in den Maiandachten. 15.650 Kommunionen gespendet. 33 Geburten, 27 Taufen, 16 Verstorbene.*

Das Benehmen der Geschlechter war nicht ohne Wirkung geblieben: Doppelt so viele neue Schäfchen wie alte Schafe waren gegangen!

Im Januar 1948 zog die neue Muttergottes ein. Aus westfälischem Eichenholz, die lächelnde Maria mit einem fröhlichen Jesukind auf dem Arm, eine Ähre in der Hand. In den ersten Monaten verging keine Stunde, wo nicht jemand – es waren fast nur Frauen – auf dem Bänkchen vor ihr kniete. Der Tabernakel war innen vergoldet, aber das bekam nur die Dreifaltigkeit und natürlich Heesters, der Küster Erich Vanwoldt und Fräulein Anne zu sehen, wenn sie mit ihrem Poliertuch darüberstrich. Im Kirchenrat beklagte Heesters die nachlassende Spendenbereitschaft: Für den neuen Speisekelch aus Gold und Silber werde er Sonderkollekten abhalten.

„Dat nimmt keen Ende met de Kollekten und Opfergänge – de Bädelei", schimpfte jetzt sogar Mathilde.

„Der hat bald mehr Kleider und Geschirr im Schrank als unsere Töchter Aussteuer", bekräftigte Ramäker.

„Wenn ich nur den zehnten Teil für Thea und Luzi hätte", seufzte Soffi.

„Der Herr wird es uns allen danken!" Das konnte nur Elisabeth Floiter sein.

Flügge

Die schöne Weseler Cousine, Agnes, kam an einem Sonntagnachmittag mit aufgesteckten blonden Haaren unter einem wehenden Tuch, roten Schuhen und natürlich ihrem Fotoapparat auf den Deepen Grund gefahren.

Foto: Fünf Geschwister posieren vor dem Gatter. Thea und Luzi mit gewellten, offenen Haaren, einander eingehakt und lachend, in taillierten, wadenlangen Kleidern. Auf dem Gatter neben ihnen sitzen die drei Brüder in neuen „Papieranzügen", wie Alois die Qualität der Nachkriegsware monierte. Den schönen Anblick der jungen Männer trübt das ganz und gar nicht. In ihren weißen Hemden mit offenem Kragen hocken sie, die Hände lässig in den Hosentaschen, oben auf dem Gatter. Berni hat den Kopf mit der Tolle im Haar ein wenig nach hinten geworfen; man schaut in ein klares, frohgemutes Gesicht.

Thea war die Erste, die das Haus verließ, erfüllte sich ihren Traum von einer Hauswirtschaftsschule und Schneiderlehre in Essen. „Wat du vöör diene eegene Kopp döös mäkst du immer richtig"*, hatte Soffi sie unterstützt. Ein Jahr später legte Gerd die Gesellenprüfung als Schlosser ab und fuhr mit einem Karton auf dem Gepäckträger und zwanzig Mark in der Tasche aufs Geratewohl nach Köln. „Lasst euch frischen Wind um die Nase wehen!", hatte Alois seinen beiden Jüngsten Mut gemacht, „in den Städten suchen sie fleißige Handwerker aus dem Münsterland." Schon tags darauf fand Gerd einen guten Meister. Die Witwe, bei der er ein Zimmer nahm, duldete keine laschen Sitten. Oben in der Mansarde kontrollierte sie seine Habseligkeiten, unter denen sich kein Schlafanzug befand, weshalb Gerd die ersten fünf Mark für einen Schlafanzug ausgab. Zwei Jahre später folgte ihm Anton, gelernter Schreiner. Bei seinem neuen Meister bezog er in der Werkstatt sein Nachtquartier, hinter einem Vorhang eine Matte auf Hobelspänen, ein Stuhl, eine umgedrehte Kiste als Tisch und drei Haken an der Wand. An den Samstagen trafen sich die Brüder abends bei Bier und Bratwurst am Büdchen, bevor sie nach einem Tanzlokal Ausschau hielten. An den Sonntagen studierten sie die Bücher. Ihre Meisterbriefe – beide gehörten zu den Jüngsten ihrer Klasse – feierten sie in einer Sommernacht am Ufer des Rheins. Zwei hübsche Mädchen, die eine brünett, im gelbgeblümten, die andere blond, im weißgepunkteten Petticoat, waren mit dabei. Die eine von ihnen zupfte auf der Gitarre:

„Rote Rosen, rote Lippen, roter Wein … Und wenn die Sterne steh'n, bist du doppelt schön."

Auch Tante Joseffi ging wieder auf Reisen, in einem neuen Kostüm und mit einem Fläschchen 4711 in der Tasche, mit ihrer blankgeputzten Singer. Auf Aschermittwoch holten sie die Schwestern oder einer der Nachbarn oder sonstige Bekannte ab, damit sie ihnen neue Kleider für die vielen anstehenden Feste nähte. Mit einem Lächeln packte Joseffi ihr kleines Köfferchen. Ein halbes Jahr später kam sie, auf Allerheiligen, mit ein paar hundert Mark, mehr als irgendjemand sonst am Deepen Grund in der Tasche hatte, zurück. Nicht alle ihre Kunden behandelten sie gut, doch manche ließen sie vergessen, dass sie „nur ein lediger Krüppel" war, wie manche mitleidig oder boshaft über sie

* Was du für deinen eigenen Kopf machst, machst du immer richtig.

sprachen. Einmal kam sie mit einem alten Grammophon und drei schwarzen Platten zurück. In Luzis Kammer stellten sie das Gerät auf und schunkelten zu „Weißer Holunder, der blühet im Garten." Immer seltener wurden die Aufträge für Kleider und Kostüme, denn die von Schneider Fedon und den Saander Modegeschäften waren eleganter. Dafür war Joseffi vor den Hochzeiten von den Bräuten für einen speziellen Dienst gefragt. Mit ihren schmalen Händen und das Maßband stets um den Hals legte sie ihre Aussteuerschränke mit Glanzpapier aus, faltete das Linnen akkurat auf Kante, heftete rosa Borten und seidene Schleifchen an das Holz, vergaß die Lavendelsäckchen nicht. Das konnte keine so gut wie das Fräulein Vanwoldt, wie sie sich gern nennen ließ. Ihr größter Lohn war die stolze Braut, die am Hochzeitstag vor den staunenden Frauen die Schränke öffnete: „Wat moi!" – „Wollten Sie niemals heiraten?", fragte sie einmal eine Braut, und Joseffi errötete: „Nein, nein! Das kam für mich ja nicht Frage!" Nach Allerheiligen saß sie wieder, in einem alten Kleid, am Stubenfenster, stopfte und flickte, und manchmal, wenn Soffi sie ließ, schälte sie Kartoffeln. Ihr Gesicht war fahl und gelb – sie hatte es mit der Galle –, weshalb sie von ihrem Lohn monatlich eine Mark in eine Sterbeversicherung einzahlte. Die Kinder mochten sie, weil sie immer ein Bonbon oder einen Pfennig in der Tasche hatte. Berni steckte sie Scheine zu; ihr Bruder Alois hielt ihn recht knapp.

Luzi musste am Deepen Grund ausharren und sich mit Träumen in dem lackierten Bett begnügen, bis Berni eine Frau finden würde. Solange brauchte Soffi ihre Hilfe im Stall, auf dem Feld, im Garten, im Haus, beim Kochen, Einkochen, Stutenbacken, Bessvaaders weiße Wäsche schrubben – und noch viel mehr.

Die kleine Ulla aus Wesel kam in den Sommerferien und sorgte für Abwechslung. In der Küche saß sie summend neben Bessvaader auf der Lehne und ließ sich von seinen zittrigen Händen tätscheln. Nachmittags hüpfte sie mit Berni und Nelliken durchs Brook. Gemeinsam trällerten sie: „Schwarzbraun ist die Haselnuss, ta, ta." Berni flötete dazu.

„Ja, hat sich wieder gefangen", sagte Alois zu seinem Schwager. „Wurde Zeit. Gott sei Dank!"

Hella

Berni stand neben Temminghoff im Stall.

„Du kannst die Hella haben, bevor die vom Amt sie mir wieder holen!", klopfte ihm der Alte nach einem langen Tag im Holz auf die Schulter. „Hast sie verdient! Brauchst ja auch ein paar Kühe in eurem Stall." Er meinte die Holsteiner Färse, die – zwar dürr, aber doch gesund – etwas versteckt in der hinteren Scheune stand. Damit hatte Berni in seinen kühnsten Träumen nicht rechnen können, aber Temminghoff setzte noch eins obenauf: „Im Februar ist sie so weit, dann kann der Bulle sie bespringen und du sie mit nach Hause nehmen.“ Das hieß, er konnte sie noch ein paar Monate bei Temminghoff stehen lassen, was sich als besonderes Glück erweisen sollte, denn Vanwoldts hatten weder Futter noch Stroh für das Rind. Auf Rosenmontag, als die schlimmste Kälte vorüber war, zog Berni Hella an einer Leine zum Deepen Grund. „Kiek“, sagten die Leute, „doar löpp dänn Feldwebel sin Sönn, den jungen Buar!“

Zu Ostern saß Berni mit Papier, Lineal und Bleistift am Küchentisch, eine handgezeichnete Karte vom Deepen Grund, den Feldern und Wiesen neben ihm:

> *Der Bestellungs- und Düngungsplan ist im Laufe des Winters fertiggestellt und nochmals überprüft worden. Die Ackergeräte sind in Ordnung gebracht. Sobald der Boden aufgetaut ist und die Fröste nachlassen, trocknet die Ackeroberfläche durch Märzsonne und Wind ab. Er verliert Wasser durch Verdunstung. Es gilt jetzt, den Acker häufiger zu besuchen, um den richtigen Zeitpunkt des Beginns der Frühjahrsarbeiten abzupassen, um keine Stunde zu spät zu beginnen. Alles kommt darauf an, die Winterfeuchtigkeit nicht mehr als notwendig verdunsten zu lassen.*

Als die Karte überall beschriftet war, zeigte er sie Alois. „Papa. Was meinst du?“ „Winter- und Sommergerste? Wie willst du das machen? Wo gibt es denn Samen für Rüben und Klee? Und hier am Rand, da lass mir Platz für Tabak.“

Im Sommer schaukelte Hella ihren ausladenden Bauch über die sattgrüne Weide, täglich von Berni auf das Genaueste beäugt. Im August war es soweit.

> *Die Rindviehzucht: Die Geburt: In den letzten Tagen zuvor muss alles vermieden werden, was Veranlassung dazu gibt, dass die Wehen vorzeitig einsetzen, z. B. plötzliches Aufschrecken. Ferner sind Gegenstände für die Geburt bereitzuhalten und Ruhe zu bewahren. Vor allem ist wichtig, nicht zu früh zuzugreifen. Wenn die Blase erscheint, sollte man sich überzeugen, ob das Kalb richtig liegt. Vorher aber sind Hände und Arme gründlich zu reinigen, Fingernägel kurz abzuschneiden, denn die kleinste Verletzung kann eine große zur Folge haben. Liegt das Kalb so, dass die Geburt erfolgen kann, streiche die Kuh in Ruhe und warte, bis die Sitzbein- und Beckenränder weich und nachgiebig sind.*

Berni stand mit aufgekrempelten Ärmeln vorn auf der Däle und schrubbte mit dem Bürstchen Hände und Nägel. Soffi hatte ein frisches Handtuch über die Stuhllehne gelegt. „Ist nur eine Kuh", neckte Alois ihn. „Gehst ja nicht tanzen!" Den Strick hatte er selber in Soffis Wäschetopf ausgekocht. Damit ging er in den Stall, befühlte Hellas Hinterteil und drückte es runter. „Ruhig, ruhig! Sch, sch!" Endlich legte die stöhnende Hella sich hin. Zwei nach vorn gestreckte kleine Hufe drängten aus dem Leib. Eine halbe Stunde später flutschte ein Kalb in hellem Schleim und dunklem Blut auf frisches Stroh. Berni durchschnitt die Nabelschnur, wischte mit einem sauberen Tuch sofort dem Neugeborenen den Schleim aus Maul und Nase, bevor er es Hella zum Trockenlecken überließ. Den Rest rieb er mit Heu und Stroh ab. Das erschrockene Kälbchen schaute Berni mit großen hellblauen Augen an. Derweil malmte die Mutter dankbar auf einer Scheibe Schwarzbrot mit Salz. Hella wurde die beste Kuh. Ihr Euter war noch über Monate schwer gefüllt.

Mehr Vieh gab mehr Mist. Über hundert Seiten waren in Bernis Lehrbuch dem Thema „Die Düngung" und „Der Handelsdünger" gewidmet, beide gleich lang. An Handelsdünger war kaum zu denken, aber den Mist ordentlich aufschichten – das war möglich. „Den Bauern erkennt man am Misthaufen", war ihm ein geläufiger Satz aus der Winterschule:

> *Der täglich anfallende Dung aller Tierarten wird auf ¼ bis ⅓ der benötigten Dungstättenfläche sorgfältig gebreitet und festgetreten. Für die Ränder ist der kotreiche zu nehmen und dieser sorgfältig zu packen, um ein seitliches Eindringen der Luft in den Stapel zu verhindern. So wird auf dieselbe Fläche Tag für Tag, Schicht für Schicht aufgepackt, verteilt und jedesmal ordentlich festgetreten. Je höher man den Stapel aufsetzt, desto besser ist es. Mindestens sollte eine Höhe von 2,5 bis 3 m erreicht werden.*

Auf dem Foto unten auf der Seite standen zwei Männer mit einer Leiter und einer Mistgabel vor einem quadratisch gepackten Misthaufen, der sie selbst um einen Meter überragte. Bernis Misthaufen reichte zu Allerheiligen bis zum Knie, zu Weihnachten bis zur Hüfte, zu Ostern, vor seinem Wiederabbau, bis zu den Schultern. Er war sehr zufrieden, obwohl er keine Leiter brauchte.

Zwischen den Jahren 1947 und 1948 saß Berni unter der Petroleumlampe in der Stube, die Tür des kleinen Schreibfaches geöffnet. „Dat roode Book", wie Soffi es nannte, ein längliches, dickes schwarzes Heft mit rotem Rücken, innen mit roten Linien und Kästchen, lag vor ihm, rundherum Zettel von der Molkerei, Rechnungen und Papiere, an der Seite Lineal und Bleistift. Bernis

Kopf glühte. Er schob seinem Vater, der am Kopfende die Zeitung studierte, eine Tabelle hin:

„Kiek“, fuhr Berni mit seinem Finger die Zahlenreihe von Januar bis November herunter, „ist dauernd angestiegen, von zwei Komma sieben Prozent auf drei Komma zwei Prozent, im Oktober sogar mehr!“

Nur im April, wo Soffi zu Ostern wohl viel Fett für Butter und Schmand abgenommen hatte, war es weniger. Vater und Sohn schauten sich an: „Haben sich die Runkeln und der Klee gelohnt!“

Glanz

„Währungsreform für alle drei Westzonen verkündet“. So stand es Mitte Juni 1948 endlich in der Zeitung. Mit einem „Kopfgeld“ von vierzig Deutschen Mark für jeden, dann nochmal zwanzig, in Amerika gedruckt und unter amerikanischer Flagge übers Meer nach Bremerhaven geschickt, war es Teil des sogenannten Marshallplans ebenso wie die Auflockerung der Zwangswirtschaft. In der Wieskener Schule standen sie sonntags Schlange, um das Kopfgeld abzuholen. „Jetzt sind wir alle gleich“, zwinkerte der kleine junge Hendok Natmäker dem großen Ross zu. „Ja. Bis heute Abend“, lächelte der zurück.

Bei Vanwoldts sammelte Alois von allen die Scheine ein. Fünf Mark durfte jeder selbst behalten. Für Tabak, Bohnenkaffee, Nylonstrümpfe und das bevorstehende Schützenfest. Mit zweihundert Mark ging er zur Saander Volksbank, die Grundlage für einen Kredit. Für ein Stromkabel von der Landstraße zum Deepen Grund. Vanwoldts und Klümpers waren die einzigen im Hook, die noch nicht erleuchtet waren. Und er trat der neuen Krankenversicherung bei, das heißt, die ganze Familie.

Anna Hoffkreie stellte schon am Tag nach der Währungsreform neue Regale für Schätze auf, von denen man sich fragte, wo sie vorher gewesen waren: Kaffee, Kakao, Zucker, Rosinen, Nudeln, Reis, Gries, Öl, Seifen und Haarwasser, Mettwürste und Gouda. Sie verbrannte alle verbliebenen Karten, Bekanntmachungen und Scheine, baute einen neuen Verkaufsraum an und ließ die Deutsche Mark in ihrer neuen Kasse klingeln: „Ping!“

Das erste Wieskener Schützenfest nach dem Krieg stand anfangs unter keinem guten Stern. Es hätte nicht viel gefehlt und die Wieskener hätten wieder mit einer deftigen Schlagzeile in der Zeitung gestanden. Wieder gab es heftige Auseinandersetzungen, dieses Mal um eine Königskette und einen Kirchenkelch. Denn Heesters‘ Spendenaufruf für einen neuen Silberkelch hing noch immer, vergilbt, am Schwarzen Brett – während die alte Königskette, von Buar Hoffkreie im Krieg versteckt, neu aufpoliert und in Erwartung ihres Einsatzes um das Hirschgeweih in Hoffkreies Terrazzodiele baumelte. Da legte Heesters in der Predigt seinen Vorschlag vor:

„Nicht der irdische, sondern der geistliche Reichtum zählt. Deshalb: Lasset uns die Schützenkette für einen geweihten Kelch einschmelzen. Das entlastet die Gemeinde von weiteren Opfern. Amen!“ So sprach der Geistliche von der Kanzel.

„Ha! Ha!“, war aus den hinteren Männerreihen zu hören, und noch ein paar Mal mehr: „Hahaha!“ Es glich sogar einem Lachen. Aber Heesters schloss sein Heft, drehte ihnen den brokatbestickten Rücken zu und ließ Neufert das Harmonium erklingen.

Noch am selben Abend traten die Vorsitzenden der drei Instanzen, des Schützenvereins, des Gemeinderates und des Kirchenrates – ohne Heesters – zu einer geheimen Sitzung bei Buar Hoffkreie unter dem Hirschgeweih zusammen. Schnell kamen sie zu einem einvernehmlichen Ergebnis. Erstens: Das ging, wieder einmal, zu weit. Zweitens: Die Königskette würde bleiben, vielleicht um zwei ihrer neun Plaketten gekürzt – als Zeichen guten Willens. Drittens: Heesters sollte seinen Silberkelch bekommen, nur kleiner. Viertens: Pankratz möge, diskret wie seinerzeit, den Hochwürdigen auf seinen irdischen Kaffee- und Zigarrenschmuggel hinweisen.

Hoffkreie und Ramäker übernahmen die heikle Mission. Baten um Verständnis für das Wiederaufleben alter Feste in altem Glanz. Boten eine Plakette zum Einschmelzen an. Doch Heesters ließ die Mundwinkel nach unten hängen, schlürfte einen Schluck des frisch aufgebrühten Kaffees, den Fräulein Anne ihnen allen gerade serviert hatte. Das gab Hoffkreie die Gelegenheit, seine weiteren Vorschläge anzubringen: „Mögen andere Kaffee und Zigarren beitragen.“ Heesters verschluckte sich, vielleicht weil im selben Moment Fräulein Anne mit zwei bekannten Gendarmen aus Bocholt in der Tür stand. Die Unterhaltung musste leider unterbrochen und alles Weitere auf den nächsten Tag verschoben werden. Dann ging alles seiner guten Dinge.

Am Kriegerehrenmal, wie es alte Sitte war, hielt Heesters einen erhebenden Feldgottesdienst, bevor die Gemeinde, mit Engelchen und Spielmannszug, zum Festplatz mit der neuen Vogelstange zog. Fräulein Anne half Heesters, die helle Soutane abzulegen, und plötzlich stand ein ganz gewöhnlicher Mann in einem dunklen Anzug da. Der Spielmannszug ließ ein paar Glöckchen klingen, dann kam der Trommelwirbel – und alle schauten auf Heesters, wie er den Holzpfeil in der Armbrust nach hinten zog, ein wenig drehte und peilte – und dann mit einem „Zssschhh“ den ersten Schuss auf dem ersten Wieskener Schützenfest nach dem Krieg tat. Die Runkelrübe mit den zwei Fasanenfedern thronte unversehrt oben auf dem Masten weiter. „Wum-ta-ta, Wum-ta-ta.“ Zwei Stunden später trug der erste Schützenkönig nach dem Krieg, Heinrich Ramäker, die ungekürzte alte

Silberkette neben einer neu ernannten Königin, der jungen Christa Kerkhuus, gefolgt von einer ansehnlichen Parade im offenen Landauer und am Abend dem Königswalzer im Zelt. Das Dünnbier schmeckte schlecht. Gut, dass man vorm Zoll ein paar Liter Balkenbrand hatte retten können.

Berni Vanwoldt lehnte mit Hendok Natmäker und Josef Boesel an der Theke. Gemeinsam musterten sie die Frauleute in ihren bunten Kleidern und trafen ihre Auswahl für die kommenden Tänze.

„Kiek“, wies Natmäker mit dem Kinn auf eine Rothaarige, „moie Boste, Taille, Beene.“

„Damit kommst du nicht weit“, sagte Boesel, „flittig und sauber muss sie sein! Wat düch die, Berni?“

„Ja. Und ein schönes Gesicht und Herz und Verstand. Alles oop eenmal“, sagte Berni.

„Das gibt es nicht!“

„Wirst sehen“, lachte Berni, zog Jacke und Hemdkragen gerade und ging zielstrebig auf eine schlanke Brünette mit blauen Augen und schönen Beinen zu.

Am Deepen Grund konnten sie noch lange das Wum-ta-ta der Kapelle hören. Es wurde schon hell, als Natmäker und Boesel selig und sicher nach Hause torkelten, aber da lag Berni schon lange im Bett. Ein paar hundert Meter weiter, auf der Landstraße, steuerte derweil ein fröhliches junges Paar in einem neuen Borgward in Schlangenlinien sicher auf den Straßengraben zu. Jans Gantefort war es, der den Fahrer fest schnarchend, unversehrt, nur mit einer Beule am Kopf, eingeklemmt hinter dem Steuer fand; auf dem Beifahrersitz lag ein gelbes Damenjäckchen. Jans hängte seinen Milchwagen ab – und zog den Borgward mit seinen Haflingern heraus. Eine Stunde später wusste es ganz Wiesken – auch, wem das gelbe Damenjäckchen gehörte. Nicht immer und überall ging es so glimpflich aus. Manche fuhren sich mit zu viel Balkenbrand intus in den allzu frühen Tod.

Am nächsten Sonntag lobte Heesters die Rückkehr zu den alten Volksfesten, „eingebettet in den christlichen Glauben und geprägt von wahrem Gemeindesinn, ein Ende der unkontrollierten Vergnügungen in den Bauernscheunen.“ Mit dem Schützenverein und dem Gemeinderat hatte er sich auf eine Sonderkollekte für den Speisekelch geeinigt. Das Silber, so konnte man am Schwarzen Brett nachlesen, möge man bitte eingewickelt in das Körbchen legen.

Dafür ging es mit Heesters‘ anderem Vorhaben überraschend schnell voran. Noch im Frühsommer konnte er den Grundstein für seine langersehnte Pfarrei mit angemessenem Arbeitszimmer und großem Garten, alles von höchster Münsteraner Stelle bewilligt und finanziert, legen und im Herbst bereits, gemeinsam mit dem neuen Nachbarn, das Richtfest feiern.

Das war die neue Gastwirtschaft „ZUM HOHEN REITER“, das Beste von allem, wie manche fanden, nicht alle. Jedenfalls machte sie die Dreifaltigkeit komplett: die Kirche mit Gottvater auf dem Thron, die Pfarrei mit Heesters als seinem Geist, und die Wirtschaft für Jesus, seinen irdischen Sohn, mit all seinen Stärken und Schwächen. Gemäß Groote Ridders Versprechen bauten Sohn Albert und Schwiegertochter Ida gegenüber der Kirche ein großes Haus mit Thekenraum und Saal. Zu Erntedank baumelten auf gleicher Höhe, hundert Meter voneinander entfernt, zwei bunte Richtkränze im Wind, von der Pfarrei und vom Hohen Reiter: „Auf gute Nachbarschaft!“ Schon am ersten Sonntag war die Bude nach dem ersten Hochamt voll. Und wer einen Platz an Albert und Idas Theke haben wollte, tat gut daran, sich nach Heesters‘ Segen schnell auf den Weg zu machen. Bald wetterte Heesters in den Predigten: „Wer früher die Kirche verlässt, verletzt die Ehre Gottes.“

Eddi Kleinkes, der neue Zugezogene, hörte das nicht. Er stand hinten im Turm und sorgte für sich selbst. Mit der rechten Hand drehte er Tabak in der rechten Jackentasche, hob diskret die hohle Hand zum Lecken der Blättchen an den Mund und ließ das fertige Produkt in die linke Jackentasche wandern. Vor dem Schlusslied war sein Tagesvorrat fertig. Aus voller Brust sang er eine Strophe mit, verzichtete auf Weihwasser und Segen, steckte sich dafür die erste im Windfang des Gotteshauses an, so dass sich innen der Rauch der Zigarette mit dem von Weihrauch mischte. Während Heesters innen das „Dominus vobiscum“ sang, waren Eddi und ein paar andere längst auf der anderen Straßenseite eingekehrt. Im Eingang residierte ein ausgestopfter Fuchs, ehemaliger Nachbar von Hoffkreies Hirschgeweih, mit einer gescheiten Brille auf seiner langen Nase. So mancher lief an ihm vorbei, grüßte Meister Reinicke und fragte ihn um Rat: „Wat düch die? Habe ich recht?“ Meistens nickte der Fuchs.

Auch im Floiterhook kamen neue, junge Nachbarn dazu. Die Söhne und Töchter und Schwiegerkinder renovierten die leerstehenden Heuerlingshäuser und bauten neu auf elterlichem Grund: Steinmetz Bernd Imken, dessen schlichte Stelen bald Gräber der umliegenden Friedhöfe zierten, wo er, der Hobbyimker, gelegentlich auch seine Bienenkästen aufstellte; der junge Elektriker Edgar Kleinkes, genannt Eddi, Arbeiter in einer Saander Fabrik; seine Frau Klara aus Dorsten hatte zu aller Überraschung Kerkhuus‘ Heuerlingshäuschen geerbt. So konnte man auf dem ersten Nachbarschaftsfest nach dem Krieg nicht nur acht Bauern und einen Lehrer zählen, sondern erstmals auch einen Handwerker und einen Arbeiter.

Am Heiligen Abend drehte Berni den Schalter in der Stube um. „Es werde Licht!“ In den Kugeln am Tannenbaum spiegelte sich eine nackte Elektrobirne. Für den Schirm hatte es noch nicht gereicht. Aber am ersten Weihnachtstag saßen sie alle, an vier Enden, unter dem hellen Licht. Alois mit einem Roman aus Mettes Bestand, Berni mit der Zeitung, die Frauen mit Stopfarbeiten. Bessvaader wärmte sich zufrieden am gut geheizten Ofen. „Wat düch die, Papa?“, fragte Berni, „vielleicht können wir nächstes Jahr einen Elektromotor und Dreschkasten kaufen? Von Kerkhuus, gebraucht?“

Bei so viel Glanz und Fortschritt überall, holte so manchen die gerne verschwiegene Vergangenheit ein.

(Vor-)Bilder

Luzi durfte bei dem großen Ereignis mit den vielen Honoratioren das Essen servieren: die Verabschiedung von Hauptlehrer Helmut Neufert in den Ruhestand. Mehr als vierzig wirkungsreiche Jahre in turbulenten Zeiten! Aus Saande reisten der Propst und der Schulrat an. Nach dem Schulgottesdienst und Darbietungen der Kinder fand das Mittagessen im weiß eingedeckten Klassenraum statt.

Der Propst setzte den – allseits erwarteten – freundlichen Ton: „Wir sind hier, um dem unermüdlich wirkenden Pädagogen seine hohen Verdienste für Wiesken und die christliche Jugenderziehung zu danken.“

Heesters lobte: „Er ist einer der Gründerväter unserer neuen Kirche, dem es an Tatkraft und Mut im Sinne Gottes und des Glaubens nie mangelte! Wir danken auch seiner tüchtigen und ebenso Gott ergebenen Frau Mette.“

Nach dem Schweinebraten erhob sich der Landrat: „Wir verabschieden eine im Kreis anerkannte Persönlichkeit, die sich stets für die Demokratie eingesetzt hat und auch in dunkelsten Zeiten standhaft wie kaum eine andere verhielt. Eine moralische Instanz, Vorbild für die Jugend.“

Dann kam Ramäker: „Helmut und Mette haben uns mit der Ausleihe ihrer eigenen Bücher die langen Abende im Winter vertrieben. Und der Lehrer war sich nicht zu schade, mit den Kindern die Käfer von unseren Feldern zu sammeln.“

Jetzt stand auch der alte, schwerhörige Floiter, Neuferts Nächster Nachbar, auf – ein wenig wackelig und zitterig stellte er sich hinter den Stuhl und hielt sich an der Lehne fest.

„Moi proaten do i doar. Das meiste stimmt ja auch. Und Helmut und Mette, die mag ich wohl leiden. Haben es nicht leicht gehabt. Dat kleene Diarnken domals no dänn Kriech met de Spanische Grippe. Und im zweiten Krieg zwei Jungs gefallen.“ Alle schauten sie andächtig auf Floiter und nickten. „Aber. Man mutt jo ook bie de Wohrheit bliewen. Er selber, der Magister, ist niemals an der Front gewesen. In bäide Kriege nich. Is mät dat Gatt ann warmen Oamt bläwen, bommen ant Fenster bloss an Schriewen …“*

---

* Man muss ja auch bei der Wahrheit bleiben. In beiden Kriegen ist er mit dem Arsch

„Wilm. Dat pöss hier nich“, rief Mathilde, während sie einen Stapel Teller auf die Fensterbank stellte und jetzt direkt in sein rechtes Ohr rief: „Wilm. Dass passt jetzt nicht!“ Doch der Alte schob sie mit einem Arm weg.

„Lass mich! Du hast oft genug geredet.“ Mit seinen grauen Augen schaute er zum Landrat. „Demokratie? Moralische Instanz? Nur vornehmes Zeug redet ihr hier. Das Vorbild hat genauso den Arm gehoben wie manch andere hier! Die Kinder mussten jeden Tag die Nadeln in die Karten stecken, auch als unsere Jungs alle schon unter der Erde lagen. Das ist die Wahrheit!“

„Wilm, das ist gut, dass du hier aufstehst. Richtig. Es gab schlimme Tage für uns alle.“

„Loat mi! Ich weiß, was ich hier sage. Es gab nur ein einziges Vorbild hier. Das war Bennad Boesel. Und der ist tot. In Stücken liegt er im Sarg.“ Des Alten Lippen bebten. „Der hat keine solche Feier bekommen.“

In dem Augenblick kam Luzi mit zwei Schüsseln zur Tür herein. „Da kommt jetzt die Herrencreme“, rief Mathilde und klapperte mit Tellerchen. „Ist nicht mehr ganz gescheit im Kopf, unwies“*, flüsterte sie der grau gewordenen Mette zu, die mit wächsernem Gesicht auf ihrem Platz verharrte. „Herrencreme!“

Floiter hatte sich wieder gesetzt und saß so friedlich und still wie zuvor, so als sei nichts gewesen. Ramäker klopfte mit einem Löffel auf den Teller:

„Ich hätte mir keinen besseren Hauptlehrer vorstellen können“, und alle klatschten, nur Floiter rührte sich nicht. Nur langsam begann ein neues Gemurmel.

Schon in der Woche darauf bezogen Helmut und Mette Heesters‘ altes Haus. Jeden Sonntag waren sie im Hochamt zu sehen, manchmal auch bei Spaziergängen durchs Brook, wo sie mit Alois und Berni ein Schwätzchen hielten. Der neue Hauptlehrer kam nach den Ferien, Herbert Mersmann. Sein großes Hobby, Vogelbeobachtung, war ihm „einziger Trost und Rettung an der Front“, so erzählte er, gewesen. Anders als alle Jahre zuvor, brannte abends kein Licht mehr im Fenster der Magisterstube. Dafür konnte man Mersmann schon bei Morgengrauen mit einem Fernglas, Büchlein und Stift durch das Brook laufen sehen. In dem Gartenstuhl, in dem Neufert bei Sonnenuntergang Schiller, Remarque und Mann gelesen hatte, lauschte nun Mersmann bei Sonnenaufgang dem Gezwitscher und Tirilieren der Vögel. In den Pausen gingen sie auf den Schulhof, um nach den Zugvögeln zu schauen. Mit Kreide schrieb er das Aufsatzthema an die Tafel: „Der Nutzen der Schwalben in unserem Stall.“ Im Schulflur hingen nicht mehr die Karten von Deutschland und Europa, sondern „Vögel und Insekten Europas“ und eine Farbtafel mit 27 verschiedenen heimischen Vogelarten. Mersmann konnte sie alle an ihrem Gesang unterscheiden.

---

am warmen Ofen geblieben, hat nur oben im Fenster geschrieben.

* verrückt, unvernünftig

Der Prozess

Am Deepen Grund in der Küche saßen sie beim Tienührken. „Steht etwas drin?", rief Bessvaader, von einem Kopfende des Tisches zum anderen. „Wat steht vandage drin?", rief er noch einmal. Alois reagierte nicht. Er war in seine Zeitung vertieft.

Soffi nahm die braune Kanne vom Herd, schenkte sich ein und schaute zur Zeitung herüber.

„Der Kristallnachtprozess!", rief Alois ihm jetzt zu. „Damals, November 1938, in Saande. Der Prozess ist zu Ende. Hat Gefängnis bekommen."

„Bünt se wär in de olle Dritte ant graben?*", rief Bessvaader. „Und sonst? Was steht sonst drin?"

„Sonst steht nix drin." Alois stand auf, ging in die Schlafkammer, holte Mantel und Hut und ging auf den Hof hinaus.

„Wo willst du hin?", fragte Soffi – und bekam keine Antwort.

Sie stippte Zwieback in ihre Tasse und zog die Zeitung heran.

Westfalennachrichten, 10. September 1949

Kristallnacht-Prozess endet mit milden Strafen und Freisprüchen.

Wie wir bereits berichteten, fällte das Schwurgericht Münster gegen die beiden angeklagten Ortsgruppenleiter des Kreises Saande und vier SA-Angehörige durch Landgerichtsdirektor Dr. H. am zweiten Verhandlungstage das Urteil, das den ehemaligen Ortsgruppenleiter Bov. wegen Verbrechens gegen die Menschlichkeit in Tateinheit mit schwerem Landfriedensbruch und Freiheitsberaubung auf ein Jahr Gefängnis lautete. Die beiden SA-Angehörigen K. F. und H. S. erhielten wegen Beihilfe zur Freiheitsberaubung Geldstrafen von 250 bzw. 150 DM. Ortsgruppenleiter M. und Sturmbandadjutant F. S. wurden wegen Mangel an Beweisen, H. E. wegen erwiesener Unschuld unter Ersatz der entstandenen Unkosten freigesprochen. Der Staatsanwalt hatte für B. zwei Jahre, für F. und S. je sechs, für S. und M. je vier Monate Gefängnis beantragt.

Der Anklagevertreter hatte noch versucht, durch neue Ladung von Zeugen den Nachweis zu erbringen, dass Bov. im Besitz von Kultgegenständen aus der Synagoge gewesen sei, Stadtdirektor Koch und Stadtinspektor Finke, damals Inspektor bei der Polizeiverwaltung, konnten das aber nicht bestätigen, ebenso wenig wie

* Graben sie wieder in der alten Scheiße?

die Behauptung, dass Bov. bei einer Haussuchung dabei war. Die Staatsanwaltschaft vertrat überdies den Standpunkt, dass es sich um Landfriedensbruch gehandelt habe. Das Gericht konnte diesen Tatbestand aber nur bei Bov. feststellen, die anderen hatten nicht das Bewußtsein gehabt, dass es zu einer allgemeinen Zusammenrottung kommen werde.

In Nürnberg, so stand es an anderer Stelle, gingen die Prozesse gegen die NS-Täter ihrem Ende zu.

Am Sonntag hielt Heesters eine kurze Predigt. Es ging um Schuld und Sühne. „Das irdische Strafmaß legen irdische Richter fest. Die gerechte Strafe Gottes werden sie alle woanders erhalten."

Zum Frühschoppen beim Hohen Reiter war es voll.

„Nix wätten?! Droff nix säggen?! Was redet ihr alles für ein dummes Zeug!", wurde plötzlich der junge Passling – ausgerechnet Passling – laut. Er stand neben Leo Temminghoff. „Ein Jahr! Zweihundert Mark! Ein Witz! Hätten selber ins KZ gemusst! Hier in Wiesken, weiß ich doch von meinem eigenen Vater, wer da alles …"

„Hey, hey!", rief Albert von seinem Tresen aus dazwischen. „Krakeel hier nicht so rum! Lass das Sorge der Gerichte sein. Das geht uns nichts mehr an."

Doch jetzt mischte sich Eddi Kleinkes, der Zugezogene, ein. Nur in ruhigerem Ton.

„Ohren zu, Mund zu, nix gewusst? Rennt in die Kirche und wascht euch im Weihwasser die Hände rein?"

Albert knallte mit der flachen Hand auf die Theke:

„Passt mal auf, Jungs! Da wart ihr beide noch grün hinter den Ohren, und das seid ihr immer noch. Und jetzt haltet ihr die Klappe! Sonst hat meine Wirtschaft nämlich für euch geschlossen. Für immer. Verstoan?!"

Einen Augenblick lang war nichts zu hören, außer des Ausblasens von Zigarettenrauch. Passling ging geraden Schrittes wie durch ein Spalier hinaus; Eddi blieb.

„Loat de uis nich mehr van proaten", schloss Ida – und betätigte den Bierhahn.

Vom Deepen Grund war niemand im Raum. Aber Erich Vanwoldt hörte alles mit, weil er sich vom Küstergeld gerade ein Eis aus der Truhe holte und die Ohren spitzte.

Das Toupet

Die Postkarte lag mittags auf dem Tisch. Berni erkannte die krakelige Handschrift sofort. Auf der Vorderseite war eine Gastwirtschaft mit Blick auf eine Rheinbrücke, „Schönes Düsseldorf", stand quer darüber. Auf der Rückseite die Botschaft, auf die Berni so lange gewartet hatte:

Düsseldorf, 14. September 1949

Lieber Berni,
wie ist es Dir ergangen? Bist Du gesund? Bin vor einigen Wochen aus Russland, Ural, zurück! Jetzt wieder in Düsseldorf auf dem alten Standesamt. Geht so weit gut. Mittwochnachmittags habe ich frei. Es grüßt Dich sehr herzlich, Dein alter Kamerad, Peter

Am Dienstag saß Berni frühmorgens auf dem Rad, schlief am Essener Bahnhof und hielt am Mittag darauf vor dem Standesamt Düsseldorf Ausschau nach seinem Kameraden mit den dunklen Locken. Ein Mann mit glatten Haaren klopfte ihm auf die Schulter: „Hast dich gut gehalten, Berni!", lächelte er. „Peter, bist du es?!" „Ja." „Wie geht es dir? Wo wohnst du?" In der Pause tranken sie einen Kaffee.

„Wo sind deine Locken?", fragte Berni.

Peter griff nach oben, fasste in die Tolle und machte eine kleine Verbeugung: „Guten Tag!", lüftete er, dabei lachend wie ein Clown, das Toupet. Seine Glatze war total; eine handbreit lange Narbe verlief mitten über den Vorderkopf. „Sind mir alle ausgefallen", und setzte mit ernstem Gesicht den Haarschopf wieder auf.

„Hättest damals mitkommen sollen", sagte Berni. „Wir hatten es ja bereits drei Tage in Sümpfen ausgehalten, mitten im Krieg. Wir waren schon mit dem Leben aus der Hölle gekommen. Da hätten wir die letzten Kilometer, am Ende, doch auch noch zusammen geschafft!"

Peter schaute ihn an: „Kann sein. Kann nicht sein. Die meisten sind tot. Egon, Herbert .... ich lebe."

Eine Weile saßen sie still nebeneinander, schauten der hübschen Bedienung in ihrer weißen Spitzenschürze zu.

„Vorbei. Nach vorne schauen", lächelte Berni jetzt.

„War nicht alles schlecht in Russland. Habe auch etwas geleistet. Die Sowjets haben auch gute Ideen. Und hier? Bei euch. Wieder die alten Nazis dran, überall." Er sagte tatsächlich „bei euch."

Gemeinsam liefen sie zurück zum Amt, klopften sich die Schultern. Ein paar

Mal schrieben sie sich noch. Peter wurde Mitglied der KPD. Und irgendwann schlief der Kontakt ein.

Adenauer

Bei den ersten Bundestagswahlen der neuen Bundesrepublik Deutschland im September 1949 entschieden sich die Bürger der Westzonen klar gegen die „Handlanger der Bolschewiken", wie es die Saander Zeitung resümierte. Dabei hatte es zwischen der CDU und der SPD ein Kopf-an-Kopf-Rennen gegeben, das der neue Bundeskanzler, Konrad Adenauer, nur knapp gewann. „Bedachter Mann, Katholik, war unter Hitler im Kittchen, wie Heesters", sagten die einen. „War kein Soldat im Krieg", die anderen.

In Wiesken hingegen standen zwar alle Parteien auf dem Zettel, aber es war klar, dass, wenn überhaupt, nur zwei in Frage kamen. „Das Kreuzchen müsst ihr beim Zentrum machen", stellte Alois am Morgen noch einmal sicher. Darüber, was der Pastuur in seiner Predigt vorgab, gingen die Meinungen später bei Albert und Ida an der Theke auseinander: „Die katholischen Schulen müssen bleiben!", hatte der nämlich erklärt, womit nur das Zentrum gemeint sein konnte. „Natürlik!", sagte Veehdreewer und fast alle nickten, so als habe er eine Binsenweisheit verkündet. Dann aber hatte der Pastuur hinzugefügt: „Bedenkt! Wir sind alle Christen!", was wiederum für die CDU spreche, gab Gummi Kerle zu bedenken. Was Eddi Kleinkes gewählt hatte, war allen klar. Er zog von seiner Selbstgedrehten: „Muss gerecht zugehen, das ist das Wichtigste! Hat auch Jesus gesagt." Veehdreewer prostete ihm zu: „Die eine Stimme, Kleenen, die gönnen wir dir!", und Eddi prostete zurück. Bei Vanwoldt saßen sie da schon lange am Mittagstisch: „Adenauer ist beides, Katholik und CDU", sagte Berni. „Hauptsache, es werden nicht die Roten", antwortete Alois. Soffi stellte die Teller zusammen und faltete die Hände „Wird Zeit. Lass uns beten!"

Am Montag hingen die Ergebnisse am Tor der Schule aus:

Wahlbeteiligung: 84% Beteiligung
Zentrum: 65%
CDU: 26%
SPD: 8%
FDP: 0 (1 Stimme)
KPD: 0 (1 Stimme)

Die Sozis waren ein paar mehr als nur Eddi Kleinkes. Klar, das waren die vom Bahnhof und im Neuen Gebiet, aber die paar Männekes? Vielleicht auch Pankratz, sicher aber die Pommerske und Stendal, Evangälske dazu.

„Geht ja jetzt auch für euch hier endlich voran. Mit den Bauplätzen und den Krediten“, sagte Berni, als er wieder einmal bei Stendal auf dem Stuhl saß, noch immer in Kraanes zugigem Durchgang. Während Bernis breite Schultern schon längst wieder seine Jacke ausfüllten, hingen die Enden von Stendals Kittel noch immer schlapp herunter, und sein Gesicht war genauso schmal wie damals. Die wenigen Kunden beschäftigten ihn nur am Freitag und Samstag, an den Vormittagen arbeitete er in der Molkerei und konnte daher von Glück reden. Seine Frau war in anderen Umständen und putzte bei Evi. Stendal ließ sich Zeit mit der Antwort.

„Ich warte noch. Habe Eltern und Haus in Plau am See, schön dort. Vielleicht gehen wir doch zurück.“

„Zu den Russen?!“

„Der Rheinländer, der kungelt doch nur mit dem Westen. Hat uns aus dem Osten vergessen. Bonn. Kleine Stadt am Rhein, bei den Franzosen. Und unsere Kameraden sind in Sibirien!“

„Das nützt denen nicht, wenn du wieder in den Osten ziehst.“

„Mag sein. Aber hier mit euch Bauern mache ich auch kein Geschäft. Ihr geht doch alle weiter nach Saande. Eine Familie muss von etwas leben!“ Es klang bitter.

„Wirst sehen“, sagte Berni, „braucht seine Zeit.“

„Ja. Mal sehen, was kommt“, lächelte Stendal. „Fertig.“

Sie schauten durch das Fenster zum Bahnhof, wo ein kleiner Menschenauflauf im Sonntagsstaat Fähnchen schwenkte. Die Schranken gingen herunter, ein Zug fuhr ein:

„Oh, ja! Heute kommen ja drei Kameraden aus Russland zurück!“

„Da haben wir es ja noch gut gehabt.“

Sie gingen vor das Haus. Das Dampfen und Zischen der Lock verebbte, ein Ständchen, Gesang und Ziehharmonika waren zu hören. Schließlich drang, fern und zart, aber deutlich, das schnelle Läuten der Kirchenglocke durch. Fünfzehn Minuten zog der Küster Erich Vanwoldt am Läuteseil, so dass ihm die Arme lahm wurden.

Bis Ende des Jahres kamen in Wiesken neunundzwanzig Männer aus der Gefangenschaft zurück, von den Franzosen und Russen. Einige waren noch vermisst. Wilm und Elisabeth Floiter mussten ihre Hoffnung aufgeben. Sie erhielten Nachricht, dass ihr Vinzent bereits 1944 in Ungarn gefallen sei, aber man jetzt erst seine Marke in der Erde gefunden habe.

Als Berni das nächste Mal auf Stendals Stuhl saß, hatte dieser sich entschieden. Er blieb, wie die anderen auch. Es war sogar so, dass sein Bruder aus Plau sich nachts aus der Ostzone in den Westen geschlichen hatte.

„Wir können von Glück reden, alles in allem", sagte Berni „ich bin Optimist, sonst säße ich nicht lebendig hier."

Im Winter gewann die Herrenmannschaft des TUS Wiesken ihr erstes Auswärtsspiel in Weelken. Stendal war ein ausgezeichneter Trainer! Vor dem Frisierspiegel stand der geschnitzte Pokal. „Mach mit!", ermutigte Stendal Berni. Berni lachte: „Bauern spielen keinen Fußball. Wir schwitzen auf unseren eigenen Feldern genug."

Neuer Boden

Neue Namen

Während sich in einer kleinen Stadt am Rhein, Bonn, die neue Hauptstadt eines neuen Staates, der Bundesrepublik Deutschland, formierte, bereitete man in der alten Hauptstadt des alten Deutschen Reiches, Berlin, zugleich die Hauptstadt des anderen neuen Staates, der Deutschen Demokratischen Republik, die Sprengung des alten Kaiserschlosses vor. Noch fiel es allen schwer, sich an die beiden Deutschlands zu gewöhnen: BRD und DDR.

Saander Zeitung, 21. September 1949

Aus der Regierungserklärung Dr. Adenauers

Die Aufgaben des Ministeriums für Landwirtschaft und Ernährung werden in Zukunft einen anderen Charakter tragen müssen als bisher. In stärkerem Maße, als es bisher möglich war, wird die landwirtschaftliche Produktion zu verbessern und zu veredeln sein. Wir führen noch immer 50 Prozent der benötigten Lebensmittel ein. Es ist notwendig, die landwirtschaftliche Produktion sehr erheblich zu steigern.

Voraussetzung für eine rasche und anhaltende Steigerung der landwirtschaftlichen Erzeugung ist ein weiterer Abbau der staatlichen Zwangswirtschaft und Schaffung gesicherter und ausgeglichener Produktions- und Absatzbedingungen für landwirtschaftliche Erzeugnisse zu Preisen, die die Produktionskosten gut arbeitender Durchschnittsbetriebe decken und gleichzeitig auch den Minderbemittelten den Kauf dieser Produkte gestatten. Aufklärung und Belehrung der landwirtschaftlichen Bevölkerung dringend erforderlich.

„Hört sich endlich mal vernünftig an!“, waren sich Alois und Berni beim Tienührken, wie fast immer, einig. „Sind wir gespannt.“

Das neue Jahrzehnt begrüßte Sankt Raphaels wiederaufgebauter Glockenturm, größer und spitzer denn je, mit einem halbstündigen Läuten. Am Deepen Grund konnten sie es bis in ihre Betten hören. Nein, das stimmt nicht ganz: Kurz standen sie alle in ihren Nachthemden auf, schauten in den bewölkten Sternenhimmel, sogen die kalt-feuchte Luft ein, hörten von den Nachbarhöfen ein paar Gewehrschüsse, wünschten sich „Glückseligs Niejoahr“ und gingen – frohgemut – wieder hinein.

Am Vormittag saßen Bessvaader und Berni in der Stube, die Tür zur Küche weit offen. Es roch nach Hühnersuppe. Aus dem Radioapparat knatterte das „Urbi et Orbi“ des Papstes aus Rom. Pius XII hatte das Heilige Jahr 1950, die „Rückkehr zum Nachdenken und zum gesunden Menschenverstand“, eröffnet. Dann kam der Bischof von Münster mit Einladungen zu „Gottesdiensten mit Sühnecharakter“. Berni drehte lauter. „Es geht wieder aufwärts“, rauschte jetzt die Stimme von Bundespräsident Dr. Heuss aus dem Radio, „… sich der Kollektivscham stellen …“ Berni legte das Ohr an den Lautsprecher. Zu „Großer Gott, wir loben dich“ stimmte Soffi aus der Küche ein. Berni ging hinaus und kam mit seinem Ackerbuch und Federmäppchen zurück. Der Wetterdienst sagte kühlere Luftmassen, Bewölkung und Regen, doch weiterhin mildes Wetter durch mäßigen Südwestwind voraus.

Berni schlug in seiner Kladde eine neue Seite auf, obwohl die vorherige noch zur Hälfte unbeschrieben war. Er drückte die Hälften flach auseinander und zog die Mitte mit dem Daumen und Nagel von oben nach unten durch. Er nahm den neuen Füllfederhalter, ein Geschenk von Tante Joseffi, tunkte die silberne Feder in das blaue Tintenfass, klopfte die Spitze sorgfältig ab und schrieb, nein zeichnete, in seiner schönsten Schrift:

1 9 5 0

Mit dem Lineal unterstrich er die neue Zahl zweimal und besiegelte alles mit einem Löschblatt.

Mit Schwung ging es ins neue Jahrzehnt, überall.

In Nagels alter Schmiede brannte nur noch samstags die Esse, um Pferde zu beschlagen. Über dem breiten Schiebetor der neuen Scheune hing ein Schild: „Schlosserei und Landmaschinen“. Innen glänzten neue Pflüge und Eggen. Nach und nach kamen Traktoren dazu. BAUTZ, FENDT, CLAAS – hingen Werbeplakate wie stolze Zeugnisse aus. Bester Kunde war sein geschäftstüchtiger Nachbar.

Gummi Kerle machte aus Scheiße Geld. Mit seinem Gummiwagen, den überdimensionierten Ami-Rädern und den abgesägten Propellern darunter klapperte er mit Ganteforts beiden Haflingern von Hof zu Hof, lud dort Mist auf und streute ihn auf die Felder. Gantefort fuhr die Milchkannen schon längst mit einem eisernen Ross zur Molkerei. Kerlc hatte bald das Geld für seinen ersten Fendt zusammen, dann auch für einen Kartoffelroder, für einen Pflug, für einen Heuwender, einen Mähdrescher und so weiter. Mit Schwung saß er auf und steuerte das Ungetüm durch die goldgelben Felder – bald übernahmen das seine Angestellten.

Paul Koopmann, den niemand mehr Päule nannte, baute seine Lagerräume aus – einen für Dünger, Spritzmittel, Saatgut und Kleingeräte, den anderen für Kartoffeln, Getreide und Kraftfutter. Draußen installierte er eine große Fahrzeugwaage – Brutto, Netto, Tara – um die ganze Ladung mit zehn und zwanzig Säcken auf einmal zu wiegen.

An der vergrößerten „Ziegelei und Baustoffhandel Spökermann" zog bald von Montag früh bis Samstag spät schwarzer Rauch aus zwei Schloten. Überall bauten sie, neue Bauernhäuser und Scheunen, bauten die alten Heuerlingshäuser für die eigenen Kinder, jetzt Schreiner und Schlosser und Gärtner, aus. Von einer Stellmacherwerkstatt sprach niemand mehr.

Am „Neuen Gebiet" und rund um den Bahnhof hörte man Tag und Nacht Schüppen über Kies kratzen und die Speismaschine drehen. Für die Vertriebenen, Schlesier und Pommern, standen irgendwann zwei Dutzend kleiner Reihenhäuser. „Die Pommerske" eröffnete in ihrem Flur Wieskens ersten Laden für Schulbedarf. Fritz Stendal und Frau bauten sich, Raum für Raum, ein eigenes Haus mit Frisiersalon. Maler Kwiatkowski sorgte mit seinen Blumentapeten für helle Gemüter. Bald stellte er seinen ersten Lehrling ein, von Passling: „Een Buarnjunge bi eene Flüchtling! Wer hätte das gedacht?!" Andere fanden Anstellung bei der Kasse in Saande oder entschieden sich für das Ruhrgebiet, die Chemischen Werke Hüls, wo sie täglich mit der „Buna-Bahn" hinfuhren. So ganz, wie der selige Veehdreewer es vorausgesehen hatte, nämlich die Flüchtlinge und die Stadtsken am Bahnhof, die Bauern rund um die Kirche und Schule, war es dann doch nicht gekommen. Die Familien mischten sich.

Die Saander Landstraße wurde neu begradigt, die Löcher großzügig mit Teer und Schotter gefüllt. Drei VW-Käfer flitzten darauf in gleicher Häufigkeit hin und her: der dunkle mit Fräulein Anne und dem Pastuur, der grüne mit Pankratz, der helle mit Hebamme Isolde Kregel. Dazwischen der neue blaue Lieferwagen von Christa Kerkhuus, all die Trecker mit Anhängern, ein paar Pferdegespanne und Mopeds, und Berni Vanwoldt auf seinem neuen Fahrrad mit Hilfsmotor. Am Sonntag standen ein paar glänzende Mercedes und Borgwards vor der Kirche.

„Es gibt keinen Hof mehr in Wiesken ohne Licht und Kraft", resümierte

Ramäker auf dem Erntedankfest. „Und die Maul- und Klauenseuche haben wir mit den neuen Medikamenten besser als früher überstanden!"

Aufgeklappte Schweinehälften hingen wieder weithin sichtbar ungeniert an den Leitern vor den Scheunen. Dickes rotes Blut tropfte aus den langen weißen Gebissen in tiefe graue Metallwannen. In der großen Küche rührten die Frauen Getreide, Speck und später Gewürze hinein und brieten das Geronnene abends zu krosser Blutwurst. Nachbarn und Verwandte kamen mit dem Trecksack und einem Schnaps dazu. Ab dem dritten November liefen die grooten Buarn wieder mit ihren Jagdhunden und Hörnern über die Wiesen und durch die Wälder. Neue Hochsitze, die den Jägern wieder herrschaftliche Blicke erlaubten, entstanden in den Lichtungen. Rehe hetzten über die leeren Felder, „bum-bum" – hallten die Schüsse durch den Hook, Fasane fielen wie Steine vom Himmel. Es war noch nicht lange her, dass der alte Natz mit seinen Schlingen einen fetten Hasen gefangen hatte, aber das wusste man nur bei Vanwoldt.

Weder Amtsmänner und Gendarme noch Hamsterer – nicht einmal mehr Diebe – musste man noch fürchten. Nur einmal noch nahm Pankratz einen Dieb am Bahnhof fest. Aus seinem großen schweren Koffer tropfte Blut. Er fand vierzehn tote Hühner darin.

Kirchenrat und Gemeinderat, wie konnte es anders sein, blieben rührig. Lehrer Donner aus der neuen Schule II richtete im Dachstuhl der Kirche eine neue Bücherei mit einem stolzen Anfangsbestand von fünfhundert Büchern ein, ein paar alte waren noch dabei. Sein Gehilfe war Abiturient Erich Vanwoldt. Goethe, Schiller, Heine, Droste-Hülshoff, Keller, Ganghofer, eine lange Reihe Fontane, Hesse und natürlich zwei Meter Karl May standen dort. Auch Remarque, Gerstäcker, Dostojewski, Turgeniew, Tolstoi, Dickens, Zola, Blyton, Grimms Märchen und sogar Spielesammlungen für die Kinder. Aber Erichs Vorschlag, Thomas Mann und Heinrich Mann, oder gar Heinrich Böll zu besorgen – das lehnte Donner ab: „Querulanten wollen wir nicht!" Alois Vanwoldt war eines der ersten Mitglieder und erhielt ein kleines graues Heft:

Wiesken Barromäus-Bücherei, Entleihe und Rückgabe
Alois Vanwoldt, Nummer: 3

Fortan teilten sich die Kirchgänger nach dem Hochamt in drei Gruppen: Die Frauen, die nach einem kurzen Schwatz zurück auf den Hof und vor allem in die Sonntagsküche strebten. Die Männer, die beim Hohen Reiter ihren Frühschoppen nahmen. Und diejenigen Männer, Frauen, Jungen und Mädchen, die sich in der kleinen Bücherei drängten. Berni gehörte zur letzten Gruppe. Im Winter standen sie Schlange, im Sommer schloss Donner die Bücherei.

Es gab eine eigene Kirche, aber noch keinen eigenen Friedhof. Den Schrecken um die Platzwahl für das Gotteshaus noch in den Knochen, einigten sich alle Parteien, Gemeinde- und Kirchenrat, Bauern und die vom Bahnhof auf einen Platz zwischen Kirche und Neuem Gebiet: Ein Buchenhain, am Rande von Groote Ridders Wald. Im Herbst wechselten sich die Hööke ab, um zwischen den hohen Bäumen freie Flächen, Wege und Beete anzulegen. Heesters kümmerte sich um die künstlerische Gestaltung, bestellte einen Bildhauer aus Münster für das Friedhofskreuz: ein Christus, der nicht wie bei der Passion mit einer Dornenkrone leidend am Kreuze hing, sondern ein Christus, der siegreich und aufrecht mit einer Königskrone am Kreuz stand: „Wo ist dein Sieg, o bitterer Tod?" Rundherum pflanzte man großzügig Eibe, Stechpalme, Efeu und die hundertblütige alte Bauernrose. Ganzjährig sollte der Friedhof ein immergrünes Gewand tragen, Sinnbild der Unsterblichkeit, Symbol des Glanzes, der Hoffnung und Freude. Alois trug mit Nistkästen für die Vögel bei, Verbindung von Erde und Himmel. „Der Tod ist nicht das Ende, sondern der Anfang des ewigen Lebens." Beidseitig des breiten Mittelwegs kauften die Grooten ihre Gruften. Jenseits dessen waren alle Gräber gleich. Die ersten Toten, die hier zu Grabe getragen wurden, waren drei junge Leute: fröhliche Burschen von Passling und Ramäker und ein Flüchtlingsmädchen, so dass die Mutter jetzt nur noch mit einem Jungen stand. Auf dem Rückweg von der Leidener Kirmes waren sie auf der Landstraße gegen eine der Linden gefahren.

In die Friedhofskapelle zog eine schlichte hölzerne Pieta an der Stirnseite ein. Heesters hatte dafür nicht einmal sammeln müssen; jeder Hook spendete über das notwendige Maß hinaus. Beidseitig der Pieta, auf hölzernen Kreuzen, gravierten sie alle Namen der Kriegsgefallenen ein. An der Wand hingen ihre Fotos in kleinen Ovalen, in dem Glasrahmen, den Mette Neufert damals angefertigt hatte. Aus einem Oval, unten links, schaute das junge, traurige Gesicht von Franz Vanwoldt. Es verging keine Woche, in der Soffi nicht eine Kerze auf dem großen Ständer davor anzündete.

Im Floiter Hook wurden die neuen Häuser und Scheunen mit einer dichten Reihe von Nachbarschaftsfesten, Verlobungen und Hochzeiten eingeweiht. Den Hochzeitsreigen hatten Josef und Christa Kerkhuus bereits eröffnet. Jetzt folgten Ross und Boesel. „Willst du nicht auch bald ans Freien denken?", neckten die Nachbarinnen Berni. „Da bin ich längst dabei", grinste er zurück. Bei der nächsten Wallfahrt nach Kevelaer saß auch er im Bus. Während Heesters und Fräulein Anne das neue Mäntelchen für den Kelch abholten, kniete Berni in einer Kapelle vor der Muttergottes:

Heilige Maria. Erleuchte mich, dass ich eine gute Frau finde. Lass mich nicht auf Reichtum und Schönheit sehen, sondern auf körperliche und geistige Gesundheit und vor allem auf Gottesfurcht und

Herzensbildung. Führe die, die der Herr füreinander bestimmt hat, zusammen. Amen.

Als er spät abends durch die Pappelallee wieder nach Hause fuhr, stand sein Beschluss, sofern er überhaupt noch Zweifel gehegt hatte, fest. Am nächsten Morgen lachte Berni seine Mutter an: „Mama, ik glöw, ik häb de Richtige funden."

„Eene moie, düftige Diärne", rief Berni später am Tag in Bessvaaders Ohren, während er mit dem Rasiermesser über seinen Hinterkopf kratzte. „Von einem großen Hof bei Lünske hinten auf Wesel zu."

Bessvaader richtete den Kopf auf: „Wat sächs du doar? Van de Lünske Kante? Eene Lutherske?! Da hinten, auf Wesel zu, da sind doch Luthersken, das weiß ich von früher."

„Nee", lachte Berni, „is ne Katholske, natürlik! Die Tochter von Bernhard Hoogenkamp, früher sagte man Sütting."

„Ach so. Sütting? Vinzent Sütting und Magda? An der Straße beim Kreuz?" Seine Stimme wurde ruhiger. „Ah, ja. Die kenne ich. Wo damals der ganze Hof abgebrannt ist? Und dann so viele Jungs an der Front?"

„Genau", sagte Berni, „genau", tauchte das Rasiermesser in die Wasserschüssel und wischte Bessvaaders Bart mit einem Handtuch ab. „Fertig, Opa!"

„Anständige Löick, de Süttings, düftig", murmelte Bessvaader, ließ den Kopf nach vorn fallen und nickte im selben Moment ein.

Hofgeschichte, Weihnachten 1950

7,63 ha Eigentum, 1,42 ha Pachtung.
Hornvieh: sechs Kühe, ein Kalb – Lore (geb. 1942, selbst), Hatken (geb. 1944, gek. 1945 Ross, gegen Schwein), Olga (geb. 1945, selbst von Lore), Resi (Schlachtung, Herzversagen), Hella (geb. 1946, von Temminghoff), Erna (geb. 1947, selbst von Olga), schwarzes Kalb von Lore (geb. 1948, selbst, verkauft, Deutsche Mark!), weißes Kalb von Hatken (geb. 1947, Verkauf?). Milchmenge: 16.817 kg, Durchschnittsfettgehalt: 3,40 %, Milchgeld: Gesamtbetrag 4.350 DM, Auszahlung 4.350 DM, Abzüge 1.064 DM.
Sonstiges: 1 Pferd (Myra, mit Klümper), 22 Schweine, 2 Sauen.
30 Hühner, 8 Pflaumenbäume (Mama)

Alois schaute seinem Sohn über die Schulter. „Ja, kannst langsam ans Heiraten denken."

Martha

Martha band sich ihre Lieblingsschürze um – hellgraues Leinen mit einem gestickten Sommerstrauß, das Werk nur eines Wintermonats, so viel Freude hatte ihr das Muster gemacht – und schlug das Backheft auf. Die Seiten mit dem dunklen Biskuit, Schwarzwälder Kirsch, hatten bereits Flecken. Biskuit war von der Sorte, „Dat hölt genau!" Dabei hatte die Lehrerin in der Haushaltsschule den Finger gehoben. Im Unterschied etwa zu Rührteig, „Dat hölt nich so genau." Martha stellte alle Zutaten und Gefäße auf den langen Arbeitstisch, trennte die Eier, wog je 75 Gramm Mehl und Mondamin, dazu vier Esslöffel Kakao, eineinhalb Teelöffel Natron und mischte alles. Anschließend vier Eigelb, 150 Gramm Zucker, vier Esslöffel lauwarmes Wasser zehn Minuten schlagen, bis eine helle Creme entsteht, „Dat hölt genau!"; Martha legte zwei Minuten zu. Mehl sieben und Eiweiß schlagen. Dann alles sorgfältig in drei Lagen übereinanderschichten. Creme. Eiweiß. Mehl. Nun alles vorsichtig unterrühren. Zügig füllte Martha alles in die gefettete Form und schob es in den Backkasten, fünfundzwanzig Minuten. Dann lief sie in den Keller, wo auf zwei weiteren Böden bereits der rote Guss über den Erdbeeren glänzte. Aber die Mokkatorte wartete noch auf ihre Verzierungen: Buttercremeröschen mit einer Kaffeebohne darin.

Martha war allein im Haus, alle anderen zum Hochamt. In der besten Stube war der lange Tisch gedeckt, zwei aneinandergestellt für zwei Dutzend Gedecke. An beiden Kopfenden waren die Teller von frischen Blumen umrahmt: Vinzent und Magdalena Hoogenkamp feierten heute Namenstag. Beide lagen Ende Juli, nur wenige Tage auseinander, so dass man eine Feier daraus machte.

Es war ein warmer Sommertag. Gewitter und Schwüle lagen seit Tagen in der drückenden Luft. In der Küche, die nur ein breites Fenster nach Norden besaß, war es noch kühl – was ein Glück für Butter und Sahne war. Schon in der Frühe war das Vieh furchtbar unruhig gewesen; in grauen Schwärmen hatten sich die Stechfliegen an den Flanken der Tiere zu schaffen gemacht. Marthas Auge war noch immer blutrot unterlaufen, ausgerechnet an diesem Tag. Eine Kuh hatte ihre Schwanzquaste mit voller Wucht, „wusch!", über ihr Gesicht gezogen, und mit den harten Haarspitzen dabei Marthas Augapfel erwischt. „Für mich bist du immer die Schönste", würde Berni am Abend, wenn sie ein paar Minuten allein am Gatter standen, sagen.

Der Hof Hoogenkamp war weithin bekannt. Nicht nur wegen des schönen Gehöfts. Sondern Hoogenkamps, mehr noch als andere Arbeit und Gebet zugetan, dabei ein großes Herz und warmes Gemüt, hatten viele Kreuze tragen müssen.

Zentrum des gepflegten Anwesens bildete ein langes Haus, umgeben von mehreren Ställen und Scheunen, einem großen Garten und einem Teich mit Enten und Gänsen. Das Gehöft selbst, mit ein paar Morgen Weide rundherum, war ihr Eigentum, doch der weite Acker gehörte dem Fürsten. Dieser hatte zu Kaisers Zeiten noch Hand- und Spanndienste dafür verlangt, heute aber nur eine erträgliche Pacht. Der Fürst machte jetzt weit bessere Geschäfte auf anderen Gebieten, und nur einmal im Jahr, auf Sankt Martin fuhr ein Verwalter auf die Höfe, um bei Schnaps und Zigarre das Geld zu kassieren. Bei Hoogenkamps stand man winters wie sommers um fünf Uhr auf, versorgte das Vieh, melkte nicht weniger als ein Dutzend Kühe, mästete noch mehr Sauen und Schweine und bewirtschaftete große Schläge von Feldern. In Magdalenas Bauch regte sich vierzehn Mal, soweit sie sich später erinnern konnte, neues Leben. Eines verlor sie, dreizehn kamen gesund zur Welt. Martha war das Neunte in der Reihe und das jüngste Mädchen. Von den vier nachfolgenden Jungs verstarb einer mit neun Monaten an Masern, der andere mit sechs Monaten an einer Lungenentzündung. Elf blieben. Bis zum Krieg.

Das alte Haus war 1921 in einer windigen Dezembernacht, bei vollem Heuschober, bis auf das Fundament in Flammen aufgegangen. Magdalena, die damals im Bett die kleine Martha stillte, roch es zuerst. „Ät brännt! Ät brännt!“, rüttelte sie ihren Mann wach, warf sich einen Mantel über, schnappte den Säugling, sammelte die anderen Kleinen ein und rannte mit allen durch die Winterkälte zum nächsten Nachbarn, Forck. Da stiegen die Flammen schon lichterloh durch das Hinterdach, lechzten die roten Zungen bereits zum Vorderhaus. Am frühen Morgen lag alles bis auf die Grundmauern in Schutt und Asche. Glück nur, dass man dank der Nachbarn Vieh und Federbetten und ein paar Möbel hatte retten können, dass Scheune und Spieker verschont geblieben waren. Die vierzehnköpfige Familie kam bei verschiedenen Nachbarn und Verwandten unter; Vinzent und Magdalena richteten sich mit den beiden Kleinsten in Forcks Spieker neben dem wärmenden Viehpott ein. Die kleine Martha verbrachte ihren ersten Winter in einer Kiste in Forcks warmer Stube, wo der Alte den Säugling unter seinem weiten Bois wiegte, Gebete zum Himmel sandte, bis das Mädchen wieder gesund war. Im Sommer tat es, freudig strahlend, an seiner Hand ihre ersten Schritte. „Das ist Gottes Lohn“, lächelte der alte Forck. Die Nachbarn halfen ein neues Haus, schöner und größer denn je, wiederaufzubauen. Der Fürst erließ für drei Jahre die Pacht.

Zu ihrem ersten Schultag, nach Ostern 1927, trug Martha ein neues Kleidchen und neue Klumpen, mit denen sie, an Magdalenas Hand, zusammen mit den Nachbarinnen und ihren Kindern zur drei Kilometer entfernten Schule lief. Von Hof zu Hof wurde die Gruppe größer und lauter, und am Ende war es eine kleine Kinderprozession, auf die Lehrer Schlegel wartete. Acht Jahre lang lief Martha denselben Weg. Schreiben, Lesen, Rechnen und Naturkunde jeden Tag, ansonsten zwei Stunden Gesang, zwei Stunden Zeichnen und zwei Stunden Religion in der Woche. Lehrer Schlegels Stock lag stets auf dem Pult, doch Mädchen schlug er nur auf die Finger, und Martha nie.

Zur Silberhochzeit der Eltern kam der Fürstenfelder Fotograf:

Foto: Im Hintergrund ist das hell verfugte Vorderhaus mit der schmucken Bommdör in der Mitte; in den hohen Dielenfenstern hängen geraffte Gardinen. Das Silberpaar, Vinzent und Magdalena, beide in schwarz, mit weißem Hemd und weißer Spitze im Kragen, sitzt stolzen Blickes mittig nebeneinander in Holzsesseln. Rundherum stehen die elf Kinder, wie die Orgelpfeifen, alle wohlgenährt und wohl gekleidet, in hellen Anzügen und dunklen Kleidern, Martha als Einzige der Mädchen noch mit dicken Zöpfen und Schleifen, die nach vorn liegen. „Alle gerade auf! Kein Krummer dabei“, sagte der Fotograf mit anerkennendem Nicken, als er später das fertig gerahmte Bild zu Hoogenkamps brachte.

Martha erhielt ein gutes Abgangszeugnis von Schlegel. Ab da hieß es jeden Morgen um fünf Uhr aufstehen, mit den Schwestern die Kühe melken, dann mit dem Vater und den Brüdern aufs Feld. Mittags um Viertel vor Zwölf, zum Angelusläuten, das sie bei günstiger Windrichtung deutlich hörten, hielten sie ein, stellten Hacke und Spaten zur Seite, beugten den Kopf und falteten die Hände zum stillen Gebet. Zu Hause wartete Magdalena mit dem Essen; sechszehn Teller standen auf dem Tisch. Die Mädchen freuten sich auf den Abend, Zeit zum Kartenspielen und Handarbeiten – nach dem Abendessen und Rosenkranz.

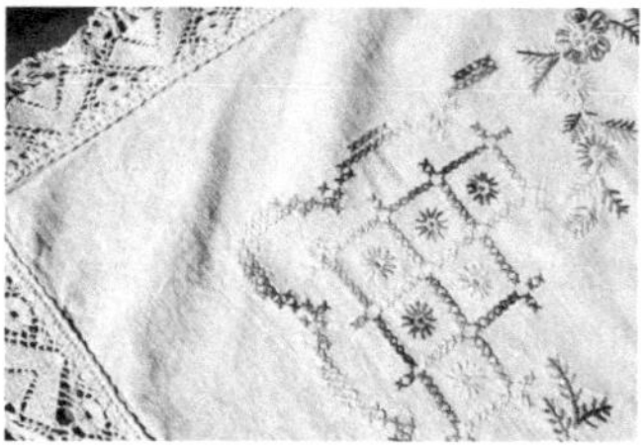

Martha war das Mädchen mit den dicken Zöpfen, das damals mit ihren Schwestern in dem Hochamt saß, als der Ortgruppenleiter, ihr Nachbar, im braunen Anzug zum Kaplan auf die Kanzel stieg. Und sie hatte damals, 1938, am Fürstenfelder Straßenrand gestanden und Bischof von Galen zugewunken. Sie war achtzehn Jahre alt, als der Krieg ausbrach. Mit ihren Schwestern schnürte sie abends Päckchen für die vier Brüder an der Front. Der Erste fiel irgendwo bei Kiew – soweit sie es von einem Kameraden erfahren hatten – ein Zweiter kurz darauf.

Derweil, in den langen Wintern, saß sie an ihrer Aussteuer, entwarf Durchsätze für Paradekissen, „Träume süß“, umhäkelte Taschentücher, umsäumte Hemdchen und strickte Leibchen, stickte bunt leuchtende Blumensträuße auf Tischdecken, noch aus den feinen Linnen der jüdischen Stoffläden, in denen nun arische Eigentümer die Waren präsentierten. Martha stand mit ihrem Vater frühmorgens auf dem Feld, als Bomberschwärme, die sie von Weitem noch, ungläubig staunend, für verirrte Vogelschwärme hielten, über sie hinwegzogen. Später, in einer Sommernacht, als sie bei der Tante wohnte, weil es dort an Arbeitskräften fehlte, mussten sie vom Bunker aus zusehen, wie schwere Brandbomben Scheune und Spieker samt allen Maschinen vernichteten. Im Januar 1945 nahmen Hoogenkamps die Flüchtlingsfrau, Muttel aus Pommern, mit ihren zwei Kindern zu sich auf: „Armselige Mänsken met nix as Schnee in de Taske.“ Etwa zur gleichen Zeit humpelte der dritte Bruder mit nur noch einem Bein auf ein Lazarettschiff in der Ostsee, wobei er sich vermutlich sicher fühlte, um kurz darauf im eisigen Wasser unterzugehen. Drei ihrer Söhne hatten Hoogenkamps da bereits im Krieg verloren, und von keinem kannten sie das Grab; nicht einmal die Plaketten hatten man den Eltern schicken können. Der Vierte kam in russische Gefangenschaft, wo er vier Jahre bleiben sollte. Als der Krieg zu Ende war, wie sie alle glaubten, begannen die Plünderungen der russischen Kriegsgefangenen, weshalb Martha und die anderen Mädchen bei Verwandten im sicheren Dorf schliefen. In einer hellen Sommernacht, Mitte Juli 1945, als ein weiterer Bruder in Fürstenfeld mit einer Bürgerwehr Streife lief, wurde er von einem Russen erschossen. Hoogenkamps selbst hatten nie Gefangene für sich arbeiten lassen. Mitten in der Nacht klopften Nachbarn an das Fenster der Eltern; auf der Däle lag der Leichnam ihres Sohnes auf einer Schubkarre. Es war Muttel, die Flüchtlingsfrau, die Magdalenas Schreien und Zittern in ihren weiten Armen auffing. Ein Jahr lang trug man bei Hoogenkamps schwarz, und Martha war nicht die Einzige in Fürstenfeld, die auf keiner Feier tanzte, obwohl sie doch so lange gewartet hatte. Der jüngste Bruder übernahm den Hof. „Dat Läwen geht wieder. Das Leben ist für die Lebenden da.“

Martha ging ein Jahr bei Fabrikant Mertens in Stellung und fuhr zwei Winter lang morgens zu den Barmherzigen Schwestern, um Küche und Hauswirtschaft zu lernen: Suppen und Braten, Aufgesetzten und Eierlikör, Kuchen und vor allem Torten, das Hobby der Lehrerin. Auch Vorratswirtschaft und Einmachen, Hausmittel bei Krankheiten, „Sauberkeit und moderne Hygiene“. Martha war siebenundzwanzig Jahre alt, als Vinzenz und Magdalena sie auf die Tanzschule schickten und ihr erlaubten, in Begleitung ihrer Brüder, auf Feste zu gehen. Vom ersten Tag an hatte sie mehrere Verehrer.

„Darf ich bitten?“, verbeugte sich plötzlich einer auf dem Fest der Landwirtschaftsschule vor ihr, obwohl sie mit einem anderen an der Theke stand. Mittelgroß und schlank, mit dunklen Haaren und offenen, lachenden Augen, gestärktem weißen Kragen, schien er Martha freundlich und gepflegt. Er wartete die Antwort gar nicht erst ab, weder von dem anderen, der grimmig schaute, noch von ihr. Sondern machte erneut einen Diener und streckte die Hand aus: „Bernhard Vanwoldt, Wiesken.“ Beim Walzer hielt er ausreichend Abstand, doch bereits beim zweiten Tanz, ein Foxtrott, fasste er so eng um ihre Taille, dass Martha ihn sanft von sich schieben musste. Er brachte sie zurück zum anderen Verehrer, „schönes Mädchen hast du da“ – und verschwand. Martha fuhr mit Bruder Walter und Schwester Liesken zurück: „Wer war das?“, tuschelte Liesken.

Nach dem Fest kam die lange Fastenzeit. Und Martha sah und hörte nichts. Anfang der Karwoche lag eine Postkarte auf Hoogenkamps Küchentisch:

Wiesken, 2. April 1950

Liebe Martha,
am nächsten Montag ist Junggesellenball in Weelken.
Darf ich Dich nachmittags abholen?
Bernhard Vanwoldt aus Wiesken

Das war alles.

„Was hat das zu bedeuten?“, fragte Vaader Hoogenkamp. „Ist das vom alten Vanwoldt am Deepen Grund? Wo früher der Stellmacher war, mit dem kleinen Hof, und der Schreiner?“

„Ja. Bernhard ist der Älteste, bekommt den Hof. Mit ihm habe ich auf dem Rheder Bauernball getanzt“, antwortete Martha. Die Röte stieg ihr ins Gesicht.

„Bei Hajo triffst du es besser“, sagte er, „und hier in Fürstenfeld.“

„Hajo hat mit einer anderen getanzt.“

„Drum prüfe, wer sich eben bindet“, sagte Mooder Magdalena, „lass sie ein paar Jungs kennenlernen.“ Vaader Hoogenkamp willigte ein: „Kannst ihn kommen lassen. Ich schaue ihn mir an.“ Dann hob er den Finger:

„Du weißt ja: Wat nützt di ne schönen Mann. Sät üm up dänn Diss un äät doavan.“*

Ja, das wusste Martha. Vaader hatte einer Schwester das Freien mit einem Saander Versicherungsangestellten verboten, hatte den jungen Mann, der im besten Anzug besten Willens an Hoogenkamps Gatter gestanden hatte, nach wenigen Sätzen wieder zurückgeschickt: „Ohne Hof, das haben wir lange genug gesehen, kannst du zum Bettler werden.“ Die Schwester weinte noch lange, bis sie einen anderen fand, mit eigenem Grund.

Martha steckte die Karte in ihre Rocktasche, sprang aufs Rad, fuhr ins Dorf und kaufte eine Ansichtskarte vom Schloss:

---

* Was nützt dir ein schöner Mann. Setz ihn auf den Tisch und iss davon.

Fürstenfeld, 6. April 1950

Lieber Berni,
habe Deine Einladung erhalten. Du kannst Sonntag nach dem Kaffee kommen.
Es grüßt, Martha Hoogenkamp

Danach nahm alles seinen guten Lauf – zwischen Berni und Martha, und bald mit allem. Vaader Hoogenkamp sollte noch viele Fragen haben. Als Berni das zweite Mal auf den Hof fuhr, um Martha abzuholen, nahm der Alte ihn zur Seite. „Lass uns in die Stube gehen. Sät die daale!"

„Wie geht es dem alten Stellmacher? Und wer ist dein Vater; den kenne ich nicht", fing Hoogenkamp freundlich an. Und kam bald zur Sache. „Eigenen Hof habt ihr wohl. Aber dreißig Morgen Land – das ist nicht allzu viel. Muss für eine Familie reichen, das weißt du. Ist nicht immer einfach." Berni nickte. Hoogenkamp reckte den Kopf vor und sah ihm direkt in die Augen:

„Eines muss ich von Anfang an wissen: Habt ihr Schulden?"

„Nein, keine Schulden. Wir haben nicht viel, aber immerhin fast acht Hektar und guter Grund dabei. Auch etwas Pacht. Eltern sind noch sehr rüstig."

„Aha. Gut. Kein Handwerk? Bauern und Handwerker, wie deine Eltern, das passt gut."

„Nein. Aber ich bin gelernter Landwirt, Berufsschule und Fachschule. Ich war Eleve bei Ossing in Zippeln."

„Heutzutage. Mit Adenauer geht es wohl bergauf. Aber – mit der Landwirtschaftspolitik. Weiß man noch nicht, wie es wird."

„Ich verdiene mir bei Temminghoff Geld dazu."

„Aha. Düftig. Den alten Ossing kenne ich. Da werde ich mal nachfragen. Und was machen deine Brüder?"

So ging die Prüfung noch eine Weile weiter. Berni mit hochrotem Kopf, Vaader Hoogenkamp mit ernster Miene.

Am Ende klopfte er Berni auf die Schulter: „Büss ne ontlike Kärl. Kass wär kommen*. Aber in ein paar Monaten frage ich dich noch einmal!"

„Is good, Herr Hoogenkamp. Sicher." Berni machte einen kleinen Diener. In Schlangenlinien, „Heidewitzka!", radelte er pfeifend nach Hause.

Fortan fuhr er jeden zweiten Sonntagnachmittag zu Hoogenkamps. Die Mannsleute, Vaader, Marthas Brüder und die Schwiegersöhne debattierten in der Stube oder draußen auf der Bank. Einer der Brüder war erst im Frühjahr

* Bist ein ordentlicher Kerl. Kannst wiederkommen.

aus Russland zurückgekommen – und vom Nachbarn Forck auf das Wärmste mit einem Ständchen empfangen worden.

„Frieden ist das Wichtigste!“, sagte Vaader Hoogenkamp, als er am Kopfende des Namenstagstisches saß. Im Großen und Ganzen war er mit Adenauer und Erhard einverstanden, der Westorientierung und dem heimischen Wiederaufbau, der auch im Kreis für die Bauern gut voran ging. Sogar die Ideen mit der „sozialen Marktwirtschaft“, fand einer der Brüder, waren interessant. Einzig der ganze Handel mit den Amerikanern und dem „gemeinsamen Markt“ mit Frankreich und Holland, die wieder alles ins Ruhrgebiet brachten und die Preise kaputtmachten, wo es doch jetzt für die eigenen Bauern so wichtig war, wieder Fuß zu fassen – das konnte so ohne weitere Unterstützung nicht bleiben. Immerhin hatten Hoogenkamps erstmals seit Kriegsende wieder alle Äcker bestellen können, mit zwei vernünftigen Pferden und einem geliehenen Schlepper, die meisten mit ausreichend Dünger. Somit schloss Vaader Hoogenkamp: „Frieden, das ist das Wichtigste. Und wir sind nicht bei den Bolschewiken gelandet. Da bin ich lieber mit den Franzosen und Holländern. Et sall sick wiesen.“*

In dem Augenblick brachte Martha die Schwarzwälder Kirschtorte herein: „Jetzt ist genug von der Politik! Sind alle zum Feiern hier.“

Am Abend durfte Martha ihren Verehrer auf den Weg bringen. Erst einmal nur bis zum Gatter, wo sie sich die Hand gaben. Beim nächsten Mal bis zur Straße. Weiter – würde es noch dauern.

Freund Frohsinn

Ein Samstagnachmittag im Spätsommer. Nervosität lag in der Luft am Deepen Grund. Im Vorderhaus roch es nach Soda und Seifenpulver; Soffi hängte die frisch gewaschenen Gardinen auf. Jetzt setzte sich der Duft von frischem Stuten, der im Ofen buk, durch. In der Stube standen vier Kaffeegedecke, Soffis bestes weißes mit dem Goldrand, auf dem Tisch. Auf der Däle kratzte Alois mit dem Besen und ging dann auf den Hof, um dort jeden noch verbliebenen Strohhalm einzeln aufzuheben. Die Gartenwege waren frisch geharkt, der Lattenzaun neu gestrichen. Dahinter strahlten und leuchteten Soffis Dahlien, duftete der letzte Phlox, gaben die Heckenrosen am Hundetuun noch einmal ihr Bestes. Bessvaader döste mit gestutztem Bart, Sonntagsjoppe und geschrubbten Klumpen auf der Bank unter dem Ahornbaum. Auf der Huusweide grasten fünf frisch gebürstete Kühe. Es war das erste Mal, dass Berni eine junge Frau vorstellte. Sie würde ihn auf dem Weg zur Saander Kirmes abholen.

Jetzt kam Berni im Unterhemd aus der Waschkammer und lief eiligen Schrit-

---

* wird sich zeigen

tes zur Küche, wo Luzi am Tisch bügelte: „Ist mein Hemd fertig?“, fragte er – mit strengem Blick. Luzi fuhr ein letztes Mal über den gestärkten weißen Kragen und hielt es ihm hin. Berni schaute auf die Knopfleiste: „Ein bisschen genauer könntest du schon sein!“ „Ich bin nicht deine Magd!“, sagte sie und stellte das Bügeleisen ab. „Hört oop te taggen!“*, rief Soffi aus der Stube, „ist heute nicht der Tag.“ In der Stube legte sie letzte Hand an, stellte frische Blumen in die Vase. „Bin ich gut so?“, stellte Berni sich ihr vor. „Bist gut so!“, lächelte sie. Ihr Haarzopf war streng nach hinten gebunden, aber das Gesicht aufgehellt.

Gerd und Anton waren aus Köln zu Besuch, halfen dabei, neue Gräben auszuheben. Berni hatte in bisher von ihm unbekannten Tönen von seiner Braut geschwärmt: „Lieb und schön, enge Taille, dunkelbraunes Wellenhaar“, und noch viel mehr, was man nur unter Männern bespricht. Doch am heutigen Nachmittag konnte man die Brüder im Vorderhaus nicht gebrauchen. Mit dem Spaten in der Hand standen sie am Gatter bis zur Brust im Graben, reckten die Köpfe Richtung Achterweg und Pappelallee. „Da! Kiek! Da kommt sie!“ Mit dem Rad fuhr eine junge Frau im hellen Mantel vom Achterweg her auf den Draii zu, hielt dort kurz ein, um Mantel und Haar zu richten. Dann rollte sie auf das Gatter zu. „Donnerwetter!“, fiel Gerd und Anton zugleich die Kinnlade herunter. Und schon hielt das freundliche Wesen mit einem kessen Lächeln neben ihnen:

„Gooden Dach, ik bün Martha.“

Von unten schauten die Brüder mit offenem Mund nach oben: „Gooden Dach! Wir sind Gerd und Anton. Ja, Berni und die anderen sind im Haus.“

„Dann will ich mal weiterfahren.“

Schlanke Beine, in Nylons mit Naht, dunkelrote Wildlederschuhe mit Absatz radelten auf Augenhöhe vorbei.

„Donnerwetter! Da hätten wir ja gar nicht nach Köln gemusst!“

Alois und Soffi standen schon im Dälentor: „Gooden Dach! Viel von dir gehört.“ Martha deutete einen Knicks an, streckte die Hand aus. Gooden Dach, Herr Vanwoldt. Gooden Dach, Frou Vanwoldt“ –, und im selben Augenblick begann Soffis Gesicht so offen zu lachen, wie man es in den letzten Jahren selten bei ihr gesehen hatte. „Gehen wir erst durch den Garten“, sagte sie, „dann in die Stube.“ Martha zog ein kleines Päckchen aus der Tasche, ein Viertel Pfund Kaffeebohnen. „Oh. Lange nicht mehr gehabt“, sagte Soffi, „wäre nicht nötig gewesen.“ Alois strahlte über beide Ohren: „Wir nehmen dich auch so!“

Eine Stunde später fuhr das junge Paar winkend vom Hof, hielt kurz bei Gerd und Anton ein, bevor sie auf die Pappelallee einbogen und beide mächtig in die

---

* Hört auf zu zanken!

Pedale traten. „Sommer, Sonne, Sonnenschein …", hörten sie Berni singen. „Donnerwetter!", sagte Gerd, „der hat es ja faustdick hinter den Ohren!" Sie stellten Spaten und Schüppe zu Seite und holten die Zigaretten heraus.

„Halt sie gut fest", lächelte Alois am nächsten Morgen seinen Sohn an. Soffi nickte: „Aber hundert Morgen. Das passt doch gar nicht zu uns kleinen Leuten."

„Das passt sehr gut! Hast du das vergessen?", zwinkerte Alois seiner Frau zu und legte den Arm um ihre Hüfte: „Wir beide hatten doch auch schöne Zeiten!"

Am Sonntagnachmittag saßen Bessvaader und Berni in der Stube, Bessvaader mit der Lupe dicht vor der Zeitung, Berni mit Buntstift und Papier.

Für Martha

Aus Heiterkeit und frohem Sinn
setz' ich mich zum Schreiben hin,
ich schreibe über Berg und Tal,
Dir Geliebte nun zum ersten Mal.
Ich kann es nicht länger lassen,
Deine Liebe zu erfassen.
Die Sehnsucht lässt mich treiben,
Muss Dir dieses daher schreiben.
Dieser kleine Kerl
bringt an meiner Stell'
das Blumensträußchen
schnell.
Dein Freund Frohsinn.

Auf das Deckblatt des Büttenpapiers klebte er gepresste Blumen, Klee und Gräser.

Martha antwortete mit einer Karte, unterschrieben: „Von deiner Freundin."

Bessvaader schaute auf seinen Enkel, rappelte sich vom Sessel auf und nahm eines der Blätter in seine zittrige Hand. Mit wackelndem Kopf lächelte er seinen Patensohn an, „Moi, moi", und fasste einen Beschluss: Es war Zeit, den Platz für die nächste Generation zu räumen.

Natz' letztes Nickerchen

Bessvaader war auf dem Hof gestürzt. Mit zersaustem Haar und hochrotem Kopf saß er im Bett und fuchtelte mit den zittrigen Händen: „Berni! Doar! Wäch!", rief er so laut er noch konnte. „Weg! Oben in der Ecke! Da hängen sie wieder, de gröönen Düwelkes, der dicke mit den roten Augen und der lange dünne. Lachen mich aus. Jetzt kriechen sie die Wand runter. Berni! Gib‘ mir den Stock!“ „Bessvaader, da ist niemand. Niemand.“ „Doch! Hol den Stock!“ Der Doktor aus Leiden sprach von einem Schlaganfall, schrieb Tropfen auf. Soffi brachte ihm das Essen ans Bett, fütterte ihren Schwiegervater, der so oft so barsch zu ihr gewesen war, mit gezuckertem Milchreis. Mit Luzi zog sie ihm jeden Tag neue Wäsche an und half ihm bei den notwendigen Gängen. Ein wenig berappelte er sich wieder, wagte einen Gang über den Hof und zur Timmerkaamer, saß dort eine Weile und kehrte wieder um. An einem Nachmittag lag er plötzlich nicht im Bett, war nicht auf dem Hof, nicht in der Timmerkaamer. Berni fuhr alle Wege ab, die Pappelallee bis zur Schule, den Achterweg bis ins Brook, sogar Zenta fragte er. Dann hörte er ein kurzes Bellen, es war Nelliken. Auf dem alten Pfad zu Ross-Puggenkamp, den Bessvaader so oft mit Sau Ilse gegangen war, lag Bessvaader unter tiefhängenden Ästen und Zweigen einer schon grünenden Weide. Nelliken saß artig neben ihm, schaute verlegen zu Berni nach oben, wedelte ein wenig mit dem Schwanz. Bessvaaders Herz war noch warm, aber die Seele schwebte schon im verhangenen Wolkenhimmel. Berni holte die Schubkarre und fuhr seinen Großvater und Patenonkel zurück auf den Deepen Grund; Berni schien, als lächle Bessvaader den ganzen Weg.

In einem Sarg aus Weidenholz rollte Natz ein paar Tage später friedlich auf seinem eigenen Leiterwagen mit Zeichen BV über den Galgenberg bis zu Stines Grab, um sich neben Stine in das Grab zu legen. Verleger Kiesberg, der noch immer eine Zeitungskarre derselben Marke in seiner Druckerei stehen hatte, gönnte ihm einen besonderen Nachruf:

Saander Zeitung, 17. April 1951

Wiesken. Ältester Einwohner gestorben. Im gesegneten Alter von 95 Jahren verstarb der älteste Einwohner unserer Gemeinde, der vielen bekannte Stellmacher und Landwirt Bernhard Vanwoldt.

Die grünen Teufelchen hielten Natz zur Prüfung ein paar Tage im Fegefeuer. Manche Gesichter kamen ihm bekannt vor, aber Natz hatte schlechte Augen und taube Ohren. Auch Luzifer öffnete kurz sein Guckloch aus der Glutkammer, schob es nach einem kurzen Blick wieder zu. Im hellen Himmel wartete Stine bereits mit dem Gebet auf ihn: „Ewiger Vater, Du hast die Ehe im Paradiese gegründet.“

Bernhard Vanwoldt, Natz oder Nätken, war der letzte Wieskener, der in Saande bestattet wurde.

Kräftigen Rappen, Moritz, zwei Jahre, von Langenkämper gekauft (für Hand- und Spanndienste). Opa im April mit 95 (!) gestorben. Zufriedenstellende Ernte, besonders Kartoffeln gut. Pläne für neues Haus, großer Kuhstall und Vorderhaus, mit Architekt Wilmers gemacht.

Im neuen Jahr, an einem Freitagmittag – Soffi kam von der Herz-Jesu-Messe zurück – lag ein kleines Päckchen, sorgsam in grün glänzendem Papier eingewickelt, auf Bernis Teller. „Das habe ich für euch machen lassen“, schob Soffi es ihm mit einem Lächeln zu, „Pack aus!“ Berni rollte die Fäden ab. Zum Vorschein kam ein schwarzes Schächtelchen. „Juwelier Willers, Saande“, stand in geschwungenen goldenen Lettern darauf. Berni nahm den kleinen Deckel ab. Zwischen weißer Watte fand er den Granatring seiner Mutter; der dunkle längliche Stein war mit weiteren kleinen rundum besetzt und neu in Silber gefasst. „Für euch. Was Schöneres habe ich nicht“, sagte sie. „Schöner geht es nicht“, antwortete Berni. Noch hatte Berni nicht um Marthas Hand angehalten, hatte Hoogenkamp ihn nicht ein weiteres Mal zur Zukunft des Hofes gefragt, ihm noch nicht sein Einverständnis erklärt.

Weder Herr noch Knecht

Derweil arbeitete Berni weiter tagweise bei Temminghoff, half beim Dreschen, Mistausfahren, Holzfällen. Den Verdienst, mal ein paar Sack Hafer oder eine Karre Brennholz, meistens ein wenig Bargeld, lieferte Berni bei Alois als „Kostgeld“ ab. Und bekam einen Zehnmarkschein als Taschengeld zurück. Es war ihm recht. „Mehr brauche ich nicht.“ Es war alles für den Hof, und das war knapp genug. Der alte Temminghoff war nach Magenoperationen krumm und still geworden, der frühere Riese um eine Handbreit geschrumpft. Dafür trug sein Sohn Leo, gute zwanzig Jahre alt, die Temminghoffsche Nase wieder mächtig oben. Knecht Hein war längst gestorben, ein Landarbeiter ins Revier gezogen, kurzum: Leo brauchte eine neue, verlässliche Kraft.

„Komm nächste Woche alle fünf Tage“, sagte Leo, der auf dem Weg zum Hochsitz war, die Jagdflinte schon um die Schulter und den Hund an der Leine. „Damit wir hier mit dem Dreschen und Holzsägen vorankommen.“

„Muss ich sehen, ob das geht. Zwei Tage ist möglich, aber nicht die ganze Woche“, antwortete Berni, „Vaader braucht mich zu Hause.“

„Ihr mit eurem kleinen Hof. Da gibt es ja nicht so viel zu tun. Und ein paar Mark mehr kannst du bestimmt gebrauchen.“

Berni tat, was er immer tat, wenn er einen Augenblick Aufschub für eine Antwort brauchte. Er schaute auf den Boden, schob mit dem rechten Fuß ein Stückchen Erde zur Seite und mit dem linken wieder zurück.

„Wenn dir das besser gefällt: Wir können das auch ‚Verwalter' nennen. Das ist das Beste für euch", schob Leo hinterher.

Berni hob mit einem Lächeln den Kopf, sah Leo in die Augen. Es war fast so wie vor einigen Jahren, mit dem alten Temminghoff. Aber Leos Ton war ein anderer.

„Wenn du meinst. Ich sage dir Montag Bescheid", zog Berni die Kappe.

Als sie abends am Deepen Grund beim Pannekooken zusammensaßen, erzählte Berni davon. Es war eine kurze Beratung:

„Wir brauchen Temminghoff nicht. Wir sind kleine Bauern, aber wir haben es noch immer geschafft."

„Weder Herr noch Knecht", schloss Soffi.

Am Montagfrüh fuhr Berni zum letzten Mal Temminghoffs lange Fichtenallee hinunter. Der Alte drückte ihm zum Abschied fest die Hand:

„Danke für alles, Berni. Habe dich immer gern hier gehabt."

„Hella gibt noch immer viel Milch", lächelte Berni zurück.

Auf dem Hof zückte Leo sein Portemonnaie und zog einen Zwanzigmarkschein hervor: „Hier, dein ausstehender Lohn." Berni schüttelte den Kopf: „Vaader hat mich schon bezahlt." Ein letztes Mal fuhr er die Fichtenallee wieder hoch, hielt kurz vor dem alten Steinkreuz ein und bog dann, pfeifend, auf die Landstraße und den Deepen Grund zu.

Ein paar Tage später traf er den jungen Kerkhuus und den jungen Floiter am Steen:

„Habe schon gehört. Bist nicht mehr bei Temminghoff. Richtig so. Gehörst hier zu uns in den Hook, nicht zu denen da achtern", sagte Kerkhuus. „Soll jetzt eine bessere Politik für Bauern geben. Die in der Stadt müssen ja was zu beißen haben. In Saande bauen sie schon ein neues Landwirtschaftsamt. Und der Lübke, ist ja auch Bauernsohn, der hat was vor."

Auf der nächsten Namenstagsfeier nahm Vaader Hoogenkamp Berni noch einmal zur Seite, klopfte ihm auf die Schulter. „Was du vorhast, ist richtig." Berni lachte über das ganze Gesicht. In der besten Stube nahm Mooder Hoogenkamp seine beiden Hände: „Ik glöw, Martha de mach die wall lien.* Pass gut auf sie auf!" Das würde Berni tun. Am Sonntag darauf steckte er das schwarze Schächtelchen ein und hielt um Marthas Hand an. Zum nächsten Fest, die Nachfeier des Fürstenfelder Schützenfestes, durfte Martha ohne ihre

* Ich glaube, Martha mag dich wohl leiden.

Brüder fahren. Berni holte sie am Nachmittag ab und brachte sie vor Mitternacht wieder zurück.

Die Verlobung fand im Frühjahr 1952 statt. Auf dem Foto stehen sie eingehakt vor einer dichten Hecke in Hoogenkamps Garten. Der Bräutigam im dunklen Zweiteiler, den Hut in der rechten Hand, auf dem linken Arm ruht die Hand seiner Braut, in ihrem bodenlangen dunkelroten Kleid, mit sanftem Blick und Wellen im schwarzen Haar – kein schöner Paar! Ihr Versprechen besiegelten sie auf einer gemeinsamen Fahrt nach Kevelaer, wo sie vor der Muttergottes knieten, zwei kleine Büchlein in der Hand: Martha das „Myrthenglück. Andachtsbuch für die katholische Braut, Frau und Mutter". Berni das „Lebensglück, Gebetbuch für den katholischen Bräutigam, Mann und Vater".

Zum Nikolaus schrieb Berni eine neue Karte, dieses Mal waren die Ecken mit Töpfen und Pfannen bemalt.

Grundrezept für Köchinnen

5 l Liebe, 100 gr. Demut, diese stößt man in den Mörser des Glaubens mit dem Stämpfer der Stärke und Geduld. Rühre dann nach Belieben ¼ bis ½ Liter Hoffnung hinzu und lasse dieses in der Pfanne der Gerechtigkeit und der Tugend, je nach Geschmack, braten, damit der Schimmel der Eitelkeit entweicht. Führe dieses Rezept wissenschaftlich durch, dann wird jedermann dir gefallen.

Zum Pudding nehme man 50 gr. Küsse und 30 gr. Liebe, füge dann zusammen mit brennender Liebe, 20 gr. Seufzer, möglichst fest umschlungen. Dann füge man erkaltete Blicke eines neidischen Freundes hinzu und lasse in dunkler Laube kochen. Für guten Appetit wird gesorgt. Dieses reicht für zwei Personen.

Rasch schob Martha die Karte in ihre Rocktasche.

Am Deepen Grund rissen sie im Sommer das Haupthaus nieder und richteten sich zum Übergang in der Schoppe ein. Alois und Soffi bauten hinter dem Dreschkasten ihre Schlafkammer auf – und würden später noch lange darüber lachen, schelmisch wie ein junges Paar. Viel Geld gab es nicht. Einzeln klopften sie den Mörtel von den alten Steinen ab, um sie noch einmal zu verbauen. Die Kölner und die Weseler Verwandten, Marthas Brüder, Kerkhuus, Boesels und Natmäkers – sie alle kamen und halfen. Alois verwandelte die Timmerkaamer in eine Großwerkstatt für neue Fenster, Türen und Tore. Bis spät in die Nacht hörte man ihn sägen, schleifen, klopfen – meistens singend und pfeifend. Eine Eingangstür aus Eiche mit geschnitzten Rosetten und buntem Bleiglas bestellten sie in Saande. Bei Sonnenuntergang nahm Hendok die

Ziehharmonika zwischen seine geübten Arme. Auch Anni Klümper kam mit den Kindern Gerda und Albi vorbei. Nach einer Stunde liefen sie mit ein wenig Fröhlichkeit im Herzen wieder auf den stillen Klümperschen Hof zurück.

Am Ende stand ein solides neues Haus, nicht so breit und prächtig wie Kerkhuus und Veehdrewer es sich leisten konnten, aber doch geräumiger als manche der Kleinen es hatten. Groß genug für eine Familie mit drei Generationen und ein paar Dutzend Vieh allemal. Ein Vorderhaus mit mehreren Kammern unten und oben, ein Hinterhaus mit einer breiten Tenne und Platz für acht Kühe, Jungvieh und ein Pferd.

Hofgeschichte, 28. Dezember 1952

Altes Haus im Frühjahr bis auf Grundmauern abgerissen, teilweise noch Fachwerk. Am 10. Oktober feierlicher Einzug ins neue Haus! Erst nur unterstes Stockwerk, drei Zimmer, Küche und Diele mit Vordertür, auf Däle neuer Kuhstall und Seitenstall für Pferd und Kälber, Milchkammer und Wasserpumpe, oben hoher Dachboden. Plan für Ausbau oben fertig: vier Zimmer mit Ofen, Abstellraum und Dachboden.

Das Altbewährte halte, geh vorwärts, nie veralte!

Während Berni dies schrieb, säumte Martha bei Hoogenkamps die fertig gestickten Decken und Kissen, und Muttel, die Flüchtlingsfrau, bügelte alles auf Kante. „Was für ein Kleid stellst du dir denn vor?", fragte sie. Martha hatte etwas Besonderes im Sinn.

Hochzeit

„Een witt Kleed!?"*, zog Vaader Hoogenkamp die Brauen zusammen. Und er war nicht umzustimmen, obwohl Martha bereits Mooder und Patentante auf ihrer Seite hatte. „Een witt Kleed?", schüttelte er ein zweites Mal den Kopf und widmete sich wieder dem Korb, den er am Feuer flocht. Aber so schnell gab Martha nicht auf: „Anna Meersmann hat auch in Weiß geheiratet und es machen heute viele", versuchte sie es mit leiser Stimme. Ihre drei älteren Schwestern hatten alle ein schwarzes Kleid getragen, so wie es Sitte war, aber das war schon ein paar Jahre her. Hoogenkamp redete den Frauen und Töchtern bei der Mode, wie das heute hieß, nicht rein, solange der Fürstenfelder Schneider, ein solider Mann, es für anständig befand. Doch ein weißes Brautkleid – nein,

* Ein weißes Kleid!?

das war nicht nach der Sitte. „In Wiesken tragen sie schon Weiß“, unterstützte jetzt auch Mooder Hoogenkamp, doch Vaader blieb stur. „Wir sind hier aus Lünske“, war sein letztes Wort. Somit blieb es bei schwarz. Die Frauen fuhren mit dem Bus nach Wesel und wählten dort die Stoffe aus. Der Fürstenfelder Schneider nähte ein würdiges Kleid daraus.

Im Neubau am Deepen Grund legten die besten Handwerksmeister aus Köln, Gerd und Anton, letzte Hand an. Schmale Holzdielen für die zwei Stuben und die ganze obere Etage, dort auch eine kleine Empore mit Treppe und geschwungenem Handlauf aus Kirschholz, ein Geschenk der Brüder. Überall helle Tapeten mit Muster. „Die Braut kann kommen!“, stießen die drei Brüder abends unter dem Ahornbaum mit Bier an, eine Flasche auf drei Gläser verteilt: „Prost!“ Nur die Getränke für die Feierlichkeiten bereiteten Sorge. Bier war knapp und teuer, guter Schnaps auch. Das Rezept für den „Trinkbranntwein aus Zuckerrüben“ erhielt Berni von Onkel Franz-Jupp, der schwor, dass es den besten aller furchtbaren Selbstgebrannten ergeben würde. Den Kaffee besorgte Onkel Hinner aus Barlo, vielmehr seine Töchter auf ihren mittäglichen Gängen über die Grenze und zurück. Dafür bekam er eine Woche Moritz, Vanwoldts neues Pferd, um seinen kleinen Acker zu bestellen. „Haben wir beide etwas davon!“ Die Töchter, immerhin, durften mit aufs Fest.

Kurz darauf schmückte der Gästebitter, Hendok Natmäker, sein Rad und seinen Hut mit Schleifen und Blümchen und fuhr, samt verziertem Stock an der Stange, von Haus zu Haus, um alle hundertfünfzig Gäste einzuladen:

Ich wollt euch etwas Neues erzählen,
nun kann ich's nicht mehr erwähnen,
hab's mir auf den Stock geschrieben,
aber mit dem Ärmel wieder abgerieben.

Nun fällt's mir wieder ein,
am Dienstag, dem fünften um zehn,
müsst ihr in der Kirche sein,
die ganze Familie, Jung und Alt,
wenn Martha und Bernhard sich trauen.

Abends gibt's Braten und Wurst
und nicht zu vergessen der Durst,
wir wollen recht lustig sein,
mit Bier und Wein.

Und nun macht euch fein,
dürft nur nicht schöner
als Braut und Bräutigam sein.

Acht Tage brauchte Hendok, um alle Häuser abzufahren. Abends fuhr er ein Liedchen pfeifend taumelnd heim.

„Hast recht behalten", klopften Natmäker und Boesel Berni auf die Schulter: „Diene Frou, de is alles oop eenmal."

Die Festwoche war kühl und regnerisch. Man entschied sich gegen einen Brautwagen, der sowieso aus der Mode gekommen war. Braut und Aussteuer kamen mit einem Lastkraftwagen in zwei Fuhren: eine komplette beste Stube aus dunkler Eiche, ein breites Büfett mit einem Glasaufsatz, alles von ihrem Bruder Bernhard geschreinert. Ein rotes Sofa mit Samtbezug und sechs Stühle dazu, ein roter Kokosteppich. Ein komplettes Geschirr, für ein dreigängiges Essen und Kaffee samt Schüsseln, Kannen und Kännchen, für zwölf Personen, weiß mit Goldrand, ein Besteck aus Blech, Kriegsware noch. Ein komplettes Schlafzimmer aus heller Eiche mit zwei großen Bettstellen, turmhohen Federbetten, einer dreiflügeligen Kommode, einer Schaukelwiege, von Vaader selbst aus Weide geflochten. Glaslampen und Vorhänge für das ganze Haus, Läufer für die Treppe und den langen Flur. Eine Waschmaschine mit großem Kochbottich und einem Wringer darüber, „das Beste an allem", wie Soffi fand. Natürlich ein Fahrrad und ein paar Stapel Kissenbezüge, Laken, Handtücher und anderweitiges bestes altes Linnen. Tante Joseffi hatte eine ganze Woche zu tun, um alles sorgfältig einzulegen, hellgrüne Borten, rosa Schleifchen und weiße Rosetten anzuheften. „So etwas Schönes hat der Deepen Grund noch nicht gesehen", strahlte sie.

Für die Hochzeitssuppe und den Braten wurde die gute alte Minka, die nach der Klauenseuche unfruchtbar geworden war, geschlachtet. Fünf Tage dauerten die Feiern: einen Tag, die Männer zum Kranz ausmessen, die Frauen zum Röschen binden. Einen Tag Kranz aufhängen und Birkengrün setzen, die Frauen Däle und Schoppe schrubben. Einen Tag Braut abholen; der junge Forck, auf dessen Hof Martha Laufen gelernt hatte, chauffierte seine Nachbarin in seinem nagelneuen Borgward in ihr neues Heim. Am Tag vor der Hochzeit standen 80 Liter Trinkbranntwein, zwei Kästen Bier, das Fleisch einer ganzen Kuh und fünf Pfund bester Bohnenkaffee bereit. Gästebitter Hendok Natmäker und Köchin Bertha Hoogenkamp, eine von Marthas vielen Großcousinen, waren hochzufrieden. Überhaupt waren alle in bester Feierlaune. Nur das Barometer zeigte nichts Gutes an. Davon, dass in England Elisabeth die Zweite zur Königin gekrönt wurde, nahm im Floiter Hook niemand Notiz, zumal der Hook eigene Feste zu feiern hatte.

Am Hochzeitstag hingen bereits früh morgens die Wolken tief. Wenigstens während der Trauung riss der Himmel ein paar Mal auf und sandte helle Strahlen durch die Fenster, als das Paar vorne auf dem Bänkchen vor Heesters niederkniete.

„Die Psalmen, Erstes Buch, Vers 128“, las er mit Blick auf Berni vor:

„Den Ertrag Deiner Arbeit darfst Du genießen; wohl Dir, Du hast es gut. Dein Weib ist gleich einem fruchtbaren Weinstock in Deinem Haus, Deine Kinder sind wie Triebe des Ölbaums rings um den Tisch.“

Zum Foto vor der hohen grünen Hecke neben der Kirche riss der Himmel auf.

Foto: Marthas bodenlanges Brautkleid ist aus schwarzer Brüsseler Spitze mit weichem Faltenwurf. Aus dem V-Ausschnitt ragt üppiger weißer Tüll, passend zum Schleier. Lange weiße Tafthandschuhe umfassen ein Blumengebinde aus weißen Lilien und Schleierkraut. Ein Myrthenkranz am Hinterkopf, so dass die dunklen Haarwellen gut zum Vorschein kommen, hält den drei Meter langen Schleier aus weißem Tüll, am Rand mit Blümchen bestickt. Sie hat sich bei Berni eingehakt. Er steht im schwarzen Anzug, weißen Hemd und weißer Fliege neben ihr, wie sie mit einem feinen Lächeln auf den Lippen. Dass sein Anzug geliehen ist, sieht man auf dem Foto nicht.

„Kein schöner Paar!“, sagte derselbe Fotograf, noch einmal.

Währenddessen wäre am Deepen Grund beinahe Berthas großer Kochwagen im Schlamm versunken. Gerade rechtzeitig, bevor Suppe und Braten aus den Töpfen auf die Erde kippten, hatte Floiter mit seinem Gaul den Wagen aus der nassen Erde unter das Schöppken ziehen können. Dem Essen, das Bertha später servierte, war das Unglück nicht anzumerken. Eine Schüssel nach der anderen trugen die Helferinnen auf die Tische, die auf der Däle und Schoppe standen.

Mittags
Hochzeitssuppe mit Grießklößchen und Eierstich.
Gekochtes Rindfleisch mit Zwiebelsoße und eingemachten Gurken.
Schweinebraten mit Kartoffeln, Wurzeln und Erbsen.
Vanillepudding mit Saft und Sahne.

Nachmittags
Kaffee mit Streuselkuchen, Rosinenstuten mit
Butter und Käse.

Abends
Kartoffelsalat mit Ei, Bratwurst.

Die letzten Happen waren gerade erst gegessen, als sie Tische und Bänke forträumten und Seifenpulver auf den Estrichboden streuten. Regen prasselte außen gegen die Dälentür, doch die Kapelle spielte für das Brautpaar, „Wiener Blut, Wiener Blut … “

Ein paar Burschen schliefen im Heu. Am frühen Morgen weckten Berni und Martha sie mit klappernden Milcheimern auf. Nebeneinander radelten sie zur Weide, Berni pfiff ein Liedchen dabei.

Wenige Monate später, an einem warmen Herbstabend, spazierten Berni und Martha zum Draii. Da wussten sie schon, dass Martha in anderen Umständen war. Am Draii blieben sie stehen und schauten auf das Haus. „In ein paar Jahren, wenn alles gut läuft“, drückte er sie an sich, „machen wir das Haus länger und stellen noch mehr Kühe.“ Martha schaute ihn an: „Mir reicht das, was wir haben. Ist genug und schön. Man muss auch Zeit für Plaisir haben.“ Daran, dass Martha patent und fleißig war – daran hegte niemand auch nur den geringsten Zweifel. Aber Martha lachte und feierte, zudem, auch gern.

Hofgeschichte, Silvester 1953

Langanhaltende Winterwitterung. Frühjahrsbestellung spät, dann lange trockenes Wetter. Ende Mai noch mäßige Spätfröste, Obst und Frühkartoffeln total erfroren. Heuernte gut, nur schlecht eingefahren. Frühkartoffeln in der Gelbreife abgeerntet, 60 Zentner/ Morgen. Roggenernte schlecht. Weizen und Hafer normal, Erntewetter normal. September Spätkartoffelernte auch schlecht. Einige Sorten Braunfäulebefall, Ertrag 100 Zentner. Oktober: Rübenernte gut, trockener Herbst, Felder furchtbar hart, Pflügen schwierig. Schönes Wetter bis Neujahr. Knospen gehen auf, Elstern nisten. Stoppelrüben gut geraten, schön eingebracht.

Pfingsten

Das letzte Aufjaulen der Gebärenden, der erste Schrei des Säuglings, der finale Schuss auf den (Holz-)Vogel, alles gefolgt von drei lauten Böllern und einem jubelnden Ständchen der Blaskapelle – das alles fiel zusammen. Später behaupteten die Nachbarn, dass sie den Zeitpunkt genau abgepasst hätten, um der Mutter zu gratulieren und das Neugeborene willkommen zu heißen. Das war auf Pfingstmontag, zugleich Schützenfest, und in diesem Jahr standen Festzelt und Vogelstange auf Veehdreewers Wiese neben dem Steen. Martha und Berni hatten sich, immerhin, noch die Parade ansehen können, als Martha in ihrem

Umstandskleid Berni am Ärmel zupfte: „Lass uns nach Hause gehen.“ Auf dem Rückweg riefen sie die Hebamme, Frau Kregel, vom Schultelefon aus an.

Es wurde eine lange und schwierige Geburt.

Am Abend hupte sich der Käfer durch die belebte Saander Landstraße, musste Frau Kregel mehrmals durch das Offene rufen: „Platz da! Platz!“, bis die Feiergesellschaften endlich zur Seite gingen. „Oh. Bei Martha ist es heute so weit“, sagten die Frauen. Am Deepen Grund hatte Martha ein Bad im großen Bottich in der Timmerkaamer genommen, jetzt krümmte sie sich oben im Eheschlafzimmer. Es lag alles bereit; Tücher und Laken, Waschschüssel und Seife. Isolde drückte Berni einen Lappen in die Hand, um Martha den Schweiß von der Stirn zu wischen. Es wurde Mitternacht. Soffi lief unruhig unten in der Küche hin und her, schmierte Brote und brühte Fencheltee auf, holte schließlich den kleinen Kreuzaltar hervor. Mit Alois saß sie in der Stube, zündete zwei neue Kerzen an. Dann ging auch sie nach oben, um der Hebamme und der Gebärenden, ihrer Schwiegertochter, zur Seite zu stehen. Durch das offene Fenster drang frische Frühlingsluft und Walzermusik. „Da wäre ich gern dabei gewesen“, scherzte Martha anfangs noch. „Nächstes Jahr gehen wir wieder dorthin“, drückte Berni ihren Arm. „Haben alle noch geschafft“, lächelte die Hebamme. Jeder wusste, dass das nicht ganz stimmte, aber daran wollte heute niemand denken. Längst war keine Musik mehr zu hören, der Morgen graute schon, aber es schien nichts, außer der Schmerzen, voranzugehen. „Wird nicht einfach“, flüsterte die Hebamme Soffi zu. Berni ging hinunter, um die Kühe zu melken und das Vieh zu versorgen. Es wurde Vormittag; am Steen, rund um die Vogelstange, hatte sich die Festgesellschaft wieder zusammengefunden, und die Anwärter auf den nächsten Königsthron feuerten bereits ihre ersten Schüsse ab. „Bumm!“, gefolgt von einem „Aaahh … uhhh“, drang es bis ins Geburtszimmer, wo Martha jedes Mal zusammenzuckte. Und die Hebamme endlich beschloss: „Berni, du musst den Doktor holen, beeil dich!“ Berni stürzte aufs Rad Richtung Telefon, musste sich den Weg durch den heiteren Pulk an der Vogelstange bahnen. „Loat mi döör! Muss den Doktor für Martha holen.“ Doch die Männer hielten ihm ein Glas Bier entgegen: „Wohin so eilig? Trink mit!“ „Loat mi döör!“ „Ach“, winkte Boesel ab, „das Kinderkriegen kann deine Frau schon alleine.“ „Geh weg!“, schrie Berni. Eine halbe Stunde später hupte sich erneut ein Volkswagen durch die schunkelnde Truppe. „Zur Seite! Zur Seite! Ist eilig!“, und endlich machten sie Platz: „Das ist ja ein furchtbarer Verkehr heute. Man kann nicht einmal in Ruhe feiern! Prost!“, scherzten sie.

Der junge Doktor Hinrichs aus Leiden, die Hebamme, Soffi und Berni waren dabei, als Martha das Bündel mit letzter Kraft herauspresste. „Bumm!“, dröhnte es von der Vogelstange, gefolgt von drei Böllern, einem lauten Johlen und Klatschen und schließlich einem „Wum-ta-ta, Wum-ta-ta“, so laut, dass man den zarten, ersten Säuglingsschrei beinahe überhört hätte: „Gesundes Diarnken!“, rief Frau Kregel.

„Das war das erste und das letzte Mal!“, hauchte Martha ihr zu, als sie allein waren. „Das sagen sie alle“, lachte Frau Kregel, „und dann kommen doch noch viele nach.“

Doktor Hinrichs verordnete zehn Tage striktes Wochenbett, und als die Nachbarinnen vier Tage nach der Geburt zum Heidenkaffee kamen, einen Tag vor Helgas Taufe, lief Martha zum ersten Mal wieder die Treppe hinunter. Morgens kam Frau Kregel, abends die Kindsnachbarin, und natürlich wusste auch Soffi, wie man den Säugling in die Packe zu wickeln hatte. Zur Taufe fuhr das kleine Diarnken in den Armen ihrer stolzen Patentante, Oma Soffi, neben ihrem Patenonkel, Opa Hoogenkamp, auf dem Rücksitz von Boesels Opel. Ihr langes Taufkleidchen aus weißem Batist mit schmalen Biesen war Tante Joseffis Geschenk.

Die kleine Helga weinte wenig, war ein rechtes Pummelchen, das jauchzend mit klappernder Rassel auf ihrem Hochstühlchen saß und dabei so heftig mit den Beinchen zappelte, dass man das Stühlchen festhalten musste.

Hofgeschichte 1954

Januar: Anfangs schön und trocken. Vielerorts Wassermangel, Rheinschifffahrt fast lahm. Februar: grimmige Rekordkälte ohne Schnee. Überall große Frostschäden, kältester Winter seit zig Jahren. April: Frühjahrsbestellung normal. Mai: Erstes Kind Helga Pfingsten gesund geboren! Papa und Mama Ehrengeleit auf Schützenfest. Für die Jahreszeit viel zu kalt. Juni: Heuernte ganz wenig bei feuchter Witterung ganz schlecht eingebracht. Juli: Frühkartoffeln pro Morgen 160 Zentner. Ergiebiger Regen. Späte Kornernte mit großen Schwierigkeiten. Felder stellenweise überschwemmt, dann endlich besseres Wetter. September: Kartoffelernte befriedigend (500 Zentner). Mamas Pflaumen und Birnen gut. Oktober: Rüben-Ertrag mittel, sehr nasser Herbst. Am 6. November (!) Herbstbestellung mit großen Schwierigkeiten abgeschlossen. Tags darauf neue Wasserflut. Dezember: Helga schlimmer Keuchhusten. Weihnachten Gerd und Maria Verlobung gefeiert.

Ein Jahr später, wieder im Wonnemonat Mai, aber eine Woche nach dem Schützenfest, kam das Zweite, Edeltraud, zur Welt. Und wieder musste Doktor Hinrichs kommen, doch dieses Mal, darum hatte Martha gebeten, blieb ihre Schwiegermutter unten in der Stube.

Im dritten Jahr trug Martha kein Umstandskleid, und die ganze kleine Familie schob am Pfingstsonntag mit dem Kinderwagen über den Paradeplatz. „Nütlike Diarns häb i“, lobten die Leute. Und schauten auf die Ältere: „Ach, ist das die kleine Helga, damals als so ein Verkehr an der Vogelstange war?“, und alle lachten.

Foto: Berni legt lachend den Arm um Marthas enge Taille in einem geblümten Sommerkleid. Sie stehen hinter einem hellen Weiden-Kinderwagen. Darin sitzt, aufrecht, mit dunklen Locken unter einem hellen Mützchen und einer Rassel in der Hand, die kleine Edeltraud. Ihr Schwesterchen Helga, Tolle mit Schleife im Haar, hält sich mit der einen Hand am Rand des Wagens fest, in der anderen hält sie ein Lackhandtäschchen.

Morgens trugen sie die Mädchen schlafend auf die Däle hinunter und legten sie in den Kinderwagen, Kopf an Fuß, während sie die Kühe molken. Die Mädchen wachten auf, sobald das Klappern der Kannen, Eimer und Siebe ein Ende hatte. Schwiegermutter und Schwiegertochter teilten sich die Arbeit auf, so wie es immer und überall war: Mutter Soffi in der Küche und im Haushalt, tagsüber mit den Kindern, die junge Frau Martha im Stall und mit den Männern draußen, abends mit den Kindern. Im Frühjahr sah man Schwiegertochter und Schwiegervater nebeneinander langsam mit der Hacke über die Felder ziehen. Manchmal richteten sie sich auf, drückten die Rücken durch, bevor es weiterging. Oft konnte man sie lachen hören. Solange die Kinder klein waren, blieb Martha nah am Haus: „Martha, musst kommen!“, rief ihr Soffi mit dem schreienden Säugling im Arm vom Hof aus zu. Am Abend machte Martha die Wäsche. Der Windeleimer stand neben der Wasserpumpe, jahrelang wusch und kochte Martha sie aus, während die anderen längst beim Abendessen saßen.

Hofgeschichte 1955

> *Harter Winter und viel Schnee. Späte Frühjahrsbestellung macht bei gutem Wetter rasche Fortschritte. Im Mai wieder viel Regen, der das Unkrauthacken sehr schwierig macht. Sehr trockener Sommer, aber mit verteilten Niederschlägen. Immer schwülwarm. Alle Ernten sehr gut. Nur unsere Frühkartoffeln verfroren, Ernte nur 70 Zentner pro Morgen. Wenig Obst. Der Zwischenfruchtbau sehr gut. Edeltraud Pfingsten geboren, gesund. Luzi Verlobung hier im Haus gefeiert. Mit Nachbar Klümper Mähbinder vor Ernte gekauft. Im Dezember im Brook drei Morgen Wald (Steenwoldt) gekauft. Gutes Jahr.*

Wenn Martha abends in die Stube kam, waren die Schwiegereltern schon im

Bett, und Berni schrieb am Tisch oder las unter der Lampe. Auf dem Herd war ein Teller für sie zurückgestellt.

Eddi und der Grüne Plan

„Das Wirtschaftswunder geht an den Bauern vorbei“, las Eddi Kleinkes kopfschüttelnd aus der Zeitung vor. Mit einem Bierchen saß er, wie jeden Mittag – entweder um drei Uhr, wenn er von der Frühschicht kam, oder um ein Uhr, bevor es auf Spätschicht ging – in seinem Blaumann allein an Hohe Reiters Thekeneck. Sein Fahrrad mit Hilfsmotor lehnte draußen einsam am Geländer, nur manchmal von einem Trecker oder Mercedes verdeckt. Gelegentlich machte einer der Vertreter, vom Kornhaus oder den neuen Versicherungen, seine Pause hier, denn am Mittag, beim Nickerchen, durfte man die Bauern nicht stören. Nur wenn Ross‘ Stute draußen angebunden war, fuhr Eddi vorbei und weiter zu Kraanes, wo mehrere Fahrräder und Mopeds standen und Eddi seinesgleichen fand. Edda hatte immer ein warmes Wort für alle. Heute war Eddi mit Albert allein.

„Die Bauern jammern doch immer“, grummelte Eddi und schaute zu Albert, der Gläser polierte. „Oder etwa nicht?“

Doch Albert, als guter Wirt, hielt sich mit Kommentaren zurück. Sein Geschäft machte er mit den Bauern, an den Sonntagen zum Frühschoppen, mit ihren Versammlungen, Nachbarfesten, Beerdigungen, Verlobungen und Hochzeiten, wo er als Standard drei Fässer lieferte, die mobile Zapfanalage gratis dazu. Was waren Eddis zwei Bierchen am Tag dagegen? Eddi legte die Zeitung zusammen und schob Albert den Wochendeckel mit der Strichliste hin.

„Das soll einer verstehen. Vor ein paar Jahren haben wir um eine Tasse dünner Milch und eine Handvoll Kartoffeln betteln müssen. Und jetzt haben wir ‚Milchschwemme‘.“

Jetzt ließ sich Albert doch locken: „Ja, komische Welt. Hast schon recht. Doar pöss wat nich.“*

Eddi zog seinen Blaumann hoch und setzte die Kappe auf. Beim Hinausgehen warf er eine Münze in den einarmigen Banditen und zog den Hebel runter. Wenn, selten genug, ein paar Silberlinge wieder herausratterten, steckte er sie in ein extra Beutelchen, für Klara. Sie legte es in ihre Tasse mit dem Öwwriggeld; Klara ging bei Groote Ridder und Schulzendiek putzen. Den Kinderwagen mit den Zwillingen ließ sie unten in der großen Diele stehen. Dort bekamen sie von den alten Tanten Zuckerstückchen mit Anis zu lutschen, damit sie besser schliefen. Und alle hatten etwas davon. Eddi bekam heute

* Da passt etwas nicht.

jedenfalls vom Banditen nichts zurück. Er schluckte, ließ die drei Scheiben drehen, jaulte ein paar hohe Töne – und blieb ansonsten stumm.

„Bis morgen, Albert", warf Eddi die Hand hoch. „Good goan, Eddi!"

Die Zeitung war seit Wochen, ach was, seit Jahren, voll von Landwirtschaftsminister Lübkes „grünen" Plänen. Seit Jahren versprachen die Herren aus Bonn frischen Wind für die Bauern, aber außer trockenem Sand, so sahen sie es, hatten die kleinen Böen bisher nichts aufgewirbelt. Seit Jahren wurde debattiert und es ging nicht voran mit den angekündigten besseren Preisen und Unterstützungen, wie die Bauern in anderen Ländern sie bekamen.

„Lauft selber Reklame für eure Milch!", hatte Minister Lübke den Bauern empfohlen, „trinkt mehr Milch", als wäre damit das Problem gelöst!

Recht hatten sie. Alle. Den Bauern, das gaben sie selbst zu, ging es zwar besser als ihren Eltern und Großeltern. Auch die Knochenschinderei von früher, das schwere Pflügen mit Kuh und Pferd, das Dreschen mit dem Flegel – das gab es schon seit langem nicht mehr. Die Düngersäcke türmten sich bei Koopmann, man musste nicht mehr jede Schaufel Mist zusammenkratzen. Auch gab es neue Spritzmittel gegen all die Käfer, Blattläuse und Unkräuter. Die Arbeit war trotzdem nicht weniger geworden, und das Portemonnaie, sagten die Bauern, auch nicht dicker. Wobei Eddi meinte, dass es zumindest dicker sei als seins. Tatsächlich wurden die Unterschiede zwischen Industrie und Landwirtschaft, zwischen Stadt und Land, immer größer. Und das galt nicht nur für die Einkommen und Arbeitszeit, sondern auch für die staatliche Unterstützung. „Die Löhne in der Industrie haben sich seit 1938 verdoppelt, während der Preis für die Milch nur um die Hälfte gestiegen ist", stand in der Zeitung unter der Zeichnung mit der auseinandergehenden Schere.

Kein Wunder, dass kein Jahr verging, wo in Wiesken nicht zwei oder drei Höfe verschwanden. Die früheren Häusler, mit ihren kleinen Häuschen und den paar Stück Vieh, waren längst verschwunden. Eddi und Klara waren als eine der wenigen als Enkel und Arbeiter zurückgekommen. Nun, schien es, stand der nächste Schwung bevor, von den kleinen Bauern. Manche blieben am Ort wohnen, verkauften oder verpachteten an die Größeren und fuhren selbst mit der Buna-Bahn, machten Landwirtschaft als Nebenerwerb. Oder zogen gleich ganz ins Revier. Schreiner Stegger hatte die Landwirtschaft aufgegeben und dafür die Werkstatt ausgebaut, Passling hatte sein Land an Temminghoff verpachtet und die Hacke gegen den Malerpinsel eingetauscht. Dabei war Bauer und Handwerker immer gut zusammen gegangen. Sogar der junge Holthuus, ging das Gerücht, wollte verkaufen: „Stell dir vor! So ein großer Hof! Sechzig Morgen!" Der Jungbauer hatte eine Anstellung in Bocholt in der Mechanik gefunden, und es hatte Krach unter den Geschwistern wegen der Auszahlung gegeben. „Die reden nicht mal mehr miteinander!"

Auch an anderen Fronten wuchs der Unfrieden. Auf dem letzten Nachbarschaftsfest bei Boesel waren die Männer plötzlich laut geworden. Der ansonsten so stille Imken hatte sich über die „DDT-Pest" beschwert; drei Bienenvölker waren ihm abhandengekommen. „Vergiftest uns hier alle, wie im Krieg!", hatte er Veehdreewer zugeworfen und dafür ein „du kleiner Korinthenkacker!" von ihm zu hören bekommen. Es war Alois zu verdanken, dass die Fäuste in der Tasche blieben: „Immer ruhig mit den jungen Pferden. Krieg ist ganz was anderes." Damit wäre alles wieder friedlich gewesen, hätte sich Lehrer Mersmann, der „Piepmatz", wie ihn alle hinter seinem Rücken nannten, jetzt nicht wieder eingemischt. Und seinen Sermon mit der „Verschandelung der alten Münsterländer Parklandschaft", abgelassen; sogar mit der Bibel und der ganzen Heiligen Schöpfung zog er ins Feld: „Mit euren neuen Methoden, wo ihr jedes Stückchen Land zu Acker macht, nein, nein! Ihr habt keinen Respekt vor Gott und der Natur, jawohl!" Aber auf den Lehrer musste man in diesen Dingen, wenn überhaupt, nicht hören. Und wie immer ging er früh nach Hause und ins Bett, um morgens wieder nach den Vögeln zu schauen.

Auch bei Pankratz, im Polizeirevier, lagen nach jahrelanger Flaute – endlich wieder – ein paar veritable Fälle im Eingangskorb. Seitdem die großen Diebstähle und Hamsterfälle ein Ende hatten, war Pankratz höchstens noch mit aufgebrochenen Opferstöcken und achtlos weggeworfenen Düngersäcken befasst, leider auch mit zunehmenden Verkehrsunfällen. Die freie Zeit ließ sich auch mit dem ständigen Harken und Markieren des TUS-Sportplatzes nicht füllen. Jetzt lagen zwei anonyme Anzeigen, mit Durchschlag an den Saander Landrat, vor. In der Wijssel am Bahnhof waren über hundert Meter die Froschlaiche abgestorben, und am Wäldchen hatte ein Räuber von drei Weidensträuchern die blühenden Kätzchen ratzekal abgeschnitten. Im ersteren Fall kamen nach einem Dutzend Verhöre viele Ursachen und Verdächtige in Frage, aber mangels Zeugen stellte das Saander Amtsgericht das Verfahren ein. In der zweiten Causa führte die Spur zu einem Dorstener Blumenhändler, aber da die Kätzchen alle verkauft und nirgendwo mehr zu finden waren, konnte Pankratz die Person mangels Beweisen nicht dingfest machen. Aber das alles waren, um im Bild zu bleiben, nur kleine Fische und bunte Blüten.

Januar 1956. „Es geht um das Große und Ganze", rief der neue Mann vom Landwirtschaftsverband auf der Bauernversammlung bei Gasthof Neimann in Saande in den vollbesetzten Saal, „den Gemeinsamen EU-Markt, mit den Franzosen und Holländern und Italienern."

Der junge Rieken, gerade erst dreißig Jahre alt, „ein Studierter aus Münster, und trotzdem gescheit", hatte eingeladen, um direkt von der Bauernversammlung in Münster – diese unter Beteiligung des Freiherrn von Oer vom Bauernverband und des Ministerpräsidenten Arnold – zu berichten.

„Das Bauerntum gehört ja zum Münsterland wie die Borke zur Eiche, es ist Rückgrat von Tradition und Kultur, ein kostbares Gut für alle. Umso schlimmer ist es: Das Wirtschaftswunder findet ohne uns Bauern statt! Und das müssen wir ändern!“ Für einen jungen Kerl hatte Rieken es bereits ziemlich gut drauf.

„Nicht die Quantität – die Bauern in Nordrhein-Westfalen machen nur zwölf Prozent aus – macht die Bedeutung des Bauerntums aus, sondern die Qualität, die menschlichen Eigenschaften und Fähigkeiten und der Beitrag, den der Berufsstand für das Ganze leistet.“

Immer wieder wurde die Rede von Applaus unterbrochen.

„Jeder Stand, so auch das Bauerntum, will für seine Anstrengungen einen angemessenen Erfolg sehen. Und die, mit besonderen menschlichen Eigenschaften und Qualitäten, sind tief mit ihrer Scholle verwurzelt und mit dem katholischen Glauben verbunden. Der große Kinderreichtum der Landbevölkerung ist Ausdruck des Lebenswillens und sittlicher Gesundheit.“

Ein paar Lacher gingen durch den Saal: „Das könnten ein paar weniger sein, aber das ist ein anderes Thema! Das besprechen wir auch mit den Landfrauen. Wir laden bald ein, sagt das euren Frauen!“

„Der selbstständige Hofbauer ist ein Element, das der demokratische Staat nicht entbehren kann.“

Das alles war nur der Anfang von Riekens langer Rede. Dann kam er auf die Debatte zwischen dem Bauernpräsidenten und dem Ministerpräsidenten zu sprechen. Da habe es viel Einigkeit gegeben; der Ministerpräsident nämlich wisse natürlich, dass eine absolut freie Wirtschaft für die Landwirtschaft nicht möglich sei, weshalb er eine Befreiung der Umsatzsteuer von Butter und Käse sowie andere Maßnahmen befürwortet habe. Aber als er auf die Unterstützungen und Subventionen zu sprechen gekommen sei, da habe er plötzlich doch andere Töne angeschlagen. Hohe Zollmauern würden nur zu Preisunehrlichkeit wie im Kommunismus führen, ja, das habe Arnold gesagt, und langfristig sogar die Wettbewerbsfähigkeit und Rentabilität der Bauern schwächen. Ja, diese würden sich somit quasi in die eigene Milch spucken, wonach ein hörbares Buhen durch den Münsteraner Saal gegangen sei. Und da habe ihm der Bauernpräsident, der Freiherr, aber heftig Contra gegeben! Die Industrie und der Bergbau erhielten schließlich auch Unterstützungen – und die Bauern in Holland und Dänemark sogar Zuschüsse für den Treibstoff, jawohl, von den weiteren anderen Maßnahmen dort gar nicht erst zu reden! Weshalb sie bei uns auch so billig verkaufen könnten. Jetzt musste Rieken, der von seinem raschen Bericht ganz außer Atem gekommen war, doch erst einmal einen Schluck Wasser nehmen.

„Genau!“, nutzte einer im hiesigen Saal die Pause. „Ohne uns Bauern, unsere harte Arbeit, wären wir aus dem ganzen Schlamassel nach dem Krieg doch nie wieder herausgekommen!“

Aber so einer war Rieken offenbar nicht: „Andere, im Schacht, arbeiten auch hart“, sagte Rieken, „die Lösung geht nur mit allen zusammen.“ Er hatte sich beruhigt, lief zur Seite und drehte eine Tafel um. „Der Weg zum Grünen Plan“, stand in dicken Lettern über einem Foto mit einer Familie vor einem Gehöft.

> *1) Förderung der Milchwirtschaft, vor allem sichere Preise für Milch, Senkung der Steuern.*
> *2) Drosselung der Einfuhren aus anderen Ländern.*
> *3) Senkung der Kosten für Maschinen, Dünger und Treibstoff wie in anderen Ländern. Europäischer Markt nur mit gleichen Bedingungen für alle.*
> *4) Den Gesamtrahmen denken: Landjugend, Alterssicherung, ordnungsgemäße Hofübergabe.*

Rieken hob zum Schlusswort an: „Schließlich, meine Herren, damit möchte ich enden, um selber auch ehrlich zu sein. Wir können nicht nur auf den Staat lauern! Wir müssen selbst weiter rationalisieren und investieren, das alte Inventar ersetzen, die Streuflächen zusammenlegen. Und wir müssen auch die unrentablen Kleinbetriebe, auch die Molkereien, überprüfen. Ohne dem ist das deutsche Wunder, in Stadt und Land, nicht zu vollbringen! Ich wünsche allen gutes Gelingen!“

Rieken sortierte seine Papiere, machte einen kleinen Diener vor langem, lautem Applaus. Dann stellte er sich in die Mitte für die Fragerunde. Wann der Grüne Plan endlich käme; wie es mit Baukostenzuschüssen aussähe; wie es mit der Flurbereinigung gehe. In einer der vorderen Reihen saß der Jungbauer Berni Vanwoldt und hob den Finger:

„Was ist denn ein unrentabler Kleinbetrieb“, fragte er – und viele andere aus allen Reihen spitzten die Ohren.

„Das muss jeder selbst überprüfen“, antwortete Rieken. „Ich sage mal, bei weniger als sechs oder sieben Hektar wird es kritisch. Aber ein guter Bauer kann auch aus wenig viel machen. Umgekehrt sind hundert Hektar, wenn jemand von der Sache nichts versteht, keine Garantie für ein gutes Einkommen.“

Danach gab es keine weiteren Fragen. Und draußen wartete eine Erfrischung für alle. Rieken öffnete die Flügeltür zum großen Flur. Zwei lange Tische waren aufgebaut, mit Schnittchen und einer Hundertschaft Gläser vor Fassbier. Ein Glas Milch war weit und breit nicht zu sehen. Lübkes Vorschlag war hier nicht angekommen.

Bevor Berni sich in diesem Jahr an den Bestellungsplan für das Frühjahr machte, rechnete er alles noch einmal genau durch.

Mit der von Rieken angekündigten Frauenversammlung wurde es lange nichts. Aber eines Tages, als sie beim Tienürken am Deepen Grund zusammensaßen, schob Soffi ihrer Schwiegertochter das Blatt hin. „Hier", sagte Soffi, „das steht auch einmal etwas zu uns Frauen." Martha versuchte die kleine Edeltraud, die partout ihren Brei nicht essen wollte, zu füttern. Selten kam sie selbst zum Lesen.

Saander Zeitung, 5. März 1956

Besorgniserregender Gesundheitszustand auf dem Lande. Sterblichkeit der Landfrauen über 50 Jahre höher als die allgemeine. Auf 100 Männer über 65 Jahre kommen normalerweise 110 Frauen. Bei den Landfrauen sind es nur 91. Auch die Säuglingssterblichkeit, insbesondere die Frühsterblickheit, liegt auf dem Land höher als in den Städten. Die Gründe dafür liegen auf der Hand. Die Gesundheitsfürsorge und ärztliche Betreuung sind auf dem Land nicht so gut wie in der Stadt. Und die Arbeitsbelastung der Bäuerin ist ungewöhnlich hoch. Sie liegt an den Wochentagen bei elf Stunden, im Sommer darüber, am Sonntag bei achteinviertel Stunden. Daher müssen die Töchter auch frühzeitig mitarbeiten, um die Mutter zu entlasten.

Das war in derselben Woche, als in Weelken eine junge Bäuerin, keine 38 Jahre alt, wie man es aus der Todesanzeige erfuhr, im Kindbett verblutet war.

„Öwwer de Frouen wött jo nie proat!"*, schob Soffi die Seite den Männern zu. Aber die waren mit dem Wirtschaftsteil, mit Erhardt und der sozialen Marktwirtschaft, beschäftigt.

Die Einladung zur Landfrauenversammlung brachte Christa Kerkhuus ins Haus. Mit vier Frauen aus dem Floiterhook fuhren sie in Christas Lieferwagen nach Rhede. „Die Mechanisierung des bäuerlichen Haushaltes – heute die Vorzüge des Einfrierens", das stand auf dem Zettel. Überall, nun auch bei Koopmann, waren Gefrierräume eingerichtet. Zum Kinderreichtum, wie Rieken es angekündigt hatte, fiel kein Wort, wie eine der Frauen auf der Rückfahrt bemerkte.

„Die kommen, wie Gott sie schickt", sagte Hanna Boesel.

---

* Über die Frauen wird ja nie geredet.

„Und Gott war ein Mann“, platzte es aus Christa, die ihr Viertes geboren hatte, heraus.

Martha kam mit rosigen Bäckchen von ihrer ersten Landfrauenversammlung zurück.

Wenige Monate später rollte Lübke seinen „Grünen Plan“ aus. „Er erfüllt nicht ganz, was die Bauern sich wünschen“, sagte Rieken bei Neimann, „aber es ist ein guter Anfang für mehr Unterstützung und größere Rentabilität.“ Im Saal grummelte es hier und dort. Rieken fügte hinzu: „Mit Verantwortung für Staat und Bauern, meine verehrten Herren!“

Im September hing die Einladung zur Kreistierschau Saande an Koopmanns Schwarzem Brett: „Alle Bauern und Züchter sind herzlich zur Prämierung ihrer besten Tiere, Rindvieh und Schweine, eingeladen!“ Paul hatte handschriftlich mit rotem Stift daruntergeschrieben: „Mitmachen! Da hat Wiesken Einiges zu bieten!“ Ganz bestimmt.

Berni und Martha machten mit – als staunendes Publikum. Mit ihrem neuen Bautz-Trecker, soeben erst gebraucht gekauft, blitz-blank gewienert, ging es los. „Heidewitzka“, trat Berni aufs Gaspedal und schlug auf Marthas Schenkel, als sie erstmals damit über die Landstraße fuhren. Martha saß auf dem kleinen Bänkchen, im Kostüm, das am Bauch bereits wieder spannte. Weit vor dem eigentlichen Festplatz wurde es auf der Straße eng, von Autos, Menschen, Traktoren mit Anhängern, Vieh. Am späten Nachmittag fand die Siegerparade statt: „Gooddoori, sind sie von eurem Hook gut dabei!“, nickte der alte Langenkämper anerkennend. Es erhielten Preise: Veehdreweer mit Bulle Hektor in der Gruppe schwarzbunte Bullen, Klasse III über drei Jahre alt; Floiter mit Elsa in der Klasse XI, schwarzbunte Kühe über fünf Jahre alt, tragend. Ross-Puggenkamp mit Pinkus für gekörte Eber bis achtzehn Monate, und mit Susi Klasse V der Sauen mit drei und mehr Würfen. Als Berni und Martha nach Hause kamen, schliefen die Mädchen schon. Martha zog ihr Kostüm aus und den Kittel an, ging zügig zur Däle, wo neben der Wasserpumpe der Windeleimer stand.

Ob es bei Vanwoldts im Spieker etwas zu prämieren gegeben hätte, weiß man nicht. Am nächsten Tag aber stand auch dort Arbeit mit den Schweinen an. Eine der beiden Sauen hatte Ferkel geworfen, und beim Abschneiden der Bommel musste Martha Berni helfen. Mit abgewandtem Kopf hielt sie ihm die zappelnden und quiekenden rosa Bündel mit beiden Händen hin. „Stell dich nicht an!“, rügte Berni sie. Dabei war Martha alles andere als zimperlich. Nach ein paar Wochen suhlten sich beide Sauen, ein Dutzend Schweine und acht Ferkel hinter dem Spieker in der nassen Erde. Der Spieker würde bald zu eng werden.

Eddi Kleinkes saß mittags vor Bier und Zeitung am Thekeneck. Albert blätterte mit einem bisher ungesehenen Vertreter an der Theke einen Katalog durch:

„Besser als alles von hier, haben ja große Weiden da“, schwärmte der Mann, „und gar nicht so teuer.“ Es ging um gefrorene Schnitzel aus Argentinien, aber Albert schien das alles nicht zu überzeugen.
„Doar pöss wat nich …“, schüttelte er den Kopf.
Am Thekeneck zog Eddi den Blaumann hoch: „Albert, kannst mir ja mal eins braten. Bis morgen!“
Auch andere hatten große Pläne. Und wollten an die Milch ran, nur ganz anders.

Der Milchpfennig

„Armselig Kärksen häb i hier“, hatte Lula damals, vor vielen Jahren, gesagt, und alle waren sie beleidigt gewesen, „süht uut as ne groote Schoppe“* Das war kurz nach der Wiedereinweihung der großen Saander Kirche gewesen, seitdem die Saander den Kopf wieder weit oben trugen. „Dafür haben wir schon vier Jahre eine eigene, da war bei euch noch Schutt und Asche. Bei uns ist alles aus eigener Kraft!“, hatte Alois ihm Contra gegeben.
Das Gerede von einer neuen Wieskener Kirche kam auf, als das alte Schmuckkästchen fertig war. Der Tabernakel innen vergoldet, sogar Ochs und Esel bezahlt. Ein violetter Ehrenmantel, ein neues weißes Messgewand mit Samtkragen. Ein schmiedeeiserner Leuchter vor der Muttergottes; eine Orgel, auf der Lehrer Donner jeden Sonntag spielte; eine Bücherei mit einem kompletten Brockhaus, wie bei den Professoren. Ein eigener Friedhof wie eine grüne Oase mit einer Kapelle mit Turmglöckchen. Ein Ehrenmal, das aller Gefallenen in Würde gedachte. Ja, sogar ein mit Schotter befestigter Parkplatz für die vielen Autos und Trecker, die Heesters regelmäßigte segnete. Und als alle begannen, sich endlich ein wenig auszuruhen – da ging alles von vorne los: Es sollte ein richtiges, großes Gotteshaus aus Stein geben. „Geht de Bädelei wär van vörne los?“, schauten sich die Wieskener an.
Heesters holte seine Pläne aus der Schublade, und Fräulein Anne hatte in diesen Wochen viel zu tun, um alles noch einmal sauber abzutippen und ein Dutzend Durchschläge zu machen.

EIN WEHRHAFTES GOTTESHAUS
UND EINE EIGENE GEMEINDE
zur Ehre der Dreifaltigkeit,
zur Erbauung der Menschen

---

* Armseliges Kirchlein habt ihr hier. Sieht aus wie eine Scheune.

Heesters war in all den Jahren nicht untätig gewesen, war von Pontius zu Pilatus gelaufen, hatte sich den Segen aus Münster und Saande geholt, Architekten und Künstler ausgewählt. Und dann den Kirchenrat und den Gemeinderat – selbstverständlich – einbezogen; nach all den Jahren kam man gut miteinander zurecht. „Eine Hand wäscht die andere – am besten mit Weihwasser", scherzte sogar Ramäker. Man denke nur an die gelungenen Schützenfeste und die Erfolge des TUS.

Nach zweimaligen Beratungen stimmten Kirchenrat und Gemeinderat zu. Schließlich, überzeugte sie Heesters, sofern es noch Zweifler gab, war 1952 die neue Kirchensteuer eingeführt worden. Wofür zahlte man die, wenn nicht für ein Gotteshaus! Und abgesehen von dem wieder aufflammenden Streit der Bauernschaft und denen am Bahnhof um den Platz, ging es dann doch mit ein paar Monaten Verzögerung weiter.

„Heftige Auseinandersetzungen um Platz für neues Gotteshaus", genauso wie damals hatte es wieder in der Zeitung gestanden, so dass man sich langsam schämen musste. Sogar Unterschriften sammelten die Querulanten – Franz-Jupp Vanwoldt und Koopmann erneut unter ihnen – vom Neuen Gebiet. Aber dieses Mal kam das Machtwort aus Münster früher. „Der unselige Streit muss ein Ende finden. Das neue Gotteshaus wird am jetzigen schönen Platz neben der Notkirche gebaut! Das meiste Geld kommt aus Münster von der Kirchensteuer", so rief Heesters es an einem Sonntag von seinem kleinen Podest. Und wird gewusst haben, dass er, der Wächter über die zehn Gebote, damit falsches Zeugnis ablegte. Dass nämlich ein Drittel der Baukosten von der Gemeinde kommen müsse, hatte Tante Joseffi schwarz auf weiß in ihrem Kirchenblättchen gelesen.

Drei Sitzungen in Edda Kraanes strikt verschlossenem Saal, den nicht einmal sie mit dem Tablett öffnen durfte –, drei lange, gemeinsame Sitzungen, in denen abwechselnd Heesters und Ramäker laut wurden, brauchten Gemeinde- und Kirchenrat, um sich auf ein Modell zu einigen. Dann stand es fest: Vier Jahre lang sollten die Bauern von jedem Liter Milch einen Pfennig abgeben. Am Bahnhof und im Neuen Gebiet würde der Kirchenrat freiwillige Beiträge sammeln. Und dabei blieb es. Ein Jahr später fuhren die Bagger und Raupen vor; drei Jahre lang standen monatlich höher werdende Gerüste auf Wieskens bisher größter Baustelle. Und mit jedem Meter, den die mächtige Mauer wuchs, wichen die Zweifel. Irgendwann war für Heesters die Zeit gekommen, über die Gestaltung des Inneren zu sprechen.

„Hierfür ist jeder zu einem besonderen Opfer aufgefordert."

Ein Raunen ging durch die Bänke der alten Kirche.

PUBLICANDUM

Für unser neues großes Gotteshaus und ein würdiges Kreuz darin bitten wir um besondere Spenden aus Gold und Silber. Für Entwurf und Ausführung ist es gelungen, einen renommierten Künstler zu gewinnen. Die Gaben der Gemeinde sollen in dem Kreuz miteinander zur mächtigen Einigkeit verschmolzen werden. Die Schmuckstücke können nach dem Hochamt und während der Woche im Pastorat abgegeben werden.

Sechs bis sieben Pfund Altsilber würden gebraucht, erklärte Heesters, alte Münzen, Löffel oder Broschen. Der Künstler bitte außerdem um besondere Feldsteine in allen Formen und Farben. Bei Vanwoldts saßen sie abends am Stubentisch und ließen das Hochamt Revue passieren. „Was soll ich denn geben?", fragte Martha.

„Jetzt will er nochmals Gold und Silber haben", seufzte Soffi, die beim letzten Mal die Hälfte ihrer Silberkette für den Tabernakel gespendet hatte.

„Außer dem Silberring von der Patentante habe ich nichts. Ich kann ja nicht meinen Verlobungsring mit dem Granat geben."

„Elisabeth hat eine ihrer Suppenkellen gegeben, aber so etwas haben wir ja nicht."

„Wir haben damals schon genug gegeben", sagte Alois.

„Und wir tragen den Milchpfennig bei", war Bernis Meinung.

„Ja, einmal muss Schluss sein", hatte Alois das letzte Wort.

„Und was meint er mit den Feldsteinen?", fragte Martha dann doch noch.

Am Abend, im Schlafzimmer, schaute Martha in ihre Schatulle und holte den kleinen Ring der Patentante heraus „Was soll ich mit drei Ringen?", fragte sie Berni, aber der schlief schon.

Hofgeschichte 1956

Bis zum Jahreswechsel offenes und auch sehr gutes Wetter. Dann der kalte Februar, der strengste seit 50 Jahren. Im März zusätzliche Koben für zwei Sauen. Spätes Frühjahr, kalter und trockener April. Im Sommer Maschinen- und Geräteschuppen erweitert. Tante Joseffi Galle herausoperiert. Gebrauchter Schlepper der Firma Bautz gekauft, 14 PS, generalüberholt, mit Mähwerk und Einscharpflug, einwandfreier Zustand für 4.000 Mark. Papa im Herbst sechs Wochen im Krankenhaus, am Darm operiert. Auf dem Weg der Besserung. Mit Rodung von Steenwoldt begonnen (bisher 100 Meter Festholz).

Hoferbe(n)

Anfang Januar setzten bei Martha wieder die Wehen ein. Unten in der warmen Stube entband Frau Kregel, dieses Mal ohne den Doktor zu holen, Martha von ihrem Dritten: „Een Jüngksen!“, rief Berni durchs ganze Haus, noch bevor der Winzling selber geschrien hatte. Der Name für einen Jungen stand schon lange fest: Franz.

Des Kleinen Taufe fand wenige Tage später statt. Oben in ihrem Wochenbett, gelehnt an die bestickten Paradekissen, den Säugling an der Brust, konnte Martha die Feiergesellschaft unten in der besten Stube mit den Tellern und Tassen klappern, reden und lachen hören. Mit der Torte und den Schnittchen schienen sie durch, jetzt kamen Bier, Korn und Likör. Als Martha plötzlich einen kurzen Schrei von ihrer Schwägerin Thea vernahm, dann war Stille. Vielleicht ein Glas verschüttet, oder eine Maus, die durchs Zimmer rannte. Martha schlief ein. Als sie aufwachte, saß Berni mit besorgtem Gesicht auf der Bettkannte und nahm ihre Hand. „Martha“, sagte er. „Ich muss dir etwas Schlimmes sagen. Dien Mooder is grade storben.“ Magdalena Hoogenkamp, fünfundsiebzig Jahre alt, eine fromme Frau, die viel in Demut ertragen hatte, und trotzdem oder deswegen lebensfroh geblieben war – diese Frau war an einem fröhlichen Kaffeetisch plötzlich tot an Theas Schulter zusammengesackt. „Der Herr gibt, und der Herr nimmt.“

In diesem Jahr, als auch Adenauer „das wichtigste Ereignis für Europa, für die Gegenwart, die eigenen Kinder und die Kindeskinder“, nämlich den gemeinsamen europäischen Markt, verkündete, und der lang erwartete „Grüne Plan“ endlich Konturen annahm, wobei der Bauernverband diesen nach wie vor als unzureichend kritisierte –, in dem Sommer überschrieb Alois den Hof an Berni. Es bedurfte nur weniger Gespräche, bis sie sich einig waren.

> *Der Erblasser Alois Vanwoldt übergibt den gesamten in seinem Eigentum befindlichen Hof mit seinen Gebäuden, Inventar, Tieren und 7,83 Hektar Land, wie in der anhängenden Kopie des Grundbuches aufgeführt, schuldenfrei an seinen Sohn und Erbnehmer Bernhard Vanholdt. Dieser vereinbart Gütertrennung mit seiner Ehefrau Martha Vanwoldt. Der Erbnehmer verpflichtet sich zu einer Auszahlung von je eintausend Mark an die vier Geschwister binnen des nächsten Jahres. Darüber hinaus genießen die Geschwister lebenslanges Besuchsrecht auf dem Hof, insbesondere der Eltern. Alois Vanwolt und Sophia Vanwoldt, geb. Langenkamp, erhalten ein lebenslanges Wohnrecht, ein monatlich angemessenes Taschengeld, Fürsorge im Alter und eine standesgemäße Beerdigung. Lebenslanges Wohnrecht, Fürsorge im Alter sowie eine standesgemäße Beerdigung stehen ebenso Fräulein Josefine Vanwoldt, Beruf Schneiderin, zu.*

Alois war 66 Jahre alt, durch die letzte Operation noch mit eingefallenen Wangen gezeichnet, Berni 33 Jahre, einer der jüngsten Hofeigentümer Wieskens. Zu dritt, Vater und Sohn, und Schwiegertochter, fuhren sie zum Notar; die Zusammenkunft war rasch vorbei. Nur kurz bemerkte der Notar, dass der Hof zwei Generationen zuvor zur Hälfte einer Frau, Christine Vanwoldt, gehört hatte, eine Ungewöhnlichkeit. Martha Vanwoldt unterschrieb, wie damals ihre Schwiegermutter, nur als Zeugin. Danach ging Alois bei Rauch- und Schreibwaren Icking vorbei, sein „erstes Taschengeld verpulvern“, wie er scherzte. Berni und Martha fuhren rasch zurück. Am Morgen hatte eine Kuh gekalbt, Zwillinge, eine schwere Geburt, aber alle schienen wohlauf. Der Stall würde bald zu eng werden, und die Tiere mehr Weide brauchen.

Steiniger Grund

Die beiden Schellen des grünen Weckers schlugen so schnell gegeneinander, dass sie eine einzige silberne Scheibe bildeten. Viertel vor sechs. Draußen wurde es hell. Martha beobachtete vom Kissen aus, wie die vier metallenen Beinchen über das Nachttischglas krochen. Nach dem Stillen musste sie doch noch kurz eingeschlafen sein; wenigstens die Mädchen waren ruhig geblieben. „Was war denn heute Nacht los mit Franz?“, gähnte Berni, ohne eine Antwort zu erwarten. Unten in der Küche konnten sie Soffi bereits mit den Eisenringen an der Kokkmaschine klappern hören. Noch immer stand sie als Erste auf, um das Feuer zu entfachen. „Würde am liebsten noch etwas liegen bleiben“, sagte Martha, wissend, dass sie ebenso gut nach den Sternen hätte greifen können. Sie richtete sich auf, legte das kleine Bündel zur Seite und zog sich an. Ein paar Minuten später gingen sie die Treppe hinunter und legten Franz unten in den Kinderwagen.

„Heute Nachmittag machen wir mit dem Brunnen im Steenwoldt weiter“, schaute Berni später, beim Tienührken, zu Martha herüber. Sie schob gerade den plappernden Mädchen Brotstückchen in den Mund.

„Hat das nicht bis morgen Zeit?“, fragte sie. „Franz ist noch krank. Der Brunnen läuft uns nicht weg.“

„Dat düch mi ook“, sagte Alois, und auch Soffi nickte. „Muss ja nicht alles auf einmal sein.“

Aber Berni war nicht umzustimmen. Zu einem günstigen Preis hatte er hinten im Brook, einen Kilometer vom Hof entfernt, ein Stück Wald gekauft. Von Marthas Zweifel, er möge noch ein paar Jahre warten, bis die Kinder größer seien, hatte er nichts wissen wollten. Sie seien schließlich Bauern, und er wolle mehr Vieh und dafür brauche er mehr – eigenen – Grund. Martha kannte auch die Skizze für die Hausverlängerung, die seit einiger Zeit in Bernis Stubenfach lag. Den ganzen Winter hatte Berni mit Axt und Säge einen nach dem anderen Baum im Steenwoldt gefällt; an manchen Tagen halfen ihm die Schwäger, und manchmal kamen Natmäker und Floiter dazu. Zu Weihnachten hatte Berni mit Hexenschuss im Bett gelegen, und im Januar, kurz nach Franz' Geburt, noch einmal. Nun war die Wiese bereits eingesät; nur der Brunnen musste noch ausgehoben werden, um Wasser für das Vieh zu haben.

„Brauche dich ja nur für ein paar Stunden", sagte Berni zu Martha. „Die Kinder können bei Oma bleiben."

Am Nachmittag, nach dem Essen und Spülen und Stillen, fuhr Martha zu Berni zum Steenwoldt. Berni stand unten im Schacht und warf die Erde, Spaten für Spaten, Schüppe für Schüppe, nach oben, wo Martha die Erde weiterwarf und verteilte. Es waren heiße Spätsommertage; der Schweiß lief ihr von den Beinen bis in die Klumpen.

Als sie zum Melken wieder auf den Hof fuhren, kam ihnen Soffi mit den Kindern entgegen. Franz weinte, Helga und Edeltraud zogen lange Gesichter. „Hier", sagte Soffi und hielt Martha, kaum, dass sie das Rad an die Mauer gestellt hatte, den Kleinen entgegen: „Jetzt bist du dran. Ich habe die Kinder den ganzen Tag gehabt. Bin auch müde." Martha stillte den Jungen, brachte die Mädchen ins Bett, und ging zurück zur Däle, wo der Windeleimer stand. Es wurde schon dunkel, als sie ihren Teller von der Wärmeplatte holte und damit in die Stube ging. Die Schwiegereltern waren längst im Bett. Berni saß mit einem Roman unter der Lampe. „Wo warst du so lange?", fragte er.

In der Nacht begann Franz wieder zu wimmern. Martha streckte den Arm aus, um die Wiege zu schaukeln. Nach einer Weile machte sie das Licht an, schob die Wiege an die Seite ihres Mannes und weckte ihn: „Hier! Jetzt bist du mal dran. Es ist auch deins!" Berni grummelte – und tat es. Am Morgen nahmen sie die Wiege mit auf die Däle.

Hofgeschichte, 1957

Franz im Januar geboren! Auf der Kindtaufe ist Schwiegermutter mitten im Fest im Wohnzimmer unerwartet an Herzschlag gestorben. Übernahme des Hofes; Papa nicht gut mit dem Magen zurecht. Steenwoldts schöne Weide eingesät und Brunnen gehoben. Gerd und Maria im Juni geheiratet. Im Juli Cousine Hanne Verlobung hier auf der Scheune gefeiert. Oktober Heirat Luzi und Eduard. Kirchenneubau geht rasch voran.

Im nächsten Frühsommer standen sieben Kühe auf der Wiese am Hof; für zusätzliches Jungvieh hätte das Gras auf dem Grund nicht mehr gereicht. Im Mai trieben Berni und Martha vier Kälber und eine Starke zum Steenwoldt. An einem warmen Juniabend fuhren sie nach dem Heuen gemeinsam mit dem Rad durchs Brook, um die Tröge vollzupumpen. Es war so heiß wie an den Tagen, als sie den Brunnen gegraben hatten. Als das Becken am Steenwoldt voll war, legte er den Arm um sie:

„Das haben wir beide geschafft!"

„Da ist mancher Schweißtropfen von mir unten", sagte Martha. Ein kleines Hadern lag in ihrer Stimme.

„Komm!", forderte Berni sie auf, „es sieht uns keiner. Den Schweiß waschen wir jetzt hier ab", zog sich aus und legte sich, wie Gott ihn erschaffen hatte, der Länge nach in den Trog. „Bist ja verrückt!", lächelte Martha – und sah sich nach allen Seiten um. Später fuhren sie durch eine Wolke von Glühwürmchen wieder zurück: „Du mit mir, ich mit dir", pfiff Berni ein Liedchen. Die drei Kinder schliefen friedlich.

Im Herbst bastelte Berni einen Drachen aus dünnem Speerholz und Seidenpapier. Mit dem Seil in der Hand rannte er mit den beiden großen, Helga und Edeltraud, über die Stoppelfelder, Nelliken kläffend daneben und ließ das aufgemalte Sonnengesicht steigen. An einem anderen Tag spielte Berni mit ihnen Kuselköpper*. „Nicht so feste", rief Martha, genau in dem Augenblick, als Helga in einen frischen Kuhfladen rollte. Franz hüpfte und gluckste vor Freude im Kinderwagen. Bald würde dort das Vierte liegen.

Haus voll Glorie

Rechtzeitig vor dem großen Fest hatten Schneider Fedon und seine Frau ihr eigenes Haus neben dem Hohen Reiter gegenüber Heesters' fertiggestellt.

Modeschneider Helmut Fedon
Atelier. Für die Dame von heute

So stand es in geschwungenen goldenen Lettern auf einem blauen Emailleschild, neben einer eleganten Dame in einem eng taillierten Kleid mit weitem Faltenwurf. An der Mauer hing ein Strumpfautomat mit fünfzehn Fächern, die Fedon wöchentlich nachfüllen musste. Die beiden Puppen in seinem hellen Atelier waren ständig mit Kleidern und Röcken und Mänteln in den schönsten Farben und Schnitten

* Rolle vorwärts

belegt. Der Schneider hatte in diesem Sommer viel zu tun, und man konnte ihn mit seiner Frau spät am Abend noch durch das große Fenster werkeln sehen.

Bei Albert und Ida nebenan hing der ebenfalls häufig betätigte Zigarettenautomat mit dem HB-Männchen. Auch in der Gastwirtschaft ging es rührig zu. „Man muss mit der Zeit gehen“, hatte der Mann vom Saander Musikhaus sie gar nicht erst überzeugen müssen. Die silberglänzende Musikkommode mit einer Auswahl von 36 Schallplatten kam, wunschgemäß, im August, als Heesters und Fräulein Anne an der Nordsee zwei Wochen frische Luft und Kraft für das Bevorstehende tankten. Während sie bei Brathering auf das Meer schauten, warf Eddi Kleinkes die erste Münze nicht in den einarmigen Banditen, sondern dieses Mal in Wieskens erste Jukebox: „Ja, für eine Fahrt ins Mittelmeer ... Mittelmeer ... geb‘ ich meine letzten Mittel her ...“, tappte ein paar Mal mit dem Fuß auf den Boden, wippte zu Ida herüber, die sich nicht lange bitten ließ. An den kommenden Abenden und Sonntagnachmittagen gehörte der Hohe Reiter jungen Frauen in Petticoats mit Lackgürteln und jungen Männern in schmalen Hemden und offenen Kragen. Der kluge Fuchs Reinecke, seit Karneval mit Brille und Hut versehen, kontrollierte das Geschehen von der Fensterbank aus – und drückte alle Augen zu. Pankratz harrte auf dem Sportplatz auf fast leeren Bänken aus.

In Edda Kraanes großem Saal gab die Wieskener Theatergruppe bereits zum dritten Mal ein Lustspiel in drei Akten: „*Teggen de Liebe is kien Krutt wassen** *– Was Bessmooder und Tante Kathrina zu Doris‘ Verlobung zu sagen haben*“. Heesters‘ Predigt gegen den „sittenwidrigen Inhalt“ hatte nichts genützt, im Gegenteil: Seine Mahnungen hatten die Kasse nur noch weiter klingen lassen. Lange hatten die Schauspielerinnen die ausgeliehenen Kostüme, vielmehr die echten, alten Röcke der Bessmööder zum Lüften auf die Leine gehängt. Und nach der Aufführung konnten die Darstellerinnen den schweren, schwarzblauen Taft ihrer Großmütter nicht schnell genug vom Körper werfen, um mit einem Seufzer, „weg mit dem alten Muff!“, wieder in ihre sonnengelben Kleider zu schlüpfen.

Ein schöner Sommer war das.

Dabei stand Weiteres, Großartiges, auf das alle lange hingearbeitet und hingefiebert hatten, bevor. „Das meiste Geld habe ich zur Kirche geschleppt“, sagte Gantefort, und man wusste nicht recht, ob es eine Klage oder ein Scherz sein sollte. Er hatte recht. Denn mit jeder Kanne, mit jedem Liter Milch, den seine langsam müden Knochen Tag für Tag auf den Wagen wuchteten, hob er einen Pfennig für die neue Kirche nach oben, um genau zu sein zwölfmillionenfünfhunderttausend, wie es später in der Zeitung stand. Auch Tante Joseffi

* Gegen die Liebe ist kein Kraut gewachsen.

hatte so manche Münze, Silberlinge, mit ihren zierlichen Händen sauer verdient, in den Klingelbeutel geworfen. Ganz Wiesken, Jung und Alt, Frauleute wie Mannsleute, ja sogar die Bauern und die vom Bahnhof, vielleicht sogar die Ungläubigen und Evangälsken, die längst in ihre eigene Kirche nach Saande gingen –, sie alle waren in diesen Wochen in Vorfreude und Erwartung auf den Einzug in das neue Gotteshaus vereint. Sogar Eddi Kleinkes würde am großen Tag seinen Finger in das Weihwasserbecken tauchen. Am vorletzten Septembersonntag, während Heesters in der alten „Notkirche" zum letzten Mal das Hochamt hielt, war so manches Schluchzen und Schniefen zu hören; ob noch jemand an die alten Bretter und Flüche der Internierten dachte?

Heesters hatte Jahre Zeit gehabt, jede Ansicht, jeden Eindruck und Ausdruck der kleinen Kathedrale, jedes einzelne Teil vorzubereiten. Hatte sich mit Gemeinderat und Kirchenrat, dem extra eingerichteten Bauausschuss, mit dem Propst und dem Bischof abgestimmt, mit den Architekten und anderen Künstlern diskutiert, nichts dem Zufall überlassen. Und wer fürchtete, die Türmchen, Eckchen und Schnörkel, und Kinkerlitzchen, die man aus anderen Gotteshäusern kannte, zu vermissen –, der wurde spätestens am Tag der Kirchweihe, der mit dem Erntedankfest zusammenfiel, bis in den letzten Winkel seiner Seele überzeugt.

Zwischen wehenden grün-weißen Kirchenfahnen in herbstlicher Morgensonne zog das Allerheiligste in den Händen des Münsteraner Weihbischofs unter dem Baldachin inmitten einer langen Prozession ein. Begleitet vom Gesang der Gemeinde schritten sie durch das runde Portal, mit sieben kupfergestochenen Bildern, die das Wirken des Teufels, und vor allem Gottes Sieg über ihn, wiedergaben. Im hellen, hohen Inneren empfingen sie die Klänge von Donners Orgel und dem jubilierenden Chor: „Gloria in excelsis deo." Durch den weiten Mittelgang zog die Prozession, gefolgt von allen Gläubigen, weiter auf das freischwebende, mooreichene Kreuz über dem weiß gekälkten Altar zu, dieser noch kahl und jungfräulich, aber beschienen von Sonnenlicht, das durch die hohe Glaswand flutete. Die Erde stand still, als der Weihbischof den Altar in Flammen setzte und die Konsekration vornahm. Von oben, der Orgelbühne aus, schauten Schulzendiek, Veehdreewer und Groote Ridder von Sesseln auf das Geschehen. Mette und Helmut Neufert saßen im Seitentrakt, mittig, Pankratz neben ihnen. Am Nachmittag konnte man sie zu dritt auf dem Sportplatz sehen, Zuschauertribüne.

Berni und Martha hatten Platz in den mittleren Reihen gefunden. Und als Organist Donner auf der hinteren Empore den Kirchenchor ertönen ließ, „Ein Haus voll Glorie schauet!", und Martha sich erhob, um mitzusingen, da strampelte es so heftig in ihrem Bauch, dass sie sich wieder setzten musste. Sie schaute nach vorn zum Kreuz. Ein schlichter Corpus glänzte silbern auf dem dunklen Holz, ein friedlich entschlafenener Christus, sein Haupt nur mit einem

Tuch bedeckt, ohne Dornen, seine Füße über einem blauen Feldstein schwebend. Letzteren hatten Berni und Helga im Brook gefunden.

Am Abend war das Viereck Kirche, Pfarrhaus, Wirtschaft und Schneider zum Festplatz geworden. Mehrmals ging Albert und Ida das Wechselgeld aus, und sie mussten ihre Töchter zu Fräulein Anne schicken, die heimlich die Münzen aus der Kirchenkollekte gegen die Scheine von der Theke einzutauschen wusste. Häufig schon hatte Heesters in den Predigten die vielen grünen und blauen Scheine, die die anhaltend hohe Spendenbereitschaft der Wieskener belegten, gelobt.

Aus Heesters‘ Plänen war ein Gemeinschaftswerk, Gott zum Ruhme, allen zum Stolz und zur Ehre, geworden. Dem Wanderer präsentiere sich, von außen, so stand es tags darauf in der Saander Zeitung, „ein massiver Klotz mit wehrhaftem Turm“, mit dem breiten Kirchenschiff zu einer Einheit verbunden, eine „Trutzburg gegen den Teufel, die Stärke des Herrn“, ein „deftiger Bau aus rotem Ziegelstein inmitten der gottgesegneten Münsterländer Landschaft“. Seinem Text war nichts anderes als Bewunderung zu entnehmen. Das mächtige Haus, innen wie außen klar und ohne unnützen Ballast, ragte mit seinem flachen Turm dennoch weit über alle Gehöfte, Häuser, Felder und Wiesen Wieskens hinaus, zur Ehre der Dreifaltigkeit und zur Erbauung der Menschen. Selten, würde der Weihbischof später die Gemeinde wissen lassen, habe er ein Kirchweihfest mit einer so „eindrucksvollen und weltlichen Feier“ erlebt.

Die Musik aus der Jukebox schallte noch leise hinüber in die Küche der Pfarrei, wo Heesters und Fräulein Anne sich mit einem Cognac zuprosteten. Heesters‘ Schublade war eigenartig leer. Es waren nur wenige Blätter darin. Die Glocken fehlten noch, und am solide gemauerten Taufbrunnen der bestellte Eichendeckel; aber Weihwasser und Kännchen standen – natürlich – immer bereit. Auf Heesters‘ Schreibtisch lag ein Geschenk der Mission aus Kamerun, in das rote Umschlagleder eine Buschantilope gebrannt, daneben ein geschnitztes Kästchen aus Sandelholz, ein Glückwunsch aus der Mission in Kerala, Indien.

Das vierte Kind

Die Oktobersonne wärmte noch, als Martha am Nachmittag mit dem Milcheimer am Lenker zur Eekenwiese fuhr, um die gutmütige alte Hella trocken zu melken. Ein paar Mal hatte sie erst an den Zitzen gezogen, als sie das erste Ziehen spürte und rasch zu Ende molk. Auf dem Rückweg hielt sie am Schultelefon an, um Isolde Kregel Bescheid zu sagen. Die Hebamme kannte den Weg – wie alle anderen Wege auch. Eine Stunde nach Mitternacht schrie der Säugling.

Ja, das war ich. Mit großen, fragenden Augen hätte ich sie angesehen, erzählte Mutter sehr viel später.

Berni weckte seine Älteste, Helga, um ihr das neue Schwesterchen zu zeigen. Helga schaute zuerst auf das kleine Menschlein im Arm ihrer Mutter und anschließend zu ihrem Vater hoch: „Nur deshalb weckst du mich?“ Missmutig trottete sie wieder zurück. Frau Kregel bat Berni, mit ihr zurück zum Wagen zu gehen; sie habe etwas für Martha und ihn. Aus ihrem Handschuhfach zog sie eine Broschüre: „Ehehygiene“ stand darauf.

Hofgeschichte 1958

Februar, im Langenkamp eine Drainage gelegt. Wegen Rücken öfter beim Doktor, auch einmal in Gronau. Kirche schon nach zwei Jahren Bauzeit im Herbst eingeweiht! Oktober: Anna geboren. Als erstes Kind in der neuen Kirche getauft! Einen Morgen Land (Appelhägge) von Schulzendiek gekauft. Erstmals wieder starke Rückenschmerzen seit damals.

Aus der „Notkirche“ wurde ein Jugendheim, in dem man fortan alles feierte, was es zu feiern gab, dabei vor allem die Feste der Landjugend. Der alte Dielenboden wurde mit Seifenpulver bestreut, und alles weggetanzt.

Die Glocken hingen im nächsten Frühjahr, rechtzeitig bevor wieder alle auf die Felder zogen. Fortan begleitete sie ein viertelstündiges klares Läuten, einmal, zweimal, dreimal, viermal – und dann die Zahl der vollen Stunden. Nur einmal am Tag, zum Angelusläuten, um Viertel vor zwölf, erklangen die Glocken in all ihren Tönen für einige Minuten. Hände wurden gefaltet, Köpfe gesenkt; das Morgenwerk war getan. An den Sonntagvormittagen läutete es mehrmals schnell und ein wenig aufgeregt, einmal vor der Frühmesse und zweimal vor dem Hochamt. Nur am Karfreitag und Karsamstag war es gespenstisch still, und wenn am Ostersonntag ein halbstündiges Läuten zu hören war, wussten alle, dass Jesus auferstanden war.

Ein Fünftes schickte Gott nicht mehr.

Viehofer Platz

Drei Jahre später. Der Wecker stand auf vier Uhr. Aber bevor die Schellen des Weckers gegeneinander hämmern und die Kleine wecken würden, drückte sie den Knopf herunter. Martha lag schon lange wach. Es war stockdunkel im Zimmer, nicht einmal draußen war eine Spur von Helligkeit zu sehen. Die kleine Anna atmete ruhig in Bernis großem Bett. Martha schaltete die Nachttischlampe an, tippte kurz auf den kleinen goldenen Engel an der Wand und bekreuzigte sich. Leise zog sie sich an und ging nach unten. Soffi brachte ihr eine Tasse heißer Milch in den Stall: „Habe dir einen Löffel Honig reingetan", sagte sie leise, so als ob das Vieh auch weiterschlafen sollte. „Das Thermometer zeigt zwei Grad, kann glatt sein und heute Abend schneien. Musst aufpassen." Martha nickte: „Wird schon gehen."

Unten, in der noch warmen Stube, zog sie sich sorgfältig für die kleine Reise an. Bernis Manchesterhose und wollene Socken über die neuen Strümpfe, dann die Feldstiefel. Mit einer Tasche auf dem Gepäckträger und zwei vollen Milchkannen am Lenker fuhr sie im Dunkeln los, stellte die Kannen am Steen ab und fuhr weiter über die nebelfeuchte leere Landstraße. Gantefort und sein junger Helfer kamen ihr mit dem noch leeren Milchwagen entgegen:

„So früh, Martha? Wo geht´s hin?"

„Berni besuchen, in Essen."

„Ja, mein Gott! Ich habe es gehört. Wie geht es ihm?"

„Bisschen besser. Kann schon wieder etwas laufen. Wenigstens."

„Wird schon besser werden. Ist ein junger Kerl. Beten und hoffen!"

In Fürstenfeld, im Hof ihres Onkels, zog sich Martha um. Ließ die Manchesterhose und Stiefel auf dem Fahrrad, zog die Halbschuhe an und lief zum Bus. Um sechs Uhr fuhr er nach Dorsten und von dort weiter nach Essen. Ein paar Wochen zuvor, zu Weihnachten, hatte ihr Schwager sie zur Klinik gefahren, „damit ihr euch wenigstens eine gesegnete Weihnacht wünschen könnt." Auf dem Rückweg hatten sie an allen Bushaltestellen geschaut, wo sie umsteigen musste. Jetzt fuhr sie das erste Mal allein die Strecke, zu ihrem Mann, zu Berni, der in der Essener Klinik wieder das Laufen neu lernte.

Hinterher wussten alle, dass es sich langsam angekündigt hatte. Die Schwächeanfälle, die Hexenschüsse, die stechenden Schmerzen vom Rücken über die Schulter in den Kopf: „Ein scharfes Messer, dass da durchgezogen wird", erklärte er Martha und hatte Mühe dabei, die Tränen zurückzuhalten. Bis zur Runkelernte hatte er durchgehalten. Eines Morgens musste ihm Martha beim Anziehen helfen. Beim Melken konnte er sich nicht zum Euter hinunterbücken. Auf dem Trecker saß er steif wie ein Stück Holz. Doktor Hinrichs gab ihm eine Spritze, verschrieb ihm Zäpfchen gegen den Schmerz und Rheumasalbe für eine bessere Durchblutung. Berni glühte am ganzen Körper. Dann vier Wochen Saander Krankenhaus, wo es nur noch schlechter wurde. Am Nikolausmorgen fuhr Schwager Hermann ihn mit einem grauen Koffer ins Essener Klinikum, zu den Spezialisten. „Kopp nich hangen loaten! Wird bald besser werden", sagte der Schwager, als die Schwestern Berni mit einem Rollstuhl in Empfang nahmen. „Sicher", winkte Berni zum Abschied, und wandte das Gesicht ab.

Rheuma hieß die Diagnose. Woran es lag, konnte keiner der vielen Doktoren sagen. Vielleicht die schwache Brust? Oder der Krieg, damals an der Ostfront, im feuchten Moor? Die Wochen in der Kriegsgefangenschaft, auf dem kahlen

Grund ohne Dach über dem Kopf? Die Ruhr danach und die schwere Grippe im ersten Winter? Jedenfalls, nur die schwere Arbeit, das Bäumefällen im Steenwoldt, nein, das allein konnte es nicht sein, oder doch?

Das alles war im Herbst 1961, als sie gerade mitten im Umbau des kleinen Geräteschuppens waren und von den alten Steinen noch den Mörtel abklopften. Auch der große Neubau war schon auf dem Plan. Die Zeichnung des Architekten für die Vergrößerung des Hinterhauses lag im Stubenfach. Zwölf Meter länger sollte die Däle werden, um mehr Vieh zu stellen und ein paar Arbeitsräume dazu. Jetzt lagen die Zeichnungen, sorgfältig mit Zeitung umwickelt, eingerollt in Bessmooders alter Eichentruhe. „Werden nicht schlecht", hatte Alois mit einem Lächeln zu Martha gesagt und Soffi nickend hinzugefügt: „Kommt auf ein Jahr nicht an."

Statt mit ihrem Mann das kleine Schöppken fertig zu bauen, und wenige Monate später bereits mit dem nächsten Bau, der Verlängerung des Hinterhauses, zu beginnen –, stattdessen standen Martha, Alois und Soffi nun ohne ihn vor der Baustelle und auf dem Hof. Martha molk nun allein die Kühe und versorgte die Schweine. Soffi half ihr mit den Kannen und dem Spülen. Alois schob Futter in die Tröge; er war mager und gelbgesichtig geworden. In diesem Jahr ging Tante Joseffi nirgendwo anders nähen. Sie blieb am Deepen Grund, stellte sich alles auf Bänken und Tischen zusammen, schrubbte die Klumpen und putzte die Schuhe. Sie bügelte die Wäsche und legte alles sorgfältig in die Schränke, nur die Kammer ihrer Schwägerin, Soffis, betrat sie nie. Sie wusch und zog die Kinder an. Helga, die Älteste, das erste Jahr in der Schule, half ihr mit den drei Jüngeren. „Immer ich!", klagte sie und seifte ihren Geschwistern dann doch die Füße ein. Verwandte und Nachbarn halfen. Der Vetter aus Wesel fuhr die Jauche aus. Aus dem Floiterhook fragte einer nach dem anderen, was er tun könne. Aber noch war kein Frühjahr, und zur Feldbestellung würde vielleicht alles wieder wie früher sein.

Im Bus nach Dorsten setzte sich Martha in die hinterste Reihe, legte den Kopf an die beschlagene Scheibe und machte die Augen zu. Draußen dämmerte es. In Dorsten stieg sie in den Bus nach Essen zum Viehofer Platz. Zwischen den großen Straßen, den fremden, hohen Häusern, auf dem Bussteig, zog sie das Kopftuch enger und schlug den Mantelkragen hoch, trat von einem Fuß auf den anderen. Endlich kam der Bus zum Klinikum. Wie es Berni wohl gehen würde? Er hatte eine Karte geschickt, dass es jeden Tag besser werde. Sie hatte zurückgeschrieben, dass sie am Dienstag um halb zehn Uhr bei ihm sein würde. Ob er am Eingang stehe? Die Krankenschwester führte sie die Gänge entlang zu seinem Zimmer.

Zaghaft klopfte Martha an und steckte den Kopf durch die Tür. Ihr Mann saß aufrecht im Bett, frisch rasiert, die Wangen glühend, die Augen glänzend.

Später, auf dem Flur am Fenster, Berni im Rollstuhl, Martha auf einem Hocker, aßen sie den mitgebrachten Rosinenstuten mit Käse. Nach dem Mittagessen fuhr Martha über den Viehofer Platz, Dorsten und Fürstenfeld bis an den Deepen Grund zurück. Rechtzeitig zum Melken war sie wieder da. Am nächsten Morgen stand sie mit Fieber auf, die Blase war entzündet. Das Leben musste weitergehen. „Wird wieder werden. Beten und hoffen", sagte Soffi und brachte ihr heiße Milch mit Honig in den Stall. Marthas Schwester Toni kam und half ein paar Tage aus. An einem milden Januartag brachte der Weseler Vetter den Fotoapparat mit: „Für Berni in der Klinik. Damit er sehen kann, wie die Kinder wachsen!", lachte er. Alle in ihrem Besten stellten sie sich draußen neben dem Mäuerchen mit Blick zum Hof, Richtung Süden auf, „damit Papa euch gut erkennen kann!"

Foto: Nebeneinander, händchenhaltend, stehen sie alle vier im winterkurzen Gras zwischen Garten, Birnbaum und Hundezwinger, ganz fern im Hintergrund der Kirchturm. Die beiden Jüngsten in der Mitte, die beiden Älteren an der Seite. Die drei Mädchen in karierten, langärmligen Kleidern, aus demselben Stoff, von Tante Joseffi genäht, alle mit dicken hellen Strümpfen. Helga und Edeltraud mit geflochtenen Zöpfen, die nach vorne liegen; Anna, mit Topffrisur. Franz in einer Latzhose mit einem Hirsch darauf. Nelly steht quer vor Anna und schaut mit gespitzten Ohren zu ihr nach oben.

„Noch zwei Fotos, jetzt mit den Frauleuten!", rief der Vetter und stellte sie alle vor dem Mäuerchen am Garten auf. Sogar einen Stuhl holte er, es sollte wie beim Fotografen sein! Martha hob Franz auf ihren Schoß, Soffi die kleine Anna auf ihren Arm. „Alle zu mir schauen! Kuckuck, Kuckuck!", rief der Vetter. „Kann schöner nicht sein, so bleiben! Und … jetzt!" Doch im letzten Augenblick entschloss sich Anna, nicht mehr zum Onkel nach vorn zu schauen, sondern zur Seite, weil sie lieber an Omas Ohrläppchen zog.

Bei ihrem nächsten Besuch brachte Martha die Fotos mit ins Essener Klinikum: „Habe dir etwas Schönes mitgebracht!", strahlte sie ihn an, und schob ihm die glänzenden Fotos auf den kleinen Tisch unten im Café zu. Berni starrte auf die Bilder, begann zu schlucken: „Mein Gott! Was bin ich für ein Vater!" Niemand hatte vorher auf die Schuhe der Kinder geschaut. Das heißt, Martha hatte ihnen extra die schönen Sandalen angezogen. Feste Winterschuhe hatten sie nicht, aber doch warme Klumpen mit wollenen Söckchen, aber auf dem Foto sollte kein Alltag sein.

„Berni!", musste Martha ihn schütteln und rütteln, damit er zur Ruhe kam: „Kiek! Kiek doch!" Jetzt schaute Berni genauer hin. Die beiden Ältesten kichern so sehr, dass man ihre gekräuselten Näschen sehen kann. Franz lacht Papa direkt ins Gesicht. Und auch Anna, obwohl sie noch ein wenig verschlafen schaut. „Siehst du? Sind alle gesund und munter. Keins friert!"

Sechs Mal fuhr Martha nach Essen, meistens mit dem Bus. Einmal wurde sie, mit allen Vieren, von Christa Kerkhuus zum Klinikum chauffiert, an einem Sonntag vor Karneval. Auf dem Hintersitz, wo sonst ihre Eierlagen und Gemüsekörbe standen, saßen nun Helga, Edel und Franz, stolz wie Königskinder, nur Anna war vorn auf Marthas Schoß. Alle mussten sich gut festhalten, denn Christa fuhr einen zügigen Stil. Und alle trugen sie feste neue Schuhe; die weißen Schnürsenkel hatte Tante Joseffi vorher ausgekocht; die Haarschleifen der Mädchen waren frisch gestärkt. Im Gepäck hatten sie außerdem süßen Pannekooken und Luftschlangen. Mit einem bangen Lächeln fuhren die Frauen zurück; die Kinder mit zuckerverschmierten Mündern.

Irgendwann konnte Berni allein auf zwei Krücken gehen, ab da saß er jeden Dienstag ab halb zehn unten in der kahlen Wartehalle. Die ersten Male noch im Morgenmantel, dann im Anzug, saß er eine Stunde vor der Zeit unten und schaute nach draußen durch die gläserne Flügeltür. „Kommt Ihre Frau heute wieder?", fragte ihn das Fräulein vom Empfang, und Berni konnte heftig nicken. Endlich sah er sie über den Schotterplatz kommen, in ihrem Kamelhaarmantel, der noch aus ihrer Aussteuer stammte. Eine dunkle Locke schaute unter dem geblümten Kopftuch hervor, die schlanken Beine in hellen Nylonstrümpfen und grünen Absatzschuhen. Den ovalen Fleck hinten auf der rechten Wade mochte er besonders gern. Lachend und winkend stieg sie die Treppen hoch. „Ist das letzte Mal!", verkündete Berni gleich zur Begrüßung, „Gründonnerstag werde ich entlassen!" Er kämpfte sich vom Stuhl auf seine beiden Stöcke und nickte Richtung Café: „Heute gönnen wir uns etwas!" Es gab frischen Bienenstich.

Nach Ostern ging es sechs Wochen nach Bad Nenndorf zur Kur. Der Frühling war da, die Sonne wärmte, die Kruunekrane zogen in einer Eins nach Norden. Berni konnte wieder ohne Stöcke gehen. Ein paar Tage vor dem Schützenfest holte Schwager Hermann ihn vom Wieskener Bahnhof ab. Mit langsamen, aber sicheren Schritten, den grauen Koffer in der einen, den Stock in der anderen Hand, stieg er aus dem Zug und schritt zügig auf Hermann zu: „Bin wieder kerngesund!" Als sie langsam durch die Pappelallee auf den grünen Deepen Grund zufuhren, schaute Berni auf die Felder. Es war alles bestellt. Die Runkelpflänzchen steckten schon ihre Köpfchen hinaus, die Kühe grasten auf dem Gemeensbarch, die Heuböcke standen auf der hinteren Wiese bereit: „Brauchst nichts mehr zu machen", scherzte der Schwager.

Letzte Male

Bei Lulas letztem Besuch unter dem maigrünen Ahornbaum hatten sie gemeinsam zurückgeblickt. „Immerhin. Wir waren Soldaten des Kaisers“, sagte einer. „Haben uns verraten. Sonst wäre das alles nicht passiert!“, der andere. „Lange her; gut, dass heute andere Zeiten sind!“ Mit einem Schulterklopfen verabschiedeten sie sich: „Good goan.“ „Jo, good goan.“ Lula starb wenige Tage später, noch vor Alois, plötzlich an einem Herzinfarkt.

An einem Vormittag putzte Alois sein Rad, fuhr durchs Brook, zur Kirche, zum Friedhof und zum Ehrenmal. Mit einem Strauß wilder Narzissen kam er zurück. Nachmittags flocht er mit den Kleinen einen Blumenkranz für Nelly, und schimpfte danach mit den beiden Großen, weil sie den Hof nicht sauber geharkt hatten; es lagen noch immer Heuhalme herum. In der Nacht bekam er schwere Koliken. Er habe noch einen Wunsch, sagte er am nächsten Morgen: Seine Schwester Maria aus Steyl möge kommen. Berni schickte ein Telegramm an das Kloster.

Schwester Laetitia kam. Es war das erste Mal nach mehr als vierzig Jahren, nachdem sie damals als Braut Christi mit einer Aussteuerkiste vom Deepen Grund gefahren war. „Du hast mir damals im Graben das Leben gerettet“, sagte Alois. „Ohne dich wäre ich gar nicht so weit gekommen.“ Maria schüttelte ihren kindlich-rund gebliebenen Kopf. Und zeigte nach oben: „Das war nicht ich, das war Er!“ Soffi und Maria wechselten sich mit der Pflege ab. Auch die anderen Geschwister kamen, und an einem Nachmittag saßen sie alle noch einmal in der Stube zusammen, plaudernd und lachend: „Ha! Weißt du noch, damals?“ Thea, Gerd, Luzi und Anton kamen aus Köln, Bottrop und Leiden, um Abschied zu nehmen. Ihr Vater saß aufrecht im Bett und versuchte sein altes kesses Lächeln. Es gelang ihm ein wenig. In der fünften Nacht stand der alte Kreuzaltar mit drei brennenden Kerzen auf der Kommode, genau auf dem Platz vor Soffis Spiegel, wo früher die Veilchenseife gelegen hatte. Um Mitternacht schloss Schwester Laetitia ihrem Bruder Alois die Augen. Am frühen Morgen konnten sie alle das zarte Glöckchen der Friedhofskapelle fünf Minuten langsam schlagen hören. Auf den Feldern horchten alle Nachbarn auf, hielten kurz ein zum Gebet. Der junge Boesel und der junge Natmäker fuhren durch alle Hööke und sagten die Groowe an. Drei Tage später holten die Nachbarn den Sarg mit einem Zweispänner und dem alten Leichenwagen, noch immer der Marke BV, ab. Alois war der erste Vanwoldt, der auf dem neuen Friedhof seine letzte Ruhe fand. Zusammen mit Soffi hatte er das Grab ausgesucht. Es lag vor einem breiten Saum Hülskrabben und einer Birkengruppe, nach Westen ausgerichtet, mit Abendsonne. Im mittleren Baum hing ein Nistkasten, der aus der Timmerkaamer stammte. „Hier liech wi nachher bäide schön“, hatte er den Arm um ihre Schulter gelegt.

Hofgeschichte 1962

Lange in Essen und Bad Nenndorf sehr krank gelegen. Schwäger und Nachbarn bestellen unser Land. Wir können nur mit einem Dankeschön bezahlen. Opa im Mai schwere Operation, danach Schlaganfall, konnte das Bett nicht mehr verlassen. Am 12. Juni mit heiligen Sakramenten und Beistand der Ordensschwester, Tante Maria, zu Hause gestorben. Ernte gut. Milchfett steigt. Mir geht es wieder besser. Baugenehmigung da!

Im Januar brachte Bauunternehmer Spökermann die Ziegel und den Zement.

Teil II: Horizonte

Die Tochter (1962 – 1982)

Der schönste Kotten

Kreisjahrbuch, 1962

Tatbestand: Der Kreis mit höchstem Geburtenüberschuss und größtem Kinderreichtum, der Landkreis mit geringster Wirtschafts- und Steuerkraft, der Landkreis mit günstigsten Voraussetzungen für eine Strukturverbesserung. Die Vorschläge dazu umfassen Maßnahmen auf dem Gebiet der Industrieansiedlung, der Landwirtschaft, des Fremdenverkehrs.

Das westliche Münsterland hat es schwer, sich zwischen wirtschaftlich gesunden Nachbarräumen der Niederlande, des Niederrheins und des Ruhrgebiets zu behaupten. Aus dem erschreckend hohen Landangebot im Kreis ergibt sich eindeutig, dass sich die Landwirtschaft in einer erheblichen Krise befindet. Zum Teil sind landwirtschaftliche Betriebe gezwungen, Grundstücke zu veräußern, um der erforderlichen Mechanisierung nachkommen zu können. Betriebsführer kleinerer Betriebe bemühen sich um eine Aufstockung. Aus betriebswirtschaftlichen Gründen werden daher die in Planung befindlichen Flurbereinigungsverfahren sehr begrüßt. Die Ertragsfähigkeit der Böden muss durch wasserwirtschaftliche Maßnahmen verbessert werden. Auch ein Ausbau der Wirtschaftswege ist dringend erforderlich. Der Förderung von Intensivbetrieben wird sich der Kreis besonders widmen.

„Geburtenüberschuss und strukturschwach, nur Landwirtschaft und Textil, das passt auf Dauer nicht gut …“, sinnierte Rieken laut auf der Bauernversammlung. „Können nicht alle bleiben“, sagte er – wie zu sich selbst. Beim Hinausgehen klopfte er Berni auf die Schulter: „Mit guten Investitionen können Sie es noch ein paar gute Jahre schaffen. Ja, kommen Sie nächste Woche gern mal vorbei.“

Weite Welt

In meinem Schlafanzug stand ich innen drin und schaute gebannt zu, wie Vater die drei weißen Gitterstäbe, einen nach dem anderen, herausnahm. Er musste ein bisschen ruckeln und drehen, aber dann war das Loch breit genug. „Jetzt kannst du allein raus!“, sagte er und gab mir einen Klaps. Ungläubig schaute ich ihn an: „Bin ich jetzt groß?“ „Ja, du bist jetzt groß!“ Rasch kletterte ich hinaus, lief in den Flur und rutschte die Treppen hinunter. Die ganze große weite Welt lag vor mir. Unser Hof, der Floiterhook, das Brook.

Das Zentrum

„Es ist der kleinste Kotten von ganz Wiesken“, sagte Vater, während wir drei – Nelly, er und ich – auf dem Trecker vom Brook aus über den Achterweg auf den Hof zu knatterten. „Und der schönste!“, fügte er hinzu. Richtig ist, wie ich später lernte, dass es einer der damals vielen kleinen „Vollerwerbsbetriebe“ – so die offizielle Bezeichnung – war. Der schönste, daran hatte ich nie auch nur den geringsten Zweifel, war er bestimmt!

Morgens rannte ich die Treppe hinunter, vorbei an dem gerahmten Bild mit dem Hof, rutschte ab da auf dem Po den Handlauf weiter, bis meine nackten Füße auf den kalten Dielenfliesen landeten. Dann hinüber in die Stowwe, wo Großvaters Korbsessel jetzt leer war. „Hoppe-Hoppe-Reiter“, hatte er mich an seinen langen Armen nach hinten fallen lassen, „wenn er fällt, dann schreit er – huuuh“, so dass meine Haare den Boden berührten und Onkel Franz, Bessvaader und Bessmooder auf dem Kopf hingen. Jetzt war der Sessel, ja die ganze Stowwe leer. Nur Mizzi räkelte sich auf einem Kissen, bis Großmutter oder Mutter sie verscheuchte: „Olle Katte! Wäch doar!“, und Mizzi lief, den Schwanz steil nach oben, ein klein wenig zügig hinaus. Ich rannte weiter in die Küche, wo Großmutter mit der Schütte auf dem Schoß vor der Kokkmaschine saß und Kartoffeln durch ihre Hände gleiten ließ, während die dünnen Schalenstreifen hinunterringelten. „Erst aufs Hüsken!“, befahl sie, womit sie das hölzerne Kinderklo vorne auf der Däle neben der Wasserpumpe und dem Seifenbrett meinte. Und, sobald ich Platz genommen hatte, den Riegel umlegte. Heta, Irene und all die anderen käuten ihr Heu, drehten kurz ihre Köpfe zu mir und wieder zurück. Manchmal kam Mizzi und strich mit ihrem langen Schwanz um meine Beine. Nelly war noch im Zwinger.

Zurück in der Küche hob mich Großmutter auf einen Stuhl und zog mir das kratzige Leibchen, mein kariertes Kleidchen und die Schürze an. „Da!“, wies sie schließlich zur Wärmeecke der Kokkmaschine, wo ein Schüsselchen mit Milch und Brocken für mich stand. Manchmal war ein Löffel Honig oder Zucker darin, meistens aber nur Salz. Honig nur, wenn der Korinthenmann aus Coesfeld da gewesen war. Ich löffelte meine Portion aus und bekam eine Möhre oder ein Stück Kohlrabi in die Hand gedrückt: „Jetzt kannst du raus!“ Manchmal legte sie ein leeres Fläschchen in meine Schürzentasche: „Bring mir Wasser mit, aber pass auf die Grete auf!“

Endlich rannte ich über die Däle durch die große Änddör auf den Hof und von dort schnurstracks zu Nelly, die bereits jaulte. Ich öffnete das Törchen und sie schoss an mir vorbei, egal wie ihre Jungen wimmerten. Gemeinsam zogen wir los: über den Kopadd* durch die Weide am Haus, zuerst zur Muttergottes, wo wir schauten, ob das Kerzlein noch brannte, dann weiter ins Brook. Vater fuhr mit dem Trecker vorbei und hielt kurz an. Wir kletterten nach oben und ich ließ mir den Rest von seinem Drops aus seinem Mund in meinen schieben. Ein Stückchen fuhren wir mit. Vater zog an meinem hinteren Wirbel, der nach oben stand.

„Wie macht der Kiebitz?“

„Kiwitt, kiwitt.“

„Und der Kuckuck?“

Dabei zwickte er mir in den Bauch.

„Kuck-uck, kuck-uck.“

„Und der Spatz?“

„Fiep, fiep, fiep.“

„Und der Specht?“

„Tttt … tttt ...t ttt …“

„Und die Schwalbe?“

Ich versuchte, mit der Zunge zu schnalzen.

„Wie macht der Frosch?“

„Quaak ... quaak … quaak.“

Ich öffnete den Mund so weit ich konnte – und grinste. Zunge herausstrecken war verboten.

„Was macht im Bach die Grete?“

„Fischt kleine Kinder mit ihren langen Haaren und der Grepe.“

Vater legte die gespreizten Finger seiner großen Hand auf mein Gesicht, das darin völlig verschwand.

„Huuuuh“, und ich bekam noch mehr Angst vor ihr.

Jetzt drehte Vater meine Nase zwischen seinem Daumen und Zeigefinger. „Aua!“; ich konnte dunkles Schmierfett riechen. „Alles richtig“, sagte Vater, „und jetzt hopp, geht wieder runter!“ Er hielt kurz an und ließ Nelly und mich hinunterhüpfen. Wir liefen zur Becke, um Wasser für Großmutters entzündetes Auge und das offene Bein zu holen. Bäuchlings legte ich mich an die breiteste

---

* Kuhpfad

Stelle nahe der Brücke und ließ Wasser in das Fläschchen laufen, während Nelly mit aufgestellten Nackenhaaren in den Tunnel kläffte, um die böse Grete zu verscheuchen. Es wirkte, Grete kam nie.

Der Rückweg führte über Klümpers Hof, wo uns Bobby bereits entgegenhumpelte. „Hau ab", warf ich einen Stock nach ihm, „schäbiger Hund", was weder ihn noch Nelly, die sich sofort auf sein Rangeln einließ, scherte. Tante Anni stand in ihrem dunklen Kittel mit der Mistgabel oben auf dem Misthaufen, „Godden Dach, Anna", und verpackte die dampfende Masse, „doar kümmt jo endlik Hölpe."* Ich schüttelte mit dem Kopf. Lieber ging ich zu dem jungen Kalle, Gerdas Verlobten, der neuerdings auf dem Hof wohnte und meistens an seinem Auto schraubte. „Magst du mal vorne sitzen?", fragte er und ließ mich ein paar Mal laut hupen. Gerda arbeitete bei Stendal im Frisiersalon. Manchmal winkte mich Tante Zenta ins Haus. In der niedrigen Küche ließ sie mit einem langen Haken das Lukentreppchen herab und kletterte ein paar Stufen hinauf, so dass ich mehrere ihrer dichten dunklen Röcke sehen konnte. Von halber Höhe aus griff sie auf den Boden und reichte mir mit ihren krummen Fingern eine verschrumpelte, glänzende Trockenpflaume hinunter, manchmal einen Apfelring dazu. Den abgelutschten Kern noch im Mund, den Apfelring um einen Finger, hüpfte ich wieder hinaus, auf den kleinen Pfad, vorbei an unseren eigenen Pflaumenbäumen zu Mutter, die im großen Garten zwischen den Sträuchern und Bohnen oder Erbsen werkelte.

„Na? Hast du ja Glück gehabt und etwas bekommen", schaute sie mit Blick auf meinen Mund kurz auf. „Kannst dort das Unkraut rupfen!"

Ich ließ mich auf die Knie fallen, riss ein paar kleine Pflänzchen raus und rannte weiter. Meinen Rundgang beendete ich allein, denn Nelly war bei Bobby geblieben. Vater stand in der Timmerkaamer mit einem Spaten am Schleifstein. „Kommst gerade richtig, brauche jemanden." Ich drehte an der Kurbel, immer schneller und schneller, so dass der runde Stein im Wasserbecken nur so sauste und spritzte. Bei Großmutter in der Küche lieferte ich das Fläschchen mit dem Beckenwasser ab. Eine Weile setzte ich mich auf die Bank, kaute eine Möhre, dann zog ich wieder los zum Draii, wo ich auf den hängenden Weidenästen Ausschau nach Briefträger Peters hielt. Auf seinem Moped sah ich ihn schon in die Pappelallee einbiegen. Manchmal, wenn seine schwarze Ledertasche nicht so voll war, und der Milchmann die leeren Kannen schon wieder am Steen abgesetzt hatte, dann nahm Peters sie am Lenker mit. Viel besser aber war, wenn er ohne Kannen kam, denn dann hob Peters mich am Draii auf seinen Schoß, „Hoppla! Magst du Moped fahren?" – was meinerseits keiner Antwort bedurfte – und ließ mich das Rad bis nach Hause steuern. Gro-

* Da kommt ja endlich Hilfe.

ßen Schrittes, mit Zeitung und Post in der Hand, lief Peters über die Däle, riss die Küchentür auf, rief eine freundliches „Gooden Dach!“, legte alles auf den Tisch – wo manchmal ein paar Eier oder Birnen oder Äpfel auf ihn warteten – und drehte sich schon wieder auf der Stelle um. Am allerbesten aber war, wenn er mir draußen die Mütze aufsetzte, sich eine Zigarette ansteckte und mir die Zeitung und Briefe in die Hand drückte. Zügig wie er schritt ich zur Küche, wo jetzt Vater, Mutter und Großmutter mit Muckefuck und Zwieback zusammensaßen. Mit einem „Gooden Dach! De Zeitung is doar!“ warf ich das Blatt auf den Küchentisch, schob die Mütze nach hinten und machte auf dem Absatz kehrt. Am linken Kopfende saß Vater, nickte oder schüttelte mit dem Kopf. Am anderen Kopfende Großmutter und Mutter: „Oh, Maria Hahnenkamp is storwen … – häwwt ook nich lichte hat“, oder „kiek an, Gisela Neienhoff und Josef Nagel dot trouen.“ Dann ging es wieder nach draußen. Ich wartete auf das Engelläuten, denn dann würden Helga, Edeltraud und Franz bald aus der Schule kommen und neue Wörter mitbringen:

Änddör – Hoftor
Bommdör – Vordertür
Pugge – Schwein
Bottram – Butterbrot
Kokkmaschine – Herd
Däle – Tenne
Hund – Hund
Katte – Katze
Kissemann – Kalb

Helga wusste natürlich alles.

Nachmittags half ich Großmutter, ihr schlimmes Bein zu versorgen, und hielt die Wickel fest, während sie die offene Wunde am Schienbein versorgte. So einen dicken rosa Wickel hatten viele Großmütter. Dann lief ich mit Franz noch einmal zur Becke und wir schauten, was sich an unserem Stauwehr, das wir am Tag zuvor angelegt hatten, angesammelt hatte; bunte Federn, eine Haarspange, einmal ein rot-schwarzes Kreuz, das uns Vater sofort abnahm. Im Frühjahr lag ein braungrüngelber Teppich vor dem Wehr. Mit spitzen Fingern löffelten wir die glitschige Masse in ein Einmachglas, stellten es auf die Fensterbank in der Timmerkaamer, hängten unsere selbst gebastelte kleine Leiter aus Stöckchen und Garn hinein und warteten auf den Tag, wo ein kleiner Frosch darauf nach oben klettern würde. Es passierte nie.

Das Gehöft, mit dem langen Haupthaus in der Mitte umgeben von Ställen, Schuppen und Gärten, war wie ein offenes Rund angelegt. Das Haupthaus war klar in Vöörne, den Wohnbereich, und Achtern, Däle und Kuhstall, aufgeteilt. Wie drei Perlen auf einer geraden Schnur reihten sich die drei Zentren, die Küche, die Däle und der Hof von Nord nach Süd aneinander, so dass die wärmende Sonne auf Hof und Däle fiel.

Das erste Zentrum war die Küche. Am breiten Fenster stand der lange Tisch, an dem wir sieben oder acht, je nachdem ob Tante Joseffi gerade bei uns oder anderen wohnte, meistens aßen. Vater am Kopfende neben der Wand mit dem Barometer, auf das er mehrmals täglich klopfte, und dem Fendt-Kalender mit dem baumelnden Kugelschreiber, mit dem er die Zahlen umkringelte und Notizen machte: „Heta kalbt", oder „neuer Trecker" oder „Jans Kuhscheren"; irgendwann hing dort auch das graue Wandtelefon, Nummer 668. Mutter saß ums Eck neben ihm, nahe Küchenschrank und Spüle. Großmutter neben ihr, in Griffnähe zur Kokkmaschine. Das andere Kopfende blieb nach Großvaters Tod lange unbesetzt, bis Helga es übernahm, dazwischen auf der Bank am Fenster war Franz', Edels und mein Platz, Franz neben Vater, Edel immer in der Mitte, ich am Rand. Die Kokkmaschine mit dem großen Rauchabzug, in dem meistens ein paar Würste hingen, der kleine Kreuzaltar auf dem Sims und an der Wand daneben die alte Klocke, die vier Mal die Stunde zuverlässig sechs Minuten vor der eigentlichen Zeit anschlug – das war alles Großmutters Revier, außer zu den Feiertagen und Festen, dann war auch Mutter dort.

Fünf Türen gingen von der Küche aus: zur Däle und auf den Hof; zu Großmutters Kammer, mit der alten Frisierkommode; zu Mutters bester Stowwe mit den roten Polstermöbeln; zu unserer kleinen Stowwe, wo wir im Winter auch die Schularbeiten machten und abends aßen; zur Diele, mit der vornehmen Bommdör, für sonntags und vor allem für die Stadtsken. Über die Holztreppe gelangte man nach oben zu einer Empore und den vier Schlafzimmern, und über eine weitere Treppe zum Dachboden, mit spinnenumwebten Schränken, einer davon mit grünen Scheibchen und silbrig glänzenden Blümchenmustern, mit Kisten, Koffern und anderen Geheimnissen.

Zwischen Vöörne und Achtern befanden sich Milchkammer und Waschkammer, darunter ein kleiner Keller voller Pökelkrüge und Einmachgläser. Im Frühjahr waren die hohen Regale gähnend leer, ab Herbst bogen sich die Bretter unter dem eingemachten Fleisch und Würsten, Kirschen, Birnen, Pflaumen, Pfirsichen, Äpfeln mit Weintrauben, und Blumenkohl, Kohlrabi, Erbsen und Möhren und Gewürzgurken, Zwiebeln und Mixed Pickles, Marmeladen und Gelees in allen Farben – nur Stachelbeere mochte ich nicht. Rosa, rote und schwarze Flaschen mit Säften und Aufgesetztem, mit Beeren bis zur Hälfte. Bis wir von Tante Christa die gebrauchte Gefriertruhe bekamen; aber dann kamen auch schon bald die Konserven, wobei, das fanden wir damals schon, der Inhalt nicht so gut war, obwohl es doch aus dem modernen Supermarkt kam.

Das zweite Zentrum war die Däle. Sie war im Sommer leer, der Zementboden und die hellen Wandkacheln blankgescheuert, darüber die gekalkten Wände, die Vater und Mutter jedes Jahr neu weißelten – „witten" hieß das und war wichtig, so Vater, gegen das Ungeziefer. Genau wie die Schwalben, die nicht nur Glück und den Sommer brachten, sondern auch Mücken fingen und dafür von Vater regelmäßig neue Brettchen für ihre Nester bekamen. Einen Wurm im Schnabel sausten sie pfeilschnell durch das Tor – oder das kleine Loch, das extra für sie ausgeschnitten war – zielsicher auf ihre fiependen Jungen zu, um ihnen die Gabe in den orangen Schnabel zu stecken und sofort wieder pfeilschnell nach draußen abzudrehen.

Die Kühe trieben wir ab Mitte Mai bis Oktober nur zum Melken hinein, den ganzen Winter standen sie angekettet und dicht gedrängt, elf oder zwölf an der Zahl – nebeneinander auf dem immer selben Platz, auf Heu, den langen Hals und großen Kopf über dem Trog, wo sie sich, nach dem Fressen, Saufen und Melken, die Langeweile nur noch mit Wiederkäuen vertreiben konnten. Über ihnen hingen Schiefertafeln mit ihrem Namen, obwohl den jeder wusste:

Heta war die Älteste, mit nur wenigen schwarzen Flecken, und die Liebste von allen.

Lore mit dem riesigen Euter und den langen gedrehten Hörnern.

Die junge, freche Irene, mit den kurzen Hörnern, die nur Vater mochte, weil sie besonders viel Milch gab.

Lisa, eine Tochter von Irene mit ähnlichem Charakter.

Zilly, die einzige Rot-braune, klein und kompakt.

Erna, die nach dem vierten Kalben trotz Tierarzt im Stall verblutete.

Und all die anderen: Betty, Greta, Minna, Hella, Irmi, Karin.

In der Milchkammer war der große Spültisch und eine Waschwanne, an der Wand daneben die aufgehängten leeren Kannen, die Siebe und Bürsten. Die vollen Kannen, mit unserer Molkereinummer 333, standen unten in dem langen Kühlbecken, bei warmem Wetter mit laufendem Wasserhahn, bis wir endlich die elektrische Milchkühlung bekamen und die Molkerei im Sommer nicht mehr die saure Milch monieren konnte, was Abzüge brachte. Neben der Milchkammer, wo früher der Pferdestall war, bis Moritz einen neuen in der Scheune bekam, streckten jetzt drei Kissemännekes ihre schwarzweißen Köpfchen mit großen traurigen Augen unter langen Wimpern aus ihren kleinen Fensterchen heraus. Ich streckte meine Finger hin und sie zogen gleich die ganze Hand hinein, mit ihrer rauen Zunge, so kräftig, dass bald der halbe Arm in ihrem Maul verschwand. Daneben standen die Färsen und Bullen, vor deren Ausschlägen ich mich hütete. Bei Floiters hatten Bullen den Onkel halb totgetrampelt, und auch Vater brachen sie einmal ein Bein. Weiter hinten war das Regal für die Kuhbürsten und Eutersalben, für unsere Klumpen und Gummischuhe, aber nur in diesen bekam man kalte und stinkende Füße. Dann war da die große Mehlkiste mit den Rübenschnitzeln, von denen wir manchmal naschten, und das Kraftfutter und Milchpulver für die Kälbchen. Im Winter war die Däle vollbelebt und dichtbepackt, schwerer Dunst lag in der Luft. In der Mitte lagerten Rüben und Knollen, später auch Knollensilo, dessen süßsaurer Gestank bis in die Stube drang und zudem die selbstentrahmte Sahne verpestete – fanden wir Kinder. Aber sogar die Kölner Tanten sagten, dass die viel gesünder wäre als das, was sie heutzutage in der Stadt zu kaufen bekämen.

Über die Leiter ging es zum Balken, dem Heu- und Strohboden, der im Frühjahr riesig und leer war, bis er sich im Sommer Woche für Woche wieder füllte. Ab Herbst war alles bis in den Giebel so vollgestopft, dass man sich nur in einem schmalen Gang bewegen konnte. Im Februar war der Balken halb leer und ideal, um dort stundenlang – „Juuchuu" – mit einem alten Regenschirm von einem hohen Heuberg in einen niedrigeren nach unten zu springen. Da machten sogar die stadtsken Cousinen und später Schulfreundinnen mit. Irgendwo hielt auch Mizzi ihre Jungen versteckt, bis Mutter sie fand und mit einem Sack nach oben ging.

Durch die große Änddör ging es zum dritten Zentrum, dem Hof. Am Ende der Hühnerstall, in dem es anfangs noch zwei Hühnerlöcher zum Auslauf für zwei stolze Hähne und zwei Dutzend Hühner gab, die tagsüber friedlich draußen in der Erde nach Würmern scharrten und dabei auch Einiges fallen ließen – bis Mutter des Drecks auf dem Hof überdrüssig war, eigenhändig Bretter vor die Löcher nagelte und zur Bodenhaltung bei geöffnetem Fenster überging – bis die Käfige kamen. Im Stall wurde der Gestank der weißen Kacke von Jahr zu Jahr beißender.

Der neue Geräteschuppen nebenan gefiel mir besser. Der Umbau war damals Großvaters letztes Werk gewesen, und zwar in dem Herbst, als Vater in die Klinik kam und Großvater plötzlich selbst mit dem Darm ins Krankenhaus musste. Und als uns dann alle Verwandten und Nachbarn dabei halfen, von dem abgebrochenen Schuppen jeden Stein abzuklopfen, weil wir für neue kein Geld hatten. Das haben sie mir natürlich erst später erzählt, auch, dass ich kräftig mitgeholfen hätte und Steine zu dem wachsenden Stapel gebracht hatte. Und als der Berg groß genug war, kam Eddi Kleinkes nach der Frühschicht, statt bei Albert im Zeitungseck zu sitzen, mit einer Speismaschine hinter seinem Moped auf den Hof gefahren und bot seine Hilfe an, was Mutter ihm hoch anrechnete und nie vergaß. Als Vater dann Ostern zum ersten Mal auf den Hof zurückkehrte, baumelte zur Begrüßung ein Richtkranz im Giebel und Vater fing an zu weinen. Auch das weiß ich nur aus Erzählungen. Jetzt standen die alten und neuen Geräte in dem Schuppen. Es war eine ganze Wand voller Spaten, Hacken, Rechen, Forken, Taue und Seile, Ketten und Drahtrollen, Holzräder,

Gummireifen, einer Sichel und einer Sense und auch den Fahnenstangen für Fronleichnam, mit dem grün-weißen Stoff rundherum gebunden.

„Und hier waren früher die roten Flaggen dran?“, fragte Onkel Albert auf einer Visite einmal, als sie einen Hofrundgang machten. Genau genommen war es keine Frage.

„Doar wärn nie roode Fahnen dran!“, platzte es aus Onkel Anton heraus. „Pass‘ oop, wat du sächs!”

„Das habe ich aber ganz anders gehört.“

„Kannst du doch gar nicht wissen. Da warst du doch gar nicht hier!“

„Wenn du nicht mein Schwager wärst … dann …“, ballte Onkel Anton die Faust in der Tasche.

„Was dann?“, und Onkel Albert lief einfach weiter.

Hinten stand die mächtige Walze, ein Grubber, eine Egge, die Wannemühle, die Sturzkarre, das stinkende Aalefatt. Auch der Trecker, wenn er ausnahmsweise nicht auf Feld und Hof war, stand da und die neuen Maschinen mit moderner Hydraulik. „Klein, aber oho!“, sagte Vater, denn wir lagen technisch immer ziemlich vorn, das hatte Rieken ihm geraten, vor allem wegen seiner Krankheit, um es sich selbst, Mutter und uns allen nicht noch schwerer zu machen. Früher als manche der Grooten in Wiesken hatten wir einen automatischen Heuaufzug, einen Düngerstreuer, einen Heuwender, einen Zweischarpflug, einen Miststreuer, einen Trecker mit Verdeck, auch eine elektrische Entmistung und irgendwann sogar eine eigene Heupresse. Nur zum Getreidemähen und zum Kartoffelernten kam Gummi Kerle, vielmehr einer seiner vielen Angestellten mit seinen großen Ungetümen.

Dafür sparte Vater woanders ein, bei seinen Anzügen, die vorher Onkel Gerd oder Onkel Hermann getragen hatten. Und er rauchte und trank ja nicht, vielleicht mal ein Bierchen oder einen Kräuterschnaps, weshalb ihn manche als „Heiligen“ oder als knickerig bezeichneten, meistens zum Spaß. Es gab Bauern, die versoffen ihr ganzes Land, und manch einer, hieß es, habe im donnen Kopp im Casino Haus und Hof verspielt. Weshalb Mutter, wenn es um Schnaps und uns ging, die Hände gefaltet nach oben warf:

„Huch, Gott, ich bitt’ euch! Fangt bloß nicht mit Schnaps an!“

Mit dem Rauchen war sie, später zumindest, großzügiger. Obwohl, auch durch das Rauchen hatte einer in Wiesken nicht nur seine Beine verloren, sondern auch ein paar Hektar Wald, weil er nicht krankenversichert war. Jedenfalls sparten auch wir vier mit unseren acht Händen viel ein, auf unseren eigenen Feldern, und manchmal halfen wir auch bei Kerkhuus oder Veehdreewer. „Een bättken trügge gäwen“*, sagten Vater und Mutter gleichermaßen.

---

* Ein bisschen zurückgeben.

Zurück zu unserem Hof. Ein Stück weiter im Rund, dazwischen war der Hausgarten, lag das alte Holtschöppken, wo damals Bessvaaders Esse war und jetzt Brikett und Kohle lagen, bis wir die Ölheizung bekamen. Auch die große Kreissäge stand da und der kniehohe Baumstumpf, auf dem Mutter das Brennholz spaltete, „klöwen“ hieß das, und die Hühner schlachtete, weshalb er immer mit rotschwarzem Blut verklebt war. Nach Mutters glattem Beilhieb flatterte der kopflose Körper noch ein paar Meter durch die Lüfte, manchmal bis hoch zum Birnenbaum, wo sich einmal einer zuckend in den Ästen verfing, während Bobby Klümper längst den Kopf gestohlen hatte und Nelly aufgebracht in ihrem Zwinger bellte. An Ort und Stelle tauchte Mutter wenig später die Hühnerrümpfe in heißes Wasser und zog über dem Dampf die Federn heraus. Oft kam Tante Toni und half ihr beim Hohnerplükken. Ich machte mit Zeitungspapier und Reisig ein Feuerchen, worüber Mutter die restlichen Härchen und Stoppeln auf dem nun kahlweißen Huhn abbrannte.

Dann kam das älteste Gebäude, früher Timmerkaamer und Spieker, die Steine schimmernd, unregelmäßig rot-blau-violett gebrannt, jetzt der Puggenstall. Sieben Koben nahmen jetzt die ganze Wand ein, wobei die früheren Türchen nach draußen längst zugemauert wurden, weil es so im Winter weniger zog und zudem die Schweine ohne Auslauf zwei Kotelett und Rippchen mehr machen würden, was mich überzeugte. Wobei die Schweine nicht besonders zuverlässig im Preis waren, wie im Übrigen auch manches andere, alles mal mehr mal weniger einbrachte, wie Vater mir anhand einer Zeichnung im Bauernblatt erklärte, „Schweinezyklus“ stand darüber. Peters brachte das „Landwirtschaftliche Wochenblatt“ jeden Donnerstag auf alle Höfe, weshalb er an dem Vormittag immer später kam. Das hellgrüne Heft lag immer auf dem Zeitungstisch, griffbereit neben der Saander Zeitung und dem Kirchenblatt. Vater mochte keine Schweine. „Dumme Puggen“, schimpfte er, wenn sie sich gegenseitig an ihren Schwänzchen knabberten, weshalb er sie mit Benzin einstrich, damit sie alle gleich röchen. Vielleicht stand auch das im Bauernblatt. Wenn Mutter und er die rosa Ferkel „knipsten“, drückte ich mir beide Ohren mit den Fingern zu und rannte weg. „Olle Triene,“ sagte Vater; es war ein schlimmer Tadel. Bis Vater, später erst, beschloss, die – buchstäblich – komplizierte Kiste mit den beiden Säuen, die er zweimal im Jahr zu Puggenkamps Eber fuhr, zu schließen. Und das Ferkeln mit der Sau im Kasten und den Frischlingen unter der Wärmelampe, wo es dann doch nicht alle schafften, mochte auch Mutter nicht. Bald kauften sie nur noch fertige Ferkel zur Mast. Nur sechs Monate füttern und zwei weitere Koteletts dazu!

Bessvaaders alte, große Hobelbank kam vorn in die Schoppe, die wiederum Großvater damals vor dem ersten Krieg gebaut hatte. Das einzige Gebäude mit altem, wohl gesetztem Fachwerk, innen der Pferdestall, die großen Wagen, auch ein Leiterwagen der Marke BV, und oben auf dem Boden das Stroh und Korn. Dort ging Vater einmal mit mir von einer Luke und einem Fenster zum anderen, alle vier Seiten: „Im Osten geht die Sonne auf, im Süden ist ihr Mittagslauf, im Westen will sie untergehen, im Norden ist sie nie zu sehen.“ Er zeigte zum Bahnhof und ins Brook und nach Fürstenfeld:

„Kiek, und über den Feldern, da beginnt der Horizont.“

„Was ist ein Horizont?“

„So weit, wie du schauen kannst, nach vorne und allen Seiten.“

Danach kletterte ich noch oft allein hinauf und schaute in die Ferne.

Vater werkelte weiter an der Hobelbank, bis sie irgendwann in der neuen Doppelgarage hinter zwei Autos verschwand.

Vielleicht hätte Vater eine andere Reihenfolge der Zentren gewählt, zuerst den Hof, dann die Däle, dann die Küche. Gut, dann war die Mitte aller Zentren die Däle.

Den ganzen Tag herrschte auf dem Hof Betrieb, nicht nur von uns, nein, es kamen täglich viele Besucher auf den Hof gefahren, so dass sich manchmal die Trecker, Wagen, Laster und Autos drängten. „Gooden Dach!“, riefen sie über den Hof und in die Däle, wonach fast immer jemand kam, und sollte das ausnahmsweise nicht der Fall sein, etwa an Sonntagen, dann fand man jemanden in der Küche. So machten es alle, die etwas brachten oder holten oder mitzuteilen hatten, wie Tante Thea und Tante Luzi mit einem Viertelpfund Bohnenkaffee und einem Beutel Apfelsinen, auf dem Rückweg mit einem Blumenkohl und einem Weckglas. Oder Tante Hermine mit den Eierlagen, oder der Gästebitter mit seinem bunten Fahrrad. Auch der Tierarzt in seinem braunen Kittel; die Herren Vertreter einer Versicherung in Schlips und Kragen; der Lastwagen vom Saander Kornhaus, nachdem Koopmann seinen Landhandel geschlossen hatte; später der junge Besamungstechniker mit seiner Plastikschürze und dem langen Handschuh über den kurzen Fingern, mit denen er danach den Besamungskatalog aufblätterte und Vater die Bullen Arthur oder Herkules empfahl, wobei einmal ein rotbuntes Kalb herauskam, obwohl Vater immer ein schwarzweißes bestellte; der dicke Viehhändler, dessen dünne Frau am Steuer des Mercedes mit der angehängten Schweinekarre saß, weil er mehrere über den Durst getrunken hatte; der Schrotthändler, der ein paar Mal im Jahr mit klingenden Glöckchen durch den Hook fuhr und immer reiche Beute machte. In einem klapprigen Kastenwagen kam der dürre Hohnermann; der alte Schlachter im blau-weißen Kittel, mit einer abgewetzten Aktentasche, aus der ein Beil blitzte, um die Herrenstange gewickelt; der Trichinenschauer mit der dicken Brille und dem Mikroskop, durch das er uns manchmal schauen ließ und danach einen blauen Stempel auf die rosa-weiße Schwarte drückte; am Tag darauf Mutters Schwestern, Tante Toni und Tante Liesken und Tante

Hanneken mit der Wurstmaschine und ein paar Wannen, um darin die Blutwurst zu rühren, die es abends kross gebraten mit Schwarzbrot und Kompott zu essen gab, für die Frauen dazu Likör. Dabei habe ich jetzt die Handwerker, Schreiner und Klempner, die meistens Söhne der Nachbarn vom Neuen Gebiet waren, vergessen; auch den „ansehnlichen jungen Mann“, wie Mutter fand, der bald jeden zweiten Tag mit dem Molkereiwagen kam, wonach die Milch endlich nicht mehr sauer werden konnte; der alte Onkel Jänsken, mit seinem Fahrrad und dem braunen Pappkoffer voller Kurzwaren; der alte Kuhscherer, der zweimal im Jahr mit dem Käfer kam, in dem es furchtbar stank, was ich nur weiß, weil er mich sehr viel später einmal beim Trampen ein Stück mitnahm und mir dabei übers Knie strich.

Sie alle fuhren am Vorderhaus vorbei und hielten auf dem Hof. Auch die stadtsken Verwandten wussten, was sich gehörte und hielten dort, sogar Tante Eva mit ihren hohen Pfennigabsätzen, und Tante Traude aus Wesel mit dem echten Fuchs um den Hals, oder die schöne Tante Ulla mit dem blonden Dutt und dem Veilchenparfüm. Denn es gehörte sich so, erst einmal das Werk zu begutachten: „Hast die Kühe ja gut stehen“, sagten die Besucher, und Vater nickte: „Ja, Lisa ist meine Beste!“, und tätschelte dabei das weiße Dreieck zwischen den Hörnern.

Nur richtige Stadtske, Zugezogene oder sonstige Fremde klopften an die Bommdör. Etwa Doktor Hinrichs, weil Kranke nun einmal vorn im Bett lagen; oder der Korinthenmann mit seinem Hanomag: Fünf-Liter-Eimer mit Honig und Rübenkraut, Kilopakete Puddingpulver, Gries, Nudeln und Reis, Zucker und Kandis für Keller und Küche; der Bürstenmann von der Blindenwerkstatt, der immer mindestens einen Schrubber und Besen daließ. Und manchmal Zigeuner, deren langhaarige Frauen vor der Tür vergebens bunte Teppiche ausrollten, wonach Großmutter und Mutter den Schlüssel zweimal umdrehten; ansonsten war die Bommdör allenfalls nachts verschlossen. Ja, auch Mutter ging manchmal durch die Vordertür, wenn sie sonntags im Kostüm mit hohen Schuhen zur Kirche fuhr, und später auch wir Kinder auf dem Weg zur höheren Schule.

Einzig sonntags und an hohen Feiertagen blieb der Hof still und leer.

Das Gehöft, früher Deepen Grund genannt – jetzt stand nur noch Wiesken 47 auf den Kuverts – war sommers wie winters von der Ferne aus zu sehen, ob vom hinteren Brook aus, dem Achterweg oder der Saander Landstraße, und ein kleiner Zipfel manchmal sogar vom Zug aus – obwohl es tiefer als andere lag: Die grün gestrichenen Holzgiebel, die roten Ziegeldächer und vor allem die weißen Windfedern leuchteten – im Sommer nur die Spitzen durch die üppig grünen Baumkronen hindurch, im Winter durchbrachen sie das kahle Grau rundherum. Umgekehrt schienen im Sommer nur wenige der anderen

Gehöfte durch, im Winter lagen sie alle frei da. Zu jeder Jahreszeit war der solide Kirchturm sichtbar, und das Glockenläuten je nach Windrichtung mehr oder weniger deutlich zu hören. So wie die hohen Pappeln, deren silbrig glänzende Blätter und schlanken Zweige immer rauschten. An den Sonntagen war der ganze Hof bis zum Gatter und natürlich auch der Garten geharkt. Man fand keinen Halm am Boden; auch nicht, nachdem Großvater gestorben war.

„Kiek", sagte Vater, wenn wir von irgendwoher auf den Grund zugefahren kamen, „doar liech uisen klainen Kotten."

Abends, im Sommer, wenn Großmutter den Pannekooken in der Küche buk und dabei alle Türen und Tore aufriss, sang sie aus voller Brust, und es schallte durch das Haus, über den Hof bis zum Wäldchen, wo die holzgeschnitzte lebensgroße Muttergottes stand:

Maria, breit den Mantel aus,
mach Schirm und Schutz für uns daraus.

Wenn es dunkel wurde, konnten wir vom Küchentisch aus das Lichtlein vor der Madonna leise flackern sehen. Es war die vierte Perle in der Kette.

Hofgeschichte 1963

Im Februar vier Wochen in Bad Zwischenahn. Leichte Besserung. Hinterhaus fertiggestellt. Automatik-Heuaufzug eingebaut, Tränken für die Kühe. Milchkammer mit Wasserkühlung. Zentrale Wasserversorgung im ganzen Haus, neue Küche und neues Badezimmer. Elf Kühe, sechs Jungvieh, vier Kälber, ein Pferd. Zusätzlicher Pachtvertrag mit Gemeinde abgeschlossen, dann bald 8 ha Eigentum und 6 ha zugepachtet.

Bobby Klümper

„Doar isse wär, dänn ollen Hund!", stand Großmutter schimpfend am Küchenfenster. In der einen Hand hielt sie den Suppenschäumer, mit der anderen klopfte sie gegen die Scheibe: „Ab, ab, go wäch!" Bobby Klümper der Dritte hob sein Beinchen an der gelblich verfärbten Ecke am Spieker.

Anders als seine beiden Vorgänger, hatte Bobby bereits zahlreiche Angriffe und Schikanen der Nachbarjungen – zwar nicht unbeschadet, aber doch lebend und scheinbar gleichmütig – überstanden. Seine kleinen runden Augen lagen unter aufstehenden, schon grauen Brauen und einem verklebten Ponny, zwischen langen runden Ohren, gefolgt von einem Hinterteil auf drei geraden und einem krummen, kurzen Beinchen. Darunter schleiften filzige Zotteln, in denen sich allerlei Dreck, Stroh und Hühnerfedern verfangen hatten. Sein halblanger Schwanz hing seitlich von ihm ab. Vater sagte, das sei Tradition bei Klümper. Bobby schlief im Stall hinter den Kühen, wo er sich an ihren spritzenden Ausscheidungen wenig störte. Morgens bekam er von Zenta eine Prise Kraftfutter vermengt mit warmer Kuhmilch aus ihrer hohlen Hand zu schlecken, ansonsten fraß er Gras – auch wenn kein Regen zu erwarten war –, rohe Eier und was er sonst noch fand. „Du schäbbigen Köter! Ik sall die helpen!“, warf ihm jetzt Mutter vom Garten aus einen Stein nach. Doch Bobby hatte seinen dunkelgrünen Haufen bereits in den grauen Sand neben die roten Dahlien gesetzt und trottete, vielmehr humpelte, unverdrossen weiter Richtung Nelly oder Fiffi Floiter. Taub war er auch.

Nelly entstammte der dritten Generation der Terrierhunde auf dem Hof. Sie war kurzhaarig, schwarzweiß gefleckt mit langen schwarzen Beinen, gekürztem Stummelschwanz – das war bei uns Tradition –, spitzen schwarzen Ohren, von denen eines meist hing und das andere aufgerichtet war. Kurzum: eine grazile, gepflegte Schönheit. Das Törchen zu ihrem Zwinger stand, zu Mutters Kummer, meistens offen und Nelly – gefolgt von einer schwarzweißen Welpenschar – spazierte ein und aus. An kalten Tagen schmuggelten wir die Kleinen in der Schürzentasche in die warme Stube und ließen dort Nelly am Ofen, oder auf dem Sofa, ihre Jungen säugen. Bis Mutter plötzlich die Tür aufwarf, mit erhobener Hand zum Sofa stürzte und den „ollen Hund, geh da sofort runter!“ vom Polster scheuchte und Nelly das Weite suchte, während ihre Jungen auf den Kissen wimmernd nach den eben noch vorhandenen vollen Zitzen suchten. Nur bei schwerem Gewitter, wenn Nelly bellend und jaulend in ihrem Zwinger auf und ab raste, dabei manchmal sogar den Draht durchbiss – dann durften wir sie zu uns in die Küche holen, wo sie sich zitternd unter der Bank verkroch.

Vater hatte Nelliken, wie er sie nannte, „Sitz“, „Dood“ und „Pfote“ beigebracht. Mit seiner großen Hand streichelte er fest ihren Kopf, so dass sie sich duckte und knurrend die Zähne fletschte, bevor sie sich auf den Rücken rollte. Später, als ich schon in der Schule war, saß sie allein neben Vater auf dem Treckerbänkchen. Fuhren wir nachmittags mit dem Anhänger zu einem weit entfernten Feld, sprang sie mit einem Satz hinten auf, reckte den Kopf gegen den Wind und bellte und heulte umso lauter, je höher das Tempo wurde. Nur zum Haselhoff durfte sie nicht mit, denn Nelly kroch furchtlos in alle Löcher und jagte den Hasen nach, bis der Förster drohte, sie mit seinem Gewehr zu erschießen. Sie konnte zuverlässig zwischen allen Besucher-Kategorien unterscheiden: Nachbarn empfing sie mit einem Wedeln, Tierarzt und Vertreter mit gespitzten Ohren; Verwandte mit Pfote; Fremde mit aufgesträubten Nackenhaaren und lautem Bellen. Auf einem Familienfoto trägt sie rot lackierte Pfotennägel; eine der Kölner Tanten hatte ein Fläschchen bei uns vergessen. Wir Mädchen probierten es bei uns allen aus.

Mehrmals täglich kam Bobby Klümper vorbei. Nelly nahm keinen Anstoß an seinem Äußerem, im Gegenteil belohnte sie seine Aufmerksamkeit mit einem Schwanzwedeln – oft mehr – und gemeinsamen Unternehmungen. Wenn wir Nelly nachts auf die Däle sperrten, und zwar dann, wenn sie ausnahmsweise keine Jungen hatte, nagte er so lange am Holz der Dälentür, bis er sich durch einen Spalt quetschen und sein Ziel erreichen konnte. Sein kräftiges Gebiss, vermutete Vater, war Resultat des Kraftfutters. Nellys Junge waren meist zur Hälfte schwarz, zur Hälfte schwarz-weiß.

Gelegentlich kam auch Fiffy Floiter vorbei, mit einem roten Pelz und einem hohen Bellen, ein langbeiniger, frecher Spitz, den ich – um ehrlich zu sein – noch weniger als Bobby mochte und das nicht nur, weil er mir einmal hinterrücks in die Hacken biss. Als ich ihn eines nachmittags mitten auf dem Hof reitend auf Nellys Hinterteil fand, rannte ich, rief nach Vater: „Papa! Komm! Papa! Hilf!“ An Ort und Stelle legte ich beide Arme um Fiffis Bauch und zog so fest ich konnte. Bis er, schwer hechelnd, seitlich nach mir zu knurren und zu schnappen begann. Vater erschien in der Schoppentür, doch statt mir zur Hilfe zu eilen, schüttelte er nur mit dem Kopf: „Lass, Anna. Im Sommer hat Nelly wieder Junge, dieses Mal rote.“ Am Abend ging er mit mir zum Fendt-Kalender in der Küche, blätterte zwei Seiten vor und malte einen Kringel um eine Zahl: „Nelly Junge“, schrieb er daneben, am selben Tag, an dem auch „Irene Kalb“ dort stand.

Als es ein paar Wochen später so weit war, und wir sahen, wie Nelly sich im Stroh unruhig im Kreis drehte und wandte –, da legten Franz und ich uns bäuchlings dahinter und sahen zu, wie ein kleines glitschiges Päckchen, grau und kahl mit zugeklebten Äuglein, nach dem anderen ihrem Hinterteil entglitt. Doch schon ein paar Tage später bekamen drei einen einfarbigen rötlichen Schein, drei waren schwarzweiß. Wir schauten, wer auf dem milchgefüllten rosa Bäuchlein ein Zipflein hatte und tauften sie mit Wasser auf der Stirn: Caruso, Freitag, Putzi, Micki, Lassie, Dickie. Kuh Irene bekam ein paar Tage später gesunde Zwillinge.

Caruso und Putzi, erklärte Vater, hätten irgendwann morgens tot im Stroh gelegen. Die anderen machten bald ihre ersten unbeholfenen Gehversuche mit gespreizten Beinchen und verliefen sich im Wäldchen. Der schwarzweiße Freitag und Micky blieben noch eine Weile und probierten bald ein neckisches Bellen. Micky fuhr eines Tages in Helgas Schultasche mit zu ihrer Freundin, wo er ein neues zu Hause fand. Freitag schaffte es nach einer Visite auf den Rücksitz von Onkel Gerds BMW, wurde umgetauft auf Freddy und ward fortan eine „roode Kölsche Jung“ mit Halsband und Plakette. Bobby Klümper und Fiffy Floiter kamen nicht mehr lange. Fiffy verblutete im Straßengraben, nachdem ihn ein Auto auf dem Weg zu einer seiner Flammen überfahren hatte. Bobby starb eines natürlichen Todes, wenn man Schwermut als solchen bezeichnen kann, hinten im Stall auf seinem Lager. Das war kurz nachdem auch Zenta das Irdische verlassen hatte.

Land

„Acht Lappen häb ik“, klopfte Vater lachend auf seine schwarze Manchesterhose, „gehören alle uns! Anna, jetzt du!“, und ich klatschte abwechselnd mit beiden flachen Händen – eins, zwei, drei, vier, fünf, sechs, sieben, acht Mal – auf seine Oberschenkel. „Und vier haben wir dazu gepachtet. Eins. Zwei. Drei. Vier! Sind zusammen zwölf, wie die Apostel.“ Zwölfmal klopfte zuerst er, dann ich auf seine Manchesterhose. „Richtig!“ Es waren die Felder und Wiesen, die Teilflächen, wie die Flurbereinigung sie später nannte. Eine Hälfte lag diesseits, die andere jenseits der Saander Landstraße.

Diesseits, direkt am Haus, war die kleine Pferdekoppel, wo Moritz und später Mietze grasten, ein Anblick, den Mutter, die nie gut mit Pferden konnte, sehr mochte. Anfang Mai lag dort ein großer gelber Blumenteppich, „Hundeblumen“, wie wir zu blühendem Löwenzahn sagten, am Rand Gänseblümchen. Wir flochten Haarkränze daraus, wonach unsere Hände und Arme voller grauer Streifen von der Stengelmilch waren, die wir mit neuen runden Stempeln zu Ringen und Armbändern erweiterten, so dass wir, prächtig geschmückt, zum Küheholen liefen. Die grünen Blätter pflückten wir für die Kaninchen und für Vaters Salat, denn das kräftige sein Blut. Gegenüber war der Unterbarch, eine nasse Sommerweide für die Kühe, voller grün bewachsener Kuhfladen und buckliger Maulwurfshügel, an dessen Rändern wir im Frühjahr gesprenkelte Kiebitzeier und im Herbst weiße Champions fanden. Teile davon waren für Klee und Heugras abgetrennt, für zwei Mahden im Frühjahr und Sommer. Etwas erhöht lag der Gemeensbarch, ein kleines Feld für Rüben, Kartoffeln oder Mais. Dahinter war die Runkelkuhle am Rand eines geduckten Tannenhains. Dorthin, behaupteten Vater und Mutter, liefen auch immer Nellys Junge, die sich im Unterholz verirrten und deshalb niemals wiederkamen.

Weiter hinten im Brook waren der kleine Brookkamp und der große Brookkamp, ein Teil Acker, ein Teil Wiese, mit einem Holzschuppen für die Heuböcke und den Rechen. Das Heu war fett und glänzend, so dass es im Mai in der klaren, duftenden Luft manchmal hellgrün schimmerte. Im Sommer grasten hier die Kühe, manchmal auch die Färsen und Bullen in guter Eintracht mit

Mietze, bis die furchtbaren Tiefflieger ihr eines Tages das Trommelfell zerrissen. Danach trabte sie tagelang nur noch im Kreis, bevor Vater sie zum Metzger brachte. Noch weiter, im Grooten Russland, wo weit und breit kein Hof mehr lag und nur noch Schuppen standen, dafür große Felder dunklen Bodens und große Wälder – da lag am Rand auch unser Langenkamp, eine saftige Weide, auf die sich in jedem Sommer neu die Kühe stürzten. „Hoi, hoi, hoi", riefen wir schon von Weitem, um sie am Abend von der Wiese zu holen. Jede Familie hatte ihre eigene Melodie, bei Seltings, den neuen Nachbarn, zum Beispiel sangen sie immer „Komm hier komm, komm hier komm", und bei Floiters „Köie, Köie, Köie". So konnte man, wenn man sich zwischen fünf und sechs Uhr abends im Brook aufhielt, zugleich oder nacheinander die verschiedenen Gesänge anhören. Dann wusste jeder, welche Kinder gerade wo die Kühe holten. Von Nelly begleitet, zu Fuß oder mit dem Rad, machte ich mich auf den Weg und rief mein „Hoi, hoi, hoi", was in den ersten Tagen, wenn sich die Kühe schwer vom frischen Gras lösen konnten, lange dauern konnte, bis sich die erste zum Gatter bewegte. Schnell noch rupften sie mit ihrer langen Zunge ein letztes Büschel aus, bevor es auf den Weg ging. Doch nach ein paar Tagen warteten sie schon ungeduldig am Gatter, denn die fette Milch stach in ihren schweren Eutern. Bereitwillig stellte sich die schwarzweiße Truppe, zehn oder zwölf an der Zahl, in der ihnen und uns vertrauten Ordnung auf. Ganz vorn die agile und freundliche Lore mit ihrem zielstrebigen Gang, währenddessen sie Kopf und Hals eifrig im Takt mit ihrem schaukelnden Euter von einer Seite zur anderen schwenkte. An zweiter Stelle kam die streitsüchtige Irene mit ihren langen, spitzen Hörnern, weshalb wir Kinder sie nicht mochten – ganz im Gegensatz zu Vater, der ihre hohe Milchleistung und ihre starken Kälber lobte. In der Mitte trabten Betty, Leni und die anderen. Das Schlusslicht bildeten Heta und ich. So trotteten wir, ich auf dem Fahrrad, meine linke Hand am Lenker, die rechte auf Hetas ausladendem Hinterteil, gemächlich nach Hause. War es heiß und schwül und die Blaiskes, die blutrünstigen Stechfliegen, bissen zu sehr, dann schlug Heta mit ihrem Schwanz um sich, so dass ich gelegentlich eins gewischt bekam. Aber wir alle mochten Heta, weil sie Ruhe in die Herde brachte. Denn manchmal lag Nervosität über der Wiese, wenn sich zwei oder drei Diven gestritten und mit ihren Hörnern ineinander verkeilt hatten, oder die Tiefflieger ihnen keine Ruhe gelassen hatten. Einmal fanden wir Heta mit nur einem Horn vor. Die tiefe Wunde am Kopf war übel zugerichtet, blutverkrustet, vermutlich Irenes Werk. Wir suchten die ganze Wiese ab, bis wir das Horn fanden. Helga säuberte und trocknete es und legte es auf ihr Regal vor die Bücher. Manchmal war es ernster. Einmal sah ich schon von Weitem eine Gruppe eng zusammenstehen und fand in ihrem Kreis die schnaufende Betty im blutverschmierten Gras liegen, neben ihr die geplatzte weißblaue Blase.

Daneben lag das tote Kalb. Ich trampelte sofort nach Haus und vergaß, das Gatter zuzumachen, aber alle kamen sie brav nach Hause, nur Heta blieb bei Betty stehen.

Manchmal, wenn sie im Sommer ihre Schwester Joseffi bei uns besuchte, lief Tante Magda mit mir durchs Brook. Im Haus war sie immer still, doch draußen konnte sie gut Geschichten erzählen – von den Hexen in den Hütten und was damals sonst noch so passierte. Hinter dem Haus zog sie ihre dicken Strümpfe und Schuhe aus, und wir liefen barfuß durch das Gras, sie in ihren wadenlangen dunklen Röcken, ich in meinen rosa Hotpants. Mit neidischem Blick klopfte sie auf meine nackten braunen Schenkel: „Dat is schön, da i dat dröft. Wi mössen ümmer lange Kleeder drägen.“* Von ihr habe ich die Geschichte mit der frommen alten Steenert und Zentas Klumpen. Einmal trieben wir die Kühe vor uns her. Bewundernd schaute sie auf die vollen Euter:

„Kühe geben ja heute mehr Milch.“

„War das früher nicht so?“

„Nein. Damals. Da sind die Juden nachts heimlich in den Stall gekommen und haben giftiges Pulver verstreut. Damit sie weniger wiegen und Viehhändler Abraham den Preis drücken kann.“ Sie fasste an meinen Arm: „Erzähl es keinem, hörst du.“

Abends fragte ich Vater; seine Antwort kam prompt: „Wenn sie noch einmal so einen Unsinn erzählt, schicke sie zu mir!“

Noch hinter dem Grooten Russland war ein düsterer Nadelwald, gefolgt von einem lichten Mischwald, und dahinter wiederum begann Sibirien, wo auch unser Steenwoldt lag. Da stand auch eine der vielen Hütten. Bei einer robbten Franz und ich unter die morschen Türen hindurch und fanden, zwischen all den Spinnweben, Rädern und Spaten, in einer Kuhle einem Helm und Soldatenmantel – und suchten schnell wieder das Weite. Im Sommer trieben wir die Bullen und Färsen ins Steenwoldt, und ich musste zweimal die Woche dorthin, um den Trog vollzupumpen. Wenn er leer war, konnte es sein, dass die Tiere über die Zäune sprangen, und wir mussten sie suchen und wieder einfangen – was schlimm war, weil Vater dann immer fluchte. Das einzig Gute am Steenwoldt war der lange wilde Graben, in dem hohe Margeriten, glänzende Dotterblumen und lange Schwertlinien üppig wuchsen.

Jenseits der Saander Landstraße lag die andere Hälfte unserer Felder, noch weiter vom Hof entfernt und jedes ein eigener „Lappen“. Die Bannaste war ein lehmiges Feld, das fruchtbar, aber schwer zu beackern war, weshalb Moritz dort einmal nach Mutter ausschlug und sie in ihren Manchesterhosen weinend

* Das ist schön, dass ihr das dürft. Wir mussten immer lange Kleider tragen.

ohne ihn nach Hause lief, was Vater, der krank im Sessel saß und sie durch das Fenster sah, ebenfalls die Tränen in die Augen trieb. Daneben die größere Appelhegge, eine Weide, auf der Mutter einmal spätabends die Kühe trocken melkte und ihr, mit den halbvollen Milchkannen am Lenker auf dem schmalen Weg zwischen hohem Roggen, ein fremder Mann im Auto nachstellte. Mutter ließ die Kannen fallen und trat in die Pedale. Vater hielt alles nur für Einbildung, was Mutter ihm lange übelnahm. Daneben lag Kerkhuus' Päärnhegge, wo wir Kinder manchmal beim Jäten und dem Ärpelgaddern, wie wir zur Kartoffellese sagten, halfen. Das war nicht nur, um etwas „zurückzugeben"; wir bekamen auch etwas dafür.

Ein Stück weiter weg, schon im Eekenhook, mitten in einem lichten Mischwald, lag der gepachtete große Haselhoff, den wir alle mochten, wären nur die Reihen nicht so endlos lang gewesen. Als wir kleiner waren, drückte uns Großmutter ein Tütchen Salz in die Hand, für den Fall, dass wir einem Hasen begegneten. Denn, so wusste Großmutter, wenn wir ihm Salz und Pfeffer auf den Spiegel streuten, blieb er stehen, um sich braten zu lassen. Es klappte nie. Später fuhren wir oft einen ganzen Tag oder einen Nachmittag dorthin, und Großmutter kam mit dem Rad, um uns Tee und Brote zu bringen. Mit Feuersteinen kratzten wir die schwarze Erde und den Lehm von unseren Händen und breiteten am Feldrand auf Zeitungspapier unser Essen aus. Hungrig bissen wir in den weißen Stuten, es knirschte zwischen den Zähnen. Manchmal blieb Zeit, den großen Fuchsbau zu erkunden oder den Eichhörnchen nachzusehen, wie sie mit ihren langen roten buschigen Schweifen und den kecken Öhrchen an den Bäumen hoch und runter Fangen spielten. Einmal nahm Vater einen Apfelpflücker mit, verschwand im Wald und kam mit einem zappelnden Eichhörnchen in einem Kartoffelsack zurück. Zu Hause biss es den Stoff durch und flüchtete auf den Ahornbaum. Im Frühjahr waren es zwei, die an den Stämmen rundherum, auf und ab, in den Baumkronen fangen spielten und durch die Dachrinnen rannten.

Dann waren da noch der zugige Näske, das Feld im Vörhook, das Großvater damals nach dem Krieg mit dem Zechengeld gekauft hatte. Ein Stück weiter das gepachtete Stadtland, über das Vater oft fluchte, weil es jedes zweite Frühjahr eher einem See als einem Feld glich.

Alle Lappen zusammen ergaben um die sechzig Morgen, die Hälfte eigen, die Hälfte gepachtet. An elf verschiedenen Stellen, acht davon unsere eigenen.

An einem Sonntag stand in der Stube wieder das Bookschapp offen. Auf dem Tisch lag, weit ausgebreitet, eine große schwarzweiße Landkarte, einige Stellen mit blauem und grünem Buntstift übermalt, Zahlen auf den verschieden großen Drei-, Vier- und Fünfecken. Die Schirmlampe war hinuntergezogen. Vater und Mutter fuhren mit ihren Fingern über das große Papier.

„Die bunten Stellen sind unsere?", fragte Mutter und Vater nickte.

„Das legen sie jetzt mit der Verkopplung zusammen, dann haben wir auch größere Flächen und dazu nahe am Hof. Mit etwas Glück kommt alles rundherum, auch ordentliche Straßen."

„Das wäre zu schön, um wahr zu sein", seufzte Mutter.

„Es wird wohl noch ein paar Jahre dauern."

Im Sommer darauf liefen Männertrupps mit langen Stäben und Peilgeräten durchs Brook und schlugen Pflöcke und Steine ein. Zwei neue Worte gehörten in dem Jahrzehnt danach zu unserem täglichen Wortschatz: auf Plattdeutsch „Verkopplung", auf Hochdeutsch „Flurbereinigung".

Neue Nachbarn

Den Anfang vom Ausstieg machten Klümpers, wobei dort die Seltings kamen. Genau genommen brachte Zenta, nachdem sie gestorben war, alles ins Rollen. Eines Morgens hatte Anni ihre Schwiegermutter tot im abgeschabten Sessel in der Stube neben der neuen Musikbox gefunden. „Da hat sie ja einen schönen Tod gehabt, so schnell und schön warm", sagten die Frauen, als sie am Abend in die niedrige Küche kamen, um den Rosenkranz zu beten. „Gott ist gnädig", lächelte Anni. „Hat ein langes Leben gehabt," bekreuzigten sich ihre Enkel Albi und Gerda ein paar Tage später am offenen Einzelgrab, und Kalle, der Schwiegersohn aus der Ostzone, nickte nur kurz.

„Lott öhr lange rotten"*, zischte einer der Nachbarn, lockerte das Seil, woraufhin man das dünne Fichtenholz unten krachen hörte. Beim Leichenschmaus beim Hohen Reiter waren die Tische mit Blechkuchen und Schnittchen gut gefüllt.

„Häwwt ook nich ümmer lichte hat!", sagte die gute Maria Bösel.

„Ja, stimmt wohl. Damals. Zwei Kriege, den Hof, ohne Männer."

„Andere hatten es auch nicht leicht. Sind keine vierundachtzig geworden. Und hatten keine so dichten Haare auf den Zähnen."

„Hätte nicht mit ihr tauschen wollen. Wer werfe den ersten Stein?"

Darauf konnten sich alle verständigen.

Schnapsflaschen gingen herum, und vom Hohen Reiter brachten die Mädchen volle Tabletts mit gezapftem Fassbier. Bis Heesters am späten Nachmittag den dunsterfüllten Saal betrat und die Trauergemeinde aufforderte, die Feier zu beenden. „Sie ruhe in Frieden! Amen."

---

* Lass sie lange verrotten.

Anni bugsierte eigenhändig den alten Sessel mitten auf den Hof und legte Feuer an. Das trockene Stroh brannte wie Zunder; Zentas Fürze knallten in tausend Funken. Ihr frischer Schwiegersohn Kalle fegte die Asche zusammen und warf sie auf den Mist. Bobby rollte sich hinten im Stall ins Heu und fraß nicht mehr. Er bekam ein würdiges Begräbnis zwischen den hohen Eichen.

„Kiek! Doar steht'!" Mutter schob die Zeitung hinüber zu Vater. Im Lokalteil hatte sie die Anzeige gefunden, einen Tag nach Zentas Sechswochenseelenamt:

Saander Zeitung, 10. April 1964

Hofstelle in Gemeinde Wiesken nahe Kirche mit sechs Kühen, dreißig Schweinen und anderem Vieh zu verkaufen. Gut instand, fruchtbares Land, 30 Morgen Acker, 20 Morgen Weide und Wiese. Auf Wunsch gesamter Hof samt Vieh und Maschinen. Verhandlung mündlich.

„Gut instand?! Da werden sich die Käufer wundern."

Kalle hatte zwei Jahre zuvor, so erzählte er es Franz und mir eines nachmittags unter den Eichen, wie ein Maulwurf – dabei stieß er mit einem Spaten in den Boden – einen Tunnel unter einen Stacheldraht gegraben – und war auf Klümpers Hof wieder nach oben gekommen, genau bei der schönen und blonden Gerda. Nach einer bescheidenen Hochzeitsfeier im Familienkreis, über die man im Hook genau deshalb lange sprach, waren Kalle und Gerda auf eine dreitägige „Hochzeitsreise" an die Mosel gefahren – auch so etwas war neu. Von dort hatten sie die Musiktruhe mitgebracht, aus der sonntags eine helle Frauenstimme „Ich will 'nen Cowboy als Mann" durchs Brook schallte. Wir alle mochten Kalle und Gerda, auch Vater und Mutter, und wir Kinder liefen oft dorthin, wegen der Musikbox, der Geschichten und auch sonst. An einem Sonntag machte Kalle ein helles Foto von uns: Edel und ich stehen in Kleidchen, Franz in weißem Hemd und kurzer Hose, in Sandalen und Schnürschuhen, eng nebeneinander vor einem Roggenfeld, blinzeln in die Sonne. Wo Helga war, weiß ich nicht.

Gerda und Kalle bekamen einen anständigen Preis von Käufern aus dem Bärsken. Dafür kauften sie ein Grundstück in Wanne-Eickel, wo Kalle als Fernfahrer und Gerda als Friseuse arbeitete. Einmal nahmen sie mich zur Baustelle mit und ich durfte hinten allein auf dem weißen Rücksitz durchs offene Fenster schauen. Zu Mittag bekam ich meine ersten Pommes mit Mayonnaise in einer Tüte und auf dem Rückweg mein erstes Erdbeereis im Hörnchen. Ich wollte auch Stadtske werden. Irgendwann lud Kalle ein paar Möbel, Koffer und die Musiktruhe auf einen Anhänger und hängte sie an das blaue Auto.

Hupend und winkend fuhren Gerda und Kalle vom Hof, Franz und ich weinend und winkend hinterher, bis das blaue Auto hinter dem Gemeensbarch verschwand. Tante Anni fuhr mit einem einzigen großen Koffer hinten auf ihrem Gepäckträger in ihrem alten grauen Mantel, aber einem neuen roten Hut, über den Achterweg allein Richtung Saande, wo Albi und Frau ein neues Haus gebaut hatten. Ein paar Mal noch kamen Gerda und Kalle, sie mit hochtoupierten Haaren und roten Lippen, er im offenen weißen Hemd mit Goldkettchen darin, zu uns zu Besuch, bald mit Kindern. Mutter servierte Bowle und Dunkelbier in der Stowwe. Doch von Mal zu Mal wurden sie magerer, wie Mutter bemerkte, und die Schatten um ihre Augen dunkler. Dass ihre kleine Tochter in der Lippe ertrank, las Mutter beim Tienührken, ebenso, dass Kalle kurz darauf einen schlimmen Unfall hatte – und sie das ganze schöne, neue Haus wieder verkaufen mussten: „Wären sie besser hiergeblieben", sagte Mutter. Die Geschichte vom Maulwurf und seiner Frau ging auch danach traurig weiter, aber das alles wäre ein eigenes Buch wert.

Den Hof und die Weiden kauften Seltings aus Bottrop, wo aus Gärten Bauland geworden war. Das Vieh, die Wiesen und Felder teilten sich Kerkhuus und Veehdreewer auf. Vater kaufte Klümpers noch neuen Miststreuer und Heuwender, was wir abends mit Dunkelbier und Bluna feierten.

Die Seltings, unsere neuen Nachbarn, das waren: der stämmige Onkel Alfons, Bahnbeamter, dessen Moped nach Schichtende neben dem von Eddi Kleinkes vor dem Hohen Reiter stand. Und die nicht sehr große, braunäugige Tante Hermine, die immer in Kopftuch, Kittel und halben Gummistiefeln lief, und nur zweimal wöchentlich, nämlich wenn sie mit ihrem rostigen Opel und einem vollen Kofferraum nach Bottrop fuhr, und sonntags zur Kirche, in Kleid und Schuhen zu sehen war. Dann konnte man auch ihr welliges, kastanienbraunes Haar sehen, ähnlich wie Mutter es hatte. Außerdem war da noch die alte zahnlose Tante Kresken, die sich jeden Tag eine rohe Zwiebel für eine gute Verdauung rieb, was sie allen Nachbarinnen empfahl. Und zwei dünne Mädchen und ein pausbäckiger Junge, alle ein paar Jahre jünger als ich. Sie gaben ihr erstes Nachbarschaftsfest, auf der eine zünftige Drei-Mann-Kapelle auf Zentas alter Däle spielte. Der Floiterhook pflanzte einen jungen Birnenbaum im Hof und legte, wie es Sitte war, drei Schanzen Brennholz vor die Tür.

Mutter brachte ein Töpfchen Schmalz und drei volle Einmachgläser zur neuen Nachbarin, die zehn Jahre jünger war als sie. Hermine sprach ein Bärsker Platt, Kodden statt Puggen, und Knaien statt Knee, und ihr Kopftuch band sie unten am Kinn, nicht wie die Frauen des Floiterhooks hinten am Nacken. Doch Mutter störte das nicht, sie freute sich über die neue, junge Nachbarin ganz nebenan: „Kann man mal kurz rübergehen."

Onkel Alfons hielt ein Dutzend Schafe auf der Hausweide. Im Frühjahr sprangen die Lämmer fröhlich neben ihren Müttern, bevor Hermine sie, blökend im Kofferraum, nach Bottrop fuhr. Bis sich auch Abnehmer in Wiesken fanden. Das waren Ali und Malik, Wieskens erste Gastarbeiter aus der Türkei, die an der Ziegelei im Vorderhook Arbeit gefunden hatten. „Mohammedaner, ümmer met de Kopp up de Grund, no Osten!“, weshalb die jungen Mädchen im Neuen Gebiet einen ganzen Sommer lang abends nicht mehr auf der Straße spielen durften. Manchmal kamen Ali und Malik in dunkel gestreiften Anzügen und hellem Hut mit Fahrradanhängern auf Seltings Hof gerollt, um kurz darauf mit ihrer blökenden Fracht wieder abzufahren. In gebührendem Abstand hinter dem Maschendraht schauten Franz und ich zu, wie sie in ihren weißen Hemden lachend die Lämmer einfingen. Zum Abschluss des Handels bot ihnen Onkel Alfons Schnaps und Bier an, doch die beiden wollten nur Limonade. Den Mädchen und anderen passierte nichts. „Abergläubische Jungs, aber freundlich,“ war die einhellige Meinung.

Tante Hermine hielt Hühner in Zentas altem Stall. Freitags fuhr sie in ihre alte Bottroper Straße – mit ein paar Lagen Eiern, einem Bund gerupfter Hühner und einem Korb Zwiebeln oder Pflaumen, manchmal auch Lämmern. Auf dem Fahrersitz lagen immer mehrere Kissen, was ihre Nase jedoch kaum über das Lenkrad brachte, so dass mitunter der Eindruck entstand, das Auto würde von allein oder gar von einem Schaf gesteuert. Schon im ersten Winter fragte Tante Hermine Mutter, ob sie bei dem Handel nicht mitmachen wolle.

„Wir können uns zusammentun“, schlug sie vor.

„Unsere paar Hühner“, winkte Mutter ab, „Fleisch und Eier brauchen wir selbst. Und manchmal rühre ich Eierlikör an.“

Tante Hermine gab nicht sofort auf: „Hast du dein eigenes Geld. Wirst sehen.“ Mutter nickte.

Am Abend besprachen Mutter und Vater es.

“Wird sich kaum lohnen“, sagte er. „Aber kannst es ja mal probieren.“

Das tat Mutter und brachte jeden Donnerstag zwei oder drei Lagen Eier und ein gerupftes Huhn zu Hermine.

„Ich könnte noch viel mehr verkaufen“, sagte sie.

„Warten wir mal ab.“

Ein paar Jahre machten sie es so, und Mutter konnte dafür neue Strümpfe kaufen, wann immer sie welche brauchte. Irgendwann schickte Tante Hermine den Hohnermann, der moderne Methoden kannte. Aber bis dahin legten die Hühner noch viele Eier nach alter Tradition.

Saander Zeitung, 29. Februar 1964

Großangriff auf die Landschaft. Die Bedeutung der Wallhecken leuchtet meist erst ein, wenn es zu spät ist.

Als Regierungspräsident Dr. Schneeberger den neuen Bezirksbeauftragten für Naturschutz und Landschaftspflege vorstellte, sagte Forstassessor Friedrick Kötter, der diese Aufgaben jetzt übernimmt, dass man heute einen in der Schnelligkeit und Umwälzungen bisher nie gekannten Angriff auf die Landschaft erlebe. Dabei brauche man Angriff nicht unbedingt mit etwas Negativem gleichzusetzen, sondern möge ihn zunächst im Sinne von „Eingriff" verstehen. Überall in Westfalen, vorgeblich in der bäuerlichen Kulturlandschaft des Münsterlandes, sei die Flurbereinigung im Gange. Niemand bezweifle – im Zuge der Europäisierung der Landwirtschaft weniger denn je – ihre dringende Notwendigkeit. Sie bringe aber auch Eingriffe in eine zwar nicht mehr natürliche, aber doch immerhin in eine von bäuerlichen Menschen in Jahrhunderten geformte Landschaft. Es wird eine Uniformierung der Landschaft, das Verschwinden von Kleinbiotopen erfolgen. Die Ausheilung der Landschaftseingriffe wird zehn Jahre dauern. Das Gerippe der münsterländischen Parklandschaften sind die Wallhecken. Sie sind schön anzusehen und beeinflussen Klima und Bodenhaushalt günstig. Aber wenn sie zum Wirtschaftshindernis werden, müssen sie fallen und ein Ersatz an anderer Stelle entstehen. Man müsse gegenseitig Verständnis schaffen.

In Kur

Heiligabend. Am Nachmittag hatten wir weiches Moos geholt und mit Tante Joseffi Baum und Krippe geschmückt. Jetzt saßen Franz und ich in der neuen Badewanne und ließen Tante Joseffi mit dem eingeseiften roten Schwamm unsere Rücken rubbeln. Schwitzend saß sie auf einem Stuhl neben dem Badeofen. Im Stall konnten wir Mutter mit den Eimern klappern hören. Als plötzlich die Tür einen Spalt aufging und eine Puppe, ein Mädchen in einem gelben Hosenkleid, in der Öffnung erschien.

„Papa!" Doch der hielt einen Zeigefinger vor seinen breit lachenden Mund. „Psst … will Mama überraschen …", zog eine zweite Puppe, einen Jungen in blauer Latzhose, hervor und schloss die Tür. Aus dem Kuhstall konnten wir Mutter rufen hören: „Berni! Wo kömms du här?!" Vater hatte es in der Klinik nicht mehr ausgehalten und den Ärzten zwei Tage „Urlaub zu Hause" abgerungen. Allein war er mit dem Zug nach Wiesken gefahren und von dort, in der Stillen Nacht, allein im Dunkeln nach Hause gelaufen, abwechselnd den kleinen Pappkoffer in der einen und den Stock in der anderen Hand. „Langsam, Schritt für Schritt, kommt man weiter!“ Jetzt lag der Koffer aufgeklappt in der Diele. Eine Schachtel mit Schokoladen-Katzenzungen und ein Märchenbuch, Geschenke von seinem Bettnachbarn Oberstudienrat Dr. Meyer an uns Kinder, warteten darin auf uns.

Ein paar Stunden später stand Mutter in ihrem besten Kleid, die Haare vom Waschen noch feucht, mit dem aufgeschlagenen Laudate mit uns allen, Großmutter, Tante Joseffi, Vater und uns vieren, mit glühendem Kopf vor dem glänzenden Tannenbaum und stimmte an – wie immer viel zu hoch:

Es ist ein Ros' entsprungen
aus einer Wurzel zart,
wie uns die Alten sungen,
von Jesse kam die Art
und hat ein Blümlein 'bracht,
mitten im kalten Winter
wohl zu der halben Nacht.

Noch am selben Abend taufte ich meine Puppe Gerda, Franz seine Kalle. Edeltraud formte Engel aus Knetgummi und Perlen. Helga las aus Max und Moritz vor. Am zweiten Weihnachtstag lag der Koffer wieder in der Diele, befüllt mit einer Plätzchendose für Dr. Meyer. Am Nachmittag fuhr Kerkhuus mit seinem Mercedes vor. Rasch stieg Vater ein, ohne uns zuzuwinken, und das Auto fuhr ab zum Bahnhof. Wir durften bei Kerkhuus in der Stube mit den Kindern dort am Fernsehen die Augsburger Puppenkiste bei Kakao und Mandarinen schauen. Vater sahen wir lange nicht mehr.

Hofgeschichte 1964

Im Winter wieder die alte Krankheit, sechs Wochen in Essen in der Klinik. Ende Januar wieder zu Hause. Sechs Wochen einen Betriebshelfer gehabt. Ab Mitte März nach Bad Oeynhausen in eine orthopädische Klinik. Am 30. April entlassen, ohne Erfolg. Die Nachbarn und Verwandten hatten die Frühjahrsbestellung gemacht. Kurze Besserung im Sommer, im August erneuter Rückfall. Bei Dr. Wieher in Dorsten in der Ambulanz, 18x hingefahren. Leichte Besserung. Unseren alten Bautz mit einem anderen Schlepper umgesetzt, Fendt 20 PS. Weiterhin viel Hilfe von den Verwandten. Verkopplung soll bald kommen!

Auf Silvester kamen die Kölner, brachten Salzstangen und Würstchen und Luftschlangen mit und drehten das alte Radio auf. Onkel Gerd und Onkel Anton tanzten abwechselnd mit Mutter. An einem Mittag brachte Onkel Peters ein Kuvert mit Vaters Handschrift; darin lag ein Foto:

Vater sitzt in Rollkragenpullover und Jackett auf der Bettkante seines halb liegenden Zimmernachbarn, ein Mann mit einem schrägen Mund in einem gestreiften Schlafanzug. Blass lächeln beide in die Kamera, doch die Gesichter schauen ernst. „Dr. Meyer und ich machen uns hier eine schöne Zeit. Herzliche Grüße und bis bald, Euer Papa", steht darunter.

„Wann kommt er?", frage ich Mutter.

„Bald."

„Wann bald?"

„Bald. So lange darfst du bei mir schlafen."

Ich schlief gern unter Vaters riesigem Daunenbett, neben Mutters riesigem Daunenbett. Nur unter Murren gab ich es nach Vaters Rückkehr wieder auf.

Kurz darauf fuhr ein unbekannter blauer Käfer auf den Hof. „Ich bin Fritz, euer Betriebshelfer", stellte er sich vor, einen Koffer in der Hand. In den kommenden Wochen saß er auf Vaters Platz am Kopfende des Tisches, was komisch aussah, und abends in Vaters Sessel, mit dem Bauernblatt in der Hand. Er schlief in der alten Mädchenkammer mit dem schönen Bett, nur sonntags war er nicht da. Zum Tienührken bekam er Bohnenkaffee und Stuten mit Käse: „Wer viel arbeitet, soll auch gut essen", schob Mutter ihm Tasse und Teller hin. Wir halfen ihm bei der Arbeit, gossen Wasser auf den Schleifstein, holten Hammer und Schraubenzieher, wienerten sein Auto. Zum Lohn durften wir mit ihm zum Hohen Reiter fahren, wo er uns ein Eis spendierte, während er an der Theke ein Bier trank. Abends in der Stube erzählte er von seiner Zeit in Afrika, wo die Kinder alle pechschwarz, sehr arm und sehr lieb seien. Einmal brachte er seine Verlobte mit, ein Fräulein in einem bunten Kleid, und ich weinte den ganzen Nachmittag, weil doch ich Fritz heiraten wollte.

Bis Mutter irgendwann begann, die Däle zu schrubben, Fritz die Kühe zu bürsten, Großmutter den Garten noch schöner als sonst zu harken. Abends backte Mutter Kuchen, stellte Blumen in die Vasen und deckte den Tisch. Einmal kaufte sie sogar ein neues Kaffeeservice, zweite Wahl und zum halben Preis von Tante Kerle, „mit schönem Gruß und gute Besserung an Berni!" Tante Christa überließ uns ihren gebrauchten Mixer. Einen Tag später fuhr Onkel Hermann mit Vater auf den Hof, und ich fand, dass er anders war, als ich ihn in Erinnerung hatte.

„Jetzt hast du mich wieder, Martha", legte er, mit dem Stock in der Hand, den Arm um Mutter. Für Mutter hatte er ein Fläschchen Nonchalance mitgebracht, für Großmutter Veilchenseife, für uns, von Dr. Meyer, ein Kartenspiel, und für Fritz eine Schachtel HB.

Artig saßen wir alle am Kaffeetisch, Vater wieder am Kopfende, Fritz neben ihm, wenn sie die „Übergabe“ – so nannten sie das – machten: „Wie steht der Winterweizen? Konntest du im Näske schon eggen? Hat sich die Sau erholt?“ Fritz leerte seine Kaffeetasse, „Martha, schönen Dank für alles!“, dann fuhr er winkend und hupend vom Hof.

In einem Winter pflasterten der Floiterhook und der Achterhook zusammen den Achterweg. Strafgefangene, bewacht von Polizisten, hatten zuvor die Trasse gesäubert. Jetzt schickte jeder Hof Männer, um Meter für Meter, Stein für Stein, die neue Straße zu legen. Von uns war niemand dabei. Doch Mutter schickte mich mit einem Korb voll Streuselkuchen und Käsebroten. „Das soll ich euch von Mama bringen.“ „Wie geht's Papa“, fragten die Männer. „Wird besser“, sagte ich. „Sag Mama ein Dankeschön. Kopp nich hangen loaten.“ Zu Vaters Rückkehr war alles fertig und am nächsten Tag spazierten wir gemeinsam dorthin, Vater auf Stöcken. Kerkhuus kam uns entgegen: „Das ist die schönste Straße von Wiesken“, sagte Vater, „da hätte ich euch gern geholfen!“ Kerkhuus lächelte in meine Richtung: „Martha hat uns gut versorgt.“

Manchmal kam Vater ohne Stöcke von der Kur zurück, und er saß wenige Tage später schon wieder auf dem Trecker. Einige Jahre aber fuhren Onkel Franz, Mutters Bruder, Onkel Kerkhuus oder Onkel Boesel mit ihren Treckern über unsere Felder. Und auch all die anderen kamen weiter, bis es Vater endlich besser ging und wir Kinder größer wurden. Ein paar Jahre kam Fritz noch zu uns, bis die Landwirtschaftskasse einen anderen schickte. Der wollte aber nicht mehr bei uns schlafen, weil wir da noch keinen Fernseher hatten, und auch sonst machte er meistens ein mürrisches Gesicht. Onkel Meyer schickte uns noch öfter Katzenzungen und wir schrieben Briefe mit gepressten Blumen zurück. Irgendwann lag eine schwarzumrandete Karte mit seinem Foto auf dem Tisch. Er fehlte uns.

Wat lärn

Lehrer Mersmann lief nicht wie sonst weiter ins Brook. Er bog am Draii zu uns ab und klopfte kurz darauf an der Vordertür. Es war Sonntagnachmittag. Wir saßen bei Kaffee und Kuchen in der Stube zusammen.

„Das Mädchen ist schlau, und heute können auch Mädchen einen Beruf haben.“

„Wir sind einfache Leute. Und das können wir nicht bezahlen.“

„Sie kann mit unserem Sohn Felix nach Saande fahren, dann ist sie nicht allein. Und seine Bücher leihen.“

„Sie muss uns auf dem Hof helfen.“

„Das kann sie trotzdem noch. Außerdem sind ja noch andere da.“

Vater schaute Helga an: „Möchtest du das?“
„Ja. Ich möchte Lehrerin werden!“, schoss es aus ihr heraus.
Das war kurz nachdem Vater aus der Kur gekommen war.
„Vielleicht haben Sie recht, Herr Mersmann“, sagte Vater, wobei er auf den Boden schaute und mit seinem Stock einen Kreis auf das Linoleum zog. „Mein Bettnachbar, Oberstudienrat Dr. Meyer, hat auch zugeraten. Da gibt es heute wohl Unterstützung, auch für Mädchen?“
„Ja. Das Honnefer Modell. Auch Mädchen können etwas lernen und später ihr eigenes Geld verdienen. Kann ja nicht schaden, oder?“
Vater schüttelte den Kopf, „Nein“, aber Mutters Gesicht verriet nichts. Dann sagte er: „Ist vielleicht besser, wenn sie auch noch etwas anderes als Landwirtschaft lernen.“
Abends hörte ich sie durch die offene Schlafzimmertür reden.
„Muss das sein?“, fragte Mutter.
„Martha“, und es klang fast ein wenig ernst: „Ik will keene dummen Kinder, ook keene dummen diarns. Und man mut ook no Vörne kieken.“*
„Vielleicht die Sankt-Elisabeth-Realschule für Mädchen?“
„Ist doch unnatürlich, nur Mädchen. Und bei den Schwestern.“
Danach schlossen sie die Tür.
„I bünt jo verrückt!“**, sagten, nein, riefen die Fürstenfelder Tanten auf der nächsten Visite. „Berni ist krank. Schwiegermutter wird auch nicht ewig leben. Wer soll dir helfen?“
Mutter schaute sehr unglücklich.
„Und überhaupt “, setzte eine der Tanten nach, „eene Diarne, wat söll de doar lärn? Dat iss wat vöör Stadtske und vöör groote Buarn. Aber vöör u?”***
„Mag sein. Vielleicht nur bis zur Mittleren Reife.“
„Macht ihr richtig!“, sagten später die Kölner Onkel.
„Jenau! Wir hän damals ooch jern mehr jelernt. Dann müssten wir jetzt nicht für unsere Männer putzen!“, sagten die Kölner Tanten.
Und Tante Kerle, wo sie nur eine Tochter hatten, brachte einen Koffer abgelegter Röcke und Blusen vorbei. Ein Teil schöner als das andere.

Am Abend vor Helgas erstem großen Tag schrubbten wir gemeinsam den Trecker, die Reifen, Vaters Sitz und das Bänkchen; Mutter legte saubere Decken

---

* Ich will keine dummen Kinder, auch keine dummen Mädchen. Und man muss auch nach vorne schauen.
** Ihr seid ja verrückt!
*** Ein Mädchen, warum soll die etwas lernen. Das ist für Städter und für große Bauern. Aber für euch?

darauf. Am nächsten Morgen fuhren Vater und Helga mit dem blitzblanken Trecker los. Vater in Anzug und Hut, Helga in ihrem neuen roten Anorak, einem neuen Kleid und einem neuen Tornister. Ich winkte ihnen nach, in meinem neuen rosa Dirndl, was sonst keine hatte. Alles von Tante Joseffi genäht. Es war auch mein erster großer Tag.

Fräulein Weiling

Ein Engel stand vor uns. Er trug schulterlange blonde gewellte Haare, war groß und schlank, mit schmalen, hellen Händen und weißen Fingernägeln, ein violettes Kleid mit breitem weißen Gürtel und weißen Sandaletten. Der Engel war eine junge Frau. Sie roch nach Flieder.

An Mutters Hand stand ich neben den anderen in der Runde. Helgas brauner Tornister, der jetzt mir gehörte, hing um meine Schultern, das rote Schwämmchen in der grünen Schachtel zum Gruß, innen die alte Schiefertafel mit dem Sprung. Darauf hatte ich bereits das erste „i, i, i", „m, m, m", „u, u, u" und „1, 2, 3" mit Helga und Großmutter geübt. Ich konnte mit den Fingern bis zehn zählen, sogar bis ein Dutzend, wenn ich die beiden Daumen noch einmal nach oben streckte.

„Guten Morgen!", rief der Engel fröhlich in die Runde, „heute ist ein schöner Tag, euer erster Schultag." Die weiße Hand zeigte auf die Schultafel, auf der ein bunter Blumenstrauß gemalt war. Der Engel bückte sich ein wenig hinunter und lächelte vom einen zum anderen.

„Und wer bist du?", fragte sie reihum. Wir waren acht – hatte ich bereits gezählt.

„Wer hat denn größere Geschwister und weiß schon, wie es in der Schule ist?" Ich verstand jedes Wort, obwohl es Hochdeutsch war.

„Wer hat denn schon eine Fibel gesehen?" Ich konnte jedes Mal den Finger heben. Ein anderer fing an zu brüllen. „Ik will noo Huus!"

Ich wollte bleiben, unbedingt!

Fortan waren wir zu acht in einem Jahrgang, vier Jahrgänge in einem Klassenraum. Franz war bei mir im Raum, im dritten Jahrgang, Edel im fünften in dem anderen Raum, und Helga ja schon auf dem Gymnasium. Fortan stand der blonde Engel jeden Morgen vor mir, malte jeden Tag einen anderen Buchstaben oder eine andere Zahl an die Tafel. Auf dem Pult stand ein Blumenstrauß, von einer Mutter oder uns gepflückt: Schneeglöckchen, Narzissen, Maiglöckchen, Flieder, hellgelbe Schlüsselblümchen, dunkelgelbe Dotterblumen, Vergissmeinnicht, blaue Kornblumen, Margariten, Nelken, Rosen, Astern, Dahlien. Manchmal stand ein Korb mit Erdbeeren da oder Kirschen, Johannisbeeren oder Pflaumen, lila reif und blankpoliert.

Morgens kam Fräulein Weiling mit ihrem VW-Käfer hupend auf den Schulhof gefahren. Wir rannten hin und stritten uns, wer ihre Tasche in die Klasse tragen durfte. Sie holte einen Filmapparat hervor, ließ die Rollos an Fenstern herunter, wonach ein Maulwurf in blauer Latzhose im Garten fröhlich pfeifend Wäsche auf eine Leine hängte. Als die Rollos wieder nach oben gingen, schaute ich auf die Leine im Lehrergarten – sie war leer. Zu Karneval brachte sie Luftschlangen, Lakritze und Spiele mit, malte uns rote Punkte auf Stirn und Nase und machte Fotos von uns. Von jedem eins. Und verteilte eine Woche später die Abzüge:

Da stehe ich, mit einer Hose und Wolljacke, auf dem grauen Schulhof, ein wenig lächelnd, vielleicht verlegen, mit einer spitzen Clownsmütze, bemalten Wangen und einem Punkt auf der Nase.

Es war das erste Foto, auf dem ich ganz alleine stand. Nur ich.

Als im Oktober der Bankmann, in Schlips und Kragen, extra aus Saande kam, um uns allen Sparbüchsen zu bringen – meine war rot mit einem großen silbernen V darauf –, da warf Fräulein Weilung nacheinander überall einen Groschen rein: „Ping!“ Das war mein Startkapital.

Mittags schlenderten Franz und ich gemeinsam durch die Pappelallee nach Hause. Im Gestrüpp stöberten wir Fasane auf und suchten unter der weißen Blütenwolle nach Nestern. Manchmal stahlen wir die schwarz gesprenkelten, grünlichen oder grauen kleinen Eier und schlugen sie zum Braten in der Sonne auf einen schwarzen Stein – so hatte Vater es im Krieg gemacht. Doch bei uns lief einfach nur eine glitschige Masse herunter oder es war ein Küken drin. Briefträger Peters fuhr mit der Zeitung und den leeren Milchkannen winkend an uns vorbei; ich war zu groß geworden.

Fräulein Weiling war auf allen Festen eingeladen, den Hochzeiten und Nachbarschaftsfeiern, und einmal nahm sie mich sogar in ihre Saander Wohnung mit, wo sie für den Abend ein langes grünes Kleid anzog. Es gab keinen jungen Mann, der nicht mir ihr tanzen wollte, nur die alten Frauen steckten mit spitzem Mund die Köpfe zusammen: „Kann de wall arbein und kokken, eene Studeerte?” Als Fräulein Weiling ein paar Jahre später in unserer Kirche den Bankmann heiratete, ganz in Weiß, mit einer langen Schleppe, noch schöner als sonst, warfen wir alle Rosenblüten.

„Aufgeweckt“, stand auf dem letzten Zeugnis, das sie mir schrieb. Mit einer Empfehlung für das Gymnasium.

Hofgeschichte 1965

Im Februar in Heilbehandlung für sieben Wochen in Oeynhausen. Ostern für Anna Schulanfang. Helga geht auf die höhere Schule. Christi Himmelfahrt: Franz Kinderkommunion. Im September wieder vier Wochen bei Dr. Lassen, Rheumaklinik in Oeynhausen, Schwägerin Hanneken mitgefahren. Auto, 12 M, angeschafft.

Der Leib Christi

Durch die hohe Fensterwand fielen lange Sonnenstrahlen in gelben und violetten Bündeln auf den weißen Altar. Darüber, fast schon im Himmel, schwebte das dunkle Kreuz mit dem silbernen Heiland, in dem Mutters Ring eingeschmolzen war, und den dunkelblau schimmernden Stein, auf dem Jesu Füße ruhten, hatten Helga und Vater auf dem Gemeensbarch gefunden. Dunkle Mäntel schoben in Reihe langsam zur leiernden Orgel nach vorn. Ich musste noch in der Bank sitzen bleiben, die anderen durften schon zur Kommunionbank gehen. Aber in diesem Jahr war auch ich endlich dran.

DAS HEILIGE ALTARSAKRAMENT
DÜRFEN ERSTMALS EMPFANGEN

Die lange Liste mit den zwanzig Namen – so viele hatte es noch nie in einem Jahrgang gegeben – hing unten am Schwarzen Brett, mein Name wie immer als letzter. Meine Freundin Mechthild und ich entdeckten sie nach der Christenlehre unter dem Publicandum:

KAPLAN aus INDIEN ZUR AUSHILFE BEWILLIGT.

Ich wusste schon eine ganze Menge: dass Gott die Welt in sechs Tagen erschaffen hatte und am siebten ruhte und sich preisen ließ. Dass Adam aus Lehm von Gott geformt und Eva aus Adams Rippe kam. Dass sie im Paradies lebten, bis Eva der Schlange folgte und gegen Gottes Gebot einen Apfel vom Baum pflückte und danach auch Adam verführte. Dass beide danach zur Strafe das Paradies verlassen mussten. Dass ihr Sohn Kain seinen Bruder Abel erschlagen hatte. Dass, einige Zeit später, der kleine Noah in einem Schilfkörben ganz allein den Nil hinunterschipperte, bis eine reiche Prinzessin ihn fand. Doch die Menschen blieben böse und erzürnten Gott, weshalb er beschloss, alles wieder zu vernichten. Nur durch Noahs Bitten und Flehen durfte er in einer Arche Tiere und Menschen retten. Damit alles besser würde, meißelte Moses zehn Gebote in eine Steintafel. Das Bild, wie Moses sie auf einem Berg in den Händen hält, kannte ich aus dem Religionsunterricht.

Großmutter hörte mich ab, während sie bügelte: „Erstes Gebot?“ „Ich bin der Herr, dein Gott.“ Zweites Gebot?“ „Du sollst den Namen Gottes nicht verunehren.“ „Viertes Gebot?“ „Du sollst Vater und Mutter ehren.“ Ehebrechen sei nicht wichtig, sagte Großmutter, aber „falsches Zeugnis“ ablegen, das hieße lügen oder schlecht über andere reden, das dürfe ich nicht. Auch das „Vaterunser“ kam dran, und das „Gegrüßet seist du Maria“, einschließlich der gebenedeiten Weiber. „Das heißt einfach so“, erklärte Großmutter. Der mächtige Gottvater sah alles – deshalb hielt ich mich von ihm fern. Der hässliche Teufel versuchte zu verführen, zum Beispiel dazu, während der Messe nach hinten zu schauen. Der Heilige Geist flog als Taube durch die Luft. Die Muttergottes war gnädig und ihr Sohn Jesus, der liebe Heiland, mein Freund. Aber Jesus hatte viel zu tun, weshalb zusätzlich Engel an meiner Seite standen und mir deshalb wenig passieren konnte, selbst wenn ich abends im Dunkeln aus dem Schöppken Kohlen holen musste.

Ein Tag ohne Gebete wäre ohne Licht gewesen, ein Essen ohne Gebet keine Mahlzeit.

„A-Au-warten auf dich, oh Herr. … Speistrank“, singsangte Großmutter vor dem Essen, und niemand, nicht einmal Vater, rührte vor dem Kreuzzeichen, das wir zum Abschluss alle machten, auch nur einen Löffel an. Nach dem Essen betete Mutter: „Gott, wir danken Dir für Speis‘ und Trank, für alles Gute Lob und Dank. Amen.“ „Gelobt sei Jesus Christus, Amen.“ Niemand, nicht einmal Vater, stand vorher auf. Manchmal kam eine Fürbitte hinzu: „Gib Hendok Kraft, seine Krankheit mit Geduld und Demut zu überstehen.“ Und wenn wir nicht aufmerksam waren, drohte Mutter mit Verhältnissen wie bei unserer „Heiligen Tante Fina“, wie wir sie heimlich nannten. Denn dort wurde noch jeden Abend Rosenkranz gebetet; das gab es bei uns nicht mehr. Auch mussten wir nicht, wie Boesels und Imkens, freitags bei Wind und Wetter zur Frühmesse gehen. Das hatte Vater klargestellt. Denn einmal war Helga mit einer Strafarbeit nach Hause gekommen, fünfzigmal schreiben: „Ich muss freitagsmorgens die Heilige Messe besuchen“, woraufhin Vater zu Heesters gefahren war, um dem Geistlichen selbst die Leviten zu lesen: „Wann mein Kind zur Kirche geht, entscheide ich!“ Helga lieferte keine einzige Zeile.

Ein Jahr ohne Weihnachten, Ostern und Pfingsten und all den anderen Feiertagen dazwischen wäre ohne Ordnung und Inhalt gewesen.

Zu Heilige Drei Könige räumten wir den bereits kahlen Tannenbaum ab und verstauten die Krippe, die Kugeln und das Lametta wieder in der Truhe. Zu

Lichtmess segnete uns der Pastor mit einem dreiarmigen Kerzenleuchter, mit Blasius, gegen Halsschmerzen und Grippe. Zu Karneval nahm uns Großmutter morgens zum stillen Gebet in die Kirche mit, doch zur Schule setzten wir ein buntes Hütchen auf. Am Aschermittwoch zeichnete uns der Pastor ein Kreuz auf die Stirn und zu Hause empfing uns Großmutter mit vier Fastengläsern, für jeden eins, in denen wir in den kommenden sechseinhalb Wochen die Süßigkeiten, die wir erhalten würden, sammelten. Ein paar Bonbons und Brausetütchen, mit Glück sechs Stückchen Schokolade, sollte uns eine Tante eine ganze Tafel auf einmal schenken, vierundzwanzig Stückchen gerecht auf vier verteilt. Doch erst Palmsonntag füllte sich das Glas, wenn wir mit allen Kindern des Hooks, „Palm-Palm-Sunndach" singend, von Hof zu Hof zogen, wo uns die Tanten Plätzchen und Apfelringe an unsere Palmstöcke hängten. Gründonnerstag sahen wir den Pastor Wasser über die bloßen Füße der Messdiener gießen, mit einer Emailleschüssel darunter. Und nachmittags gingen die Großen zum Beichten, in den Beichtstuhl, von dem Tante Christa und Onkel Hendok und noch ein paar andere sagten, dass er schlecht nach altem Fett und Zwiebeln röche, weshalb sie extra nach Bocholt zur Beichte fuhren. „Wir gehen alle in Wiesken", erklärte Vater. Auf Karfreitag blieb es auf den Feldern still, auch wenn draußen die Sonne schien. Mit Mutter putzten wir alle siebzig – so viel hatte Helga einmal gezählt – Fenster in Haus und Hof. Karfreitags machten wir den Frühjahrsputz, innen. Großmutter buk Struwen und abends gab es zur Belohnung, noch einmal, Kartoffelplätzchen, kross hellbraun. In der Osternacht entzündete Vater ein Feuer aus Ästen und Abfall, der sich im Winter angesammelt hatte, kaputte Säcke, Pappe und alte Reifen, deren schwarzer Ruß Geister und Teufel verscheuchte. Zu Ostern zogen wir den Sommermantel an und sangen zu Donners Orgel aus voller Brust, um den Stein vom Grab wegzurollen, manche taten es mit Husten vom Weihrauch. Wir Kinder rannten nach Hause, um unsere Fastengläser zu öffnen und zwischen Kaninchenbraten, Kirschtorte und hartgekochten Eiern auch noch Schokolade zu essen. Ich übergab mich heimlich hinter dem Schöppken. Zu Himmelfahrt war es oft noch kalt und grau, der Sturm half, Jesus in den Himmel zu heben. Aber zu Pfingsten, wenn der Heilige Geist durch die offenen Kirchenfenster schwebte, war es meistens warm und hell. Und vor allem war da unser großes Kinderfest, bei dem wir, die geschmückte Pingsterbrut voraus, erneut von Hof zu Hof zogen, „De Pingsterbrut de geht harut, de Pingsterbrut", und dabei Körbe voller Eier und Süßigkeiten für unser Fest am Nachmittag, mit Gummitwist und Völkerball, sammelten. Zu Fronleichnam holte Vater die Fahnenstangen mit den grün-weißen Flaggen vom Boden, während wir Mädchen früh am Morgen in den Gräben und an den Feldrändern große Arme voll wilder Margeriten und Schwertlinien und Kornblumen pflückten und daraus einen dichten Blumenteppich vor die

Füße der Muttergottes legten. Wenig später zur Prozession, wenn der Pastor mit seinem Weihwedel alle Felder und Wiesen segnete und ich als weißes Engelchen lief, wenn wir alle vor den Feldaltären hielten, beteten und sangen –, dann war unser Altar immer der schönste. Nach Fronleichnam kam der lange Sommer, mit den vielen Sonntagen nach Pfingsten, den kurzen Evangelien und Predigten und Aussicht auf lange Nachmittage in der großartigen Saander Badeanstalt mit dem riesigen Schwimmer – wenn wir nicht ins Heu oder Stroh mussten. Helga besorgte jedes Jahr den Würmeling, Sommerkarte für achtzig Pfennige – für uns alle vier. Zu Erntedank stellten wir einen Korb mit Kartoffeln, Rüben und Möhren auf die Treppen des Altars, und in der ganzen Kirche roch es nach feuchten Blättern und frischer Erde. Allerheiligen zogen wir wieder die dicken Mäntel an und spazierten nachmittags mit den Kölnern und den anderen Verwandten in der Dämmerung zum Friedhof, wo kleine Lichterseen über den Gräbern flackerten, auch auf Großvaters. Zum ersten Advent banden wir einen Tannenkranz mit vier roten Kerzen, schmückten ihn mit glänzenden Strohsternen, jeden Halm einzeln verlesen und farbig gebügelt – kurz für hell, mittel für braun, lang für kupfer – bis sie fett glänzten. Am Nikolausabend kam der Heilige Mann in seinem roten Gewand, hoher Mitra und weißem Bart, neben ihm der dunkle Ruprecht mit der Rute, vor dem ich als kleines Mädchen unter den Tisch kroch, bis ich im Schrank der Abstellkammer das Gewand fand und Mutter danach nachts nur das Stubenfenster öffnete. Am Morgen standen acht gefüllte Teller auf dem Tisch. Heiligabend stellte Vater den Christbaum auf, während wir im kleinen Wäldchen weiches grünes Moos holten, auf das wir Tante Joseffis alte Krippe betteten. Frisch gebadet liefen wir im Dunklen zur Kirche, deren kühles Inneres nur durch Kerzen erleuchtet, die Luft von Tanne und Weihrauch erfüllt, mit Blick auf eine Reihe hoher dunkelgrüner Fichten, welche jetzt die ganze Frontseite vor dem weißen Altar bestellten. Der Kirchenchor sang zu Donners Orgel, die beiden nur einmal im Jahr so prächtig vereint. Schauer liefen über unsere Rücken, wenn all unsere Stimmen gemeinsam erklangen:

Heiligste Nacht! Finsternis weichet, es strahlet hinieden lieblich und prächtig vom Himmel ein Licht.

Benommen liefen wir durch das große Tor und durch die dunkle Nacht nach Haus, wo uns ein voller Gabentisch und Mutters hohe Stimme am Tannenbaum sicher war. Auch ein paar Tage mit Grimms Märchen, MauMau und Halma, mitten am Nachmittag, ohne Hausaufgaben und Knollenpflücken, waren gewiss, und zu Heilige Drei Könige holten wir traurig die Schachteln für die Krippe und Kugeln wieder hervor. Erst wenn wir nach dem Blasius-Segen wieder nach Hause kamen, und Großmutter mit einem Lächeln in den Himmel schaute, „Zu Lichtmess merkt man den Tag schon wieder“ – dann schien es wieder aufwärts zu gehen. Und die Feldarbeit wartete nicht mehr lange.

Eine Woche ohne Sonntag, ein Sonntag ohne Kirche hätte keinen Einhalt und keinen Glanz geboten.

Wir badeten am Vorabend, während Tante Joseffi alle Schuhe auf Hochglanz polierte, die Schnürsenkel weiß auskochte und bügelte. Am Sonntagmorgen lief ich in Mutters und Vaters Zimmer, um mir einen Klacks Pomade aus Vaters roter Fit-Tube abzuholen: „Nicht so viel!“, rief Mutter, während sie die Strümpfe an ihren Beinen hochrollte. Unten auf der Garderobe warteten Robinson Crusoe, Aladins Wunderlampe und Hanni und Nanni auf ihre Rückkehr in die Bücherei, obenauf das graue Leseheftchen: „Alois Vanwoldt – Nr. 3“. Großmutter ließ in der Küche summend ihre Frühmesse ausklingen, und Tante Joseffi wartete schon seit einer halben Stunde in Kostüm und Hut am Stubenfenster. Bis Vater endlich vorfuhr, dreimal hupte und den Motor aufheulen ließ. Zwei von uns nahmen hinten neben Mutter Platz, vorn Vater und Tante Joseffi, die anderen liefen mit dem Laudate und den anderen Büchern unterm Arm. Noch während die Glocken läuteten, betraten wir den hohen, kühlen Raum. Ich machte einen Knicks, tippte zwei rechte Finger in das Weihwasser und lief durch den breiten Mittelgang nach vorn, wo meine Freundinnen bereits waren. Aladins Wunderlampe schob ich sorgfältig hinter mich. Von oben leierte die Orgel, vorn erklang die Bimmel und der Pastor zog mit seinem Gefolge ein. Wir standen auf, „Zu Dir, oh Gott, erheben wir“, knieten, durften wieder sitzen.

Zur Lesung saßen wir: „Aus dem Buche Exodus.“ Zum Evangelium, nach Matthäus oder Johannes, standen wir wieder auf. Während der Predigt durften wir sitzen; ich schaute mir die bunte Glaswand an, fand jedes Mal neue Figuren darin. Bei den Ankündigungen hörte ich wieder zu.

„Unsere wachsende Gemeinde: Die Bischöfliche Behörde in Münster hat eine Aushilfe aus der Mission in Kerala bewilligt. Er hat in Tübingen studiert und spricht Deutsch. So können wir bald drei Messen am Sonntag lesen. Er schreibt jetzt in Münster an seiner Doktorarbeit.“

„Hochzeiten: Das Aufgebot haben Manfred Schulzendiek und Henrike Pass bestellt. Die Trauung, sofern niemand Einwände erhebt, findet am zwölften Mai statt."

Ein Raunen ging durch die Frauenbänke hinter mir.

In den Klingelbeutel für die Mission in Afrika konnte ich die zehn Pfennige von Tante Joseffi werfen. Aber für das Lamm Gottes und für Christi Fleisch und Blut, das der Pastor vorn in dem Kelch in Brot verwandelte, war ich noch nicht würdig. Ich musste sitzenbleiben und zusehen, wie die anderen nach vorne gingen. Dafür konnte ich mir in aller Ruhe ansehen, wer welches Kleid und welchen Mantel trug. Danach ging alles ganz schnell. Wir erhoben die Herzen und meines war froh und rein, wenn ich nach einem Knicks und Weihwasser auf meiner Stirn inmitten der Mäntel nach draußen lief und dort in den hellen Himmel schaute. Der alte Veehdreewer und der alte Schulzendiek stiegen langsam die Treppe von der Orgelbühne, „ihrer Loge", wie Eddi spottete, herunter.

Eddi war mit einer Schar anderer Männer bereits beim Hohen Reiter angelangt. Vater und Tante Joseffi steuerten auf unser Auto zu, wir auf die Bücherei, Mutter stand inmitten einer Gruppe Frauen:

„Hast du das gewusst? Das wird dem alten Schulzendiek nicht passen!"

„Die müssen trauen. Kannst du am Bauch schon sehen."

„Habe ich mir schon gedacht."

„Un eene Kaploon uut Indien. Ik häb dänn hall sehen. Dänn is ganz bruun int Gesicht, ganz schwotte, glänzende Hoar, und roode Hande."*

„Säch bloss?"

„Jo. Aber mie düch ganz nett."

Ich gab Aladins Wunderlampe zurück und bekam dafür die Spielesammlung, schon lange vorbestellt. Auf dem Rückweg traf ich Mutter vor Fedons Atelier, wo sie die Laufmaschen ihrer Strümpfe auffädeln ließ. Mit ihren rauen Händen – da half auch keine Atrix Kamille – riss sie sich ständig die Perlons auf. Manchmal, was selten war, suchte sie einen neuen Stoff aus und probierte ein Kleid an. Ich wartete im Flur, wo es immer gut roch und bunte Kataloge auf einem Tischchen lagen, in einem tiefen Blumensessel mit Blick in Fedons Atelier.

Beim Sonntagsbraten zu Hause gingen wir das Wichtigste noch einmal durch:

„Helene sagt, dass sie bei Klinkenbergs den Hof aufgeben. Die Alten schaffen es nicht mehr und die beiden Mädchen sind schon woanders verlobt", erzählte Mutter.

„Sag bloß. Tut mir leid für Ewald und Hedwig", sagte Großmutter.

„Ist ja gut, dass wir jetzt eine Aushilfe für mehr Messen bekommen."

---

* Ich habe ihn schon gesehen. Der ist ganz braun im Gesicht, ganz schwarze Haare, glänzend, und rote Hände.

„Onkel Franz-Jupp kam wieder als Letzter und ging auf Zehenspitzen vorn in den Seitentrakt!“, grinste Franz.

„Wen hat Heesters denn in der Predigt mit den Unsittsamen gemeint?“, fragte Helga.

„Das geht uns nichts an“, antwortete Vater.

„Hast du Tante Marias Kleid gesehen? Mit so breiten Streifen, ist doch ganz altmodisch“, meinte Edel.

Mutter schob die Teller zusammen. „Lass uns beten!“

In diesem Jahr war alles anders. Ich kam endlich an die Kommunion. Ich würde wie die anderen nach vorne laufen können, den Leib Jesu in mir spüren, und ein wenig über der Erde schweben – so hatte Franz mir sein erstes Mal erklärt. Am Sonntagnachmittag holte mich meine Freundin Mechthild zur Christenlehre ab, wo wir den Katechismus durchgingen: das Glaubensbekenntnis, die Sakramente, darunter das für die Buße. In Mechthilds Zimmer hinter verschlossener Tür übten wir Gewissenserforschung:

„Ich war im Religionsunterricht unandächtig.“

„Ich habe im Hochamt mit meiner Freundin geschwätzt.“

„Ich war ungehorsam gegenüber Mama. Ich habe das ... Melkgrey ... nich terechte satt ... Was heisst Melkgrey auf hochdeutsch?“

„Milchzeug?“

„Ich habe mit meinem Bruder gezankt.“

Über Schamhaftes und Unkeusches sprachen wir nicht. Wir wussten nichts dazu. Nur, dass man darüber nicht sprach.

„Ich habe anderen Böses über Tante Fina erzählt.“

Mit allen probten wir direkt an der Kommunionbank. Jeweils acht nebeneinander, die vor Gott die Zunge herausstreckten, was sonst strengstens verboten war. Zu Hause hing mein Kommunionkleid samt Krönchen bereits gestärkt im Schrank, abgelegt von meiner netten Cousine Margret. Es war das Schönste, das ich je gesehen hatte. Meine Taufkerze, damals von meiner Patentante Hanneken extra aus Lourdes für mich mitgebracht, lag in ihrer langen, schmalen Schachtel in Holzwolle bereit; sie würde zum zweiten Mal brennen. Auch die war die schönste von allen Vieren.

Auch Mutter bereitete sich vor, ließ bei Fedon ihren Mantel kürzen und dachte über neue Strümpfe nach. Die Zeit der Trauer, ein Jahr nach dem Tod ihres Vaters, war noch nicht ganz vorbei, aber zu meiner Kommunion, das hatte ich sie mit Großmutter besprechen hören, würden doch helle besser passen, wenigstens anthrazit. Nach der Messe ließ ich die Bücherei ausfallen und ging direkt mit ihr zu Fedon.

„Bitte schön, liebe Frau Vanwoldt!“, hielt Fedon Mutter den Mantel vor dem Spiegel hin, wobei es dauerte, bis sie den Ärmel fand.

„Ja, so sieht es besser aus. Ein wenig nach der Mode."
„Frau Vanwoldt, Sie sind immer schön…"
„Ach, was sagen Sie da …" Mutter wurde knallrot.
„Dann brauche ich neue Strümpfe. Können wieder helle sein."
„Gerne! Aber heute habe ich für Sie einen neuen Kleiderstoff. Etwas besonders Schönes! Extra für Sie aus Düsseldorf mitgebracht!" Er breitete einen glänzenden grünen Stoff mit großen gelben Sonnenblumen aus.
„Ach was, für mich doch nicht." Mutter strich mit ihrer großen flachen Hand über das feine Material. „So etwas Buntes? Bin doch nur eine einfache Frau. Das ist etwas für die jungen Frauen aus der Stadt."
Aber Fedon rollte schon den großen Spiegel herbei und legte den Stoff um sie.
„Wie für Sie gemacht, mit den dunklen Haaren und der Figur."
Mutter legte ihren roten Kopf zur Seite.
„Ach was. Das sagen Sie doch nur so. Meinen Sie?"
„Aber ja! Wir raffen das hier an der Seite, das ist heute modern." Fedon blätterte eine Zeitschrift auf.
„Die ist zwanzig Jahre jünger als ich. Außerdem: über dem Knie, ist ja viel zu kurz."
„Wir machen es länger, halbes Knie."
Beide schauten sie, den Kopf prüfend zu Seite geneigt, auf die Frau im Spiegel – und lächelten.
„Ach, das geht doch nicht", schob Mutter plötzlich den Stoff zur Seite.
„Überlegen Sie es sich. Ich rate Ihnen zu. Es wird auch Ihrem Mann gefallen." Fedon legte den Stoff auf eine Puppe.
Mutter schüttelte, nur leicht, mit dem Kopf. „Was bekommen Sie für die Strümpfe?"
Mutter und ich liefen gemeinsam nach Hause. „Sah schön aus", sagte ich. „Meinst du?", fragte sie. Ihr Kopf war noch immer rot.
Ein paar Tage vor der Kommunion wurde es ernst; die erste Beichte stand an. Neben Mechthild kniete ich lange zur Gewissenserforschung, während der mein Herz vor lauter Sünden immer höher pochte. Langsam zog ich den kleinen Vorhang hinter mir zu und fand mich in einem engen, dunklen Schrank vor einem Gitter wieder. Es stimmte, was Tante Christa sagte. Eine Stimme flüsterte mir mehrmals etwas zu, wurde lauter, bis ich endlich meine erste Sünde durch das kleine Gitter schickte. Den roten Kopf gesenkt lief ich in die Bank zurück und kniete, den Blick fest nach vorn auf den Heiland am Kreuz gerichtet – der für meine Sünden gestorben war – während ich die auferlegte Buße leise betete: drei Vaterunser und drei Gegrüßet seist du Maria. Mechthild

hatte von beiden nur zwei bekommen. Schweigend fuhren wir nebeneinander zurück.

Am großen Tag kämmte mir Tante Joseffi morgens eine Welle ins Haar und zog mir das weiße Spitzenkleidchen an: „Wie eine Braut Christi. Bist der schönste Engel!“ Eine Stunde später schritt ich mit meiner brennenden Taufkerze neben Mechthild zwischen den anderen in Reih und Glied im breiten Mittelgang nach vorn. „Herr, ich bin nicht würdig, dass du eingehest unter mein Dach.“ Auf der Kommunionbank streckte ich die Zunge hinaus und schloss die Augen, um das Heilige Sakrament von Heesters zu empfangen. Ein dünnes, klebriges Stück Papier landete auf meiner Zunge. Ich faltete die Hände noch fester als sonst zusammen, kniete, bis es das Zeichen zum Aufstehen gab. Und wartete auf die Verwandlung. Ich schielte zu Mechthild, die weiter andächtig auf das Kreuz schaute. In Zweierreihen gingen wir unter Donners Orgel wieder hinaus. Mechthild wurde von ihren Paten in Empfang genommen und schaute nicht einmal zu mir herüber.

Am Mittagstisch war mein Platz mit Päckchen belegt. Von Patenonkel Gerd und Tante Maria bekam ich ein goldenes Kettchen mit Granatkreuz, von Patentante Hanneken eine goldene Armbanduhr. Von Großmutter erhielt ich ein silbernes Kettchen mit einem kleinen Fisch daran. Vater und Mutter schenkten mir ein neues Gebetbuch; auf der zweiten Seite hatte Vater mit Füller geschrieben: „Der Herr sei Dein Hirte“ und darunter „zu Deiner Heiligen Kommunion 1967, von Papa und Mama.“ Es war das schönste Buch, das ich je gesehen hatte, mit einem dunkelroten Ledereinband und goldenem Rücken. In Kuverts lagen mehrere Geldscheine.

Nach dem Mittagessen betete ich allein in meinem Zimmer. Und wartete. Am Nachmittag gab es mehrere Torten, dann musste ich mein weißes Kleidchen ausziehen. Ich faltete silbernes Bonbonpapier zu einem schmalen Streifen und band mir den Ring – ich dachte an meine Verlobung mit Jesus – um den Finger. Und wartete. Den Ring fest zwischen die Finger gepresst lief ich mit Nelly zur Muttergottes und dann weiter durchs Brook. Wo ich den Ring irgendwo verlor. Mechthild war in der Woche darauf krank und danach fehlte mir der Mut, sie zu fragen. Denn wenn sie auf der Kommunionbank kniete, sah es viel andächtiger aus als bei mir. Fand ich.

Ein paar Mal erst hatte ich die Heilige Kommunion empfangen, als ich mit Vater allein zum Hochamt fuhr. Ich musste ihm beim Einparken und mit den Stöcken helfen. Am Morgen hatte ich ihn fluchen hören, „Luzifer! Ik sall die hälpen“, und im ganzen Haus roch es nach Rheumasalbe, was beides kein gutes Zeichen war. Am Eingang drängte ich links zur Mädchenseite, doch Vater wies mit dem Stock auf die rechte Männerseite. Dort saß ich dann neben ihm, inmitten dunkler Anzüge, ohne Sicht nach vorn. Zur Kommunion reihte sich

Vater humpelnd hinter mir ein. Den Kopf fromm nach unten gesenkt, die Hände gefaltet, rückte ich in kleinen Schritten vor und kniete neben Vater auf der Bank. Ich wollte ihm zeigen, wie gut ich alles kann. Andächtig schaute ich auf den Altar, faltete die Hände noch fester zusammen als sonst und streckte die Zunge leise weit heraus. Als ich plötzlich, „der Leib Christi", drei knöchrige dunkle Finger mit einer weißen Hostie vor mir sah. Mein Mund klappte zu, mein Kopf schüttelte sich, ich sah, wie der Leib Christi langsam zu Boden taumelte. Einen langen Augenblick passierte nichts. Vater versuchte sich nach der Hostie zu bücken, doch der Kaplan hob sie auf und steckte sie in sein Gewand. Dann lief er weiter, die dunkle Hand tauchte erneut in den silbernen Kelch und führte zu Vaters Kopf neben mir. Auf seinem Stock stützte sich Vater auf, und wir gingen, ich hinter ihm, in der Reihe wieder in unsere Bank zurück. Ich spürte, wie Pippi in meine Unterhose lief. Noch vor dem Ausklingen des Schlussliedes zeigte Vater mit dem Kinn zum Gang.

„Wir fahren sofort nach Hause", befahl Vater, als ich Richtung Bücherei ging. „Heute gibt es keine neuen Bücher. Kannst im Gebetbuch lesen."

Vater wartete, bis wir den Pudding aufgegessen hatten. Dann lief er um den Tisch und stellte sich neben mich. „Anna, erzähl mal allen, was du getan hast!" Ich fing an zu weinen. „Das Kind hat die Hostie vom neuen Kaplan fallen lassen! Bloß, weil er schwarze Hände hat!" Er holte mit der Hand aus und schlug mir heftig auf die eine Wange.

„Eine, weil du die Hostie auf den Boden hast fallen lassen!" Klatsch. Mein Kopf fiel nach links.

„Und eine, weil du sie nicht vom neuen Kaplan genommen hast!"

Mein Kopf fiel nach rechts.

Mutter schrie auf. „Berni! Was machst du da?! Ist doch bloß ein Kind!"

Ohne aufzusehen, schweigend, holte Vater seinen Stock und lief hinaus, ohne das Dankgebet abzuwarten. Lange ging ich Vater aus dem Weg.

An Kaplan Tatussis Hände gewöhnte ich mich. Wie wir alle. Nicht nur das: Bald war er uns lieber als Pastuur Heesters. Tatussi hielt die neu eingeführte Vorabendmesse, um das volle Hochamt sonntags zu entlasten, und er ging zügig durch. Mit ihm kam bald auch die Bußandacht. Statt unsere Sünden durch ein düsteres Gitter zu hauchen, konnten wir sie nun direkt zu Gott in den Himmel schicken und sogar unsere Buße selbst bestimmen. Die Kirche war sofort nach Ende der Andacht leer. Und Tante Christa, Onkel Bennad und die anderen fuhren nicht mehr nach Bocholt.

„Häww eegentlik een schön, schmal Gesicht", fand Mutter, „und so düüstere Hoar und schöne witte Tande."

Auch Großmutter hatte nichts gegen ihn einzuwenden.

„Freundliken jungen Mann. Bloß, verstoan kann man üm nich.“ *

Wobei ich seine Gebete besser verstand als die von Großmutter. Aber das war nebensächlich, denn Großmutter, soviel stand fest, war mit Bibel und Katechismus bereits bestens vertraut.

Auch das Pastorenhaus erlebte eine Verjüngungskur. Heesters, Tatussi und Fräulein Anne, die irdische Dreifaltigkeit, in genau dieser Reihenfolge, war fortan nur noch gemeinsam im Käfer zu sehen. Auf den Hinwegen mit Fräulein Anne am Steuer, auf den Rückwegen mit dem Kaplan. An den Adventsnachmittagen luden sie zu Lichtbildvorträgen aus der Mission ein. Gastredner war Dr. Hinrichs, der einmal im Jahr nach Afrika in ein Urwaldkrankenhaus flog. Wieskens Gemeindehaus war bis auf die letzte Bank besetzt. An der Wand erschienen riesige Bilder mit hellen Landschaften und blauen Meeren, mit lachenden dunklen Menschen in bunten Gewändern, die Mädchen mal mit witzigem krausem Haar oder pechschwarz glänzenden dicken Zöpfen. Fräulein Anne ließ Erdnüsse und Kokosplätzchen durch die Reihen gehen. Zum Abschluss beteten wir für unsere Schwestern und Brüder in der Mission.

Mit der Landjugend fuhr Tatussi zur Wallfahrt nach Kevelaer. Am Morgen starteten sie mit frommen Gebeten, am Abend fuhren sie schunkelnd und schaukelnd zurück.

Eenmal int Joar,
met de Bus no Keveloar.
Singen, Bäden, Suupen, Fräten,
Klopperei nich vergäten.

Tatussi saß vorn neben dem Fahrer, schaute dann und wann mit einem Lächeln nach hinten.

Von den hundert Mark, die ich zur Kommunion bekommen hatte, suchte ich aus einem Stapel Bildpostkarten zwei Patenkinder für je fünfzig Mark aus. „Auf welchen Namen möchtest du sie denn taufen?“, fragte Fräulein Anne, die in solchen Fällen das Sakrament spendete. „Roy und Gitte“; die Namen hatte ich mir schon lange überlegt. Fräulein Anne nahm einen Füller und schrieb in schönster Schrift „Rudolf“ unter den Jungen und „Brigitte“ unter das Mädchen. Dann steckte sie die Täuflinge in einen weißen Papprahmen, den ich abends auf meinen kleinen Schreibtisch stellte. Roy war schwarz mit krausem Haar und einer Baskenmütze; lachend schaute er mir direkt in die Augen, und ich war sofort verliebt in ihn. Er war der erste Junge, der einen Kuss von mir bekam. Gitte war heller, mit dicken schwarzen Zöpfen, die mit breiten weißen

* Freundlicher junger Mann, nur verstehen kann man ihn nicht.

Schleifen zusammengebunden waren, schaute traurig und freundlich aus. Von nun an schloss ich Roy und Gitte jeden Abend in meine Gebete ein und schrieb ihnen zu Weihnachten und Ostern Briefe, die ich an Fräulein Anne übergab. Eine Antwort erhielt ich nie. „Das sind arme Kinder, die haben kein Geld für Papier", erklärte sie. Doch einmal erhielt ich einen Umschlag mit einem hölzernen Rosenkranz darin: „Handmade in Cochin, India", lag ein Zettel dazu. Ich schlug die Schublade meines Nachtschränkchens mit Samt und Spitze aus und legte das Gebetbuch mit dem Rosenkranz hinein.

Es waren die ersten und einzigen Ohrfeigen, die ich je von Vater bekam. Irgendwann, als wir wieder einmal zusammen zur Kirche fuhren, fragte er mich: „Bist du noch böse auf mich?" Ich weiß nicht mehr, was ich antwortete.

Hofgeschichte, zweiter Weihnachtstag 1966

Im Februar stark behindert in Bad Driburg, sechs Wochen von Kasse. Zu Hause Betriebshelfer. Nach Beendigung für vier Monate wieder ganz gesund. April Hofraum festgemacht. Im Mai Anna zur Kommunion. Opa Hoogenkamp gestorben, am selben Tag wie Hochzeit bei Floiter. Helga gibt Nachhilfestunden bei Hinrichs in Fürstenfeld. Kalbende Milchkuh eingegangen, Kalb gesund. Ernte zufriedenstellend. Im Herbst wieder krank.

Wünsch dir was

Die Männer vom Fernsehladen trugen Anzug und Hut, als sie das schwere Gerät in die Stube schleppten. Es war alles vorbereitet: Auf dem kleinen runden Tischchen in der Ecke lag ein frisch gebügeltes Spitzendeckchen. Tisch, Sofa, Sessel und Stühle waren u-förmig auf die Neuanschaffung ausgerichtet. Alle, sogar Mutter, obwohl Zeit zum Füttern war, standen wir rund um das U und bestaunten, was die Männer dort taten. Bis es knackte und rauschte und flimmerte und wir plötzlich „Aahh! Kiek, kiek!" mitten in einem Zirkusrund waren. Ein Bär lief auf zwei Beinen an einem Seil, das ein Clown durch die Manege zog. Mutter war, wie immer, die Erste, die wieder aufsprang. Fortan gehörten Fury, Lassy und die bezaubernde Jeanny zu meinen besten Freunden und auf der Ponderosa fühlte ich mich wie zu Hause. Großmutter stellte den Pfannkuchen pünktlich um halb acht auf den Tisch, so dass zur Tagesschau mit Karl-Heinz Köpcke wieder alles aufgeräumt war. Schnell gehörten er, Bundeskanzler Kiesinger, Bundespräsident Lübke und seine Frau Wilhelmine – deren Hüte sogar Mutter „altmodisch" fand – zur Familie. Wir sahen schreckliche Bilder aus fernen Ländern mit Namen Biafra und Vietnam:

„Was Krieg bedeutet, könnt ihr euch nicht vorstellen", war alles, was Vater dazu sagte. Und manchmal lief er während der Tagesschau, wo wir ansonsten ganz still sitzen mussten, hinaus, einfach so, wortlos.

Dann kamen die Samstagnachmittage mit dem Beat Club mit Uschi Nerke und später Disco mit Ilja Richter oder die Hitparade mit Dieter Thomas Heck, wobei Helga und Edel da schon andere Hits vorzogen. Mit dem Raumschiff Orion glitten wir abwechselnd in den Weltraum und auf den Meeresboden, wo wir mit der Raumpatrouille, Cliff und Tamara, unter einer riesigen Glaskuppel zwischen Schwertfischen, Kraken und Haien tanzten. Zur Beichte sagte ich jedes Mal den gleichen Satz: „Ich habe lieber ferngesehen, als Papa und Mama zu helfen", – und legte selbst zur Buße ein Vaterunser obenauf. Am Samstagabend, nach dem Baden, machten wir uns alle fein, Vater, Mutter, Franz und ich. Mutter legte die Sonntagsdecke auf, stellte Dunkelbier und Salzstangen auf den Tisch und streckte neben Vater die Beine aus. Wir lernten die Showmaster, wie sie bald hießen, die ganz Großen, alle kennen.

Peter Frankenfeld tat, als würde er Mutter persönlich durch das Fernsehglas einen Blumenstrauß zu Füßen legen. Bei Anneliese Rothenberger klopften Vater und Mutter beide im Takt mit Füßen und Händen und manchmal standen sie auf und tanzten in Pantoffeln, wenn Großmutter schon im Bett lag. Der freundliche Joachim Kuhlenkampff – „war auch im Krieg", wusste Vater – mit seinen schönen Assistentinnen, ließ Kandidaten aus acht Ländern raten. Auch bei Hans Rosenthal – „der war ja Jude, hat sich im Krieg versteckt" – fieberten wir alle mit. Ein paar Jahre später waren wir zu Gast bei „Wünsch Dir Was" mit Dietmar Schönherr und Vivi Bach – „ein schönes Paar, eine schöne Frau" –, bis die Sache mit den jungen Mädchen und den blanken Busen unter den durchsichtigen Blusen kam und Vater und Mutter entschieden, ein paar Sendungen auszulassen. Rudi Carrell gefiel Vater nicht, dafür Mutter umso mehr, weil er so lustig war. „Möchte ich nicht mehr missen", erklärte Mutter, womit sie den Fernseher am Samstagabend meinte, und Vater zwickte sie am Arm: „Haben wir es schön!" Manchmal weckte er uns mitten in der Nacht, zum Beispiel als Neil Armstrong in einem weißen Anzug über eine kurze Leiter auf den grauen Mondboden trat. Und als die Serie „So weit die Füße tragen" lief, nämlich von Sibirien durch Schnee und Wüste bis nach Deutschland, mussten wir mucksmäuschenstill sitzen bleiben.

Zu Silvester kamen Onkel Anton und Tante Eva mit ein paar Flaschen Söhnlein Brillant und einer Dose Mandarinen für die Bowle. Mutter bestückte eine Pampelmuse mit Gürkchen und Käsehäppchen. Wir stellten den Fernseher an, schunkelten und tanzten mit der Prominenz.

„Da kütt Glämmer in de kleenste Bude", lachte Tante Eva.

Sie hatte ja keine Ahnung, was wir sonst noch alles planten.

Das Ende der Brombeerhecken

Suure Tieden

Es gab Tage, Wochen und Monate, Jahre und Sommer, in denen alles fast normal war, und Vater nicht einmal seine Stöcke brauchte. Wir genossen zu Jahresbeginn die kurze ruhige Zeit zwischen dem letzten Knollenpflücken und den ersten Frühjahrsarbeiten, die für uns mit dem Jäten und Hacken der Rüben und dem nachfolgenden Vereinzeln, auf Knien, auf endlos langen Fluren begannen. Wenig später kamen die Kartoffeln dran, die wir einzeln in die ausgehobenen Löcher legten, Keime vorsichtig nach oben. Ab Mai trieben wir die Kühe auf die Weide. Dann kam die große lange Sommerzeit, mit dem Heu- und Strohholen, oft bei großer Hitze und drohendem Gewitter. Wir waren guter Dinge, wenn wir um sechs Uhr, den Badeanzug ins Handtuch gewickelt, zu viert hintereinander zur Badeanstalt radeln konnten, wo Franz und ich um sieben Uhr aus dem Schwimmerbecken mussten, während Helga und Edel noch mit den Jungs alberten. Oder wir fuhren zum Hohen Reiter, wenn Vater ein Eis oder eine Bluna spendierte, oder spielten Federball oder krochen in den Kirschbaum. Im August kam das Dreschen dran, anfangs noch mit dem alten Dosker, der so staubte, dass uns bald die Luft wegblieb, trotz der aufgerissenen Tore, und es in allen Poren juckte. In Eimern trugen wir das Korn über die Leiter auf den Boden, wo es ausgebreitet trocknen konnte. Tante Joseffi spornte uns mit einem halben Pfennig pro Eimer an, und wir konnten uns am Abend beim Hohen Reiter ein großes Langnese leisten. Bis Gummi Kerle einfach mit seinem großen Mähdrescher über die Felder fuhr, und, wie nebenbei, das Korn auf dem daneben fahrenden Wagen ausspuckte. Im Herbst kam die Kartoffelernte, wo wir anfangs noch mit Körben über die Felder krochen, um die Kartoffeln, die Vater und Mutter mit der großen Kartoffelgrepe herausgehoben hatten, einzusammeln. Am letzten Abend, schon in der Dämmerung, schoben wir die welken Blätter zusammen, zündeten ein schwelendes Feuer an und legten Kartoffeln an den Rand, aßen das Innere aus den verkohlten Schalen, bis uns die kühle Luft von unten in die Kleider kroch und wir plötzlich merkten, dass uns das erste Mal wieder ein wenig fröstelte.

Schlimm war das Runkelziehen. Im Oktober standen wir wieder vor denselben endlos langen Reihen, die wir aus dem Frühjahr kannten, nur alles dicht grün mit langem, rotgeädertem Grün. Wir zogen jede Runkel einzeln aus: bücken, ziehen, Runkel gerade in die Reihe legen; bücken, ziehen, Rübe gerade hinlegen; bücken, ziehen, Rübe gerade hinlegen. Und wenn die Reihen lagen, mit dem Spaten auf und ab – zack, zack, zack – das Grün von der Frucht stechen, nicht zu weit und nicht zu knapp zwischen Frucht und Blatt.

Abends, wenn sich unsere krummen Rücken nicht mehr aufrichten wollten und die Handgelenkte schmerzten, die Knie zitterten und die Beine wackelten, die Runkeln in der Miete lagen – dann schien die Sonne rotgolden aufs Brook. Nebel stieg aus dem Boden. Es roch nach Herbst.

Zum Knollenpflücken hing die graue Wolkendecke zum Greifen tief. Feuchtkalte Luft, manchmal nasser Schnee, kroch durch unsere dicken Hosen und Mäntel, die davon noch schwerer wurden. Zum Wärmen legten wir Papier und Heu in unsere Gummistiefel, die auf dem feuchten Feld bei jedem unserer Schritte schmatzten. Die wollenen Handschuhe zogen wir aus, denn die glitschigen gelben Blätter und die festgewachsenen Knollen ließen sich nur mit nackten Händen ziehen. Die Finger und Zehen „kellten" durch, so nannten wir das, wenn wir das Gefühl darin verloren. Die Lippen sprangen auf und die Nase tropfte. Mutter mit den vier Kindern. Zu Hause zogen wir uns auf der Däle aus und warteten ein paar Minuten, bevor wir in die warme Küche gingen, denn sonst fingen die roten Stellen an Füßen und Händen furchtbar zu jucken an. Kam der Frost zu früh und zu stark, so dass sie im harten Boden erfroren, war es zu spät zum Knollenpflücken, die Frucht verdorben. Heimlich hoffte ich, dass es den ganzen Winter über frieren würde, um so dem Knollenpflücken zu entkommen. In der Kirche beichtete ich es.

Vater zog am Jahresende immer die gleiche Bilanz: „Hatten alle ein Dach über dem Kopf. Sind alle satt geworden." Waren die Kartoffeln nicht gut gelaufen, setzte er auf den Roggen, die Gerste oder die Rüben. Waren die Schweinepreise mal wieder unten, lief es vielleicht mit den Kälbern besser, oder mit der Milch. So hatte er es auch in der Fachschule gelernt. Im Bauernblatt rieten sie zur „Spezialisierung."

Januar und Februar, genau das war unsere Zeit! Wenn wir in der warmen Stube in Ruhe unsere Schularbeiten machen konnten. Wir stellten das Radio an und hörten Radio Hilversum Drie: „Mät de Bums van de Klock is ät fiev Ühr." Dann spielten wir Stadt-Land-Fluss oder Halma, veranstalteten Stelzenrennen auf der Däle, bis es Zeit für die Schlagerparade oder die Drehscheibe war. Mutter schlief nach dem Mittag beim Zeitungslesen ein; und auch Vater machte ein längeres Nickerchen. Später konnten wir sie wieder auf der Däle hören, oder Vater werkelte in der Timmerkaamer und pfiff ein Lied dabei.

Die schönen Zeiten würden wieder ein Ende haben. Wenn Vaters Kraft plötzlich nicht mehr reichte und die Bullen mit ihm machten, was sie wollten. Dann rief er: „Du verfluchter Luzifer", und zog ihm den Nasenring enger, wonach einer einmal seinen Kopf nach oben warf und vor Vaters Brust schlug, so dass Vater hintüber mit seinem Kopf auf den harten Beton fiel. Oder wenn wir Kinder die entlaufenen Färsen, die Haken schlagend über den Feldweg rannten, nicht einfangen konnten, dann schimpfte er: „Dumme Diarne", obwohl ich vor

Seitenstichen kaum noch laufen konnte. Oder wenn er an der hohen Hauswand auf der doppelt ausgefahrenen Leiter oben die Giebel strich, oder ein Fenster reparierte. Dann stand Mutter heulend unten, und Vater schickte sie ins Haus: „Rären määk't nich fäddig!"* Dann waren wir alle mucksmäuschenstill. Aber am schlimmsten war, wenn ich unten am Boden die Leiter halten musste – und ich nicht einmal nach oben schauen konnte, soviel Angst hatte ich. Ich schaute nur stur geradeaus auf die roten Steine und Fugen vor mir, bis ich langsam, eine nach der anderen, die Hacken seiner Sandalen vor mir sah. Ließ langsam die verkrampften Hände los. Sie zitterten. „Suure Daage", nannte Mutter das, „saure Tage."

Die Sommer stachen mit ihrem Hochbetrieb und den langen Abenden heraus; ja, manchmal war es schön, aber manchmal auch „suur". Mittags, wenn wir von der Schule kamen, standen Traktor und großer Anhänger schon bereit, ein paar Forken obenauf. Das Tor zum Heubalken war weit geöffnet, der Heuaufzug hing außen auf halber Höhe, bereit zum Einsatz. Wir leckten den Nachtisch von unseren Schälchen, während Vater auf das Barometer klopfte: „Kommt, der Regen wartet nicht!" Minuten später sprangen wir auf den Anhänger. Auf dem Feld luden Vater und Mutter das Heu – anfangs noch lose, in späteren Jahren als schwere, gepresste Ballen – auf das immer höher werdende Heufuder, wo wir Mädchen es zum Verpacken, „fatten" nannten wir das, entgegennahmen. Es war eine Kunst, alles so zu verteilen und aufzuschichten, dass die große Ladung stabil nach Hause kam. Die Floiters waren bekannt für ihre hohen Wagen, die niemals kippten, und die junge Frau Floiter schaffte noch einen Meter mehr als ihre Schwiegermutter. Boesels neigten zu Vorsicht, packten weniger und fuhren dafür öfter. Ramäkers Fuder landete einmal gänzlich im Graben, worüber halb Wiesken spottete. Mit jeder Gabel, die Vater, Mutter und später auch Franz von unten zu uns Mädchen nach oben hievten, wurde der Stapel höher und das Tempo langsamer. Die Sonne stach, längst spürten wir das Kratzen der Halme an unseren rot verschrammten Beinen nicht mehr, den Schweiß, der an Bauch und Rücken herunterlief. Je nachdem, wie Vater mit seinem Rücken konnte, waren unsere Fuder mittel oder hoch, und wir Mädchen mochten hohe Fuder, denn auf der Rückfahrt war uns ein Abenteuer gewiss. „Lass uns aufhören", bat Mutter. Doch Franz fuhr noch zweimal an, bis Vater irgendwann „Fertig!" rief. Stolz und Freude lagen in seinem Gesicht, wenn er Edel und mir das dicke Tau nach oben warf, wo wir es entgegenahmen und am anderen Ende wieder hinunterließen und er es verknotete. „Kommt runter, Mädchen! Ist zu gefährlich für die lange Fahrt!", flehte Mutter jetzt, doch Vater winkte ab: „Da passiert nix. Haltet euch gut am Tau

---

* Heulen macht es nicht fertig!

fest!“ Von allen Seiten prüfte er noch einmal die Fracht, manchmal zwei Fuder hintereinander, und kletterte auf den Traktorsitz, Mutter und Franz neben ihm. Edel und ich legten uns rücklings, das Seil fest in den Händen, auf das Heu und warteten auf das Zeichen: „Geht los!“ Die Treckerschnauze hob sich von der Last ein wenig nach vorn, Mutter schrie, es ruckelte einen Augenblick, doch dann tuckerte der Zug langsam los, über die huckeligen Wege, und Edel und ich schwebten durch Baumkronen und Wolkenhimmel. Kamen wir vom Näske oder vom Haselhoff, hielt Vater auf halber Strecke beim Hohen Reiter an. Bäuchlings wagten wir uns an den Rand und Vater warf uns ein Eis am Stiel nach oben. Auf der Straße nahm Vater Fahrt auf, so dass sogar unsere Herzen klopften. Er hupte, Mutter kreischte, doch dann konnten wir sie lachen hören.

Nicht immer ging es so freudig und gemächlich zu. Zogen dunkle Wolken auf, schauten wir bange in den Himmel, machten unsere Bewegungen schweigend und ohne Pause, eine Gabel nach der anderen. Wir zählten die Sekunden zwischen Blitz und Donner, und je nachdem, ob es mehr oder weniger wurden, schafften wir es trocken nach Hause oder der Regen prasselte erbarmungslos auf uns nieder, so dass Vater manchmal unter einer schützenden Eiche hielt und wir nur noch hofften, dass uns der Blitz nicht erwischen würde. Aber unsere Fuder – die kippten nie!

Zu Hause entluden wir. Draußen vom Fuder aus schickten Vater und Franz Ladung für Ladung mit dem Heuaufzug nach oben, wo die riesigen Zangen mit einem warnenden „Bing!“ die Hürde durch die große Luke auf den Heuboden nahmen und sich nach ein paar Metern mit einem erneuten „Bing!“ ihre metallenen Greifer öffneten, so dass die Fracht mit Wucht auf die immer höher werdende Kidde* knallte. Dort sprangen Mutter und wir Mädchen zur Seite, bevor wir das Heu bis in den äußersten Giebel verpackten. Von Mal zu Mal wurde die Luft dünner, heißer und staubiger. Und manchmal klappte eine von uns oben zusammen, was jedoch keinen Anlass zur Sorge gab. Nach ein paar Minuten ging es weiter und meistens lief alles gut.

Ein besonders suurer Tag, an dem nicht alles gut ausging, das war im Juli 1967.

Das letzte Fuder wurde zu Hause gerade entladen. Mutter hatte auf dem Feld bereits die höchsten Lagen allein aufstecken müssen; Vaters Arme hatten es nur noch bis zur Hälfte geschafft, und das allein hatte an ein Wunder gereicht. Nun bedienten Vater und Franz unten – in der frischen Luft, worum ich sie oft beneidete – den Heuaufzug, ohne auf uns oben auf dem Heuboden zu achten. Vater schickte eine volle Ladung nach der anderen nach oben: „Bing!“, „bing!“, und kurz darauf wieder „bing!“, „bing!“ Mutter stand in Unterwä-

* Heuberg

sche da, wir Mädchen im Badeanzug, der Staubschweiß lief in Linien am ganzen Körper kitzelnd hinunter. Einmal huschte Mutter nur knapp unter einem schweren Abwurf hinweg, „wumm!“, und sie fiel von der Wucht rückwärts ins Heu. „Stopp! Anhalten!“, rief Edel, und einen Moment lang war der Motor still. Es reichte kaum für einen Schluck Tee, bis wir den surrenden Motor des Aufzugsseils schon wieder hörten. „Weitermachen! Kommt Gewitter!“, hörten wir Vater von draußen. Wir Mädchen protestierten, doch Mutter rief schon zurück: „Ja, aber langsamer! Batt jo nich.“* „Bing!“ Ein paar Fuhren waren es noch, bis Vater ein lautes „Fertig!“ rief und von unten mit den langen Stangen bereits das große Tor zuzog. Erschöpft ließen wir uns ins Heu fallen. Mit einem Handtuch wischte Mutter den staubigen Schweiß von Brust und Schultern. Ich kletterte die beiden Leitern hinunter.

Dunkle Wolken jagten durch den Himmel, im Garten fegte der Wind den Sand zwischen den Beeten auf, die Baumkronen im Wäldchen wogten heftig von einer zur anderen Seite. Binnen Minuten schob sich eine dunkle Decke über den Hof, ich spürte wenige dicke Tropfen auf meinen bloßen Schultern. Plötzlich wirbelte eine hohe Windhose am Schöppken die Sturzkarre in die Höhe und ließ sie krachend wieder fallen, der Birnbaum bog sich wie ein Halm nach unten, Dachpfannen flogen und zerschellten am Boden, innen schlugen Türen. Gefolgt von einem mächtigen Knallen und weißen Blitz, der am Achterweg senkrecht in eine Eiche ging.

Vater schrie: „Überall Fenster auf! Überall Fenster auf!“ Ein Kommando, das ich erst verstand, als Hagelkörner auf mich prasselten, „Fenster auf! Bevor der Hagel sie zerschlägt.“

Wir rannten durchs Haus, flogen die Treppen nach oben, während es über uns krachte und knallte. In Großmutters Kerzenaltar brannten zwei Kerzen. Den Schürzenzipfel am Auge schaute sie zum Spieker, wo sich die Eiskugeln mehrere Handbreit an der Wand türmten. Nach einer Viertelstunde war der Spuk vorbei. Totenstill. Alles lag ruhig da, es wehte kein Lüftchen mehr, hellgelbe Sonnenstrahlen brachen durch. Ein mächtiger Regenbogen spannte sich über das ganze Brook. Der Hof glich einem Scherbenfeld von Dachziegeln. Scheiben waren nur wenige zu Bruch gegangen. Vater humpelte mit seinem Stock am Feldrand vorbei. Dort, wo vorher Roggen und Gerste prächtig gestanden hatten, lag jetzt plattgedrücktes Getreide im grauen Schlamm. Vom Kartoffelgrün waren nur noch abgeschlagene Zweige zu sehen, die Rüben ebenso. Mutter war nirgendwo zu sehen.

„Wo ist Mama?“, fragte ich.

„Wird irgendwo draußen sein.“

---

* Hilft ja nicht!

Ich kletterte die Leiter zum Heuboden hoch:

„Mama?“ Nichts. „Mama?!“ Ich nahm die nächste Leiter und fand sie liegend oben auf der Kidde. „Mama?“

„Ja. Bin hier“, hauchte sie. „Bring mir mal Tee. Aber sag es keinem!“

Mutter trank die Tasse in einem Zug und schickte mich wieder weg:

„Ich komme gleich. Sag es niemandem. Muss niemand wissen!“

Ein paar Minuten später lief sie in den Garten, schaute auf das Schlammfeld, wo eine Stunde vorher noch üppige Beete gewesen waren, und hob die Hände vors Gesicht.

„Wo warst du!?“, fragte Vater jenseits der Hecke.

Wir gehörten zu denen, die keine Hagelversicherung hatten – und Vater ließ sich von den vielen Vertretern, die in den Tagen danach von Hof zu Hof fuhren, auch keine andrehen. Den anderen war es nicht besser ergangen als uns, eher schlechter. Doch auch bei uns dauerte es Tage, bis die Dachlücken wieder geschlossen waren und die Bäume und Sträucher wieder stabil standen. Das Getreide blieb am Boden. Jeden Abend stand das Bookschapp in der Stube offen, saß Vater mit seiner roten Kladde am Tisch. Neben ihm lagen mehrere Zeitungsseiten: „Stellen und Anzeigen“. Manche Kästchen waren rot umkringelt: „Torwächter, nachts bei gutem Lohn“. „Kassenwart an Tankstelle“, „Buchhaltergehilfe Versicherung“. Wir lasen still in unseren Ecken. Mehrmals schrieb er seinen Lebenslauf vor, bis er, mit Helgas Füller in seiner schnörkellosen Schrift akkurat und fehlerfrei, fertig auf einer Seite stand. Ich überflog: Soldat im Krieg, stets gute Zeugnisse, verheiratet und vier Kinder, gut instand gehaltener Hof von acht Hektar zusätzlich zu Pachtland, fleißig und absolut zuverlässig. Die letzten Sätze erschienen mir fremd:

„Durch ein Schicksal bin ich 50% erwerbsgemindert, doch kann ich gut Arbeiten im Sitzen verrichten.“

Er drückte das Löschblatt darauf und tütete es ein. Mutter stand hinter ihm; sie weinte.

„Gibt es denn keine andere Lösung?“

„Irgendwer muss das Futter zahlen.“

Ich fuhr mit zu Rieken, musste Vater beim Einparken und Ausparken einweisen, weil sein Hals und Rücken steif waren. Rieken steckte sich eine Zigarette an und beugte sich nach vorn.

„Herr Vanwoldt, ich sage es Ihnen auf den Kopf zu. Wer will denn jemanden wie Sie, mit zwei Krücken? Sowieso: Ein Bauer wie Sie gehört auf seinen Hof, nicht in anderer Leute Wächterhäuschen. Die zehntausend Mark Schaden holen Sie im nächsten Jahr wieder rein.“

Rieken blies den Qualm zur Seite aus.

„Sie haben keine Schulden. Da gibt es in ihrem Hook ganz andere. Die sind vor Ihnen dran.“

Dann schaute Rieken auf mich: „Ihre Kinder sind schon groß, packen mit an. Ihre Frau sowieso! Und es sind weitere Agrarhilfen im Gespräch. In einem Jahr können wir noch einmal reden.“

„Schönen Dank, Herr Rieken. Das wollte ich bloß hören!“

Doch dann fiel Rieken noch etwas ein.

Auf seine Bewerbung bekam Vater eine Absage; eine zweite schickte er nicht ab.

Spät im August holten wir das halbverrottete Getreide mit ein paar Fudern ein. Der Weseler Onkel half uns dabei. Das Korn trugen wir Kinder eimerweise von der Schoppe auf den Hausboden, wo es besser trocknen würde. Tante Joseffi versprach jedem von uns zwei Pfennig pro Eimer. Am Ende der Woche hatte ich zwei Mark zusammen. Ein Teil der Kartoffeln war ersoffen, ein anderer erholte sich wieder. Auch die Rüben richteten sich wieder auf. Aber die Kellerregale füllten sich nur halb. Tante Toni stiftete ein Dutzend voller Einmachgläser und auf den leeren Plätzen standen erstmals Konserven. Mit Ananas.

Bequemes Geld – von Elektro Rensing. Nebenher zu Hause arbeiten! Erfüllen Sie sich und Ihrer Familie alle Weihnachtswünsche.

So lautete die Anzeige in der Zeitung. Nach Allerheiligen räumten wir Mutters beste Stube aus. Wo vorher die roten Polster standen, stapelten sich nun Kisten mit Glasröhren, Metallstäben und Elektrokabeln, die wir nachmittags nach den Schularbeiten mit Zangen und Schraubenziehern zu Neonlampen montierten, bis uns die Fingerkuppen bluteten. Wir Kinder bekamen fünf Pfennig pro Lampe, den Rest behielt Vater. Die Plackerei, rechnete er ein paar Monate später durch, hatte sich kaum gelohnt: „Immerhin. Kleinvieh macht auch Mist!“ Am Karfreitag räumten wir das Sofa wieder an seinen Platz.

In den Osterferien und Sommerferien halfen wir Kinder wieder bei Kerkhuus. Tante Christa brachte Brötchen mit Nutella und zum Abschluss gab es sogar fünf Mark – für jeden von uns. „Düftige Kinder!“, lobte sie. Vater konnte sich im Herbst das Trockengebläse ausleihen und wir mussten das Korn nicht mehr mit Eimern schleppen.

Samstagabends machte Mutter Toast Hawaii.

„Was eene suure Tied“, sagte sie.

„Ja“, sagte Vater. „Aber jetzt geht es wieder aufwärts.“

Helga begann mit Nachhilfestunden, jeden Sonntag nach dem Hochamt kam ein Auto aus Fürstenfeld und holte sie für zwei Stunden à 3,50 Mark ab. Ein Vermögen.

Hofgeschichte 1967

Hartes Jahr. Von der Alterskasse wieder für vier Wochen in Bad Driburg. Keine richtige Hilfe bekommen. Arztwechsel von Dr. W. zu Dr. L., leichte Besserung. Hochzeit bei Veehdreewer. Anna wird umgeschult, Schulreform, nach Vorderhook. Zirkulator für Heuwendung bekommen. Hydraulik im Schlepper einbauen lassen. Franz Messdiener. Großer Hagelschaden. Kleines Zusatzeinkommen, Heimarbeit.

Saander Zeitung, 17. Februar 1968

Münsterland: Agrarhilfen für Umstellung
Auf der gut besuchten Kreisverbandstagung in Barlo sprach Dipl. VW Rieken über die Sorgen, die derzeit die Familienbetriebe heimsuchten. Die Märkte für Milch und Schlachtvieh seien übersättigt. Nicht nur Maßhalten auf der Produktionsseite, sondern auch auf der Marktseite sei erforderlich. Europas Kühe seien zu fleißig. Die sechs EWG-Staaten erarbeiteten eine gemeinsame Milchmarktordnung. Für den schwierigen Anpassungsprozess hat Ernährungsminister Höcherl bis 1971 20 Milliarden DM Agrarhilfen zugesagt. Dabei müsse die Landwirtschaft in den Grenzen biologischer Gesetzmäßigkeit industrielle Produktionsweisen anstreben.

Rote Kladde, Januar – Februar 1968

Bestand Januar 1968: 100 Hühner, 14 Mastschweine, 12 Ferkel, drei Sauen, 11 Kühe, ein tragendes Rind, zwei Rinder, drei Mastbullen, fünf Kälber.

Einnahmen:

ein Schwein (260 Pfd x 1,39 DM)	*361,40 DM*
zwei Bullen	*1800,50 DM*
zwei Monate Kindergeld	*270 DM*
ein Kalb	*150 DM*
ein Bulle (403 kg x 2,60 DM)	*1023 DM*
Jan. Milch (3218 kg, 3,4 % Fett)	
Abzug Molkereikauf	*1005,95 DM*
Milchsubventionen	*41,83 DM*
Jungrind	*320 DM*
acht Ferkel (acht Wochen, à 40 DM)	*320 DM*
Febr. Milch (2983 kg, 3,75 % Fett)	*935,51 DM*
10 Ferkel (sieben Wochen)	*420 DM*
Kindergeld	*270 DM*
sieben Schweine (667,5 kg x 2,10 DM)	*1438,50 DM*
Krankenkasse zurück	*63,90 DM*
zwei Kälber (eine Woche alt)	*295,00 DM*
Elektro Rensing	*903,67 DM*

Ausgaben:

Flurbereinigung (2. Rate)	*88,90 DM*
Kalbiphosphoral	*30 DM*
Stalllampe (Schweine)	*65 DM*
Abferkelkasten	*135 DM*
ein Bullenkalb	*210 DM*
eine Besamung (Tierarzt)	*22 DM*
Koopmann bezahlt	*1000 DM*
Zement	*26 DM*
Tierarzt	*88 DM*
Diesel (Aral)	*86 DM*
Schmied (Rep. Traktor)	*300 DM*
Rattengift	*4 DM*

Der Plattenspieler

Vater fuhr mit Helga nach Saande zu Musikhaus Pfeffer, um den Plattenspieler zu kaufen. „Hat sie sich selber verdient“, erklärte er dem Verkäufer. Wir waren alle im Wohnzimmer versammelt – so wie damals, als wir den Fernseher bekamen, als Vater und Helga das graue Koffergerät der Marke Superla in der Ecke gegenüber dem Fernseher aufbauten, dort wo vorher das alte Radio gestanden hatte, direkt unter den Fotos von Großvater und Onkel Franz. Großmutter blieb in der Küchentür stehen, Mutter holten wir aus dem Hühnerstall. Als alles soweit war, nahm Helga mit spitzen Fingern eine schwarze Scheibe aus einer der drei mitgebrachten Hüllen, drehte sich zu uns um, stellte vor: „Sö Lords, Glorieländ“, wischte mit einem weichen Tuch darüber und pustete nochmal, bevor das Stück endlich auf dem Teller zu liegen kam. Jetzt bückte Vater sich und peilte, hob mit seinen großen Fingern den grauen Arm an und setzte die Nadel auf die Scheibe. Ein kurzes Knistern, dann ging es los: „Ower in sö glorie länd … jises.“ Es funktionierte! „Is dat wirklich schön?“, kräuselte Mutter die Stirn, doch unser Vierer-Urteil war ganz klar: Wir wackelten bereits mit Kopf und Hüften und hoben die Arme, so wie wir es im Beatclub mit Uschi Nerke gesehen hatten. Großartig! Zweimal hintereinander hörten wir Helgas Musik, dann sang eine hohe Frauenstimme mehrmals „Drei weiße Birken“, eine Zugabe von Musikhaus Pfeffer, während der wir alle nur andächtig lauschten. Dann legte Vater seine Scheibe auf: „Radetzkymarsch!“ Im Anzug stellte er sich vor uns auf, ein schelmisches Lächeln von einem Ohr zum anderen. Es zuckte in seinen Armen und Beinen, und er schnappte sich einen unserer Bleistifte vom Tisch und begann zu dirigieren. Mutter schaute bereits wieder auf die Uhr – da schob Vater Tisch und Stühle zur Seite und legte den Marsch von neuem auf. „Komm, Martha, lass uns tanzen!“ „Bist ja verrückt!“, winkte sie lachend ab, doch Vater hatte längst den linken Arm ausgestreckt und sie mit dem rechten fest, wie er es immer tat, um ihre Hüften gefasst. Großmutter schmunzelte mit dem Schälmesser in der Hand, Tante Joseffi schaukelte im Fenstersessel. Helga streckte den Arm nach Edel aus, und Franz nach mir. Und für ein paar Minuten schoben wir zu sechst durch die alte Stube.

Tags darauf kam Tante Joseffi mit einem Pappkarton voller großer schwarzer Shellak-Platten von oben: „Weißer Holunder, der blühet im Garten“, es folgte „Der kleine Leutnant, schöner Gigolo, armer Gigolo.“ Den roten Plattenständer hatte niemand von uns je vorher gesehen, und Tante Joseffis klobige Schuhe wippten.

Von da an kaufte Helga monatlich, statt Karl May, eine neue Schallplatte, Beatles und Bee Gees. Vater brachte Freddy Quinn und Anneliese Rothenberger mit. Bei den Kerkhuus-Mädchen konnten wir uns endlich für die Augsburger Puppenkiste revanchieren. Wir hatten sturmfreies Wohnzimmer, wenn Vater und Mutter ihren Sonntagmittagsschlaf hielten. Margret und Gertie kamen vorbei, um vor der Tanzschule mit Helga und Edeltraud die Schritte noch einmal einzuüben. Es begann mit einem Wiener Walzer, dann Foxtrott und Cha-Cha-Cha, auch Rock ′n′ Roll und endlich der Blues. Wir hoben die Arme und wogten die Körper. Eng umschlungen legte jede den Kopf auf die Schulter der anderen, schloss die Augen und küsste den heimlichen Prinzen – in Gedanken. Ob Franz an eine Prinzessin dachte, weiß ich nicht.

Die erste Langspielplatte gehörte, ausgerechnet, Großmutter: Die Kölner schenkten ihr zu Weihnachten eine Scheibe von Heintje, wonach alle Weihnachtstage ein langes „Maaa–maaa" durch das Haus dröhnte. Bis es niemand mehr hören konnte.

Helga machte bereits Pläne für die nächste Auflage.

Eiergeld

Tante Hermine hatte den Hohnermann geschickt. Er brauchte nur einen kurzen Blick in Mutters Hühnerstall.

„So wird das nichts, liebe Frau", schüttelte er den Kopf. „Sie müssen mit der Zeit gehen", und blätterte bereits einen Prospekt auf.

„Meinen Sie?", fragte Mutter besorgt zurück.

Kurz darauf brachte er zehn Meter Hühnerkäfige und hämmerte sie, jeweils fünf Meter übereinander, mit der Wasserwaage peilend an die frisch gekälkte Wand. „Muss ja gerade hängen", schaute er zufrieden sein Werk an. Die andere Wand blieb leer. Vater hatte gesagt, dass zehn Meter erst einmal zur Probe reichten.

„Praktisch. Da brauche ich kein Stroh mehr. Und die Scheiße fällt nun in einem Streifen auf den Boden", strahlte Mutter über das ganze Gesicht. Sie war es leid, jede Woche den Mist auf der Schubkarre hinauszufahren. Jetzt würde es nur noch der Kot sein, und der fein säuberlich in eine Reihe fallen, ohne dass man dabei selbst in den Dreck treten musste. In eine der beiden Futterrinnen kam das Fischmehl, in die andere das Wasser.

„Das hätte ich eher machen sollen."

Als kostenlose Zugabe brachte der Hohnermann schwarze Plane vor den Fenstern an, denn bei regelmäßigem künstlichen Licht – zwölf Stunden an und zwölf Stunden aus, darauf müssten wir achten! – würden die Hühner aus Langeweile mehr legen, fast jeden Tag ein Ei. Dafür garantiere er. Zum Lüften reiche ein offener Türspalt, aber Vorsicht, dass keine Katze oder Mader reinkämen, deshalb auch nachts schließen.

Von da an kam der Hohnermann, dessen langer Hals so kahl und abgerupft wie der von Mutters angepickten Hühner war, regelmäßig mit seinem Kastenwagen auf den Hof gefahren. Mit einem langen Haken sortierte er die tauben Alten aus und übergab sie Mutter zum Schlachten. Die neuen Junghennen stopfte er in die Käfige. In wenigen Wochen verdoppelte sich die Zahl der Eierlagen, die Tante Hermine jeden Donnerstagabend in ihren Kofferraum lud. In Kittel und Gummistiefeln kam sie auf unseren Hof gefahren, ging eine Viertelstunde mit Mutter auf einen Likör in die Küche:

„Hast du gehört: Der arme Heinrich liegt noch immer im Krankenhaus.“

„Hast du Elsbeth gesehen? Bekommt noch was Kleines! In dem Alter, Mitte vierzig!“

Oder sie tauschten Rezepte aus. Einmal brachte Tante Hermine frischen Fisch mit, Seelachsfilet; und stellte ein rotes Gewürz dazu:

„Paprika. Musst den Fisch gut damit einreiben und in brauner Butter braten. Dann schmeckt er fast so gut wie Hähnchen!“

Bevor die Klocke sechs Uhr schlug, sprangen beide für die nächste Arbeit auf, Mutter zum Melken, Hermine zum Pannekookenbacken. Gemeinsam trugen wir die Lagen, acht oder zehn, je nachdem wie gut das künstliche Licht funktioniert hatte, zu ihrem Auto. Am nächsten Vormittag klappte Tante Hermine irgendwo in Bottrop ihren Kofferraum auf. Im Innendeckel, neben einem Foto von einem im Gras scharrenden braunen Huhn, sprang einem ein großes Schild entgegen:

FRISCHE BRAUNE LANDEIER

Und am nächsten Donnerstag legte Tante Hermine ein paar Zehnmarkscheine neben das Likörglas, ein paar Groschen und Pfennige obenauf: „Abzüglich Kosten“, erklärte sie jedes Mal, wobei niemand an ihrer Grundehrlichkeit zweifelte. Achtzehn Pfennig für die kleinen, neunzehn für die großen Eier – Mine schlug für ihre Kundinnen jeweils zwei bis drei Pfennige auf, manche legten von sich aus zu, wegen der guten Landeier. Drei Mark fünfzig für ein mageres, vier Mark dreißig für ein fettes Schlachthuhn – Mine schlug für ihre Kundinnen jeweils eine Mark auf.

Zwischen den Jahren zog Vater Bilanz:

„Martha, dat lohnt sik nich. Geben wir für Mehl und Junghennen mehr aus, als du für deine Eier bekommst.“

„Natürlich lohnt sich das“, protestierte Mutter sofort, „jede Woche dreißig Mark, manchmal mehr!“ Was nicht ganz stimmte.

„Wir kaufen mehr Futter ein, als du für deine Eier bekommst. Von den Käfigen und dem Strom gar nicht zu reden.“

„Wenn ich melke oder die Schweine füttere, lohnt sich das auch nicht.“ Es kam selten vor, dass Mutter Vater widersprach.

„Kiek doch! Ich kann es dir vorrechnen", hielt er ihr jetzt die roode Kladde hin.

„Ich habe aber mein eigenes Geld", bestand Mutter. Und auch Großmutter meldete sich plötzlich.

„Eine Frau braucht ihr eigenes Geld." Es kam selten vor, dass Großmutter ihrem Sohn widersprach.

Auch Tante Hermine schüttelte mit dem Kopf; von den Einnahmen könne sie Kaffee kaufen und die Tankfüllung bezahlen. Jawohl!

Vater gab nach. Zu Mutters Namenstag schenkte er ihr ein neues Portemonnaie mit mehreren Fächern. Tante Toni schaute es von allen Seiten an, sah einen Zwanzigmarkschein und ein paar Münzen darin.

„Machst du richtig", seufzte sie. „Willst du mein Portemonnaie mal sehen?"

Tante Toni klappte es auf. Da, wo andere Geldscheine verwahrten, hielt sie ihr Spitzentaschentuch. Im Münzfach waren ein paar Groschen – für den Klingelkorb beim Hochamt.

Ein Jahr später brachte der Hohnermann weitere zehn Meter an. Und im Jahr darauf noch einmal eine Reihe.

„Willst du nicht auch den Führerschein machen?", fragte Tante Mine. Mutter war im Hook die einzige Frau – ihres Alters – die keinen Führerschein hatte. Mutter schüttelte mit dem Kopf.

„Habe ich keine Zeit zu, wenn Berni fährt, kann ich wenigstens mal nichts tun und aus dem Fenster schauen."

Außerdem gab es auch Frauen, allerdings nicht im Floiterhook, die den Führerschein mit in die Ehe brachten und trotzdem nicht fuhren. Ihre Männer erhoben alleinigen Anspruch auf ihren Mercedes, und wenn die Frauen irgendwo hinwollten, mussten sie den Mann fragen.

„Das könnte mir nicht passieren!", betonte Tante Hermine und war sich darin mit allen anderen Frauen des Hooks einig, nicht nur mit Tante Christa.

Mutter bestritt vom Eiergeld nicht nur den wöchentlichen Einkauf – Backpulver, Kaffee, Pfeffer, Salz, Seife, roten Tortenguss, Zucker, sondern auch ihre Kleidung. Nur manchmal vor den großen Visiten, Ostern und Weihnachten, oder wenn ein neuer Mantel anstand, gab Vater ihr einen großen Blauen dazu. Dabei war das Konto bei der Volksbank auf ihrer beider Namen, aber wenn sie zur Volksbank fuhren, wartete Mutter lieber in einem der großen Ledersessel und schaute sich die schönen runden Hängelampen und die modischen Saander Frauen an.

Aus der wöchentlichen Viertelstunde wurde von Jahr zu Jahr mehr und manchmal kam Tante Hermine schon eine Stunde zuvor.

Vater rechnete weiter – und schüttelte weiter mit dem Kopf. Und bezahlte weiter die Junghennen und das Fischmehl.

Zu Pfingsten trug Mutter zum ersten Mal das grüne Kleid mit den gelben Sonnenblumen. Fedon hatte den Stoff extra für sie zurückgelegt. „So etwas können nur wenige in Wiesken tragen“, hörte ich ihn sagen, als ich eines sonntags im Flur seines Ateliers auf Mutter warten musste. „Der Ausschnitt ist aber zu tief“, meinte Mutter und Fedon entgegnete: „Ein bisschen Spitzenunterrock darf man ruhig sehen.“ Mit hochrotem Kopf kam sie hinaus. Ein paar Tage später holte ich das Kleid in einem Pappkarton ab und legte ihn auf Mutters Bett. Abends konnte ich durch die Wand Vater rufen hören „Donnerwetter!“ Es klang ganz anders als seine Donnerwetter sonst. Nach dem Hochamt hörte ich draußen die Frauen reden: „Hast du Marthas Kleid gesehen?!“ Fedon hatte in allem recht gehabt.

Auch Onkel Alfons betrieb weiter seine Schafzucht. Ali und Malik holten die Schafe irgendwann mit einem weißen Kastenwagen ab: „Früchte, Gemüse, Metzgerei – Özdemir“, stand in rot-gelben Lettern darauf. Das war, nachdem die Ziegelei geschlossen hatte und sie zu ihren Verwandten nach Gelsenkirchen gezogen waren.

Brandt, oder: Visite

„Kannste nit‘ä mool din Schoh anlosse!“ Tante Eva hatte die glänzende Tür des cremefarbenen Mercedes geöffnet und zeigte mit ihren langen roten Fingernägeln verärgert auf die große Pfütze, „Kannste nit oppasse?!“ Onkel Anton hatte genau davor gehalten. Cousine Vicky in ihrem rosa Mäntelchen schaute besorgt durch das Hinterfenster nach unten. Onkel Anton ließ den Motor wieder an und setzte den Wagen ein paar Meter zurück, genau vor die Dälentür. Tante Eva steckte ihre bestrumpften langen Unterschenkel hinaus, am schlanken Fuß steckten spitze rote Schuhe mit handbreit hohen Pfennigabsätzen. Vicky reichte ihr von der Seite die farblich passende Handtasche.

Schon kam der silberne BMW von Onkel Gerd und Tante Maria hinten mit Uschi und Andreas auf den Hof gefahren. Tante Maria in ihrem neuen Wildledermantel – „Alcantara!“, wie wir später erfuhren –, dafür nur halbhohe Pfennigabsätze, mit denen sie mühelos über die nasse Erde balancierte. Es folgten Tante Luzi und Onkel Ede in ihrem roten Fiat, hinten mit Walli, Manfred und Peter, die heute auch Tante Thea mitgenommen hatten. Onkel Albert würde nach der Sonntagschicht im grauen Käfer nachkommen.

Allerheiligen.

Die Däle wurde zum Laufsteg für die Tanten, die zwischen den glotzenden Bullen und stöhnenden Kühen ihre neueste Garderobe präsentierten. „Da hat Anton ja etwas springen lassen“, kommentierte Tante Luzi, deren Rock ich aus dem Quellekatalog kannte. Sie lief hinter Tante Eva, die wie immer um eine

Antwort nicht verlegen war. „Ja, dat soll er mal. Ich han zum Anton jesacht, er kann ooch mal an mich denke und nit nur an seine Firma. Wo ich die janze Woche für ihn koche un putze“, rief sie zurück. „Wie war die Fahrt? Wie geht es euch?“; das war Tante Thea. „Warum bist so mager geworden, Thea? Hast ja nichts mehr auf den Rippen.“ Langsam schoben sich die Schönen durch den schmalen Gang zwischen Heu und Runkeln Richtung Küche. Die Männer standen noch draußen zusammen. Waren, wie immer, schon am Debattieren, kaum waren die Motoren abgestellt.

„Der war ja nicht mal Soldat im Krieg!“

„Hat sich gedrückt, häww dat träcken looten.“

„Musst du gerade sagen, warst doch noch nass hinter den Ohren!“

„Ne, sowas als Bundeskanzler.“

„Kass du gar nich mät proaten!“

„Und unehelich dazu! Und eine ausländische Frau.“

„Bäter ne rooden Brandt as ne bruunen Kiesinger!“

„Dänn was nich bruun.“

„Du weißt ja nicht, was du sagst!“

„Kommt erst einmal rein“, das war Vater, mit einem Lachen.

In der Küche stand Mutter mit Schnaps und Likör bereit. Bis Mitternacht hatte sie in der Küche gestanden. Der dunkle Biskuit für die Schwarzwälder wäre beinahe im Ofen verbrannt, weil ausgerechnet zu dieser Stunde Heta zu kalben begann. Die Buttercreme war erst beim zweiten Versuch etwas geworden. Der Eierlikör nach neuem Rezept entsprach nicht ihren Erwartungen. Vater hatte, entgegen ihrer Bestellung, mal wieder den billigen Schnaps gekauft.

Die Tanten packten ihre Geschenke aus. Vier halbe Pfund Jakobs Krönung, eine Flasche Klosterfrau Melissengeist, eine Schachtel Sarotti Pralinen und zwei rosengeblümte Handtücher für Großmutter. „Und für euch hab ich Haribo.“ „Und hier einen Beutel Apfelsinen.“ Tante Maria nahm mich zur Seite: „Habe gehört, dass du gern liest.“ Ich wickelte das Päckchen aus: „Amundsens Wettlauf zum Südpol.“ Es war mein erstes eigenes Buch.

„Zu Tische!“, verschaffte sich Mutter mit einem Löffel am Glas und stolz nach oben geworfenem Kopf Gehör und wies zur besten Stube – so hatte sie es auf der Haushaltsschule gelernt –, und mit lachendem Geschnatter nahmen alle vor den dampfenden Schüsseln Platz, Großmutter in der Mitte. Mutter klopfte noch einmal ans Glas, schaute jetzt mit strengem Blick auf die Männerseite, hob sogar den Finger:

„Und noch etwas! Vandage wööt nich öwwer Politik proat! Das gibt es einfach nicht!“

Großmutter nickte und betete vor: „A-Au-wa-auf Dich, o Herr. Amen.“ „Amen.“ Es konnte losgehen. Alle reichten sie artig ihre Suppenteller, Rindfleischsuppe, danach Tellerfleisch mit Zwiebelsoße, vor Schweinebraten mit Pfirsich und roter Kirsche garniert, „das Auge will auch etwas haben“ und „das ist jetzt modern.“ Speckbohnen süß-sauer dazu, „müsst ihr erst den fetten Speck auslassen, dann mit Essig und Zucker ablöschen“, Apfelkompott und natürlich Kartoffeln. Es ging heute alles einen friedlichen Gang. Die Themen alte und neue Nachbarn, Hochzeiten und Beerdigungen waren heute ergiebig gewesen. Und auch von Onkel Ede, der jetzt auch mal was sagen wollte, war nicht wirklich etwas zu befürchten. Von seinen alten Leiern, zum Beispiel von den dicken Bauern, die ihren dicken Benz mit seinen Steuergeldern spazieren führen, während er seinen Fiat in Raten abstottere, „jawoll, so isses!“ – davon war nicht viel zu befürchten. „Noch ein Kotelett?“, fragte Mutter. „Ja, gerne.“ „Mein Jott, Martha, haste dir wieder viel Arbeit jemacht!“ Onkel Albert, der noch auf Feiertagsschicht war, würde erst später dazu kommen. In der Fabrik arbeiteten sie jetzt Akkord, an Sonntagen nochmals doppelt bezahlt, wie Tante Thea, selbst vorne am Band, aber ohne Schicht, erklärte. „Haben Urlaub in der Lüneburger Heide gebucht!“, lächelte sie, ein wenig stolz. Auch Onkel Gerds und Onkel Antons Lehrlinge und Gesellen bekamen mehr Geld, „Ha! bei weniger Stunden!“, aber damit konnten die Meister umgehen: „Wir sind zufrieden.“ „Und die Kinder?“ Zum Abschluss gab es Schokoladenpudding mit Raspelschokolade und natürlich Sahne: „Wer möchte selbstgemachten Eierlikör dazu?“ Das war nur eine Anstandsfrage. „Mein Jott, Martha, dat iss ja een Jedicht!“ Das war ehrlich. Mutter lächelte. „Kokken do ik ümmer gerne! Stehe ja sonst den ganzen Tag im Stall.” Großmutter faltete die Hände zum Gebet: „Va-So-Sei-Hei-Geist. Amen.“ „Amen.“

Jetzt fuhr Onkel Albert mit dem Käfer auf den Hof. Auf der Wärmeplatte war alles für ihn aufgehoben.

Die Frauen spülten, die Männer suchten sich einen Platz für ihr Nickerchen. Und während die Frauen danach Großmutters Rabatten bestaunten, „so üppig stehen die Dahlien bei mir nie“, machten die Männer einen Spaziergang ins Brook – wir Kinder dabei. „Kiek“, zeigte Onkel Gerd auf einen Acker, „da ist damals das Flugzeug von den Amis abgestürzt, ha, mit den dicken Gummireifen.“ Und ein Stück weiter zeigte Onkel Anton auf einen Graben: „Hier habe ich Bessvaader mal gefunden und dann mit der Schubkarre nach Hause gefahren. Weißt du noch, Gerd?“, klopfte er seinem Bruder auf die Schulter. „Ja sicher. Und, schau, da hinten in der Hütte, da hatte sich der roode Onkel vor den Nazis versteckt. Aber das durfte damals nur Vater wissen.“ Zurück im Haus deckten wir Mädchen die Kaffeetafel: Schwarzwälder Kirsch, Mokkabuttercremetorte, Apfelkuchen und Kalten Hund für die Kinder, außerdem Großmutters frischen Stuten mit Schinken und Käse. Ich formte mit der Gabel kleine Röschen auf die kalte Butter.

„Ja, wollen wir denn gar nicht mehr zum Friedhof fahren. Wird ja bald dunkel?“

Genau, deshalb war man ja gekommen. Jetzt brach die Kolonne zum Friedhof auf. Zuerst der rote Fiat, dann der graue Käfer, gefolgt vom silbernen BMW und dem cremefarbenen Mercedes. Das Schlusslicht bildete unser blauer Ford 15M. Ich durfte im Mercedes mitfahren. In abendlicher Dämmerung bei modrigfeuchter Luft legten wir Kränze auf Großvaters Grab und zündeten Lichter an. In doppelter Reihe standen wir mit gefalteten Händen still vor dem Grab, bis jemand das Schweigen brach: „Kiek. Der Vogelkasten hängt immer noch.“ Zum Abschluss gingen wir an der Kapelle vorbei, zündeten ein paar Kerzen an, auch für Onkel Franz in der Gedenktafel für die Gefallenen. Tante Thea musste ihr Taschentuch hervorholen.

Zurück in der besten Stube, mit Bier und Zigarette in der Hand, standen sie unter den eingerahmten Fotos ihres Vaters und ihres Bruders.

„Kiek. Franz. War noch ein Kind. Ein Gesicht wie ein Milchbubi und so was haben sie in den Krieg geschickt!“, sagte Onkel Gerd. „Ein Teufel war das, der Hitler! Ein Teufel!“

„Das war nicht nur der Hitler. Da haben auch andere mitgemacht.“ Onkel Albert konnte es nicht lassen.

„Was willst du damit sagen?“

„Nix, aber euer eigener Vater war bei der SA, der mochte doch den Hitler. Die wollten doch den Krieg.“

„Pass auf, was du hier sagst! In Andenken an unseren Vater.“

Onkel Albert stellte ein Bein vor und warf den Kopf nach oben, zog an seiner Zigarette und blies den Rauch, gerade noch rechtzeitig, an den anderen Onkeln vorbei.

„Muss ja mal einer die Wahrheit sagen! Ein Nazi war er, ein Nazi! Ihr könnt die Wahrheit nicht vertragen!“

„Du unverschämter Kerl!“, zischte Onkel Anton, die Augen zu einem schmalen Schlitz zusammengekniffen.

„Een Komisskopp! Und die Kirche hat auch mitgemacht!“

Vater hatte geschwiegen. Doch sein Kehlkopf hüpfte, schnell. „Ich muss noch nach Heta sehen“, sagte er und lief hinaus.

Die Frauen waren alle in der Küche, aber jetzt erschien Tante Thea mit aufgerissenen Augen in der Tür:

„Ihr seid sofort ruhig! Heute ist Allerheiligen!“

Einen Augenblick funktionierte das. Doch dann entbrannte die Glut von neuem.

„Was bist du für ein Kerl?! Hast keinen Anstand! Im Haus deiner Schwiegereltern!“

„Anstand! Anstand! Müsst ihr gerade sagen. Ihr Scheinheiligen! Ihr habt sogar die Möbel von den Juden geholt. Thea und Luzi haben in so einem Bett geschlafen."

„Albert!"

„Du ollen Deibel."

Da stand Großmutter in der Tür, ruhig auf ihren Stock gestützt.

„Was ist hier los? Was macht ihr hier?"

Doch draußen knatterte bereits der Käfer vom Hof, ohne Tante Thea.

Tante Luzi riss das Fenster auf.

„Frische Luft reinlassen."

Es dauerte eine ganze Weile, bis alles durchgelüftet war.

Im Jahr darauf kamen sie alle wieder. „Ich bitt' euch: Hört auf, von damals zu reden", hörte ich Mutter am Telefon flehen, als sie alle der Reihe nach wieder einlud. Mutter holte den Aufgesetzten und stieß nacheinander mit ihren Schwägern an: „Lasst uns heute froh sein. Gibt genug Elend und Sorgen. Nicht heute." Es hielten sich alle daran.

In den Tagen danach räumte sie Stück für Stück alles wieder in die Schränke ein. Das Geschirr, die Gläser, die Tischdecken. Sie ließ sich Zeit damit, bis das letzte Stück verstaut und die Stube wieder in ihrem kahlen aufgeräumten Zustand war. Es roch noch immer nach kaltem Rauch und vergossenem Bier. Mutter sog lächelnd die Luft ein: „Ach, das rieche ich so gern." Ich verzog die Nase. Von außen zog sie langsam die Tür zu, schlüpfte in ihre Gummischuhe und den Stallkittel und lief rasch auf die Däle.

Das schöne Bett mit den gedrechselten Pfosten zersägte Vater. Ich weiß nicht, was aus dem Holz wurde.

Kaufkraft

Sankt Raphael präsentierte sich mächtig und prächtig wie eh und je. Zu Weihnachten, Ostern und Pfingsten standen sie bis hinten im Turm, so voll war es dann. Wobei der Propst – trotz der stetig steigenden Einwohnerzahl seiner Gemeinde – einen Rückgang von Geburten und vor allem Taufen zu beklagen hatte. Vorm Wieskener Tor wuchs Gras zwischen den Steinen.

Die Altstadt, das heißt das, was nach dem Krieg noch übrig war, ließ der Stadtrat sprengen und durch ein monströses fensterloses Bauwerk – von manchen wegen des gewölbten Betondachs als „Glatze" verspottet – ersetzen. Vom mehrstöckigen Parkhaus konnte man durch eine bunt gekachelte Unterführung, ehemals Teil der unterirdischen Stadtmauer, trockenen Fußes und Hauptes in das neue Einkaufszentrum gelangen:

„Ein Symbol für den Erfolg und die Moderne des Kreises", lobte der Kreisdirektor zur Eröffnungsfeier, „die alte Zeit der Dominanz von Landwirtschaft und Textilindustrie, die alte Strukturschwäche des Kreises, der sich heute in Wirtschaft und Gesellschaft diversifiziert zeigt – diese Zeit ist vorbei!" Und der Stadtbaudirektor ergänzte: „Wir wirken dem Abzug der Kaufkraft entgegen." Im Gehirn unter der Glatze immerhin, kommentierte wenige Jahre später Studienrat Kleeberg, hatte ein „weltläufiger Konzertsaal" Platz gefunden, in dem bald Orchester und Solisten aus ganz Europa Mozart und Haydn vor den vornehmen Saander Arztgattinen und Geschäftsfrauen in Pariser Couture brillierten. Auch federngeschmückte Shows und Maskenbälle zu Karneval fanden dort Platz.

In Wiesken hielt man es weiter mit der Vielzahl von bewährten und gut besuchten Festen, deren Glamourfaktor durch giftgrüne Miniröcke und ebenso bunte lange Kleider dem in Saande in nichts nachstand. Den Chic von Fedons Kleidern aber, den erreichte selbst die schillerndste Robe aus einem der vielen Saander Modeläden – oder Neckermann oder Quelle – nicht. Kurz bevor Fedon die nackten Puppen mit Gardinen überhängte und in einer der Textilfabriken eine Meisterstelle annahm, ließ sich Mutter noch einmal ein Kostüm dort nähen, fliederfarben, mit enger Taille und Schößchen. Sie trug es sehr lange und sehr gern. Der Strumpfautomat war eingerostet. Die Dauerwellen ließen sich die Frauen bei Stendals Tochter machen; vier Trockenhauben hingen in dem großen Salon. Mutter ging nur zum Schneiden hin; sie hatte selber Wellen, wofür eigene Lockenwickler reichten.

Wieskens Einkaufszentrum war der neue Supermarkt der jungen Erika Koopmann. Mutter fuhr mit ihrem Fahrrad und zwei Taschen am Lenker dorthin und ging mit einem Korb durch die beiden Reihen, um selbst Waren auszusuchen – Dr. Oetker oder RUF, Palmolive oder Lux, Schattenmorellen und Blockschokolade –, statt sich von der alten Hoffkreie, die mürrisch geworden war, die übriggebliebene Ware über die Theke schieben zu lassen. Sogar eine Frischetheke mit Cervalatwurst und Scheibletten gab es bei Erika und Konserven mit Ananas für Toast Hawaii. Erika war nicht nur freundlich und patent; ihre blonde Haarpracht steckte sie zu einem lockigen Dutt auf, so dass sie ohne Mühe mithalten konnte – mit der Schickeria aus Saande und den Schönen und Reichen aus der BUNTE, die ganz oben, neben der BILD und HÖRZU, von ihrem Zeitungsständer grüßten. Jeden Abend um halb sieben kam eine alte Frau mit Fransentüchern vorbei, und Erika gab ihr in einer Tüte die Reste von der Frischetheke mit.

Edda Kraane schloss ihre Wirtschaft aus Altersgründen und verkaufte an einen zwielichtigen Fremden aus dem Ruhrgebiet, Dussmann, der die Gästezimmer an fremde Frauen in ledernen Miniröcken vermietete und unten alle Fenster schwarz verhängte. Dort, wo früher einmal lange rote Fahnen gehangen hatten, baumelten jetzt rote Laternen im Wind.

Der Hohe Reiter wechselte sich bei den Festivitäten mit dem Bürgerheim, wie jetzt das alte Jugendheim beziehungsweise die alte Notkirche hieß, an den Wochenenden ab, eine Kegelbahn kam dazu. Der sonntägliche Frühschoppen war besser besucht denn je. An den Wochentagen hielten Eddi Kleinkes und Alfons Selting weiter zuverlässig die Stellung, unterstützt von täglich wechselnden Vertretern und Viehhändlern, manchmal auch von Natmäker, wenn er mal wieder Krach mit seiner Renate hatte und sich dafür ein Schnitzel gönnte, übrigens nicht aus Argentinien. Und manchmal warf Albert eine Lokalrunde, damit es nicht langweilig wurde. Dafür sorgten, gelegentlich, auch andere.

Eddi und Alfons saßen friedlich in ihrem Zeitungseck; auch Natmäker war da, als Felix Ross einmal wieder mit seinem Jagdhund zur Tür hereinkam, woraufhin Eddi die Zeitung an den Haken hing. Ross legte, wie er es gerne tat, sein dickes Portemonnaie auf die Theke:

„Bier und Schnaps für alle."

Eddi schob bereits den Blaumann hoch. „Behalt dein Geld für dich, Grooten. Hab' gehört, du brauchst es noch."

Zuerst steckte sich Ross seinen Zigarillo an, dann nahm er einen Fuffziger aus dem Geldbeutel und hielt ihn mit der Rechten zwischen Daumen und Zeigefinger:

„Was ich mit meinem Geld mache, geht dich einen Scheißdreck an, Kleenen." In aller Ruhe klappte er den Deckel des silbernen Feuerzeugs auf und hielt die Flamme unter den Schein, der in halbverkohlten Papierresten zu Boden segelte.

Eddi zog seine Kappe: „Good goan." Am einarmigen Banditen warf er eine Münze ein – und eine Handvoll Silber rasselte in die Schale. Draußen schwang er sich auf sein Moped. Niemand sah, wie er den Schraubenzieher aus seinem Blaumann nahm und damit langsam an Ross' dunkelgrünem Mercedes vorbeizog. Pankratz hätte seine Freude an diesem Fall gehabt, aber er lag neben seiner Mutter auf dem Friedhof im Grab.

Den vielen Feiern im Hook tat das keinen Abbruch. Auf den Nachbarschaftsfesten und Hochzeiten, wo man sich weiter gern kabbelte, um dann doch wieder mit Bier und Korn anzustoßen – die meisten jedenfalls – tanzten die Männer mit allen Frauen und die Frauen mit allen Männern. Mutter machte sowieso keinen Unterschied zwischen Selting, Boesel, Floiter, Natmäker, Kleinkes, Imken, Kerkhuus, Veehdreewer oder Ross, mit denen sie nacheinander Runden drehte, auch Lehrer Blitz verneigte sich einmal vor ihr. Danach schoben die Männer sie zur Theke, ihre Pranken verdeckten die ganze Sonnenblume auf Mutters Hintern. „Berni, wenn du mal wieder auf Kur bist, komme ich gerne zur Hilfe!", riefen sie Vater zu. Und Vater stieß lachend mit seiner Cola an.

„Das hättest du wohl gerne!“ Einmal kam es zu einem Vorfall, zwischen Tante Renate und einem der Grooten, ich habe vergessen, wer es war. Jedenfalls wurde es am Thekeneck plötzlich laut, nämlich als Tante Renate, die gern ein offenes Dekolletee trug, ihm zuerst mit der rechten Hand eine scheuerte und dann mit der linken ein Bier nachschüttete. „Bloss Hande wörmen“, hatte der Groote gelächelt, und sich das Bier mit dem Taschentuch abgewischt. Damit war das erledigt.

Ich kannte sie alle, nicht nur von den Festen, weil ich jeden Freitagmittag mit meinem Fahrrad das Kärkenblättken rundbrachte, einmal im Monat auch die Stadt Gottes, und viermal im Jahr kassierte ich das Geld dafür. Und manchmal war ich die erste, die etwas erfuhr. Der Stapel Zeitungen lag vor dem Schultor; ich klemmte ihn hinten aufs Rad und klapperte alle ab, bei Wind und Wetter. Und überstand alle kläffenden Hunde, die nach meinen eifrig rauf und runter trampelnden Hacken trachteten, so dass sich die Pedale überschlugen. Ich warf mein Rad vor die Mauer und flüchtete auf die Däle, von wo aus ich, wie Briefträger Peters es machte, großen Schrittes weiter zur Küche lief, dabei „Godden Dach!!“ rief, dabei schon die Tür öffnete und mit einem „Kärkenblatt! Kärkenblatt!“ mitten in der Küche bei einer der Tanten stand. Ich legte die Zeitung auf den Tisch und wartete einen Augenblick, wo eine Süßigkeit in Aussicht stand. „Wie geht‘s Papa?“, fragten sie. „Besser. Heute Nachmittag war der Doktor da und hat ihm Spritzen gegeben“, sagte ich, nahm die Bonbons mit einem Knicks, „Danke schön!“, und war schon wieder weg. Nur bei Veehdreewer und Ross klingelte ich immer an der Bommdör, weil die Tanten immer vorne waren, den Schokoriegel schon in der Hand, zu Weihnachten auch einen Beutel Mandarinen oder sogar fünf Mark. Bei Tante Boesel gab es Plätzchen, bei Floiter zum Nikolaus eine große Tüte. Bei Natmäker war meistens nur der kläffende Spitz da, und ich warf die Zeitung über den Zaun, weshalb sich – ausgerechnet Tante Renate, die selten in der Wieskener Kirche zu sehen war – einmal bei Mutter beschwerte. Bei Kleinkes schob ich die Zeitung leise durch den Schlitz, seit ich Onkel Eddi einmal aufgeweckt hatte und er mir vom Sofa aus ein Papierknäuel entgegenschleuderte: „Verschwinde! Mit deinem ollen Kärkenblättken!“ Tante Hermine nahm die Zeitung am Donnerstag mit den Eiern mit. An Nikolaus bekam ich von Fräulein Anne eine volle Tüte mit Nüssen und Schokolade und Apfelsinen für meine „Verdienste“. Das Kärkenblättken war lästig, aber gut honoriert. Auch mit Neuigkeiten, die ich nach Hause bringen konnte.

An einem Freitag fehlte die Kirchenzeitung für Ross, ausgerechnet als ich das Geld für die Stadt Gottes einsammeln musste. Ich beschloss, unser Exemplar zu nehmen und trampelte zu Ross, wo es eigentümlich ruhig auf dem

Hof war, das Törchen zum leeren Hundezwinger offen. Ich schellte an der Bommdör, einmal, zweimal – niemand kam. Die sonst mit goldener Kordel zur Seite gerafften Samtvorhänge waren erstmals zugezogen. Ich ging um das Haus herum, „Gooden Dach! Kärkenblättken! Und Geld einsammeln!“, rief ich und ging weiter zur Däle, die ohne Vieh war. Ich drückte die Klinke der Küchentür herunter; sie war verschlossen. Ich lief in den hinteren Hof, Richtung Schweinestall, wo ich Gequieke und fluchende Männerstimmen gehört hatte und nun zwei große Viehtransporter sah: „Ich muss Geld für die Stadt Gottes einsammeln!“, rief ich den Männern im grauen Kittel zu. „Ha“, lachte der eine zurück, „Mädchen! Da bist du zu spät. Die sind schon weg“, und zeigte auf die leere Doppelgarage, wo sonst immer der grüne Mercedes stand. „Wir holen nur noch das Vieh.“

Zu Hause kräuselte Vater die Stirn. Er schaute zu Ross‘ Gehöft herüber, genau in dem Augenblick, als von dort die zwei Viehlaster auf die Straße Richtung Süden einbogen. „Watt för eene Hoff was dat!“, schüttelte Vater den Kopf. Ross‘ hatten bei Nacht und Nebel Haus und Hof verlassen. Der neue Eigentümer, ein Schweinezüchter aus Holland, überließ die Ställe zwei Angestellten, die mit ihren Familien in Wesel blieben. Das Vorderhaus baute er zu Mietwohnungen aus. Ich hatte ein Kärkenblatt weniger rumzutragen, und zu Weihnachten fünf Mark weniger.

Hofgeschichte, Silvester 1970

Im Frühjahr wieder sechs Wochen von der Kasse in Bad Zwischenahn. Besuch von Helga und Edeltraud mit dem Zug, aber keine Besserung. Betriebshelfer Hubert Geiting gute Hilfe mit dem Vieh. Nachbarn und Marthas Geschwister haben Feldbestellung gemacht. Im Mai Arztwechsel: Von Doktor Hinrichs, Allgemein, zu Doktor Münckenberg, Homöopath, leichte Besserung. Vom Agraramt vorläufige Flächenzuteilung erhalten, von sieben Stücken auf eine Fläche!

Natmäker war der Nächste – aber er hatte kein Geheimnis daraus gemacht. Er verkaufte das Vieh, blieb auf dem Hof wohnen und baute in der Scheune seine bald florierende Metallwerkstatt aus. Das Land verpachtete er, gerecht zu gleichen Anteilen, an Veehdreewer, Kerkhuus und Floiter. Von den acht alten Bauern des Floiterhooks waren es noch fünf. Weitere würden fallen, aber einer nach dem anderen. Eddi warf beim Hohen Reiter gelegentlich eine Lokalrunde – wenn sie zu dritt waren, mit Selting und Natmäker.

Die Modellgemeinde, oder: Verkopplung

Großmutter stand am Rande des Hofes und schaute zum Barch, als ich mittags von der Schule kam. Schon vom Steen aus hatte ich die beiden gelben Kettenraupen gesehen. „Wat bünt de doar ant wöhlen?!"*, schüttelte sie den Kopf. Ihr Auge tränte, vielleicht vom scharfen Wind. „Und die schönen Brombeerhecken, alle einfach weggeschoben", sagte sie mehr zu sich selbst als zu mir. Ihr Blick galt einem plötzlich wüsten Stück Land, dort, wo ein Tag zuvor noch die üppigsten und nach Westen gerichteten Brombeerhecken gestanden hatten, wo Großmutter und ich im Sommer immer die saftigsten und dicksten Exemplare geholt hatten und schnell einen ganzen Eimer füllen konnten. Mit Zucker bestreut gab es sie sonntags auf den Vanillepudding, noch Schlagsahne dazu, und in üppigen Jahren machte Mutter Marmelade und Saft daraus. Tagelang hing, über einem quer gelegten Stock geknotet, ein gefüllter grauer Leinenbeutel im Keller, während tiefdunkelrote, fast schwarze Flüssigkeit in einen weißen Emailleeimer tropfte.

Jetzt aber trug der Wind das Brummen der Ungetüme, „brrr ... brrr ... bong ...", unbarmherzig bis zu unseren Ohren. Mit ihren riesigen Schaufeln schoben sie, laut und mühelos, Sträucher und Grasplaggen zu einem gewaltigen Berg zusammen, begleitet von feinem Sand und Staub, der bis in unsere Nasen kitzelte. Vater kam mit einem Eimer aus der Schoppe und lief Richtung Däle.

„Wenigstens die Sträucher hätten sie lassen können", sagte Großmutter. „Hast du denen das nicht gesagt?"

„Man kann nicht alles haben. Ich bin froh, dass es endlich losgeht", warf er ihr im Vorbeigehen zu.

„Haben wir keine Brombeeren mehr", tupfte Großmutter ihr Auge mit dem Schürzenzipfel. Jetzt sah ich, dass es rot und eitrig war.

Im Winter zuvor hatten „die von der Verkopplung" schon das Wäldchen gerodet und zu Acker gemacht. Die Muttergottes stand seither in Imkens Garten neben den Grabsteinen. Großmutters „Maria breit' den Mantel aus" glich nun eher einem Summen; das Flackern des abendlichen Kerzenlichts am Rande des Wäldchens war erloschen. Stattdessen schauten wir seit ein paar Monaten über flaches, kahles, graues Land, manchmal bis hinüber zu Schulzendiek, dessen Eichen geblieben waren. Die alte, silbrige, vorher so mächtige Pappelallee hatten sie in einem Durchgang gleich dazu genommen; ihre langen Baumkronen hatten zu viel Schatten auf Wiesen und Felder geworfen, die Ränder und das Wurzeln zu viel Platz weggenommen. Monatelang hatten wir die Motorsägen, das Brechen, Krachen und Fallen der langen Stämme gehört, gefolgt vom

---

* Was wühlen die da wieder rum?!

Brummen der Planierraupen, dem Geschiebe von Schotter und dem Knirschen der Walze, bis die neue Piste, ohne ein Schlagloch und Wurzelwerk, fertig war. Auch die drei Pappeln auf unserer Wiese am Barch verschwanden, ebenso wie die drei alten Weidenbäume, an deren Stelle jetzt nur noch Sträucher waren.

„Was machen sie mit den Stämmen?“, fragte ich Vater.

„Daraus werden Streichhölzer gemacht, Welthölzer, kennst du doch.“

„So viele?“

„Damit kann Oma noch lange das Herdfeuer anzünden und du die Kerzen am Weihnachtsbaum.“

Die krumme, alte Becke, die jetzt Vorfluter hieß, floss schnurgerade in einem winklig ausgeschabten V, so dass niemand mehr das wild wuchernde Grün schweißtreibend mit Hand und Sense ausmähen musste. Stattdessen fuhr ein Gemeindearbeiter gemächlich mit Kettenraupe und seitlichen Scheren am Rand vorbei, wonach alles sauber und ordentlich aussah. Da hatte die alte Wasser-Grete offenbar schlecht aufgepasst – oder von sich aus das Weite gesucht. Aber aus dem Alter war ich sowieso heraus, auch aus der Zeit, in der mich Froschlaich, Vogelnester und Eidechsen interessierten, oder Schlüsselblümchen für Fräulein Weiling oder Margariten für unseren Feldaltar zu Fronleichnam. Auf dem Gymnasium, wo ich inzwischen war, hatte ich ganz andere, vielleicht meine ersten Sorgen.

Mit Vater ging es auf und ab zu dieser Zeit. Im Sommer, je heißer es war, umso besser ging es ihm. Doch im Frühjahr oder Herbst, nachdem er tagelang in mehrere Jacken und Decken gehüllt auf dem zugigen Trecker die Felder bearbeitet hatte, war der Rücken steif wie ein Brett. Er fuhr von einem Doktor zum anderen, und manchmal musste ich ihm beim Parken helfen, oder beim Umziehen oder einfach nur Besorgungen erledigen. Mittags wartete er in seinem grauen Kragenpullover, dem graublauen Anzug und seinem grauen Hut in unserem blauen Ford 15M mitten vor der großen Eingangspforte des Gymnasiums auf mich, um ihn auf seiner Tour zu begleiten. Nach dem Gong rannte ich als Erste hinaus, sprang auf den Beifahrersitz und kramte mit gesenktem Kopf in meiner Schultasche, bis er endlich losfuhr. Zum Parken suchte er eine breite Lücke und ließ mich aussteigen. Ich öffnete seine Tür, stemmte mich von außen dagegen, damit er sich am Holm hochziehen konnte, und reichte ihm die kunstlederne Aktenmappe und den Stock. Langsam ging ich mit ihm die Treppen zum Landwirtschaftsamt hoch, wo er mich zu einer Bank wies, „Kannst ja so lange lernen“, und dann in einem der vielen Zimmer verschwand. Ich zog mein Vokabelheft aus der Tasche. Irgendwann ging die Tür wieder auf: „Ich will sehen, was ich tun kann“, sagte Herr Rieken und warf einen freundlichen Blick auf mich: „Ach, sind die Kinder ja groß geworden. Nettes Mädchen“, und er reichte mir die Hand. „Ja“, lächelte Vater, „vier liebe Kinder, alle fleißig und schlau.“ Er sagte es in seiner klaren, warmen Stimme, und ich merkte, dass er es gern sagte.

Anschließend beim Doktor saßen wir nebeneinander im vollen Wartezimmer. Ich steckte meine Nase tief ins Buch und hoffte, dass keiner aus meiner Klasse hereinkommen würde. Gemeinsam gingen wir in die neonbeleuchtete, stickige, enge Umkleidekabine, wo ich ihm Jackett und Pullover von den Schultern, die Schuhe von den Füßen zog. „Stell dich nicht so an. Bist schließlich keine Triene. Wirst nichts Schlimmes sehen, bin dein Vater!“ Sein Rheumaunterhemd fühlte sich feucht an, es roch nach Lenor und Bienensalbe. Endlich öffnete der Doktor die Tür: „Kommen Sie bitte!“ Allein wartete ich auf dem kleinen Hocker in dem winzigen Kabuff, bis Vater zurückkam und wir die umgekehrte Prozedur vornahmen. Mit Rezepten in der Hand ging es weiter zur Löwenapotheke, die den Eltern von Bennie aus der Parallelklasse gehörte. Bennie hatte dunkelbraune Augen und war nett. Ich ging allein hinein und überreichte Bennies schöner Mutter mit den zarten Händen meine Liste. „Kannst dort im Sessel warten“, lächelte sie, „wird etwas dauern.“ Nach einer Weile kam sie mit einer vollbepackten Tüte zurück. „Sag deinem Vater, dass er die Zäpfchen nur bei ganz schlimmen Schmerzen nehmen darf. Hörst du?“ „Ja.“ Zurück im Auto drehte Vater den Kopf zu mir, so weit er konnte. „Hast du alles bekommen?“ Ich nickte. „Ich weiß schon“, sagte Vater, „dass dir das alles nicht passt, aber es geht nicht anders. Kommen wieder bessere Zeiten.“ Zu Hause half ich ihm wieder aus dem Wagen heraus. Schnell brachte ich Aktenmappe und Tüte in die Küche, legte alles auf den Tisch, rief nach dem Hund und rannte mit ihm ins Brook.

Nelly gab es da nicht mehr. Ihre Augen waren zum Schluss grau und trüb gewesen, ihr Hinterteil war beim Laufen weggerutscht und meistens hatte sie nur noch auf der Däle im Stroh gelegen und zur Begrüßung kurz mit dem Stummelschwanz gewedelt. An einem Mittag war sie weg, und Vater hatte gesagt, sie sei zum Tannenhain gelaufen und nicht zurückgekommen. „Glaube ich nicht!“, hatte ich trotzig zurückgegeben, und am Abend hatte Vater mir das frisch zugeschüttete Erdloch hinter dem Hühnerstall gezeigt. „War besser so“, hatte er erklärt und ich genickt. Ich holte Birkenstöcke aus dem Brook und Vater half mir, ein Kreuz zu setzen.

An einem Winterabend, mitten in der Woche, musste ich mit Vater zu einer der vielen Versammlungen in diesen Jahren ins Bürgerheim fahren. Vater hatte das Heizgebläse auf die höchste Stufe gedreht; in seinem hochroten Kopf glänzten gelbe Augen. Ein schwarzer Mercedes mit Coesfelder Kennzeichen stand neben der Eingangstür, der Chauffeur hatte sich auf seinem Sitz zurückgelehnt. „Kiek“, sagte Vater, „die hohen Herren sind schon da.“ Eine

Gruppe Männer rauchte vor dem Eingang. Beim Aussteigen wollte Vater sich nicht helfen lassen; stattdessen lief er zügig Richtung Tür, wobei er den Stock spielerisch nach vorne warf. Es sah künstlich aus. Plötzlich kehrte er zu mir um: „Komm mit rein. Kann zwei Stunden dauern." Ich schüttelte den Kopf. „Kannst was lernen!", winkte Vater mit der Hand. Ich wusste, dass es im Wagen bald kalt werden würde und vor allem das kleine Wagenlicht auf Dauer zu schwach zum Lesen war, und als Vater noch einmal winkte, folgte ich ihm, sah ein kleines Lächeln in seinem Gesicht. Im Saal setzte ich mich auf einen hinteren Stuhl und schlug mein Buch auf. Vater nahm in der vorletzten Reihe neben dem alten Floiter und dem jungen Boesel Platz. Zwei Jungs verkauften Bier und Sprudel aus einem Kasten. Vater schnippte mit den Fingern und nahm zwei Cola, drehte sich mit dem steifen Oberkörper zu mir um und klopfte mit der Hand auf den leeren Stuhl neben sich. Widerwillig stand ich auf: „Hör zu! Lernst du mehr als aus deinem Buch", und hielt mir die geöffnete Cola hin. Vater trank keinen Kaffee, aber er mochte Cola.

Vorne, an quergestellten Tischen, saßen Männer in dunklen Anzügen und grünem Loden nebeneinander, der in der Mitte so elegant wie einer der Minister aus der Tagesschau. „Das ist der Öwwerste", flüstere Vater mir zu, „der Baas vom Agraramt. Daneben der lange Rothaarige, das ist sein Adjutant. Und daneben Rieken, den kennst du ja." Auch Kerkhuus und der junge Temminghof saßen vorn, und am Rand ein junger Mann mit langem Bart in grünem Loden, „der neue Förster aus Münster." Auf der anderen Seite standen zwei Tafeln mit bunten Landkarten. Auch ein Reporter von der Saander Zeitung mit Fotoapparat lief herum. Ich schaute mich um: Ich war das einzige weibliche Wesen im Raum.

Der Öwwerste stand auf, zog den glänzend blauen Schlips gerade und klopfte mit einem Hämmerchen auf den Tisch.

„Jetzt kümmt dänn Lackaffe vant Amt", zischte Boesel, „der feine Pinkel", aber Vater schien nicht hinzuhören.

„Meine sehr verehrten Herren, seien Sie versichert, dass die Flurbereinigung in Wiesken im ganzen Kreis, ja sogar in ganz Westfalen, bekannt ist für ihren raschen Fortgang und ihren Verlauf. Sie alle gelten nicht mehr als hinterwäldlerisch, wie noch vor zehn Jahren. Nein! Dieses Verfahren hat Modellcharakter für alle anderen! Jawohl", wippte er jetzt mit den Fußspitzen und hob den rechten Finger, „MO-DELL-CHA-RAK-TER!" Damit lief er zu den bunten Landkarten. Auf der linken, sehr bunten, stand „Vorher", auf der rechten, weniger bunten, stand „Nachher".

„Der redet wie damals Max Kraane", murmelte der alte Floiter. „Dat döch nich."* „Ja, das Rasierwasser kann man bis hier riechen", wandte sich ihm Boesel zu. Tatsächlich lag ein mir unbekannter Geruch in der Luft; auch mir gefiel er nicht.

„Schauen Sie!", setzte der Öwwerste fort. „Dies ist die Lage vor zehn Jahren. Die vielen kleinen Handtücher, die Zersplitterung. Und dies ist die Lage jetzt. Da haben Sie, liebe Bauern, endlich Platz für Ihre neuen Maschinen, zum Säen und Pflanzen und vor allem: zum Ernten!"

Er hielt kurz ein, schaute durch den Saal, doch es blieb still.

„Wiesken hat im Kreis, und sogar im Münsterland, DIE NASE VORN! In Düsseldorf schaut man stolz auf uns! Schon im nächsten Jahr können wir den Schlussstrich unter die Akte ziehen und Sie, meine Herren, Sie können wahrhaft die hohe Ernte einfahren."

Er wartete erneut einen Augenblick, es blieb wieder ruhig, mit Ausnahme eines Tischklopfens von Rieken und Temminghoff. Dann waren die Bauern dran.

„Ihr Wort in Gottes Ohr. Flurbereinigung wollen wir alle", stand einer aus dem Eekenhook auf, „aber vom Modell glaube ich kein Wort. Da müsste es gerecht zugehen. So wie das jetzt ist, kriegen die Großen wieder das beste Stück vom Kuchen."

„Genau, muss für alle sein!", bestärkte sein Nachbar ihn.

„Man kann es nicht allen gleichermaßen recht machen", sagte der Öwwerste aus Coesfeld, „es tun alle ihr Bestes." Temminghoff und Rieken nickten.

Aus der zweiten Reihe meldete sich Spökermann:

„Du musst für alle das Beste tun – nicht nur für ein paar! Wie ist es möglich, dass einige sehr zufrieden sind und andere sehr unzufrieden? Das geht doch nicht mit rechten Dingen zu! Ich habe jetzt sechs Morgen weniger als vorher!"

„Der meckert immer", flüsterte einer vor uns.

„Sie alle wissen", erklärte der Öwwerste weiter, „dass die Bodenbewertungen von einer unabhängigen Stelle gemacht wurden. UN-AB-HÄN-GIG. Einige Flure sind mehr wert als andere. Ihr Fall ist mir bekannt, Herr Spökermann. Sie können von Glück sagen, dass Sie die Weiden unten am Diek nicht mehr haben! Dafür bekommen Sie Boden am Dröögen Eck, das wird in zehn Jahren Baugrund sein."

„Ik bünn Buar, kinne Spekulant!** Wer bezahlt mir die Ausfälle in den zehn Jahren?!"

Einer aus dem Vorderhook stand auf: „Wir können gerne tauschen, Spöker-

---

* Das taugt nicht.

** Ich bin Bauer, kein Spekulant.

buar.“ Mit einem hörbaren Grummeln, „einige können den Hals nicht vollkriegen“, setzte er sich wieder hin.

„Ruhe, sachlich bleiben!“, rief Rieken vorn, gefolgt vom Hämmerchen. „Der Herr Diplom-Forstwirt Meiering hat sich gemeldet, bitte!“ Der junge Förster stand auf:

„Liebe Bauern, liebe Gemeinde. Was ich zu sagen habe, hört das Agraramt nicht gern, einige von euch vielleicht auch nicht. Ich will euch trotzdem sagen …“

„Bist du Jesus? Siehst schon so aus“, rief jemand und erntete ein paar Lacher damit.

„Lasst euch sagen, wir dürfen nicht noch mehr Wald roden. Wir können auch nicht alle Bäche begradigen, so wie manche von Ihnen das gerne hätten. Der Wald erhält unsere Wasserspeicher. Wald und Hecken schützen den Boden vor Abtrag, das wisst ihr Bauern. Ist auch für die Vögel und Schwalben …“

Weiter kam er nicht; jetzt unterbrach Veehdreewer:

„Fängst jetzt gleich auch noch mit den Feuersalamandern und Füchsen an.“ Wieder ging ein Lachen durch den Saal. „Natur haben wir hier immer noch genug im Münsterland!“ Und ein anderer rief aus der Mitte:

„Proats doar dumm tüüch.* Wer schützt uns vor den Naturschützern?“ Die Frage hatte genauso in der Zeitung gestanden, Schlagzeile.

Jetzt stand der alte Schulzendiek vorn in der ersten Reihe auf. Nur noch ein schmaler grauer Haarkranz war dem alten Gutsherrn geblieben, dafür war der Schnurrbart umso dichter und breiter. Umständlich drehte er sich nach hinten, es wurde ruhig im Saal:

„Eens will ik u säggen. So unrecht häww dänn Förster nich.** Unsere schönen alten Eichenwälder und Hecken, unsere Münsterländer Landschaft, das ist unsere Heimat, die sollten wir nicht kaputt machen.“ Der Förster vorn nickte, auch Rieken.

„Was nützt mir dein Wald, wenn ich ihn nur anschauen kann. Ich bin Bauer, ich brauche Land!“

Der Öwwerste stand auf, lächelte. „Aber, meine Herren, das ist doch alles nicht kriegsentscheidend! Das regeln wir später. Wir müssen den SACK JETZT ZU-MA-CHEN – Bauern kennen das!“

Der dünne Rothaarige lief jetzt mit Blättern von Reihe zu Reihe: „Wichtig ist, dass Sie alle Bescheid wissen. Sie alle werden in der nächsten Woche Briefe von uns mit den letzten Vorschlägen bekommen. Dagegen können diejenigen, die meinen, Widerspruch einlegen und ...“

---

* Redest dummes Zeug.

** Eins will ich euch sagen. So unrecht hat der Förster nicht.

Der Öwwerste unterbrach ihn:
„Eins sage ich euch! Besser wird es nicht. Und ihr wollt ja auch nicht ewig Geld für das Verfahren zahlen; wir wollen die Kosten nicht unnötig in die Höhe treiben."
„Muss der Lackaffe gerade sagen", drehte Boesel den Kopf zu seinen Nachbarn. Doch Vater trank einfach seine Cola aus und nickte mir zu: „Komm. Wir gehen. Ich weiß alles, was ich wissen muss."
Ein paar Tage später lag ein dicker grüner Umschlag auf dem Küchentisch, und am Abend saß Vater mit Veehdrewer, Kerkhuus und Floiter in Mutters bester Stube – ein ungewohntes Bild. In den Wochen danach stand Vaters Bookschapp ständig offen. Seine Kladden ließen für unsere Schulsachen wenig Platz.
„Drei Viertel kommen vom Amt, ein Viertel von den Bauern, anteilig, auch von uns", erklärte er Franz. „Die Teerstraße vom Draii zum Haus müssen wir selber zahlen, aber es gibt günstigen Kredit."
Vater ging es in diesem Jahr gut; oft konnte man ihn tagsüber auf dem Hof pfeifen hören. Die Geschichte der „Modellgemeinde" war damit noch – lange – nicht zu Ende.

Großmutter schickte mich noch ein paar Mal zum Brombeerpflücken nur für einen Mittag los, aber ich hatte Mühe, das Schüsselchen zu füllen. Das Heilwasser für ihr schlimmes Bein und die Augen besorgte sie sich schon lange in der Apotheke. Auch ihren großen Garten – den „grooten Guarden" mit den Stangenbohnen und den vielen Sträuchern –, den pflügte Vater bald um, denn Großmutter konnte nicht mehr so gut und Mutter schaffte nur den kleinen Garten; nur die Johannisbeeren zogen dahin um, womit auch Großmutter einverstanden war. Doch als Onkel Hermann kam, um mit seiner Kettensäge in einem Tag die alte Speckkirsche und die alten Pflaumenbäume abzusägen, da hörte ich sie nachmittags beim Kartoffelschälen, ohne von der Schütte aufzusehen, ruhig zu Vater sagen:
„Weißt du wohl? Berni. Das war mein alter Kirschbaum. Und das waren meine alten Pflaumenbäume. Damit habe ich uns manchen süßen Pudding gemacht. Und damals, als wir so wenig hatten, dir deine ersten Schuhe verdient." Sie ließ die Kartoffel ins Wasser plumpsen. „Hättest mich wenigstens fragen können."
Das war etwa zu der Zeit, als auch der Skandal mit dem „Lackaffen", der in Wahrheit ein Gauner war, ans Tageslicht kam. Floiters und Boesels hatten, einmal wieder, einen guten Riecher gehabt.

Saander Zeitung, 2. März 1971

Vermessungsdirektor lebte wie ein Fürst. Unsere Landwirte geschädigt? Ratlosigkeit und Bestürzung, aber auch helle Schadenfreude hat die Affäre des Landvermessungsdirektors ausgelöst. Der hohe Beamte hat in den letzten Jahren 1,5 Millionen DM seiner Behörde veruntreut. Der Fall ist für zahlreiche Bauern von hoher Bedeutung, war der Regierungsdirektor doch für die Flurbereinigungsverfahren in Wiesken und Leiden verantwortlich. Der Mann gab aufwendige Parties und trug wertvolle Maßanzüge. Er war ein Blender vom Scheitel bis zum Fuß. Der 63-Jährige rühmte sich als kühner Offizier und als Ritterkreuzträger und trat wie ein Oberlehrer auf.

Es stellte sich heraus, dass der Rothaarige irgendwann stutzig geworden war und ihn angezeigt hatte.

Einzig Eddi Kleinkes hatte seinen Spaß, als er sonntags nach dem Hochamt mit den anderen an der Theke stand.

„Der Beamte mit den sechzig Anzügen. Das war das Modell! Ha! Die ganze Republik lacht über euch dumme Buarn."

Der Rest trank, still wie selten, sein Bier. Nur der alte Floiter meldete sich: „Domoals, 1930. Vielleicht erinnern sich noch welche. Die Sache mit der Genossenschaft und Max Kraane. Das war auch so ein Lackaffe. Häww wi alle hal he hatt."

Dieses Mal hatten alle Geld verloren, anteilig. Und es hatte, wieder einmal, wie Vater mit einem Schmunzeln sagte, auch sein Gutes, dass wir Vanwoldts so kleine Bauern waren. Unser Schaden hielt sich in Grenzen.

Der Regierungsvermessungsdirektor a.D. bekam vier Jahre Haft und eine Geldstrafe von 1.000 DM. „Verminderte Schuldfähigkeit wegen verminderter Zurechnungsfähigkeit durch Kriegsverletzungen und bedingtes Verhalten." „Ha!"

Ein Jahr später erklärte der neue Öwwerste, der selbst, ohne Chauffeur, in einem Volkswagen vorfuhr, den „vorläufigen Abschluss des Verfahrens – mit großem Dank für Ihre Ausdauer, und trotz der vielen Unannehmlichkeiten." Viele Stühle waren unbesetzt. Ich war freiwillig mitgekommen, nachdem Vater mich gefragt hatte, obwohl er mich da nicht mehr brauchte. In der Biologiestunde hatte die Lehrerin von Artenvielfalt und Artenreichtum gesprochen und die Flurbereinigung als Beispiel erwähnt.

„Auch wenn wir nicht alle Wünsche immer hundertprozentig erfüllen konnten, so meine ich doch, dass sich das Gesamtergebnis – Zusammenlegung der Flächen, Schaffung von mehr Ackerland, Entwässerungen und nicht zuletzt endlich ordentliche Wege und Vorfluter – sehen lassen kann!"

Ein freundliches Klatschen ging durch den Saal, einige ließen ihre Hände im Schoß, der Förster blieb den ganzen Abend stumm.

„Ja, die Naturschützer und Flurbereiniger waren nicht immer die besten Freunde. Man kann es nicht allen recht machen."

Für die Biologiestunde konnte ich wenig berichten – außer, dass mein Vater sehr zufrieden mit allem war. Dieses Mal blieb er bis zum Ende, trank sogar ein Bier, als sie – fast – alle am Ende zusammenstanden.

Aus unseren früheren acht Lappen, jetzt ein Viertel Wiese und drei Viertel Acker, war ein einziger großer geworden, der rund um den Hof herumlag, nur noch durch die Zufahrt vom Draii auf den Hof, die Teerstraße, getrennt. Drei Pachtflächen, auch die größer als zuvor, behielten wir jenseits der Landstraße, darunter den großen Haselhoff, so dass Edel und ich noch ein paar Sommer oben auf dem Heuwagen nach Hause schaukeln konnten, bis die neuen Heupressen kamen. Mutter musste nicht mehr in der Dämmerung mit halbvollen Milchkannen am Lenker zwischen hohen Getreidefeldern fahren oder ein störrisches Pferd über die holprigen Wege steuern.

Über die Teerstraße waren wir alle sehr froh. Mutter konnte jetzt mit dem Rad fahren, ohne dass ihre Strümpfe mit Schlamm bespritzt waren. An manchen Sonntagen kam sie in ihrem fliederfarbenen Kostüm, passendem Hut und hellen Sandaletten mit Schwung vom Draii auf den Hof herunter, ein volles Lachen auf dem Gesicht. So zumindest hat Vater sie einmal fotografiert, kurz nachdem er die kleine Agfa gekauft hatte, ein Film, zwölf Fotos pro Jahr.

Hofgeschichte 1971 – ein gutes Jahr!

Edeltraud Abschluss der Handelsschule. Lehre bei Kannengießer als Industriekaufmann! Franz besucht die Gewerbeschule, Maschinen und Elektrobau. Helga Klassensprecherin am Gymnasium, Anna dort zweite Klasse. Schweineställe im Spieker und Schoppe vergrößert. Im Herbst neuen gebrauchten Schlepper gekauft. Alte Molkereigenossenschaft geht pleite. Milchkühlung für neue Molkerei eingebaut. Ab Januar Lieferung nach Marl-Dorsten. Kostenvorschlag für neue Teerstraße zum Hof eingeholt.

Aus dem Floiterhook legte nur einer Widerspruch ein; ich habe vergessen, wer es war.

Vater räumte sein Stubenfach auf. Im Winter holte er die Zigarrenkiste mit den Fotos hervor und beklebte unser erstes, grünes Fotoalbum.

Inagaddadavida

Ein Meter Reclam-Heftchen

„... ein hervorragender Kenner der heimischen Pflanzen- und Tierwelt, ein Vogelkundler, der 27 verschiedene Singvögel in seinem Garten und dem angrenzenden Wäldchen bestimmen kann…“, so stand es in der Zeitung. Hauptlehrer Mersmann wurde gebührlich in den Ruhestand verabschiedet: Sein Nachfolger war Herr Robert Blitz.

Herr Blitz war jung, groß und schlank. Mit seiner noch dünneren Frau Hannelore, mit langen glatten, dunklen Haaren, bezog er die renovierte Lehrerwohnung, in der sie nur während der Schulzeit wohnten. Ansonsten waren sie in ihrem dunkelroten Renault-Kastenwagen, an dem hinten kleine Gardinchen hingen, auf Reisen, ohne Kinder, aber mit einer Kiste, in der stets ein Dutzend Bücher lagen. Blitz trug einen roten Rollkragen unter seinem blauen Jackett und Hannelore lange bunte Röcke mit Stiefeln, auch im Sommer. Im Winter brannte, wie zu Lehrer Neuferts Zeiten, wieder lange Licht in einem Fenster. Sie waren freundlich und wir mochten sie.

Helga ging bereits ein paar Jahre auf das Gymnasium, als wir eines Novemberabends durch das Stubenfenster langsam zwei Lichter durch den Nebel auf den Hof zukommen sahen. Wir saßen noch beim Pfannekuchen. „Wer kommt denn da noch so spät?“, zog Mutter die Augenbrauen zusammen – und hatte in Windeseile die Schürze abgeworfen, die Teller abgeräumt und die Fenster zum Lüften aufgerissen. Der dunkelrote Kastenwagen hielt auf dem Hof; Lehrer Blitz wusste, was sich gehörte. Doch Vater lief in die Diele und öffnete die Vordertür. „Guten Abend, Herr Lehrer. Was verschafft uns die Ehre?“ „Guten Abend, ich will nicht stören.“ Unter seinem Arm hielt er einen großen Schuhkarton, eher für Stiefel. Wie aufgereiht standen wir alle da, Edel und ich machten einen Knicks – Helga hielt sich für zu alt dafür – und Franz einen Diener. Mutter breitete eine saubere Tischdecke aus. „Nehmen Sie bitte Platz!“ Wir drei drückten uns in die tiefe alte Couch, Helga blieb auf dem höheren Stuhl. Aus dem Schuhkarton häufte Lehrer Blitz nach und nach einen großen Stapel kleiner heller Heftchen auf den Tisch. Es waren mindestens hundert. „Reclam“, stand unten überall darauf. Ein paar blätterte er fächerartig auf den Tisch. Goethe, Egmont. Bach, Matthäus- und Johannespassion. Sophokles, König Ödipus. Shakespeare, König Heinrich der Vierte. Schiller, Wallenstein.

„Für die Kinder, damit sie lernen können!“ Er schaute zuerst auf Helga, „Die wirst du vielleicht gebrauchen können“, dann auf die Sofareihe, „und ihr später vielleicht auch!“

Der Speckgeruch lag noch in der Luft. Ich sah Vaters unrasierten Bart und die ölverschmierten Hosenträger über dem alten Flanellhemd.

„Herr Blitz“, lächelte Vater, „wie kommen wir dazu? Warum unsere Kinder?“

„Ihre Kinder haben das Zeug dazu.“

„Das können wir nicht annehmen“, sagte Mutter.

„Keine Sorge. Wir brauchen es nicht mehr. Meine Frau und ich überlassen es Ihnen gern. Oder soll ich alles wieder mitnehmen?“ Er klang ein wenig verärgert.

„Nein, so war das nicht gemeint. Wir freuen uns sehr.“

Schon machte der Lehrer Anstalten zu gehen und rückte den Stuhl nach hinten, als die naseweise Helga auf Sophokles tippte:

„Davon hat unser Lateinlehrer schon erzählt.“

„Gut!“, klopfte ihr Blitz auf den Arm, „umso besser!“

Mutter holte ein Gläschen Marmelade aus dem Keller. „Recht schönen Dank, auch an Ihre Frau.“

Ein paar Tage blieb der Stapel auf dem Buffet. Dann klemmte Helga ihn sich unter den Arm und trug den Schatz nach oben in ihr Zimmer. Vater hatte über ihrem Schreibtisch ein neues Wandregal für Schulbücher und Helgas monatlich wachsende Reihe von Karl-May-Bänden angebracht. Nun kam ein weiterer Stapel dazu, der fast die gesamte untere Reihe einnahm. Manchmal zog ich eines raus und blätterte darin. Wallenstein war ganz mit handschriftlichen Notizen, meist dünner Bleistift, vollgeschrieben, an einer Stelle etwas dicker: „Die Sterne lügen nicht.“ In Schillers Räuber fand ich: „Mensch im Sturm und Drang. Verstand ist hinderlich.“

Die großen Schwestern ließen sich die Kataloge von Neckermann, Quelle, Otto und Wenz schicken. Ihr Kleiderschrank füllte sich mit engen Jeans, kurzen Pullis, bunten Miniröcken, weißen Netzstrümpfen, lila Büstenhaltern und rosa Miedern. Ihr Arsenal an Lippenstiften, Nagellack und Lidschatten, alles in allen Farben, füllte eine Schuhschachtel. „Das wird‘s bei uns nicht geben!“, sagte die Heilige Tante aus Fürstenfeld auf Mutters Namenstagsvisite. Mutter lief rot an: „Wollt ihr noch einen Likör?“ Beim Abschied gab Vater seiner Schwägerin lächelnd die Hand: „Ach, was ich noch sagen wollte: Sind unsere Kinder, fleißig und ordentlich.“ Tags darauf, als Tante Hermine zum Nachkooken kam – so nannten wir das Resteessen –, rümpfte sie ihre Nase: „Hosen für Mädchen? Wird es bei uns nicht geben!“ Ihre Mädchen trugen nur lange Kleidchen und Blusen mit Ärmeln. „Hosen sind praktisch“, hob Großmutter den Kopf, „auf dem Feld bei der Arbeit und im Winter für den Weg zur Schule.“ Tante Hermine brachte ihre Kinder bei Regen zur Schule. „Das wird es bei uns nicht geben!“, war Vaters klare Ansage. Was wir manchmal bedauerten, auch Mutter. Hatte auch seine Vorteile, für uns.

Helga und Edel bestellten sich neue Bikinis – und ich trug ihre ausgeleierten Einteiler auf. Es war an einem heißen Sonntagnachmittag, als wir vier zusammen in die Badeanstalt fuhren. Franz und ich lümmelten uns auf unserer grünen Decke, Helga und Edel kicherten nebenan bei ihren Klassenkameraden, die es nicht lassen konnten, an ihren dünnen Oberteilträgerchen zu ziehen. Ich schaute lieber woanders hin. Und war die Erste, die Vater und Mutter entdeckte, und zwar am Kiosk mit suchendem Blick in unsere Richtung, er in seinem groß-karierten Sakko, sie in ihrem fliederfarbenen Kostüm. Es war zu spät, unsere Badedecke einzurollen; es blieb nur Zeit, Helga und Edel zu rufen. Mit sechs Eis am Stil in der Hand liefen sie bereits zielstrebig über die voll belegte Badewiese auf uns zu. „Ey, schau mal! Die kriegen Besuch von ihren Alten." Da standen sie schon vor uns, verdeckten die Sonne. „Wir wollten euch überraschen!", zwitscherte Mutter in ihrer seltenen Ausflugslaune, und Vater setzte sein etwas zu schelmisches Lächeln auf, das ich nicht besonders mochte. Auf der Decke sitzend, Vater und Mutter in voller Montur, schleckten wir alle schweigsam unser Eis. Dann stand Vater auf, zog seine Agfa und knipste. Auf dem Bild ziehen wir alle vier lange Gesichter, nur Mutter kniet mittig hinter uns und lacht.

Helga bezog Tante Joseffis Zimmer, nachdem diese mit Tante Magda in eine Saander Wohnung gezogen war. Die alte Blumentapete wurde durch knalliges Gelb ersetzt, davor stand auf einem ebenso bemalten Hocker der neue Plattenspieler, ein orangefarbenes Gerät mit zwei Seitenboxen. Während Franz und ich unten noch Raumpatrouille schauten oder noch beim Füttern halfen, konnten wir von oben Jane Birkin „Je t'aime" stöhnen hören, und abends, wenn Helga und Edel in ihren Betten flüsterten, hielt ich die Ohren auf und die Augen zu, damit sie dächten, dass ich schon schlafen würde. Und an manchen Sonntagen kamen langhaarige Jungs auf unseren Hof, saßen eine halbe Stunde mit Helga und Edel auf dem Mäuerchen und fuhren mit ihren Mopeds zurück. Helga nahm mich zu einer Klassenfeier in einem Partykeller mit. Ich zog mein bestes Kleid an, rot mit weißer Häkelspitze am Kragen. „Schaut, das ist meine kleine Schwester", erklärte Helga und alle waren nett zu mir. Stolz und artig setzte ich mich in eine Ecke. Der Raum war dunkel, an den Wänden hingen schwarzes Kreppapier und bunte Luftschlangen. Aus Lautsprechern dröhnte endlos „Inagaddadavida", Mick Jagger schrie „I can get no satisfaction", und Janis Joplin wünschte sich einen Mercedes Benz. Dünne Körper mit langen Haaren zuckten im Diskolicht. Bei Kerzenschein hauchten sie „Nights in white satin". Noch bevor sie „Je t'aime" auflegten, brachte mich einer der Jungs auf dem Rücksitz seines Mopeds nach Hause.

Zum Karnevalsball im HOT, Haus der offenen Tür, zogen Helga und Edeltraud als Blumenkinder mit rosa Perücken und bunten Papierkleidern – beides von Tante Thea besorgt – los. Ausgerechnet als die Heilige Tante durch die Tür kam: „Mät de Gammler und Ganoven – das lasst ihr zu?!" Mutter lief rot an und die Tante konnte von Glück sagen, dass Vater es nicht hörte. Er hätte ihr die Leviten gelesen. Am nächsten Tag lag die Zeitung mit einem großen Foto aufgeschlagen auf dem Küchentisch:

Saander Zeitung, 18. Februar 1969

Kostümball mit „The Magic". Das HOT konnte die Gäste kaum fassen. Der Abend stand unter dem Titel „Ganovenball", doch zwei artige Blumenkinder aus Wiesken bekamen den ersten Preis. Auf Büttenreden wurde verzichtet, die Hauptsache war der Tanz. Die Kapelle verzichtete auf den Erlös aus dem Eintritt von 50 Pfg. und spendete ihn der Hilfe für Biafra.

Vater schnitt das Foto aus und klebte es ins Album.

Bald kamen die Mopeds auch wochentags, darunter ein Solex-Fahrer mit langen dichten Locken, genannt Teddy, und schließlich fuhren die ersten Autos vor. Auf einem blumenbemalten Käfer stand mit großen Buchstaben TMC für „Trouble Maker Club". Vor dem Stubenfenster auf dem Mäuerchen warfen sie die Wagentür auf und zündeten sich Zigaretten an. Aus dem Käfer schallte Neil Diamonds „Sweet Caroline" über den ganzen Hof und durch die ganze Nachbarschaft. Helga und Edel kamen in ihren Minis, ich zog meine rosa Hotpants an. Mutter lief nervös von der Däle zum Hühnerstall und wieder zurück. Vater setzte sich zu den Langhaarigen auf das Mäuerchen:

„Wo kommst du her? Wer sind deine Eltern? Was machst du?", fragte er lächelnd – und bekam Antworten, die ihm offensichtlich gefielen. „Mögt ihr eine Cola? Oder Fanta?"

Nach einer Stunde fuhr der TMC wieder ab. „Was sollen die Leute denken?", hörte ich Mutter abends in ihrem Schlafzimmer weinen, doch Vater schlief schon tief und fest neben ihr.

So war es oft die kommenden Jahre und oft stand Mutter um Mitternacht auf und wachte allein, im Dunkeln in eine Decke gewickelt, in der Stube, bis sie endlich die Scheinwerfer eines Autos oder Mopeds, das ihre Töchter wohlbehalten nach Hause brachte, an den Wänden sehen würde.

„Suure tieden waren das, die Jahre damals", würde sie später sagen. Und ich konnte es, später, gut verstehen.

Vater, und wir alle, saßen noch oft mit den Jungs auf dem Mäuerchen, und wenn sie auf dem Feld halfen, stellte Vater eine Kiste Köpie hin – obwohl

Feldschlösschen viel billiger war. Mutter legte eine Schachtel Ernte obendrauf. Da war Teddy schon Edels Freund.

Erster Mai

„Papa, warum hatten die Frauen nix an?“, fragte ich, schon etwas rot im Gesicht, denn dass eine Frau ohne etwas an einfach so im Gras lag, erschien mir sehr unanständig. Ich wurde noch röter und bereute meine Frage. Wir waren schon beim Nachtisch, Vanilleeis mit eingemachten Pfirsichen, geraspelter Bitterschokolade und einem Schuss „Kürassau“, was dem Ganzen noch einmal einen besonderen Chic verlieh. Letzteres von Mutters Eiergeld bezahlt. Für den Nachmittag war ein Ausflug nach Wesel am Rhein angekündigt.

„Papa, habt ihr im Krieg auch einen Ausflug am ersten Mai gemacht?“

„Wir haben jeden Tag Ausflüge gemacht.“

„Fangt heute nicht davon an!“ Mutter schaute streng zu Vater herüber. Sie räumte die Schälchen zusammen und ging damit ins Haus.

„Was für Ausflüge?“

„Marschiert sind wir, viel marschiert. Manchmal hinten auf der Ladefläche gefahren. Dann hatten wir Glück.“

Die Lachfältchen, die eben beim Eis noch seine Augen umrundet hatten, waren verschwunden.

„Alle schmutzige Uniformen, Hunger im Bauch, neben mir saß einer mit einem dicken Verband um den Kopf. Der hat sich mit einem Stöckchen die Läuse gekratzt. Das einzig Schöne war, dass überall der Flieder blühte und dass wir immer näher nach Hause kamen.“

„Wohin seid ihr marschiert? Und gefahren?“

„Straßen waren ja keine Straßen mehr, voller Menschen – Soldaten, Gefangene, Flüchtlinge.“

Er machte eine Pause.

„Da hingen sie in den Bäumen, Schilder um den Bauch. Desärtör stand darauf oder Verräter.“

„Was ist ein Desärtör? Wieso Schilder?“

„Der ist abgehauen. Wer abgehauen ist, wurde auf der Stelle erschossen oder aufgehängt.“

„Von Hitler?“

„Von den Offizieren, zur Strafe und damit alle es sehen. Manche stanken schon, weil sie ein paar Tage hingen. Einer baumelte im Wind. Ich hatte Angst, dass er auf die Ladefläche nach unten fällt.“

Vaters Kehlkopf raste rauf und runter.

„Kinder, was wir alles gesehen haben, kann man nicht erzählen. Kann man nicht."

„Vertäll doch, Papa! Und von den Frauen hast du noch gar nicht erzählt."

„Im Graben lagen zwei Frauen. Hatten nix mehr an."

„Wieso hatten die Frauen nix an?"

Mutter kam mit dem Wischlappen zurück.

„Berni!", rief sie, schüttelte ihn am Arm, „Berni, hör oop!"

Zwei Stunden später saßen wir zu fünft im Ford, nur Helga machte schon ihre eigene Fahrradtour. Am Draii kurbelte Vater das Fenster herunter und begann zu singen: „Drei weiße Birken". Er nahm die rechte Hand vom Lenkrad und dirigierte: „Und jetzt alle!" Wir kannten den Text. Auf ging's zum Rhein. Wo wir die Brückenruine sahen: „Da war damals Onkel Natmäker."

Im Jahr darauf fuhren wir nach Steyl, zum Jubiläum von Ordensschwester Laetitia; auf dem Foto stehe ich im Mini-Faltenrock neben einer kleinen Frau in langer schwarzer Tracht. Und noch ein Jahr später fuhren wir nach Münster, wo Vater Franz und mir einen viertelstündigen Rundflug spendierte. Das Foto zeigt Franz und mich, wie wir auf der kleinen Leiter neben dem Piloten stehen, Franz in roter Cordhose, ich in blauen Hotpants. „Schöner Tag", schrieb Vater darunter.

Nach Paris

Manchmal nahm Vater uns mit nach Bayern, zur Zugspitze, oder nach Frankreich. Einmal zum Abendessen, während wir den Pfannekuchen aufrollten, nach Paris. Eine Stadt mit ganz breiten Trottoirs und Plätzen und Kirchen größer als Sankt Raphael, erzählte er. An einem Abend hatte er bei einem Straßenimbiss einen Pfannekuchen bestellt, und die Frau reichte ihm ein Stück davon herüber. Vater hielt uns seine gespreizten Finger vor: „Knallrote Fingernägel; das hatte ich vorher noch nicht gesehen." Vor Schreck hatte er das Stück nach unten in eine Gosse fallen lassen. Aber das war ja lange her.

Löwenzahn

Heidis weiches, weißes Fell hatte Mutter vor dem Spieker zum Trocknen mit Nägeln auf ein Brett gespannt, als Bettvorleger für mich. Aus Rosis Fell, ein Albino, hatte Tante Joseffi für Edeltraud eine Handtasche mit rosa Taftfutter und goldener Umhängekette genäht. Auf dem Tisch lag nun Heidis dunkelbraun gebratenes Fleisch ausgestreckt auf einer weißen Platte, garniert mit gelben Pfirsichhälften und dunkler Marmelade darin. Es sah appetitlich aus. Richtung Vater stand Löwenzahnsalat, gut für sein Blut, für uns waren die

Möhren. „Hat Heidi es heute ja noch einmal gut!“, grinste er, „mochte ja am liebsten Löwenzahn und Möhren.“ Ich warf ihm einen bösen Blick zu. Heidi war mein Lieblingskaninchen gewesen. Ich bekam fast ihren ganzen Hinterlauf. Er schmeckte gut. Jetzt hoppelte ihr Freund Mümel allein in seinem Auslaufkasten.

„Löwenzahn hat mich am Leben gehalten“, sagte Vater.

„Berni, fang nicht wieder davon an!“, seufzte Mutter.

Wir Kinder horchten auf: „Wieso Löwenzahn?“

„Den hab‘ ich damals auf der Flucht gegessen.“

„Berni, hör auf davon!“

„Der wuchs zwischen den Baracken, blühte sogar. Peter und ich hatten uns zwischen den Latrinen unter einem Holzboden versteckt, es stank fürchterlich.“

Jetzt drückte Vater seinen Rücken durch, legte beide Hände flach neben den Teller und schaute durch das Küchenfenster.

„Lasst uns beten!“, forderte Mutter. Doch Vater redete einfach weiter; Großmutter saß stumm, nicht einmal ihr Auge tränte.

„Mein Kamerad, Peter, und ich konnten den Russen scheißen sehen, das Gewehr hatte er abgestellt. Da hat euer Onkel Franz von oben im Himmel, aus dem Nebel, seine Hand nach mir ausgestreckt. Von da an wusste ich, dass er nicht mehr lebt. Aber noch bei mir ist. Er hat geflüstert: ‚Jetzt oder nie, solange der Russe dasitzt!‘ Habe Peter gewunken und bin schnell durch lose Bretter in den Nebel gekrochen. Franz‘ Hand streckte jetzt auf der anderen Seite des Zauns seine Hand nach mir aus. ‚Komm jetzt. Jetzt!‘ Da habe ich noch einmal nach Peter geschaut, er kam nicht.“

Mutter schüttelte Vaters Schulter:

„Lass uns beten! Ist nichts für die Kinder!“

„Das sollen die Kinder ruhig hören, sind jetzt alt genug. Und ohne euren Onkel wären wir auch nicht hier!“

„Wie ging es weiter, Papa?“

„Habe eine Grube mit Brennnesseln – die halten warm und sind gesund – als Versteck gefunden. Rundherum gab es frischen Löwenzahn, auch wilden Rhabarber. Aus den Pfützen habe ich getrunken. Nachts bin ich weitergerobbt.“

„Woher wusstest du die Richtung?“

„Anna. Im Osten geht die Sonne auf, im Süden ist ihr Mittagslauf. Ich musste nach Westen. Ich wusste, dass dort eine lange Brücke ist und die Amerikaner waren. Franz ist noch einmal vom Himmel gekommen und hat mich an die Hand genommen. Morgens war wieder Nebel, da habe ich mich am Rand der Brücke entlanggehangelt.“

Es war still am Tisch.

„Martha, jetzt kannst du beten."
Löwenzahn und Brennnesseln pflückte ich noch oft für Vater.

Hofgeschichte, Weihnachten 1972

Im Sommer neue Drainage rund um Hof. Die Weide am Barch abgetragen und teilweise auf unsere Hofweide abplaniert, davon zehn Morgen Acker gemacht. Boesels und Veehdreewers Wald jetzt ganz geschlagen. Im Herbst neuen Schlepper und Gummiwagen gekauft. Weg zum Draii geteert. Neue Spültoilette. Vor Winteranfang ist alles fertig! Im alten Pferdestall jetzt acht Schweine. Mechanische Entmistung vom Schweine- bis Kuhstall bestellt. Alle Flächen liegen rund ums Haus!

Das kalte Feuer

Sie war für uns Kinder zuständig. Morgens weckte sie uns, um sechs Uhr, machte uns – stets zu heiße – Milch und Kakao zum Frühstück, drückte uns ein mit Zucker bestreutes Brot in die Hand, was ich nie mochte. Nur einmal im Monat waren wir selber dran, denn solange sie auf ihrem hohen Rad fahren konnte, das war bis kurz vor ihrem Tod, fuhr sie am Herz-Jesu-Freitag nach Saande. Jeden Morgen entfachte sie das Feuer in ihrer alten Kokkmaschine, schob mit bloßen Händen den brennenden Reisig zurecht. Sie buk das Brot. Den Hefeteig setzte sie in der immergleichen, längst verbeulten dünnen Blechschüssel an und ließ ihn danach unter einem Geschirrtuch auf der Wärmeecke gehen, schimpfte, wenn wir die Türe offenstehen ließen, womit der Teig zusammenzufallen drohte. „Söll ik die eenen Hooken ant Gatt maaken?"* Nach dem Backen kippte sie die beiden Stuten aus ihren großen Kastenformen auf den nackten Küchenboden und süßer Hefegeruch drang durch das ganze Haus. Das Brot schnitt sie, ohne hinzusehen, vor ihrem geschürzten Bauch mit dem großen Messer. Zwei Tage war der Stuten knusprig und lecker, dann wurde er fad, und am fünften und sechsten Tag schmeckte er muffig, und wir aßen dann lieber das Schwarzbrot. Aber am ersten Tag war der Stuten köstlich und wir stritten um die Endstücke, das Mäksken. Mein Cousin würde, sehr viel später, sagen, Großmutters frischer Stuten sei für ihn der Maßstab aller Ciabattas – die meistens schlechter waren.

Sie bügelte die Wäsche oder verlas Beeren am Ende des Küchentisches, während ich neben ihr die ersten Buchstaben auf meine Schiefertafel kritzelte. Sie fragte die zehn Gebote, das ABC und das Einmaleins ab, später sogar die ers-

* Soll ich dir einen Haken an den Hintern machen?

ten Englisch-Vokabeln, wobei sie meistens einfach nickte. Als wir noch klein waren, reihten wir uns abends in unseren Schlafanzügen vor ihr auf, beugten den Kopf auf ihren Schoß und ließen uns von ihrer rauen Hand die Schlafläuse vom Rücken kratzen. Morgens vor der Schule machte sie das Schwämmchen für die Tafel nass und spitzte den Griffel mit ihrem großen Brotmesser an.

Helga, ihre erste Enkelin und Patentochter, beschenkte sie mit Aussteuer und Schmuck, darunter ein handgeschmiedeter Goldring mit echter weißer Perle. Schützend hielt sie die Hand über ihren Liebling, selbst als Helga die kürzesten Minis trug. Und gegen ihren ersten Freund, Viktor, evangelisch, aus einer Flüchtlingsfamilie, mit langen dunklen Locken, hatte sie schon nach seinem zweiten Besuch nichts mehr einzuwenden. Helga dankte es der alten Frau mit ihrer Hilfe beim Haarewaschen, kämmte ihr langes weißes Haar mit Essigspülung und trocknete den dünnen Strang mit einem Frotteetuch. In Helgas kleinem Fiat fuhren die beiden nach Bochum, wo sie Großmutter ihre winzige Studentenbude zeigte. Abends präsentierte sie die alte Dame, in ihrem dunklen langen Kleid, der braunen Hornbrille, dem flachen grauen Knoten, den dicken Wickeln unter den dicken Strümpfen, in der orange-bunten Gemeinschaftsküche den Mitbewohnern: „Schaut, das ist meine Oma!" Anschließend buken sie Pfannekuchen für die ganze Etage.

Großmutter hatte immer einen Kochlöffel, einen Eimer, eine Schütte, eine Hacke, ein Messer, ein Bügeleisen, oder ich weiß nicht was in der Hand. Sie war nah am Wasser gebaut, aber ich habe sie nie über Arbeit klagen hören. „Kosse wall mät feddig wärden!"*, hörte ich Natmäker einmal sagen; es klang ein wenig kritisch, aber sein Nicken erschien mir anerkennend. Selbst nachdem sie sich beide Arme beim Hofkehren gebrochen hatte, rappelte sie sich wieder auf, auch nach dem Oberschenkelhalsbruch begann sie noch einmal für ein paar Monate mit Stöcken zu laufen. Schließlich war es eine hartnäckige Grippe, die sie niederzwang. Pastuur Heesters kam zur letzten Ölung, sie war bereit. In den Nächten danach standen alle Türen offen, damit wir ihr Klopfen hören konnten. Auf ihrer Frisierkommode brannten beide Kerzen in ihrem kleinen Kreuzaltar; die Flammen doppelten sich im Spiegel. In der Nacht, in der Stunde, als es geschah, waren wir alle in ihrer Kammer.

Der Morgen war kalt und grau; ich ging in mein Zimmer. Vom Fenster oben sah ich den schwarzen Leichenwagen am Draii zu uns einbiegen. Unter mir hörte ich ein Klappern und Schieben. Als der Wagen endlich wieder abfuhr, ging ich hinunter in die Kammer. Sie war leer. Von außen schloss ich die Tür – und war allein in der Küche. Das Feuer im Herd brannte nicht, in der Aschelade glühte es noch. Unsere Oma, Sophia Vanwoldt, geborene Langenkamp, war nicht mehr da.

---

* Konntest du wohl mit fertig werden, etwa: pragmatisch, klar.

Hofgeschichte, Silvester 1974

Im Januar Tante Joseffis Geburtstag hier gefeiert. Martha drei Tage bei Helga in Bochum. Neuen Frontlader und Pflug angeschafft, geht alles leichter. Januar und Februar ohne Winter, mild. Helga im März zum Geldverdienen als Dorfhelferin in Fürstenfeld. Im März Mama nach kurzer Zeit an Grippe gestorben. Im April wurde Eekenweg geteert. Frühes, trockenes Frühjahr, am 20.4. Kuhaustrieb. September Autogarage gebaut. Im Herbst immer Regen, kalt und nass. Am 20. Oktober schon ganz die Kühe aufgestallt, aber kein Winter!

Die Prüfungen des Herrn

Kaplan Tatussi war aus unserer Kirche nicht mehr wegzudenken. Seine Vorabendmesse am Samstag war stets bis auf den letzten Sitzplatz voll. Sogar aus den Nachbargemeinden kamen sie, weil die Messe nach vierzig Minuten zu Ende war. Und die Landjugend konnte direkt danach quer über die Straße bei Ida und Albert kegeln gehen. Doch seine Doktorprüfungen in Münster standen unmittelbar bevor und damit das Ende seiner Zeit bei uns. Ein Jahr lang hatten wir durch Sonderkollekten für seine Bücher und anderweitige Ausgaben eines Doktoranten gesammelt. Das Körbchen war nach jedem Aufruf voll gewesen. Heesters und Fräulein Anne wussten um seine Sehnsucht, nach seinem Abschluss und nach siebenjähriger Abwesenheit seiner Familie in Kerala endlich wieder einen Besuch abzustatten, und tüteten – im wahrsten Sinne des Wortes – in großem Einvernehmen mit der Gemeinde sein Abschiedsgeschenk ein: Eine Reise in seine Heimat Indien im Wert von 2.500 DM. Das Geld war nach nur drei Kollekten zusammen.

Zum Glückwunsch im nächsten Hochamt empfingen ihn der Kirchenchor mit einem eigens einstudierten Lied, jung und schwungvoll.

Wer nur den lieben Gott lässt walten
und hoffet auf ihn allezeit,
den wird er wunderbar erhalten
in aller Not und Traurigkeit.
Es sind ja Gott sehr leichte Sachen
und ist dem Höchsten alles gleich:
den Reichen klein und arm zu machen
den Armen aber groß und reich.

Die Landjugend war mit ihrer Band und Gospel dabei, Mahalia Jackson. Edel spielte das Xylophon; sie war die Einzige von uns, die ein Notenheft lesen konnte und die hohe Stimme von Mutter geerbt hatte. Ansonsten lag eine Blockflöte, ziemlich unbenutzt, in ihrer Schachtel in unserem Kinderstubenfach. Die paar Töne, die ich darauf zusammenbekam, hat mir dann später Studienrat Kleeberg gründlich ausgetrieben.

Mit einem strahlenden Lachen erteilte uns Kaplan Dr. Tatussi am Schluss des vollbesetzten Hochamts seinen vorläufig letzten Segen. Er werde, so Gott wolle, nach zwei Monaten zu einem Abschiedsgottesdienst noch einmal bei uns sein. Am Schwarzen Brett hinterließ er eine handschriftlich, mit blauer Tinte kunstvoll verfasste Karte.

Großer Dank

Hiermit möchte ich der ganzen Gemeinde meinen herzlichen Dank für die überaus große Spende für meine Flugkarte, einen Koffer und zehn kostbare Rosenkränze für die Schwestern in meiner Heimatgemeinde Cochin überbringen. Ich danke Ihnen, auch im Namen Gottes. Ich freue mich auf ein Wiedersehen nach meiner Rückkehr im Oktober mit einem Lichtbildvortrag. Ihr Kaplan Dr. theol. Joseph Ambrose Tatussi Erkan

Wir vermissten ihn bereits zu Erntedank, nicht ahnend, dass es noch weit länger dauern würde. Heesters erklärte in den Bekanntmachungen, er sei an einer schweren Malaria erkrankt; wir schlossen ihn in unsere Fürbitten ein. Zum neuen Jahr hieß es, er sei gesund zurück und habe eine eigene Pfarrei, die ihn viel Arbeit und Zeit koste, im Ruhrgebiet bekommen. Wir hatten Verständnis und warteten auf Ostern. Doch auch da blieb es still um ihn, und irgendwann sprach nicht einmal Fräulein Anne mehr über ihn. „Da stimmt etwas nicht“, flüsterten die Frauen nach dem Hochamt. Bis Tante Hermine, die im Kirchenchor sang, beim Eierholen das Geheimnis lüftete. Beim Likörchen in der Küche rückte sie nah an Mutters Ohr heran:

„Ha! Weißt du schon?! Unser Kaplan, Tatussi?!“

„Nein, was denn?!“

„Der hat von Evas Apfel gegessen!“

„Was sagst du da?!“

„Ja, hat eine Frau, aus Duisburg, die bekommt schon ein Kind.“

Am Sonntag darauf hing die kürzeste aller bisherigen Bekanntmachung am Schwarzen Brett.

PUBLICANDUM

In Sachen Joseph Ambrose Tatussi: Die Prüfungen des Herrn sind unergründlich. Nicht jeder ist ihnen gewachsen. Gott sei mit ihm!

Die eigentliche Bombe aber platzte an unserem Mittagstisch. Helga zündete sie zwischen Braten und Pudding:

„Jeder kann seinen Glauben frei wählen."

Schweigen.

„Ja, hat Lehrer Kleeberg uns in der Schule erklärt. Es besteht Religionsfreiheit!" Helga kaute in aller Ruhe weiter.

Schweigen.

„So ist das Gesetz", und Helga glaubte bereits, das letzte Wort zu haben.

Vater legte beide Hände flach neben seinen halbleeren Teller, schaute eine Weile hinaus und dann zurück zu Helga:

„Wir sind und bleiben katholisch. Lass dir das gesagt sein." Es klang mehr traurig als streng.

Mutter stand an der Spüle, und es schien, als habe sie gar nicht alles verstanden. Sonst hätte sie, garantiert, geweint. Aber ihr Gesicht zeigte nur ein wenig Verärgerung. „Die Kirche und das Beten haben noch niemandem geschadet." Den Spruch kannten wir.

„Und was nützt es?", fragte Helga.

Vater schluckte, hob den Kopf und schaute ihr in die Augen.

„Diarne. Von unserem Herrgott haben wir alles, alles. Wer das nicht weiß, hat keinen Anstand", sagte er, klar und ruhig. Und das war das letzte Wort.

Rasch aßen wir unsere Teller leer, und noch bevor ich fertig war, sprach Mutter das Dankgebet. Jetzt weinte sie.

Dr. Tatussi sahen wir nie wieder. Aber Heesters erhielt einen langen Brief von ihm, in dem er uns allen für die wunderbare Zeit dankte und herzliche Grüße ausrichten ließ. Er blieb Gott und der Kirche treu, wurde evangelischer Pfarrer, heiratete und gründete zusätzlich zur himmlischen nun auch eine weltliche Familie. Wir bekamen bald eine neue Aushilfe, einen Kaplan aus Chicago. In jedem Fall blieben wir weltgewandt.

Doch halt! Wir müssen noch einmal ein paar Jahre zurück. Denn auch ich schlug neue Pfade ein. An einem Abend nahmen mich Vater und Mutter vorn im Stall zur Seite. Vater legte seine Hand auf meine Schulter; es fühlte sich alles sehr ernst an. Es ging, so schien mir, erstmals nur um mich.

„Anna. Wir werden dir nicht helfen können. Du musst selber sehen, dass du zurechtkommst. Willst du wirklich zum Gymnasium?"

„Ja", sagte ich, ohne zu zögern.

Helga hatte den Testlauf begonnen, und es schien gut zu gehen.

Sexta, oder: Die neue Klasse

„Welcome to your new school!", stand in großen Lettern auf der Tafel. Miss Train war jung, trug halblanges Haar über einem bleichen, schrägen Gesicht und einen rotkarierten Faltenrock. Sie stammte aus Manchester, England. Helga und ich waren morgens um sechs Uhr aufgestanden und um Viertel vor sieben mit dem Bus gefahren. Es war mein erstes Mal, dem neun Jahre folgen würden. In meinem bunten Blumenkleid mit dem weißen Spitzenkragen lief ich durch einen langen, glasgesäumten Gang über mehrere Treppen in den neuen Klassenraum mit großen Fenstern. Es war das vierte oder fünfte Mal, das ich überhaupt in der Kreisstadt war.

Ich wählte einen Platz in der dritten Reihe. Links saßen die Mädchen, rechts die Jungen. Vorn erkannte ich das Mädchen vom Modehaus Becker und den Sohn von Vaters Doktor. Gilla saß neben mir. Den Stuhl hatte sie zuvor mit einem Papiertaschentuch abgewischt. Sie trug ein blütenweißes Faltenkleid mit roten Sandalen und rotem Gürtel. Sie schien ganz nett. Hinten entdeckte ich einen Jungen aus dem Achterhook. Wir waren die einzigen Bauernkinder, alle anderen Stadtske.

Miss Train verteilte Zettel, auf die wir unsere Namen und Adressen schreiben sollten. In einer Zeile stand: Beruf des Vaters. Ich schrieb Landwirt, das wusste ich von all den Schreiben im Stubenfach. In der Zeile darunter stand: Beruf der Mutter. Ich stutzte und schielte zur Seite. „Hausfrau", schrieb Gilla. Ich ließ die Zeile leer. Wir konnten den Zettel mit nach Hause nehmen. Nachmittags lief ich mit dem Blatt zu Mutter in den Schweinestall. Sie stellte die Grepe zur Seite, warf einen Blick auf das Papier und sagte: „Hausfrau."

Gilla mit dem Dackel

Nach ein paar Wochen lud mich Gilla nach der Schule zu sich ein. Wir gingen die Steintreppe hinauf in die Wohnung im ersten Stock, mehrere Zimmer und ein großes Bad mit Plüschbezug auf dem Klodeckel und einem passenden Läufer davor. Im Flur hing ein großes Foto mit einer Frau in einem langen bunten Kleid und einem Strohhut mit Schal vor einem großen Turm: „Das ist meine Mutter, in Paris." In der Küche reichte uns Maggie eine Banane. „Sie ist unser Opär", erklärte Gilla. Ein Dackel mit goldenem Halsband sprang von seinem Körbchen auf, in einem wackelnden Käfig hüpfte ein gelber Vogel. „Wo ist denn der Garten?", fragte ich, und Gilla führte mich auf den Balkon. „Und die Scheunen und Ställe?" Gilla schüttelte den Kopf: „Nein, wir haben ja Vicko und Fipsy." Dann gingen wir hinunter, um Vicko Gassi zu führen.

Im Winter brachte ihr Vater sie einmal zu uns. Wir spielten auf dem Heuboden. Mit lautem „Juuchuu" sprang Gilla wieder und wieder von oben nach unten. Als ihre Mutter sie abends abholte, hielt sie einen frischen Pullover und eine frische Hose in der Hand. Gilla zog sich noch in unserer Diele um, die Mutter steckte die schmutzigen Sachen in einen Beutel: „Sag Mama vielen Dank." Ich nickte; sie war im Stall.

Quinta

„Ihr könnt alle gut rechnen!" Die neue Mathelehrerin, Frau Roth, stand mit ratzekurzen Haaren in einem Minirock aus gelbem Cord vor uns. „Alle sind begabt, auch wenn ihr es nicht glaubt." Wir glaubten es. Nach ein paar Wochen schrieben wir die erste Klassenarbeit. Zwanzig von uns bekamen ein sehr gut, auch ich, sechszehn ein gut, einer bekam ein ausreichend. Er hatte ein leeres Blatt abgeliefert, weil ihm das zu blöd war.

Zur Erdkundestunde hängte der glatzköpfige Dr. Vahlenkamp mit einer Narbe an der Wange die große Afrika-Karte auf. Aus der Brusttasche seiner Anzugjacke lugte ein Zigarrenstumpen heraus, manchmal zwei. Mit dem Zeigestock auf den Boden klopfend lief er ständig vorn auf und ab, während wir nacheinander die Länder zeigen mussten. Ich bekam eine Drei, weil ich Deutsch-Ostafrika nicht auf Anhieb fand. Das stand nämlich nur in kleinen Buchstaben unter dem fettgedruckten Tansania.

Kunstlehrer Kubisch ließ uns Adam und Eva im Paradies malen. Wir brauchten viele Stunden dafür. Auf den meisten Bildern blieben die Stellen in der Mitte frei. Einige malten Adam und Eva nur bis zur Hälfte, so als ob sie keinen Unterkörper hätten. Irgendjemand brachte zwei große Kastanienblätter mit und klebte sie auf die entscheidenden Stellen. Kubisch war begeistert: „Das nenne ich Kunst, freie Kunst!" Ehrfürchtig standen wir alle vor dem großen Gemälde. Dann schaute er uns prüfend an und fügte hinzu: „Obwohl, im Paradies können alle nackt sein."

Im Schüler-Aufenthaltsraum schlugen wir Fahrschüler die leeren Stunden tot. Im Keller spielten wir Flaschendrehen und übten Küssen auf den Mund. Manchmal trieb ich mich in den Läden Saandes herum und ließ mir von grimmig schauenden Verkäuferinnen Winterpullover zeigen, um mich aufzuwärmen. Der Bus fuhr nämlich erst um eins. Am Ende des Schuljahres hingen die besten Bilder der „Kunstklasse", wie Kubisch sie nannte, in der Aula. „Das Paradies aus fünfunddreißig Aquarellen" war zu einem großen Quadrat an eine Seitenwand geklebt. In der Mitte waren Adam und Eva mit dem Kastanienblatt. Mein Bild war direkt rechts daneben.

Schularbeiten

„Heute nicht trödeln“, empfing mich Mutter schon an der Tür. Ich kam gerade von der Schule, halb zwei, und hatte noch nicht einmal mein Essen vom Herd geholt. Mir war kalt von der langen Warterei an der Bushaltestelle.

„Mach schnell, nach dem Essen fahren wir zum Näske, Knollenpflücken“, rief Mutter.

„Das geht nicht, ich muss für die Arbeit morgen lernen.“

„Das kannst du später immer noch, das Feld muss diese Woche fertig werden, bevor die Knollen festfrieren.“

„Mir tut der Hals weh.“ Es stimmte. Ich würde es nicht einmal beichten müssen.

„Die frische Luft tut dir gut. Wir mussten auch viel arbeiten! Wolltest ja selber aufs Gymnasium.“

Es war dunkel, als wir im Schneeregen auf dem Fahrrad zurück nach Hause fuhren. Ich fühlte, dass meine Mandeln geschwollen waren.

„Bind‘ dir einen Schal um und leg dich früh ins Bett“, sagte Mutter, „dann geht es morgen sicher wieder besser.“

Ich bekam ein befriedigend.

Quarta

„Agricola arat“, der Bauer pflügt. „Alia iacta sunt“, die Würfel sind gefallen. „Asterix et Obelix faciunt ineptias“, Asterix und Obelix machen Unsinn. Letzteres nahm sich Otto Brix, genannt Obix, zum Vorbild. Er war klein und pummelig, hatte sich einen runden Bauch angegessen und trug weite Hosen mit gestreiften Hosenträgern. Sein dünnes langes Haar band er zu einem Zopf mit Schleife zusammen. Obix war ganz nett.

Der griechische Olymp und die menschliche Götterwelt: Bacchus ritt mit seinem Esel angetrunken durch die Wüste. Er fiel nieder und blieb schlafend in der Hitze liegen. Der habgierige König Midas fand ihn und bewirtete ihn großzügig in seinem Palast. Bacchus war sehr dankbar und sagte zu Midas: „Du hast einen Wunsch frei.“ König Midas wünschte sich, dass alles, was er berührte, zu Gold würde. Bacchus warnte ihn: „Überlege es dir gut!“ Doch Midas blieb bei seinem Wunsch und Bacchus erfüllte ihn. König Midas berührte einen Stein und er wurde zu Gold, er berührte einen Olivenzweig und er wurde zu Gold. Midas war sehr glücklich. Am Abend setzte er sich hungrig an die reich gedeckte Tafel. Er nahm eine Feige und sie wurde zu Gold, er nahm das Trinkglas und der Wein wurde zu Gold. So ging es mit allen Speisen. Dann begann er zu weinen und selbst seine Tränen wurden zu Gold. Verzweifelt fragte er Bacchus, was er tun könne. Bacchus sagte: „Ich habe dich gewarnt, aber du warst habgierig. Geh in den Fluss Paktolos und wasche dich dort.“ Das tat Midas und tatsächlich fiel der Fluch von ihm ab. Seitdem aber hatte König Midas Eselsohren und seitdem findet man Gold in den Flüssen.

Homer, Ilias: Odysseus von Ithaka befand sich mit seiner Flotte auf einer zehnjährigen Irrfahrt auf dem Meer. Er musste viele Abenteuer während dieser Odyssee bestehen, denn er hatte unter den Göttern und Menschen viele Feinde. Die Sirenen versuchten ihn von einer Insel aus mit ihrem betörenden Gesang ins Verderben zu locken, doch Odysseus war klug: Er ließ sich an einen Schiffsmast festbinden und steckte den Schiffsleuten Wachs in die Ohren. Zu Hause zündete ich eine Kerze an und probierte es aus; es tat höllisch weh – und ich glaube, dass ich Glück hatte. Odysseus erhielt von mir nur noch mehr Respekt.

Jaqui

Ich hatte eine neue Freundin, Jaqueline. Ihre Mutter nannte sie Jaqui, wir dann auch. Die Schmidts wohnten in einem Bungalow mit Garten, Goldfischteich und einer rotmarmornen Frauenstatue mit einer Amphore wie im antiken Rom. Im großen Wohnzimmer lagen Perserteppiche auf dem glänzenden Parkett. Bei Schmidts lernte ich, wozu man Messerbänkchen braucht, was ein „Ordöwre“, ein „Apäritiv“ und ein „Dijästiv“ war. Das alles servierte Frau Schmidt, wenn abends der Mathelehrer und seine Frau zum Essen kamen. Irgendwann lud ich Jaqui zu uns nach Hause ein. Nach der Schule fuhren wir mit dem Bus. Bange, wie es Jaqui wohl gefallen würde, liefen wir vom Draii auf den Hof zu. Es muss ein Montag gewesen sein, Mutters freier Tag, an dem sie nur Hausarbeiten machte, denn schon von Weitem konnten wir die Weißwäsche auf der Leine flattern sehen, deren Länge Jaqui beeindruckte.

Vaters leere Urinflasche stand auf der dritten Treppenstufe, als ich die Dielentür öffnete. Schnell ging ich hinein und warf meinen Anorak darüber. Jaqui streifte die Schuhe auf der Matte ab, als Mutter aus der Küche kam, sogar in ihrer hellen Sonntagsschürze: „So, du bist also Jacklien?“, lächelte sie. Jaqui zog ein Päckchen mit Schleife aus ihrer Schultasche: „Das hat meine Mutter mir gegeben.“ In der Stube war mit dem guten Geschirr gedeckt; ich wusste gar nicht, dass ich so wichtig war. Es gab Gemüsesuppe, Schweinekotelett und Sahnepudding. Zwischendurch verschwand ich zur Diele und brachte heimlich die Flasche nach oben.

Am Nachmittag übten Jaqui und ich für die nächste Mathearbeit, hörten Kassetten und liefen durchs Brook. Vater stieg vom Trecker und reichte Jaqui seine erdverschmierte Hand, die sie ohne Zögern mit einem Lächeln nahm: „Wollt ihr eine Runde mitfahren?", fragte er. „Wow", sagte Jaqui, „bin erst einmal Trecker gefahren!" Vater ließ sie ans Steuer. Am Abend brachte ich sie zur Bushaltestelle. „Du hast aber nette Eltern", sagte sie. Ich nickte. „Das ist ein freundliches Mädchen und ordentlich", sagte Mutter.

Jaqui kam noch sehr oft, und ich ging noch sehr oft mit zu ihr.

Untertertia

„Hallelujah, Georg. F. Händel", stand in großen, weißen Kreide-Lettern an der Tafel im Musiksaal, Kleeberg zu uns gewandt dirigierend davor, mit seinen wirren schwarz-grauen Locken und, wie immer, in einem ungebügelten schwarzen Hemd. Mit jeder Bewegung des Taktstockes kroch der Stoff weiter aus der schwarzen Bügelfaltenhose heraus, bis die Vorderzipfel im Rhythmus den nach innen gekehrten Bauchnabel auf einem runden Bauch freilegten. Kleeberg war vollkommen in seinem Element. „Jetzt alle", rief er, „Alle!" 35 Mädchen und Jungen legten los. „Stop! Stop! Habt ihr Tomaten auf den Augen? Hallelujah! Los, noch einmal!" Der Taktstock schnellte nach oben, der Bauchnabel nach innen. Wir legten wieder los. Plötzlich warf er den Taktstock auf den Boden, sprang zum Klavier, dessen Deckel er lautstark gegen die obere Kante warf, und schlug im Stehen ein paar Tasten: „Haa-lee-luu-jaa." Wir alle wussten, was jetzt kommen würde.

„Tomaten auf den Augen? Wachs in den Ohren? Was seid ihr bloß für Stümper. Das heißt Hallelujah, nicht Haejuja oder Halula! Wollt Christen sein und die Geburt Jesu feiern und könnt nicht einmal das Hallelujah." Er rannte zur Tafel und wischte mit einem nassen Schwamm das Hallelujah aus. „Los! Jeder einzeln!" Jetzt setzte er sich auf den Klavierhocker. „Du zuerst!"

Der Reihe nach musste jeder neben ihn an den Flügel treten und einmal Hallelujah singen. „Richtig, Nächster! Richtig, Nächster! Falsch, Hergottnochmal! Warten!" Er ging die ganzen 35 einzeln durch. Beim ersten Rundgang schafften es 28, darunter ich, beim zweiten weitere 5, drei blieben für die dritte Runde.

Schließlich stand da nur noch der schmächtige und blasse Heribert, die Hände neben den Hosentaschen, den Blick stur nach vorn. Es war mucksmäuschenstill im Raum. Hinter mir hörte ich Beate, die es erst in der dritten Runde geschafft hatte, leise schniefen.

Kleeberg schlug erneut die erste Taste. „Heribert! Singe er! Singe er!" Heribert hob das Kinn und öffnete den Mund: „Haa-jee-juu-jaa!"

„Aus dir wird nie etwas, das weiß er selbst! Los! An die Tafel!" Heribert lief zur Tafel.

„Schreibe er: Hallelujah!"

Heribert nahm die Kreide und schrieb: „Hajejuja!“

„Raus!“, schrie Kleeberg und wies mit dem Taktstock zum Fenster. „Raus! Durchs Fenster!“

Der Musiksaal lag im ersten Stock, fünf Meter über Teerboden. Wie aufgezogen, stumm, lief Heribert langsam zum Fenster und öffnete es. Die Ersten von uns wurden unruhig. Heribert sprang in einem Satz auf das breite Fensterbrett, hielt sich kurz am Holm fest und schaute nach unten. Beate schluchzte laut. Jetzt stand er freihändig im Fenster. Plötzlich stob Kleeberg zu ihm und riss ihn am Arm herunter; Heribert fiel auf die Knie.

„Bleib hier, du Trottel!“, konnte man Kleeberg in ungewohnt leisem Ton hören. Heribert rappelte sich langsam auf und lief zu seinem Platz.

„Schluss! Schluss für heute!“, rief Kleeberg.

Wir sahen Heribert nie wieder.

Picasso

Mutter war im Garten, als ich nach Hause kam. „Picasso ist gestorben“, sagte ich. „Wer?“ Mit Schwung stieß Mutter den Spaten in den Boden und drückte ihn anschließend mit einem kräftigen rechten Fußtritt weiter nach unten. „Pablo Picasso!“, wiederholte ich. Während der ganzen Kunst-Doppelstunde hatten wir um ihn getrauert; Kubisch, ein Freund Kleebergs, hatte ein paar Blätter aus einer der schmalen, breiten Schubladen herausgezogen und an den Seitenwänden aufgehängt. Picassos Selbstbildnis zuerst, dann das mächtige Guernica, gefolgt von ein paar eckigen Frauengestalten mit langgezogenen Brüsten und schließlich einem Minotaurus mit Frau. „Der großartigste Meister aller Zeiten“, hatte Kubisch geschwärmt und geschwelgt. „Geiler Ochse“, kommentierte Obix, gefolgt von allgemeinem Jungenlachen.

Mutter nahm mit der Grepe eine Ladung noch dampfenden Mistes von der Schubkarre und warf sie in den Graben.

„Wer? Ach, der verrückte Maler?“ Ich kräuselte die Stirn:

„Mama! Der ist weltberühmt!“

„Mät de furchtbaren Frouen?“ Mit Schwung landeten die Zinken im Mist. „Zieh dich um! Nach dem Essen kannst du mir im Garten helfen.“

In der Küche stand mein Teller auf der Wärmeplatte: Möhreneintopf mit Frikadellen, als Nachtisch Quark mit Pfirsichen. Es schmeckte gut, wie immer, wenn Mutter kochte.

Obertertia

„Why“, stand in großen Lettern auf Althoffs T-Shirt. Er hatte einen Stapel Blätter, Kopien, mitgebracht und verteilte sie.

Paul Celan, Todesfuge

Schwarze Milch der Frühe wir trinken sie abends
wir trinken sie mittags und morgens wir trinken sie nachts
wir trinken und trinken
wir schaufeln ein Grab in den Lüften da liegt man nicht eng
Ein Mann wohnt im Haus der spielt mit den Schlangen
der schreibt, der schreibt, wenn es dunkelt nach Deutschland
dein goldenes Haar Margarete

„Was kann das bedeuten?“, wollte Althoff wissen. Mich graute.

Duitse

Mit Franz und seinen Freunden radelte ich nach Winterswijk. Zwischen Gouda, Frikandel und Chopsuey bummelten wir über den Marktplatz und lachten. „Hey, Duitse! Immer noch laut? Pfui!“ Die Frau spuckte im Vorbeigehen auf den Boden. Wir holten uns ein Softeis und fuhren wieder zurück.

Ferienarbeit

„Du bist jetzt vierzehn, alt genug, um Geld zu verdienen. Auf eigenen Beinen stehen ist wichtig“, sagte Vater. „Du kannst es selbst behalten, brauchst hier kein Kostgeld zu zahlen wie andere. Dafür geben wir dir aber nichts mehr.“ Helga hatte es bereits vorgemacht. Außer der Nachhilfe arbeitete sie in den Ferien in der Fabrik, hatte ein neues Dreigang-Sportrad und einen eigenen Plattenspieler.

In den nächsten Sommerferien fuhr ich um halb sieben mit meinem alten Rad nach Saande, um kurz darauf am Fließband Drähte in ein Gerät zu montieren. Zwei junge Frauen werkelten neben mir: „Mein Mann mag, wenn ich nackt die Wohnung putze“, erzählte die eine. „Wir machen es jeden Morgen auf dem Küchenstuhl“, antwortete die andere. „Guck mal die Kleine“, grinste die eine, „wird ja ganz rot.“ Ich saß direkt gegenüber der großen Wanduhr; der lange Zeiger kroch langsamer als bei anderen Uhren nach vorn.

Abends half ich Mutter beim Füttern.

„Wie war's?"
„Drähte montiert."
„Schöne Arbeit. Kannst den ganzen Tag im Warmen sitzen."
„Langweilig. War nicht schön."
„Arbeiten hat noch niemandem geschadet."
Später im Fernsehen lief „Acht Stunden sind kein Tag".
Am zweiten Tag legte ich nach jeder Viertelstunde eine Schraube zur Seite; das langsam größer werdende Häufchen tröstete mich. Am dritten Tag stieß mich die eine an: „Komm, wir gehen eine rauchen! Ich spendiere dir eine." „Ich rauche nicht", sagte ich. „Raucher bekommen vormittags und nachmittags eine extra Pause", klärte sie mich auf. Am vierten Tag ging ich mit. Im Pausenraum traf ich auch Obix; es tat gut, aus der Klasse nicht die Einzige zu sein.
Von der ersten Vorauszahlung, in bar, holte ich mir ein Päckchen Drum und Blättchen und übte das ganze Wochenende, eine zu drehen. So wie Eddi, in der Jackentasche, schaffte ich es nie. Von den sechshundert Mark, die ich für vier Wochen erhielt, drei Mark vierzig die Stunde, kaufte ich mir ein neues Fahrrad, eine Wrangler Jeans und braune Riemchensandalen mit großen Silberschnallen. Das trug ich am ersten Schultag. Gilla war mit ihrer Großmutter auf Mallorca, wo sie ein Haus am Strand besaßen, gewesen, Jaqui mit ihren Eltern an der Riviera. Ferdinand, den ich aber nicht mochte, in der Serengeti.
„Und, was hast du gemacht?", fragte Jaqui, braungebrannt, aber das war ich auch, nur vom Strohholen und der Badeanstalt am Sonntag.
„Nichts", sagte ich und schob ganz unauffällig einen Fuß nach vorn.
„Wow, wo hast du die tollen Sandalen her?"
Wir schlenderten in die Stadt und ich spendierte Jaqui ein Tartufo, mit Sahne, im Eiscafé Roma.
Das Fahrrad wurde mir kurz darauf gestohlen. Ich hatte es nicht abgeschlossen. Vater sagte kein Wort, das war das Schlimmste daran.

Untersekunda, oder: Arbeitshand ist keine Schand

„Hey Anna, dreckige Fingernägel? Sind ja richtige schwarze Ränder drunter", stieß mich Obix in der kurzen Pause an. Er hatte gerade sein neuestes Asterixheft ausgelesen und unter die Bank geschoben. „Habt ihr keine Seife zu Hause?" Rasch rollte ich die Hände zusammen und wartete auf meine eigene Antwort.
„Hey, abgekaute Fingernägel", klopfte da ein Lineal von hinten auf seine Schulter. Das war Heine, ein Neuzugang aus der Parallelklasse, Bauernsohn aus Leiden: „Habt ihr nix zu Essen zu Hause?"

Obix' Nägel waren bis auf einen winzigen Rest abgeknabbert; die Fingerkuppen quollen wie pralle Wurstenden daraus hervor. „Is ja gut, meine ja nur. Meine sind jedenfalls nicht dreckig."

In der Biologiestunde ließ der neue Referendar eine Arbeit schreiben: „Verschandelung der Landschaft des Münsterlandes", schrieb er mit roter Kreide auf die Tafel. Wir konnten zwischen zwei Texten wählen:

> *a) Die unter Naturschutz stehenden Feuersalamander haben es bei uns recht schwer. Die für ihre Fortpflanzung notwendigen Tümpel werden rarer und trocknen im Sommer oft aus. Durch die Einleitung von Jauche in Waldbäche gehen zahlreiche Larven zugrunde.*
>
> *b) Mäuse sind eine vernachlässigte Gruppe. Es gibt immer weniger Arten. Die Waldspitzmaus, Zwergspitzmaus, Rötelmaus, Erdmaus, Zwergmaus, Waldmaus ist bedroht. Die Vielfalt geht durch die Planierraupe, die Wald und Wiesen wegschiebt, um dafür Acker zu schaffen, zurück.*

Ich wählte den Feuersalamander. Ich kannte Eidechsen in echt und den Salamander von den Lurchi-Heftchen im Schuhgeschäft, und auch von dem Förster, den sie auf der Bauernversammlung ausgelacht hatten.

Nachmittags stand ich auf dem Kartoffelernter. Abends scheuerte ich mir die Finger mit Atapulver. „Arbeitshand ist keine Schand", sagte Mutter. Für den Biologie-Aufsatz bekam ich – endlich wieder – ein gut.

Dada

Überall hingen die RAF-Plakate, jeden Abend sahen wir die Meldungen in der Tagesschau. Sogar Vater musste einmal, trotz Hut am Steuer, an einem helllichten Vormittag in Saande den Kofferraum öffnen. Die Polizei stand überall – auch in Saande.

Es war am letzten Schultag, das große Gebäude leerte sich, ein paar Lehrer und Schüler standen noch in kleinen Gruppen zusammen. Ich lief Richtung Ausgang, als mir am Beginn des langen Ganges eine merkwürdige, dunkel gekleidete Prozession entgegenkam. Ich erkannte Tom und Friedrich und ahnte, dass es eine ihrer verrückten Aktionen war. In bodenlangen schwarzen Umhängen, Tom mit einer goldenen Pappkrone auf dem Kopf, Friedrich mit einer Schlafmütze, schritt das Paar mit feierlich ernster Miene langsam voran. Auf ihren nach vorn ausgestreckten Armen ruhten zwei kahlweiße Kuhschädel mit brennenden weißen Kerzen in den Augenhöhlen. Dann und wann verbeugten sie sich leise mit einem „Gesegnet seid ihr“ vor einer imaginären Zuschauermenge, die jetzt zunehmend realer wurde. Ein Dutzend Schüler begleitete sie nun lachend und feixend, Obix hatte irgendwo einen Blätterzweig aufgetan und fegte damit vor ihnen den Boden: „Caesar sei willkommen.“ Eine Handvoll Lehrer sammelte sich im Gang, blieb wie angewurzelt stehen, bis Kunstlehrer Kubisch in seinem bekleckten weißen Kittel und mit einem Fotoapparat in der Hand aus dem Kunsttrakt gerannt kam. „Dada, Dada!“, hüpfte er aufgeregt vor ihnen her. „Das ist Dada!“, und ließ es klicken.

Jetzt zog der ruhige Friedrich sein Zeugnis aus dem Tornister und zündete es mittels der Kerzen an. Es brannte sofort, die Asche sauste im Zugwind davon. Tom tat es ihm nach. „Großartig!“, rief Kleeberg, „großartig!“

Jim Morrison

Mit JM, Dschäi Ämm, wie wir Michael wegen seiner dunklen, dichten Locken nannten, ging ich während einer Freistunde bei gelbem Sonnenschein durch den Stadtpark. Vor den Vogelvolieren blieb er stehen, kramte beidseitig in seinen großen Parkataschen und streckte mir dann auf den flachen Händen seine Angebote entgegen: links ein Wodka-Fläschchen, rechts ein Streifen weißer Tabletten. Er grinste: „Auch mal probieren? Du siehst so traurig aus.“ Ich schaute in seine glänzenden Augen. „Wirst sehen, macht munter!“ Ich zögerte, dann öffnete ich die Hand. Er drückte vier Tabletten in meine Hand, dann in seine Hand: „Jetzt mit dem Schnaps runterschlucken!“ JM holte einen weiteren Wodka aus seiner Tasche. Es wurde plötzlich nebelig.

„Komm, mach die Tür auf!“ Ich wachte auf. Es war Vaters Stimme; Vater kam nie auf unsere Mädchenzimmer. Offenbar hatte ich abgeschlossen, was ich sehr selten tat. „Komm, mach auf!“ Ich sah, dass es dunkel war, wusste nicht wie spät, wusste nur, dass ich auf meinem Bett lag und sehr müde war. Ich rappelte mich auf und öffnete. „Diarne, was ist passiert? Was hast du gemacht?“ Wortlos drehte ich mich um und fiel zurück aufs Bett. Ich wachte wieder auf, als Vater mit Helga vor mir stand. „Du fährst jetzt mit ihr nach Bochum“, sagte er, „und lernst dort.“ Helga hielt mir eine Tasche hin: „Pack ein paar Sachen ein.“ Beim Abschied stand Mutter weinend in der Diele. Zwei Wochen blieb ich bei Helga in dem bunten Papageienhaus. Vater fuhr zum Schuldirektor und erklärte, dass ich wegen später Windpocken vorläufig nicht kommen könne.

Helga nahm mich mit, als sie im Kunstgeschichteseminar – Romantik – ein Referat über Caspar David Friedrich hielt. „Das ist meine kleine Schwester“, erklärte sie dem Professor. Ihr Freund Viktor übte Englisch und Erdkunde mit mir; am Abend sahen wir einen Film über Mao, ein paar Tage später Che Guevara. Er brachte mir Billiard bei. Ich war gar nicht schlecht.

Als ich wieder zur Schule kam, interessierte mich JM nicht mehr. Sowieso knutschte er in den Pausen mit JJ, Janis Joplin.

Nachmittags half ich Vater mit den Weidezäunen. Er machte Faxen mit dem neuen Hund, dem roten Spitz, Dickie, legte ihn über seine Schulter, warf Stöckchen und pfiff mit zwei Fingern im Mund. Der Hund sprang, rannte hin und her, fletschte die Zähne und bellte. Plötzlich nahm Vater meine Hand und lachte mich in voller Breite an: „Kannst ja wieder lachen“, sagte er.

„In China“, erzählte ich Vater tags darauf, „dürfen alle nur ein Kind haben.“ Das hatten wir in Erdkunde gelernt. „Wie kann man den Menschen Kinder verbieten? Den Sinn des Lebens“, schüttelte er den Kopf.

Obersekunda

Im Deutschunterricht lasen wir Goethes „Leiden des jungen Werther“, Büchners „Woyzeck“ und Franz Xaver Kroetz‘ „Heimarbeit“. Tom aß eine Woche lang nur Erbsen. Im Englisch-Leistungskurs hatten wir Steinbecks „Of Mice and Men“ und George Orwells „1984“ hinter uns. Die moderne Lyrik war dran.

„69“ war der Titel des Verses, den uns Mr. Smile, unser Aushilfslehrer aus Chicago, vorlegte. Dafür hatte Mr. Smile extra und eigenhändig Klosprüche aus den Jazzbars in New York und Chicago für uns fotografiert.

„69? – sixtynine“, grinste er vorn. „What does it mean? Who wants?“ Die Finger blieben unten.

Mr. Smile ging langsam durch den Mittelgang und blieb neben der fleißigen, schüchternen, dünnen Hildegard stehen.

„Hey, Hildegard, weißt doch sonst alles!?”, rief einer der Forschen aus der letzten Reihe. Lautes Jungenlachen.

„Die weiß doch nicht mal, was ein Orgasmus ist.“

Hildegard lief rot an.

„Okay“, ließ Mr. Smile endlich von ihr ab. „Turning things upside down.”

Stairway to Heaven

Mathe und Französisch wählte ich ab und nahm dafür länger Latein, außerdem Theater und Philosophie, genau genommen, weil ich nicht wusste, was das war; es klang spannend. Nach der Schule, manchmal auch während der Blaustunden, von denen wir uns einige gönnten, gingen wir Fahrschüler ins Schwarze Café. Heine war groß, mit langen blonden Locken und einem lässigen, schlaksigen Gang; auf der ganzen Schule gab es niemanden, dem eine hellblaue Levis-Jacke so gut stand. Wir bestellten Kakao und rauchten Drum und machten Pläne für die Samstagabende. Im Winter trafen wir uns in Jans‘ Club, einer umgebauten Garage, zu Pfingsten in einer Sandkuhle bei Lagerfeuer, und im Sommer reihum auf den Höfen oder in Scheunen, wo die Eltern es erlaubten. Die Jungs holten ein paar Kästen Bier und Cola und stellten mannshohe Boxen auf. Led Zeppelins „Stairway to Heaven“ schallte bei Mondschein über die Felder und Wiesen. Da waren Jaqui, Gilla und Ferdinand schon lange nicht mehr dabei. Sie feierten mit Bowle und Schnittchen in einer der Saander Villen und solchen, die sie dafür hielten. „Lass sie doch!“, sagte Heine, während wir händchenhaltend rücklings auf Strohballen lagen und in den nächtlich blinkenden Himmel schauten, „ist doch viel schöner hier. Schau mal da! Der große Wagen.“ Am Horizont und oben im Firmament funkelte und leuchtete es.

Zu Anfang brachte Robert, unser Klassenkamerad, der zu Hause nicht feiern durfte, aus seiner meterlangen Plattensammlung ein Dutzend Scheiben mit. Während seine Mutter in ihrem Feinkostladen hinter der Theke stand, hörte er im Musikhaus alle Platten durch – und ließ dabei ein paar in seiner Tasche verschwinden. Seine Mutter erhöhte das Taschengeld, doch Robert wollte unabhängig sein. Hinter vorgehaltenem Mantel – von Kermit aus der Sesamstraße abgeschaut – führte er im Schwarzen Café eine „Zirkusnummer“ vor: Er schluckte Zigarettenstummel, eine für drei Mark, drei für zehn Mark. Ein paar Mal klappte es. Irgendein Fremder bot einen Fuffziger für einen ganzen Aschenbecher, aufgefüllt mit Korn. Robert zögerte keine Sekunde; er kippte alles auf einmal hinein – und fehlte zwei Wochen. Nach seiner Rückkehr bot er Glasscherben zum Verzehr an, doch der Wirt bekam Wind davon und seine Eltern schickten ihn auf ein Internat. Zur Unterprima kam er zurück, und blieb clean, erstmal.

Den schönen hageren Martin dagegen, DW, weil er aussah wie David Bowie, sahen wir nicht wieder. Ein Förster fand ihn an einem Morgen an einem Waldrand, tot im elterlichen Mercedes, einen Schlauch vom Auspuffrohr durch das Fenster nach innen gelegt.

Unterprima

Für die Klassenfahrt nach Wien hatte ich mir extra einen Ausweis besorgt. Die Nachtfahrt mit dem Bus sollte um zehn Uhr abends am Saander Marktplatz starten. Wir trafen uns alle vorher im Schwarzen Café. Mit einem Bier in der einen und einer Drum in der anderen stand die halbe Oberstufe draußen vor dem Lokal und stimmte sich ein. Wir loteten aus, wer neben wem sitzen würde und schmiedeten Pläne, wie wir die zu erwartende Ausgangssperre umgehen könnten. Plötzlich sah ich einen blauen Ford Taunus mit Mann und Hut am

Steuer langsam auf den Markplatz fahren. Vater stieg aus. Er trug seine graue Trevirahose, schmale Hosenträger über dem buntkarierten Flanellhemd und das grüne Sakko von Onkel Gerd. Wo wollte er hin? Hatte er keine Tabletten mehr? Wollte er noch Post einwerfen? Ich drückte mich unauffällig an die Mauer. Doch er lief weder Richtung Apotheke noch zum Postkasten. Stattdessen lief er zielstrebig auf das Schwarze Café zu.

Mit jedem Schritt, mit dem er sich in seinen braunen Schlappen unserer Gruppe näherte, stieg meine Pulsfrequenz. Jetzt sprach er mit den Jungs. „Ey, Anna!", rief JM mit seiner lauten Stimme in meine Richtung, „Anna, dein Vater ist hier!" Das vorher freudige Geplapper und Gelächter verstummte augenblicklich, fünfzig Augenpaare sahen abwechselnd auf mich und meinen Vater. „Bauer. Annas Vater", hörte ich sie tuscheln. „Wow! So ein Hemd kauf' ich mir auch demnächst", hörte ich Tom. Mein Magen drehte sich, mein Kopf platzte. „Anna! Jetzt komm doch mal!" JM zupfte mich am Arm. Ich löste mich von der Wand und ging auf Vater zu. „Wow, und geile Schlappen", das war Obix. Alle Köpfe drehten sich jetzt zu ihm; jeder wusste, dass Tom und Obix es ernst meinten, ein Lacher ging durch die Gruppe. Das Geplapper nahm wieder an Stärke auf.

„Hier", sagte Vater und hielt mir meinen Ausweis hin, „dänn häs du oop dänn Diss liggen loaten"*. Er sagte es tatsächlich auf Platt. Ich schwieg. Noch während ich das Dokument in meine Tasche steckte, drehte sich Vater wieder um. In seinem gebeugten Gang lief er zügig zurück zum Wagen. In dem Augenblick, als er den Motor startete, rannte ich los und klopfte an die Scheibe: „Danke, Papa!" „Viel Spaß, Kind! Komm gesund zurück!" Im Bus setzte sich Heine neben mich: „Gut, dass dein Vater den Ausweis noch rechtzeitig gesehen hat!" Aus dem Lautsprecher kam: „Wir fahren, fahren, fahren auf der Autobahn."

In den Osterferien faltete ich Betttücher in einer stickigen lauten Textilfabrik. Ich bekam 4,20 DM für tagelanges Stehen und steife Arme. Mein Bruder sauste pfeifend mit dem Gabelstapler herum und bekam 1,50 DM mehr. Ich fragte im Kontor – so stand es über dem Büro mit den Glasfenstern Richtung Halle – nach, aber der Mann schaute nur grinsend auf. Meine Kolleginnen stammten aus der Türkei; der Lärm war zu stark, um miteinander zu sprechen. Im kahlen Aufenthaltsraum erklärte eine Fotogalerie die Firmendynastie. Manchmal kam Edel aus der Chefetage herunter und verteilte Briefe; sie sah sehr gut aus, und ich sagte: „Das ist meine Schwester." In den nächsten Ferien stand ich bei Langnese-Iglo am Band. Frühschicht von zwanzig vor sechs bis zwei, Spätschicht von zwei bis halb elf. Ich sortierte tote Mäuse aus dem Spi-

---

* Das hast du auf dem Tisch liegen lassen.

nat und legte links unten eine Scheibe Salami auf die vorbeiziehenden Pizzen. Ich weinte nicht mehr. Morgens zur Schicht traf ich mehrere Klassenkameraden im Bus und nach der Spätschicht gingen wir gemeinsam in das Schwarze Café auf ein Bier. Acht Stunden waren kein Tag.

Im Sommer sortierte ich wieder Spinat bei Langnese-Iglo. Danach fuhren Heine, Jans und ich in einem hellblauen Käfer mit hellgrünen Türen über Holland, Belgien und Frankreich ins Baskenland. Der Käfer gehörte Heine. Jans' Vater hatte ihn während mehrerer Wochenenden mit den Jungs in seiner Garage umsonst flottgemacht. Dabei hörten sie im Radio Schalke 04 und tranken ein paar Bier. Der Käfer funktionierte tadellos, nur manchmal hatte er ein paar Macken.

Sonntag

„Anna, oopstoan! Ist schon acht Uhr, wird Zeit. Anna, hörst du mich?" Mühsam hob ich die Lider und quetschte ein „Ja, ja" aus mir heraus. Am Abend zuvor war es spät geworden, genau genommen bis in den frühen Morgen. Ich schloss die Augen, um noch eine Viertelstunde herauszuholen. Solange brauchte Mutter morgens, um die Schweine zu füttern, erst danach würde sie, auf dem Weg vom Spieker zum Kuhstall, erneut zu mir nach oben rufen.

„Anna, oopstoan! Hörst du mich? Ist schon halb neun!"

„Jaaa."

Ich schälte mich aus meinem Bett und zog mich an. Mit Edel, die heute ausschlafen durfte, alle zwei Wochen jede von uns einmal, wechselte ich mich mit dem Sonntagsdienst ab. Unten in der Küche hetzte Mutter, noch im Arbeitskittel, die Lockenwickler unterm Kopftuch, zwischen Stall und Garten und Küche hin und her, legte eine frische Porreestange auf die Spüle. Im Topf lag ein Huhn im Wasser. Bevor sie ins Bad eilte, hielt sie neben mir:

„Pass mit der Suppe auf! Letztes Mal hast du nicht ordentlich abgeschwemmt. Da war sie grau. Eierstich soll Edel dann machen. Koch zuerst den Pudding. Die Herrencreme muss zwei Stunden ziehen. Salat ist noch im Garten. Nimm den mittleren Kopf, der ist schön fest!"

Jetzt kam sie im Bademantel, barfuß mit hochgestellten Zehen, aus der Dusche.

„Fünf Schnitzel sind noch im Keller. Für Papas Frikassee." Vaters Magen war von den Tabletten kaputt, er konnte nur noch Gekochtes essen. „Mit Zwiebelsoße." Sie rührte in einem imaginären Topf: „Zwiebeln in Butter – nicht braun werden lassen, hörst du! – lange andünsten, bis sie weich sind, müssen hellglasig bleiben. Dann mit Mehl aus dem Sieb bestäuben und binden, mit Suppe aufgießen. Salz, weißer Pfeffer, ein Löffel Senf und gehackte Gewürzgurken dazu. Mit Sahne aufgießen. Machst du früh, dann zieht es besser durch."

Sie verschwand im Schlafzimmer, kam im Unterrock zurück und prüfte den Zustand der Suppe:

„Ja, ist gut so. Vergiss nicht, die Schnitzel rundherum schön panieren."

Vater kam, bereits im Anzug, aus dem Schlafzimmer, klopfte auf das Barometer und lief zügig über die Däle zum Auto. Er würde gleich vorfahren, drei Mal hupen, den Motor abstellen. Fünf Minuten warten und dann wieder hupen. Jetzt konnte ich Mutters Haarspray riechen.

„Du weißt ja. Für die Salatsoße. Sahne, Essig-Essenz, feine Zwiebel, Salz, Zucker, Pfeffer. Schnittlauch im Garten." „Ich weiß."

Draußen heulte der Motor auf, dreimal kurzes Hupen. Immerhin, Mutter hatte das Kleid schon an, nur Schuhe und Handtasche fehlten noch. Dann ein Aufschrei aus dem Schlafzimmer.

„Mein Gott!" Mutter schaute in Tränen auf ihren Oberschenkel. „Schon wieder! Eine Laufmasche! Habt ihr Nagellack?"

Dreimal langes, dreimal kurzes Hupen.

Ich stürzte in Edels Zimmer und wieder hinunter, reparierte den Schaden mit einem dunkelroten Fleck auf schneeweißer Haut.

Einmal sehr langes, dreimal kurzes Hupen.

Endlich stand Mutter fertig in der Küche, einschließlich der neuen weißen Handtasche und der passenden Schuhe. Und mit ihrem kessen Lächeln.

„Bin ich gut so?" „Ja, Mama. Sehr chic!" „Wirklich? Schuhe nicht zu hoch?" „Nein, Mama. Wirklich nicht!"

Sie tippelte über die Dielenfliesen, hielt an der Bommdör eine Hand schützend über ihre Frisur und tippelte weiter zur Beifahrerseite.

„Bist du endlich fertig?", würde Vater schmunzelnd fragen.

„Ja, du warst schon eine halbe Stunde früher aus dem Stall!", würde ihre trotzige Antwort sein. Vater drehte den Zündschlüssel um und gab Gas. Ihr kleiner Sonntagsausflug begann: Zum Hochamt, danach eine Stippvisite bei Tante Magda und Tante Joseffi, zum Schluss ein Abstecher zur Hundert-Jahr-Feier von Café Brömmel: „Für die Dame ein Anis?" „Ja, sehr gern!" Vergnügt standen sie um ein Uhr wieder in der Küchentür.

„Und, hast du alles fertig?" „Ja, alles fertig!"

Pfingsten. Der Tisch mit ihrer Aussteuerdecke, der breiten Spitze rundum, dem Kreuzstich in der Mitte, gedeckt: „Habe ich damals im Krieg gemacht!", und strich über das schöne alte Linnen. „Weiß ich, Mama, weiß ich." Sie war wirklich schön.

Wahrheit

Morgens saß ich beim Frühstück am Küchentisch, die Türen standen alle offen, die Melkmaschine surrte. Helga war aus Bochum zu Besuch und tuschte sich im Bad die Wimpern. Vater lief Richtung Milchkammer und blieb unterwegs neben Helga stehen.

„Was ich dich fragen wollte, Helga. Ist das wahr?"

„Was meinst du?"

„Du weißt, wovon ich spreche. Ich will nur wissen, ob es stimmt, was Mama sagt. Dass du einen neuen Freund hast? Nicht mehr Viktor?"

„Ja, es stimmt."

„Und dass ihr schon in einer Wohnung wohnt. Ohne Trauschein?"

„Ja."

Es war sehr still.

„Das ist nicht richtig, was du machst."

„Das ist meine Entscheidung."

Eine Weile blieb Vater neben ihr stehen; ich hörte nichts. Dann lief er, nein rannte er in seinem nach vorn kippenden Gang über die Däle auf den Hof. Ich sah ihn den ganzen Tag nicht mehr. Helga fuhr auf lange Studienreise. Irgendwann im Herbst, mitten unter der Woche beim Kaffeetrinken, klingelte das Telefon. Mutter nahm ab; sie hielt Vater den Hörer hin: „Helga will dich sprechen." Vater schüttelte den Kopf, Mutter zog die Ringelschnur in seine Richtung glatt, jetzt stand Vater endlich auf.

„Was gibt's?"

„Papa. Zur Runkelernte kann ich meine Freunde aus Bochum mitbringen."

Er zögerte. „Wenn du meinst", und legte auf.

Ein paar Tage später fuhr ein Konvoi aus fünf Autos vor; die VW-Bullis parkten neben der Scheune und rollten ihr Vordach aus. „Wo sind Feld und Spaten?", fragte der Erste. Das war Helgas Neuer. Vater schaute ihn von oben bis unten an, es dauerte ein paar Augenblicke – hielt ihm die Hand hin. Dann lief er, mit zunehmendem Lächeln, von einem zum anderen. „Und wer bist du?", bevor er sie alle über Hof und Däle führte, ihnen die neue Milchkühlung zeigte und sie alle auf den vollen Heuboden schauen ließ. Dann ging es zum Feld und gab, erst einmal, eine kleine Lektion zum Nährwert der Runkeln, und worauf es bei der Ernte jetzt ankam. Mit ausgestrecktem Arm und breit lachend zeigte er schließlich auf das große Feld: „Muskeln und Knochen braucht ihr!" „Haben wir", sagten sie. Die Hälfte gab nach einem halben Tag auf, die anderen blieben. Am dritten Abend lagen die Runkeln winterfest in der Kuhle. Vater fuhr nach Saande und kam mit zwei Kästen Köpie und zwei Schachteln Ernte zurück. Bis Mitternacht saßen wir auf Strohballen um das Lagerfeuer herum, Vater, Mutter, wir alle. Einer holte eine Gitarre aus dem Bulli.

Oberprima, oder: Die Besten

Kant: „Zur Metaphysik der Sitten", Heinrich Mann: „Der Untertan" – lasen wir in Philosophie und Deutsch.

In Erdkunde standen die Inneren Tropen auf dem Lehrplan. Der neue Erdkundelehrer, Herr Schriewer, mit kariertem Flanellhemd – fast so, wie Vater es hatte – und Nickelbrille, hängte die mächtige Afrika-Karte auf. Es war noch immer dieselbe. Schriewer wies auf den Osten, dort wo die dunkelbraune Farbe hohe Berge anzeigte. Unter dem Schriftzug Tansania klebte ein hellbrauner Streifen. Schriewer bemerkte meinen Blick: „Ja, das war früher Deutsch-Ostafrika, aber die Kolonialzeit ist lange vorbei, das ist Geschichte. Afrika geht seinen eigenen Weg."

In diesem Frühjahr halfen die Fürstenfelder Tanten beim Runkelhacken, damit ich für das Abitur lernen konnte. Schwatzend und lachend zog die Frauengruppe über das Feld. Der Cousin holte sie abends ab. „Studeerte, Stadtske", begrüßte er mich mit abschätzigem Blick, „lassen andere für sich arbeiten und sitzen selbst nur den Hintern platt."

Neun Jahre – waren vorbei. Auf der langen Liste im Foyer war mein Name nicht zu finden. Er stand auf einem extra Blatt, das daneben hing, als letzter – immer wegen des V – unter sechs anderen Namen. Darüber stand: „Beim Direktor melden." Im Sekretariat ließ mich die Sekretärin eine halbe Stunde warten. Dann klingelte ihr Telefon, sie nickte, ging um ihren Tresen herum und öffnete mir die Tür: „Bitte!" Ich schaute in einen langen Raum. Zwischen mir und Direktor Dr. Renner lagen fünf Meter, links eine niedrige, tiefblaue Couchgarnitur mit einem Glastisch davor, rechts ein Tisch mit sechs Stühlen, dazwischen ein schwarzer Läufer, der schnurstracks auf seinen Schreibtisch zuging.

„Guten Tag", sagte ich. „Guten Tag", murmelte er, ohne von seinem Schreibtisch aufzusehen. Ich lief einen Schritt nach vorn. „Habe ich Ihnen erlaubt, an meinen Tisch zu kommen?" Ich blieb auf dem ersten Drittel des Läufers stehen.

„Sie wissen, warum Sie hier sind?"

Erst jetzt blickte er zu mir, schob seine Goldrandrille nach oben. Die blau gepunktete Fliege hatte genau die gleiche Breite wie sein Schnauzbart. „Anna Vanwoldt?" Er schaute auf ein Blatt, „Vater ist Landwirt aus Wiesken?" Ich nickte. „Wissen Sie es oder nicht?" Ich schwieg. „Dann verrate ich es Ihnen.

Sie gehören nicht zu den Primissimi. Sie können ohne Abitur ausscheiden, ein Jahr wiederholen oder die Nachprüfung machen. Überlegen Sie es sich, ob Ihnen das etwas bringt. Mir ist das egal. Sie können gehen."

Ich brauchte nicht zu überlegen. Mit Heine fuhr ich im Käfer nach Hause. Vater und Mutter kamen uns in der Diele entgegen, Vater mit einer Flasche Söhnlein Brillant hinter dem Rücken. Ich schüttelte mit dem Kopf. „Dann ist das eben so", sagte er und drehte sich um.

Ich schaffte die Nachprüfung; die Sekretärin teilte mir das Ergebnis mit. An dem Nachmittag half ich bei der Kartoffelernte. Es tat gut, die Hände in die dunkle Erde zu graben und damit die festen Früchte zu heben. Abends öffnete Vater die Flasche.

Silberhochzeit

Nicht nur für mich begann Neues.

Im Nachhinein, glaube ich, war es ihre schönste Zeit, das Jahr vor und das Jahr nach der Silberhochzeit. Von ihrer Verlobungszeit einmal abgesehen. Außer mir waren alle aus dem Haus; nur Franz, der im letzten Hochschuljahr war, kam an den Wochenenden, um Vater mit den Schweinen und auf dem Hof zu helfen. Helga war im Referendariat. Edel in Saande heimisch. Ich entschied mich für ein Jahr Pause von den „Studeerten im Warmen", verteilte morgens Post mit meinen Händen bei Wind und Wetter, half nachmittags im Haus und auf dem Hof. Ansonsten wartete ich auf Heine, der seinen Wehrdienst absolvierte. Danach wollten wir gemeinsam studieren. Mit Vater ging es weiter auf und ab, aber in ein Klinikum oder zur Kur fuhr er schon lange nicht mehr. Der Rücken schien besser, der Magen dafür schlechter, und seine Migräneanfälle, „Kopppiene", wurden ihm unerträglich. Das ahnte ich nur, weil er dann abends die Schlafzimmertür von innen verschloss und ich das Tablett mit Kamillentee und Zwieback neben die Tür schieben sollte. Am nächsten Morgen stand er mit eingefrorenem Gesicht und glasigen Augen im Stall – bis er wieder normal erschien, oder das, was wir darunter verstanden, woran wir uns schon so lange – fast – gewöhnt hatten.

Vater und Mutter bereiteten sich auf ihre letzte Etappe vor dem Ruhestand vor. Vater gönnte sich einen nagelneuen Fendt mit großem Verdeck und Geräteträger. Stolz fuhr er mit Egge und Pflug auf den Acker, nicht selten mit einem Pfeifen auf den Lippen, den roten Spitz Dickie auf dem Bänkchen neben sich. Einmal die Woche fuhren sie nach Saande. Und während Vater beim Doktor oder auf dem Amt war, erledigte Mutter ihre Einkäufe in dem neuen Einkaufszentrum und setzte sich in den überdachten Passagen auf eine Bank, wo sie sich im Warmen zwischen den gläsernen Läden in aller Ruhe das Treiben anschauen konnte. Wenn Vater kam, gingen sie in den neuen Imbiss und bestellten zweimal Currywurst mit Pommes Frites, die Cola teilten sie sich.

Die alte Stowwe erweiterten sie um ein paar Meter, bauten sie zu einer neuen „Besten Stube“ mit üppig gerafften Gardinen an einer hellen Fensterfront aus, fast wie bei den Grooten. Beim Kochen ließ Mutter die Tür offenstehen, um ungläubig immer wieder auf den Luxus zu schauen: „Martha, wat häss du ät schön!“, staunten alle auf den Visiten. Von den dreizehn Kühen verkauften sie vier, für jeden von uns eine. Wir Mädchen bekamen jede ein Silberbesteck, für zwölf Personen mit allem Drum und Dran, siebzig Teile. Franz bekam einen gebrauchten Käfer. Nach und nach gaben sie das Pachtland auf und leerten die Schweinekoben im Spieker. Dort standen ab dann im Winter die Gartenmöbel für die neue Gartenlaube, Nellys altem Zwinger, dem Hundetuun.

Abends machte Mutter Toast Hawaii. Pünktlich zur Tagesschau saßen sie vor dem Fernseher, zu Rudi Carrells laufendem Band gab es Dunkelbier und Chips, aber so gut wie Frankenfeld und Kuhlenkampff war keiner mehr. Zu Karneval holten die Kölner und Weseler Verwandten, abwechselnd, Mutter für mehrere Tage ab. Mit einem kessen Lachen, „Jetzt mache ich auch mal Urlaub!“, winkte sie Vater aus dem Auto zu und kam zwei Tage später mit einem Koffer voller Geschichten und einem seligen Lächeln zurück. Edel lud sie in Saandes erstes China-Restaurant ein, und Mutter bewunderte jeden Teller einzeln. Tante Hermine nahm sie zum Mütterkaffee im Bürgerheim mit: „Ach, haben wir gelacht“, schwärmte sie noch Tage später. Doch dann holte sie der Alltag wieder ein.

An einem Samstag arbeiteten Vater und Franz gemeinsam auf dem Gemeensbarch; manchmal wehte der Wind ihre Sätze bis zum Hof herüber.

„Nebenerwerb ist gut, das machen viele! Sind keine Schulden auf dem Hof.“

„Ich will kein Bauer werden, auch nicht im Nebenerwerb!“

„Haben sich drei Generationen geplagt: Bessvaader, Opa und Oma, und wir.“

„Versteh doch! Das ist mein Leben, ich will weiter studieren!“

Schweigend arbeiteten sie weiter, schweigend saßen sie abends am Tisch.

„Kannst ja tagsüber gern im Büro arbeiten; ist ja nur gut. Aber behalte wenigstens die Schweine und die Hühner“, bettelte Mutter. Aber Franz mochte auch keine Schweine und Hühner.

„Seid froh“, sagten die Kölner Onkel wie aus einem Mund, „dass der Junge etwas anderes als Landwirtschaft gelernt hat! Und weiter studieren will.“

Und dabei blieb es.

Die Silberhochzeit finanzierten sie mit einem Sparvertrag, genau für diesen Zweck sieben Jahre zuvor abgeschlossen. Im Herbst renovierten wir alle Zimmer und zu Weihnachten bekamen wir alle einen Umschlag für festliche Garderobe. „Man muss die Feste feiern, wie sie fallen.“ Im Frühjahr legte Mutter zwei Beete extra an, um Gemüse und Salat für die Feier zu haben. Eine Woche vor der Silberhochzeit, im Juni, begannen die Nachbarn mit dem Kranzausmessen, dem Röschenmachen und schließlich dem Bogensetzen.

Am Tag der Silberhochzeit war strahlend blauer Himmel. Die Brautmesse hielt Heesters' Nachfolger Zolpen. Einander eingehakt schritt das Silberpaar, Mutter in ihrem langen, schwarzen, strassbesetzten Kleid mit Silberkrönchen im Haar, Vater in einem nagelneuen Anzug. Mit durchgedrücktem Rücken und Kopf nach oben liefen sie, nein schritten sie, langsam durch den breiten Mittelgang nach vorn auf den hellen Altar mit dem Kreuz darunter zu. Da war Mutter 57 Jahre alt, Vater drei Jahre jünger. Nach Messe und Kaffeetrinken im Bürgerheim lud Mutter alle Frauen auf den Hof ein, führte sie durch alle Zimmer, sogar ihren Leinenschrank im Schlafzimmer öffnete sie noch einmal. „Wie eine junge Frau!“ Tante Joseffis Schleifchen und Rosetten von damals hingen noch. Abends spielte eine Drei-Mann-Kapelle auf: „Wiener Blut, Wiener Blut.“

Hofgeschichte 1978: Silberjahr

Tante Joseffi und Tante Magda kommen ins Saander Altenheim bei guter Pflege. Im Februar mehrmals Koliken, dann bessere Gesundheit das ganze Jahr. Anfang Juni zünftige Silberhochzeit mit ganzer Familie und Floiterhook, über hundertzwanzig Mann im Bürgerheim. Anna Abitur, arbeitet als Postbotin, will studieren. Helga trennt sich von ihrem langjährigen Freund. Martha und ich geben das letzte Pachtland ab. Nur noch neun Kühe. Auf Silvester kommt viel Schnee mit großer Kälte, minus 20 Grad.

Gartenlaube

Es war auch meine schönste Zeit mit ihnen. Ich blieb noch ein Jahr, um Geld für mein Studium zu verdienen. Die Sommerabende verbrachten wir zu dritt in der Gartenlaube bei Cola, Dunkelbier und Köpie. Während wir zum Nachtisch ein Eis schleckten, konnten wir die Mähdrescher auf den Feldern bis in die Dunkelheit brummen hören, und ein paar Tage später donnerten die Güllefässer durch das Brook. Mit gerümpfter Nase lief Mutter ins Haus, um die Fenster zu schließen. „Unser Mist und unsere Aale“, sagte sie „das stinkt nicht so.“ Die Umstellung auf Gülle hatte Vater nicht mehr gemacht. Nach den Diskussionen mit Franz wäre die Investition nicht mehr lohnend gewesen.

In diesem Sommer hatte ich viel Zeit, um viele Fragen zu stellen. Und bekam Antworten – meistens.

„Es kommt nicht immer, wie man denkt“, sinnierte Vater an einem Abend, als wir allein in der Laube saßen.

„Was meinst du damit? Der Krieg? Deine Krankheit?“
„Ja, das auch.“
„Der Hof? Wir Kinder?“
„Was willst du hören?“
„Hat dir etwas leidgetan?“
Vater schaute mich von der Seite an. Und zögerte. Schon bereute ich meine Frage. Und hatte Angst vor der Antwort. Doch dann sagt er:
„Weißt du, damals der Dr. Meyer in der Essener Klinik, erinnerst du dich?“ Ich erinnerte mich. „Der hat gesagt: Schick deine Kinder auf die Schule. Aber sie werden sich verändern, unter andere Leute kommen, Neues kennenlernen. Und dir fremd werden.“
„Und?“, flüsterte ich fast.
„Das Erste stimmt. Aber fremd geworden seid ihr mir nicht. Meine Kinder sind und bleiben immer meine Kinder.“
Ich weiß nicht mehr, was ich sagte. Ich weiß nur noch, dass der Abend mit einem Satz endete:
„Merke dir: In kleinen Dingen großzügig. In großen Dingen kleinlich.“
Ich merkte es mir, mein Leben lang. So gut wie er wurde ich nicht.
Mitte Oktober packten Heine und ich den bunten Käfer für unser Studium. Am Morgen der Abfahrt ging ich in den Stall, die Melkmaschine surrte, Vater schob den Mist zur Seite. „Papa, Mama, wir fahren jetzt.“ Vater stellte die Grepe an die Wand und kam auf mich zu. „Geht es los?“ Ich nickte. Etwas unbeholfen standen wir beide da; mit einem Lächeln schaute Vater mich an, dann reichte er mir die Hand. Mir fiel auf: Zum ersten Mal verabschiedeten wir uns per Handschlag. „Pass gut auf!“ Mutter holte eine Lage Eier aus dem Keller. Bis zum Draii winkten sie uns nach, dann sah ich sie zurück auf den Hof gehen.
Ich heulte den ganzen Weg, Rotz und Wasser.

Hofgeschichte, Neujahr 1980

Der lange kalte Winter, mit Schnee und Glatteis. Im Januar Autounfall. Hochzeit bei Kleenerts. Edeltraud und Wilfried geheiratet, Einzug in ihr neues Haus. Tante Magda im August gestorben. Helga erste Stelle als Referendarin an der Schule in Essen. Anna im Oktober zum Studieren nach Göttingen. Im November Helga mit neuem Freund ohne Trauschein im Haus in Bochum zusammen!

Wir schrieben uns jede Woche, ich kam nur einmal im Monat nach Hause, der Weg war zu weit. Ein Telefon hatten Heine und ich damals noch nicht. Meistens schrieb Mutter: „Es ist schon spät, aber wenige Zeilen gehen noch.

Wir warten auf die Sendung, ‚Ich stelle mich'. Da soll heute Freiherr von Heeremann kommen", und Vater schrieb einen Gruß dazu: „Kissemännken Mecki wartet auf dich, alles Gute, Dein Papa." Aber es war auch oft umgekehrt. Mitte des zweiten Semesters erhielt ich einen dicken Umschlag. Ein Kalenderblatt mit grünem Fendt-Traktor vor den verschneiten Alpen fuhr mir direkt entgegen, die Rückseite war mit Vaters Handschrift voll beschrieben, alles auf Platt:

Sonndag in Wiesken, den 10. Mai 1981

Minne lewe Dochter Anna!
Mie is gerade innefallen, die een Brefken op Platt te schrieben! Und worüm ook nich, et is uise Moodersprooke.
Wat mäck de Studierei, geht voran? Ik wünsch u alle baide alltiets ne kloren Kopp und völl Spaß, und dann sallt ook wat werden. Dusend allerbeste Grüße, bliew gesund und munter, bis datt wi uis in Freuden wärseht, van Vaader.

Zwischen den beiden Absätzen standen vierzig weitere, eng beschriebene Zeilen. Ich drehte das Blatt wieder um. Mehrere Zahlen waren umkringelt: Lizzy kalbt, Doktor in Dorsten, Edel und Martha nach Holland. Bei Donnerstag, 23. April, stand: „Anna wichtige Klausur."

In den Semesterferien arbeitete ich wieder in Saande. Die langen Sommerabende verbrachten Vater, Mutter und ich zusammen in der Gartenlaube.

Die Weizenähre

Vater starb an einem frühen Morgen Anfang März 1982.

Am Nikolausabend 1981 stapfte ich in Göttingen durch den Schnee zur Telefonzelle, um in Wiesken anzurufen. Noch im Jahr zuvor hatten sie, abendelang, zu zweit in der Stube an neuen Holzbettchen für unsere alten, zwischenzeitlich verstaubten Puppen gezimmert und gebastelt. Seither schlief Gerda, in einem neuen Kleidchen, auf einem Regal in meiner Studentenbude. Jetzt wählte ich die alte Nummer: „Alles Gute zum Nikolaus", rief ich in den Apparat, während die ersten Groschen schon durchrasselten. Mutter zögerte nicht lange. „Anna, ich muss dir etwas sagen. Aber mach dir keine Sorgen. Er ist jetzt im Krankenhaus."

Er war beim Knollenladen auf dem Feld zusammengebrochen, und es war nur gut, dass Franz dabei war und Mutter und er ihn auf der Schubkarre nach

Hause fahren und ins Bett legen konnten. Wie so oft hatte er seine starken Medikamente genommen, war irgendwann der Doktor mit Spritzen gekommen, „Kopf hoch, wird schon wieder werden“, hatte der gesagt, und am zweiten Tag hatte Mutter, wie sie später schluchzend und voller Reue erzählte, sogar mit ihm geschimpft, jetzt könne er aber langsam wieder aufstehen und bei der Arbeit helfen. Doch dann hatte er zu fiebern und wirres Zeug zu reden begonnen: „Packt die Maulesel für die Gebirgsjäger oben. Die brauchen Proviant, Martha, Proviant!“ Und erst dann hatte der Doktor den Notarztwagen gerufen, der ihn ins Saander Hospital überwies, von wo aus er am selben Tag noch in die Essener Klinik kam. In genau das Klinikum, in dem er zwanzig Jahre zuvor so häufig gelegen hatte. Seine Akte war noch da. Onkel Gerd und Onkel Anton, Tante Thea und Tante Luzi besuchten ihn. Sie fanden einen fremden Mann vor, der mit den Armen und Händen fuchtelnd ängstlich zur Decke schielte: „Kiekt! De Dooden“, duckte er sich, „die hängen da oben in den Ästen und fallen gleich herunter. Passt auf!“

Mit unserem Käfer fuhr ich im Schneeregen über die glatte Autobahn, die blanke Angst in mir. Vater saß mit rotem Kopf und glasigen Augen aufrecht im Bett. Er war hellwach und klar im Kopf, verzog die Lippen zu einem leisen Lächeln, als er mich sah: „Da bist du ja, ich habe auf dich gewartet. Wie geht es in Göttingen?“ Ich nahm seine schlaffe Hand und versuchte eine Antwort. Ich spürte ein leises Händedrücken. Und dann setzte er tatsächlich sein verschmitztes Lächeln auf und rüttelte sanft an meinem Arm: „Du bist jung, du musst lachen!“ Ich sprang vom Bett auf und rannte hinaus auf den Gang zum Fenster. Von dort sah ich, wie das Licht über seiner Tür zu blinken begann, und die Schwestern eilten in sein Zimmer. Eine halbe Stunde später ließen sie mich wieder hinein. Vater schlief. Da wusste ich noch nicht, dass das mein letztes, klares Gespräch mit ihm gewesen war.

Die Operation am Tag darauf verlief schlecht. Weihnachten verbrachte ich zu Hause. Mittags klingelte das Telefon, Vater nuschelte etwas ins Telefon, eine Frauenstimme, es war wohl die Krankenschwester, übersetzte: „Frohe Weihnachten.“ Im Januar fuhren sie ihn zurück nach Saande und legten ihn auf ein Einzelzimmer. Nachmittags schoben sie ihn in einem Lehnstuhl an ein Fenster. Mit leeren Augen stierte er ins Nirgendwo. Er hatte aufgehört zu sprechen, manchmal hauchte er etwas. Ich legte mein Ohr an seinen trocknen Mund: „Deepen Grund“, war alles, was ich verstand. Er konnte bald nicht mehr trinken. An seinem Körper hingen Nadeln und Schläuche. Um ehrlich zu sein, es war alles sehr viel schlimmer, aber das schreibe ich hier nicht. Tante Thea kam und las ihm laut aus der Zeitung vor. Er zeigte keine Reaktion. Tante Luzi brachte Narzissen mit und ließ ihn daran riechen. Er rümpfte nicht einmal die Nase. Es schien, als würde er Mutter nicht erkennen. Die letzten Nächte verbrachte sie im Schlafsessel neben ihm, bis jemand von uns morgens kam und sie zum Melken nach Hause holte. Franz und ich hatten Semesterferien. Zu Hause sprachen wir wenig miteinander. Die Nachbarn kamen vorbei, aber es fiel schwer, zu antworten.

Anfang März klingelte früh morgens das Telefon. Zu dieser Zeit standen immer alle Türen offen, doch Mutter überhörte das Klingeln. Ich rannte von oben hinunter und nahm ab. Mutter schlief unten, tief und fest, wie niemals zuvor, und das war gut so, denn sie würde ihre Kraft noch brauchen. Behutsam weckte ich sie am Arm.

Das Sterbezimmer im Krankenhaus war voll, wir und seine vier Geschwister. Ich flüsterte etwas in sein Ohr, und bis heute möchte ich glauben, dass sein Lid dabei zuckte und dass er danach lächelte. Plötzlich kamen Krankenschwestern und schoben ihn aus dem Zimmer. Mutters Gesicht hellte sich auf wie lange nicht mehr, und wir gingen zu Kaffee und Kuchen nach unten zum Kiosk. „Können wir ihn vielleicht doch wieder mit nach Hause nehmen, wenn es besser wird.“ Sie glaubte, was sie sagte. Als wir zurückkamen, schickten sie uns in ein anderes Zimmer. Vater lag friedlich, in seinem frischen Schlafanzug, in einem weißen Bett. „Er ist tot“, sagte der Arzt – und ging hinaus.

Ich setzte mich auf die Kante und nahm ein letztes Mal seine zerstochene, warme, unwirklich manikürte weiße Hand. Mir fiel auf, dass der dünne Trauring, der von der Arbeit ganz abgeschliffen gewesen war, fehlte. Nur der krumme kleine Finger erinnerte an seine schönen, braungebrannten Hände von früher.

Jemand von uns sackte zusammen. Und wir hatten Mühe, Mutter aus dem Zimmer und zum Auto nach Hause zu bringen.

Drei Abende lang kamen die Nachbarn mit Rosenkränzen in die neue beste Stube. In zwei Reihen saßen wir hinter dem ausgezogenen langen Tisch. Am letzten Abend ging Mutter mit der Schnapsflasche rum; rasch kippten sie alle das Pinneken und gingen hinaus. Tagsüber erledigten wir schweigend die Arbeiten auf dem Hof. Es gab nichts mitzuteilen. Manchmal stritten wir kurz, über Kleinigkeiten, bis wir wieder in Schweigen verharrten. Der Termin beim Bestattungsunternehmer dauerte keine Viertelstunde. Rasch entschied sich Mutter für einen schlichten Kiefernsarg. Am offenen Grab warf ich grimmig Erde auf das Holz und erschrak über das klatschende Geräusch.

Der Frühling und die Feldbestellung standen bevor. Die Nachbarn kamen, um Hilfe anzubieten. Auch, um nach dem Land zu fragen. Die Tanten, um Kuchen zu bringen. Die Onkel schoben Kuverts in Mutters schwarze Kitteltasche. Vier Wochen noch hörte ich morgens und abends die Melkmaschine surren, nachts die Kuhketten rasseln. Dann kam der Viehhändler und holte die Kühe ab. Am

Morgen danach war es gespenstisch still; ich wachte auf und wusste nicht, ob ich zu Hause war. Das Land verpachtete Mutter an zwei Nachbarn und unseren Cousin aus Fürstenfeld. Zum Sechswochenseelenamt pflückte ich auf der Wiese vor dem Haus einen Arm voll gelber Hundeblumen und brachte sie zum Grab. Kurz darauf pflügte einer der Pächter die Wiese um und säte Gerste darauf. Mein Cousin brachte Mais auf dem Gemeensbarch aus. Mutter behielt ein paar Schweine und alle Hühner.

Den Grabstein fertigte Imken an. Als Gravur wählte Mutter eine Weizenähre aus:

„Evangelium nach Johannes. Wenn das Weizenkorn in die Erde fällt und stirbt, bringt es reiche Frucht."

Mit der Ähre und dem Spruch war ich sehr einverstanden; aber die Interpretation des Pastuurs, „Der Tod ist das Leben", fand ich ungehörig.

Mutter trug ein ganzes Jahr lang tiefes Schwarz, nur für ihre Kittel erlaubte sie sich ein Grau. In der Kirche verkroch sie sich auf das dunkle Bänkchen im Glockenturm, sah auf die vor ihr stehenden langen Männerrücken und ging vor dem Schlusslied hinaus. Zur ersten Weihnacht begleitete ich sie in ihr Eckchen. Noch während des Eingangslieds, „Nun freut euch ihr Christen", stürzte sie hinaus. Orgel und Gesang hallten draußen über den Kichhof. Rasch öffnete ich die Autotür und wir fuhren wieder nach Hause.

Nach dem Einjahresseelenamt wagte sie ein Dunkelblau mit weißer Bluse und hellen Strümpfen. Es dauerte ein weiteres Jahr, bis sie ein buntes Kleid aus dem Schrank holte. Damit saß sie wieder in der Mitte, rechts, dort, wo sie auch immer mit Vater gewesen war. „Dat Läwen geht widder", klopfte ihr Onkel Heini auf die Schulter. Ging es auch.

Vater besuchte ich, wann immer ich nach Wiesken kam. Zum Jahrestag pflückte ich einen Strauß gelber Hundeblumen – wenn ich welche finden konnte – und stellte sie ihm aufs Grab.

Ich brauchte zehn Jahre, um die Monate nach diesem Nikolaus in – mündliche – Worte zu fassen. Da stand ich längst auf eigenen Beinen und zwar auf einem anderen Kontinent, in einem abgelegenen Winkel Afrikas, inmitten von armen und sehr armen Kleinbauern. Und weitere dreißig Jahre, um die ganze Geschichte aufzuschreiben.

Die Seniorin (2000 – 2018)

Des Menschen Himmelreich

Poste restante

Wir schrieben uns regelmäßig. Die ersten Male nur „Poste restante“, später mit fester Adresse, und als ich einen festen Anschluss hatte, telefonierten wir einmal wöchentlich, jeden Sonntagmittag. Wo immer auf der Welt ich war, oft sehr weit weg, manchmal wusste sie nicht wo. Es war letztlich gleichgültig, denn ihr Apparat hing immer an derselben Stelle, an der Küchenwand, wie damals, und wenn sie mit mir telefonierte, saß sie auf dem Bänkchen darunter. Die Briefe schrieb sie immer an demselben Stubentisch, ein rosa Löschblatt unter der Hand, obwohl sie doch längst den Kugelschreiber nahm. Manchmal steckte sie ein Foto von einem ihrer Enkel, meinen Nichten und Neffen, dazu. Oder ein Gruppenbild von ihrem Kartenclub, auf Urlaub im Schwarzwald, alle im rotkarierten Hemd und ein Hütchen mit Wedel auf, Mutter meistens lachend in der Mitte. Manchmal lag auch ein Totenzettel von einem verstorbenen Onkel oder einer Nachbarin dabei, oder ein gesegnetes Bildchen, Dürers betende Hände.

Montagabend, 16. November, 2001

Liebe Anna,

nun ist es schon zehn Uhr geworden. Ich hatte noch so viel zu kramen, und dann passte der Rosenkranz nicht ins Kuvert und ich musste ein größeres holen. Er wird dich beschützen, auch wenn du es nicht glaubst. Ich glaube daran.

Den Kindern geht es endlich wieder gut. Lea hatte Keuchhusten, da muss man vorsichtig sein. Carolin auch etwas Fieber. Franz und Doris sind zum Wochenende in Hamburg, da habe ich sie aufgepasst. Haben bei mir im Bett geschlafen und gekuschelt, das tun wir alle gern. Hier ist Schmuddelwetter; bei euch regnet es ja jetzt auch.

Für dich wird es ja jetzt wieder eine Umstellung geben. Musstest du denn wirklich wieder nach Afrika? Konntest du nicht hier in der Nähe bleiben? Aber ich weiß ja: Des Menschen Wille ist sein Himmelreich!

Morgen Nachmittag kommen die Frauen zum Karten. Ich muss

noch Kuchen backen, Birnentorte mit Mandeln, das mögen alle gern. Hermann Boesel war mit dem Magen im Krankenhaus; ist wieder raus. Das Beste hoffen.

Die Klocke hat elf geschlagen. Und nun weißt du alles Neue.
Schöne viele Grüße und alles Gute von D. Mamma!

Sie schrieb das Mamma immer mit zwei M.

Auf dem Absender stand nicht mehr das altmodische Wiesken 47, schon gar nicht Deepen Grund. Das hieß jetzt Brooker Straße 5, Saande, Ortsteil Wiesken.

Da hatte ihr Club schon das fünfzehnjährige Jubiläum, mit Feier im Sauerland, aus der Sammelkasse bezahlt, hinter sich. Die Idee zum Kartenclub hatte, ja, Mutter zwei Jahre nach Vaters Tod gehabt. Damals, an einem langen Sonntagnachmittag, hatte sie im Bauernblatt, hinterster Teil, ‚Frau und Familie', über einen kartenspielenden Seniorenclub gelesen. Sonntags darauf war sie zum Telefon gegangen und hatte die Nummer einer anderen Wieskener Witwe gewählt: „Was meinst du, Hilde, wollen wir heute Nachmittag eine Radtour machen und Kuchen essen gehen?" Wenig später hatten die beiden Frauen im Fürstenfelder Schlosscafé gesessen und Hilde hatte Rommee vorgeschlagen; das kannte sie von einem Kuraufenthalt. Wieder eine Woche später waren sie zu viert gewesen. Fortan war Mutter jeden Sonntagnachmittag ausgebucht, manchmal auch an den Wochentagen. Ihr verschüttetes, kesses Lachen kam, zunächst noch zaghaft, dann aber nach einem weiteren Sommer mit Kraft zurück.

Franz zog nach Ende seines Studiums wieder auf den Hof, um von dort zur Arbeit ins Ruhrgebiet zu pendeln – ohne Nebenerwerb. „Haben alle einen guten Beruf", konnte Mutter, endlich, die prüfenden Fragen der Heiligen Fürstenfelder Tante bestehen. Der Sohn ein Ingenieur, eine Tochter Studienrätin, eine weitere Chefsekretärin, alle, fast alle, verheiratet mit Kindern. Nur bei ihrer Jüngsten geriet sie noch ins Stocken.

„Was macht Anna denn da unten in Afrika? Gibt es denn hier nichts für sie? Will se nich troun?*"

Dann hob sie, wie damals, die Schultern, schaute rasch aus dem Fenster und bemerkte: „Kommt wohl wieder Regen, was?" Nicht dass sie meine Wahl,

---

* Will sie nicht heiraten?

Entwicklungshelferin, missbilligt hätte, nein, denn für die Caritas sammelten sie in der Kirche, und es gab genügend Berichte über Afrika im Fernsehen. Oder dass ich ihr gefehlt hätte, auch das nicht, denn sie hatte genug an den anderen. Ich passte nur nicht ins Bild.

Auf meinem alten Schulatlas zeigte ich ihr, wo ich gewesen war, gerade lebte oder bald sein würde. Sie setzte die Brille auf und fuhr mit ihrem Zeigefinger auf die Stelle: „Aha, dann weiß ich das", und lächelte: „Pass good op. Völl Spass. Bist mitten im Leben." Griffbereit stellte sie den Atlas wieder ins Bookschapp, um ihn am Tag meiner Abreise – oder sollte sich doch jemand interessieren, was selten passierte, für den Fragenden – wieder hervorzuholen. Kam eine Reportage im Fernsehen über das Land, in dem ich gerade war, erzählte sie es mir am Telefon. Manchmal, wenn es einen Bericht im Kärkenblättken über ein Missionshospital gab oder ein Minister oder gar die Kanzlerin oder der Bundespräsident in die Nähe reiste, machte sie einen kleinen Anlauf im Kartenclub oder bei den Verwandten: „Wisst ihr, übrigens, Anna ist auch da in Afrika, wo gerade die Kanzlerin ist." Doch irgendeine der anderen Frauen fiel ihr ins Wort, übertrumpfte sie mit einem Bericht über den gestrigen Geburtstag ihres jüngsten von bereits vier Enkeln. Sie gab auf, und irgendwann erklärte sie: „Anna ist Sekretärin in Frankfurt." Zwar eine weit entfernte und nicht sehr angesehene Stadt, aber was eine Sekretärin machte, war für jede vorstellbar. Keine fragte mehr. Mutter konnte bald mit eigenen Enkelgeschichten konkurrieren.

Ein paar Jahre noch hielt sie, nach Vaters Tod, fünfzig Schweine und hundert Hühner, bis Franz ihrer endgültig überdrüssig war. Gewinn brachten sie schon lange nicht mehr, aber darauf kam es nicht an. Als Franz und Doris heirateten und die oberen Geschosse ausbauten, behielt sie die Räume in der unteren Etage. Jede ihr eigenes Reich, mit eigener Küche, wie es üblich geworden war, eine offene Treppe als Verbindungsglied. Gemeinsam verkleinerten sie den Gemüsegarten – sowieso konnte man alles günstig im Supermarkt kaufen –, während die Rasenfläche größer wurde. Sie rissen den baufälligen Holzschuppen ab, „ollt Schöppken", kommentierte Mutter sehr zufrieden, aber der Geräteschuppen blieb, und jedes Mal, wenn wir dort nach einem Spaten oder Draht suchten, blieb sie an der Wand stehen: „Diese Mauer, weißt du wohl, die hat Eddi Kleinkes hochgezogen, damals als wir so in Nöten waren." „Ich weiß, Mama, ich weiß." Einen Sommer später fiel die von alten Heckenrosen dicht bewachsene Gartenlaube, „ollen Tuun", dessen Beton brüchig geworden war. An ihre Stelle trat ein Spielhäuschen für die Enkelkinder und eine bunte Doppelschaukel. Urgroßmutters Spinnrad, bisher als Antiquität in der Diele mit einer eigenen Ecke geehrt, landete im Osterfeuer und wich einer Vase mit Seidenblumen: „Oll tüchg, wat wiss doamet?" Die Hochzeitstruhe blieb. Bessvaaders letztes Wagenrad, BV anno 1935, retteten Onkel Gerd und Tante Maria in ihren üppigen Kölner Blumengarten. Auf Mutters Fensterbänken sammelten sich Staubfänger, derart, wie sie sie früher verabscheut hatte, darunter eine kleine Schwarzwalduhr, eine gläserne Moselrebe, Kerzenständer. Vaters alten grauen Koffer ersetzte sie durch einen neuen roten mit Rädern.

Morgens brachte sie die beiden Enkel zur Schule, studierte beim Tienührken die Saander Zeitung, kochte mittags für alle, machte die Wäsche und den Garten, so wie es ihre Schwiegermutter und all die anderen Generationen vor ihr gemacht hatten. Ihre Schwiegertochter konnte außerhalb, in Saande, weiterarbeiten. Lizzy, die Retriever-Hündin, folgte ihr auf Schritt und Tritt, lag unter dem Küchentisch und schnappte gekonnt die herüber geworfenen Leckerbissen. Auf den Visiten sprach Mutter von „unseren Kindern", und meinte ihre Enkel damit. „Für euch hat Oma ja gesorgt. Ich hatte nie Zeit", erklärte sie. Ihre Sprache, eine Mischung aus Platt, Hochdeutsch und Teenie-Sprech, verjüngte sich. So kam es, dass sie das Wetter manchmal „ätzend" fand oder sich jemand „krass" oder „schräg" benahm. Ich war froh, dass sie andere Vokabeln aussparte.

Im Sommer saß sie abends zufrieden auf der neuen Terrasse und schimpfte über den hochgewachsenen Mais, der ihr die Sicht zu den Nachbarn nahm und den Blick nach wenigen Metern stoppte. Wurde im Juli gemäht, atmete sie auf: „Endlich wieder Luft und Licht!" Bis wenige Tage später die großen Ungetüme mit ihren Güllefässern über die Straßen und Äcker donnerten. Sie schloss Fenster und Türen; die Wäsche landete im Wäschetrockner. Im Herbst begann wieder ein scharfer Wind ungehindert über die grauen, mit Wintergerste bestellten Felder zu fegen: „Furchtbaren Wind!", schimpfte Mutter. Der Blick reichte sehr viel weiter als zu den – verschwundenen – Waldrändern, auf die Vater damals gewiesen hatte. Aber mit „Horizonte" hatte er sowieso etwas anderes gemeint. Im Winter stellte sie abends um sieben den Fernseher an, das Dritte, ‚Wunderschönes Münsterland' bis zur ‚Tagesschau' um acht, bis Dagmar Berghoff und später Jan Hofer kamen. „Schau, was für ein schönes Kleid!", und kurz drauf, „Oh, passt so ein Kragen zu einem Mann?" Mutter war stets gut informiert, und man konnte mit ihr auch über Merkel und Obama, die ihr beide sehr gefielen, sprechen. So manches, was in der Welt passierte, erfuhr ich sonntags am Telefon von ihr. An den Samstagen fuhr sie zum Friedhof und machte die Gräber, Vaters zuerst. Danach stellte sie sich Dunkelbier und Salzstangen auf den Tisch und schaute Thomas Gottschalks ‚Wetten, dass ...?', ihre Lieblingsshow: „Netter Mann. Kuul, nicht wahr? Sagt man doch heute so, oder?" Ich nickte: „Ja, Mama, genau!"

Manchmal fuhr sie für ein paar Tage zu ihrer einzigen noch lebenden Schwester, Tante Toni, nach Fürstenfeld – und sie machten sich eine schöne Zeit. Helga holte sie regelmäßig nach Essen; nachmittags schipperten sie mit dem Boot über den Baldeney-See. Mit Edel und Familie fuhr sie an die Mosel und nach Holland und schob lachend den Kinderwagen. Mit ihnen allen besuchte sie mich in Frankfurt, Bonn und Berlin.

Zum Hochamt am Sonntag machte sie sich sorgfältig zurecht, Kostüm, flache Pumps, ein Hauch Chanel, das ihr die Schwiegersöhne zu Weihnachten schenkten. Und kam zunehmend missmutig zurück. „Sind nur noch alte Leute drin! Stell dir vor. Was waren wir damals stolz auf unsere neue Kirche!", schüttelte sie den Kopf. Die Gemeinde war schon lange – nach fünfzig Jahren wieder – Sankt Raphael in Saande einverleibt. Ein pensionierter, rühriger Pastor bewohnte jetzt mit seiner Haushälterin die Pastorei, hielt sonntags noch eine Messe, immerhin, und lud ansonsten die Alten zu Kaffee und Kuchen in den schönen Apfelgarten ein. Das Kärkenblättken – noch lange auf den Namen Josefine Vanwoldt adressiert – bestellte sie eigenhändig ab: „Blödsinn, dass die Pastoren nicht heiraten dürfen." Lieber studierte sie den „Hausfrau-und-Familie-Teil" hinten im Bauernblatt, noch immer auf den Namen Bernhard Vanwoldt adressiert, und suchte sich dort die neuesten Kuchenrezepte für die Kaffeetafel mit den Rommee-Freundinnen heraus. Einmal in der Woche fuhr sie mit dem Rad nach Saande, bei Wind und Wetter, die Regenhaube in der Tasche, und schwankte mit vollen Einkaufstüten am Lenker wieder zurück. „Solange ich selber fahren kann, brauche ich euch nicht!", beharrte sie, trotz unserer Bedenken. „Habe ich euch früher etwas verboten?!" Hatte sie nicht.

Mine Selting kam weiterhin jeden Donnerstag auf den Hof gefahren, nun allerdings in einem Ford Fiesta und vor allem im Kleid, ohne Kittel, und mit Schuhen statt Gummistiefeln. Wie selbstverständlich ging sie vorne durch die Bommdör statt hinten durch die Änddör; auf der Däle war ja kein Vieh mehr, keine Kühe, unter denen sie Mutter hervorrufen musste. Den Eier- und Nudelhandel hatte Mine längst aufgegeben und den Kundenstamm an „Ali und Malik Özlem, Feinkost Gelsenkirchen-Schalke", übergeben. Jetzt saßen Mutter und Mine donnerstags eine Stunde, meistens länger, in der warmen Stube beim Likör: „Gott sei Dank! Der Junge von Kerkhuus ist wieder gesund." Oder auch: „Stell dir vor: Bei dem grooten Buar in Weelken, da ist die Frau laufen gegangen! Hat sogar die Kinder dagelassen!" Nein, die Bäuerinnen- und Bauern-Welt war nicht mehr das, was sie einmal gewesen war. Mutter und Mine verpassten keinen Mütterkaffee und Landfrauen-Karneval im Bürgerheim. Mit ihr schaute sie sich auch die Paraden der Schützenfeste an, „Moi, aber nicht mehr der Schmiss von früher", und auch bei allen Nachbarschaftsfesten war sie natürlich dabei; getanzt wurde schon lange nicht mehr. Allein oder mit ihren Freundinnen fuhr sie sonntagnachmittags zum Kaffee ins neue Heimathaus – eine schmuck sanierte alte Scheune, eine Gründung des Wieskener Heimatvereins nahe des Bahnhofs – und schwärmte mir noch Tage später am Telefon von dem Pflaumenkuchen vor.

Sie war glücklich.

Die Kölner kamen zu Pfingsten und Allerheiligen, Helga, Edel und ich mit Familien außerdem zu Ostern und Weihnachten. Tagelang stand Mutter in der Küche und kochte aller Lieblingsessen, Münsterländer Hochzeitsessen. „Zu Tische, bitte!", lud sie stolz an die festlich gedeckte Tafel in der besten, noch immer neuen Stube. Die Kölner brachten alte Fotos mit:

„Schau, da! Die fünf Schwägerinnen!" Mutter trug ihr grünes Kleid.

„Sehen die alle toll aus!", staunten wir, „wie Sophia Loreen und Marilyn Monroe!" Onkel Gerd schüttelte entrüstet den Kopf:

„Ach was! Die waren viel schöner als die Loreen und die Monroe zusammen. Die konntest du anfassen, die waren echt, innen und außen!"

An den Tagen nach den Festen, wenn Geschirr und Besteck wieder an ihren Plätzen waren, saßen wir, Mutter und ich, zu zweit auf dem Sofa und ließen alles noch einmal Revue passieren. Sie holte eines der drei Alben hervor. Das dicke grüne Familienbuch, das dünne rote von Vaters und Mutters Silberhochzeit und ein ganz dickes mit Aufnahmen von den Hochzeiten danach und von den Enkelkindern und, vor allem, den Urlauben mit dem Rommee-Club. Ich kannte die Fotos alle, hundertmal. Bessvaader und Bessmooder mit eingefallenen Mündern auf ihrer Goldhochzeit; Großvater mit den Kameraden auf der Birkenbank in Russland; Vaters und Mutters Verlobungsfoto; Vater mit Franz stolz mitten im blühenden Kartoffelfeld posierend; ich auf dem Schulhof mit der Clownmütze; Mutter mit dem Milchwägelchen. Bei einem Foto hielt sie immer ein, jedes Mal. „Weißt du noch?" Natürlich kannte ich die Geschichte. Damals, als Vater zum ersten Mal lange in der Essener Klinik lag. Wir vier im Winter mit Sandalen im Garten.

„War eine schwere Zeit", sagte Mutter.

„Suur?", fragte ich.

„Ne. Dat was schworer als suur."

Sie schaute mich mit ihren offenen, hellblauen Augen an:

„Ik was jo domoals ümmer dänn ersten Mann!"*

Beinahe hätte ich gelacht. Heute schrieb sie, wenn es um Formulare oder Anmeldungen ging ‚Rentnerin' oder ‚Seniorin', letzteres gestochen scharf und mit einem schwungvollen S vorn. Den Status ‚Hausfrau' und ‚mithelfende Familienangehörige' hatte sie hinter sich gelassen.

Bei dem Foto, wo Helga und Edel mit Vater im Klinikgarten von Bad Zwischenahn stehen, seufzte sie ein wenig:

---

* Ich war ja damals immer der erste Mann!

„Ach. Manchmal wäre ich auch gern ein paar Wochen zur Kur gefahren. Heute können die Frauen das. Aber das kam damals ja nicht in Frage.“

Aber manchmal konnte sie auch herzhaft lachen, zum Beispiel über die Geschichte eines Karnevalssonntags, als uns Tante Christa in ihrem Lieferwagen nach Essen fuhr, wir alle mit neuen Schuhen und weiß ausgekochten Schnürsenkeln, wir Mädchen mit frisch gestärkten Schleifchen im Haar. Im Auto setzte uns Tante Christa Hütchen auf und legte uns Luftschlangen um den Hals und stimmte Karnevalslieder an. „Stell dir vor. Wir haben so viel gelacht auf der Fahrt, obwohl wir doch zum kranken Papa fuhren.“ Wie ein kleiner Urlaub sei der Tag gewesen. Mutter wischte ihre Lachtränen fort und hielt einen Augenblick ein.

„Ja, ich hatte immer einen kranken Mann, aber gescheit und fleißig. Ich wollte nie einen anderen haben.“ Sie drehte den Kopf zu mir. „War ein schöner Mann. Oder nicht?“ Ich nickte. Dann klappte sie das Buch zu: „Ist spät. Lass uns schlafen gehen.“

Nicht immer ging es zwischen ihr und mir friedlich und harmonisch zu. Manchmal warf ich ihr vor, das sei damals mit der Arbeit auf dem Hof, der Schule, der Fabrik – das alles sei zu viel für ein Kind und eine Jugendliche gewesen. „Hat euch, hat dir die Arbeit geschadet? Ist doch aus allen etwas geworden“, antwortete sie, ein wenig beleidigt. „Und was hätten wir denn damals tun sollen, Papa und ich? Ihr wolltet ja zur Schule.“ Manchmal sagte ich sogar, sie würde die anderen bevorzugen, ja, sich meinetwegen schämen, weil ich aus der Reihe tanze. Welche Antwort hatte ich erwartet? Sie begann zu weinen; ich auch. Es tat mir furchtbar leid; und ich glaube, manches, ihr auch. So ist das Leben.

„Was gibt's Neues im Floiterhook?“, fragte ich Mutter beim nächsten Mal, und sie hatte immer Neuigkeiten zu erzählen.

Acht Gehöfte – davon drei Bauern – gibt es noch immer, drei Einzelhäuser kamen dazu. Auch die alte Schule, längst von einem Architektenpaar bewohnt, das sich mit Entwürfen für das ‚Saander Landhaus, Typen I bis V‘ nach aller Meinung eine goldene Nase verdiente. Typ I-III mit rotem Klinker und weißen Dachfedern, manche mit einem kleinen grünen Giebel. Typ IV nach Toskana-Art und Typ V Holländer Gaube. Allesamt geräumige Einfamilienhäuser, umgeben von gepflegten Blumengärten und wöchentlich gemähten Rasen, mit Schaukeln und Kindertraktoren bestanden, für die Kindergeburtstage zusätzlich mit Hüpfburgen ausgestattet. Nebenan die Doppel- und Dreifachgarage – auf dem Land geht es nicht ohne Auto, der Bus in die Kreisstadt fährt noch immer nur dreimal am Tag, dafür der Zug nach Essen wochentags zweimal stündlich. Fünfzig Meter vom Wohnhaus entfernt liegen die hohen Hallen,

Silos und Maschinenparks auf einem weitläufigen, betonierten Gelände, nur noch mancherorts von hohen Eichen umgeben. Kühe weiden hier nirgendwo mehr, allenfalls ein paar Rinder. Dafür luftige Kuhställe – immerhin keine Anbindehaltung den ganzen Winter –, manche mit über hundertfünfzig Stück Milchvieh; geruchsisolierte Schweineställe mit Betonstäben statt Boden, von Stroh gar nicht zu reden, mit einem Besatz, der schnell über zweitausend und weit mehr geht.

In den alten Bauernhäusern wohnen oft nur noch die Alten im sonst leeren Vorderhaus, und manchmal stehen in dem Hinterhaus auch nur noch stille Maschinen. Eine der Bäuerinnen, die dort nachts allerlei Rascheln, Getrippel und Vogelrufe hörte, sagte einmal zu mir: „Diese Häuser sind für ein Dutzend Menschen und fünfzig Stück Rinder gemacht, nicht für zwei alte Leute."

Im Floiterhook sind von den damals acht bis heute drei Bauern – oder Landbewirtschafter, je nachdem, was man gegenwärtig darunter versteht – geblieben: Der erste: Ein Spargel- und Erdbeerhof mit Schnittblumen zum Selberpflücken für die aus dem Ruhrgebiet, im Herbst Kartoffeln, im Winter Grünkohl. Von März bis Oktober arbeitet dort eine Schar Landarbeiter aus Polen und anderswo. Der zweite: Ein Erlebnishof mit Scheunen-Restaurant und großer Spielscheune für die Kinder aus der Stadt. An der langen, baumgesäumten Einfahrt eine Wiese für ein paar Kobe-Rinder, rundherum Hecken, Schmetterlingsbäume und Blühstreifen, davor eine Schautafel mit Erklärungen zur Rückkehr der Schwalben und Kiebitze. Der dritte: Dort steht die Übernahme der neuen Generation und damit die Umstellung von Milchvieh und Schweinmast auf einen Reithof mit Pferdepension an, dazu der Betrieb mehrerer Windmühlen im Brook. Einen Teil seiner Flächen hat er als Umweltmaßnahme bereits stillgelegt; ein paar Nachbarn regen sich auf, weil er dafür Prämien, „ja, ein Vermögen!", aus Brüssel kassiere.

Manchmal radelten Mutter und ich zusammen zum Friedhof und kehrten danach beim Hohen Reiter ein. Der hieß längst „Bei Fredi" und war ein Treffpunkt für Manta-Fahrer weit und breit geworden. An den Wochenenden war die Saander Landstraße voll von alten Opels, und der Parkplatz vorm alten Hohen Reiter, wo früher Eddis Moped, die Trecker und Mercedes gestanden hatten, manchmal sogar ein Pferdegespann – da standen jetzt Mantas. Der Verkehr störte die Ruhe, und es gab Beschwerden. Mutter und ich holten uns ein Langnese-Eis, bestellten Pommes und Cola und fuhren wieder zurück. Im Sommer war der Biergarten offen; es wehten zwei blau-weiße Fahnen: die eine für Schalke 04, die andere für Weihenstephaner.

„Der ländliche Raum ist schon lange kein bäuerlicher mehr", las ich in einer Studie des Landwirtschaftsministeriums. Wiesken zählt heute gut dreitausend

Einwohner, drei Viertel davon im Neuen Gebiet, so wie die Bahnhofsfraktion es schon vor achtzig Jahren vorausgesehen hatte. Ein knappes Fünftel, vielleicht, sind noch Landbewirtschafter in den alten Bauernschaften. Einige von ihnen zählen zu den größten des Kreises, manche zu den größten Westfalens. Nur noch zwei Dutzend, vielleicht, halten Milchvieh –, wobei Wieskens Gesamtbestand an Kühen weit höher ist als damals. Der Großteil der Wieskener sind Inhaber größerer und kleinerer Firmen, Angestellte und Handwerker, die sich im ganzen Kreis, im Ruhrgebiet, manche in ganz Deutschland und sogar weltweit, unter ihnen „hidden champions", mit eigenen Patenten, ihr Geld verdienen. Wiesken schickt sich an, einen Preis, ‚Zukunftsfähiges Dorf', zu gewinnen; die ersten Hürden sind schon genommen und die weiteren Chancen stehen gut. Kein Wunder: Wiesken ist Zuzugsregion – für Familien.

„Sind immer noch bäuerliche Familienbetriebe", erklärte mir der Mann vom Bauernverband, und zwar in genau dem Büro, in dem ich vierzig Jahre zuvor mit Vater gesessen hatte. Anstelle der Bank, auf der ich damals Vokabeln gelernt hatte, waren jetzt rote Clubsessel; ansonsten war alles gut wiederzuerkennen. Wir führten ein freundliches Gespräch, über das alte und neue Münsterland, und fanden viele gemeinsame Themen, zum Beispiel den viel zu niedrigen Milch- und Fleischpreisen und den damaligen Fehlern der Flurbereinigung. Wir waren schon fast am Ende, als die Stimmung kippte.

„Klar. Geht nur noch großbetrieblich, wissen Sie ja, und manchmal täuscht das Bild von außen", sagte er. Ich fragte, was er meine.

„Wachse oder weiche – das gilt auch hier. Bei manchen sind die Kosten der Feuerversicherung höher als der Gewinn von den Schweinen. Und die Hälfte gehört der Bank."

Ich muss eine kritische Frage zu gestellt haben, denn mein Gegenüber zog die Augenbrauen kräftig zusammen:

„Hören Sie doch auf! Begriffe wie Industriebetriebe und Massentierhaltung – das ist doch einseitige Polemik und führt nicht weiter. Mit Bio können sie nicht eine Familie ernähren, und das macht auch euch in den Städten nicht satt."

Jetzt kräuselte ich die Stirn, während er sich mit verärgerten Blick nach hinten lehnte und die Arme verschränkte.

„Ihr in Berlin – ihr wisst doch nichts zu den Realitäten."

Das empfand ich nun wieder als einseitige Polemik. Mein Vorsatz, mich, als Besucherin, mit meiner Meinung zurückzuhalten, geriet ins Wanken. Schließlich sprach auch er, ganz nach Münsterländer Tradition, eine klare Sprache. Ich holte mein bis dahin zurückgehaltenes – ich gebe zu, ein wenig provokantes – Gastgeschenk hervor, ein Gedichtbüchlein meiner Bekannten Mira, die in einem Dorf der Lüneburger Heide wohnte. Es war nur mit einer Schleife umwickelt, so dass mein Gegenüber sofort den Titel erkennen konnte:

Zwischen Gülle und Idylle

Schon begann ich, meine Unhöflichkeit zu bereuen und mich über mich selbst zu ärgern, auch weil ich an diesem Ort die Debatte nur verlieren konnte. Vor allem aber, weil wir beide das ganz große Dilemma, das schon vor sechzig Jahren angelegt worden war – diesen „Geburtsfehler" der europäischen und deutschen Agrarpolitik, wie ich es sehe und auch anderswo las –, das würden wir beide weder heute noch ein anderes Mal lösen können. „Dat pöss alle nich", hörte ich mich sagen, was Albert und Eddi und andere schon vor Jahrzehnten festgestellt hatten. Derweil stand mein Gegenüber auf und auch ich packte meinen Block und Stift zusammen. „Klar", sagte er, als wir schon in der Tür standen, „so weitergehen kann das auf Dauer nicht", und reichte mir dann doch die Hand.

Einen Tag später traf ich meinen Klassenkameraden, heute ein Steuerfachmann mit Büro in Saande.

„Ach, was! Kein Gewinn. Die Bauern, die haben doch immer schon gejammert", sagte er. „Da haben sie bei den Bilanzen die Überweisungen aus Brüssel, und manche ihre Mieteinnahmen aus den Immobilien, nicht mitgerechnet." Ich glaubte, ein zorniges Blitzen in seinen Augen zu sehen: „Ich habe mein Haus jedenfalls selber abbezahlt, und jetzt soll ich mit meinen Steuern auch noch ihre Straßen reparieren."

Hoppla! Da ist Musik drin, dachte ich, auch auf dem Land selbst.

Das war kurz vor den Wahlen 2017. Die CDU lag mit 50% weiter ganz vorn, gefolgt von der SPD mit 25%, der FDP bei knapp 15% und den Grünen bei 5%. Da war schon abzusehen, dass die Grünen bald die 10%-Hürde nicht nur knacken, sondern deutlich überspringen würden. Die Linke und AfD hatten nie Fuß gefasst; im Gegenteil gehörten ihre Werte zu den niedrigsten der Republik. Auf ein leerstehendes Gasthaus in Fürstenfeld, genau dort, wo früher im Keller einmal Möbel gelagert wurden, und das jetzt für den Umbau zum Asylbewerberheim vorgesehen war, war ein Brandanschlag mit deutlichem Schaden verübt worden. Am Tag darauf hatte man eine Lichterkette um Kirche und Haus gebildet, und ein weiterer Anschlag passierte nicht.

Bei Fredi, oder: Land-Debatten

Einmal mittags – Mutter machte ihr Nickerchen – fuhr ich allein zu Fredi. Ein paar Männer saßen mit Gulaschsuppe oder Kaffee und Blechkuchen an der Theke. Fredi polierte die Gläser: „Ach, die Tochter von Martha, die kenne ich ja gut.“ Ich erkannte einen alten Schulkameraden, Helmut, heute Mitglied des Gemeinderates, wohnhaft im Neuen Gebiet. Wir begrüßten uns mit Handschlag; die anderen beiden, ähnlichen Alters, kannte ich nicht. Die Zeitung hing noch an derselben Stelle wie früher. Die Musikbox glänzte als Antiquität. Auch Meister Reinecke, obwohl ziemlich grau und mit schütterem Haar, kontrollierte noch immer durch seine Nickelbrille von der Fensterbank aus das Geschehen. Anstelle des einarmigen Banditen stand ein Süßigkeiten-Automat dort. Ich setzte mich in Eddis altes Eck und nahm die Zeitung vom Haken.

„Das mischt sich hier langsam alles, und es geht hier immer noch friedlich zu“, sagte einer. „Hier reden alle noch miteinander. Fast. Mit ein paar Ausnahmen.“

„Heute sind wir hier alle gleich“, sagte der andere, „ist nicht mehr wie früher, mit den Kleinen und Großen, den Bauern und Stadtsken. Haben alle gute Arbeit, fahren in Urlaub, die einen nach Holland, die anderen auf die Balearen. Kaum ein Unterschied. Und, schau dich um: Tragen alle die einfachen gleichen Sachen.“

In jedem Fall ist es eine wohlhabende Region, wenn ich da mal an Brandenburg denke – von manchen Berliner Vierteln gar nicht erst zu reden.

„Alle gleich?“, kräuselte der ruhige Helmut die Stirn. „Täusch dich nicht. Das ist der alte Dünkel, nur neu verkleidet“, sagte er.

Bei den Grooten käme er noch immer nur bis in die Küche, und neulich hatte man ihm einen Blumenstrauß zum neunzigsten der alten Bäuerin schon vor der Tür abgenommen. Früher habe man ihn noch zum Schnäpsken, Bier oder Kaffee nach vorn geladen.

„Aber die haben es auch alle nicht mehr so leicht wie früher.“

Bei einem der großen Schweinezüchter waren sie von Greenpeace an einem Feiertag durch die Lüftungsschächte gekrochen, hatten die toten Ferkel aus dem Stall geholt und die Fotos an die Zeitungen geschickt. Seit einiger Zeit stand draußen ein Treppchen vor dem großen Fenster des Schweinestalls: „Transparenter Bauer“, eine Anregung der Initiative „Imageförderung Landwirtschaft“, wie ich erfuhr.

Einem anderen Bauern hatte das Amt, nicht als Einzigem, nach Wasserproben das Trinkwasser vom hofeigenen Brunnen abgedreht, zu viel Nitrat, sogar Plomben daran gemacht, und der Bauer hatte sich eine weitere Anzeige wegen Entfernung dieser eingeholt. Aber schon lange kaufte man den Mineralsprudel kartonweise bei Aldi, das eigene reichte zum Brauchwasser und für die Tiere. Früher war man mit dem Wasser aus dem altem Pütte auch nicht so zimperlich gewesen, war keiner vom Amt gekommen, hatte alle nur resistent ohne die ganzen Krankheiten und Allergien von heute gemacht.

Der bittere Streit zwischen zwei Wieskener Nachbarn, beide große Landbewirtschafter, nur unterschiedlicher Art, schaffte es mehrmals in den Lokalteil der Saander Zeitung. Der eine, dessen Brunnen ganz versiegt war, zeigte den Nachbarn wegen Grundwasserentnahme an; der andere rächte sich mit Beschwerden wegen verletzter Abstandsregeln der Windmühlen des Ersteren.

„Auch mal ehrlich“, meldete sich jetzt der bisher schweigsame Dritte an der Theke, „Andere mussten auch umdenken.“ Er selbst, erfuhren wir, hatte zweimal umschulen müssen und war heute Feinmechaniker bei einem der ‚hidden champions‘.

Das Klassentreffen

Zwei Frührentner, die den goldenen Handshake gemacht hatten, organisierten das Fest.

Draußen vor der Tür standen bereits mehrere Trauben zusammen. Graue Farben, Jeans und Sneakers überwogen, die meisten rank und schlank. Von den hundertzwanzig damals waren fast sechzig gekommen; für eine lose Oberstufe ohne Klassenverbund, die wir gewesen waren, nicht schlecht. Ich schaute mich um: Ein Drittel hatte ich noch nie, wirklich nie, gesehen. Ein Drittel war alt, manche sehr alt geworden. Ein Drittel sah aus wie damals, ein bisschen anders vielleicht.

> *Ein Mann, der Herrn K. lange nicht gesehen hatte, begrüßte ihn mit den Worten: ‚Sie haben sich gar nicht verändert.‘ ‚Oh!‘, sagte Herr K. und erbleichte.*
> *(Bertolt Brecht)*

Die Direktorin begrüßte uns. In der sonnendurchfluteten Halle blieb sie vor einer Plakette direkt am Eingang stehen: Exzellenzinitiative MINT. „Mit den alten Lateinern und Philosophen muss sich hier heute niemand mehr herumschlagen. Wir haben vom humanistischen zum naturwissenschaftlichen Schwerpunkt gewechselt. Eine der besten Schulen Nordrhein-Westfalens.“ Damals wie heute modern, das sah ich jetzt, die ich zwischenzeitlich anderes gesehen hatte, auf den ersten Blick. Tausenddreihundert Schülerinnen und Schüler. An der großen Wand hingen gerahmte Bilder der letzten Kunstklasse. Außer grellen Farben konnte ich kein gemeinsames Thema entdecken, Adam und Eva im Paradies waren es jedenfalls nicht. Wir liefen durch den breiten Flur, in dem Tom und Friedrich uns damals in den Dadaismus eingeführt hatten, vorbei an den drei Treppenaufgängen, in den drei Trakten für Chemie, Musik und Kunst konnte man durch das Glas, wie damals, die Hasen zwischen den gepflegten Sträuchern hoppeln sehen. Der Sportbereich, schon damals großzügig, war mit neuen Duschen versehen. Der Pausenhof, wo ich vor fünfzig Jahren mit Helga das erste Mal gestanden und danach so lange allein auf den Aufruf meines Namens gewartet hatte, gab noch immer den Blick auf den dahinterliegenden kleinen Fluss und den Park frei. Im Neubau befand sich eine großzügige Mensa mit bunten Tischen und Stühlen, für die Fahrschüler zwei ruhige Nebenräume. Und wurde fast neidisch: Wie oft hatte ich damals, hungrig, an der Bushaltestelle gefroren!

Erst als wir wieder draußen waren, verließ mich das beklemmende Gefühl, das mich seit Betreten des Gebäudes erfasst hatte.

Die Feier fand in einem der neuen Event-Lokale, einer umgebauten Bauernscheune, statt. Zum Aufwärmen ein Glas Sekt, ein paar kleine Ansprachen, ein Gruppenfoto. Eröffnung des Grillbuffets, danach Diashow und Tanz. Eine Gruppe zog sich samt Geigenkästen in einen Nebenraum zurück, um mit Klavierbegleitung ein Musikstück zu proben. Das war die damalige „Musikklasse“, die vor Kleeberg offenbar bestanden hatte, oder sich ein eigenes Instrument hatten leisten können. Von ihrer Existenz erfuhr ich jetzt zum ersten Mal. Sie kamen aus dem Drittel, das ich noch nie gesehen hatte. Konnte das sein?

Artig absolvierten wir die Fragen und Antworten: „Was machst du?“ Ich wartete auf das ‚Mein-Haus-mein-Auto-meine-Frau-mein-Mann-meine-Kinder-Spiel‘, wie es beim vorletzten Treffen gewesen war; beim letzten war ich nicht dabei. Aber es blieb aus.

Damals hatten alle auf die Frage: „Hast du noch Sex – oder spielst du schon Golf?“ herzhaft gelacht. Jetzt schaute jemand in die Runde: „Ich glaube, es spielen alle Golf.“ Einige lachten. Und zu später Stunde änderte sich der Tenor: „Wie ist es dir ergangen? Mal ehrlich?“ Wer wollte, bekam eine ehrliche Antwort.

Es waren beachtliche Lebensläufe: Die Hälfte im Landkreis geblieben, die anderen in Deutschland verstreut. Ärzte, Krankenschwestern, Krankenpfleger, viele Lehrerinnen und Lehrer, Journalisten, echte Künstler und echte Lebenskünstler, Unternehmer, Pastoren, Manager, Taxifahrer. Meister, Studierte, Doktoren und Nicht-Studierte. Von einigen anderen wussten wir, was aus ihnen geworden war: Ein Top-Manager, der es bis in die gelbe Presse geschafft hatte. Einige, die wegen anderer Pläne oder Krankheit abgesagt hatten. Von einigen hatte man nie mehr etwas gehört. Warum Obix und Jaqui und Jutta nicht kamen, weiß ich nicht. Ich hätte sie gern wiedergesehen.

Kurz legten wir eine Gedenkminute für die Verstorbenen ein. Ich dachte an den, der sich im Auto seiner Eltern erstickt hatte, an den, der sich auf die Bahnschienen gelegt, und den, der von der Autobahnbrücke gesprungen war. Auch an Harry, der sich in Berlin-Kreuzberg den goldenen Schuss gesetzt hatte.

Nach der Diashow – „Hey, schau mal! Das waren tolle Perlen damals. Wie das wippt!“, fielen die grauen Männer prompt wieder in ihren Jungen-Jargon, so als wären sie selbst noch die Schönheiten von damals –, danach begann die Disco. Die Tanzfläche war meistens leer. Es gab zu viel zu erzählen.

„Bei euch ist doch nix passiert, auf dem Land!“, spottete Tom, Frankfurter, als ich von meinem Vorhaben erzählte.

„Und?“, kommentierte Britta, „wenn schon. Wen interessieren die ollen Kamellen noch.“

Ich entschied mich erst mal für die Tanzfläche – Davie Bowie, ‚Heroes‘, auch Inagaddadavida und natürlich Jim Morrison und all die anderen. Dann blieb auch ich an der Theke hängen.

„Du hast dich nicht verändert!“, sagte jemand zum Abschied zu mir.

„Oh!“, antwortete ich.

Als ich um drei Uhr ging, war der Raum noch halb voll. „Das nächste Mal mit Rolly“, witzelte einer. Ich werde, hoffentlich, dabei sein. So oder so.

Mutter schlief ruhig. Lizzy schnarchte neben ihrem Bett und wedelte, kaum merklich, mit dem Schwanz.

Old Maiske

In einem Winter schrieb sie ihre eigene Geschichte auf. Franz hatte sie ein paar Mal dazu ermutigt, und Mutter hatte jedes Mal abgewinkt. „Ich? So viel schreiben kann ich nicht. Und, überhaupt, was habe ich schon zu erzählen?“ Letzteres klang ein wenig kokett. Und schließlich überraschte sie uns: Zu Weihnachten legte sie uns, mit einem stolzen Lächeln, fünfzehn voll beschriebene Seiten hin. „Mein Leben“, stand mit sorgfältiger Hand geschrieben mittig oben auf. Der Text war, er ist es noch, mehr als nur beeindruckend.

Sie räumte weiter auf und warf weg, was sie „alten Kram“ nannte. Irgendwann fing sie an, mir kleine Teile mitzugeben. Zuerst nur das, was mir sowieso gehörte. Mein Gebetbuch. Meine beiden Poesiealben. Ein Schuhkarton mit den Briefen meiner ersten Freunde. Dann waren es ihre eigenen Dinge. Bestickte Tischdecken, Kristallschüsseln, Sammeltassen. Und einmal griff sie tief in ihren Schrank und holte ein Paket hervor: ihr Brautkleid. Sie hatte es damals, Jahre nach ihrer Hochzeit, auf Knielänge kürzen lassen und mit einem gelben Unterkleid getragen. „Probier mal!“ Gemeinsam standen wir vor ihrer alten Spiegelkommode. Sie lächelte, und ich auch. Es passte – und zwar genau!

Den Sturz mit dem Rad – irgendwann kam er dann doch – hatte Mutter versucht, zu verheimlichen. Doch die große Schürfwunde am Unterarm und die Schwellung am Handgelenk fielen Doris auf. Schließlich willigte sie ein, zum Arzt zu fahren. Sie berappelte sich wieder, doch das Fahrrad blieb für immer in der Scheune stehen. Wenige Monate später, einen Piccolo für den gemeinsamen Abend mit den Rommee-Freundinnen schon in der Tasche, sackte sie plötzlich vor ihrem Spiegel zusammen. Lizzy rannte kläffend hinüber.

Es folgten zwei Jahre Pflege zu Hause. Von Doris und Franz, unterstützt vom Pflegedienst, wurde sie rund um die Uhr, auch von ihren Enkelinnen, umsorgt. Mehrmals die Woche und in den Urlauben kamen, außerdem, ihre Töchter und Schwiegersöhne.

„Wat bünn ik bloss för een old Maiske woarden"*, sagte sie, mal mit einem ungläubigen Lachen, mal mit einem bitteren Weinen, immer mit einem kopfschüttelnden Staunen. Der Zustand passte einfach nicht zu ihr. Mehr und mehr fügte sie sich, wurde demütig zufrieden, und manchmal schien sie die Nähe zu allen, die täglich, ja stündlich um sie herum waren – noch immer buntes Leben – zu genießen.

Im Rollstuhl aß sie mit allen am Tisch, schaute abends die Tagesschau und blätterte durch die Zeitungen, solange es noch ging. Nachmittags schoben wir sie durch den Brook, und mein musikalischer Schwager begann, alte Lieder mit ihr zu singen: „Röslein auf der Heide", hörte man sie im Duett. An den Sommertagen steckten die Enkelinnen ihre steifen Beine draußen im Garten in das Wasserbecken. Lizzy leckte ihre herunterhängenden Hände.

Zu der Zeit blieb ich häufig für mehrere Tage oder eine ganze Woche dort, um Franz und Doris zu entlasten. Mit dem Rollstuhl fuhren wir hinaus. Die Berieselungsanlagen zogen ihre mächtigen Winden und Schläuche über ein blühendes Kartoffelfeld; hinter der meterhohen und ausladenden, nach oben und unten spritzenden Wasserfontäne bildete sich ein bunter Regenbogen. „Kiek", sagte Mutter, bewundernd nickend: „Wie schön üppig und grün die Kartoffeln stehen." Ich machte ein Foto. „Aber, Papa und wir damals, wir haben auch schöne Kartoffeln, damals noch ohne Bewässerung, angebaut. Waren wohl andere Sorten." Ja, muss wohl. Ich schob sie zur Seite und ließ die Traktoren an uns vorbei, alle mit heizbaren Glaskabinen – das hätte auch Vater gutgetan. Einer der älteren Nachbarn, den ich noch von früher als Jungen kannte, hielt an: „Oh, Anna, wieder einmal in der Heimat. Da geht es Martha ja gut", und Mutter und ich lächelten. „Alles gut in Berlin?" „Ja, alles gut." Da hatte mir Mutter schon erzählt, dass er seine Kühe verkaufen würde. „Ist das nicht schade? Der jetzt auch. So ein Hof, ohne Kühe." Die alte Nachbarin hatte selbst bitterlich geweint. Aber, so sagte man auch, hatte der Nachbar, nach dem ersten Herzinfarkt, gerade noch rechtzeitig die Reißleine gezogen. Woanders in Wiesken hatten sie den Bauern morgens tot im Schweinestall gefunden. Furchtbar war das!

Wenn Mutter gut zurecht war, holte ich mir aus der Pfarrei den Schlüssel

---

* Was bin ich nur für eine alte Frau geworden.

und wir verweilten ein wenig in dem großen Kirchenraum, ganz allein, zündeten ein paar Kerzen vor der Muttergottes an; die anderen waren alle abgebrannt. „War früher heller“, sagte Mutter, und erst jetzt fiel mir auf, warum mir die Kirche so fremd erschienen war: Sie war dunkel, obwohl draußen die Sonne schien. Das früher niedrige Gehölz draußen vor der Glaswand war zu einem Hain ausgewachsen, der Altar und Kreuz beschattete. „Wände könnten auch einmal einen Anstrich gebrauchen; aber für die paar Männekes lohnt sich das ja kaum.“ Die Weihwasserschalen waren ausgetrocknet. Ich brachte den Schlüssel zurück und wir steuerten Richtung Fredi.

Zwischen all den Opels mit Kennzeichen aus dem Ruhrgebiet standen auch ein paar SUV mit Saander Nummer; ein paar davon kannte ich aus dem Brook. Ich schob Mutter in den Biergarten. Am Rand saßen ein paar der jungen Nachbarn und nickten uns freundlich zu. Einer öffnete den Kreis: „Setzt euch dazu.“ Mutter bestellte Currywurst mit Pommes und Cola, ich Pommes mit Mayonnaise und frisch gezapftem Köpie aus hauchdünnen kleinen Gläsern. Köstlich, fanden wir beide. Und begannen ein wenig mit den Jungbauern zu plaudern. Wir hatten eine vergnügliche halbe Stunde hinter uns. Über das unzuverlässige Wetter – noch unbeständiger als früher. Dabei, das hatten manche schon vorausgesehen, würden die heißeren und trockeneren Sommer erst kommen. Wir sprachen über die explodierenden Bodenpreise, die niedrigen Milch- und Fleischpreise. „Aber ihr in der Stadt, ihr esst ja auch gern die billigen Würstchen vom Grill.“ Er sagte „auch.“

Mutter und ich hatten bereits leergetrunken, als die bekannten Stichworte kamen. „Das sind alles die Bürokraten aus Brüssel und Berlin, immer nur vom grünen Tisch aus“, sagte einer, und Mutter warf schon ihren „Bitte-keine-Politik-Blick“ zu mir herüber. „Gehörst du auch zu denen?“, fragte er weiter. „Isst wohl kein Fleisch mehr, nur Pommes?“ Es war unfreundlich. Aber sein Nebenan lenkte ein: „Lass uns von etwas anderem sprechen: Hast du schon Enkel?“ Es war freundlich gemeint. Doch mein anfänglicher Bonus, nämlich dass ich noch ein fließendes Platt sprach, was sie zwar noch verstanden, aber kaum noch sprechen konnten, und dass einige mich noch mit der Hacke auf dem Feld gesehen hatten – dieser Bonus schwand dahin. Ich schaute zu Lizzy, die unter dem Tisch knurrend ihren Knochen vor einem anderen Hund verteidigte, und Mutter zog an meinem Ärmel: „Ist schon spät. Lass uns gehen.“ Wir packten alles zusammen: „Good goan. War ein schöner Abend.“ Ja, war es auch. In der Abendsonne, unter Seltings, Klümpers, alten Eichen, rollten wir langsam zurück. Die alte Bäuerin und ihre Tochter, eine Stadtske.

Tags darauf lief ich mit Franz über den Hof und schaute in alle Scheunen. Mit ihm kletterte ich auf die Dachböden, wo wir all die vielen schlummernden

Schätze in die Hände nahmen, den Staub wegpusteten oder das Stück auch in seinem Spinnenkokon ruhen ließen. Über der alten Timmerkaamer fanden wir eine Spindel, noch mit grauer Wolle darauf. Einen hölzernen Schusterkasten mit einem kleinen Amboss in der Mitte. Eine nur noch bläulich schimmernde, blumenbemalte Bettstelle. Ein leeres Paket Rattenpulver. Eine löchrige Emailleschüssel. Zwei Paar Soldatenstiefel aus mürbe gewordenem Leder, eine Gasmaske, eine grüne Blechbüchse. Einen verrosteten Apfelpflücker. Und sehr viel mehr.

Wir beendeten unseren Rundgang in der Diele und öffneten Bessmooders Hochzeitstruhe. Es waren alte Kissen und Gardinen darin, und in einem Karton unsere Taufkerzen – ich nahm meine heraus. In den kleinen Schublädchen an der Seite fanden wir ein paar Anstecker und Heftzwecken. Wir wollten den Deckel schon wieder zulegen, als uns das Geheimfach auffiel. Denn an der einen Seite waren die Lädchen ein paar Zentimeter kürzer als an der anderen; von außen konnte man es nicht sehen. Wir holten einen Schraubenzieher und begannen, ein wenig zu ruckeln. Plötzlich hielt einer von uns ein: „Lass uns aufhören. Lass den anderen ihre Geheimnisse." Vorsichtig schlossen wir den Deckel und legten die Deckchen wieder auf.

Juninacht

In ihrem letzten Frühjahr waren mein Mann und ich wieder eine Woche da. An einem Vormittag saß Mutter halb aufrecht in ihrem Pflegebett und schaute mich mit sehr wachen und sehr hellblauen Augen an. „Mach bitte den Schrank auf", sagte sie, „bring mir das kleine Seifenkistchen." Ich kannte die helle, dünnhölzerne Schachtel mit der schwungvollen dunklen Aufschrift „Ribros Lux – Parfümerie und Seifen". Umgeben von Gebetbüchern, dem Familienstammbuch, einem verschlossenen braunen Umschlag, einer schwarzledernden Brieftasche mit Vaters Personalausweis und Führerschein, auch Mutters Portemonnaies, Mutters grünsamtig ausgekleidete Schmuckschachtel, von Franz als Kind aus Sperrholz mit Blumenmuster für sie gesägt. Seit Jahrzehnten lag alles in der mittleren Wäscheschublade, von mir als Kind, heimlich, unendliche Male durchstöbert. Ich war gespannt, was ihr heutiger Inhalt war. Ich klappte den Deckel auf und breitete den Inhalt auf Mutters Federbett aus. Mit ihren steifen Fingern begann sie, die Dinge vor sich zu sortieren. Vaters schmalen Ehering, seine alte Uhr mit dem verschwitzten Flechtband, zwei Myrtensträußchen. Ein blecherner Christopherus-Anhänger. Ein Rosenkranz. Zwei Dutzend Totenzettel. Ich blätterte sie durch. Von ihrem Mann, ihren Eltern, den Schwiegereltern und den Geschwistern: „Dat wärn de Nöchsten", erklärte sie. Einzeln legte sie selbst alles wieder hinein: „Ich wollte es nur noch einmal sehen. Der Ring ist Papa zum Schluss vom Finger gefallen. Da habe ich ihn einmal mitgenommen.“ Dann war ihre Schmuckschatulle dran. Gezielt griff sie nach ihrem Verlobungsring und hielt ihn mir hin: „Willst du ihn haben?“, fragte sie und schaute verunsichert zu mir hoch. „Den Granat hat Oma damals extra für mich neu fassen lassen!“ Ich zögerte. „Kannst ihn ruhig nehmen. Aber verlier ihn nicht!“ Ich schob ihn über den Finger, er passte. Tags darauf fuhr ich zurück nach Berlin.

Zwei Wochen später rief mich Doris an. „Anna. Du musst kommen!“ Eine Stunde danach saß ich im Zug. Die rote Sonne senkte sich bereits hinter Seltings Eichen, als wir am Draii Richtung Hof abbogen. Die Gerste glänzte gründgold, es roch nach Heu, die Luft war lau. Kaum merklich hob Mutter die Lider, als ich mich zu ihr beugte, aber sie tat es.

Es war, als hätt' der Himmel
Die Erde still geküsst
Das sie im Blütenschimmer
Von ihm nun träumen müsst'
Die Luft ging durch die Felder,
Die Ähren wogen sacht,
Flog durch die stillen Lande,
Als flöge sie nach Haus.
(J.F.v. Eichendorff)

Sie wurde in der alten Friedhofskapelle, vor der Pieta, aufgebahrt. Abends kamen die Nachbarn des Floiterhooks, es fehlte kein Haus. Die Alten, die noch lebten, meistens aber die Jungen, das heißt meine Generation und jünger, auch die Männer, mit denen wir vor kurzem noch bei Fredi gesessen hatten. Zwei Frauen lasen die Litanei, in einem immer rascher werdenden Tempo, das sich zu einer würdevollen Trance steigerte, und Mutters Seele sicher zu ihren Nächsten in den Himmel geleitete.

Martha Vanwoldt, geborene Hoogenkamp, unsere Mutter, beerdigten wir an einem hellen, heißen Junitag. Sie kam neben ihrem Mann, Bernhard Vanwoldt, unserem Vater, zu liegen. Fünfunddreißig Jahre nach ihm.

Ein Jahr später war das Einjahresseelenamt mit Gedenkgottesdienst und großer Kaffeetafel in ihrer alten besten Stube, am Abend Grillen mit Fassbier im Garten. „Omas letzte Party“, scherzten ihre beiden Enkelinnen, mittlerweile aus dem Haus. „Ja“, sagte ich, „so ein großes Fest, das hätte ihr gefallen.“

Ich blieb noch eine Nacht. Die Stunden schienen mir zu kostbar, um sie zu verschlafen; ich öffnete das Fenster weit. Die roten Lichter der Windmühlen leuchteten; die Räder warfen in ruhigem, gleichmäßigem Rhythmus rotierende Schatten an die Wand. Blätter rauschten im Wind, im Efeu an der Mauer raschelte es. Ich hörte ein Trippeln – trr … prr … trr – schaute zum Fenster und sah, im Scherenschnitt, den kleinen Kopf und die spitzen Öhrchen eines Eichhörnchens. Dann wieder kehrte Stille ein, nur vier Mal die Stunde unterbrach die Kirchturmuhr mit ihrem vertrauten Klang. Vielleicht schlief ich ein wenig ein. Draußen graute es bereits, als ein Auto, der Zeitungsbote, auf den Hof fuhr. Ich hörte, wie sich die Klappe des Briefkastens quietschend öffnete und quietschend zufiel, das Auto sich wieder entfernte. Kurz darauf ein Motorengeräusch aus der Ferne. Ich stand auf. Die Windränder blinkten nicht mehr ganz so rot, dafür sah ich grellweißes Flutlicht auf dem Hof des Nachbarn. Ein LKW mit zwei großen Anhängern fuhr langsam von dort ab und bog auf die Landstraße Richtung Süden ein.

Am Nachmittag bestieg ich am Wieskener Bahnhof den Zug. Auf Höhe des Friedhofs winkte ich, wie immer. In Essen steige ich um in den IntercityExpress nach Berlin. Nach dem Ruhrgebiet, und Hamm, fahren wir lange durch Westfalen, vorbei an dem langen Rücken des Teutoburger Waldes. Die Zeit zwischen den beiden Orten; ich mag sie, in beide Richtungen. Kurz vor der Stadtgrenze Berlin drosselt der Zugführer die Geschwindigkeit, und nach der langen Reise, und meistens spätabends, ist es still im Waggon. Ich lege meine Hände neben die Augen und schaue durch die Scheibe, während wir langsam in das Innere der mir vertrauten Großstadt fahren.

Epilog, oder: Frühstück am Brandenburger Tor

Berlin, an einem grauen Morgen Ende November 2019. Von unserer Wohnung aus konnte ich ein fernes Dröhnen hören. Es klang unheimlich. Wenig später, auf meinem Weg zur Arbeit, fuhr ich auf dem Radweg neben ihnen: endlos lange Kolonnen riesiger Traktoren. Sie säumten bereits die Straße des 17. Juni bis direkt vor dem Brandenburger Tor. Dort standen die Riesen in Reih' und Glied. Vorwurfsvoll zeigten ihre Schnauzen zum Bundestag. Jungbauern in Anoraks und mit Mützen hielten grüne Gräberkreuze und wütende Schilder nach oben: „Wir ackern für euch. Unterstützung statt Verurteilung", „Wir brauchen politische Verlässlichkeit!! Wir denken in Generationen!!", „Euer Einkaufs-Geiz ist nicht geil!"

Kurz vor dem Brandenburger Tor sah ich eine Gruppe mit Saander Kennzeichen; ein paar Männer lehnten mit Thermoskannen und Kaffeetassen vor ihren Schleppern. Ich hätte gern angehalten, aber ich war schon spät dran, hatte einen langen und anstrengenden Tag vor mir. So tippte ich nur kurz mit dem Fuß auf den Boden, rief ihnen zu: „Hallo, ich bin aus Wiesken. Willkommen in Berlin!" Ich weiß nicht, ob sie mich verstanden haben, aber sie winkten zurück.

Einen Monat zuvor hatten sich die EU-Agrarminister, auch aus Deutschland und den Niederlanden, erst mitten in der Nacht, nach jahrelangem Ringen auf die nächsten sieben Jahre EU-Politik und die Verwendung von mehreren hundert Milliarden Euro geeinigt. Das Ergebnis nannten Einige einen bescheidenen Erfolg, die anderen eine herbe Enttäuschung. Lange sieben Jahre.

Bei unserem Frühstück lasen mein Mann und ich:

Berliner Zeitung, 27. November 2019

Die Blockade der Bauern. Landwirte aus ganz Deutschland demonstrieren mit Tausenden Traktoren gegen die Agrarpolitik der Bundesregierung. Der Verkehr in Berlin steht still.

Die meist dunkelgrünen Ungetüme von Fendt, John Deere oder Massey-Ferguson rollen über rote Ampeln, hupen Radfahrer zur Seite und fahren an ihrem Ladegeschirr Parolen statt Heuballen durch die Stadt: ‚Niemand soll vergessen, Bauern sorgen für Essen.' Doch wer angesichts der röhrenden Dieselriesen einen Bauernaufstand, gar eine Agroindustrie befürchtete, sieht sich im Zuge der stoisch agierenden Landwirte eines Besseren belehrt. ‚Wir möchten mit den Parteien – außer ganz links und ganz rechts – ver-

nünftige Regelungen für die Zukunft finden', sagt F.K. aus Wiesken, einer Münsterländer Gemeinde.

Im Juli 2021 veröffentlichte die deutsche „Zukunftskommission Landwirtschaft" unter dem Titel „Zukunft Landwirtschaft, eine gesamtgesellschaftliche Aufgabe" ihren Bericht:

> *Das Agrar- und Ernährungssystem wird von zahlreichen Widersprüchen und Spannungslagen geprägt. Es steht mitten in jenem globalen Wandel, welcher unsere Zivilisation zur Gänze erfasst hat, sowie am Beginn eines durchgreifenden Transformationsprozesses. Für diesen gibt es aus Verantwortung für heutige wie künftige Generationen nur eine sehr knappe Frist. Der Umbau ist eine gesamtgesellschaftliche Aufgabe.*

Bei den Bundestagswahlen im Herbst 2021 gewann eine junge Frau, Lehrerin, CDU, mit klarem Votum das Bundestagsmandat für den Kreis Saande – und leitet damit nicht nur einen Generationenwechsel ein, sondern bricht auch mit einer langen Tradition, in der Männer, „de Grooten", auf den „Erbhöfen der CDU" die Sitze einnehmen – eine Beobachtung, die sogar der überregionalen ZEIT einen ganzseitigen Artikel wert war. Überhaupt bekommen hier die Frauen das Sagen: Auch für die SPD nimmt eine Kollegin auf den blauen Plenarsesseln Platz. Und zu Hause in der Kreisstadt ist eine Frau Bürgermeisterin. Ist alles nicht mehr, wie es mal war.

Ich bat die neue Abgeordnete, übrigens mit Wieskener Wurzeln, um einen Termin. Wir tranken guten Kaffee in dem Bundestagsrestaurant neben der Spree unter den bunten Glaslampen, während die Ausflugsdampfer draußen im warmen Spätsommerlicht vorbeischipperten – ein wenig zu idyllisch für das gesamte Berlin. Sie erzählte von ihrem vollen und vielseitigen Programm zwischen Berlin und Münsterland. In ihrem Wahlkreis hatte sie sich mehrere Dutzend Landwirtschaftsbetriebe angesehen, um sich aus erster Hand zu informieren, und hier in Berlin arbeitet sie sich in internationale Nachhaltigkeitsthemen ein.

Cem Özdemir ist seit Ende 2021 Bundesminister für Ernährung und Landwirtschaft. „Besser als Hofreiter", hörte ich allerorten, auch in bayrischen Landen, „mit dem kann man wenigstens reden." Was immer das bedeuten mag.

Im Sommer 2022 brannten jenseits der deutsch-münsterländischen Grenze Strohballen lichterloh; im Deutschlandfunk war von „bürgerkriegsähnlichen Zuständen" in holländischen Landen die Rede. Man konnte die Feuer löschen, aber sie schwelen weiter.

Die deutsche Zukunftskommission Landwirtschaft hat im September 2022, nach einem der heißesten Sommer in Deutschland und global, ihre Arbeit wieder aufgenommen.

So, nun bin ich am Ende meiner Erzählung(en) – von Wiesken nach Berlin. Irgendwann muss auch ich den Sack zumachen; dabei gäbe es noch so viel, was ich hineintun könnte. Ach was! Ein paar Säcke könnte ich noch füllen. „So schnell kann ich gar nicht erzählen, bei dem, was alles passiert ist“, sagte eine der alten Bäuerinnen, nachdem wir einen ganzen langen Nachmittag zusammengesessen hatten und ihr Kaffee kalt geworden war.

Mutters Kleid trage ich noch immer, bei besonderen Anlässen. Ihr Verlobungsring wurde mir gestohlen. Die Pfingstdecke liegt an Feiertagen auf unserem Tisch in Berlin. Ich streiche mit der Hand darüber und kann nicht anders – als zu lächeln.

„Trauer ist das Glück, geliebt zu haben.“
(Chimananda Ngozi Adichie)

Anhang

Dank

Rita Tekülve, meine Schwester und zudem hervorragende Literaturkennerin, hat den ganzen Text inhaltlich durchgearbeitet und mir eine Vielzahl kritisch-konstruktiver Hinweise gegeben. Ihre Rückmeldungen waren mir besonders wichtig.

Dr. Norbert Fasse hat sich die Zeit genommen, Teile eines frühen Entwurfs zu lesen und mich ermutigt, weiter zu machen; seine fundierten historischen Kenntnisse waren für mehrere Kapitel des Romans grundlegend. Auch vor den Werken des „Arbeitskreises Jüdische Geschichte in Borken und Gemen" und den Prozessen, die diese nachhaltig in Gang gesetzt haben, ziehe ich den Hut, ebenso vor den frühen, damals sicher mutigen Arbeiten der Gemeinde Raesfeld.

Elfriede Beßeling, meine Schwester, hat mich regelmäßig, und zwar über Jahrzehnte und in aller Welt, mit Zeitungsausschnitten aus der Heimat versorgt. Hubert Tekülve, mein Bruder, und Annette Tekülve, meine Schwägerin, haben mir relevante historische Bücher und Dokumente zukommen lassen. Dies trifft auch auf Georg Dücker, meinen Schwager, der mich auf einige historische Orte aufmerksam machte, zu.

Die vielen Gespräche mit August Tekülve und Paul Tekülve, meine Düsseldorfer Onkel, waren nicht nur von der altvertrauten warmen Atmosphäre umgeben, sondern ich erfuhr auch mir bis dahin unbekannte Dinge. Meine Tante Maria Tekülve stellte dazu die Kuchen auf die Kaffeetafel; sie sind noch immer wie „een Jedicht."

Heinz Tekülve verschaffte mir Zugang zu überaus spannenden Geschichten einer niederländisch-deutschen (Auswanderer-)Familie. Das Dokument geht weit über seinen bescheidenen Titel eines Stammbaums hinaus.

Dr. Gerdien Jonker und Dr. Theresa Wobbe haben große Teile eines ebenfalls frühen Manuskriptes gelesen und den Tenor an wesentlichen Stellen beeinflusst.

Jörg Sümpelmann verschaffte mir durch seine Einladung zum Jahrestreffen des Landwirtschaftlichen Kreisverbands Borken Ende 2018 unter dem Titel „Mut in Zeiten der Krise" spannende Einblicke in die aktuellen und vielseitigen Debatten. Und er hielt eine kontroverse Diskussion mit mir aus.

Die Förderungen des Kulturbüros der Stadt Borken und der Kulturabteilung des Landschaftsverbands Westfalen Lippe für den Endspurt empfinde ich als große Ehre.

Die Liste der (weiteren) vielen Gesprächspartnerinnen und Gesprächspartner, alle Expertinnen und Experten in unterschiedlichster Art, die sich Zeit für ein Gespräch mit mir genommen haben, ist lang. Ohne sie und ihre offenherzige Bereitschaft, während der ich viel der alten Wärme spürte, wäre dieses Werk nicht möglich gewesen:

Erika Bußmann, Antonia und Aloys Eiting, Willi Höing, Anne König, Mechtild Schöneberg, Berni Schwane, Helga Voßkamp, Luzia Hadder, Christel Heisterkamp, Hedwig Hölter, Gisela und Hubert Lammers, Irmgard Loker, Gregor Meenen, Doris Nießing, Walburga Peinemann, Dorothee Rölfing, Angelika Schmidt, Johannes Storck, Günter Stork, Johannes und Ursula Tekülve, Magdalena Kemper, Dr. Friedhelm Schütte, Wilhelm Tacke, Dr. Volker Tschuschke, Ursula Thébert, Franz Wagner, Thomas Wolf. Ich hoffe, dass ich niemanden vergessen habe – und bitte vorsorglich um Nachsehen.

Schließlich zu nennen ist der agendaverlag, der sich von den vollen siebenhundert Seiten Manuskript nicht abschrecken ließ und geduldig Seite für Seite durchging.

Dr. Theo Rauch, mein Mann, ein Städter durch und durch, begleitete, mit stets größtem Interesse an der ländlichen Geschichte Deutschlands und weltweit, das Werk von seinen ersten, frühen Geburtswehen über viele Phasen und Fassungen bis zu seinem Abschluss. Seine unerschütterliche Neugier, seine nicht enden wollenden Fragen und Ermutigungen, auch wenn ich alles hinwerfen wollte, waren entscheidend. Ihm gebührt mein größter Dank.

Anmerkungen und Quellen (Auswahl)

Die Texte unter der Überschrift „Saander Kreisblatt“, „Zeno-Zeitung“, „Westfälische Zeitung“, „Saander Zeitung“ stammen überwiegend aus bzw. sind angelehnt an korrespondierende Ausgaben des Borkener Kreisblattes, des Borkener Wochenblattes, der Borkener Zeitung (zeitweilig Zeno-Zeitung/Borkener Zeitung), der Westfälischen Tageszeitung, der Neuen Westfälischen Zeitung bzw. der Westfälischen Nachrichten. Fast alle Ausgaben von 1867 bis heute sind im Online-Portal der Borkener Zeitung sowie im Stadtarchiv Borken digital einsehbar. Während der nationalsozialistischen Zeit wurde die Zeitung gleichgeschaltet. Von Mai 1945 bis Juli 1946 erschienen von den Briten lizensierte Ausgaben überwiegend im Aschendorff-Verlag. Ab Ende 1949 erschien das Blatt wieder unter dem Titel Borkener Zeitung im Mergelsberg-Verlag (Für diese Informationen danke ich Dr. Norbert Fasse). Die im Text abgedruckten Artikel wurden teilweise gekürzt und/oder geringfügig angepasst, ohne die Botschaft wissentlich zu verändern. Wenige, politisch unbedeutende Meldungen sind erfunden. Auch Erscheinungsdaten habe ich zum Teil, um den Lesefluss nicht zu stören, geringfügig verschoben. Darüber hinaus habe ich Orte und Namen verändert bzw. anonymisiert, mit Ausnahme offensichtlicher öffentlicher Ereignisse und Personen.

Die Predigt in Sankt Raphael im Dezember 1918 entspricht einer gekürzten Fassung eines Abdrucks in der Borkener Zeitung vom 7.12.1918.

Die Texte unter der Überschrift „Neuferts Notizen“ basieren zum Großteil auf bzw. sind angelehnt an die „Chronik der katholischen Volksschule Marbeck I“ für die Jahre 1900 – 1950. Die Chronik war eine wesentliche, sehr informative Quelle zum Verständnis vor allem der Zeit des Nationalsozialismus; die Textstellen komplementieren das – ansonsten im Roman überwiegende – Meinungsbild der lokalen Bauern mit einer „Außenansicht“. Viele Chronikpassagen habe ich wörtlich übernommen, meistens aber gekürzt oder leicht abgewandelt, ohne den Sinn wissentlich zu verändern, und wenige, politisch unbedeutende Zeilen erfunden. Auch hier habe ich Namen anonymisiert. Einsehbar ist die „echte“ Schulchronik Marbeck I im Stadtarchiv Borken, Bestand Marbeck-Raesfeld.

Die Predigt 1937 „Brennende Sorge“ entspricht einer gekürzten Fassung der Enzyklika von Papst Pius XI vom 14.3.1937 „Über die Lage der katholischen Kirche im Deutschen Reich“. Der damalige Münsteraner Bischof Graf von Galen gehörte zum engeren Kreis der Mitwirkenden. Diese (u.a.) Hirtenbriefe wurden, trotz der strengen Vertraulichkeit und politischen Sensibilität, an mehrere Pfarreien im Münsterland verteilt und in diesen am Palmsonntag 1937 verlesen (vgl. Oenning 1988:38)

Die jüdische Geschichte sowie die erschütternden Schicksale jüdischer Personen lassen sich in den beeindruckenden Veröffentlichungen rund um den Arbeitskreis Jüdische Geschichte in Borken und der Stadt Borken (Schöneberg et al., vgl. u.) sowie durch die Arbeiten Daniel Huhns nachspüren. Auch Ingrid Sönnert (vgl. u.) liefert in ihrem Geschichtswerk über Raesfeld und Erle erschütternde Zeugnisse.

Die Texte unter der Überschrift „Publicandum" sind zum Großteil der „Festschrift zum 50. Jahrestag der Kirchweihe Sankt Michael Marbeck" entnommen bzw. daran angelehnt. Vieles, vermute ich, stammt aus der Feder des damaligen Pfarrers Carl Hellkuhl, der mit einem bemerkenswerten kunsthistorischen Geschmack die Gestaltung des Gotteshauses prägte.

Die Debatte zum „Grünen Plan", u.a. die Rede von Ministerpräsident Arnold und Freiherr von Oer, ist nach Artikeln der Borkener Zeitung vom 8.12.1955, dem 11.3., 19.11.1955 sowie dem 26.3.1957.

Vertreter der Gemeinde Marbeck sowie des Heimatvereins Marbeck lieferten mir zahlreiche Hinweise und Dokumente zu Geschichte und Gegenwart (vgl. u.) in meinem Geburtsort, darunter viele originale Quellen.

Das Heimatmuseum Raesfeld gibt auf engstem Raum bildgewaltige Eindrücke aus der Zeit des Nationalsozialismus; einige Plakate und Papiere aus dunkelster Zeit waren für mich sehr erhellend.

Borkener Zeitung, digitales Archiv, sämtliche Ausgaben von ca. 1860 bis Anfang 2022. Mergelsberg-Verlag.

Böckenhoff, Ignaz (2002), Menschen vom Lande (Fotobuch). Essen.

Bundesministerium für Ernährung und Landwirtschaft (2020): Entwicklung ländlicher Räume. Dritter Bericht der Bundesregierung. Berlin.

Bundesministerium für Ernährung und Landwirtschaft/Zukunftskommission Landwirtschaft (2021): Zukunft Landwirtschaft. Eine gesamtgesellschaftliche Aufgabe. Berlin.

Diekmann, Karl (1940): Unser Acker. Zusammensetzung, Entstehung, Bearbeitung und Düngung. Für Landwirtschaftsschulen, Bauern und Landwirte. Berlin.

Ebbert, Birgit (2013): Brandbücher. Kriminalroman. Meßkirch.

Friedrich, Adalbert (1982): Jahre, die man nicht vergisst. 1939-1946 (Hg. Heimatverein Raesfeld) Meinerzhagen.

Fasse, Norbert (1996): Katholiken und NS-Herrschaft im Münsterland. Das Amt Velen-Ramsdorf 1918-1945. Bielefeld.

Fasse, Norbert (2019): Eine münstersche Angestellte und ein Borkener Hauptmann. Unangepasste Einsichten zu Krieg, Niederlage und Revolution

1918/19, in: Historische Landeskunde des Westmünsterlandes 3/2019, S. 129-154.
Festschrift, 50. Jahrestag der Kirchweihe St. Michael Marbeck, 1958 – 2008 (2008). Mit Grußworten von Propst Wilfried Theising, Thomas Flammer und Pfarrer Hans Ludger, sowie Felix Grotendorst, Elisabeth Schweer und Andreas Söpper. O.w.A.
Fritsch, Bruno (2021): Von der Lateinschule zum Gymnasium Remigianum. Die höheren Schulen in Borken. Bielefeld.
Heimatverein Borken eV. (1990): Borken. Zerstörung und Wiederaufbau. Borken.
Heimatverein Marbeck eV. (2012): Marbeck. Heimat. O.w.A.
Heimatverein Borken eV. (1990): Borken. Zerstörung und Wiederaufbau. Borken.
Heimatverein Heiden eV., verschiedene Internetaufrufe zwischen 2015 und 2020.
Heimatverein Raesfeld eV, Museum am Schloss sowie verschiedene Internetaufrufe zwischen 2015 und 2020.
Hellkuhl, Carl (etwa 1983): Mein Kampf gegen Hitler. Unveröffentlichtes Dokument (Heimatverein Marbeck).
Hengemühle, Ulrich (ca. 2020): Mitten unter uns. Geraubte Leben in Reken 1933 – 1944. Hrsg. Heimatverein Reken. Coesfeld.
Huhn, Daniel (2020): Film produziert im Auftrag der Stadt Borken und des Landschaftsverbandes Westfalen Lippe LWL.
Huhn, Daniel (2022): Rückeroberung. Die Geschichte von Manfred Gans, der im Mai 1945 Deutschland durchquerte, um seine Eltern aus dem KZ zu befreien. Hamburg.
Kirche und Leben, katholische Wochenzeitung für das Bistum Münster, verschiedene Ausgaben 1955 – 1975, Bischof von Münster (Hrsg.), zitiert nach Festschrift 50. Jahrestag der Kirchweihe St. Michael Marbeck (vgl. o.)
Kell, Mira (2018): Zwischen Gülle und Idylle. Gedichte. Aachen.
Kreis Borken, verschiedene Heimatkalender und Jahrbücher von 1916 bis 2016.
Landwirtschaftsverband Westfalen Lippe (Hrsg.) (2004): Der Kreis Borken, Städte und Gemeinden in Westfalen. Münster.
Münkel, Daniela (Hrsg.) (2000): Der lange Abschied vom Agrarland. Agrarpolitik, Landwirtschaft und ländliche Gesellschaft zwischen Weimar und Bonn. Göttingen.
Mattern, Marlies (2011): Ein Feld der Ehre. Historischer (Kriminal-)Roman. Münster.

Neve, L. (1941): Lehrbuch der Pflanzenbaulehre. Ein Lehrbuch für angehende und fortgeschrittene Bauern und Landwirte. Langensalza.

Oenning, Mechtild (1988): Borken und die katholische Kirche zur Zeit des Nationalsozialismus. Aus der Geschichte unserer Stadt, Heft 3. Borken.

Sauermann, Dietmar (Hrsg.) (1979): Knechte und Mägde in Westfalen um 1900. Münster.

Schäfer, Bernhard (1950): Myrthenglück, Andachtsbuch für die katholische Braut, Frau und Mutter; Auszüge aus „im Myrthenkranz". Kevelaer.

Schöneberg, Mechtild, Ridder Thomas und Norbert Fasse (Hrsg.) (2010): Die jüdischen Gemeinden in Borken und Gemen. Geschichte, Selbstorganisation, Zeugnisse der Verfolgung. Bielefeld.

Stadtarchiv Borken, Amt Marbeck-Raesfeld, Chronik Schule Marbeck I. O.w.A.

Sönnert, Ingrid (1997): Damals … Menschen und Geschichte(n) aus Raesfeld, Erle und Homer. Herausgegeben von der Gemeinde Raesfeld und dem Verkehrsverein Raesfeld e.V. Vreden.

Stork, Sophie (2011): Zwangsarbeiter in Marbeck, Schularbeit, unveröffentlichtes Papier (private Zusendung).

Strotdrees, Gisbert (1991): Höfe, Bauern, Hungerjahre. Aus der Geschichte der westfälischen Landwirtschaft. Münster.

Strotdrees, Gisbert (1992): Es gab nicht nur die Droste. Sechzig Lebensbilder westfälischer Frauen. Münster.

Tekülve, Ewald (ca. 2010). Zeit des Krieges, unveröffentlichtes Dokument (private Zusendung).

Tekülve, Rita (1979): Zehn Jahre kommunale Neugliederung in Borken – Infrastrukturelle Auswirkungen der Gebietsreform. In: Unsere Heimat, Jahrbuch des Kreises Borken (Hrsg.), Seite 50 – 54.

Te Kulve, Henk (2018): Von Nijeweide bis weltweit (Winterswijks Radmachergeschlecht). Unveröffentlichtes Dokument (private Zusendung).

Veelken, Paul-Bernd (2016): Borken – eine Stadt im Aufbruch vom 19. Zum 20. Jahrhundert – Gründerzeit – während der Amtsjahre des Bürgermeisters Gustav Mettin 1876 bis 1912. Borken.

o.A., Deckblätter nicht mehr erkennbar (ca. 1940): Lehrbuch Rindviehzucht.

Hinzu kommen zahlreiche (unveröffentlichte) Dokumente aus meinem privaten (Familien-)Bestand, darunter verschiedene Schreiben, Verträge, Hefte, Briefe und Fotoalben.

Glossar Plattdeutsch

Plattdeutsch ist eine im Kern nur mündlich gesprochene Sprache, die von Ort zu Ort in einzelnen Sprechweisen variiert. Im Text verwendet habe ich das damals in meiner Familie gesprochene Platt. Das Verschwinden dieser klaren, manchmal derben, ungeschminkten Sprache, die zugleich so viel Wärme ausstrahlt, gehört für mich zu den größten kulturellen Verlusten meiner Heimat.

Aale, Aalefatt	Jauche, Jauchefass
Änddör	End-Tor (Tor Hinterhaus, zur Däle)
Bädeln	betteln
Becke	Bach
Bessvaader	(Ur-)Großvater
Bessmooder	(Ur-)Großmutter
Beschütte	Zwieback, oft mit Kandis oder Zucker
Bärske	Im Bergischen, meistens Ruhrgebiet
Bommdör	Vordertür
Bottram	Butterbrot
Bössel	Stallknecht, oft anders begabt
Dritte	Mist, Scheiße
Du/die	Du/dir/dich
Düwel	Teufel
Diarne	Mädchen
Diele	Diele (Eingang Vorderhaus)
Däle	Tenne im Hinterhaus mit Kuhstall/Rindvieh
Drömen, Drömlatt	träumen, Träumer
Dull	verrückt, anders
Dögen, düch	taugen, scheinen, scheint
Flittig	fleißig
Forke	dreizahnige Heugabel
Froulö	Frauleute, Frauen
Freien	auf Brautschau, auf Bräutigamschau
Gatt	Hintern, Arsch
Gooddoori	i.d.R. positives Erstaunen, etwa: Mein Gott!
Greepe	drei- oder vierzahnige Mistgabel
Groowe	(Grab-)Beerdigung
He	Er
Hüsken	Klo, früher Plumpsklo
I	Ihr
Ik	Ich

Jikse	meist zweirädrige, kleine Pferdekutsche/-karre
Kikkfoss	Frosch
Kokkmaschine	(großer) Kohle-/Holzherd
Kniepig	sparsam, geizig
Krakeelen	schreien, Krach machen
Kroamen	(Tauf-)Feier, oder anlässlich einer Geburt
Loopen, löpp	laufen, läuft
Mannslö	Mannleute, Männer
Maiske	arme und/oder alte Frau
Minn	dünn, zierlich, klein
Moi	schön
Naister	Näherin
Nütlik	niedlich
Pietske	Peitsche (Weidenzweig oder Leder)
Puggen	Schweine
Priem	Kautabak
Proaten	reden
Sät di daale	setz dich, nimm Platz
Schapp	Fach (in einem Schrank), Schublade
Schoppe, Schöppken	größere und kleinere Scheune
Se	Sie
Spieker	Schweinestall
Stadtske	Städter (abwertender Tenor)
Tienührken	Zehn-Ührchen, Zweites Frühstück
einen im Timpen haben	einen in der Krone haben, betrunken
Triene	Zicke, zimperlich
U	Sie/Ihnen/sie/euch
Wie	Wir
Wieske	Wiese (Gras zum Schneiden, Heuen)
Wäide	Weide (Gras zum Weiden)

Seite 290:
Ik häb nix wätten / Ich habe nichts gewusst
Man droff jo nix säggen / Man durfte ja nichts sagen
Loat de uis nich mehr van proaten / Lass uns nicht mehr darüber sprechen

Seite 434:
Eenmol int Joar / Einmal im Jahr
met de Bus no Keveloar / mit dem Bus nach Kevelaer
Singen, Bäden, Suupen, Fräten / Singen, Beten, Saufen, Fressen
Klopperei nich vergäten. / Rauferei nicht vergessen.

Die wichtigsten Personen

Kapitel „Der Stellmacher“ und „Krieg“
(1850 – 1918)

Die **Erblasser des Deepen Grund**: Ignatius und Ziska Bülten,
ihre Ziehtochter **Stine und ihr Ehemann Natz Vanwoldt,**
deren **Kinder**: Liesken, Alois, Maria (später Sr. Laetitia), Franz-Jupp, Traude, Joseffi, Magda, Threse, Adele

Die **‚Nächsten Nachbarn‘**: der alte und junge Hendok Natmäker, Bernhard und Mine Boesel, Wilm und Mina Floiter, Zenta und Albert Klümper
Weitere Nachbarn: Veehdreewer und die Knechte Mikal und Lieb, Kerkhuus und die Magd Lisa, Puggenkamp

Natz‘ **Brüder** Heinken und Friedrich/Fritze Vanwoldt und dessen Frau Elisabeth, ihr Sohn Georg

Die **Gutsherren und Bürgermeister**: Groote Ridder und Schulzendiek

Weitere **einflussreiche Bauern**: Jupp Spökermann (Spökerbuar) und sein Sohn Jans, Schulte Temminghoff, Buar Hoffkreie

Landwirtschaftslehrer und Gastwirt Kraane, **Kolonialwarenhandel** Anna Hoffkreie

Die **Viehhändler** Nathan und Abraham, **Hausierer** Frieder Jüdchen

Die **Magister**: Meis, gefolgt von Helmut Neufert und seiner Frau Mette

Alois‘ **Kriegskamerad** Ludwig Langenkämper/Lula

Der **Junge** Jänsken (Lieskens und Jans Spökermanns unehelicher Sohn)

Kapitel „Der Feldwebel, Reserve“ und „Zweiter Krieg“
(1918 – 1945)

Alois und Soffi Vanwoldt (geb. Langenkämper)
deren **Kinder**: Berni, Thea, Franz, Luzi, Gerd, Anton

Die **Nachbarn** (vgl. o.): der neu eingeheiratete Ross-Puggenkamp, Anni Klümper (Zentas Schwiegertochter) und ihre Kinder Albi und Gerda, die junge Mathilde Kerkhuus

Alois‘ **Skatbrüder, Kriegerverein**: Natmäker, Karl Koopmann, Holthuus

Alois‘ **Verwandte**: Bruder Franz-Jupp, seine Frau Katharina und ihr Sohn Erich, Neffe Jänsken, die Vetter Hinner aus Oeding und Georg aus Java

Soffis **Verwandte**: Mutter Elsbeth, Bruder Lula, Schwester Ida, Tante Café Brömmel

Geschäftsleute in Saande: Zigarrenhändler Icking, Fräulein Sarah von Modehaus Rosen, Fabrikant Feldmann

Geistliche von Sankt Raphael in Saande und aus Fürstenfeld

Landhandel Koopmann, **Genossenschaftsrendant** Max Kraane und seine Ehefrau **Gastwirtin** Evi Kraane, **Gastwirt** Wilke im Nachbarort Weelken

NS-Genossen: der Kreisleiter in Saande, Wieskens Ortsgruppenleiter Koopmann/Nachfolger Clemens Spökermann, Ortsbauernführer Temminghoff und Sohn Otto, Ortsbauernfrau Mathilde Kerkhuus, Jungmädelführerin Isolde Spökermann/Kessel, SA-Mitglied Passling; Lehrer Donner aus Leiden, Ortsgruppenleiter Metzger aus Fürstenfeld

Weitere: der **Zechenarbeiter** Broskow aus dem Ruhrgebiet, der ‚**Fremdarbeiter‘ Pole** Joschi

Kapitel „Der Bauer“
(1945 – 1961)

Bernhard/Berni und **Martha** Vanwoldt (geb. Hoogenkamp),
deren **Kinder** Helga, Edel, Franz und Anna,
die (Groß-)Eltern Soffi und Alois, die (Groß-)Tante Joseffi

Verwandte aus Saande, Wesel, Oeding, Fürstenfeld

Die **Nachbarn** (vgl. o.): die junge Christa Kerkhuus,
neu hinzugezogen: Arbeiter Eddi Kleinkes und Steinmetz Bernd Imken

Gemeinderäte: Ramäker, Veehdreewer, Schulzendiek, Buar Hoffkreie, Lehrer Neufert u.a.

Gendarm/Polizist: Pankratz und seine Mutter

Kirchenräte: Lehrer Neufert, Kerkhuus, Temminghoff, Ross, Groote Ridder

Kanonikus/Pastor Heesters und seine Haushälterin Fräulein Anne

Die Flüchtlinge Friseur Stendal und Schneider Fedon

Gastwirtschaften: der neue „Hohe Reiter“ mit den Wirtsleuten Albert und Ida Groote Ridder, die alte Gastwirtschaft mit Evi und Edda Kraane

Landhandel Paul Koopmann, **Milchwagenfahrer** Jans Gantefort,
Lohnunternehmer Gummi Kerle, **Supermarkt** Erika Koopmann

Der **neue Lehrer** Mersmann

Kapitel „Die Tochter“ und „Die Seniorin“
(1962 – 2018)

Anna, die Tochter von Berni und Martha, ihre drei Geschwister Helga, Edel und Franz, die Großmutter Soffi, die Großtante Joseffi

Die Nachbarn (vgl. o.): darunter Gerda Klümper und ihr Verlobter Kalle; neu aus Bottrop hinzugezogen: Hermine/Mine und Alfons Selting

Die **Onkel und Tanten**: aus Köln: Gerd und Maria, Anton und Eva,
aus Bottrop: Thea und Albert, aus Leiden: Luzi und Ede,
aus Fürstenfeld: Hermann und Toni und die ‚Heilige Tante‘

die **Lehrerin** Fräulein Weiling und der **Lehrer** Blitz

Pastor Heesters, Fräulein Anne (vgl. o.) und **Kaplan** Tatussi

Vom **Saander Gymnasium**: verschiedene Lehrerinnen und Lehrer, Mitschülerinnen und Mitschüler

Die **Hofeigentümer des früheren Deepen Grund**: Franz und Doris Vanwoldt
Gastwirt Fredi (früher: Hoher Reiter)

… und schließlich die großartigen Charaktere …
(in der Reihenfolge ihres Erscheinens)

Die Hunde Wulle, Witt, Harras, Harry, Nelliken, Nelly, Bobby Klümper, Fiffi Floiter und Leika;

die Pferde Alba, Frieda, Myra und Moritz;

die **Sau** Ilse und das **Ferkel** Rosi; die **Kühe** Hella, Heta, Irene, Lore u.v.a.m. …

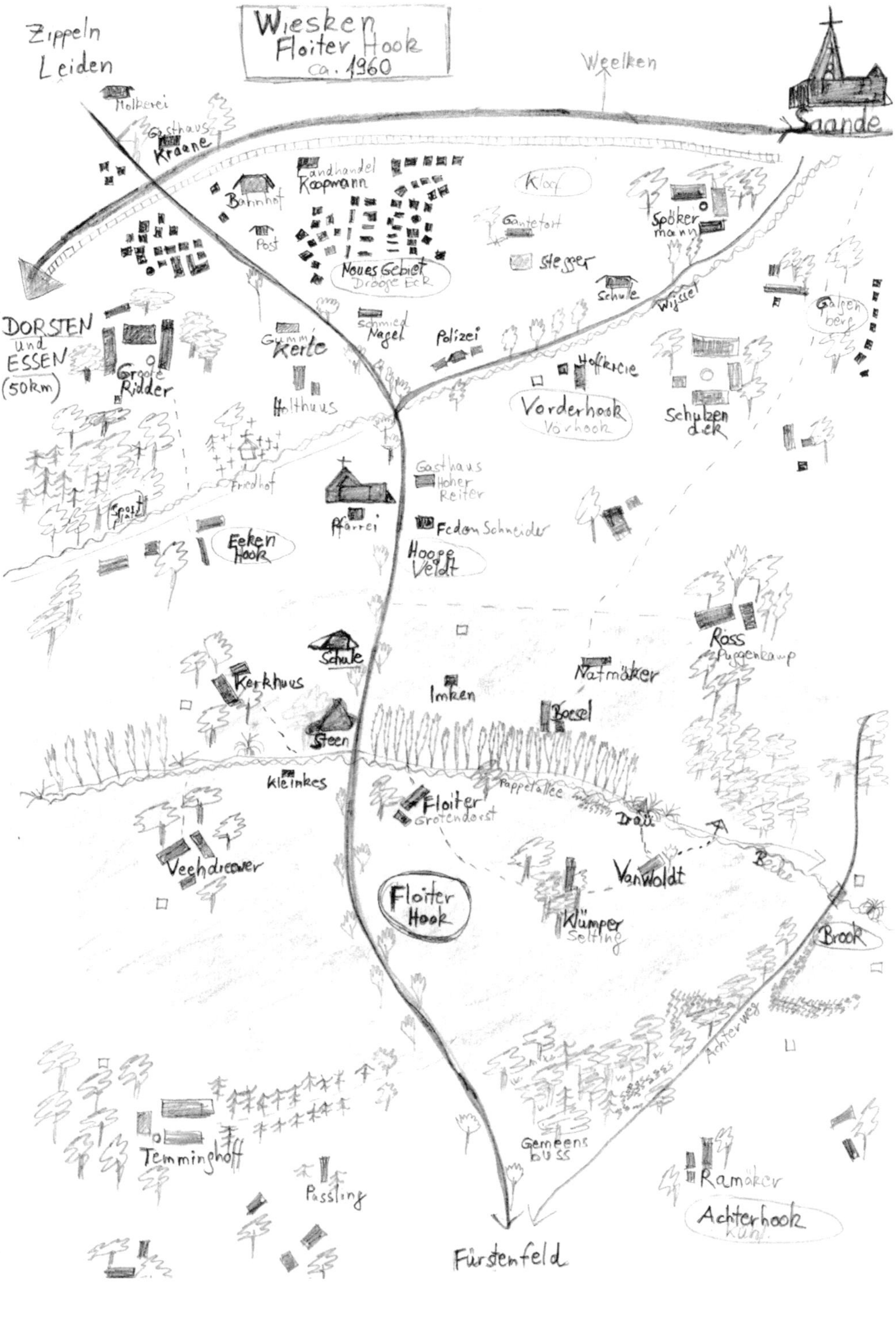

Wiesken
Floiter Hook
ca. 1960
Zippeln
Leiden
Weelken
Saande
Molkerei
Gasthaus
Kraane
Landhandel
Koopmann
Bahnhof
Post
Kloof
Stegger
Spökermann
Neues Gebiet
Drooge Eck
Schule
Wijssel
Galgenberg
DORSTEN
und
ESSEN
(50km)
Große Ridder
Gummi
Kerte
Schmied
Nagel
Polizei
Hoffkerie
Holthuus
Vorderhook
Vörhook
Schulzendiek
Friedhof
Sportplatz
Gasthaus
Hoher
Reiter
Pfarrei
Feden Schneider
Eeken
Hook
Hooge
Veldt
Röss
Puggenkamp
Schule
Natmäker
Kerkhuus
Imken
Boesel
Steen
kleinkes
Pappelallee
Floiter
Grotendorst
Veehdriewer
VanWoldt
Becke
Floiter
Hook
Klümper
Selting
Brook
Achterweg
Gemeens
buss
Temminghoff
Passling
Ramäker
Achterhook
Fürstenfeld